문재린 김신묵 회고록

기린갑이와 고만녜의 꿈

문재린 김신묵 회고록

기린갑이와 고만녜의 꿈

2006년 6월 22일 초판 1쇄 발행
2019년 8월 15일 초판 2쇄 발행

펴낸곳 (주)도서출판 **삼인**

지은이 문재린 · 김신묵
엮은이 문영금 · 문영미
펴낸이 신길순

등록 1996.9.16. 제 25100-2012-000046호
주소 03716 서울시 서대문구 성산로 312, 북산빌딩 1층
전화 (02) 322-1845
팩스 (02) 322-1846
E-MAIL samin@naver.com

표지디자인 (주)끄레어소시에이츠
제판 문형사

ISBN 89-91097-45-6 03990

값 28,000원

문재린 김신묵 회고록

기린갑이와 고만녜의 꿈

문재린 김신묵 지음
문영금 문영미 엮음

*

문재린 김신묵 회고록 편찬위원회

출판위원 권경숙, 김성순, 박성준, 박종화,
윤민중, 이현숙, 장석준, 전경선,
최임경

편집위원 박근원, 김상근, 김경재, 서광일

삼인

일러두기

1. 인용된 성경 구절의 표기는 《공동번역 성서》를 따르되, 띄어쓰기와 맞춤법은 현행 맞춤법 대로 고쳤다. 단, 1977년 《공동번역 성서》가 나오기 전의 시절 이야기에 인용된 구절은 《개역 한글판 성경전서》를 따르고, 띄어쓰기와 맞춤법만 고쳤다.

2. 외국 인명과 지명은 원칙적으로 외래어 표기법에 따랐으나, 역사적으로 널리 쓰인 인명, 지명인 경우 지은이들이 평생 써 오던 표현 그대로 옮겼다. 이를테면 간도와 중국, 일본의 지명과 기독교 관련 인명을 표기할 때 룽징, 블라디보스토크, 도쿄를 용정, 해삼위, 동경 으로 바울로, 장 칼뱅을 바울, 존 칼빈으로 썼다.

3. 지은이들의 입말 느낌을 살리고자 함경도 사투리는 되도록 표준어로 고치지 않았다.

할아버지 할머니와 함께 산 듯한 지난 몇 년

여기 아름다운 두 사람을 소개하려 한다.

문재린, 김신묵. 아명은 기린갑이와 고만녜였던 두 사람은 자신의 이름보다는 문익환, 문동환의 부모로 더 잘 알려져 있다. 그리고 이 책을 정리한 우리 두 손녀에게는 아름드리나무 같은 할아버지와 할머니다.

두 분은 구한말 함경북도 변방에서 태어났다. 네 살, 다섯 살이 되던 해에 북간도로 가서, 해방 후까지 그곳에서 치열하게 살다가 쉰이 넘어서 남으로 내려왔다. 그러니 만주에서부터 알던 사람이 아니면 누가 그들의 삶을 알겠는가? 아들 문익환은 단절되어 버린 북간도의 역사와 부모님이 살아오신 발자취가 파묻히는 것이 안타까워, 문재린에게 회고록을 쓰시라고 권유했다.

문재린의 회고록 대부분은 1976년경 토론토에 머무를 때 쓴 것이다. 할아버지는 자신을 하느님 손에 들린 흙덩이로 비유하여, 하느님의 일꾼으로 쓰임에 감사하는 뜻으로 회고록에 '옹기장이 손의 흙덩이'*라는 제목을 붙였다. 그러나 회고록은 완성되지 못하고 준비 단계에 그쳤다.

할머니의 회고록은, 남편이 글을 쓰면서 자꾸 옛날 일을 물어 보아서 이에 대답하다가 당신도 직접 써야겠다고 생각해 쓴 것이다. 할머니의 글은 길지 않았다. 대신 구술이 자세하고 방대해, 우리는 녹취 내용을 글과 함께 회고록으로 정리했다.

1985년 할아버지가 돌아가시고, 1990년에는 할머니도 돌아가셨다. 민주화 운동의 소용돌이에 휘말린 우리 가족들은 그 동안 두 분의 회고록을 완성할 만한 시간과 마음의 여유를 가질 수 없었다. 그렇게도 이 책을 완성하고 싶어했던 두 분의 맏아들 문익환마저 1994년 세상을 떠났다. 그리고 외모와 성품이 그 아버지와 가장 닮았던 큰딸 문선희도 2001년에 세상을 떠났다. 문선희는 그 어머니를 닮아 기억력이 비상했으며 어머니를 가까이서 지켜보아 왔기 때문에 많은 이야기를 증언해 줄 수 있었을 텐데 아쉬움이 크다. 할아버지가 돌아가시고 문익환이 감옥에 있을 때 맏손자 문호근은 꼼꼼히 여쭈어 가며 할머니의 구술을 녹음테이프에 남겼는데, 그 손자마저 2001년에 세상을 떠났다.

이분들이 도란도란 앉아서 옛일을 추억하며 마무리했어야 할 책을 남은 자손들이 뒤늦게 펴내게 되었다. 책을 엮는 동안, 잘 모르는 부분이 있어도 자세히 물어 볼 사람이 없어 안타까웠다. 두 분이 살아 계실 때 수없이 반복해 말씀하셔도 무슨 이야기인지 몰랐고, 알려고도 하지

---

* 할아버지가 직접 붙이신 제목은 '토기장이 손의 흙덩이'다. 본문에도 나오지만 토기장이는 성경에서 따온 은유인데, 공동번역 성서가 나온 뒤에 할아버지는 공동번역의 표기대로 '옹기장이'라고 바꾸어 말씀하시곤 했다.

않았다. 귀 기울여 듣지 않았던 게 얼마나 후회스러운지…….

구술 테이프를 듣고 자료를 뒤적이다가 책을 완성해 가는 마당에 새롭게 알게 된 이야기도 있었다. 내용을 알아 갈수록 밑도 끝도 없는 작업이었다. 뭔가 중요한 내용을 빼놓았을지도 모른다는 미흡한 마음이 지금까지도 가시지 않는다. 그러나 더 미루어 둘 수 없었다. 더 잘 만들고 싶은 마음 간절하나, 주위 분들의 격려에 힘입어, 3년 여 만의 작업 끝에 부족한 대로 책을 내게 되었다. 두 분이 돌아가신 지 20여 년 만이다.

우선 회고록 원고, 주제별로 정리한 노트, 일기, 여행기, 편지, 기고 문 등 자료와 사진들을 모았다. 일상생활 하나까지도 기록하고 보관해 둔 할아버지와 세세한 부분까지 기억한 할머니, 작은 것 한 가지도 버리지 않고 보존한 이분들의 며느리 박용길이 있어 이 책이 나올 수 있었다. 둘째아들 문동환이 문재린 회고록 원고를 일차로 정리하고, 큰 손녀인 문영금이 자료를 정리하여 회고록을 보완했다. 둘째손녀 문영미는 김신묵 회고록을 보완하고 문장을 다듬었다. 구술 테이프는 세 사람이 나누어서 듣고 풀었다.

문재린은 옛날 서당에서 공부했으며, 중국과 캐나다 유학까지 다녀와 본문에 한문과 영어가 많이 섞여 있었다. 또한 1940년대부터 1980년대까지의 글이 모이다 보니 문체도 다양하고, 함경도 사투리도 섞여 있었다.

구술 테이프들은 이런 것이 있다. 우선 캐나다에서 귀국한 후, 문익환이 감옥에 들어가지 않았을 때, 문재린 김신묵 문익환 세 분이 옛이야기 하듯 하나하나 짚어 가며 녹음한 테이프가 40개 정도 있다. 문재린의 회고록을 인터뷰 형식으로 녹음한 테이프도 9개 있다. 할아버지가 돌아가신 후 김신묵이 손자 호근과 성근에게 말씀하시는 테이프와 설교를 녹음한 것도 있다.

세 분의 녹음 내용 중 명동 부분은 《오늘의 책》에 연재되었으며, 문익환 선집 《죽음을 살자》에도 수록되었다.

먼저 나왔어야 할 이 책이 늦게 나오는 바람에 두 분의 증언은 김형수의 《문익환 평전》 등 여러 곳에 이미 인용되었다. 그중에 간도 이주와 명동촌에 관한 이야기 등은 송우혜의 《윤동주 평전》, 서굉일·김재홍의 《북간도 민족운동의 선구자 규암 김약연 선생》, 정대위 엮음 《북간도 정재면의 독립운동사 하늘에는 총총한 별들이》에 인용되었고, 독립운동가 마진이 독립 유공자로 추서되는 데에도 근거 자료로서 활용되었다.

구술에서 나온 이야기들은 문영미가 김신묵 회고록을 정리하면서 대부분 포함시켰다.

역사적으로 중요하다고 판단되는 자료는 되도록 많이 넣으려고 했다. 모든 독자에게 관심을 받는 부분은 아닐지라도, 이번에 싣지 않으면 영원히 사장되고 말 것 같았기 때문이다. 옛 어른들에 관한 이야기들도 할 수 있는 한 자세히 실으려 했다.

원래 회고록에는 상대적으로 덜 중요한 여행기 같은 부분이 자세히 쓰여 있는 반면 정작 역사적으로 중요한 일이나 업적은 간단히 언급되기도 해서 이를 보완했고, 회고록을 쓰신 1970년대 이후의 일들은 일기로 쓰여 있어서 회고록에 맞게 정리했다. 두 분의 죽음과 말년의 일은 맏아들 문익환의 글로 대신했다.

행적에 대한 기록만으로 문재린의 사상과 신앙, 인품을 알기는 어려워, 김경재 교수님이 이를 조명하는 글을 써 주셨다.

김신묵에 대해서는 문영미가 한국신학대학 석사논문으로 쓴 〈나의 할머니, 김신묵이 살아온 이야기: 한 여성의 삶에 대한 이야기여성신학적 시론〉의 일부를 수록했다.

덧붙여 두 분의 자녀인 동환, 영환, 은희가 부모를 추억하는 글을 썼고, 문영금은 할아버지의 회고록을 정리하며 느낀 점과 회고록에는 없는 이야기들을 정리했다.

2002년에는, 두 분이 살아생전에 그렇게도 가고 싶어했으나 끝내 가 보지 못하고 돌아가신 고향 땅 북간도를 자손 열세 명이 방문했다. 명동교회, 명동학교 터, 동거우 집터, 용정 중앙교회 터와 살던 집들을 문동환의 설명을 들으며 돌아보았다. 여든이 넘은 문동환도 그날만은, 어릴 적 동거우에서 추운 겨울날 의기양양하게 동네 아주머니들의 앞장을 서서 눈길을 헤치며 나아가던 시절로 돌아간 듯 활기찼다.

명동촌에서 함께 살았던 김약연 목사 가족, 문익환의 절친했던 친구 윤동주의 조카, 우리에게는 아저씨 아주머니가 되는, 김하규 할아버지의 손자손녀들과 아직 만주에 살고 있는, 문병규 할아버지의 자손들을 만나 보았다. 2004년에는 길림에 가서 간도에 남았던 친척들과 북에 간 친척들의 소식을 들었다.

1994년 명동에 있던 문씨 선산이 도로공사로 모두 무너져 흔적도 남지 않았는데, 10년이 지난 2004년 여름에 기적적으로 문재린의 아버지 문치정의 묘비가 발견되었다. 우리 가족은 선산 자리를 새로 만들어 이번 6월에 추모비를 세웠다.

지난겨울에는 토론토에 가서 이상철 목사님, 김신자 사모님, 전우림 장로님, 전충림 장로 부인 전순영 님과 강달현 고모부의 이야기도 들었다.

　두 분이 지나온 발자취를 따라가 보고, 자료와 사진을 보고, 녹음을 듣고, 두 분을 잘 아는 분들의 이야기를 들으며 지금까지는 모르던 할아버지 할머니를 알게 되었다. 두 분의 삶을 느끼며 더욱 사랑하게 되었다.

　지난 몇 년은 할아버지 할머니와 함께 산 느낌이다.

　어떤 어려움이 닥쳐도 은혜로 받아들이고, 하느님의 섭리로 생각하며 무한한 신뢰를 보내는 신앙. 언제나 부족한 자신을 들어 써 주시는 하느님에 대한 감사함과 겸손함. 일 하나가 끝나면 또 다른 일을 찾아 마지막까지 성실하게 사는 자세. 기린갑이와 고만녜였을 적의 꿈을 평생 한결같이 놓지 않는 모습은 종교인이 아니더라도 아름답게 느껴질 것이다.

　젊은이들도 이 책을 통해 우리 민족이 살아온 길을 돌아보고, 지금의 모습을 이해하고, 어떤 미래를 가꾸어 갈지를 생각하는 계기가 되었으면 한다.

　김경재 교수님은 거칠게 정리된 초고를 보고는 자료의 역사적인 가치를 높이 평가하여 자문해 주시고 직접 글도 써 주셨다. 또한 김경재 교수님과 함께 준비 모임에 여러 차례 참석해 주신 서굉일, 박근원 교수님과 김상근 목사님께 감사드린다.

　애정을 갖고 출판을 맡아 주신 홍승권 부사장님과 교정·편집을 맡아 애써 준 최인수 편집장을 비롯해 삼인출판사 식구들께도 진심으로 고마운 마음을 전한다.

모든 녹취 테이프를 컴퓨터 파일에 담고 틈틈이 입력 작업을 도와준 문숙이에게도 고마움을 전한다.

추운 겨울 큰 뜻을 품고 두만강을 함께 건넜던 우리 조상들과 만주 벌판에서 이름도 없이 쓰러져 간 독립운동가들, 공산 치하에서 순교한 기독교인들, 한국전쟁에서 죽어 간 동포들, 한국의 민주화와 통일 운동 과정에서 희생된 시민들을 떠올리며 명복을 빈다.

여러 차례 격변기를 겪으며 지금도 만주에 살고 있는 조선족과 북녘에 있는 겨레들, 해외에 있는 교포들에게 평화가 깃들기를…….

2006년 6월
문재린 김신묵의 손녀 문영금, 문영미

차례

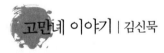

고만녜 이야기 | 김신묵

산 자의 기억

매듭짓는 글

기린갑이 이야기

| 문재린 |

글을 시작하며

성경의 〈예레미야〉서에는 이런 구절이 나온다.

"너는 곧 옹기장이 집으로 내려가거라. 거기에서 너에게 일러 줄 말이
있다." 말씀대로 옹기장이 집에 내려가 보았더니, 옹기장이는 마침 녹
로를 돌리며 일을 하고 있었다. 그런데 옹기장이는 진흙으로 그릇을
빚어내다가 제대로 안 되면 그 흙으로 다른 그릇을 다시 빚는 것이었
다. 마침 야훼의 말씀이 나에게 들려 왔다. "진흙이 옹기장이의 손에
달렸듯이 너희 이스라엘 가문이 내 손에 달린 줄 모르느냐? 이스라엘
가문아, 내가 이 옹기장이만큼 너희를 주무르지 못할 것 같으냐? 야
훼가 하는 말이다.(18:2~6)

또 〈창세기〉는 이렇게 말한다.

야훼 하느님께서 진흙으로 사람을 빚어 만드시고 코에 입김을 불어넣으시니, 사람이 되어 숨을 쉬었다.(2:7)

하느님께서는 "우리 모습을 닮은 사람을 만들자! 그래서 바다의 고기와 공중의 새, 또 집짐승과 모든 들짐승과 땅 위를 기어다니는 모든 길짐승을 다스리게 하자!" 하시고, 당신의 모습대로 사람을 지어 내셨다.(1:26~27)

우리의 몸은 흙이다. 그러나 하느님께서 우리 콧속에 생기, 곧 당신의 형상을 불어넣어 주셨다. 모든 인간은 흙덩이 속에 야훼의 영을 받은 것이다. 사람은 너도 흙덩이고 나도 흙덩이이며, 흰 사람도 노란 사람도 검은 사람도, 높은 사람도 천한 사람도 모두 흙덩이일 뿐이다. 그러나 그 속에 불어넣은 생기가 달라서 쓰임새가 달라진다. 귀한 그릇도 되고 천한 그릇도 되는 것이다.

사도 바울은 말한다. "큰 집에는 금그릇과 은그릇뿐만 아니라 나무그릇과 질그릇도 있어서 어떤 것은 귀하게 쓰이고 또 어떤 것은 천하게 쓰입니다."(《디모데 후서》 2:20) 금그릇은 금으로 만들어서 귀하게 쓰고 나무그릇이나 질그릇은 천한 재료로 만들어서 천하게 쓰는 것이 당연하다. 그런데 똑같은 재료를 가지고 하나는 귀하게 쓰이는 그릇을 만들고 하나는 천하게 쓰이는 그릇을 만들어 대우가 다르다는 것은, 평등을 주장하는 우리 시대의 눈으로는 이의가 없을 수 없다. 이것이 오늘 예정론자들이 마주친 난제라 하겠다. 옹기장이가 하는 일이 불공정하다는 것이다.

이것은 오늘뿐 아니라 옛날 선지자나 사도의 시대에도 문제가 되었던 듯하다. 그래서 선지자 이사야는 이렇게 답해 보았다. "자기를 빚어 낸 이와 다투는 자여, 옹기그릇이 옹기장이와 어찌 말다툼하겠느냐?" (《이사야》 45:9) 사도 바울은 이렇게 답해 보았다. "만들어진 물건이 만든 사람한테 '왜 나를 이렇게 만들었소?' 하고 말할 수 있겠습니까? 옹기장이가 같은 진흙덩이를 가지고 하나는 귀하게 쓸 그릇을 만들고 하나는 천하게 쓸 그릇을 만들어 낼 권리가 없겠습니까?"(《로마서》 9:20~21)

선지자 이사야나 사도 바울은 옹기그릇의 쓰임을 옹기장이의 당연한 권한으로 보았지만, 인간은 생명 없는 옹기가 아니기 때문에 다른 이가 귀하게 쓰이고 자기는 천하게 쓰일 때 옹기장이 마음대로 하신다는 답변에 만족하기 어려운 것이 사실이다. 나는 이렇게 생각해 본다. 《마태복음》에서 어떤 사람이 먼 길을 떠나면서 자기 종들에게 재산을 맡겼던 일을 떠올려 보자. 주인이 나중에 돌아와서 다섯 달란트 남긴 사람을 많이 남겼다고 더 칭찬하거나 두 달란트 남긴 종을 덜 칭찬하지 않고 똑같이 칭찬하지 않았던가? 한 달란트 맡은 종도 그것을 그냥 가지고 있을 게 아니라 한 달란트만 더 남겼더라도 똑같이 칭찬을 받았을 것이 아닌가? 1년에 한 번이나 쓰이는 금그릇보다 언제나 없으면 안 되는 천한 질그릇이 실제로는 가장 필요한 것이다.

천한 질그릇밖에 안 되는 나는 옹기장이에게 불평하기보다는 감사할 바를 찾아냈다. 옹기장이는 그 손에서 깨진 그릇을 내버리지 않고 다시 새것으로 만들어 쓰신다는 것이다. 옹기장이는 깨어진 질그릇인 나를 다시 새것으로 만들기를 몇 번이나 하셨을까? 몇백 몇천 번, 어쩌면 몇만 번을 하셨으리라 생각한다. 웬걸 그렇게나 많이 깨졌느냐고? 물론 크게 깨진 적은 많지 않을지 모른다. 하지만 옹기는 실금만

가도 못 쓰고 모랫구멍만 있어도 쓸모없는 물건으로 취급되지 않는가. 주님은 "너희는 여인을 향해서 음란한 생각만 가져도 간음한 것이고 남의 물건을 보고 탐하는 생각만 가져도 도적질한 것이고 형제를 미워만 해도 살인한 것"이라고 하셨다. 그와 같은 잘못을 우리는 하루에 몇 번이고 저지를 것이다. 이런 잘못을 하루에 한 번씩만 저질렀다고 해도 나는 80세에 이르기까지 몇 번이나 깨어진 셈일까? 끔찍하게 몇만 번 넘도록 깨진 질그릇임에도 오늘까지 그 옹기장이의 손이 함께하심을 발견할 때, 내가 어찌 감사하지 않으랴.

세례 요한도 주님도 외치기를 "회개하라, 천국이 가까웠다"고 했다. 회개하란 말은 곧 질그릇에 실금이나 모랫구멍이라도 없나 살펴보아서, 발견되는 대로 옹기장이에게 다시 지어 달라고 간구하라는 말이다. 모랫구멍과 실금은 아무것도 아니게 여겨지지만 크게 깨지는 시작이기도 함을 기억해야 할 것이다. 세상 사람치고 나만은 그런 약한 질그릇이 아니라고 장담할 수 있는 이가 있을까.

하느님이 "다윗은 내 맘에 맞는 사람"이라고 하셨는데, 다윗도 깨어진 생활을 한 적이 적지 않았다. 그는 자기의 충신을 죽이고 아내까지 빼앗은 뒤 나단 선지자에게 책망을 받고 눈물을 흘린다. 하느님께 특별히 간구해서 탁월한 지혜를 받아 가지고 훌륭한 왕으로 천하에 이름이 높던 솔로몬 왕도 이방의 여인을 취한 뒤 궁중에 이방의 신전을 세우고 섬긴 탓에 그 가정의 도리와 나라의 운이 아울러 떨어졌음을 우리는 잘 알고 있다. 주님의 제자들은 3년간 친히 주님의 교훈을 들어 귀가 아플 정도였고, 주님이 행하신 기적을 수없이 눈으로 보았으며, 주님의 사랑을 한없이 받았고, 주님의 거룩한 생활에 감화를 받았다. 그러했음에도 자기 성찰을 게을리 하다가 어떤 제자는 자기 선

포도 덩굴 아래에 선 문재린 김신묵. 두 사람은 자리 잡고 사는 곳 어디에서나 손수 채소와 과일을 가꾸었다. 1960년대 한신대 수유리 교정에서.

생을 은 30냥에 팔아먹기도 하고, 어떤 이는 주님을 세 번이나 부인하고, 나중엔 모두 달아나지 않았던가? 그래서 바울은 "자기 발로 서 있다고 생각하는 사람은 넘어지지 않도록 조심"(〈고린도 전서〉 10:12)하라고 했던 것이다.

큰아들 익환이가 나더러 50년에 이르는 교역 경험담을 기록해 두라고 채근한 것이 벌써부터 여러 번이었다. 그래서 글을 쓰기 시작했는데, 쓰다가 붓을 던져 버리곤 했다. 남의 앞에 내놓을 만한 것이 없었기 때문이다. 내가 1971년 12월 23일 토론토에 온 뒤, 1973년에 모교에서 명예 박사학위를 주겠다고 공문이 왔다. 당치 않은 일이라고 생각되어 거부하던 끝에 하는 수 없이 받았다. 그리고 80년간 살아온 경로를 쓰기로 했다. 그 전에는 학위가 없어서 안 쓰다가 이제 학위 받은 것이 자랑스러워 쓰기로 했느냐고 하기 쉬우나, 그런 것이 아니다. 곰곰이 과거를 살피다가 아무리 부끄러워도 쓰지 않을 수 없겠다는 충격을 받았기 때문이다. 이 회고록이 내게는 부끄러운 것이지만, 다른 면에서 볼 때 옹기장이인 하느님이 하신 일이 너무 큰 것을 발견했기 때문이다. 쓰지 않으면 옹기장이의 놀라운 사실을 묻어 두는 것이 되고 마는 것이다. 옹기장이가 하신 일을 생각할수록 이 구석 저 구석에 흩어져 있는 깨어진 질그릇 조각이 반짝이며 빛나지 않는가? 이 작은 책은 하느님께는 영광의 노래가 되고, 깨진 옹기 조각에게는 참회록이 될 것이다.

1장
명동 시대

북간도로 간 오룡촌 실학자들

나는 1896년 8월 19일 함경북도 종성군 화방면 녹야(鹿野)에서 태어났다. 아버지 문치정(文治政) 공과 어머니 박정애(朴貞愛) 여사의 장남이다. 아래로는 동생 학린이가 있다.

우리 문씨 가문은 신라 시대의 '다성(多省)' 씨에서부터 시작된다. 다성씨는 신라 자비왕 15년에 전남 광주군 남평이라는 곳에서 출생했다고 전해진다. 중시조는 1329년 고려 충숙왕 때 난 삼우당(三憂堂) 문익점 선생인데, 고려 시대에 우리나라에 면화를 들여온 바로 그분이다.

삼우당이라는 호는 세 가지 걱정이라는 뜻이다. 먼저 기불의(己不義)이니 자신의 부족함을 걱정함이요, 인불화(人不和)이니 국민이 단합되지 못함을 걱정하고, 국부진(國不振)이니 국위가 미약함을 걱정한다는 것이다. 그는 문과에 급제한 뒤 원나라에 가 있는 동안 목화를 길러 실을 뽑고 직조하는 방법을 배워, 붓대 속에 목화씨 열 알을 숨겨서 돌아왔고, 경북 의성에 있는 그의 장인과 다섯 알씩 나누어 심었다.

그중 한 알이 성공해서 30년 후에 널리 재배하기에 이르렀다. 나는 그 문익점 선생의 25대손이다.

재린(在麟)이라는 내 이름은 증조부께서 지어 주신 것이다. 어릴 적 이름은 기린갑(麒麟甲)이었다.* 이름의 기린 '린(麟)' 자는 항렬인데, 이 글자는 질그릇과 그 뜻이 꼭 맞는 것 같다. 기린에게는 투쟁할 무기가 전혀 없다. 예리한 발톱도 없고 강한 뿔도 없으며 힘찬 발굽도 없다. 그런 무기가 있다 해도 기린에게는 쓸 데가 없다. 기린은 본래 성격이 어질어 남을 해치지 못하기 때문이다. 그러니 강한 무기가 있어서 무엇 하겠는가. 토기장이는 이것을 잘 알고 일부러 무기를 주시지 않은 것이다. 기린은 자기 옆에 벌레가 보이면 그 벌레를 피해서 발을 옮긴다고, 조부님이 내 어릴 때 말씀해 주시던 기억이 난다.

할머니한테서 들은 내 어릴 적 이야기가 있다. 그때는 오촌, 육촌들이 10여 명 한 동리에서 살았는데, 그중에 어느 아이가 다투려고 하면 내가 "얘! 싸우지 말고 어불어(더불어) 놀자"고 하더라는 것이다. 돌이켜 보건대 나는 나이 여든이 되도록 누구와 싸워 본 기억이 없다. 어찌 보면 일생 동안 바보 노릇을 하면서 살았다고나 할까. 그래도 마땅히 해야 할 일이라고 생각되는 일에서 물러나 본 적은 없는 것 같다.

기린은 세상 어느 짐승보다 목이 길어서, 다른 짐승들의 입이 닿지

---

* 김신묵은 일가친척들의 재미있는 아명을 구술로 남겼다. "치한 아주버니가 (중략) 무엇이나 손재간이 좋아서 잘했는데 글 읽는 것은 딱 질색이었단 말이야. 그래서 늘 뒤로 숨곤 했는데, 아버지가 '저 방석둥이 또 숨었구나' 고 하시던 생각이 난다." "그 동생은 나팔둥이, 아버님은 만천둥이, 큰집 아주버니는 운룡갑이," "여기 앉아 계신 분이 그린갑이(기린갑이), 광린이는 봉룡갑이, 학린이는 반룡갑이," "치욱 아주버니는 인주둥이, 치룡 아주버니는 총명둥이, 치헌 아주버니는 비현둥이," "내 아버지는 아이를 애명에 송(松) 자를 넣어서 니송이, 장송이, 정송이, 만송이, 을송이라고 지어 주셨지. 석관 씨는 부귀둥이." ─문익환 선집 《죽음을 살자》에서. 엮은이 인용.

않는 높은 나무의 열매를 따먹는 특혜를 누린다. 나도 기린처럼 후일 하늘에서 내리는 은혜를 받으면서 살게 될 것을 미리 아시고 증조부께서 이름에 기린 '린' 자를 붙여 주신 것이 아닌가 하는 생각이 든다.

나는 과부가 되신 할머니의 장손이라 문중과 동리에서 해코지나 업신여김을 받지 않고 귀염둥이로 자랐다. 할머니 김순흥 여사는 본래 내 증조부 문병규 옹의 둘째아들 문승호 공의 부인이시다. 문승호는 김순흥 여사와 결혼하고 1년 만인 1873년, 18세 젊은 나이에 병사하여 함북 종성 장풍의 선산에 안장되었다. 김순흥 여사는 남편이 병으로 일찍 세상을 뜨자 한 점 혈육이 없어 시동생 명호의 아들인 내 부친을 양아들로 들인 것이다.

내가 네 살이 되었을 때 우리 집안에는 커다란 변화가 생겼다. 1899년 2월 18일, 증조부의 인솔 아래 식구들이 모두 두만강을 건너 북간도(오늘의 중국 연변조선족자치주—엮은이)로 이사를 한 것이다. 우리 집안만이 아니라 종성과 회령 일대에 살던 다른 집안 사람들도 함께였다. 그러니까 종성에서 문병규 가문과 그의 외손인 김정규, 김민규 형제 가족, 김약연 가문, 남종구 가문, 회령에서 김하규 가문 등 4개 가문 25세대와 통역 일을 해주던 김항덕까지 142명이 미리 약속하고 이날 하루에 두만강을 건너, 북간도 화룡현의 부걸라재(鳧鴿磖子, 지금의 명동촌)라는 곳에 정착한 것이다. 이듬해인 1900년에는 이미 간도의 자동에 와서 살던 윤하현 일가도 이곳으로 옮겨 오게 된다.

이렇게 수많은 사람들이 낯선 땅으로 대이동을 감행한 것은 무슨 까닭이었던가? 원래 북간도 지역은 예로부터 우리 민족의 활동 무대였다. 그런데 중국 청나라가 압록강·두만강 이북 지역은 청 태조가 태어난 지역이라고 봉금 정책을 펴, 조선인뿐 아니라 중국인도 거주를 금지하고 말았다.

내 고향 종성을 비롯해서 그 근처에 있는 무산, 회령, 경원 등은 본래 산골인데다가 수천 년 농작을 한 탓에 땅이 말할 수 없이 피폐한 형편이었다. 농민들은 죽도록 고생하면서 농사를 지어도 호구를 못 할 지경이었다. 반면 강 건너 바라보이는 간도의 토지는 참으로 기름졌다. 더구나 함경북도의 뜻있는 한국인들은 북간도 땅이 어디까지나 우리 땅이므로 우리 민족이 경작해 먹는 것이 마땅하다고 생각했다. 그러던 중에 닥친 것이 1869년 함경북도, 평안북도 등 서북 지역을 휩쓴 이른바 기사년 흉년이었다. 굶주린 나머지 생명의 위협을 무릅쓰고 북간도로 건너가는 한국인들이 나날이 늘어나기 시작했고, 결국에는 조선과 청나라 정부도 이주를 허락하게 되었던 것이다.

그러나 우리 집안을 비롯한 25세대가 북간도로 옮겨 간 까닭은 단순히 먹고살고자 함이 아니었다. 이 집단 이민을 이끈 분들은 나름대로 재력도 있었고, 그것에 앞서 함경북도 오룡천 5현(賢)의 맥을 이은 유학자요 교육자들이었다. 오룡천이란 회령에서 내 고향 종성으로 흘러내리는 강이다. 작은 강이지만 역사적 의미는 대단하다 할 수 있다. 본래 함경북도 산골은 제주도나 거제도처럼 충신들이 간신배의 모략으로 유배를 당해 오던 지역이었다. 많은 올곧은 학자들과 충신들이 유배를 와서 오룡천 기슭에서 청소년들을 가르쳤다. 그리하여 오룡천 일대에서 누대에 걸쳐 유명한 학자 다섯 분이 났는데, 이분들을 5현이라고 했다.

5현 중에 회령 출신으로는 최학암 선생이 있었다. 그는 우암 송시열 선생에게서 가장 총애와 신임을 받은 문하생이었다. 우암은 문장이 탁월하고 처사가 공정하여 83세까지 인조, 효종, 현종, 숙종 등 네 임금을 섬긴, 유명한 공신이다. 효종의 장례에 관한 문제로 현종 15년에 모함을 받아서 관직에서 쫓겨나 함남 덕원에 귀양 왔다가, 경남 거제도를 거쳐 청풍 산골로 옮겨 가 귀양살이를 했다. 그를 귀양에서 풀려나게 하려고 상소를 했다가 선비 세 사람이 죽임을 당했다고 한다. 그런데 최학암 선생은 담대하게 세 번이나 상소한 끝에 우암을 귀양에서 풀려나게 했다는 것이다. 그래서 경기도 광주에 있는 최학암 선생의 묘는 지금도 송우암 선생의 후손들이 보살핀다고 한다.

종성에서는 한봉암, 그의 동생 한치암, 남오룡재 선생 등 세 분이 났다. 나머지 한 분은 경원에서 난 채향곡 선생이다. 종성에서 출생한 김학음 선생도 이들 5현에 버금갈 만한 현인이었다고 한다.

1899년 2월 한날한시에 가족들을 이끌고 북간도로 건너간 분들은 바로 이 함북 오룡천 5현의 후손이거나 문하생이었다. 먼저 내 증조부 성제(省齋) 문병규 옹은 남오룡재 선생에게 배우신 분이다. 1834년생인 증조부는 북간도로 건너갈 때 나이 예순이 넘었고, 일행의 실질적인 지도자였을 것이라고 짐작된다. 일행 중에 남종구 선생만이 60세쯤으로 증조부와 비슷한 연배였고 김약연, 김하규, 김정규 등은 모두 이삼십 대의 청년들이었기 때문이다. 증조부는 함경도의 중심인 함흥에 가서 초시에 장원 급제했으나 서울에 가서 과거를 보려고 하지 않았다. 관직을 포기하고 고향에 돌아와, 서재를 차리고 인재를 기르는 데 평생을 바친 분이다.

도천(道川) 남종구 선생은 남오룡재 선생의 손자 되는 분이다. 한학의 대가일 뿐 아니라 혜안이 남달랐던 분이었다. 앞으로는 부모에게 제사를 드리는 풍습이 없어지리라 보고 스스로 조상에게 제사를 드리지 않았을 뿐 아니라, 제자들에게 축문도 가르치지 않았다. 보통 선생들은 의관을 정제하지만, 남 선생은 의관이란 변하게 마련이라면서 검은 천으로 두건을 만들어 쓰고 흰 옷 대신에 검은 천으로 바지, 저고리, 두루마기를 만들어 입되 옷이 해어지면 검은 천으로 기워 입었다. 그리고 건강 비법이라고 해서 자기 오줌을 한 표주박씩 마셨다 한다.

나이 서른둘인 청년으로 두만강을 함께 건넜던 김약연 선생은 남종구 선생 문하에서 맹자를 만독(萬讀)하신 분이다. 나중에 '간도의 대통령'으로 불렸던 선생에 대해서는 뒤에 다시 이야기할 기회가 있을 것이다.

뒤에 내 장인이 되는 소제(素薺) 김하규 선생도 오룡천 5현과 인연이 남달랐던 분이다. 당신은 한봉암 선생의 외손이요, 부인은 최학암 선생의 외손이었기 때문이다. 김하규 선생은 최학암의 수제자인 이주암 선생 밑에서 주역을 배워 통달했고 사리에 밝았다. 1906년에 선생이 친척인 김도심의 부인을 위한 열녀문을 쓴 일이 있다. 마침 회령 출신으로 서울의 탁지부(조선 말기와 대한제국 때에 국가 재무를 담당한 행정부서—편집자) 출납국장이었던 오상규라는 이가 그 열녀문을 보고 감탄했다고 한다. 그때 평안도에는 안창호가 발기한 서도흥학회, 함경도에는 이동휘 등이 힘을 많이 쓴 함북흥학회가 있는 등 각 지역에서 지사들이 흥학회를 만들었는데, 오상규 국장이 나서서 함북흥학회 회장으로 김하규 선생을 선정하고 취지문과 임명장을 보냈다. 함경북도와 간도 일대에 이 취지문을 널리 퍼뜨려서 신학문을 확산한 공로가 김하규 선생에게 있다. 선생은 일찍이 조국의 운명이 기울어지는 것을 우려하여 동학에 가담하기도 했다 한다.

그리고 문병규 선생의 외손인 김정규 선생이 있다. 김정규 선생에 대해서도 나중에 이야기하게 될 것이다.

이분들은 모두가 손꼽힐 만한 거유(巨儒)들이었다. 그러나 보통 선비나 학자들과는 180도 달랐다. 보통 학자들은 손에 흙을 묻히지 않고 의관을 정제하고 학문을 토의하는 것으로 세월을 보내었지만, 이 어른들은 집에 들어오면 청소년 교육에 전념했고 밖에 나가면 다른 농부들과 다를 바 없이 일을 했다. 산에 가서 땔나무를 구해 등짐으로 날랐고 머슴과 같이 물을 지게로 길어 왔으며 나무가래로 외양간에서 쇠똥을 쳤다. 뿐만 아니라 해마다 한 번씩 온돌을 고치고 벽 바르는 일을 손수했다. 농번기에는 따로 농부가 없고 모두 농부들이었다.

오룡천 5현의 후계자요 실학파 학자라 할 이분들이 함께 북간도로 이주한 데에는 크게 세 가지 목적이 있었다고 나는 자라나면서 들었다. 그 하나는 옛 조상들의 땅을 우리가 들어가서 되찾는다는 것이었다. 그 다음에는 북간도의 그 넓은 땅을 활용해서 정말 이상촌을 건설해 보자는 목적이 있었다 한다. 본래 남다른 생각이 있고 계통이 있는 분들이니까 그런 구상을 하실 수 있었을 것이다. 셋째로는 나날이 추락하는 조국의 운명 앞에서 인재를 교육하려는 뜻이 있었다. 그분들이 이주하면서 구입한 땅 중에 가장 좋은 1만 평을, 교육을 위한 학전(學田)으로 떼어 놓은 것만 보아도 그 다짐이 얼마나 절실했던지 알 수 있다. 그러니까 그분들은 새로운 개척지를 제2의 오룡천으로 만들려는 뚜렷한 계획과 포부를 품고 두만강을 건넜던 것이다.

새로운 터전 부걸라재

북간도는 서강이라고도 했는데, 서강은 두만강 서편이라는 뜻이다. 화룡현, 연길현, 왕청현, 훈춘현을 아우르는 북간도 지역에서 우리는 '부걸라재'라는 곳에 자리를 잡았다. 부걸라재에는 '비둘기 바위'라는 뜻이 있었다. 마을 어귀에 비둘기가 많이 모이는 바위가 있어서 생긴 이름이었다. 그 바위는 흔히 선바위라고 했는데, 용정 가는 쪽 개울가에 우뚝 서 있어 마을 사람들에게는 기개의 상징이었다.

부걸라재의 또 다른 이름은 동가지방(董家地方)이었다. 동한(董閑)이라는 사람이 그 일대의 땅을 차지하고 있었기 때문이다. 그러다가 1908년에 명동학교가 세워지면서 명동(明東)이라는 이름으로 불리게 된다.

어른들은 중국인 지주 동한에게서 600만 평에 이르는 땅을 공동으로 구입했다. 땅값은 약 1만 냥쯤이었다고 한다. 그 토지 중에서 개간된 땅은 4~5만 평뿐이고, 대부분은 산림이었다. 그래도 감자 농사는

선바위는 명동촌 사람의 기상을 상징하는 장소로 여겨졌다. 원래 봉우리가 셋이라 삼형제 바위라고도 불렸는데 한 개를 폭파해 두 개만 남았다(2002년 사진).

굉장했다. 나무뿌리를 뽑은 뒤 감자를 심으면 따로 김맬 필요가 없을 정도였다고 한다. 그러니 식량 문제는 순조롭게 해결되었다.

어른들은 돈을 낸 규모에 따라서 구입한 땅을 분배했다. 땅을 제일 많이 산 것은 문씨 집안이었다.

우리 집안은 처음에 대룡동(큰사동)이라는 마을에 잠시 살았다가 곧 용암촌(나중 이름은 학교촌)에 자리를 잡았고, 남도천 선생과 그 아들 남위언 일가는 중영촌, 김하규 일가는 사동에 정착했다. 김약연 선생은 처음엔 학교촌에 살림을 꾸렸는데, 1906년경 장재촌으로 옮겼다. 인품과 학식이 높은 이 어른들이 거주하는 동네는 자연스럽게 질서가 섰다. 도박을 일삼는 자가 없고 주경야독하니, 생계는 날로 윤택해지

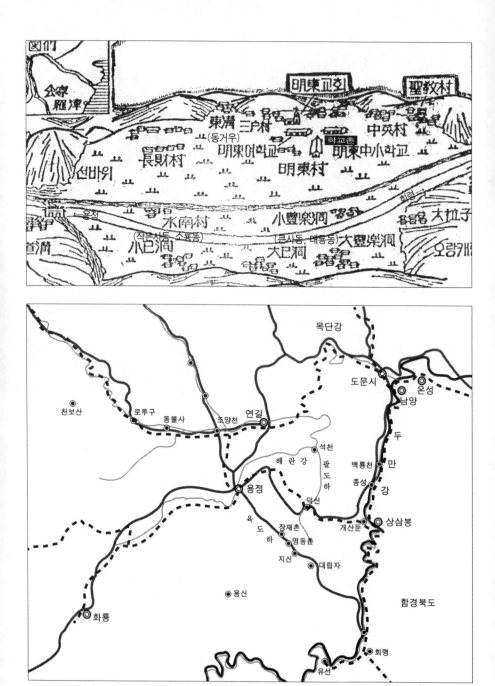

(위) 명동 일대 지도, 출처: 서굉일·김재홍 지음, 《규암 김약연 선생》.

(아래) 북간도 지도

고 예의는 고상해지며 인심은 순하고 부드러워져 법이 필요하지 않았다. '명동(明東: 동쪽, 곧 조선을 밝힌다)'이라고 부르기에 조금도 손색이 없는 모습이 갖춰지고 있었다.

그러나 이민 초에는 곤란한 일이 한두 가지가 아니었다. 특히 청국인(청나라 사람, 곧 중국인—편집자)들 대하는 일이 매우 어려웠다. 이민들이 입주할 때는 청어(청나라 말)에 능한 사람을 명목상 향윤(鄕尹), 곧 지주로 삼아야 했다. 그 이유가 두 가지 있다.

우선 한·청 양국이 이 지역에 입주를 금지하다가 갑자기 이주를 허락하매 입주자가 물밀듯이 증가하자, 청국 정부는 자기들의 주권을 세우고자 "치발(薙髮)하고 청복을 하고 청국에 입적을 한 자에게만 토지 소유권을 허락"한다고 영을 내렸다. 치발이란 머리 앞은 면도로 밀고 뒷머리는 길러서 땋는 것이다. 그래서 청어에 능한 자를 대표로 입적케 하고, 마을 사람들이 사들인 토지 전부를 그의 명의로 등록했다. 그리고 실제 지주들은 서류상 그의 소작인이 되었다. 나중에는 이런 조건이 없어져 누구에게나 토지 문서를 내주었다.

두 번째로 청인들은 관리뿐 아니라 걸식자들까지 한국인들에게 무례하기 짝이 없었다. 걸인들은 한인들이 사는 곳에 다니면서 강제 걸식, 강제 투숙하기가 일쑤였으며, 중국 내륙에 흉년이 들면 지방 관청의 허가를 얻어 가지고 50~60명씩 작당을 해서 한인 부락마다 찾아다니며 며칠씩 유하면서 이것저것 요구했다. 청어를 알지 못하는 한인들은 말할 수 없이 불안했다. 그럴 때도 향윤들이 나서서 문제를 해결해주었다. 점차 이런 폐단이 적어지자 이 직분은 동장 직으로 바뀌었다.

북간도로 온 지 1년 후인 1900년에 증조부 문병규 옹이 돌아가셨다. 17일 장으로 온 마을이 함께 장례를 치렀고, 풍수에 능한 김하규 선생이 터를 잡아 대룡동 산기슭에 모셨다. 나는 그때 다섯 살이었는데 모래를 깔고 차렸던 빈소의 모습이 기억난다. 증조부는 아들 5형제와 두 딸을 두셨다. 그 가운데 둘째아들 승호는 일찍 세상을 떠났고, 셋째 창호는 러시아로 가고 없었다. 그래서 북간도에 온 문병규 일가는 부부와 맏아들 정호 내외, 장손인 치헌, 치일, 둘째 승호의 처(김순흥 여사)와 그 아들 치정, 셋째 창호의 처와 치현, 치업, 넷째 명호 내외와 치한, 치홍, 다섯째 종호 내외와 치욱, 동생 찬규의 처와 그 자손 천심, 치율 등 40명으로 이루어졌다. 큰딸과 외손인 김정규, 김민규 가족도 동행했다.

여기서 잠시, 이 집안 어른들 중에 내 성장기에 큰 영향을 주신 할머니 이야기를 해야겠다. 할머니 김순흥 여사는 1851년 7월 19일 함북 종성군 화방면 허곡동에서 김성천 씨 장녀로 태어나셨다. 노부모께서는 딸이라 차별하는 생각이 조금도 없이 기르셨다. 19세에 혼인을 했는데, 앞에서 말했듯이 1년 만에 남편을 잃고는 어린 시동생 명호를 키워, 명호의 첫아들인 내 선친을 양자로 삼으셨다.

할머니가 선친을 기른 정성은 친아들 이상이었다고 한다. 선친이 조부의 서재에서 공부할 때 할머니께서는 서재 뒷방에서 길쌈을 하면서 귀 기울여 들으셨는데, 조부님이 벌로 손자의 종아리를 때리면 "미련한 개, 돼지는 매로 길들이지만 제 아들을 때려서는 안 됩니다" 하고 항의하셨다는 일화가 있다. 내가 명동에서 자라며 한학 공부를 할 때에도 할머니는 옆에서 지키고 계시다가 내가 잊은 것이 있으면 가르쳐 주곤 하셨다. 나중에 내 아들 익환과 동환이 학교를 다니던 시절에도 시험 때면 등불을 밝혀 가면서 주무시지 않고 보살펴 주셨고, 학교 다니는 데 필요한 차림을 다 해주셨다. 그러니까 4대를 손수 돌보아 주신 것이다.

할머니는 원리 원칙에 어긋나는 말은 입 밖에 내지 않았기 때문에 그분의 말씀이 떨어지면 누구나 거스를 생각을 못 했다. 우리 집안이 북간도로 이주할 때 다른 식구들은, 청상과부인 여사가 남편의 제사를 그렇게 지성껏 드리는데 그 묘를 고향에 두고 못 간다 하면 어떻게 하느냐고 걱정이 컸다고 한다. 그래서 맏시숙인 정호 공이 대표로 제수를 불러 의견을 물어 보았더니 "내 남편은 한 무더기 흙이 되었는데 그 흙무덤을 지키려고 산 식구 수십 명이 고생할 필요가 없으니, 내 걱정은 조금도 하지 말고 이사할 준비를 하십시오" 하고는 흔쾌히 동참하셨다는 것이다. 북간도로 오신 뒤에는 명동의 머리라고 할 큰 인물 김약연 선생도 난감한 일이 있으면 할머니를 찾아와서 "어머님! 이러저러한 일이 있으니 어머니 생각은 어떻습니까?" 하고 여쭙곤 했다. 할머니는 "내가 무엇을 알겠습니까?" 하다가 다시금 물으면 의견을 말씀하시는데 그 의견은 김 선생이 감탄할 정도였다.

예수를 믿게 된 뒤로 할머니는 신앙생활에 특별하셨다. 문자를 알지는 못하셨으나 일단 마음으로 믿는다고 해서 찬송은 모두 외웠고, 설교 들은 것은 다 기억하고 그대로 준수하셨다. 할머니는 내가 목사가 되는 일도 크게 도우셨다. 1910년대에 가서 일이지만, 3년 동안 중국 유학을 하고 돌아오는 길에 나는 천진에 몇 달 머물면서 담배를 배운 일이 있다. 그러고는 집에 돌아와서 흡연을 매우 극성스레 했다. 그런데 어느 날 저녁 가정 기도회를 마친 뒤 할머니가 나를 붙잡고 울면서 말씀하시는 것이다.

"네 아비는 36세에 믿음으로 죽으면서 기적이 드러났고 집에 있는 식구들에게 잘 믿으라고 간곡하게 부탁하고 갔는데, 네가 담배를 입에 대다니 무슨 일이냐?"

베 짜는 솜씨가 좋아 문씨 집안 살림을 넉넉하게 일군, 문재린의 할머니 김순홍 여사. 북쪽에서는 여성들이 머리에 흰 수건을 두른다.

이렇게 질책하시는데 나는 그 앞에서 항복할 수밖에 없었다. 그때는 지금과 달라서 술은 말할 것도 없고 독실하게 믿으려는 자는 담배를 피우지 않았고, 집사 직만 맡아도 금연을 했다. 나는 할머니 덕에 담배를 끊고 본격적으로 신앙생활을 하게 된 끝에 결국 목사까지 된 셈이다.

자손들에게도 노염을 타신 일은 한 번도 못 보았다. 늘 웃는 낯빛이셨고, 남 돕기를 좋아하셨다. 그래서 나는 할머니의 별명을 '무식여걸'이라 한다. 할머니는 1934년에 84세를 일기로 세상을 떠나셨다.

명동학교와 명동교회

    고향에서 학자이자 교육자였던 우리 이주민 집안의 어른들은 북간도에 정착하자 서당을 차려 자녀들의 교육에 힘을 쏟기 시작했다. 김약연 선생은 내가 살던 용암촌에 규암재라는 서당을, 김하규 선생은 대룡동에 소암재라는 서당을 차렸다. 남위언 선생도 중영촌에서 남오룡재라는 서당을 열었다. 이분들은 토지를 구입할 때 따로 떼어 둔 학전에서 나오는 소출로 사서삼경 같은 한문 서적을 구입했다. 그런 책들이 방에 가득히 차 있던 광경이 떠오른다. 오늘의 도서관처럼 그 책들을 학생들이 가져다 보기도 했다. 명동학교는 이 서당들이 바탕이 돼서 생겨난 것이라고 할 수 있다.

    내가 처음 서당에 간 것은 여덟 살 때다. 내가 살던 용암촌에서 김약연 선생의 서당에 2년 다녔고, 김약연 선생이 장재촌으로 옮겨 간 뒤에는 일주일에 한 번씩 김약연 선생에게 다니며 다른 날은 김석관 형에게 배웠다. 석관은 나보다 10여 세 위로 공부를 많이 해서, 조교처럼 학생들을 가르친 것 같다. 그렇게 모두 4년 동안 한학을 배웠다. 천자문을 떼고 나서 『사략』, 『통감』 같은 책으로 중국 역사를 배웠다.

김석관 형은 나와 육촌지간인데, 김약연 선생님에게 배울 적에 선생님이 어느 날 서당에 들른 손님에게 석관 형을 보면서는 "저건 훈장감"이라고 하시고 나를 보고는 도인이 될 거라고 하셨던 것이 기억난다. 나는 외우는 것을 잘 못 해서 거의 날마다 회초리를 맞았다. 그런데 나중에 명동학교에 들어가서는 늘 1등을 하게 되니 살 것 같았다.

명동학교 이야기를 하려면 먼저 서전서숙에 대해서 말하지 않을 수 없다. 조선조 말 나라의 기세가 기울어져 일본에 합병되어 가니, 뜻있는 이들은 국외에 나와서 인재를 길러 광복의 기틀을 세우려 했다. 1906년에 이상설, 이동녕, 박무림, 황공달, 정순만, 여준, 유기연(유한양행 설립자 유일한의 부친) 같은 지사들이 북간도 용정촌에 와서 학교를 설립하고 이름을 서전서숙(瑞甸書塾)이라고 지었다. 서전이란 용정에 있는 벌판의 이름을 딴 것이다. 이 학교에 동만주 전체에서 끌끌한 청년 100여 명이 모여들었다. 모두 스무 살 남짓 되는 청년들이었다. 그때는 선교사들이 서울이나 평양에서만 학교를 시작하던 때인데 어떻게 유능한 청년들이 이렇게 많이 모여들게 되었을까. 짐작건대 김하규 선생을 통해서 함북흥학회 취지문이 동네마다 배포되었던 까닭이 아닌가 한다.

여하튼 만주 곳곳에서 학생들이 모여드니 서전서숙의 지사들은 교육에 눈물겨운 정성을 쏟았다. 그러나 서전서숙은 1년도 못 되어 문을 닫고 말았다. 그 이유는 우선 1907년 3월에 숙장 이상설 선생이 이준 열사와 함께 헤이그에서 열린 만국평화회의에 참석하려고 떠났다가 돌아오지 못했던 데 있고, 그 다음으로는 조선총독부 출장소가 용정에

드넓은 만주 벌판을 배경으로 민족정신을 배우던 명동학교. 15회 창립 기념사진이다. 1923년 4월 27일.

자리 잡으면서 방해와 감시가 심해졌기 때문이다. 학교가 문을 닫자 학생들은 더러는 서울로 유학을 가기도 했고 또 일부는 자기 동네에 돌아가서 학교를 세웠다. 비록 1년 동안 배운 지식이라 충분하지는 못했지만 그 정신만은 불붙어 있었다.

　우리 명동에도 서전서숙에서 불씨를 나눠 가진 사람들이 있었다. 김학연과 최기학이 그들인데, 최기학은 서울 청년학원으로 더 공부하러 갔고, 김학연은 명동에 돌아와서 새로운 교육의 필요성을 역설했다. 동네 어른들은 모두 여기에 깊이 공감하고 학교 설립을 추진하기 시작했다. 그리하여 1908년 4월 27일 명동서숙, 곧 명동학교가 세워진 것이다.

　당시 용정에 계시던 박무림 선생이 명예 숙장(교장)으로서 외부와 연락하고 교사를 모셔 오는 일을 책임졌다. 김약연 선생은 숙감으로 학교의 실무를 맡았다. 학교의 재정을 맡은 이는 나의 선친 문치정이었고, 서기는 최봉기, 교사는 김학연, 남위언이었다. 학생은 그때까지 마을에 있던 서당 세 곳, 즉 규암재, 소암재, 남오룡재에 다니던 이들을 합하여 42명이었다. 나도 명동서숙에 편입했다.

　그러나 문제는 교사가 너무 부족하다는 것이었다. 김학연 선생도 서

전서숙에서 불과 8, 9개월밖에 수업하지 못한 형편이었다. 백방으로 교사를 찾았으나 구할 길이 없어서 당국은 걱정이 태산이었다.

1909년 5월이 되어서야 박무림 숙장의 추천으로 25세 청년 지사 정병태(본명 정재면) 선생이 왔다. 신학자 정대위 박사의 부친 되는 정 선생은 1884년생으로, 서울 상동청년학원에서 기독교와 민족의식을 바탕으로 근대 학문을 익힌 분이다. 그는 안창호 같은 지사들이 1907년에 만든 독립운동단체 '신민회'에서 북간도 용정으로 파견되어 서전서숙을 다시 일으키려 했으나, 불가능하게 되자 명동학교를 눈여겨보았던 것이다. 그런데 교사가 되어 달라는 간청을 받고 정 선생은 어려운 조건 하나를 내걸었다. "나는 예수 믿는 사람인데 학생들에게 성경을 가르치고 함께 예배 보는 것을 허락하면 교사로 부임하겠다"는 것이었다.

이것은 학교 당국에 참으로 난감한 문제가 아닐 수 없었다. 명동의 유지들은 모두 한학의 대가들이었다. 한국에서 한학의 특징은 조상 숭배인데, 예수를 믿는다는 것은 조상에게 제사 지내는 일을 폐지하는

정재면 선생

것이므로 그들에게 이보다 더 큰 난제는 있을 수 없었다. 정재면 선생이 내건 조건을 따르자니 제사를 없애야겠고, 따르지 말자니 이 선생을 모시지 못하면 학교를 유지하지 못할 노릇이었다. 그들은 며칠을 두고 회의를 거듭했고, 회의 끝에 용단을 내렸다. 어른들은 기독교와 함께 들어오는 신문명에 민족의 앞날을 걸

어 보기로 한 것이다. 이것이 오룡천 실학파 학자들의 열린 자세였다.

그 다음 일요일은 5월 23일이었는데 이날부터 학생들은 모두 기독교인이 되니, 이로써 명동학교는 기독교 학교가 되고 동시에 명동교회도 창설되었다. 학생들은 신약성서와 찬송가를 한 권씩 구입했다. 처음으로 교실에서 올린 예배는 우리 학생들에게 너무나 생소했다. 설교도 알아들을 수 없고 찬송도 귀에 설었지만, 특히 기도한다고 눈을 감고 땅에 엎드리라고 하니 이 구석 저 구석에서 킥킥대는 소리뿐이었다. 기도 마지막에 '아멘' 하는 것은 처음 듣는 우리에겐 '음메' 하고 소 우는 소리 같기만 해서 또 웃지 않을 수 없었다. 그러나 학생들은 차츰 예배에도 익숙해지고, 성경 공부에도 취미를 붙이게 되었다.

그해 연말이 가까워 올 때였다. 정재면 선생이 갑자기 그만두겠다는 의사를 밝혔다. 학교 당국에게는 청천벽력이 아닐 수 없었다. 정 선생은 "예배에 학교의 당국자는 참석하지 않고 학생들만 나오는 것은 별 의미가 없으므로 사임하겠다"고 하는 것이었다. 정 선생에게 매혹된 당국은 어찌할 수 없이 되었다. 학교 직원들이 정책적으로 예배에 참석하기로 했다.

정 선생이 학교에 이런저런 조건을 제시한 것은 단순히 기독교 신자로서 교회를 설립하려는 속셈 때문이 아니었다고 나는 생각한다. 교회와 학교가 불가분의 관계를 맺어야 민족을 구원하는 사업을 이룰 수 있다는 것을 파악했기 때문이다. 북간도에서 교회와 학교는 이신동체(二身同體)로 활동했다. 교회가 설립되면 곧이어 학교가 병설되었고 학교가 설립되면 교회가 세워졌다. 이것을 바로 명동학교가 시범으로 보여 준 것이 아닌가 생각한다.

1909년 가을께까지 명동학교 학생들은 상투를 틀거나 머리를 땋은 채로 학교에 다녔다. 그래서 체조를 할 때면 볼만했다. 그런데 그즈음 어느 날, 정재면 선생과 새로 초빙되어 온 역사가 황의돈 선생이 학생 전원을 교실에 가두어 놓고 한 사람씩 머리를 깎아 주었다. 학생들은 마루 밑에 들어가서 피하기도 했으나 도리 없이 머리를 깎였다. 학생 들은 부모에게 혼날까 봐 집에도 못 갔다. 며칠씩 집에 못 들어간 아이 들도 있었다. 나는 우리 아버지가 학교 임원인데 괜찮겠지 싶었는데, 집에 갔더니 아버지는 곡식일 하다가 보고 웃으셨으나 할머니께서 야 단하시니 아버지가 때리시려고 해서 소 외양간으로 숨었다. 학부형들 이 꽤 소동을 일으켰지만 학교 당국이 나서서 사태는 곧 진정되었다.

1910년 4월에 명동학교는 중학교를 증설했다. 중학교가 생기고부터 유명한 선생님이 많이 왔다. 경성청년학원 출신 박태환, 박일송 같은 분들이다. 이렇게 교사들도 모여들고 학생들도 조국의 북부 지방, 만 주, 러시아에서까지 찾아오니 명동학교는 간도뿐 아니라 함경북도까지 아우른 지역의 유일한 한국인 고등교육기관으로 자리를 잡게 되었다.

그해에 이동휘 선생이 명동에 와서, 일주일 동안 대전도집회를 연 일이 있다. 이 집회에는 간도 전체에서 수백 명이 참석했다. 낮에는 〈출애굽기〉를 해설하고 저녁에는 강연을 했는데 전부 애국 강연이었 다. 이동휘 선생의 강연이 어찌나 청중들에게 인상 깊었는지 그 뒤 얼 마간 다른 이들은 〈출애굽기〉 강의를 하지 못할 정도였다. 이동휘 선 생은 또 이 집회에서 여성 교육의 필요성을 역설했다. 그 결과 명동학 교에서도 여자부를 병설하기로 결정했다. 1911년 봄에 여학교가 문을 열었다. 정병태 선생의 여동생 정신태 선생과 이동휘 선생의 차녀 이 의순 선생이 부임했고, 나중에 우봉운 선생도 왔다. 이것이 북간도의 첫 여성 교육기관이었다.

당시 명동학교에서는 땅 30정보를 학교 재산으로 삼아 거기서 나온 농작물을 교사들의 식량으로 제공했다. 밥은 학교에서 학부모들이 해주었는데 조밥에다 김치, 토장국 같은 것이 나왔다. 교사들의 봉급은 1원이었다. 담뱃값도 안 되는 돈이라 교사들의 생활은 퍽 어려웠다. 그러나 학생들을 가르치는 일에는 참으로 열성적이었고 민족의식도 투철했다. 체조를 담당하던 김치관 선생 같은 분은 눈물로써 우리를 지도하곤 했다. 지금도 그 모습이 눈에 선하다. 학생들도 작문을 지으면 대한 독립 이야기를 빼놓지 않았다. 일본말 같은 것은 한마디도 쓰는 사람이 없었다. 한번은 타지에서 온 학생들이 일본어로 이야기하는 것을 보고 내가 불러서 왜 일본말을 하느냐고 나무란 적이 있었는데, 내 덩치가 커서 겁을 먹었는지 말을 잘 들었다. 체조 시간에 씨름할 때도 나와 짝이 된 아이는 살살 하자고 했다. 사실 나는 싸움을 할 줄 모르는데 지레 겁들을 먹은 모양이다.

학교 분위기가 이러했으므로 명동학교 졸업생들 중에 나중에 독립운동을 하다가 순국한 사람이 내가 알기만 11명이다. 1919년에 독립만세를 부른 후 독립운동이 치열해졌을 때에도 명동학교 출신들이 상해 임시정부 아래서 북한, 동만, 러시아에서 총지휘 역을 맡았던 것이다. 뿐만 아니라 시인 윤동주와 영화감독 나운규를 비롯하여 문화계, 교육계, 종교계 곳곳에서 민족운동의 기수로 활약했다. 그러니 "함경북도 오룡천에서 개화한 것이 간도의 오룡천인 명동에서 결실했다"는 김재준 목사의 말은 사실에 들어맞는다고 할 것이다.

명동학교는 후일 1920년 11월에 일본군의 간도 토벌로 벽돌 교사가 전소되었다. 그때 연길 도윤인 도빈(陶彬)이 김약연 선생을 수감하여 학교가 일본인 수중에 들어가지는 않았다. 김약연 교장이 감금된

명동학교 동창회(1918년). 앞줄 오른쪽 두 번째가 김신묵의 남동생인 김진국, 그 왼쪽이 문재린의 오촌당숙 문치룡, 둘째 줄 왼쪽에서 다섯 번째가 문재린이다. 김진국과 문치룡의 어린 시절 모습이 그들의 아들들과 판에 박은 듯 똑같아 재미있다.

동안 김정규 선생이 교장이 되어 기부금을 모아서 벽돌 교사를 재건하고 여학교 교사를 신축했다. 후에 소학교가 남녀 공학이 되어 여학교 건물은 교회가 교육관으로 사용했다.

1929년에 공산당 청년들의 요구로 학교가 교회와 인연을 끊고 사회 학교가 될 때까지 명동학교는, 남자 중학교에서 260여 명(14회), 남자 소학교에서 450여 명(19회), 여자 소학교에서 160여 명(16회) 졸업생을 배출하게 된다. 그때까지 명동학교를 이끈 분들을 여기에 적어 둔다.

교장은 초대 박무림 선생(1908년 4월~1910년 가을), 제2대 김약연 선생(1910년 가을~1920년), 제3대 김정규 선생(1920년~1925년)이었고, 제4대 교장은 다시 김약연 선생이 1925년부터 1929년까지 맡았다.

중학교 교사는 정재면, 황의돈, 박태환, 박상환, 남위언, 김하규, 최기학, 박일송, 한석준, 김영철, 오의선, 남세구, 임춘경, 김치관, 문경,

전우택, 조국, 김연, 신최수, 박경철, 김태등, 김석관, 최세평(김홍일), 문성린, 임계학, 김거영, 김태승, 김규찬, 나일, 김영호, 송창희, 이기창, 오윤환, 김용관, 이승복, 임성일 선생이었다.

명동학교 선생이자 독립운동가였던 김홍일(최세평이라는 이름을 썼다).

남자 소학교 교원은 김학연, 문정호, 문치한, 전영언, 이규환, 나성락, 윤영석, 윤영목, 여봉갑, 김정훈, 한준명, 김진국, 윤영춘 선생이었다.

또 여자 소학교 교원으로는 정신태, 이의순, 문정호, 우봉운, 주신덕, 김신오, 김신묵, 이무숙, 한의정, 김신훈, 최순화, 최신학, 한정혜 선생이 있었다.

명동학교가 확대되는 것과 더불어 명동교회도 차츰 모습을 갖추었다. 당시 간도의 순회 목사는 김영제 목사였고, 순회 전도사는 김계언이었다. 1910년 4월에 김영제 목사와 김계언 전도사가 함께 명동에 와서 원입 문답(문답을 통해 예수를 구세주로 믿고 교회에 나오겠다고 다짐하는 절차—편집자)을 하고, 6개월 뒤에는 학습 문답(개신교의 기본 교리를 배우고 이를 문답으로 확인하는 절차. 학습 문답을 거친 다음에 세례 문답을 한다—편집자)을 했다. 그리고 1911년 5월 14일에 처음으로 세례식을 거행했는데, 학교 직원들과 학생들 10여 명이 세례를 받았다. 이때 나와 부친, 문명호 할아버지(부친의 생부)까지 3대가 같이 세례를 받았다. 이로써 명동에서 정식으로 교회가 조직되니 영수(교회의 직분 중 하나)는 김약연, 집사는 문치정과 최봉기였다. 명동학교의 서기인 최봉기는 서울에서 공부하고 명동학교로 돌아와 가르친 최기학의 아버지다.

독립운동의 중심지였던 명동학교 터. 지금은 그 터를 기념하는 표석만 남아 있다. (2004년에 찍은 사진)

1910년대의 명동학교 전경.

그런데 김약연 선생은 이때 세례를 받지 않으려 했다. 학자로서 엄격했기 때문에, 겨우 몇 달 배운 것 가지고 교리를 어찌 알겠느냐면서 세례 문답을 거부하신 것이다. 그런데 누가 목사님이 오셨으니 가서 인사드리자고 하여서 무심코 따라갔다가, 목사님이 기독교를 어떻게 생각하느냐 등등 물으시기에 함께 이야기를 나누었는데, 이튿날 예배에서 목사님이 따로 세례 문답 없이 세례를 주었다고 한다.

나의 부친은 1879년생으로 31세에 예수님을 믿기 시작했는데 그 이듬해에 세례를 받고 집사 일까지 맡게 되었다. 부친은 일찍이 조부인 문병규 옹의 문하에서 한학을 공부했고, 명동에 온 뒤로는 김약연 선생의 오른팔처럼 활약하고 있었다. 특히 경제 면을 책임졌다. 학교에서 김약연 선생이 교장이고 내 부친이 재무였듯이, 규암이 교회에서 영수를 맡자 부친은 여기서도 재무로서 함께 일했던 것이다. 학교와 교회로 찾아오는 손님들을 접대하는 일은 전부 재무의 몫이었다. 학교와 교회에서 집이 가깝기도 해서 늘 손님이 많았다. 손님 접대용 외상(1인용 밥상) 12개가 규방 시렁에 차례로 얹혀 있었던 광경이 떠오른다.

나의 모친 박정애 여사는 물론 당시 육순이던 할머니도 손님들을 접대하느라 바빴다. 나는 1911년 음력 3월 2일에 결혼을 했는데, 소학교에 재학 중이던 아내 김신묵도 손님들을 치르다 보면 학교에 지각하기 일쑤였다. 모친께서는 쌀을 한 줌씩 모았다가 종성의 절에 시주하곤 하셨는데, 기독교를 믿은 뒤에도 그렇게 하셨다. 그래서 하루는 종성으로 시주하러 가느라 손님맞이를 며칠 이웃집에 맡겼더니, 그 집에서 손님 치르느라 혼이 났다고 했다.

손님 중에는 오랫동안 머무르던 이들도 있었다. 안중근 의사도 그중한 분이다. 손님들이 묵는 곳은 학교 사무실과 교실이었다. 학교에는 이부자리를 준비해 두었다. 조국에서 온 지사들 중에는 명동을 그냥 지나가는 이가 없었고, 북간도 각지에 학교를 세우는 이들도 명동에 와서 상담을 하거나 교과서를 구하고 교사를 모시는 일에 도움을 받았다. 명동은 이렇게 간도의 중심이자 사상적 본부 구실을 하고 있었다. 함북과 시베리아에서도 학생들이 와서 명동학교에서 교육을 받은 청년들이 북한, 만주, 시베리아로 흩어져서 교육계, 종교계, 제반 민족운동의 기수로 활약했으니 이는 오룡천 실학파의 업적이라 하겠다.

간도 곳곳에서 명동을 본받아 어느 곳에든지 교회가 설립되면 학교를 병설하고, 학교를 세우려면 교회부터 설립했다. 교인이 70~80명 모이는 교회는 으레 남녀 학교를 설립하고, 그렇지 못한 데서는 야학교나 반일(半日) 학교라도 열었다. 그래서 1925년 간도노회가 조직된 때에는 교회 수가 45인데 교회학교 수는 62였다. 어떻게 교회학교 수가 교회 수보다 많을 수가 있느냐면, 보통 한 교회에서 남녀 소학교를 따로 운영했기 때문이다. 명동교회도 남자 중학교, 남자 소학교, 여자 소학교와 야학교 네 곳을 세웠으니 도합 7개 학교를 운영한 셈이다.

부친이 집사가 되자 나는 중학생으로 부친을 대신해서 예배당을 청소하고 램프에 기름 치는 일을 맡았다. 당시에는 전용 예배당이 없었고 여학교 교사를 예배당으로 겸해서 사용했다. 나는 야학 선생 노릇도 했다. 대룡동에서는 김하규 선생의 동생 김동규가 야학 건물을 크게 새로 지어서 가르쳤고, 장재촌에서는 김약연 선생 댁에서 야학을 열었으며, 우리 마을 용암촌에서는 우리 집에서 모였다. 내 선친이 한글을 가르쳤고, 나는 학교에 가서 배운 산수 같은 것을 밤에 동네 사람들에게 가르쳤다. 열대여섯 살 먹은 내가 선생 노릇을 하니 어른들이 "기린갑이한테서 산술을 배우네" 하며 신기해했다.

명동의 주역들

이처럼 명동학교와 명동교회가 성장하는 데에는 여러 사람의 애씀이 있었지만, 그중에서도 공로가 크고 명동의 주역이라고 할 만한 분을 다섯 분만 꼽아 보겠다.

첫 번째로 이야기할 분은 김약연 선생이다. 내가 평생 동안 만나 보고 상종한 수많은 사람 가운데, 생각하면 언제나 머리가 숙어지고 마음으로 흠모하는 분은 10여 명 남짓이다. 그중에서 남성으로 대표적인 분이 누구냐고 묻는다면 나는 서슴지 않고 규암(圭巖) 김약연 선생을 들 것이다. 나는 그에게서 4년 동안 한문을 배웠고 그가 명동학교 교장으로 계실 때에 소학교와 중학교를 다녔다. 선친께서도 그에게서 한학을 닦으셨고 나의 처 김신묵과 큰아들 익환이도 명동소학교에서 공부했으니 그는 우리 가정 3대의 은사다.

선생은 1868년 함북 회령에서 나셨다. 그를 가르친 남종구 선생은 "규암은 맹자에 통달했으니 맹판(孟板)이요, 예절이 각별하니 예판(禮

板)이요, 한번 보기만 해도 척척 기억하니 피판(皮板)이요, 처사가 견실하니 철판(鐵板)"이라고 했다. 학식이 뛰어날 뿐 아니라 지략이 탁월하고 도덕이 높아서 만주에 사는 한인 교포의 대표요 두령임을 한인들뿐 아니라 중국인, 일본인도 다 알았다. 선생은 명동학교 교장 일을 보면서도 1000평쯤 되는 밭에 호박을 심고서 다른 일꾼을 두지 않고 농사를 지었고, 가을에는 농군들과 함께 밤을 새워 타작을 했다. 또 칠도구(七道溝)의 한 골안(골짜기)을 사서 동생 김유연 내외와 함께 개간하기도 했다. 그래서 그곳을 김 선생의 자(字)를 따서 '용구(龍九)골'이라고 불렀다.

선생이 오매불망 염원한 것은 조국의 광복이었다. 1909년에는 간민교육회를 만들어서 간도의 한인 교육에 힘썼고, 1913년에는 이 단체를 간민회로 발전시키고 회장을 맡아 민족운동을 널리 펼쳤다. 간민회는 중국 법률의 보호 아래 한인들의 자치를 실시하려는 목표를 가지고 있었다. 아울러 북간도를 반일 민족운동의 근거지로 삼으려 했다. 선생은 1919년 2월에는 조국의 독립을 호소하려는 목적으로 파리 강화회의에 참석하려고 했다. 이때 만주에서 김약연, 북경에서 김규식, 시베리아에서 이동휘, 불어를 잘하는 경동학교의 박상환, 이렇게 네 명이 파리 강화회의에 가려다, 일본군에 체포될 것을 우려한 중국 관헌에게 체포되어 2년 옥고를 치렀다. 그 동안 명동학교 교장은 김정규 선생이 맡았다.

선생은 충실한 유학자였지만 명동학교에 정재면 선생이 온 뒤 신앙의 길에 들어섰다. 처음에는 학교를 유지하려는 방편이었다. 그러나차츰 진심으로 믿게 되어, 1911년에 세례 받고 영수가 되고, 1915년 8월 25일에 장로가 되었다. 간도에서 두 번째 장로였다. 일단 장로 직을 맡게 되자 선생은 전 간도 기독교계의 지도자 구실을 하게 되었다. 그는 신학을 배운 일이 없음에도 성서 해석에 뛰어날 뿐 아니라 교회 행정에 매우 능숙했다. 그때는 학식이 있고 인품이 훌륭한 사람은 신학교에서 한 학기 동안 중요 과목만 이수하면 목사로 안수하는 제도가 있었는데, 동만노회(東滿老會)가 1929년에 그렇게 김약연 선생을 목사로 안수하여 그는 명동교회의 담임 목사로 취임한다.

교육자이자 독립운동가였던 김약연 목사. 동만의 대통령이라고 불렸던 그는 온 가족의 스승이었다.

마흔 살 무렵까지 한학을 공부하고 가르친 선생이 돌연 신앙에 입문하게 된 것은 기독교가 참으로 우리 민족을 구원하리라고 깨달았기 때문이다. 이러한 믿음으로 일생을 독립운동과 교육 및 종교 사업에 바친 선생은 1942년 10월에 길이 잠드셨다. 남은 이들은 선생을 장재촌 뒷산에 모셨다.

김약연 선생과 더불어 중요한 분은 김하규 선생이다. 나의 처 김신묵은 그분의 넷째 딸이다. 1862년생으로 한학이 깊었던 선생은 명동학교에서도 직접 강단에 서서 한문을 가르쳤다. 그런데 집안 식구들은 모두 교회에 나가게 하면서도 선생 스스로는 신앙을 갖지 않았다. 김약연 선생이 김하규 선생과 더할 수 없이 친하면서도 감히 전도를 하지 못한

꼿꼿한 실학자였던 김하규.

것은, 선생은 누가 권한다고 믿을 분이 아니라고 생각했기 때문이다. 그렇게 지내다가, 주역이나 맹자와 장자는 물론이고 불경까지다 읽었으니 기독교에 대해서도 전혀 몰라서는 안 되겠다고 판단한 선생은 3, 4년 동안 밤에 식구들이 잠든 사이에 몰래 신구약성서를 세 번 통독한 뒤 1917년경에 자진해서 교회에 나왔다. 너무도 뜻밖의 일이었다. 놀란 김약연 선생이 그 까닭을 물으니 "세상이 나를 선생이라고 하는데 선생으로서 새 종교를 모르면 말이 되겠느냐 싶어서 성경을 여러 번 읽었더니 기독교가 유교보다 높다는 것을 알았다. 유교에서는 하늘에 죄를 지으면 빌 길이 없다고 했는데 기독교에는 속죄의 도리가 있음을 보니 과연 천도(天道)라 입문하기로 작정했다"고 말했다는 것이다.

선생은 1923년 62세로 장로의 성직을 받으셨는데, 애연가였던 선생은 장로가 된 후에도 담배를 끊지 못했다. 그래서 댁에서 흡연을 하다가도 당시 30대의 청년 목사로 사위인 내가 문득 방안에 들어가면 담뱃대를 뒤로 감추곤 하셨다. 교회의 법도를 의식해서 그렇게 하셨겠지만, 나로서 지금 후회되는 것은 왜 선생이 목사 앞에서 담배 피우는 일 같은 것에 구속받도록 버려두었던가 하는 것이다. 장인은 김약연 선생과 같은 해인 1942년 4월에 81세로 별세하셨다. 용정 토성포 뒷산에 용정시가 한눈에 내려다보이는 명당자리를 생전에 잡아 두셨는데, 돌

김신묵의 아버지 김하규의 묘. 풍수를 알던 김하규가 생전에 직접 고른 자리로, 용정이 한눈에 내려다 보인다. 후손들이 묘비를 들여다보고 있다.

아가실 당시에는 그곳이 남의 땅이었기 때문에 거기 모시지 못하고, 후에 자손들이 땅을 사서 그곳에 모셨다.

　김정규 선생과 윤하현 선생도 명동의 주역이었다. 경제(耕薺) 김정규 선생은 내 증조부 문병규 선생의 외손으로, 외조부 문병규와 도천 남종구 문하에서 한학을 공부한 분이다. 이분도 청년 교육 못지않게 중요한 것이 종교 운동이라고 여겨 기독교를 받아들이고 장로 직을 맡았다. 그는 기미년 만세 운동 때 만주의 한인 대표 중 한 분이 되는데, 항일 독립운동 단체인 국민회 중앙위원과 화룡현 위원장, 명동학교 교장 등을 맡으며 독립운동과 교육 사업에 힘을 쏟았다. 그분의 장남인 김석관 형도 문장과 글씨가 뛰어났다. 그는 명동학교 교사로 있다가 1920년 일본군의 토벌

김정규 선생. 문치정과는 고종사촌지간이며 김하규의 16촌 동생이어서 두 집안 간에 중매를 섰다. 명동학교 교장과 국민회 동구회장을 지냈으며, 독립 만세 후 문재린과 같이 옥고를 치렀다.

윤하현 장로. 바로 시인 윤동주의 할아
버지다.

때 아버지와 함께 옥고를 치렀고, 후에 김
약연 선생 공덕비, 김하규 선생 추모비,
윤동주 비문, 송몽규 비문, 문치정 선생
약력 등 많은 문장과 글을 남겼다.

윤하현 선생은 시인 윤동주의 조부 되
는 분이다. 선생의 고향은 종성인데, 종성
건너편 자동에 와서 살다가 동지들을 따
라 1900년에 명동으로 왔다. 선생은 농부
로, 예배당의 이웃집에서 살았다. 그는 공
부를 하지는 못했지만 인격과 사리 판단 능력은 누구에게도 뒤지지 않
았다. 그리고 생계에 여유가 있었다. 명동교회는 그의 사람됨과 신앙을
보고 장로 투표를 했는데, 정작 선생은 학식이 없어 장로 직을 감당치
못하겠다면서 장로 취임을 거절했다. 당시 명동교회 장로들은 모두 유
식 층이었으니 그로서는 그럴 만했다. 그래서 한동안 교회에 나오지도
않고, 땅을 팔고 다른 지방으로 이사하려고까지 했다. 그러나 교회가
그에게 용기를 내라고 꾸준히 권했고 하느님이 그를 감동시키셔서 결
국 장로로 장립받고 당회에 참석하니 그는 조금도 어색함이 없었다. 당
당히 자기 의사를 표시하는 데 모두들 놀랐다.

당시 교회에서는 부모의 기일에 기념 예배도 못 하게 했다. 물론 총
회의 결의였고, 한인 목사, 장로들 스스로의 결정이었지만, 선교사들
의 영향이 컸다고 본다. 그들이 이런 결의를 하게 한 것은 신조에 의했
다기보다는, 종래 한인들이 죽은 부모를 위한 예절을 필요 이상으로
복잡하고 번거롭게 지켰기 때문에 엄한 규범을 정했던 것이 아닌가 싶
다. 김하규 선생도 장로 되기 전까지는 식구들에게 제사 준비를 하게

문재린이 집례한 윤동주의 장례. 1945년 3월 6일 용정 윤동주의 집.

하고 제사는 자기 혼자 지냈다.

　윤하현 선생도 장로 되기 전엔 부모 기일이면 음식을 준비하게 하고 네 형제가 굴건제복을 입고 일렬로 서 조객의 인사를 받았으니 이는 옛 풍습 그대로였다. 두 분은, 교인들이 예수님 생일과 별세한 날을 지키는 만큼 내 부모님 기일을 지킴도 당연한 일이라고 같은 소리로 주장했다.

　선생의 아들 영석은 나와 함께 명동학교를 2회로 졸업하고 북경 유학도 같이 간 사이이다. 또 손자인 애국 시인 윤동주는 나의 장남 익환이와 함께 명동소학교, 은진중학교, 평양 숭실중학교를 다녔다. 동주는 1941년 연희전문학교를 졸업하고 일본 동지사대학(同志社大學)에 재학 중 일제의 미수에 걸려 형무소에서 옥사하고 만다.

　그리고 내 부친 문치정을 빼놓을 수 없다. 부친께서는 36세라는 젊은 나이에 세상을 뜨기까지, 마을의 행동대장이자 차세대 지도자로서 신임을 한 몸에 받았다. 교회와 학교에서 재무를 도맡았던 것도 수완이 좋아서가 아니었던 것 같다. 윤하현 장로가 "사람은 돈 옆에 세워 봐야 안다"고 말했듯이, 이 사람에게는 안심하고 돈을 맡길 수 있다는 믿음 때문이었을 것이다.

2장

세상으로 난 길

북경 유학

명동중학교 졸업식을 한 달 앞둔 1913년 3월 10일, 명동중학교 제1회 졸업생인 문성린과 2회 졸업생인 윤영석, 김정훈, 문재린은 비밀리에 북경으로 유학의 길을 떠났다. 윤영석은 윤하현 선생의 장남이자 김약연 선생의 매제다. 1917년에 태어난 윤동주가 그의 장남이다. 김정훈은 김약연 선생의 차남이고, 문성린은 문병규 증조부의 장남인 문정호 큰할아버지의 손자이며 나의 육촌형이다.

본래 김약연과 문치정 두 분은 김정훈과 나를 유학 보내기로 결정하고, 본인들에게도 떠나기 전날 저녁에야 알려 주었다. 그날 우리는 김약연 교장 댁에서 합숙했는데, 기별을 받은 친구들이 그 댁에 모였다가 그중 문성린 형과 윤영석이 같이 가겠다고 따라 나선 것이다. 그래서 성린 형과 윤영석은 각각 큰아버지와 삼촌이 다른 식구들에게는 알리지도 않고 유학을 보냈다. 나는 집을 나서기 전에 쓰던 잉크병과 펜을 아내에게 주면서 이별을 암시했다.

김약연과 문치정, 두 분은 왜 이렇게 비밀리에 유학을 추진했던가? 선친들은 우리를 독립운동 지도자로 만들려면 일본 교육보다는 중국 교육을 받게 하는 것이 좋으리라고 생각했다. 중국에서는 당시 손일선 (손문), 여원홍, 황여 같은 혁명가들이 청 제국을 몰아내고 중화민국을 세웠기에, 그 나라에 가서 공부하고 또 그 나라와 힘을 합쳐서 조국 광복을 하자는 뜻이 있었다. 이런 목적을 갖고 떠나는 유학이었으므로 용정에 있는 일본 총영사관이 알면 도중에 체포할지도 몰랐기 때문에 비밀을 지킨 것이다.

우리는 국자가(局子街, 연길)에 가서 우리를 인솔할 박정래라는 분과 동행할 예정이었다. 그는 일본 경찰의 요시찰 인물이었다. 그가 우리 선친들에게 미리 주의를 주었는지도 모른다. 내 선친께서는 나를 떠나보내면서, 중국에 가서 정치를 공부하라고 하셨다. 이것만 보아도 우리를 북경에 유학 보낸 목적을 짐작하고 남음이 있다. 우리는 선친들의 이러한 기대를 막연히 느꼈으나 어른들은 우리가 교장님 댁에서 하룻밤을 잘 때도 유학의 목적에 대해서는 한마디도 말씀하시지 않았다. 만약 일경에 체포될 경우 조사 과정에서 중국 유학의 동기가 발설될 것을 염려했는지 모른다. 그래서 철없는 10대 소년들을 타국으로 보내면서 일언반구 귀띔도 없었던 것이다. 말씀하지 않아도 지도자인 박 선생이 잘하리라고 믿었는지도 모른다.

길을 떠난 첫날 우리는 국자가 하장리 유기연 씨 댁에서 하룻밤을 잤다. 이튿날 우리 일행은 일찍 아침을 먹고 중국 마차 두 대에 나누어 탔다. 그때 유기연 씨 장녀 선향(善響) 양도 동행했는데, 우리 넷이 마차 한 대에 타고 박정래 선생과 유 양이 다른 차를 타고 떠났다. 유 양도 학생인 줄로만 알았는데 사실은 박 선생과 결혼하려는 것이었다.

우리는 길림을 향해서 마차를 달렸다. 길림은 국자가에서 약 250마일(800리) 가까이 된다. 열흘 만에야 길림에 도착한 것을 보면 그 길이 얼마나 험했는지 짐작할 수 있을 것이다. 일본 경찰의 추격을 염려해서 일부러 샛길로 갔는지 모르지만 길 없는 산길을 가는 때가 많았다. 커다란 나무가 넘어져 있는 바람에 우리는 내려서 나무를 건너고, 차는 한참 돌아서 온 적도 있었다.

돈화에서 하룻밤 묵을 때는 여관에서 제대로 자고 중국 요리를 잘 먹었으나, 그 외에는 작은 주막에서 중국 노동자들이 먹는 만두와 배춧국으로 끼니를 때우고 누더기 이불을 덮고 자곤 했다. 하루는 그런 주막이 없어서 중국인 민가에서 투숙했다. 중국식 고급 요리를 잘 먹었는데, 먹다 말고 정훈 형이 숟가락을 집어던지고 밖으로 나가는 것이다. 소변이 급해서 나간 줄 알았는데 우리가 다 먹고 나가 보니 그는 구토를 하고 있었다. 왜 그러느냐고 물었더니 국그릇에 개구리 다리가 있는 것을 보고 비위에 거슬려서 토한다는 것이었다.

이 어려운 여행을 열흘 만에 마치고 송화강을 건너 길림시에 들어가서 한 여관에 들었다. 자연 환경이 그렇게 좋을 수가 없었다. 큰 벌판이면서도 북쪽에는 조그마한 산이 있고 남쪽으로는 송화강이란 큰 강이 있었다. 그래서 고기가 많이 잡히고, 그 넓은 벌판은 옥토라 오곡이 풍성하다고 했다. 그러나 그때는 인공 시설이 매우 부족했다. 눈이 녹아서 진흙물이 발목까지 차는 바람에 거리에 나가 보지 못했다.

나는 송화강을 볼 때 서글픔을 누를 수 없었다. 이 땅이 고대에 모두 우리 강토였던 것은 옛말로 돌린다 하자. 그러나 약 300년 전 조선과 청나라 양국의 사신들이 백두산 산기슭에 세워 놓은 정계비로 국경을 삼는다 해도 송화강 이남이 모두 우리 땅인데, 우리 2000만은 반도의 산골에 살아야 하는 신세를 개탄하지 않을 수 없었다.

여관에서 일박하고, 인력거를 타고 정거장에 가서 봉천행 기차에 올랐다. 6시간 만에 우리는 장춘 역을 지났다. 장춘(長春)은 길림이나 하얼빈보다 봄이 먼저 오고 또 길다고 해서 생긴 이름이라 했다. 교통도동으로 길장선이 있고 북으로는 하얼빈선, 남으로는 대련행 남만선이 있었다. 그래서 일본이 설립한 괴뢰 정부 만주국은 수부(首府)를 장춘으로 하고 이를 신경(新京)이라 했다.

우리가 탄 기차는 약 10시간 남으로 달려 봉천(오늘날의 선양瀋陽)에 도착했는데 이는 당시 만주의 수부였다. 도시 크기로만 제일인 것이 아니라 북으로는 하얼빈을 통해서 소련에 접하고, 동으로는 안동을 통해서 한국을 접했으며, 남으로는 여순, 대련과 통하고 서로는 중국 본토와 연락할 수 있는 곳이었다. 우리 일행은 방이 열 칸인 어느 한인 여관에서 하룻밤을 자고, 이튿날 아침 경봉선을 타고 중국 내륙으로 향했다.

우리는 산해관이란 유서 깊은 역에 도착했다. 길림을 떠나 약 3000리를 달렸는데 여기서 처음으로 산을 보았다. 그 산도 높지 않았다. 그 산에서부터 만리장성이 시작된다. 다시 서편으로 약 4시간을 달리니 아담하게 새로 지은 건물이 늘어선 시가가 나타난다. 그곳이 중국 북부의 관문인 천진이었다. 모든 선박이 이곳에 정박하여 화물들을 중국 내륙으로 운반했다.

당시 천진에는 유명한 중학교가 있었다. 이 학교는 영국에 가서 유학한 유백영이라는 이가 세운 학교인데, 지식뿐만 아니라 정신 면으로도 우수하게 교육했기 때문에 이 학교 졸업생은 북경대학에서도 무시험으로 입학을 시켰다. 우리가 북경 유학을 할 때 유일하게 본 한국 학생은 길림 액목현(額穆縣) 사람인 안여반이었다. 그가 남경대학을 마치고 길림시에 가서 철기 이범석과 함께 민족운동을 한 것을, 이범석의 회고록《우등불》에서 보았다.

다시 기차로 약 2시간 달려 마침내 중국의 수도인 북경의 정양문 앞에 있는 정차장에 도착한 것은 3월 22일 오후 2시였다. 한국의 수도도 보지 못한 우리는 입이 떡 벌어질 수밖에 없었다. 우리는 정양문 앞에 있는 여관에서 이틀간 묵었다. 성 주위는 60리였다. 내성에 관리들과 상인들이 살고, 외성에 농민들이 살았다. 시가는 불결했기 때문에 외국인들이 분도(糞都)라 하니 이는 '똥서울'이라는 말이다. 그런데도 호열자(콜레라)가 북경에 없었던 것은 물 한 잔이라도 반드시 펄펄 끓여서 먹지 그냥은 안 먹기 때문이라고 했다.

우리는 정양문 동편에 있는 숭인문 밖에 한 셋방을 얻어 박정래 선생 부부와 몇 달을 지냈다. 그러다 우리 학생 네 사람은 성내(城內) 정시구(灯市口)에 있는 영육학원에 입학했다. 공리회(公理會, 감리교회)가 경영하는 학교였다. 우리 넷은 여기서 영어와 중국어를 배우는 데 힘썼다.

영육학원에는 한국인 학생이 12명 있었다. 북경에는 이들 외에 협화대학에 다니는 유영준(의과), 변영태(나중에 외무장관을 역임), 백남채가 있었고 법학전문학교에 이용, 고용환 등이 있었다. 여학생으로는 영육여학교에 유각경 외 서너 명이 있었다. 당시 북경에 거주하던 지사로는 조선조 말 강계 부사였던 한세양, 나중에 대한민국임시정부 부주석이 되는 김규식 박사, 연경대학(북경대학) 의과 교수 한 박사, 그리고 정시구에서 홍화이발을 경영하던 한진교 같은 이들이 있었다. 그리고 몇 년 뒤에 조성환 선생(중국에서 항일 투쟁을 하다가, 1912년 만주 시찰에 나선 일본 총리대신 가쓰라 다로(桂太郎)를 처단하려 했으나 사전에 발각되어 실패, 국내로 압송되어 거제도에서 1년간 유배 생활을 했다—편집자)이 복역을 마치고 들어왔다.

나는 그해 9월에 청도로 떠났다. 북경에서 만난 김규식 박사가 어느날 나만을 부르더니, 독일 사람들이 국립으로 경영하는 전문학교가 청도에 있는데 네가 가서 공부하면 좋겠다, 내가 소개 편지를 써 주마 해서 가게 된 것이다.

나는 선생의 소개 편지를 가지고 청도에 가서 독일인이 경영하는 덕화고등전문학교에 입학했다. 청도는 당시 독일이 관할하던 지역인데, 이 학교에는 의과와 공과가 있었다.

명동에서 떠날 때 아버지가 정치학을 공부하라고 하셨지만 나는 아무리 생각해도 정치에는 적격이 아닌 것 같았다. 기린이라는 내 이름이 암시하는 것도 그렇지만 나는 정치계에 들어가서 투쟁할 성격이 못된다고 생각했다. 나의 관심은 오히려 활인술(活人術)인 의학에 있었다. 몇 해 전에 여동생 신린이가 죽은 것도 영향을 미쳤을 테고, 또 의학을 배워서 고생하는 민족을 돕는 것이 가장 좋겠다고 생각했다. 그렇게 김규식 선생에게 의논했더니, 선생도 적극 찬성해 주셨다. 그래서 덕화고등전문학교 예과에 입학하게 된 것이다.

학교에서는 모든 과목을 독일어로 공부했다. 그때 나보다 먼저 와서 공부하던 한국인 학생이 있었다. 이름은 변성항이었는데 본명은 변홍규였다(그도 목사가 되었다). 나도 일본인들의 감시를 피하기 위해 문세준이라는 이름을 썼다. 예과는 A, B반으로 나뉘었는데 변성항은 A반에서, 나는 B반에서 공부했다. A반의 독일인 선생은 한학에 어찌나 능한지 사서삼경을 통독하고 시부를 한문으로 짓는 분이었다. 중국 문학가나 다름없을 지경이었다. 반면에 B반 교수는 한문을 전혀 몰랐다. 그런데 반년 후에 보니 B반 학생들이 A반 학생들보다 독일어 회화와 독서에 훨씬 뛰어났다. B반 담임 올리베(Olibe) 선생은 중국어를 전연 알지 못해서 독어로만 말했고, 학생들이 질문하는 것도 독일어로만 해야 했기 때문이다.

나는 주일에는 시내에 있는 중화기독교회에 나가서 독일어 성경반에서 열심히 공부했다. 그때 사람들은 나를 길림에서 유학 온 중국인인 줄 알았다. 그런데 김규식 선생이 교회의 장로에게 나를 부탁하는 편지를 보냈고, 이 일로 비로소 내가 한인이라는 사실이 알려졌다. "지금까지 문 군을 중국인으로 알았더니 한국인 신자여서 그렇게 진실했구나"라는 것이 장로의 반응이었다. 당시 중국인 신자들은 그렇게 열심히 신앙생활을 하지 않았기 때문이다.

아버님의 부음

　1914년 5월 중순이었다. 북경에서 종형 문성린이 내 부친의 부음을 갖고 왔다. 선친이 4월 21일에 별세하셨다는 것이다. 청천벽력 같은 소리였다.

　선친은 문중과 명동 일대에서 신임을 한 몸에 받은 분이었다. 선친은 1879년 함북 종성군 화방면 녹야동에서 문명호 공의 장남으로 출생하셨다. 조부 문병규 선생 문하에서 한학을 공부했고, 17세에 나의 모친 박정애 여사와 백년가약을 맺고 2남 4녀를 낳으셨다. 명동으로 건너온 것은 21세 때의 일이었다. 명동학교의 재무와 명동교회 집사를 맡아 바쁘던 선친은 엉덩이에 큰 종기가 난 것을 지나가던 무식한 의사에게 수술을 받았는데, 출혈이 심할 뿐만 아니라 독균이 들어 수십 일 동안 심한 고통으로 고생을 하셨다고 한다. 그런 가운데 신앙의 힘을 발휘해 찬송과 기도로 어려움을 이기다가 결국 36세라는 젊은 나이에 돌아가시고 말았다. 그를 아는 이들은 이구동성으로 "문씨 가문에는 용마루가 부러졌고 명동은 지도자를 잃었다"고 했다.

돌아가실 때까지 정답게 말해 본 기억은 없지만 나는 선친에게 무한한 사랑을 받았다. 선친은 어머니가 되신 김순흥 여사께 극진한 효도를 했다. 크고 작은 모든 일에서 선친은 어머니에게 비밀이 없었고, 어머니 말씀엔 이의 없이 다 순종했다. 무슨 중대한 일이 생기면 "아매! 이런 어려운 일이 있으니 어떻게 하면 좋을까요?" 하고 여쭙고, 어머니가 "너는 학교와 교회에서만 아니라 전 지방의 어른인데 그런 큰일을 늙은이에게 물을 일이 무엇이냐?" 하면, 이어서 "그래도 어머니 말씀대로 하면 좋습니다" 하면서 끝까지 어머니 말씀을 듣고 그대로 하셨다.

아버님은 모든 일에 적극적이었고 평화적이었다. 나 자신이 평화를 좋아하는 것은 선친의 유산이라고 다행하게 여긴다. 동네나 문중에서 일이 생기면 아버님이 간섭해서 대사(大事)를 소사(小事)로, 소사를 무사(無事)로 만들곤 하셨다. 더러 당신을 좋아하지 않은 사람이 어려운 일을 맞아 협조를 청하더라도 조금도 가리지 않고 도와주셨다.

아버님은 신앙 면에서도 끊임없이 정진하셨다. 임종 때는 며느리인 내 아내의 옷을 잡고 "네가 주님을 이와 같이 붙잡지 않으면 천국에 들어가지 못할 것이다"고 유언하셨고, 둘째딸 신재의 머리카락을 손가락에 감아쥐고 같은 말을 되풀이하다가 천국이 보인다고 기뻐하며 돌아가셨다고 한다. 세상 사람들이 "문재린 목사는 그 아버지의 신앙을 받아서 목사가 되었다"고 말하는 것을 들을 때마다 나는 죄송한 마음만 가득하다. 참으로 선친의 신앙에 백분의 일도 미치지 못함을 자책해 마지않는다.

다시 청도 시절 이야기로 돌아가자. 나는 부친이 세상을 떠나셨으니 학비를 조달하는 것도 문제이거니와 집안이 말이 아닐 것이므로 부득이 귀가하는 수밖에 없다고 생각했다. 당시 우리 집에서는 내 학비를 대고자 용암촌의 집을 팔고 동거우로 이사한 참이었는데, 이사하자마자 아버지께서 돌아가신 것이었다.

그런데 종형은 달랐다. 큰일을 도모하는 것이 사명이라면서 학업을 계속하라고 강권하는 것이었다. 결국 나도 의학을 하려는 생각이 더욱 새삼스러워져서 그대로 머물며 학업에 열중하기로 했다. 황해도에서 온 재산가 김해량이 나를 후원하겠다고 했다.

그런데 8월 여름 방학 때였다. 청도에서 독일과 일본 사이에 전쟁이 벌어졌다. 일본이 1차 세계대전에 끼어들어 독일을 향해 선전 포고하고 청도를 침공한 것이다. 그때 청도는 독일 점령지였다. 우리 학교는 시가 전면으로 쑥 튀어나온 반도 끝에 우뚝 세워진 큰 건물이라 공격의 목표가 된다고 해서 선전 포고가 있자 곧 학교를 헐어 버렸다. 청도 주재 독일 총독은 비전투원들에게 퇴거령을 내렸다. 나는 얼마 동안 변홍규와 함께 있다가 하릴없이 나만 먼저 나왔고, 변 군은 독일인 목사와 함께 지냈다. 나는 제남부로 나와서 캐나다 선교사 댁에 머물면서 전쟁이 진행되는 판국을 지켜보고 있었다. 그러나 이른 시일에 끝나지 않겠기에 북경으로 돌아왔다.

북경에 돌아와 봤더니 김정훈은 집으로 돌아갔고 윤영석은 일본에 가 있었다. 종형 문성린은 협화중학에 입학해서 공부하고 있었다. 그리고 뜻밖에 김석관 형이 미국에 가려고 상해에 갔다가 북경에 와 있어서 반갑게 만났다. 김석관 형은 김정규 선생의 장남으로 나에게는 육촌형이다. 석관 형은 우리 네 사람이 유학을 떠나자 자기도 몹시 가고 싶어, 집안 친척의 학비 도움을 받아 떠나 왔다고 한다.

조성환 선생도 조선에서 오셨고, 북청 친구 고용환과 이용(이준 열사의 장남)은 북경법정대학에서, 변영태 형은 협화대학에서 공부하고 있었다. 1년 전보다 한인 수가 늘어서 거의 30명 되었다.

내가 청도에 가 있는 동안, 북경에 있던 세 사람이 양말 공장을 하면 우리 넷이 공부하기에 넉넉하다고 해서 각자 집에서 200원씩 가져와 공장을 시작하기로 한 일이 있었다. 그래서 시작한 줄 알았는데 내가 북경에 돌아와서 보니 실패하고 말았다는 것이다. 나는 후원자가 나타났기 때문에 집에 200원을 보내지 말라고 했는데 집에선 벌써 보냈던 것이다. 형편이 여러 가지로 곤란하게 되었다. 김석관 형은 나에게 권했다. "이곳에 왔다가 졸업장 하나도 가지지 못하고 어찌 돌아가는가? 같이 단기 강습이라도 하자"는 것이었다.

그래서 김석관 형과 같이 북경 국립사범 부속 단급과에 입학시험을 치렀다. 소학교 선생을 양성하는 단급과이니 만치 1년이면 졸업하고, 학비도 크게 들지 않을 테니 길게 공부하지 못할 바에는 그거라도 한다는 생각이었다. 둘 다 합격이었다. 이렇게 해서 우리 둘은 1915년 3월부터 1916년 3월까지 공부하고 4월 25일에 고등사범학교 부속 단과를 졸업했다. 종형 문성린도 협화중학을 졸업해, 우리 세 사람은 집에 돌아가기로 하고 북경을 떠났다. 중국에 와서 계통 없이 공부하다가 3년 반 만에 겨우 강습과 졸업장 한 장을 갖고 귀가한다는 것은 따분한 일이었다.

집으로 돌아오는 길에 들른 천진에서의 일이다. 훈춘에서 온 황병길의 조카(이름은 잊었다)를 만났다. 그는 우리에게 돈 버는 길이 많은데 빈손으로 집에 가 무엇 하느냐면서, 천진에 남아 돈이나 벌어가지고 가라는 것이었다. 같이 지내면서 봤더니 그가 하는 일은 아편 장사였다. 얼마 있어서 흡연도 시작했다. 여기 있으면 돈은 벌지 몰라도 사람을 버릴 것 같아 두려웠다. 그래서 우리 셋은 서울을 거쳐 같은 해 8월에 집으로 돌아왔다.

이것이 내가 세상길을 밟았던 경험이다. 삶의 기초를 정해야 할 시기에 그것을 못했다는 것은 생애의 밑받침이 없다는 말이므로 부끄러운 일이다. 그러나 청도에서 의학과를 졸업했다면 신성한 성직을 받고 이 나이가 되도록 보람 있게 천국 운동을 할 수는 없었을 것이다.

교사에서 기자로

　명동으로 돌아오자 김약연 선생이 간도 새물구팡에 있는 제2관립학
교에 선생으로 가라고 권했다. 그곳의 학생들은 모두 종성에서 온 한
국인 아이들인데 선생을 구한다는 것이다. 나는 사범학교도 나왔겠다
(국립사범학교를 나왔기 때문에 관립학교 교사 자격이 있다), 실습도 할 겸
새물구팡에 종성 사람이 많고 자족한 동네라 교회를 세우고픈 욕심이
생겨 가 볼 생각이 났다. 고향 사람들의 자녀를 교육하고, 명동처럼 그
곳에 교회를 설립해 보고 싶었다. 교회와 학교가 손을 잡을 때 참 민족
교육이 이룩된다고 늘 들었기 때문이다. 김약연 선생에게 내 결심을
말씀드렸더니 김 선생이 현시학(懸視學)에게 부탁해서 교사 발령이
나왔다.

　나는 1916년 9월 중순에 부임했다. 1년 동안 학생들과 같이 지냈는
데 학생들은 좋아했지만 중국인 교장은 교육에 아무런 성의도 없었다.
또 학교의 원로 교사라고 하는 이들은 모두 술독이었고, 젊은 교사 김

유신 외엔 모두 상대할 수 없는 사람들이었다. 동네에 잔치가 있으면 으레 선생들을 초청했다. 그리고 술을 강권한다. 이를 거절하면 모두 빈정대고 술에 취한 사람은 내 몸에 술을 마구 붓곤 했다. 그렇다고 잔치에 참여하지 않으면 학부형 회장 겸 동장인 이 모 씨가 와서 억지로 끌고 갔다. 정말 견디기 힘들었다.

그리고 무엇보다도 교회를 세워 보려는 꿈이 완전히 부서지고 말았다. 한번은 만취한 학부형 한 사람이 나에게 와서 "왜 기독교는 부모에게 제사 지내는 것을 막느냐? 우리가 부모에게 제사 드리는 것이 무엇이 나쁘냐?" 하면서 주정을 하는 것이다. 나는 성서에서 부모를 공경하는 것을 제일가는 미덕으로 가르친다고 타일렀다. 그래도 그는 듣지 않고 계속 주정을 하는 것이다. 뒤에 알고 보니 새로 온 젊은 선생이 뒷산에 올라가서 웅변 연습을 한다고 크게 소리를 질렀는데, 그것을 예수 믿는 내가 동네에서 귀신을 쫓아내려고 외친 것이라 오해했던 모양이다. 그는 나중에 내게 와서 사과했지만, 동네가 여간 완고한 것이 아니었다. 후에 종성에서 교회를 섬기는 전도사를 만나서 이야기를 들었더니, 그곳이 얼마나 완고했던지 전도사를 여러 번 파송했으나 결국 손을 들고 말았다는 것이다. 결국 나도 1917년 6월 말까지 한 해를 겨우 채우고 사임하고 말았다.

그 뒤 1917년 여름부터 나는 집안일을 돌보았다. 동네에서 합자해서 만든 소비조합을 도와달라고 해서 1918년부터 한 해 동안은 이를 맡아 보았다.

그즈음 북간도에서는 민족독립운동이 더욱 치열해졌다. 북간도 전체가 명동을 중심으로 민족의식으로 뭉쳐 있었다. 청년치고 조용히 집에 있는 사람이 드물었다. 독립군이 산에 있으면 부인들이 바구니에 음식을 담아 가져다주고, 빈 바구니에 산나물을 따다 담고 내려오곤 했다. 일본군이 독립군에 대해 물으면 있다가 떠나갔다고 대답했다. 영사관 가까운 곳에서도 비밀을 누설하는 사람이 없었다. 낯선 사람이 의심스럽게 굴면 일본 정탐원이 아닌가 잡아들여 혼을 내고, 정탐원이면 살해하곤 했다. 그러나 명동에서는 사람을 죽이지는 않았다.

우리 집이 있는 동거우는 명동학교에서 1마일쯤 떨어져 있어 은신하기 좋은 곳이라 독립운동가들이 자주 묵고 가는 장소가 되었다.

민족운동의 흐름이 거세지면서 나도 조합 일을 내던지고 나섰다. 애국 운동체인 국민회 동구회 서기 겸 《독립신문》 기자 일을 맡은 것이다. 용정민회의 기관보인 《간도일보》의 주필로 있던 유하천이 그곳에서 자진해서 나온 뒤, 나는 그와 더불어 《독립신문》을 등사판으로 수백 장씩 찍어 냈다. 그리고 학생이나 부녀들을 시켜서 곳곳에 퍼뜨렸다. 등사는 누구네 집 뒷방에서 하기도 했고 어떤 때는 산에 가서 나무 밑에서 했다.

당시에는 피해 다니느라 집에 잘 들어오지도 못했는데, 상해에서 임시정부가 조직되었다는 소식이 왔을 때는 마치 독립이나 된 듯이 기뻐했다. 그날은 집에 와서 잤다. 1920년 2월에는 친일 단체인 용정 거류민회장 이희덕을 유인해다가 3일간 우리 집에 머물게 하면서 설복하려 했으나, 일본 영사관이 중국 관청에 교섭해서 데려간 일도 있었다.

그 무렵 1919년 3·1운동의 봉화가 높이 치솟자 간도 일대에서도 독립선언 운동이 벌어졌다. 북간도 독립선언서는 1918년 8월경 윌슨의 민족 자결 선언 이전에 자주적으로 선언되었다고 한다. 그러나 구춘선, 김약연, 김영학 등 어른들이 해서 청년들은 몰랐고, 널리 알려지지도 않았다. 그러던 중에 서울에서 독립선언이 선포되었다는 소식이 전해지자 간도에서 제일 먼저 독립 축하식을 열고 시위한 곳이 용정이었다.

1919년 3월 13일, 용정 근방에 있던 조선족이 흰옷에 태극기를 들고 용정에 모여들었다. 중국 관청의 허락을 받고 용정 북쪽에 있는 서전대야에 약 3만 명이 모였다. 이 모임에는 명동중학교의 관악대(管樂隊)가 앞장을 섰다. 대회 부회장인 배형식 목사의 개회 선언이 있은 뒤 대회장 김영학이 독립선언 포고문을 낭독했다.

아 조선민족은 민족의 독립을 선언하노라. 민족의 자유를 선언하노라. 민족의 정의를 선언하노라. 민족의 인도를 선언하노라. 우리는 4000년 역사를 가진 나라요, 2000만 신성한 민족이었노라. 그런데 우리 역사를 사멸하고 우리 민족을 타파하여 기반 밑에 신음케 하며 농락 중에 고통케 함이 어언 16개 성상을 열력하였다. 이는 강린의 무정이라 할 수도 없고 학정이라 할 수도 없으며, 침략주의적 묵은 옛 시대의 사용 방법이었고 위미 자축적 소약 인생의 자연화원이라 누구를 원망하며 누구를 허물하리오. 그러나 지사의 눈물은 동해에 보태었고, 우민의 원한은 창천에 사무쳤다. 천청이 민청으로 향하고 천시는 민시로 향하야 시운이 일변하고 인도가 새로워지는 때에 정의의 효종은 큰 거리에서 떨쳐 울리고 자유의 배는 앞 나루에 두둥실 떠오르는도다. 강국의 비행기와 잠수함을 양해에 침몰하고 약자의 높이 날린 의기는 춘풍에 나부끼는도다.

우리는 역시 천민의 하나요 약자의 하나이다. 이제 천명을 승순하고 인심을 합응하여 2000만 민중의 한 입으로 일제히 자유의 노래를 부르며 두 손을 굳게 잡고 평등의 큰길로 전진하는 것이다. 이에 따라 저 동양 문명의 수뇌가 되고 동양 평화에 아성이 되는 선진의 나라는 현세의 변천을 회고하여 맹성 개오할지며 우리들의 성의를 양할하여 문인 특허하리로다. 이에 우리의 수부인 서울에서 독립기를 먼저 들매 사방이 파도같이 움직여 반도 강산은 초목금수가 모두 향응하여 괴명하니 우리 간도 거류 80만 민족도 혈맥을 멀리 이어받아 성기를 서로 통하여 황천의 부르심에 감동하여 흔연히 인류의 계급에 동등하는 바이다.

용정 서전벌에서 벌어진 3·1 만세 운동.

공약 3장

1. 오인의 이 거사는 정의, 인도, 생존, 존영을 위한 민족적 요구인즉 배타적 감정으로 광분치 말라.

2. 최후의 1인까지 최후의 1각까지 민족의 정당한 의사를 발표하라.

3. 일체의 행동은 가장 질서를 존중히 하여 오인의 주장과 태도로 하여금 어디까지든지 공명정대케 하라.

민산해. 제창병원 원장으로 독립 만세 사건과 독립군 토벌 때 많은 사상자를 돌보고, 그 참상을 해외에 알렸다.

식이 끝나고 참가자들은 시가지로 행진하다가 이를 막으려는 중국 육군대와 대결하게 되었다. 중국 관헌들은 이 시위가 도를 지나칠 경우 일본인과 일본인 상가가 피해를 입으면 이를 구실로 일본군이 진격해 올까 봐 두려웠던 것이다. 결국 저들은 발포하기 시작했다. 그 자리에서 열두 명이 죽었는데 총의 실탄이 일본산이었다고 한다. 열두 명의 장례를 사흘 만에 치렀다. 그 날 일로 스무 명 가까운 한국인이 숨졌다.

이날의 참변을 떠올릴 때 함께 이야기해야 할 인물이 있다. 제창병원(St. Andrew's Hospital) 원장 민산해(Stanley Martin) 박사가 그분이다. 그는 중국 관헌이 발포하여 사상자가 생긴다는 급보를 받고 직접 병원 직원들을 이끌고 현장에 나와 부상자들을 메어다가 입원시켰다. 시체들도 병원 영안실에 모신 뒤 장례를 지내게 했다. 그는 다음 해인 경신년 겨울에 일본 경찰이 독립군 토벌을 빙자하여 우국지사들이 사는 곳에 가서 남녀노소를 막론하고 무자비하게 학살을 저지를 때는 위험을 무릅쓰고 자전거를 타고 가서 부상자를 치료하고 이재민들을 구호했다. 그리고 그 참상을 사진으로 찍어 외국에 일본의 만행을 폭로했다.

민산해 박사는 1870년 7월 23일 영연방 소속인 캐나다 뉴펀들랜드에서 출생하여 의학을 전공했다. 1912년에 캐나다 장로교회 선교사로 조선에 왔고, 1915년에는 용정에 와서 제창병원을 설립하여 많은 한국인과 중국인 환자를 치료해 주었다. 그는 영국인이었으므로 선교구

는 치외법권의 적용을 받았다. 그는 선교구에 철책을 두르고 정문에
영국기를 높이 걸어 일본과 중국 관헌의 출입을 엄하게 막았으며, 병
원의 지하실은 우리 독립군에게 주어 연락처로 사용케 했다. 상해 임
시정부는 이런 갸륵한 공적을 알고 그에게 상을 주었다. 박사는 2차
세계대전 말에 일본의 퇴거령을 받고 1940년 귀국해서 1941년에 별
세했다. 그는 늘 가족에게 "우리는 한국인인즉 한국을 위해 살자"고
했기 때문에 그의 외아들은 6 · 25전쟁에 참전했다가 전사했고, 장녀
는 미국 감리교 선교사와, 차녀는 성결교 선교사와 결혼하여 한국에서
일했다.

15만 원 사건

조국에서는 일본의 탄압이 극심하여 3·1의거가 음성적으로 나아갔지만 만주에서는 여러 방면으로 활발히 진행되었다. 대표적인 독립운동 기관만도 국민회, 의군부, 철혈광복단 등 20여 개가 있었다. 초기에는 무저항주의로 시작했으나 무력에 의해 짓눌리게 되자 독립지사들도 무력을 기를 필요를 느꼈다. 그런데 군인을 양성하려면 돈이 필요하다는 것은 말할 나위도 없다.

이 문제를 풀고자 고민하던 이들 가운데 임국정, 윤준희, 한상호, 최봉설, 박웅세 등 뜻을 같이하는 동지들이 있었다. 그들은 1919년 12월께에 조선은행 회령 지점에서 일하는 전홍섭에게서 비밀스러운 연락을 받았다. 1920년 1월 초에 많은 돈이 용정으로 이송될 예정이라는 것이었다.

용정에 아직 기차가 놓이지 않았을 때였고, 회령과 용정을 잇는 큰 길이 바로 우리 명동학교 건너편을 지나갔다. 명동학교 학생들이 두려위 일본 관리들도 함부로 나다니지 못하던 길이었다. 일본 관헌이 죄인을 압송할 때에 밤에 조용히 지나가야지 낮에 지나가면 학생들이 습격해서 죄인들을 빼돌렸기 때문이다. 명동이 일본고등문관 시험에 출제되기도 했다고 한다.

다섯 사람은 명동에 와서 김하규 장로 댁에 머무르면서 대기했다. 김하규 장로는 최봉설의 장인이었다. 그러니까 최봉설은 나에게 동서가 된다.

그들은 명동교회에서 크리스마스를 지내고 신년 축하회에도 참석한 후, 1월 4일에 송금한다는 정확한 통지를 바로 전날에 받았다. 다섯 사람은 그날 저녁을 먹은 다음 명동과 용정의 중간인 동량리 어귀로 가서 숲속에 은신했다. 그들은 밤 8시쯤에 지나가는 은행 출장원 일행을 급습해서 일본 순경을 살해하고, 현금을 넣은 상자 세 개를 말에 실린 그대로 빼앗아 가지고 해삼위(블라디보스토크)로 무기를 구입하러 갔다. 빼앗은 돈은 15만 원이었다.

해삼위에는 엄인섭이라는 사람이 있었다. 그런데 그는 독립운동을 하다가 돌아선 자였다. 다섯 사람은 이를 모른 채 그를 통해서 1차 대전 당시 연해주에 출병했던 체코 군대가 돌아가는 길에 팔고 있던 총을 사려 한 것이다. 총을 계약하고 운반할 참인데 엄인섭은 일본군을 인솔하고 와서 그들이 자고 있는 집을 포위했다. 그때 박웅세는 명동에 남아 있었고, 최봉설은 일본 군인의 눈을 때린 뒤 달아났는데 총을 세 군데에 맞고서도 잡히지 않았다. 그러나 나머지 세 사람은 체포되어 서울 서대문형무소에서 1921년 4월 사형을 당하고 말았다.

이것이 이른바 '15만 원 사건'의 전말이다. 이분들의 거사가 계획대로 되었다면 독립운동의 물줄기가 바뀌었을지도 모르는 일이다.

15만 원 사건의 주인공인 최봉설과 임국정.

다섯 분 지사에 대해 아는 대로 간단히 적어 본다.

윤준희 선생은 1892년 함북 회령군 봉의면 남산동에서 났다. 일찍이 고향에서 한학을 공부했고 간도 용정으로 이주한 뒤 서전서숙에서 8, 9개월간 신학문과 민족정신을 교육받았다. 용정교회에서 설립한 영신학교에서 교편을 잡았고, 3·1운동 후엔 독립운동에 진력했다. 순국하실 때의 나이 30세였다.

임국정 선생은 1895년 함남 함흥 태생이다. 큰형을 따라서 간도로 이주했는데, 이동휘 선생이 설립한 와룡동의 창동학교를 졸업하고 철혈광복단에 참여했다. 처형 당시 27세였다.

한상호 선생은 1899년 함북 종성 태생으로, 부모를 따라서 간도 연길현 와룡동으로 이주해 창동학교에서 공부하다가 이 학교가 문을 닫자 명동중학교로 전학해서 졸업했다. 순국할 때는 23세였다.

체포를 모면한 최봉설 선생은 1897년 함북 회령 태생이다. 와룡동에서 창동중학교를 나왔고 한때 이 학교 부속 소학교에서 교편을 잡았다. 몸이 매우 민첩하고 의지가 강했다. 원래 부모들이 강제로 동네 처녀와 약혼을 시켰으나 당사자는 승낙하지 않았다. 양가에서는 옛 관습대로 결혼시키려고 혼인 잔치까지 다 준비했는데, 그는 당일 아침에 신부 집에 가서는 "나는 이 집으로 장가오지 않겠소" 말하고 달아났다고 한다. 뒤에 내 처제 김신희와는 만족스럽게 결혼했다. 그는 15만원 사건 후 붙잡힌 세 사람을 감옥에서 구출해 보려고 서울에 잠입했다가 뜻을 이루지 못하고 돌아왔다. 그 뒤에는 큰아들 최동현만 만주에 남겨 두고 가족과 함께 러시아로 가서 독립운동을 했다.

박웅세 선생은 명동학교를 졸업한 분이고, 문병규 선생의 장손인 문치헌의 맏사위다. 내게는 육촌매부가 된다. 15만 원 사건 때 결혼 날짜를 받아 놓고 거사에 가담했다가, 결혼식을 올리느라 무기를 구입할 때 같이 가지 않아 잡히지 않았다. 그도 가족과 함께 러시아로 가서 독립운동을 벌였다.

15만 원 사건으로 돌아가신 세 분은, 1966년 11월 24일 위원장 전택보, 부위원장 문재린이 주도하여 추도식을 올리고 국립묘지에 이장했다.

문재린과 김신묵은 15만 원 사건의 주역인 세 의사가 국립묘지에 안장되도록 노력한 끝에 그 결실을 보았다. 세 의사 중 한 분인 한상호의 비석을 제막하는 문재린. 오른쪽 옆에 흰 머플러를 쓴 이가 김신묵이다.

경신년 토벌

홍범도, 김좌진이 이끄는 무장 독립운동이 성공을 거두고, 명동학교
는 이름은 학교라지만 사실은 독립군이 모여 운동하는 곳이었다. 이렇
게 되자 1920년 8월부터 일본 군대는 간도 일대에 대해 무자비한 토
벌을 벌이기 시작했다. 해삼위와 조선에서 일본군 다섯 개 사단이 몰
려왔다. 그러자 독립군은 대부분 노령과 북만으로 후퇴하게 되었다.
독립군에 직접 가담하지 않았던 사람들까지 모조리 검속을 당했다.

그해 10월에는 명동 인근에 있는 간장암(間獐岩)의 청장년들이 33
명이나 일본군 토벌대에게 참혹하게 살해당한 일이 벌어졌다. 일본군
은 간장암의 청장년 남자들을 모두 포승으로 손을 묶어 교회당에 들어
가게 한 뒤, 교회당 주변에 짚을 쌓고 휘발유를 뿌린 다음 불을 질렀
다. 동네 사람들이 그들의 시체를 한데 묻었더니 일본군은 다시 와서
그 시체를 파내게 하고는 뼈까지 재가 되도록 다시 불에 태웠다. 그 참
혹함이란 이루 다 말할 수 없었다고 한다.

이 소식을 들은 명동교회 간부들이 회의를 열었다. 간장암 청장년들이 그토록 참혹하게 이중 삼중으로 당했으니 명동도 참변을 피할 수 없으리라고 본 것이다. 회의 결과 가만히 앉아서 일을 당하기를 기다릴 수 없다는 판단 아래, 몇 사람이 주민 전체를 대신해서 자수하기로 결정했다. 그리고 대표로 다섯 명을 뽑았다. 명동교회 대표로 최선택 목사, 국민회 동구 대표로 회장 김정규 선생, 국민회 경호부장 김강이, 명동학교 대표 김석관 선생, 국민회 동구 서기이자 《독립신문》 기자 문재린이 뽑혔다.

이들 다섯 사람은 11월 10일에 자수하고 구속되었다. 죽음을 각오한 행위였다. 실제로 김강이 국민회의 경호부장, 그리고 남성호 장로의 아들이자 영사관 경관으로 모반을 한 남보라는 처형을 당했다. 나머지는 1921년 2월 10일에 풀려났다.

이것이 내게는 첫 옥고였고 내가 넘은 첫 번째 사선이었다.

교회에도 청년이 필요하다

　나는 북경에서 돌아온 뒤 가사를 돌보기도 했고 교편도 잡았고 독립운동에 따라다니기도 해보았지만 어느 하나도 내 평생의 일로 선택하고 싶지는 않았다. 친구 중에는 같이 사업을 하자는 이도 있었다. 하지만 그때나 지금이나 나는 기술이 없을 뿐 아니라 경제에 대해서는 전혀 모르는 사람이다. 그렇다면 무얼 해야 하나, 고민하면서 3, 4개월을 지냈다. 세상에서 쓸모없는 사람이라는 생각을 하니 참으로 괴로웠다. 나는 고민하면서 사업 선택을 위한 원칙을 몇 가지 정했다.

　첫째로, 무슨 일을 하든지 물질의 욕심을 버려야 한다. 물질이란 삶에 필요한 것이기는 하나 물욕에 사로잡히면 삶을 제대로 살 수 없다. 물욕과 정의는 정반대이니 물욕에 사로잡히면 사람다운 삶을 살 수 없다. 그러기에 예수님도 "하느님과 재물을 함께 섬길 수 없다"고 했다.

　둘째, 자신의 능력과 소질에 맞아야 한다. 타인의 권유에 따라서 결정할 수도 있으나 다른 사람이 나를 나만큼 알 수 없다. 사업의 고상한 목표도 중요하지만 자기에게 맞고 흥미를 느끼느냐도 중요하다.

셋째, 올바른 가치관에 따르는 일, 즉 민족을 위해 보람을 느낄 수 있는 일이어야 한다.

넷째, 시대의 요청에 따라서 사업을 정하면 일반 사회에 많은 것을 줄 수 있다. 시대의 요구를 잘 살피면 순풍에 돛 단 것같이 될 수 있을 것이다. 그러나 그것이 자기의 근본정신에 맞지 않으면 성공이 무의미해진다.

다섯째, 사명감이 생기는 대로 해야 한다. 사명감이란 시대의 요청으로 생길 수도 있고 타인의 권면으로 생길 수도 있지만 사명감이 생기면 생명도 버릴 각오가 되어야 한다.

여섯째, 성공할 가능성이 있는 일이어야 한다.

이렇게 원칙을 정해 놓으면 사업 선택이 쉽게 될 줄 알았더니 나 자신의 부족함만 더욱 절실히 느끼게 되었다. 나는 기도하는 수밖에 없었다. 1920년 7, 8월경에 간절히 기도하는 중에 해답이 보이기 시작했다. 당시 뜻있는 청년들은 전부 독립운동에 나가 교회는 텅 비고 학교에도 선생이 없었다. 나는 교회에도 청년이 필요하다고 느꼈다. 교회운동이 곧 민족운동이기 때문이다. '옳다, 내 몸을 교회에 바치는 수밖에 없다'고 다짐했다. 그러나 내가 말을 잘하거나 교인들을 지도할 만한 능력도 없는데 어떻게 해야 하나, 이것이 또 새로운 고민거리가 되었다.

나는 다시 새벽에 교회에 나가 기도했다. 그러던 중에 떠오른 것은 성경에서 모세가 손에 쥐고 있던 마른 막대기다. 그 막대기는 미디안에서 양을 칠 때에 쓰던, 양의 똥이 묻은 마른 막대기일 뿐이지만, 그것으로 모세는 많은 권능을 베풀고 이스라엘을 무서운 파라오의 손에서 구출한 것이다. 그렇게 생각하니 자신이 생겼다. 나는 아무것도 아니지만 하느님 수중에 맡기기만 하면 하느님은 원하시는 대로 하심을 확신했다.

하느님 앞에서 결정을 내리자, 때마침 명동교회는 나를 유년 주일학교 교장으로 임명했다. 그리고 1921년 7월에 교회는 26세밖에 안 된 청년인 나를 장로로 선출했다. 그러자 친구들은 "네가 규암 선생에게서 '장로(長老)'가 무슨 뜻인지도 제대로 배우지 못했구나", "재린이는 벌써 70이 넘었으니 이제 우리 친구들이 장례 준비를 해두자", "늙은 할아버지, 우리가 보입니까? 우리 말이 들립니까?" 하며 놀려 대었다.

그러나 나는 친구들의 농담이 우습기만 했고 토기장이의 손에 잡혔다는 생각을 할 때 다행이라는 느낌뿐이어서 그들이 도리어 불쌍하게만 여겨졌다. 저들을 어떻게 하면 각성케 하느냐 하는 생각에 내 책임이 무거운 것을 느꼈다. 그 후 그들 중에 이중만이란 친구 외에 모두 신자가 됐을 뿐 아니라 목사 한 명, 장로 두 명이 나왔으니 토기장이의 능력에 감탄하면서 찬양할 뿐이다.

1922년 1월 초 국자가교회에서 모인 노회에서 나는 장로 시취에 합격했다. 그러자 노회 전도부는 나를 화룡현 대립자 구역 아홉 교회의 전도사로 임명했다. 그 아홉 교회란 대립자 장동, 만진기, 간장암, 순지암, 칠도구 동작곡, 칠도구 서작곡, 용구곡(김약연 선생이 친히 개간한 곳) 교회 등이다. 이들 지방은 중국 기독교회의 싼진(單金)이 소유하고 있었는데, 그곳에서 살면서 소작인으로 농사를 짓는 한인들을 격려하고자 세운 교회들이었다. 나는 박걸(A. H. Barker) 목사의 지도 아래 이 교회들을 순회했다.

박걸 목사는 캐나다 장로회 선교사로서 간도에 처음 입주한 분으로

동만노회 출신 인사들과 선교사들의 모임인 동만친목회에서 동만의 첫 선교사 박걸 목사 기념비를 토론토에 세웠다. 전택균, 이상철, 전우림, 전충림, 전학림, 전순영, 최동호, 문재린, 김신묵 등이 보인다. 1974년 캐나다에서.

독립지사들과 직접 악수할 수 없는 처지였음에도, 일부 과격한 자들의 반대로 마음에 고통이 극심해서 병을 얻고는 10년 후 토론토에 돌아와 치료를 받다가 타계했다(나는 그를 순교자로 인정한다). 그의 부인인 박혜선(Rebeca Barker) 씨는 용정에 들어온 해에 명신여학교를 설립하고 교장으로 교육에 나섰다. 그리고 남편이 별세하자 다시 한국에 나와서 교육 사업을 계속했다.

아홉 교회를 매월 한 번씩 순회하려면 복잡했다. 일요일 아침에 한 교회에서 예배를 보고 7, 8마일 혹은 10마일 떨어져 있는 다음 교회에 가서 저녁 예배를 드린다. 월요일, 화요일은 교인들을 심방하고 수요일은 다른 교회로 가서 수요기도회를 인도하고, 목요일은 그 교회에서 쉬며 심방하고 금요일은 또 다른 교회에 가서 금요기도회를 인도한다. 이런 식으로 아홉 교회를 돌면서 예배를 드리고 심방을 하곤 했다. 다

용정의 명신여학교. 이 사진을 찍던 1946년은 문재린의 둘째아들 동환이 교사로 일하던 때다.

행히 우리 집이 이 지역들 한가운데 있는 동거우여서 가고 오는 길에 하루나 이틀 묵으면서 쉬기도 하고 내가 해야 할 일이 있으면 돌보곤 했다. 그러나 집안일은 거의 내 할머니, 어머니, 그리고 처가 도맡아서 돌보았다.

이 교회들은 전도사가 한 달에 한 번밖에 가지 못하니 그 중간에는 어떻게 하는가? 그 교회의 장로, 영수, 집사들이 맡아서 설교하고 교인들을 돌보았다. 이것은 그들에게도 좋은 훈련이 됐다.

전도사 시절 일화를 이야기하자면, 대립자 구역에는 중간에 8000~ 9000척이나 되는 높은 고개 둘이 있다. 하나는 양목정자와 서작곡 사이에 있고, 다른 하나는 서작곡과 동작곡 사이에 있다. 눈이 많이 오면 길을 찾기조차 어렵다. 한번은 동작곡 교회의 사경회를 인도하러 가는 길에 양목정자 교회의 강군선 장로와 함께 동행했는데 큰 눈이 와서 길을 찾을 수 없게 되었다. 어림짐작으로 가다 보니 길을 잘못 들어 그 교회의 뒷산 위에 다다른 것을 깨달았다. 때는 석양인데 길 있는 곳으로 가려면 밤이 되겠기에 그 낭떠러지와도 같은 산을 내려가야만 했다. 드문드문 벌목한 나무 그루터기 사이로 내려갈 수밖에 없었다. 그래서 짐을 미리 굴려 내린 뒤 내가 먼저 눈 위에 앉아서 가파른 언덕을 미끄러져 내려가기 시작했다. 어찌나 빨리 내려가게 되던지 눈이 날려서 앞이 보이지 않는 채로 넘어지고 뒹굴면서 그냥 굴러 내려갔다. 내려오는 나는 몰랐는데 위에서 내려다보는 강 장로는 에구 에구 소리만 질렀다 한다. 어느 나무 그루터기에 머리라도 받으면 즉사할 것이었기 때문이다.

이것을 위에서 본 강 장로는 아예 뒤로 벌컥 누워서 내려왔다. 그런데 한참 쏜살같이 내려오던 강 장로가 이번에는 옆으로 뒹굴면서 내려오는 것이었다. 나는 정말 당황했다. 앉아서 내려오면 뒹굴더라도 그 면적이 작은데 옆으로 뒹굴면서 내려오면 나무 그루터기에 부딪힐 위험이 더 높기 때문이다. 그러나 다행히 아무도 상하지 않고 아래까지 내려왔다. 다시 우리를 돌보시는 토기장이에게 감사를 드릴 수밖에 없었다. 저녁에 사경회를 시작하고 이 극적인 이 사건을 보고했을 때 참석한 교인들은 모두 "할렐루야"를 연발했다.

1923년 무렵 작은사동 할머니(김애당, 문치정 할아버지의 생모)께서 돌아가셨을 때는, 3일장을 치른 다음 날 집회가 예정되어 있었다. 작은사동에서 명동 선산까지 가야 하는데 어찌나 추운지 4일장을 하게 되었다. 장로님들이 다 오셨기에 의논을 드렸다.

"사실 3일장이면 집회에 갈 수 있을 줄 알고 못 간다는 연락도 못 했는데 어떻게 할까요?"

"문 조사는 어떻게 가겠소?"

"20리 되는 길 아무리 추워도 저야 못 가겠습니까."

그러니 노인들이 가라고 하셨다. 실학파 노인들이라 그러셨겠지만, 장례에서 중간에 빠지도록 허락한 것은 대단한 일이다. 죽은 자로 하여금 죽은 자를 장례케 하라는 예수님의 말씀이 떠올랐다.

그 후 작은삼촌이 술 마시고는 "고얀 놈, 너 교회 일도 중요하지만 할머니를 칠성판에 두고 사경회에 간다는 것이 말이 되느냐? 아마 너 같은 놈은 세상에 없을 거다" 하고 울면서 야단을 치셔서, 나는 사과를 드렸다. 나중에 내 어머니께서 위독하실 때(1945년)에는 정대위가 대신 가서 집회했다.

평양신학교

교역에 헌신하려고 나섰으니 신학을 연구하여야겠다는 생각은 자연스러운 것이다. 1921년 여름에 간도노회가 연길에 모였을 때 나는 신학 청원을 했다. 노회 시취부에 출두해서 구두시험을 치르는데, "신학을 지원한 목적이 무엇이냐?" 하기에 "성서 연구가 목적이다"고 대답했더니 떨어지고 말았다.

친아들처럼 아껴 주시던 이병하 목사님이 나를 불러서 "네가 신학 공부를 하려는 목적이 목사 됨에 있지 않으냐?" 하시기에 "물론 그렇습니다"고 하니, "네가 목사 되려 한다고 말하지 않았기 때문에 낙제되었으니 다시 부르거든 출두하여서 솔직히 말하라"는 조언을 해주셨다. 신학 지원자의 소명감을 중시한 것이다. 목사님의 조언 덕분에 2차 출두에선 합격했다.

1922년 3월에 나는 평양신학교에 입학하고자 평양에 갔다. 평양신학교는 당시 한국에서 유일한 장로교 신학교였다. 미국의 남장로회,

북장로회, 캐나다 장로회, 호주 장로회 선교부가 경제적 지원을 하고 교수를 보내는 방식으로 연합 경영해 왔다. 총회 직영이라 목사 양성에 가장 권위 있는 곳이어서, 교단 소속 목사가 되려면 이 학교에서 최소 한 학기 동안 신조와 정치를 공부해야 했다.

평양신학교 입학시험에는 규정이 있었다. 중학교 이상 졸업자에게는 학과 시험(세계사, 산수, 작문)을 면제해 주고 성서학원 졸업자에게는 성경 시험(구약사, 예수 행적, 성지지聖地誌)을 면제하며 교회대학 졸업자에게는 두 가지 다 면제해 준다는 것이었다. 나는 학과 시험을 면제받아야 마땅했다. 그런데 학교 졸업증을 지참하지 않아서 학력을 믿을 수가 없다는 것이었다.

나는 명동학교가 일본 관헌이 좋아하지 않는 학교이므로 졸업증을 가지고 가면 불리할까 싶고, 말로 신고해도 신학 지원자의 말은 인정해 줄 줄 믿고 그냥 갔던 것인데, 이렇게 불신하니 노엽기 짝이 없었다. 이렇게 불신하는 학교에 입학할 의욕이 없어져서 시험을 거부하고 귀가할 생각까지 했다. 하지만 다시 생각하니 시험을 치지 않고 가면 자격 부족으로 갔다고 할 것 같았다. 내 실력을 보이기 위해서 여섯 과목 전부 시험을 쳤다.

성지지 시험은 배위양 목사가 출제했는데 굉장했다. 전부 열한 문제였는데 구약 성지뿐 아니라 유럽과 소아시아 지리를 배경으로 문제가 나왔고, 열한 번째 문제는 지도를 그리되 위 열 문제에 있는 지명을 다 기입해서 그리라는 것이다. 백로지 4절지가 모자랐다. 전부를 꼭 다 맞힐 수는 없으나 대체로 다 알겠으므로 열심히 쓰고 있는데 옆에 앉아 있던 학생이 나에게 답안지를 보여 달라는 것이 아닌가. 신학 지원생으로서 '커닝' 하려는 자가 있으니 당국이 학생들을 불신하는 것도 당연하다고 나는 스스로 양해했다. 다행히 나는 합격했다. 그러나 낙제생이 열두 명이나 되어, 학교 당국은 난처해서 이듬해부터는 지방에서 시험 보는 제도를 만들게 됐다.

평양신학교에서 공부하는 중에 겪은 특기할 만한 일 몇 가지를 적으려 한다.

어느 날 저녁 나는 벽돌 기숙사 뜰에 있는 큰 나무 밑에 서서 기도를 드렸다.

"하느님 아버지! 제가 30세에 신학교를 졸업하고 60세까지 목회한다면 30년간 교역할 터인데 그 동안 유효하게 일하려면 한 번 미국에 유학을 갔다 와야 하겠습니다. 꼭 보내 주소서."

이렇게 간구하니 〈마가복음〉 11장 24절 말씀*과 같이 하느님께서 "오냐, 보내 주마" 하고 답하는 듯이 느껴졌다. 나는 아무에게도 이 바람을 말하지 않았는데 하느님은 6년 후 나를 캐나다에 보내는 방식으로 그것을 이루어 주셨다.

학교에서 어학은 영어, 일어, 헬라어 세 가지 중 두 가지를 자유 선택할 수 있었다. 세 가지를 다 공부하는 것은 허락되지 않았다. 나는 미국 유학에는 일어보다 헬라어가 필요하다고 생각하고, 그 이튿날 아침에 교무과에 가서 영어와 일어를 배우기로 했던 것을 영어와 헬라어로 바꾸었다. 본래 일본말은 절대로 배우고 싶지 않았으나 실제 생활에 필요할 것 같아서 배우기로 했는데 딱 6시간 공부하고 헬라어로 바꾼 것이다.

---

* 개역 한글판 성경에서 인용하면 "그러므로 내가 너희에게 말하노니 무엇이든지 기도하고 구하는 것은 받은 줄로 믿으라 그리하면 너희에게 그대로 되리라." ― 편집자

신학교에 입학한 후에 나는 스스로에 대해서 한 가지 규정을 만들었다. 선교사들에게 편지를 보낼 때 한글이 아니라 영문으로 쓰기로 한 것이다. 이것은 사실 어이가 없는 일이었다. 그때 내 영어 실력이 지금 중학교 1학년 정도밖에 안 되었기 때문이다. 나는 형편없는 영어 문장으로 편지를 쓰고는 끝에 다음과 같은 말을 덧붙였다.

"P.S. Please correct the mistakes in this letter and send it back to me when you reply it in English(추신: 제 편지 중 잘못된 것을 교정해서 당신이 영문으로 회답하실 때 도로 보내 주시기 바랍니다)."

그러자 어느 선교사 할 것 없이 모두들 내 요청에 대해서 고맙게 회답해 주었다. 이 답장들을 한 장도 내버리지 않고 모아 둔 것이 캐나다 유학 갈 때에 상자 하나에 가득 찰 정도였다. 이렇게 했더니 얼마 뒤에는 정확한 영문 편지로 간단한 의사소통을 할 수 있었다. 이것은 내게 캐나다 유학의 길을 열어 주고, 지금까지 외국 친구들과 교제하는 데 적지 않은 도움이 되었다고 믿는다.

경남 출신 주기철 목사는 나와 동기로 신학교에 입학했다. 내가 신학교 학우회의 서기가 되었을 때 그는 부서기가 되었다. 학기말에 나는 주 형과 함께 기숙사 제도를 바꿔 달라고 진정하고자 교장 마포삼열(Samuel A. Moffet) 박사를 찾아갔다. 그때까지 기숙사는 지방별로 배정되었다. 그래서 학우회가 모일 때마다 출신 지방에 따라 의견이 맞서서 말썽이 많았다. 그러나 교장과 이야기할 때는 그 까닭을 말하기 쑥스러워서 "기숙사가 도별로 배정되어 다른 도에서 온 학생들과 친하지 못하므로 앞으로 총회에서 상호 협력하는 데에도 어려운 점이 있으니 앞으로는 학년별로 배정하면 좋겠다"고 했다.

교장 선생님은 진작부터 기숙사 제도를 변경하려고 했으나 학생들이 반대해서 못 했다면서, 이듬해 봄 학기 전에 등록자 이름을 미리 보내면 기숙사를 정하겠다고 했다. 이듬해 봄에 갔더니 아래쪽 기와집은 1학년 기숙사로, 언덕 위에 있는 기와집은 2학년 기숙사로, 벽돌집은 3학년 기숙사로 지정되어 있었다. 그 뒤로는 학우회를 할 때 출신 도 별로 승강이를 벌이는 일이 없어졌다.

그때 평양신학교에서 교회사를 가르친 이는 캐나다 선교사 부두일 (William Rufus Foote) 목사였다. 헬라어나 히브리어 같은 어학은 호주에서 온 선교사가 가르쳤다. 조직신학은 반드시 남장로회 선교사라 야 가르칠 수 있었다. 북장로회 선교사는 자유주의적이라고 해서 못 가르치게 했던 것이다. 성경신학은 캐나다나 호주에서 온 선교사는 못 가르치고 북장로회 선교사가 가르쳤다. 평양신학교의 첫 한국인 교수 는 성서를 담당한 남궁혁이었는데 나는 그에게 직접 배우지 못했고 내 후배들부터 배웠다. 영어는 숭실전문학교 학생이 와서 가르쳤다. 한경 직 목사가 그때 숭실전문 학생으로 부두일의 서기 일을 보았다.

평양신학교의 학생은 모두 합해 50~60명 정도였는데, 학생이 많 을 때는 200명까지 되었다. 그중에는 중학교를 마치지 못하고 들어온 학생도 있었다. 나보다 한 해 먼저 들어온 전택부 때에 처음 입학시험 을 치렀고, 졸업시험은 내가 졸업할 때에 처음 보았다. 학기 중에도 시 험에 커닝하는 사람이 있어 신학생이 커닝하면 되겠냐고, 선교사들에 게 창피하지 않으냐고 충고했으나 그 후에도 계속하기에 그냥 두었다.

교회의 전도사를 맡은 자로서 나는 신학교에서 연속하여 공부하기 어려운 조건에 있었다. 그러나 나는 매년 공부해서 5년 만에 졸업을 했다. 이렇게 할 수 있었던 것은 명동교회의 장로 김하규, 김정규, 유 한풍 세 분이 고산준령을 넘어다니면서 대신 교역해 주신 덕분이었다.

그분들의 정성 어린 도움은 참으로 잊을 수 없다.

나는 평양에서 3개월 공부하고는 돌아와서 아홉 교회를 순회 목회했다. 그리고 이듬해 가을에 다시 신학교에서 두 번째 학기 공부를 3개월 했다. 이렇게 6학기를 마치면 노회에서 시험을 보고, 합격하면 목사로 장립하는 것인데, 나는 5년 만에 졸업을 한 것이다. 1926년 봄 학기와 가을 학기 사이에는 숭실전문학교에서 철학, 역사, 영어 등의 과목을 청강하기도 했다.

1926년 봄 학기 후 숭실전문학교 기숙사에 방효정 군과 같이 머물며 자유 청강을 하면서 가을 학기를 기다릴 때, 하루는 평안남도 대동군 이천교회의 방경모 목사가 찾아왔다. 방 목사는 우리더러 와서 사경회를 인도해 달라는 것이었다. 1926년 5월 말에 이천교회에 가서 집회를 했다. 방 목사가 나를 소개하는데 독일어, 중국어, 영어, 헬라어 등 4개 외국어에 능통한 자라고 과찬을 했다. 그렇지 않다고 하자니 목사를 거짓말쟁이를 만드는 것이므로 나는 별말을 못 하고 있었다. 그런데 그런 과장이 결국은 신도들로 하여금 열심히 공부하게 해서 은혜가 많이 내렸다.

주일 저녁 마지막 집회에서 '결심'이라는 제목으로 설교를 했는데 설교 끝에 다음과 같은 결심을 시켰다.

1. 성서를 매일 한 장 이상 읽는다.
2. 시간을 정하고 매일 한 번씩 기도한다.
3. 주일을 거룩하게 지킨다.
4. 십일조 헌금을 정확히 드린다.
5. 1년에 불신자 한 사람씩 교회로 인도하기로 한다.

6. 남을 섬기는 일을 하루 한 번씩은 한다.

　방경모 목사는 교인들에게 이 결심을 꼭 지키도록 권장한 모양이었다. 우리가 평양으로 돌아와서 신학교 개학에 맞추어 공부를 하는데 11월 하순 무렵 방 목사가 다시 주일 설교를 청했다. 가 보았더니 몇 개월 사이에 교회당을 배나 크게 증축한 것이다. 예배 시간에 들어가 보니 교인도 300여 명으로 배가되어 있었다. 양만 늘어난 것이 아니라 은혜가 넘침을 볼 때 토기장이의 손이 역사한 결과임을 또 발견하고 감사드렸다.

　1926년 12월 16일은 신학교 졸업식이었다. 우리는 제20회 졸업이었는데 우리 때부터 졸업식 논문상 제도가 생겼다. 성경 구절을 미리 주고 제목은 자유롭게 정해서 논문을 쓰게 하는 것이다. 우리에게 주어진 구절은 〈요한복음〉 10장 17~18절이었다. 나는 '메시아 직(職)'이란 제목으로 썼다. 논문이라기보다 장편 설교라고 할 만한 것이었다. 누가 당선이 되는지는 식이 진행되는 과정에도 알지 못했다. 졸업장을 수여한 다음 논문상을 발표하는데 놀랍게도 1등에 문재린, 2등에 김형숙, 3등에 백병민이었다. 나는 흥분한 나머지 얼굴이 뜨거워져 오는 것을 느꼈다. 1등부터 3등을 한 학생들이 돈을 조금씩 내서 50여 학생들에게 고기 국밥을 한 그릇씩 사주었다. 나는 남은 상금으로 영문 성서를 샀다. 이것은 나의 평생 교역에 많은 도움이 되었다.

두 교회를 섬기며

평양신학교를 졸업하고 집에 돌아왔더니 명동교회에서 나를 목사로 초빙했다. 나는 망설였다. 선지자가 고향에서는 환영을 받지 못한다는 말도 있지 않은가. 더구나 명동교회 장로들은 다 내 선친의 친구들이요 특히 김약연 장로는 나의 은사다. 김하규 장로는 내 장인이고, 김정규 장로는 왕고모의 아드님으로 선친의 고종사촌 형님이다. 유한풍, 윤하현 장로도 선친의 친우들이었다.

그런 터에 나를 목사님으로 모시기 쑥스러울 것이고, 나도 자유롭게 목회를 할 수 없을 듯해서 초빙을 수락할 수가 없었다. 더구나 선임자는 강두화 목사였다. 그는 청렴하고 치밀하며 목회에 성의를 다하신 분이었다. 4년간 목회하다가 병을 얻어 고향으로 돌아가셨다. 그분의 후임으로 취임한다는 것은 지혜로운 일 같지 않았다.

그런데 명동교회에서는 어찌 된 일인지 나를 청빙하려는 계획을 도무지 바꾸려 하지 않았다. 그러다 보니 내가 도리어 배은망덕이라도 저지르는 것처럼 느껴졌다. 어쩔 도리가 없어 결국 승낙을 했다.

1927년 1월 12일에 명동교회당에서 간도노회 임시 노회가 모이고 목사 장립식 겸 명동교회 취임 예배를 보았다. 장립식 잔치가 열렸는데 나의 할머니, 어머니와 아내는 특별 초빙이 없으니 참석하지 못하는 줄 알고 이 자리에 나오지 않았다. 지금 생각해 보면 목사 가족도 어수룩했거니와 교회 직원들도 너무 무심했다고 할 것이다. 명동교회가 스스로 기른 사람을 목사로 세우는 감정이 이만저만하지 않았는데도 이런 실수를 실수인 줄 안 사람이 없었다는 것은 이상하다.

명동교회에 취임한 뒤 이번에는 토성포교회에서 연락이 왔다. 여기서도 나를 목사로 초빙한다는 것이다. 나는 명동교회 일을 보는 것도 과분한 터에 토성포까지 맡는다는 것은 무리라고 생각하여 사양했다. 그러나 토성포교회 장로들이 명동에 와서 임시 연합 당회를 열고 승낙을 강권하는데 명동교회 장로들이 더 거세게 강요하는지라 부득이 또 승낙하고 말았다. 그러면서 나는 두 가지 조건을 달았다. 내가 한 주씩 번갈아 가면서 일하되 토성포에 숙소를 정하고 꼭 절반은 그곳에서 묵을 것이며, 목사가 저편 교회로 간 동안은 장로님들이 설교뿐 아니라 특별한 사건이 있으면 심방까지 책임져야 한다는 것이었다. 연합 당회원 전원이 이 조건을 받아들였다.

토성포교회 강 집사의 자부는 내 팔촌형의 딸이다. 그래서 그 집을 숙소로 정하고, 금요일에 가서 주일을 보내고 4일간 심방을 한 뒤 금요일에 귀가했다. 나는 이렇게 서로 30리나 떨어진 두 교회를 격주로 섬겼다. 내가 한 교회를 돌보는 동안 다른 교회는 약속대로 그 교회의 장로들이 맡아서 돌봤다.

이 제도는 목사 자신에게 유익한 점이 몇 가지 있었다. 저쪽 교회에 가서 일주일간 있다 오면 언제나 새삼스런 생각이 나서 교회를 살펴보게 되고, 설교를 준비해서 저편에서 실습 삼아 하고 나서 조금 수정하면 그 다음에는 좀더 완전하게 됐다. 두 교회는 조금씩 다른 점이 있어 서로 대조해 보면서 목회함으로써 새로 얻는 소득도 많았다. 또 혹시 이쪽 교회에서 해결하기 어려운 문제가 있을 때 저쪽 당회원들에게 좋은 의견을 구해서 잘 처리할 수도 있었다.

교회로서도 독목사 모시는 것보다 나은 점이 있었다. 우선 한 주 건너씩 만나니 인정상 반갑다. 그리고 일주간 장로님들의 설교를 듣다가 목사 설교를 들으니 새 맛이 난다. 이는 목사의 설교가 나아서가 아니라 흰 쌀밥을 먹다가 잡곡밥 먹는 것도 별미이기 때문이다. 또 교인들이 일주일간 목사를 기다리다가 찾아와서 상담하는 일이 잦아졌다.

격주로 목회를 하니 목사나 교인들에게 언제나 새로운 심정이 생겨서 권태증이 나지 않았다. 또 격주로 가면 언제나 할 일이 많아서 분주하게 돌아가니 목사에게는 신나는 일이다. 목사가 없는 주간에는 장로들이 예배를 책임지고 번갈아 가면서 설교와 심방을 대신하니 그들의 신앙생활 훈련에도 크게 도움이 되었다. 장로와 목사의 관계도 긴밀해졌다. 본교회의 부모와도 같은 장로는 더욱 도움이 되었다. 나는 이런 제도가 농촌 교회에는 아주 적절한 제도라고 생각한다. 지금 목사들에게도 이런 방식으로 목회할 것을 권해 본다.

걱정했던 것과는 달리, 나이뿐 아니라 학식으로나 친척 관계로나 모두 웃어른인 분들이 30대 목사인 나를 더없이 아껴 주고 순종했다. 나와 면담할 때나 글로써 통신할 때 '님' 호칭 없이 부르는 일이 없었고 회의에서 내 의견을 절대 지지하여, 목사인 나로서는 일하기가 너무나 쉽고 순조로웠다. 특히 은사인 김약연 장로가 나에게 목사님이라고 깍

명동기독소년회 1회 창립식을 맞아 선바위 위에 올라가 사진을 찍었다. 맨 뒷줄에 모자 쓰고 넥타이 날리는 이가 문재린. 뒤에서 세 번째 줄 오른쪽에서 네 번째에 꼬마 문동환도 보인다. 1928년 8월 7일.

듯이 존대하시던 일이 부끄러우면서도 감사한 기억으로 남아 있다.

1년 반 동안 두 교회를 무난히 섬겼다. 그 사이에 생긴 일 중에서 두 가지가 떠오른다.

1926년 4월 8일에 태어난 내 큰딸 증환이가 7개월 되었을 때 열병에 걸렸다. 동네에 단 하나뿐인 의원인 윤우성은 "고칠 수 없는 풍이 들었으니 어쩔 수 없다"고 했다. 방법이 없다는 것이다. 아이가 혀를 잡아 뜯는데 입 밖으로 나온 혀 길이가 다섯 치는 되었을 것이다.

신식 병원으로 가자면 10마일이나 떨어진 용정으로 가야 하는데 이런 중병을 앓는 어린이를 데리고 갈 수도 없어 나와 아이어머니는 어찌할 바를 몰랐다. 우리는 아기를 윗목에 뉘여 놓고 둘이서 기도를 드리기 시작했다. 약 한 시간 정도 기도한 다음 일어나 보니 아이의 혀가

들어가 있었다. 우리는 아이가 죽은 것이 아닌가 의심했으나 아이어머니가 어린것의 코에 손을 대 보더니 아이가 숨을 쉰다는 것이다. "아이가 죽지 않았습니다" 하며 아이어머니는 아기를 다시 껴안아 좀더 따스한 곳에 눕히고 이불을 덮어 주었다.

이튿날 아침에 보니 아이는 완전히 정상으로 돌아왔다. 우리는 토기장이가 다시 살려 주신 것이라고 믿어 아이의 이름을 선희(膳禧)라고 고쳤다.

이와 비슷한 이야기가 하나 더 있다. 1927년 봄 어느 금요일 나는 본교회로 돌아오고 있었다. 우리 집 앞 약 1마일 되는 곳에 오기혁 씨 댁이 있었다. 그 집 앞에 오자 웬일인지 그 집에 들어가고 싶어졌다. 내 경험에 따르면 그럴 때는 느끼는 대로 행동을 해야 했다. 지나고 보면 반드시 그래야 하는 이유가 있었다. 그래서 밤이 늦었지만 그 집에 들어갔다.

들어가 봤더니 그 집 식구들이 죽어 가는 아이를 가운데 놓고 모두 울고 있었다. 나는 심중에 이 아이를 위해서 기도하라고 이 집으로 인도하신 것이구나 생각하고 그 아이를 품에 안고 간절히 기도를 드렸다. 그랬더니 가빠하던 아이의 숨과 뒤집혔던 눈이 제대로 돌아왔다. 이튿날 아이는 완쾌하게 되었다.

그 집의 기쁨은 더 말할 것도 없고 나에게도 귀한 경험이 되었다. 그 집 할머니는 "순옥이 시집가면 첫 엿 동고리는 문 목사님에게 올려야지" 하고 말씀하셨다. 엿 동고리란 엿을 넣는, 버들가지로 만든 자그마한 상자인데 옛날 풍습에는 시집간 신부가 처음 집으로 올 때는 엿 동고리를 가지고 오는 법이었다. 그러나 불행히도 순옥이는 그 뒤 8년만에 죽고 말았다.

3장
세계를 걷다

캐나다 교회의 진보적인 선교 활동

1928년에 나는 캐나다로 유학을 떠나게 되었다.

나의 유학에 관해 기록하기 전에 먼저 캐나다 교회가 어떻게 한국 선교를 시작했는지 간단히 적어 보자.

1898년, 캐나다 장로회가 한국 선교를 시작하기 전에 토론토대학 청년회가 한국에 유능한 인물들을 보냈다. 그들은 기일(奇一, James J. Gale) 목사, 편대익(片大益, Malcom Fenwick, 한국 침례교 창설자) 목사, 하디(Robert A. Hardie, 감리교 협성신학교 교장) 목사 겸 의사, 에비슨(Oliver R. Avison, 세브란스의과전문학교 설립자) 목사 겸 의사, 매켄지(William McKenzie) 목사 등이었다. 한국 기독교뿐만 아니라 한국 문화 건설에 크게 공헌한 분들로 잊어서는 안 될 분들이다.

1899년 캐나다 장로교회는 정식으로 부두일(William Rufus Foote) 목사, 구례선(Robert Grierson) 의사 겸 목사, 마구례(Duncan Mcrae) 목사 등을 첫 선교사로 파견했다. 1912년에는 캐나다 선교부에 의해

캐나다 선교사 가족들. 맨 위 왼쪽부터 구례선 부부, 남존경, 이부인, 엄지애, 맨스필드 부인, 둘째 줄에 부두일, 맥밀란, 박혜선, 마구례, 엄아력, 앞줄에 매도날 부부, 박걸, 형미 부인. 회령 선교 본부 앞에서 1913년.

목사로 양성되어 간도로 파송 나온 김영제 목사가 명동 사람들에게 세
례를 주었다. 캐나다 장로회 선교사로서 처음 간도에 온 이는 앞서도
말했듯이 박걸(Parker) 목사다. 그는 1913년 용정에 왔는데, 명동뿐
아니라 전 간도의 기독교인과 처음으로 접촉한 캐나다인이다.

    1925년 캐나다에서 장로교회, 감리교회, 회중교회가 통합해서 연합교
회를 조직했을 때 한국에서 일하던 선교사들 중 영재영(Luther Young)
목사를 제외한 다른 선교사들은 다 이 연합교회 선교사로 시무했다. 영
목사는 일본에 있는 한인들을 위해 새로 장로교 선교부를 시작했다.

    캐나다 선교부는 다른 완고한 선교부에 비해 경제적인 면은 조금 약
했지만 사상이 새롭고 관대하여 여러 가지 돋보이는 점들이 있었다.
예를 들면, 한국 선교 사업을 선교사들이 독단으로 집행하는 것은 옳
지 않다고 생각하여 1927년에 이사회를 신설하고 선교부 대표와 한국
인 대표가 동수로 참석하여 일을 처리하게 한 일이 그 하나다. 다른 교

가마와 자전거를 싣고 두만강을 건너는 선교사들.

파 선교부들은 근년에 와서야 이 정책을 따르게 됐다.

일제 말기에 선교부가 경영하는 중학들을 고등보통학교로 개편하도록 강제한 일이 있다. 이렇게 되면 신사 참배를 해야 하기 때문에 많은 선교부 소속 중학교들은 이에 반대하여 폐교를 했다. 그런데 캐나다 선교부는 함흥에 있는 남녀 영생중학을 영생고등보통학교로 개편하여 계속 교육을 했다. 신사 참배를 하는 것은 유감이지만 한국 청년들을 계속 교육하는 것이 중요하다고 여겼기 때문이다.

다른 선교부는 한국에서 목회할 목사들이 평양신학교 교육만 받으면 넉넉하다고 생각해서 선교부의 돈을 들여 외국까지 유학시키려고 하지 않았다. 그러나 캐나다 선교부는 앞으로 한국인의 손으로 한국 교회를 운영하면서 세계 교회와 어깨를 나란히 하려면 외국에서 공부하는 것이 필요하다고 보고, 선교 비용으로 학생들을 유학 보내기로 했다. 캐나다 연합교회가 생겨나기 전 장로교 선교부는 이미 그런 생

당나귀를 타고 선교 여행을 다니던 구례선 목사 부부. 그들은 두만강을 건너 북간도 해삼위 일대까지 선교를 했다. 1910년대.

각으로 채필근 목사를 동경제국대학에, 강봉욱 선생을 동경고등사범에, 김관식 목사를 토론토와 프린스턴 신학교에 유학 보냈던 것이다. 그리고 1928년 여름 연합교회 선교부는 계속해서 유학생을 보내기로 했는데 그 첫 사람으로 내가 선발되었다.

그 후에도 이 프로그램으로 캐나다에 유학한 사람이 40~50명 될 것이다. 유학생 선발 자격을 캐나다 선교부 산하의 교인으로 제한하지 않고 반드시 신학을 전공해야 한다는 조건도 없이 교육계, 의학계, 사회 사업계, 과학 부문을 막론하고 한국의 지도자를 육성한다는 의미에서 유학을 보냈다. 얼마나 놀라운 일인가?

캐나다 연합교회 선교부는 해방 후 기독교장로회와 한국신학대학이 어려움에 처했을 때나 독재와 싸우며 사회 정의를 외칠 때에도 협조의 손길을 멈추지 않았다.

토기장이와 함께 산 넘고 물 건너

부족한 내가 캐나다 유학생으로 선발된 이유를 여기서 짧게 설명하지 않을 수 없는 것은 이것이 순전히 토기장이의 경륜이었기 때문이다.

1922년 봄 어느 저녁 평양신학교 신입생이던 내가 기숙사 뜰에 있는 나무 밑에서 기도 드린 이야기를 앞에서 했다. 미국에 가서 공부하고 싶다는 내 소원을 아는 사람은 아무도 없었다. 평양신학교 교장 나부열(Roberts) 박사가 나를 아끼고 신임했으나 그에게도 한마디 하지 않았다. 평양신학교 졸업식 날, 식장으로 들어가던 내가 안대를 한 것을 보고 어도만(Erdman) 교수가 "문 장로, 미국 유학을 가려면 눈에 트라코마(trachoma, 전염성 만성 결막염)가 있으면 안 돼요" 하고 말을 건 일이 있다. 그에게 "어도만 목사님, 프린스턴 신학교 교장인 찰스 어도만에게 저를 소개해 주십시오"라고 하기만 하면 선뜻 들어줄 것 같았으나 그렇게 하지 않았다. 북간도의 지도자 김약연 장로를 통해서 캐나다 선교부와 교섭해도 잘될 수 있었지만 엄두를 내지 않았고, 동역하던 선교사들에게도 말하지 않았다. 나는 벌써 토기장이가 내 간구를 승낙하셨다고 믿었기 때문이다.

명동교회와 토성포교회를 섬기던 1928년 여름, 구세동에서 열린 노회가 끝난 다음 용정으로 돌아와 보니 김관식 목사에게서 편지가 와 있었다. 캐나다 선교부가 금년부터 한국인 목사 한 사람씩 골라 캐나다에 유학을 시키려 하는데 내가 원하면 보내려 하니 뜻이 있느냐는 것이었다. 나는 이 편지를 보고 내 기도를 들으신 하느님이 하신 일이라고 느꼈다.

캐나다 선교부가 유학 보낼 한국 청년을 고른 이야기를 나중에 들었다. 몇몇 청원이 있었지만 모든 선교사들이 청원도 하지 않은 나를 택하려고 했다는 것이다. 그러고는 당시 용정에 있던 선교사 배례사 목사에게 "문재린 목사에게 유학할 마음이 없는가?" 물었는데 내가 그에게 부탁한 일이 없으니 "그런 말을 들은 일이 없다"고 대답할 수밖에. 김관식 목사는 나와 가까운 친구라 알 것이라고 해서 물었으나 그도 모른다고 했다. 그러자 선교부에서는 김 목사더러 나에게 직접 물어 보라고 해서 그가 편지를 했던 것이다.

한 가지 문제가 있었다. 이 편지를 받은 때가 노회가 끝난 뒤여서 노회에 시무 사임을 못 했으므로 선뜻 가겠다고 회신할 수가 없었다. 이것을 노회 안의 유력한 목사 몇 분이 알고 "노회 수속은 우리가 책임지고 나중에 처리할 것이니 아무 걱정 말고 간다고 회답하라"고 해서 수속이 시작됐다.

당시 미주에 간다는 것은 참으로 복잡하고 어려운 일이었다. 그런데 일본이 영국과 동맹 관계가 있어서 캐나다 선교사가 교섭한 결과(캐나다는 영국 연방에 속해 있으므로) 불과 몇 주일 만에 동경에서 여권이 날아왔다. 8월 6일에는 간도 영사관에서 여권을 받고 선교부에서 여비 400달러를 여행자 수표로 받았다. 큰삼촌 문치한의 양복점에서 양복 한 벌을 지어 입고, 가방 하나 사고, 와이셔츠와 내복 두 벌을 사 넣으니 여장은 다 마련되었다.

캐나다로 떠나기 바로 전날인 8월 7일 저녁에 가슴 철렁하면서도 신기한 일이 있었다. 사흘 전부터 비가 오기 시작해서 연사흘 이어지니 강은 넘쳐나고 길은 말할 수 없이 질었다. 소룡동(작은사동)으로 노조부님(선친의 생부이신 문명호 어른)과 장인께 하직 인사를 갔다 와서 보니 호주머니에 넣었던 돈지갑이 없어졌다. 그 안엔 400달러짜리 수표가 들어 있었다. 여권은 있었으나 여비를 잃었으니 캐나다는 다 간 것이 아닌가 생각하자 앞이 깜깜했다.

집에서 소룡동은 3리가 넘는데 캄캄한 밤에 비는 계속 내렸다. 더구나 큰길로 다녀온 것도 아니고 사람 키 넘는 곡식밭을 지나고, 물이 불어서 너비가 200척은 넉넉히 되는 개천을 건너서 온 터라 지갑을 찾는다는 것은 가망 없는 일이었다. 그렇다고 찾아보지 않을 수도 없었다.

한 손에 우산을 들고 다른 손에는 초롱불을 들고 조밭, 콩밭, 풀밭에 난 진흙 발자국을 따라갔다. 그것이 내 발자국인지도 분간할 수 없었으나 믿고 기도하면서 개천가에 다다랐다. 장맛비에 물은 분초를 다투며 불어나 개천가 풀밭 속에서 파도를 치고 있었다. 참으로 기가 막혔다. 그런데, 문득 검고 반짝반짝하는 뭔가가 물에 잠겼다 드러났다 하는 것이 보였다. 꼭 내 돈지갑 같았다. 손을 내밀어 잡고 보니 과연 그것이 틀림없었다.

한숨을 푹 내쉬면서 "하느님, 감사합니다. 이 자식은 미련해서 이 중요한 것을 이렇게 소홀히 다루어 떨어뜨렸으나 물에 밀려가게 하지도 않으시고 제 눈에 띄게 하셨으니 당신의 은총이라고 믿습니다"라고 고백했다. 정말 기적 같은 일이었다. 〈요한계시록〉 2장 4~5절에서 하느님이 에베소 교회에 하신 말씀이 기억났다. "너를 책망할 것이 있나니 너의 처음 사랑을 버렸느니라. 그러므로 어디서 떨어진 것을 생각하고 회개하여 처음 행위를 가지라……." 집에 돌아와서 그 밤을 자고 나니 비가 그쳤다.

이튿날인 8월 8일 나는 작은삼촌 문치홍의 소달구지를 타고 회령을 향해 떠났다. 홍수로 함경선의 철도가 파괴되어 사흘간 기차가 오가지 못하던 것이 내가 회령에 도착한 그 이튿날에는 복구된다고 하여, 박태환 장로 댁에서 하룻밤을 자고 다음 날 기차를 탔다. 서울까지 무사히 올라가서 《동아일보》를 보니, 내가 떠난 뒤 다시 비가 쏟아져서 기차가 또 불통되었다고 한다.

남쪽도 홍수 피해가 이만저만이 아니었다. 갈 길이 바쁜지라 서울서 일박하고 경부선에 몸을 싣고 내려가노라니 그곳에도 비가 쏟아져서 언덕이 무너지고 집이 물에 반 이상 잠긴 것을 보았다. 경남 밀양을 지날 때는 벌판에 땅이라고는 도무지 보이지 않고 기차는 물 가운데로 나가니, 내가 타고 가는 것이 기차인지 기선인지 의심스러울 정도였다. 보행자는 볼 수도 없고 목선으로 이 산 밑 동네와 저 산 밑 동네를 오가고 있었다. 부산에서 하루 자고 12일 아침 9시에 일본 가는 연락선을 타러 가는데 《동아일보》 호외를 보니까 "경부선 불통"이라는 것이다. 토기장이가 나를 도우시는 것 같았다.

관부 연락선(부산과 일본의 시모노세키下關 사이를 오가던, 일본의 철도성 연락선. 부산의 '부'와 시모노세키의 한자 뒷글자 '관關' 자를 따서 '관부 연락선'이라 했다—편집자)을 타니까 옛날 최남선 선생이 망명하면서 부른 노래가 떠올랐다.

> 한양아 잘 있거라 갔다 오리라
> 앞길은 질펀하다 수륙(水陸) 십만 리

승객 중에는 한인이 많았을 테지만 모두 일어만 사용했기 때문에 전부 일본인처럼 보였다. 일어는 전혀 알지 못하는 내가 서툰 영어로 말을 하자니 어색하기 짝이 없었다.

시모노세키에 내린 뒤 기차로 동경에 가서, 또 기차를 바꾸어 타고 요코하마에 도착하자 밤이 깊었다. 일본인 여관에서 하룻밤 자고 13일 오후 8시에 미국 시애틀로 떠나는 일본 기선을 타게 되어 있었다.

그날 떠나기 전에 요코하마 여자 신학교에 가서 김관식 목사에게 소개받은 한국 학생 셋을 만나 시내 구경을 했다. 자기들이 점심을 내겠다고 하기에 내가 어떻게 학생들의 대접을 받느냐고 했더니 그들은 "문 목사님은 유학생 아닙니까?" 하면서 일본 요리점에 데리고 들어가 대접을 하는 것이다. 세 학생 중에 석씨라는 함경도 분이 있었던 것이 기억난다.

태평양 횡단 여행은 참으로 호사스러웠다. 식당에 들어가면 중국 음식과 일식, 양식을 원하는 대로 먹을 수 있고 활동사진관이 매일 저녁 열려 있었으며 독서실도 있어서 마음껏 책을 읽을 수 있었다. 게다가 '태평양'이라는 이름 그대로 14일간 항해하는 동안 한 번도 풍랑이 일지 않았다.

캐나다에서

8월 27일 오전, 우리가 탄 배는 14일 만에 캐나다 빅토리아 항에 도착했다. 빅토리아는 섬인데 섬 전체가 꽃밭이었다. 거기서 다시 연락선을 타고 밴쿠버를 향해 한 시간 반쯤 가는데, 좌우에 수목이 울창해서 기분이 매우 좋았다.

그런데 한 가지 불쾌한 일이 벌어졌다. 빅토리아에서 성직자 10여명이 동승했는데 모두 성직자 칼라를 했기에 가톨릭 신부인가 보다 했다. 그중 한 사람이 나한테 어느 나라 사람이고 어디에 무엇을 하러 가느냐고 물었다. 나는 토론토의 임마누엘 신학교(Emmanuel College)로 신학을 공부하러 간다고 대답했다. 그들은 밴쿠버에서 목회하는 장로교회 목사들로 빅토리아에서 열린 노회에 참석했다가 돌아가는 길이었다. 그런데 내 말을 듣자 연합교회는 교회가 아니라는 등, 연합교회는 신신학이라는 등, 한국 장로교회는 정통 신학인 줄 아는데 임마누엘로 가서 무얼 배울 것이냐는 등, 이제라도 녹스(Knox College)로

가면 자기들이 장학금을 주선해 주겠다는 등 별의별 소리를 다 하는 것이 아닌가? 임마누엘은 연합교회 신학교이고, 녹스는 연합을 반대한 장로교회 신학교다. 나는 저것이 참신앙을 하는 사람들이 가질 태도인가 한심하기도 했지만, 서로 싸우고 갈라진 지 3년밖에 안 되니 저럴 수도 있을 것이라고 이해하고 넘어갔다.

배는 어느덧 밴쿠버 항에 도착했다. 필키(Pilky) 목사란 분이 영접을 나왔다. 마침 날씨가 아주 좋았다. 나는 필키 목사의 도움으로 세관과 이민국을 무사히 통과한 다음, 새로 지은 호텔에 투숙하게 됐다. 이튿날인 토요일에 캐나다를 동서로 횡단하는 기차를 탈 작정이었다. 그런데 필키 목사가 월요일에 떠나도록 임마누엘 신학교와 약속이 됐으니 며칠 더 쉬다 가라고 해서 그에 따랐다.

28일, 필키 목사의 차로 시내 구경을 했는데 밴쿠버는 캐나다에서 세 번째로 큰 도시라 용정촌에 살던 사람에게는 별천지였다. 난류 때문에 겨울에도 춥지 않은 곳이라고 한다.

이날 오전 11시에 필키 목사가 시무하는 성 요한 연합교회(St. John's United Church)에 갔다. 이 교회는 내가 전도사 일을 볼 때 지도해 주었던 박걸 목사를 보내 준 교회다. 그가 토론토로 돌아와서 병 치료를 받다가 별세한 것이 바로 2년 전이었다. 교회 강단에 서니 눈물이 앞섰다. 부족한 영어로 하고 싶은 말을 다하지 못함이 유감이었지만 인사말을 한 뒤 한국어로 찬송을 한 장 불렀다. 음악에 소질은 없으나 그냥 넘어가기 섭섭해서 대중 앞에서 독창을 한 것이다. 45년 후인 1973년 가을 나는 캐나다 중서부를 순회하는 길에 반병섭 목사에게 부탁하여 이 교회에 다시 와서, 박걸 목사가 선교하던 한국 교회에 대한 보고 설교를 했으나 교인들은 그때 일을 아는 이가 없어서 별 느낌이 없는 듯했다.

30일 아침, 필키 목사가 기차표와 함께 기차에서 4일간 먹을 샌드위치와 과일을 상자에 넣어 주었다. 교회는 성서 한 권을 기념으로 주었다. 필키 목사가 차로 역까지 데려다주어서 매우 고마웠다. 캐나다를 횡단하는 기차 회사는 CNR(Canada National Railway)과 CPR(Canada Pacific Railway)이 있었는데 나는 CNR의 기차를 탔다. 기차는 밤낮으로 달려서 토론토까지 닿는 데 4일 반이 걸렸다. 미 대륙이 얼마나 넓은지를 실감했다.

　캐나다의 국토 면적은 세계 제2위이고 당시 총인구는 1100만이었다. 빅토리아와 밴쿠버는 신흥 해안 도시로 매우 아름답다. 캐나다는 미국과 공동으로 큰 호수들을 가지고 있는데, 온타리오주에 큰 호수가 있고 모스코카에 작은 호수 수백 개가 있어서 여름 피서지로 유명하다. 세계 담수의 반을 차지한다고 한다. 나이아가라 폭포는 미국 이리 호로부터 캐나다 온타리오 호로 떨어지는 것이다. 캐나다 쪽 폭포가 미국 쪽 폭포보다 폭도 약 5배 넓고 수량도 많아 훨씬 웅장하고 아름답다.

　캐나다 주요 도시 중에서 토론토는 몬트리올 다음으로 큰 도시다. 당시 인구는 85만뿐이지만 종교나 교육 면으로 볼 때 단연 제일이었다. 그러나 1971년에 다시 와 보니 토론토 인구가 250만으로 늘어 몬트리올과 어깨를 겨루게 되었다. 산업 면에서도 중심 도시가 되어 가고 있다. 토론토가 급성장하는 이유의 하나로 몬트리올은 불어 통용 도시인 반면 토론토는 영어 통용 도시인 점을 들 수 있다. 영어 사용 이민자가 많이 늘었기 때문이다.

　그리고 핼리팩스란 도시가 있는데, 그곳은 캐나다 장로교회의 본산지다. 한국에 온 초대 선교사들은 거의 다 그곳에서 온 분들이다.

　토론토에 도착한 것은 9월 4일이었다. 기차에서 내리자 내가 잘 아는 암스트롱(Armstrong) 박사 부부가 역에 나와 있었다. 캐나다 장로교회 때부터 외지 선교부 총무로서 여러 차례 한국 시찰을 나올 때마다 나와 만났던 분이다.

암스트롱 목사의 차를 타고 퀸스 파크 75번지에 자리 잡은 임마누엘 신학교에 도착했다. 개학을 한 지 벌써 4일이나 지나 있었다. 사우스하우스라는 곳의 한 방에 자리를 잡았는데, 조그만 옛날식 개인 가옥을 기숙사로 만든 집이었다. 학교도 퀸스 파크 길에 있는 오래된 건물이었다. 건물은 보잘것없지만 수준은 북미에서 손꼽는 학교였다. 나는 이제 임마누엘의 학생이 된 것이다. 행운에 힘입어 이 좋은 학교의 학생이 되었지만 나의 부족한 영어로 어떻게 공부를 감당하느냐는 것은 큰 문제였다. 최선을 다한다는 결심뿐이었다.

토론토에는 4년 전 김관식 목사가 유니언 칼리지에서 1년 공부하다가 신학사 학위 과정을 허가받지 못해서 프린스턴으로 간 뒤, 내가 첫 유학생으로 온 것이다. 나는 1년 동안 토론토의 유일한 한인이었다. 그리고 핼리팩스와 밴쿠버에 한국 학생이 한 명씩 있어서, 캐나다 전역에 한인 학생이 세 사람이었다.

그러다 1929년에 이화전문학교 가사과 선생인 메이블 김(Mable Kim)과 이금전(Francis Lee) 양이 와서 토론토의 한국인이 세 명으로 늘었는데, 공중위생을 연구하러 왔던 이금전 양은 캐나다의 식사가 맞지 않아서 반년 만에 귀국하고 말았다. 그리고 핼리팩스에 있는 파인힐 대학에서 공부하던 최호율(Harold Choi)이 우리 신학교로 전학해 왔다가 다음 해 가을에 신경쇠약으로 귀국했다. 또 1930년에 김창보 목사의 아들 김석주가 함흥에서 와서 병원의 직원으로 취직하고 바이올린 공부를 했다.

임마누엘 신학교

내가 입학한 임마누엘 신학교는 빅토리아 대학교에 속하고, 빅토리아 대학교는 다시 토론토 대학교에 포함되어 있었다. 그때나 지금이나 세계적으로 인정받는 토론토 대학교는 당시 23개 칼리지를 거느리고 있었는데, 빅토리아 대학교에는 빅토리아 칼리지(Victoria College)라는 문과(文科)와 임마누엘 칼리지(Emmanuel College)라는 신과(神科)가 있었다.

임마누엘 칼리지, 곧 임마누엘 신학교의 교수진은 다음과 같았다.

알프레드 갠디어(Afred Gandier) 학장은 2년 전 한국에 왔을 때 만났던 분인데, 목회학을 가르쳤다. 그는 연합교회가 생기기 전인 장로교 시절 녹스 신학교 학장으로 15년 동안 시무했고, 연합 직전 5년간은 장로교와 감리교가 함께 운영한 유니언 신학교(Union College) 학장으로 일했으며, 1925년 장로교, 감리교, 회중교회 세 교파가 합해서 연합교회(United Church of Canada)가 된 후에는 신생 신학교인 임마누엘의 학장으로 시무하고 있었다. 그처럼 오래 학장으로 일한 것으로 보아 그는 학교 운영에 능숙했고 교회와 학생들에게 모범적일 뿐만 아니라 교계 전체에서도 신망이 높았음에 틀림없다.

리처드 데이비슨(Richard Davidson) 학감은 구약과 히브리어를 가르쳤다. 그 역시 성격이 온유하고 신앙이 독실하여 사람들의 존경을 받았는데 5년 후 갠디어 박사의 후임으로 학장이 되었다.

케네스 코슬랜드(Kenneth Causland) 교수는 교회사를 가르쳤으며 데이비슨 선생의 후임으로 학장 직을 맡았다.

존 베일리(John Baily) 교수와 리처드 로버트(Richard Robert) 교수는 조직신학을, 존 다우(John Dow) 교수는 신약신학, 프레드 랭포드(Fred Langford) 교수는 종교교육을 담당했다.

세계에서도 우수한 신학교에 속하는 임마누엘 대학의 학내 분위기는 자유로웠다. 교수들도 소신대로 가르치고 학생들도 자유로이 받아들였다. 게다가 교수 중에 담배를 공공연히 피우는 분이 있는가 하면 학생들 가운데 꼬불대통(파이프 담배)을 물고 다니고 맥주를 마음대로 마시는 사람이 있지 않은가. 물론 담배나 맥주라면 보는 것조차 싫어하는 학생들도 있었다.

프레드 랭포드 교수는 교과서로 《How to Use the Bible(성서 사용법)》이라는 책을 사용했는데, 뉴욕 리버사이드 교회의 목사 포스틱(Fostick)의 저서였다. 랭포드 교수는 자유주의 신학자로서 때로는 포스틱 박사보다 더 자유주의적이었다. 그 밖의 교수들은 대체로 온건한 신정통주의자들이었다. 나는 수업 시간마다 랭포드 교수와 토론을 벌였다. 그러면 그는 책을 소개해 주면서 보고서를 쓰라는 것이다. 대부분의 경우 나의 보고서와 그의 강의는 정반대였다. 내가 평양신학교에

서 배운 것은 정통 신학이었기 때문이다. 그러나 이 학교 교수들은 자기의 강의와 같지 않다고 점수를 적게 주거나 하지는 않았다. 어느 날 랭포드 교수가 강의를 끝내면서 나에게 자기 강의가 어떠냐고 물었다. 나는 배우는 것이 많아 재미있게 공부하고 있지만 한국에 돌아가서 이 과목에서 들은 것을 한마디만 말하면 교단에서 내려오라고 고함치는 사람이 있을 것이라고 대답했다.

나는 처음에 어학이 부족했기 때문에 학부 과목들을 택해서 3년을 마치고, 신학사 과정(B.D. Course)에 들어갔다. 문학사(文學士) 학위가 없으면 신학사를 못하는데, 나는 예전에 중국에서 공부한 것과 평양신학교에서 공부한 것을 문과 수료한 것으로 인정받았다.

1년을 공부해서 신학사 학위를 받았는데, 교회사 교수 케네스 코슬랜드와 신약 교수 존 다우의 지도 아래 쓴 논문의 제목은 '한국 교회와 사도시대 교회 비교 연구'다.

이렇게 공부하는 동안 옛날 평양신학교의 보수주의 신학 교육을 받은 것은 내게 그대로 남아 있었으나 사상적인 태도는 적잖게 관대해졌다고 할 것이다.

나는 교수들과 교계의 후원을 많이 받았다. 또 학교에서는 내 영어가 부족함을 걱정해서, 나이가 45세쯤 되는 미스 로스(Miss Rose)를 일주일에 세 번씩 보내 과외로 영어를 가르쳐 주게 했다.

교수들의 친절은 더 말할 것도 없고, 동급생 몇 사람은 좀 냉정했지만, 대다수는 내가 말도 제대로 못해도 매우 친절했다. 그중 노바 우즈(Norvah Woods)에게는 신세를 많이 졌는데, 나는 그의 노트를 빌려다 베껴서 공부하기도 했다. 조지 비티(George Beaty), 프레드 비닝턴(Fred Binnington), 존 왓슨(John Watson) 등하고도 친했다. 캐나다에서 3년 넘게 지내면서 향수를 거의 느끼지 못했을 정도다. 이들은 내가 귀국한 뒤에도 옛정을 잊지 않고 내 딸 선희(Sunny)를 데려다가 모교에서 2년간 공부하게 한 다음, 미국 피츠버그 대학과 하트퍼드 대학에서 종교교육 전공으로 석사 학위까지 받아 가지고 가게끔 길을 열어 주었다.

그리고 구엘프(Guelf) 농업대학에서 일하던 프랭크 스코필드(Frank Scofield) 박사와도 막역한 친구로 지냈다. 한인들이 모이는 곳이라면 거리가 멀어도 참석하는 분이었다. 나는 이들에게 아무것도 해준 것이 없었으나 참으로 많은 사랑을 받았다. 모두 토기장이의 힘이라고 생각할 때 감사한 마음 그지없다.

나는 사우스하우스 기숙사에서 한 학기를 지내고, 게이트 하우스(Gate House) 2층의 한 방에서 2년을 지냈다. 음식은 대체로 입에 맞았다. 그런데 게이트 하우스로 옮겼을 때, 같이 살게 된 학생들이 어느 날 밤 환영 파티라면서 아이스크림을 많이 사 왔다. 억지로 먹이는 바람에 과식을 했더니 이튿날부터 설사가 나기 시작했다. 곧 낫겠지 했으나 며칠이 지나도 낫지 않아 부득이 학교 의사에게 보였더니, 이질이라면서 입원을 시키는 것이었다.

의사는 매일 와서 주사를 놓았다. 사흘간 치료를 하니까 완전히 다 나아서 아무 일이 없는 것 같은데도 계속해서 주사를 놓더니 한 달 뒤에야 퇴원을 시켰다. 기숙사에서 불과 150미터인 짧은 거리인데 한 번쉬고 돌아오니 무려 1년 동안이나 변소도 혼자 쓰게 했다. 이질은 전염병이라 이렇게 철저하게 관리하는 것이었다. 때는 바로 크리스마스방학 직전이었다.

방학을 맞아 모두 귀가하고 기숙사 안은 텅 비었다. 중국 광동에서와서 의학을 전공하는 케네스 허(許)란 학생과 나, 두 사람만 커다란기숙사에 남았다. 하루는 저녁참인데 그 학생이 활동사진 구경을 가자고 했다. 건강이 좋지 못했던 내가 거절했더니 그 학생은 불쾌한 듯이"형제처럼 지내는 내가 외로워서 영화 보러 가자는데 형으로서 어찌거절하느냐?"고 나무라는 것이었다. 내가 아무리 고단하다 해도 더 이상은 거절할 수가 없어서 저녁을 먹고 함께 나갔다.

찰스 스트리트에 이르러 건널목까지 돌아가기 싫어서 기회를 보아그냥 찻길을 건너기로 했다. 나는 앞서 건너갔는데 그는 함께 건너오지 않고 길 가운데서 주저하다가 그만 자동차에 받혀 아스팔트에 떨어지고 말았다. 나는 "아! 하느님" 하고 외쳤을 뿐이다.

자동차를 운전하던 사람은 자기 부인을 집에 걸려 보내고 다친 사람을 실었는데, 허 군은 전신이 빳빳한 것이 시체와도 같았다. 우리는 병원으로 달렸다. 응급실에서 치료하니 다행히도 허 군은 곧 정신을 차렸다. 어떠냐고 물어 보니 괜찮다고 하면서 기숙사로 돌아가자는 것이다. 병원에서는 며칠 입원해서 쉬라고 권했다. 따라온 사복 경관도 자기 명함에 자동차 번호를 적어 주면서 무료로 며칠간 병원에 입원해서쉴 수 있다고 권했지만, 허 군이 굳이 기숙사에 돌아가겠다고 고집하기에 택시를 불러 타고 돌아왔다. 둘이서 하느님의 은혜에 감사했다.

영국인 형제 존 할러웨이

우리 속담에 "과부가 홀아비 서러움을 안다"는 말이 있다. 나는 토론토에서 그런 사람을 만났다. 존 할러웨이(John Holloway)라는 영국인이었다. 그는 우리 기숙사인 게이트 하우스 지하실에 살면서 학교나 사택 건물을 수리하는 직원이었다. 체구는 자그마하나 옷을 입는 것이나 행동하는 것이 분명해서 영국인이라고 짐작했는데, 어딘가 그에게는 쓸쓸한 기운이 감도는 것을 나는 느꼈다. 수만 리 타향에 와서 교수들이나 학생들의 협조로 공부하고 있지만 아무래도 고적했던 나는 그를 보자 금방 동정심이 생겼다.

1929년 가을 어느 주일에 나는 예배 보고 돌아와서, 그를 찾아보고 싶은 마음이 생겼다. 내려가서 그의 방문을 두드렸더니 그는 문을 열고 영국 신사 식으로 나를 점잖게 영접하는 것이다. 약 한 시간 정중하게 이야기를 나눈 뒤 내가 떠나려는데, 그는 다음 주일 오후에도 올 수 있느냐고 물었다. 나는 쾌히 승낙했다.

다음 주일 오후에 그의 방을 찾아갔더니 차 파티를 제대로 준비해 놓고 있었다. 이미 우리는 구면이라 솔직한 이야기가 이어졌다. 그는 이렇게 말했다.

"나에겐 못된 영국인의 교만이 있어서 토론토 대학교 교수들도, 교회 목사들도, 높은 관리들도 다 내 눈에는 양키로만 보였다. 그래서 그들의 교회에도 참석하지 않았다. 15년 동안 교회에 꼭 한 번 갔는데 그것도 예배가 목적이 아니라 친구를 만나러 간 것이다. 15년 전 교회를 짓는 일을 할 때 한 장로한테서 신약성서 한 권을 받은 게 있다. 한 번도 펴보지 않고 그냥 가방 속에 넣어 두었다. 그런데 지난 주일 미스터 문이 다녀간 뒤에 마음에 큰 변화가 일어나서 15년 만에 그 성서를 끄집어내어 읽기 시작했다."

이는 틀림없이 토기장이의 역사(役事)라고 믿고 마음으로 찬양했다.

나는 주일뿐 아니라 저녁 식사 후에 잠시라도 내려가서 그를 만났고, 그도 하루 한 번씩이라도 나를 보고 싶어할 만큼 우리는 가까워졌다. 그의 신앙은 보통이 아니었다. 그는 끊임없이 기도했다. 때때로 중요한 생각이 나면 기록하거나 시로 써서 내게 보여 주곤 했다. 우리는 둘도 없는 형제처럼 지냈다. 그는 나보다 열 살이나 위였다. 그래서 그는 내 형이 되고, 나는 그의 동생이 되었다.

1930년 집에서 동생 학린이 폐병을 앓는다는 소식을 들었다. 치료비를 보내 주고 싶었지만, 학교에서 학비로 500달러 받는 돈을 보낼 수는 없었다. 학비로 쓰라는 것을 사비로 쓰는 것이기 때문이다. 그래서 여름 방학에 일자리를 구할 생각을 했다. 존과 의논했더니 "문 목사 동생이면 곧 내 동생인데 내 일터에 와서 일하고 버는 대로 보내자"는 것이다.

나는 망설이다가 적당한 일을 구하는 것도 쉬운 일이 아니었으므로 그의 제안대로 함께 일하기 시작했다. 일은 소파나 용수철 넣은 안락의자를 수선하는 일이었다. 몇 주 지나니 나도 능숙하게 할 수 있었다. 그 방에서 일하는 캐나다 청년 두 사람은 쉬운 심부름을 할 뿐이었다. 그는 "보다시피 캐나다 청년들에게 1년이 지나도록 심부름만 시키고 있는데 당신은 탁월하다. 한국인 모두가 당신처럼 잘한다면 주의해야겠다"고 말했다.

그런데 한 번은 그가 내게 무리한 제재를 했다. 나는 저 사람이 영국인의 교만함으로 나를 무시하는 것이라는 생각이 들어 감정이 상했다. 내가 그만두겠다고 했더니 그도 대뜸 그만두라고 하는 게 아닌가.

나는 2층 내 방에 올라와서 책을 읽었다. 저녁 식사 때가 되자 그는 심부름하는 청년을 보내서 나더러 식사하러 오라고 했다. 나는 일을 그만두어 식사하러 갈 이유가 없다면서 그 청년을 돌려보냈다. 이튿날 아침에 그는 청년을 또 보내어 아침 식사를 하러 오라고 했다. 나는 여전히 마음이 풀리지 않아 다시 청년을 돌려보냈다. 그러고는 소식 없이 며칠이 지났다.

어느 날 아침을 먹은 뒤 방에 앉아서 교정을 내다보니 우리 학교 앞에 있는 퀸스 파크에서 누가 지팡이를 짚고 우리 기숙사를 향해 오고 있었다. 멀리서 보니 옷차림은 틀림없이 존인데 중병에 걸린 환자처럼 보였다. 더 가까이 오자 틀림없는 그였다. 내가 며칠 동안 식사하러 가지 않았더니 그도 먹지 않고 저렇게 되었구나 생각하자 죄책감이 불길처럼 일어났다. 나는 그의 방으로 뛰어 내려갔다.

방문을 두드렸더니 모기 소리만 하게 "컴 인" 하는지라 문을 열고 들어섰다. 나를 본 그는 침대에서 일어서지도 못하고 굴러 떨어져서,

내 다리를 붙잡고 울면서 "내가 나이는 당신보다 더 많지만 당신은 목사로서 나보다 마음이 넓어야 하지 않겠는가?" 하고 말하는 것이었다. 내 눈에서도 눈물이 쏟아졌다. 나는 다만 "잘못했으니 용서하라"고밖에 할 수 없었다. 그 뒤로 우리는 다시는 오해 없이 지냈다. 그리고 우리가 쓰고 남은 것은 모두 집으로 보냈다.

1931년 11월 하순에 내가 에든버러로 떠날 때 우리는 비장한 작별을 했다. 지상에서는 다시 만나지 못하겠으나 천당에서 만나기로 하고 눈물을 흘리면서 헤어졌다. 나는 그에게 죄를 지었다. 그는 잘 믿는 사람이니 나를 용서했을 테지만 나는 분명 용서받지 못할 죄를 범했다. 에든버러에서 한 번 편지를 쓴 것 같으나 집에 돌아온 뒤에는 한 번도 그에게 연락하지 않았기 때문이다. 그는 얼마나 내 편지를 기다렸을까? 얼마나 나의 무심함을 책망했을까?

1954년에 딸 선희가 토론토로 갈 때 찾아보라고 했더니 그는 4년 전에 벌써 세상을 떠났다는 것이었다. 외롭게 살던 분인데 계속 소식을 주고받으며 지내지 못한 것이 후회된다. 그는 분명히 천당에 갔을 것이다. 이제는 별수 없이 그곳에 가서 사과할 일만 남았다.

"존, 용서하라, 나의 무심함을!"

에든버러, 그리고 미국인 동생 스코빌

나는 1931년 5월 8일 임마누엘 신학교를 졸업했다. 그리고 5개월을 더 체류하면서 신학 석사 논문을 마쳤다. 캐나다에서 3년 반을 지내자 유럽을 구경하고 싶었다. 암스트롱 박사와 상의했더니 그렇게 하라는 것이다. 그래서 1931년 10월에 핼리팩스에 가서 스코틀랜드 글래스고 항까지 가는 배를 타고 대서양으로 나섰다.

대서양은 내가 캐나다에 올 때 항해한 태평양과는 딴판이었다. 너무나 풍랑이 심했다. 파도가 갑판보다 4, 5척 이상 높이 솟아 갑판을 때리기 때문에 승객들을 갑판에 나가지 못하도록 한 적이 한두 번이 아니었다. 이윽고 6일 만에 배가 글래스고에 도착하니 마침 비가 와서 매우 스산했다. 기차로 바꾸어 타고 에든버러로 올라가 호텔에서 하룻밤 자고 뉴 칼리지(New College)로 갔더니, 서무계에서 하숙을 정해 주었다.

나는 1931년 11월부터 1932년 4월 중순까지 약 반년간 에든버러에서 생활하며, 에든버러 대학의 신학부인 뉴 칼리지에 나가 조직신학 교수 매킨토시(Mckintosh)와 신약 교수 멘슨(Menson)의 과목을 청강했다. 뉴 칼리지는 세계적으로 인정받는 신학교이자 장로교회의 본산인데, 그들의 신학이야말로 개방적이고 건실했다. 성서적인 근본주의를 떠나지 않으면서도 현실을 가장 잘 이해하는 온건한 신학을 하고 있는 것을 보았다.

뉴 칼리지에는 세계 각국에서 유학 오는 사람이 많았다. 내가 갔을 때 본과생 59명은 그 나라 학생이 대부분이었지만, 학위 과정 56명의 절반은 미국인이라고 했다. 미국과 캐나다 신학교에서 조직신학 교수라 할 때는 뉴 칼리지에서 연구한 사람이라야 인정을 받았다. 그래서 당시 스코틀랜드에서는, 미국과 캐나다에서 온 유학생들은 학위를 받으려고 와서 공부한다는 말까지 돌았다.

에든버러의 기후는 차고 습기가 많았다. 증기난방 시스템이 없고 집집마다 난로를 사용하니 겨울나기가 매우 곤란했다. 지붕 하나에 굴뚝이 서너 개씩 있어서 이 집 저 집의 굴뚝이 마치 파이프오르간의 파이프 같은 인상을 주었다.

에든버러에는 그때 35만 명이 살고 있었다. 시를 둘로 나누면 남쪽은 구시가이고 북쪽은 신시가다. 구시가 서쪽 끝 돌산 위에 견고하게 지어진 성이 있는데 이것이 군대의 본부였다. 거기서 로열마일(Royal Mile)이라는 길을 따라가면 왕궁과 자일 대성전(St. Gyle Cathedral)이 나온다. 이 대사원은 일찍이 종교 개혁가 존 녹스(John Knox)가 목회하던 곳이다. 존 녹스는 존 칼빈(장 칼뱅) 보다 더 신학적인 체계를 세워 장로교 교리를 수립했던 사람이다. 그래서 자일 대성전은 장로교의 대본산으로 인정받고, 미주의 유명한 신학자는 대체로 이곳을 거쳐 간다. 이 성전에서 1년에 한 번 모이는 장로교 총회 때에는 영국 황제나 아니면 그 대리인이 와서 최상석에 앉고, 그 아래 총회장이 앉아서 총회를 인도한다. 장로교는 영국정교회(Anglican)와 다른데도 이렇게 황제를 모시는 전통이 있다.

스코틀랜드의 인심은 미국이나 캐나다 사람들보다 침착하고 냉정한 듯한 느낌이 없지 않으나, 학문 연구에 근면하여 학자가 많았다. "미국 목사 집엔 라디오가 있고 스코틀랜드 목사 집에는 책이 있다", "스코틀랜드의 한 신학교 교수가 뇌에 병이 걸려서 수술을 하고 그 뇌를 버렸는데, 그것이 어디 갔는지 수소문해 봤더니 런던에 가서 강의를 하고 있더라" 같은 말이 있다. 이것은 물론 농담이지만 스코틀랜드 사람들은 그만큼 학문과 종교의 소양이 깊어 신학적으로 많은 공헌을 했다는 뜻을 품고 있다.

내가 에든버러에서 얻은 가장 소중한 선물은 귀한 동생 한 사람을 만났다는 것이다. 당시 뉴 칼리지의 기숙사는 정규 학생만을 위해서 사용하고, 나처럼 지나가는 사람에게는 하숙집을 소개해 주었다. 그 하숙에는 몸이 다소 가냘픈 미국 학생 한 사람이 함께 묵었는데, 그의 이름은 거든 스코빌(Gurdon Scoville)이다.

그는 성격이 온순하고 건실해서 믿음직했다. 많은 미주 학생들이 유학 와서 학위를 받아 가지고 가서 일하지만, 거든 스코빌은 학위 취득보다는 실력을 기르려고 왔다는 것이다. 같이 몇 달을 지내면서 보니 그는 존 녹스의 신학 계통을 연구하고자 건너온 착실한 학도였다.

그는 옥스퍼드 그룹(1910년대에 옥스퍼드 학생들을 중심으로 시작된 종교 운동으로, 1938년 이후 도덕재무장운동MRA으로 이름을 바꾼다―엮은이)에 소속되어 있었다. 미국에서는 그 지도자 부크먼의 이름을 따라 부크머니즘(Buckmanism)이라고 부르는 계열이었다. 여기 소속된 이들은 4대 강령을 주장하는데 절대 신앙, 절대 정직, 절대 사랑, 절대 봉사가 그것이었다.

그들은 가정 집회(house party)를 자주 열었다. 스코빌이 나더러 그 모임에 가자고 하는 것을 한국의 부흥회와 같으리라고 여겨 몇 차례 사양하다가 우정을 위해서 가 보았다. 직접 보니 그들의 모임은 한국의 부흥회와 아주 달랐다. 서로 의견을 주고받는 것이 믿음직했다. 그들의 간증은 겉치레가 아니었고 사람을 대하는 일에 진실함이 느껴졌다. 그들이 부르짖는 4대 강령은 실천이 목적이라는 것을 발견하고, 그 후 나는 가능한 한 그들의 집회에 참석하곤 했다.

그때부터 그와 나는 말없이 형제가 되었다. 그리스도 안에서 맺어진 성도의 교제는 함께 있을 때뿐 아니라 서로 헤어지고 땅이 동서로 갈라지며 시간이 수십 년 흐를지라도 변함이 없게 마련이다. 이듬해 4월에 든버러를 떠나 집으로 돌아온 뒤 나는 목회를 하느라 바빠 그 친구 생각을 별로 할 수 없었다. 캐나다에 있는 다른 친구들에게도 제대로 편지를 하지 못했다. 그랬는데 스코빌이 대구에 있는 애덤스 목사를 통하여 내 주소를 알고 편지를 보내 왔다. 정말 반가웠다. 그도 미국에 돌아가서 목회를 하고 있었다. 그 후로는 그와 자주 연락을 했다. 그는 나에게 《크리스천 센처리(The Christian Century)》란 주간 잡지를 6, 7년간 계속 보내 주었다. 2차 대전이 일어나면서 연락이 끊겼는데, 전쟁이 끝난 뒤 그 동안 묵은 잡지를 큰 보따리로 한꺼번에 보내 주기까지 했다.

1949년 큰아들 익환이가 프린스턴에서 공부할 때 스코빌이 목회하는 하트퍼드에 찾아간 일이 있다. 그는 익환이를 자기 조카라고 반겼고, 디모데(Timothy)라는 성경 이름을 지어 주었다. 또 자기를 미국에 있는 아버지로 생각하고 의논할 일이 있으면 의논하고 휴가 때면 찾아오라고 당부했다. 그는 내 둘째아들 동환이도 자기가 공부시킨다고 하면서 미국까지 갈 여비 400달러를 보내 주었다. 그 덕분에 동환이 나중에 신학박사 학위까지 받게 된 것이다. 특히 동환이 병들어 2년 동안 치료를 받는 동안에는 재정 보증인이 되어 완치하도록 도왔다. 내 큰딸 선희도 데려다 공부시키려 했으나 캐나다의 내 동창들이 선희만은 자신들이 맡겠다고 하여 선희는 임마누엘 신학교로 갔다. 그러나 선희도 그 후 피츠버그와 하트퍼드에 가서 종교교육을 공부할 때 스코빌의 집을 제집처럼 알고 드나들었다는 것이다.

그러고 보면 그는 익환, 동환, 선희를 통해서 한국 교회에 크게 공헌을 한 것이다. 나를 몸소 겪은 이들은 다 잘 알지만 나는 여러 가지로 부족한 것이 많은 사람이다. 그런데 나의 토기장이는 이렇게 많은 친구들을 내게 주셔서 그 뜻을 이룩하신 것이다. 스코빌은 긴 세월을 하루같이 내 동생 노릇을 했는데 나는 형으로서 책임을 감당한 것이 하나도 없으니 이 큰 사랑의 빚을 어떻게 할까?

물론 그는 빚 갚음을 원하지 않을 줄 안다. 그러나 그에게 직접 갚지는 못하더라도 내가 죽을 때까지 내 책임을 완수하는 것이 이 세상에서 얻은 사랑의 빚을 갚는 일일 터이며, 익환, 동환, 선희도 마찬가지일 것이다.

학린의 죽음

하느님이 하시는 일은 참으로 예측할 수 없다. 에든버러에서 미국인 동생을 한 사람 얻은 바로 그때 집에서는 내 유일한 남동생 학린이 세상을 떠나고 말았다.

평양 숭실전문학교를 졸업한 그는 형보다 두뇌가 명석했고 지혜도 뛰어났다. 허대선 선교사의 지도 아래 김진수 군과 함께 고대사 연구를 위해 몽골에 두 차례나 갔다 오기도 했다. 민족운동에도 민감해서 광주학생운동에 관련해 1년 정학을 당하고, 친구 이권찬과 같이 반년간 옥고를 치르기도 했다. 숭실전문학교를 졸업하고 모교인 은진중학교에서 교편을 잡았는데 불행하게도 폐결핵에 걸려, 1932년 초 28세 청춘에 아쉽게도 세상을 떠나고 만 것이다. 한 핏줄인 동생을 잃은 것은 생각할 때마다 언제나 마음이 아프다.

학린이 가고 나서 그를 대신한 동생이 한국에도 한 사람 있다. 그는 이권찬 목사다. 이권찬 목사는 희귀하게도 내 동생 학린이와 같은 날

만년에 이권찬 목사 부부와 함께 찍은 사진. 안경 쓴 이가 이 목사의 부인 장후복.

같은 시간에 태어난 친구 사이였다. 둘의 교분은 정말 극진해서 쌍둥이 형제 같았다. 둘은 은진중학과 숭실전문학교를 함께 졸업했는데, 학린이는 인정스럽고 얌전한 편으로 타인에게 조금이라도 폐를 끼치지 않으려고 힘썼고, 권찬이는 남성적이어서 시비를 빨리 결정하고 마음에 판단이 서는 대로 곧장 일을 처리하곤 했다. 이렇게 대조적인 두 사람이 어찌 그리도 잘 맞았던지 신기한 일이다. 쌍둥이도 누가 먼저 났는지를 따져서 형제로 구분하는데, 이 두 사람은 분간할 길이 없어 먼저 가는 사람을 형으로 하기로 했는데 결국 학린이 형이 되고 말았다. 학린이 세상을 떠난 뒤 권찬이가 동생 노릇을 하겠다고 해서 나는 그를 동생으로 삼았다.

이권찬은 숭실학교에 이어 평양신학교를 졸업하고 목사가 되었다. 내가 캐나다 유학에서 돌아와 1932년 용정 중앙교회에 부임했을 때 그는 훈춘 중앙교회에서 시무했는데, 1934년에는 용정 동산교회 목사로 와서 우리는 참으로 사이좋게 지냈다. 그는 나를 진심으로 형으로 대우했다. 동산교회는 중앙교회에서 갈라져 나간 교회여서 한동안 사이가 좋지 않았는데, 이권찬 목사가 부임하자 두 교회는 서로 잘 융화되었다. 이권찬 목사는 2차 세계대전 끝 무렵인 1945년에 나와 함께 일본 헌병에 체포되었고, 성진 헌병대 수감 생활도 같이 하게 된다.

지구를 반 바퀴 돌아 고향으로

1932년 4월 고난 주간의 수요일로 기억된다. 에든버러에서 런던으로 가는 기차에 오르는 것을 시작으로 나는 집으로 돌아오는 여행길에 나섰다. 런던에 내리자 다른 곳에서처럼 지도를 샀다. 어디를 가든 나는 지도를 펼쳐 놓고 내가 있는 호텔을 중심으로 방향과 거리를 확인한 다음에 가곤 했다. 그렇게 하면 밤중에라도 걸어서 숙소를 찾아올 수 있었다.

한국 선교에 일생을 바친 게일(Gale) 박사가 런던에서 남쪽으로 60여 마일 떨어진 마을에 계시다는 말을 듣고 찾지 않을 수 없었다. 목요일 아침 차로 박사의 댁을 찾아가서 반가이 만났다.

런던에서는 웨스트민스터 사원을 구경했는데, 평양신학교 시절 고난 주간엔 영국 황제가 웨스트민스터 사원에 와서 걸인들의 발을 씻어 준다고 들었기에 알아보았더니 그런 일이 없다는 것이다. 예배는 보통 예배였다.

토요일에 프랑스 파리로 갔다. 마침 독일로 가는 미국 학생 부부를 만나 그들과 같은 여관에 투숙했다. 그들은 프랑스어를 잘하기에 그들과 같이 파리 구경을 잘 했다. 파리에서는 프랑스어를 잘하지 못하면 여간 불편한 것이 아니다.

파리에서 본 것을 일일이 기억하기는 어려우나 지금 떠오르는 것은 나폴레옹 기념관이다. 도시 중앙에서 동남쪽에 기념관이 있었는데, 나폴레옹이 생전에 누리던 것들이 그대로 보존되어 있는 것을 보면서 나는 그가 귀양을 간 세인트헬레나에서 남겼다는 마지막 탄식을 떠올렸다. 나폴레옹은 "내가 권위를 떨칠 때는 예수를 실패자라고 생각했는데, 이제 내 옆에는 아무도 없고 실패자라고 불렀던 예수를 위해서 목숨을 던지는 자는 이 세상에 수없이 많으니 그는 성공한 자요 나는 실패자다"라고 탄식했다는 것이다.

파리에 도착한 이튿날은 부활주일이었다. 주일에 노트르담 성당에 가서 예배에 참석했다. 예배는 순전히 라틴어로 진행되었기에 장엄한 모습을 보았을 뿐 별로 공감할 수가 없었다. 예배 후 동행한 미국인들과 같이 그 높은 종탑을 올라가 봤다. 정말 굉장했다.

월요일 아침에 미국 친구들은 독일로, 나는 스위스로 출발했다. 차표, 배표는 이미 일본 요코하마까지 떼었으니 걱정할 것 없었다. 역에 가서 제네바로 가는 기차 수속은 어떻게 하느냐고 영어로 물었더니, 프랑스어로 대답하면서 다른 출찰구를 손가락질한다. 그곳에 가서 다시 영어로 물었더니, 역시 프랑스어로 중얼거리면서 다른 데로 손가락질하는 것이다. 그때 한 스위스 사람이 다가와 도와주어서 무사히 스위스로 가는 기차를 탔다.

제네바에 도착한 것은 약 3시간 후다. 여관에 들러서 얼마간 쉰 뒤,

잠깐이라도 시가지 구경을 하려고 나섰다. 시가지는 제네바 호수를 중심으로 펼쳐졌는데 서쪽에는 알프스 산이 바라보였다. 퍽 아름다운 도시였다.

하룻밤을 자고 본격적으로 도시 구경을 하려니 안내가 필요해서 교회로 갔다. 목사는 출타했고 부인만이 있기에 사정을 말하자 기독교청년회(YMCA) 세계본부로 안내하는 것이었다. 거기서 총무인 영국인 목사를 만났다. 그는 일본에서 10년 동안 YMCA 총무로 선교한 이였다. 그는 나를 자기 차에 태워 국제연맹 같은 기관들을 구경시켜 주었다.

구경을 마치고 찻집에서 이야기를 나누었다. 윌슨 목사는 이곳에서 만국평화회의, 군비축소회의, 만국노동자회(제2인터내셔널—편집자) 등 세계 평화를 위한 기관들이 열심히 일하고 있으니 다시는 세계대전 같은 것이 없을 것이라고 말했다. 나는 그러기를 바란다고 하면서, 그러나 정치가나 군인들이 만든 이런 기관들에 나는 큰 믿음을 두지 않는다, 여기 있는 기관들은 강대국의 이해에 맞지 않으면 언제든 파탄이 날 것 아닌가, 차라리 당신이 있는 YMCA 사무실이야말로 정말 평화를 논의해야 하는 곳이 아니겠느냐고 했다. 그는 "그렇게 생각할 수도 있겠다"고 수긍을 했다.

여관에 돌아와 식사를 마칠 때쯤 일본 대사의 명함 한 장이 내게 전달되었다. 한 번 만나 보자는 것이다. 일본말도 모르는데 별로 만날 생각이 나지 않았으나 거절할 수도 없어서 일본 대사관을 찾아갔다. 가면서 저들이 어떻게 내가 여기 온 것을 알았는지 궁금했다. YMCA의 영국인 목사가 연락을 한 것이 아닌가 싶었다.

대사의 방에 들어갔더니 사복을 입은 외교관 세 명과 정복을 입은 육군 장교가 앉아 있었다. 대사는 나에게 여행하면서 재미를 많이 보았느냐고 소감을 물었다. 나는 한국인이라 별로 흥미로운 것을 못 보았다고 영어로 말했다. 저들은 입맛이 쓴 모양이었다. 한국인이라는 것을 명확히 하는 데서부터 기분이 나빴을 것이다. "일본 여권을 가지고 다니니 어디서나 당당했다"는 말이라도 듣고 싶었는지 모른다. 몇 분 동안 더 이야기하다가, 대사가 자리를 뜨면서 좀더 이야기하라고 했으나 나도 피곤하니 쉬어야겠다고 말하고는 일어섰다.

내가 일어를 모른다며 영어만 쓴 것까지 더해져서, 저들은 아마 나를 불순분자로 보았을 것이다. 동경 정부에 그렇게 보고했을 테고, 동경 경시청에서는 그 뒤로 나의 여행을 주시했던 모양이다. 여행이 끝날 무렵 일본에 내리자 미행이 붙고, 한국으로 가는 배에 탔을 때는 형사가 따라붙었으니까.

아무려나 나는 스위스에서 하룻밤을 더 잔 다음 북이탈리아의 제노바로 가는 전차를 탔다. 스위스의 차는 전차요, 이탈리아 차는 기차다. 따라서 스위스의 터널은 깨끗하고 이탈리아의 터널은 연통과도 같았다. 스위스에서는 공장이나 교통 기관이 모두 전기로 움직였다.

제노바는 인구 30만밖에 되지 않는 작은 항구이나 역사적으로는 오랜 전통을 가진 곳이다. 공동묘지에 묻힌 사람의 수가 30만이라니 이것만 봐도 알 수 있다. 이 근방에서 이탈리아의 3걸이 출생했다고 한다. 하루 머무르고, 독일 기선을 타고서 일본까지 38일이 걸리는 긴 항해를 시작했다.

배를 탄 것이 4월 20일경일 것이다. 오후에 입항한 배에 짐을 갖고 올랐다. 방 하나 위에 내 이름이 붙어 있었다. 방은 그리 화려치는 않으나 깨끗하게 정돈되어서 40일간 침실과 사무실로 쓰기엔 충분했다.

갑판에 나가서 한 승무원을 만났는데, 그는 바로 그 배의 기관사였다. 스웨덴 사람이었다. 내가 스웨덴의 교육 제도를 물어 보았더니 "의무 교육이 8년인데 첫 4년은 다 같이 공부시키고, 5학년부터는 어린이 중에서 우수한 1, 2%는 학자, 지도자로 만드는 교육을 시키고, 보통 학생들에겐 형편과 자질에 따라서 실업 교육을 시킨다"고 한다. 졸업한 후에는 배운 대로 직장에 나가고, 5~6년 일한 후 그중에서 뛰어난 사람들이 2, 3년 전문 강습을 받으면 완전한 기사가 된다. 그 자신도 그런 길을 밟아서 기사가 됐다는 것이다.

우리가 탄 배는 지중해를 내려와서 홍해를 지나 인도양을 횡단하고 남양과 황해를 통과하여 일본 요코하마까지 가는 배였는데, 가는 동안 며칠에 한 번씩 항구에 들르고 또 며칠 항해하다가 다른 항구로 찾아들곤 했다. 그래서 여행은 참 재미있었다. 내 기억에는 열두 곳 정도에 정박했던 것 같다. 배가 항구에 정박하는 동안 승객들은 그곳 음식도 사서 먹어 보고, 동전이나 우표 같은 기념품을 사고, 집으로 엽서를 써서 보내기도 했다.

사흘째 되던 날 이른 아침에 배는 지중해 남쪽 수에즈 운하 가까운 곳의 포트사이드(Port Said)란 조그만 항구에 입항했다. 나지막한 단층집으로 된 상점들이 늘어서 있었는데, 널빤지로 된 문을 아직 달아 둔 채로 가게 주인들은 문 앞에 자리를 펴고 자고 있었다. 승객들이 우르르 내려서 수선거리니 그들이 일어나기 시작했다.

그곳 고위층 여인들은 반드시 너울을 쓰고야 외출한다. 그날 아침에 나는 너울 쓴 여인 하나를 만나서 사진을 찍으려 했는데, 사진 찍는 것을 원하지 않아서 돌아서는지라 할 수 없이 돌아선 뒷모습을 찍었다. 너울은 검은 천으로 만든 긴 자루 모양인데, 조그마한 구멍 둘을 뚫어서 밖을 내다보게 되어 있었다.

신식 건물도 있었으나 큰 것은 없었다.

오전 11시경에 배가 떠나려는데 그 지방 사람들이 배에 올라탔다. 한 사람이 시커먼 돼지 한 마리를 메고 올라오기에 이상해서 자세히 살펴보았더니, 얼마 뒤 그 돼지와 입을 맞추는 게 아닌가? 그건 돼지가 아니라 아라비아인들이 사용하는 물통이었다. 그들은 수에즈 운하를 지나서 곧 내렸다.

우리 배는 10여 시간 후에 시내 산 밑에 다다랐다. 잔나무들이 자라는 야산이었다. 모세가 십계명을 받던 호렙 산이 어딜까 하고 쳐다보았으나 알 수 없었다. 배가 서기만 하면 한번 뛰어올라 호렙 산을 찾아보고 싶었다.

배가 본격적으로 홍해에 나섰는데, 좌우에 여전히 육지가 바라보였다. 날씨가 매우 더웠다. 그 지역은 4월이 가장 뜨거운 때고, 아라비아 사막이 근접한 탓인지 견디기 어려웠다.

내게는 목 뒤에 5, 6년간 치료해도 낫지 않던 습진이 있었는데, 이렇게 더운 환경에서 껍질이 벗겨져서 보기 딱할 정도였다. 그것을 본 승무원이 배에 의사가 있으니 가서 치료받으라고 했다. 의사에게 고약한 조각을 받아 와서 며칠 발랐더니 완전히 나았다. 독일 의학이 과연 우수하다고 생각했다.

큰 강을 유람하듯 이틀간 내려가다가 지부티란 곳에 정박하니, 이는 홍해 남쪽 어귀에 있는 프랑스령 항구였다.* 3, 4시간 머물렀다가 다시 출항해서 5, 6시간 더 항해하니 인도양에 뜨게 되었다. 기분이 좋았다.

수일간 더 항해해서 서인도의 명봉인 봄베이(뭄바이—편집자)에 입

---

* 지부티는 19세기 말부터 프랑스의 지배를 받았으나 1977년 지부티 공화국으로 독립했다.—편집자

항했다. 항구는 크고 시설이 훌륭하나 본주민인 인도인 대부분의 살림은 매우 빈약해 보였다. 상업의 실력은 여전히 영국인 손아귀에 들어 있었다. 우리가 탄 배는 오후 4시에 입항했다가 밤 12시에 출항했다.

30일 오후 7시경에 고아(Goa)에 도착했다가 10시에 출항케 되니 승객들은 내리지 못하고 배에서만 구경하는데, 항구는 크지 않았다. 배가 동쪽을 향해 이틀간 더 전진하니 5월 3일 아침 멀리 남쪽에 큰 섬이 보였다. 물어 보니 실론이라 한다. 그 섬이 지금은 독립국 스리랑카다. 한 30시간 동쪽으로 더 갔더니 마드라스 항구에 이르렀다.

4, 5시간 뒤에 캘커타를 향해 떠날 텐데, 출항 전에 캘커타에 편지를 써야겠다고 생각했다. 캐나다 장로회의 선교목사인 세계돈이 쿡스컴(Cook's Com.)이라는 회사의 사무원인 테일러 씨와 결혼해 그곳에 살았던 것이다. 그런데 '캘커타(Calcutta)'의 철자를 알지 못해 승객 중에 어느 영국인에게 물어서 해결했다.

그런데 그 영국인이 나에게 토론을 하자는 것이다. 내가 캐나다에서 신학을 공부하고 귀국길에 있는 것을 알게 된 그가 "미국과 캐나다의 신학 사조가 당신과 잘 맞더냐?" 하기에 나는 "맞는 것도 있고 맞지 않는 것도 있더라"고 했다. 그는 다시 "어떤 것이 맞지 않더냐?"고 물었다. "너무 완고한 것도 좋지 않고 너무 신신학 편으로 치우친 것도 좋아하지 않는다"는 게 내 대답이었다. 그러자 그는 자신은 성경 말씀대로 안식교를 신봉한다면서 길게 변론을 펼치는 것이다. 나는 "당신이 아무리 말해도 나는 안식교 목사가 안 될 것이고, 내가 아무리 떠들어도 당신이 개종하지 않을 테니 긴 이야기 그만두자"고 제안 겸 충고를 하면서 그가 계속 말하려는 것을 억지로 중단시켰다.

사흘을 더 항해해서 캘커타에 입항했다. 테일러 부부 중 한 명은 항구에 나올 줄 알았더니 나오지 않았다. 회사에 전화로 물은즉 몇 달 전에 봄베이로 전근했다 한다. 다른 승객들과 함께 시내를 구경하고, 오후 6시에 다시 배를 타고 떠났다.

약 이틀간 항해해 버마의 수도인 랭군에 도착했다. 퍽이나 기후가 더웠다. 산 나뭇가지 위에 새둥지같이 만든 주택도 보였다.

사흘간 더 항해해서 싱가포르에 도착했다. 에스파냐인 신부 40여 명이 배에서 내렸다. 항해하는 동안 나는 주일이면 그 신부들이 드리는 예배에 참여하곤 했다.

시내 구경을 해야겠는데, 항구에서 시내는 45마일이나 떨어져 있어서 걷기에는 너무 먼 거리였다. 승객들은 배에서 아침을 먹고 나서 인력거를 타고 시내에 갔다.

시가를 구경하고 점심 후 돌아오는 길에 인력거를 탔는데, 인력거꾼이 채를 놓으면서 우리말로 "아구 죽겠다" 하는 것이었다. 내가 묻기를 "당신 한국인이구려?" 했더니 "그렇습니다" 하는 거다. 의외로 동포를 만나서 놀랐다. 시내에 한인이 400여 명 있는데, 자기는 사업하려고 배 타고 왔으나, 실패하고는 가지 못하고 있다는 것이다.

배는 다시 오후 5시경 출발해서 닷새 만에 마닐라에 도착했다. 필리핀의 수도인 마닐라에서는 건물도 훌륭하고 대학교도 잘 지었으며 시가는 매우 깨끗해 보였다.

오후 5시경 다시 떠나서 홍콩으로 향했다. 사흘 만에 오전 7시경 홍콩에 입항해, 아침을 먹은 뒤 배에서 내려 보니 시가는 해안에 있는 거리 하나뿐이고 주택들은 모두 뒷산에 있다. 삼림이 우거진 산속에 주택들이 있기 때문에, 낮엔 보이지 않다가 밤에 집집마다 전등을 켜면 그 광경이 굉장했다. 주택들 간의 교통수단은 케이블카였다.

이 섬은 영국의 조공지로서* 세계 공동 시장이다. 어느 나라 물품이든지 세금 없이 올 수 있다. 이 섬과 중국 본토의 구룡 반도 사이에는 큰 강만 한 좁은 바다가 있을 뿐이다. 중국 본토와 교통이 매우 빈번히 이루어졌다. 케이블카를 타고 섬 꼭대기에 오르면 그곳엔 공원이 있고 그곳에서 앞을 바라보면 남중국해가 바라보인다. 저녁을 먹고 오후 7시경 산상주택 전등들의 찬란한 빛을 보면서 케이블카로 내려올 때 뒤로 바라보이는 광경이 참으로 좋다.

원래 우리가 탄 배는 상해와 대련을 거쳐서 일본으로 갈 예정이었다. 그런데 그때 상해에서 항일 시위가 있어 위험하다 해서, 홍콩에서 바로 일본으로 향하게 되었다. 나는 대련에서 내려 간도로 돌아올 예정이었는데 부득이 일본까지 갔다 오게 된 것이다.

홍콩에서부터 약 일주일 걸려서 오후 2시쯤 일본 나고야에 입항했다. 필리핀에서 배에 오른 미 해군 한 사람과 내가 사진기를 가지고 배에서 내리려 하는데, 일본 경찰이 사진기를 두고 내리라고 한다. 그러더니 다시 하는 말이 배가 2시간 후에 떠나기 때문에 못 내린다는 것이다. 미군의 말로는 군항인 이곳 사진을 못 찍게 하려는 것이란다. 결국 우리는 내리지 못했는데, 배는 저녁 8시쯤에야 떠났다.

이튿날 오후 5시쯤 요코하마에 도착해서 배를 내렸다. 그곳에서 하루를 자고 시모노세키에 와서 관부 연락선에 올랐다. 그러자 이동 경찰관이 나타나더니 자기 사무실로 가자고 했다. 가니 이 사람도 여행 소감을 묻는 것이다. 나는 제네바에서 그랬듯이 간단히 대답했다. 조선 기독교는 민족운동이지 기독교의 본질에서 떠난 것이라고 그가 주

장하기에, 나는 기독교란 단순히 천당으로 안내하는 종교라기보다 지상에서 완전한 인간이 되도록 하는 것이 근본정신이며, 따라서 사회정의를 강조한다고 힘주어 말했다.

해방 후 나는 일본인 헌병대장과 경찰서장의 비밀문서에, 내가 이때 관부 연락선에서 한 말이 적혀서 보존되어 있는 것을 보았다. 일본 제국주의는 패망하는 날까지 나 같은 사람을 철저하게 감시하고 있었던 것이다.

4장

난세의 목회자

용정 중앙교회

서울을 거쳐 원산에 도착한 다음 날 아침, 나는 동생 학린의 묘를 찾아갔다. 명동소학교 교사였던 한준명과 그의 누님 한의정과 함께 택시를 타고 찾아간 곳은 충청개 공동묘지였다. 우리가 묘지에 도착하자 가는 비가 난데없이 잠깐 구슬프게 내렸다. 의정은 "형님이 찾아오신 것을 보고서 학린이 흘리는 눈물인가 봐요" 하고 말했다.

나는 눈물이 나기보다 분하기만 했다. 여러모로 형보다 훨씬 나았던 학린이 외국 유학을 했다면 얼마나 훌륭한 일꾼이 되었을까 싶어서였다. 숭실전문학교는 할머니, 어머니와 형수가 보냈지만 외국 유학은 형이 계획했는데 그것이 분했다. 묘 옆에 앉아 3개월 전에 떠난 육체를 묻은 흙더미를 안고 있어야 쓸데없으니 한참 앉아 있다가 내려왔다. 나는 한준명에게 돈을 얼마쯤 맡기며 비석을 세워 달라고 부탁하고, 밤차로 원산을 떠났다. 그 뒤로 그곳을 다시 찾지 못한 것이 후회스럽다.

이틀 뒤 오후 나는 용정 역에 도착하여 집으로 돌아왔다. 한 해 전에 우리 집은 명동에서 용정으로 이사해 있었던 것이다. 그것 말고도 내가 캐나다에 가 있는 동안 여러 가지 커다란 변화가 있었다. 무엇보다 중요한 변화는 그 사이에 명동학교와 명동교회가 문을 닫고 말았다는 것이다.

명동학교의 경우, 중학교는 1924년의 흉년으로 운영이 곤란해져서 1925년에 캐나다 선교부가 경영하는 용정의 은진중학교에 합병되었다. 그리고는 남녀 소학교만 남아 있었는데, 1929년에 공산주의 청년들이 교회가 학교를 경영하는 것을 반대하고 교장 배척 운동을 일으켰다. 1925년 김정규 선생님이 교장 직을 사임하고 김약연 선생님이 다시금 교장으로 계실 때였다. 그 바람에 명동소학교는 교회와 인연을 끊고 인민학교가 되었다가 며칠 못 가 1929년 9월 중국의 감독을 받는 현립학교로 강제 편입되고 말았다. 민족 교육과 독립운동의 본거지였던 명동학교에서 이제 중국 교과서로 공부하게 되었다.

명동교회는 김약연 장로가 목사 안수를 받고 나서 1929년부터 목회를 하고 있었다. 그런데 점점 공산주의자들의 방해가 심해졌다. 이를 견디다 못 한 김약연 목사가 사임하고 윤형식 전도사가 부임했으나 결국 교회는 문을 닫고 말았다.

1931년 내 큰아들 익환이가 친구 윤동주, 송몽규, 김정우 등과 같이 명동소학교를 졸업하자, 우리 집을 비롯해 김약연 선생 일가, 김하규 선생 일가, 윤하현 선생 일가 등 명동 마을의 개척자 집안이 모두 명동을 떠나 용정으로 옮겨 왔다. 아이들 학교도 문제였지만 치안이 불안해져, 더 안전하고 아이들이 다닐 중학교도 있는 용정으로 이주했던 것이다.

그렇게 명동 시대는 막을 내렸지만 용정도 활기에 차 있었다. 교회

은진중학교. 문재린은 귀국 후 은진중학교에서 가르치기도 하고 이사, 학부모회 간부를 맡는가 하면 학교 건축
에까지 관계했다.

로는 용정 중앙교회가 있었고, 캐나다 선교부가 경영하는 은진중학교,
명신여학교 등이 교육의 중심 구실을 하고 있었다. 내 큰아들 익환이
도 이해에 은진중학교에 입학했다.

내가 돌아오자 용정 중앙교회의 청년들과 집사들은 나를 목사로 청
빙하려고 했다. 그런데 장로님들은 전임 목사를 옹호했다. 용정 중앙
교회는 1930년 박례헌 목사가 사임하고, 목사를 청빙하지 못해 은진
중학교 교감인 이태준 목사가 몇 년째 임시 당회장으로 강단만을 맡고
있었다.

교회에 전담 목사가 없었기에 조선에 있는 유명한 목사들을 초빙하
면, 그들은 처음에는 수락을 했다. 그러다 현재 임시 당회장으로 있는
목사를 밀어제치고 목사가 되는 것임을 알고는 수락을 취소하곤 했다.
이태준 목사도 전국적으로 알려진 목사이기에 그를 밀어내고 목사가
되기를 원하지 않았던 것이다. 이런 일이 여러 차례나 되풀이되었다.

장로들의 말은, 문 목사가 부임하여 3년만 일하면 그 뒤에 다른 유

용정 중앙교회에 취임하던 날 소년회원들과 함께. 1932년 8월 21일.

명한 목사를 초빙하겠다는 것이다. 나는 그것을 받아들이기로 했다.
그런데 봉급으로 제시하는 액수가 월 30원이라고 한다. 이 말을 듣고
나는 주저하게 되었다. 동산교회 목사 월급이 40원인데 그보다 규모
도 크고 역사가 오랜 중앙교회에서 30원을 책정한다는 것은 나를 환
영하지 않는다는 뜻으로 이해할 수밖에 없었다. 나는 교회의 초청을
받아들일 수 없음을 장로들에게 알렸다. 그랬더니 장로들은 서양 유학
을 한 목사라 월급 투정을 한다고 시비를 하는 것이다. 물론 내가 문제
로 삼은 것은 돈 액수가 아니었다. 나를 원하지 않는데 들어가면 제대
로 일할 수가 없을 것 같다는 게 문제였다.

　이렇게 문제가 복잡해지자 나는 모든 것을 참고, 3년 봉사하라는 초
청을 받아들이기로 했다. 내가 부임한 것은 1932년 8월이다. 그러나
나는 3년만 일하겠다는 약속 기한을 훌쩍 넘겨 1946년까지 용정 중앙
교회에서 목회를 하게 된다. 그리고 이 시절이야말로 내 인생의 황금

시대였다.

목회를 시작한 나는 청년들과 노년들 사이의 긴장을 문제 삼지 않고 모두를 꼭 같이 섬겼다. 그저 하느님께 의지한다는 심정으로 목회를 했는데, 6일 동안 설교를 준비하다가도 일요일 아침에 기도를 하다가 새롭게 영감이 떠오르면 그것으로 설교를 바꾸곤 했다. 새벽 기도회도 미리 준비를 않고, 기도하는 가운데 영감이 나오는 대로 말씀을 했다. 그러면 교인들한테 더 생생한 설교가 되곤 했다.

교인들을 섬길 때는 내세나 영생에 관한 이야기보다 실생활에 도움이 되는 이야기를 하려고 했다. 아마 나에게 뿌리박힌 실학의 영향이 컸던가 보다. 그 당시에는 민족을 위해 모세를 보내 달라고 기도하고, 연극을 하면 에스더를 주인공으로 많이 했다. 나도 내세 신앙보다는 실생활과 민족의식을 많이 이야기했다. 나중에 신학자가 되는 안병무는 은진중학교에 들어온 뒤에 내 설교를 좋아해서 따라다니면서 듣곤 했다. 아무래도 외국에서 공부하고 와서 설교가 달랐을 테고, 또 내 생활을 보고 젊은이들이 내 설교를 좋아한 것 같다.

부임 1년 반이 지난 뒤 중앙교회는 옛 교회당을 헐고, 벽돌로 된 150평짜리 예배당을 2층으로 지었다. 벽돌 쌓는 것은 중국인들이 했고, 내가 현장을 감독했다. 건물의 도면도 내 손으로 직접 그린 덕분에 경비가 절약되었다. 나중에 일본인 건축사가 우리 예배당을 보고 전택렬 장로에게 예배당 설계도를 누가 그렸느냐고 물어, 우리 교회 목사가 그렸다 하니, 종각은 붉은 벽돌로 못 짓는 법인데 이 예배당은 검은 벽돌로 지었고, 종각 밑기둥이 큰 것 등등 특징을 들며 목사가 건축을 공부했느냐고 하더라고 한다. 그러나 붉은 벽돌로 지으면 훨씬 비용이 더 들어서 그렇게 했을 뿐이고, 전면 위에 길이가 25척 되는 커다란 문재린이 손수 쓴 용정 중앙교회의 약사로, 1934년 교회를 건축할 때 머릿돌에 넣었던 것이 발견되어 지금은 용정 종교국에 보관되어 있다.

돌 3개를 올리려니 기둥을 크게 할 수밖에 없었다. 어쩔 수 없어서 한 일이 모르는 사이에 건축학에 맞아떨어진 것이었다.

이렇게 되자 정말 용정의 '중앙' 교회다워졌다. 목사와 교인들도 한 몸이 되어 교회를 받들게 되었다. 1936년에는 예배당 뒤에 인접한 대지 250평을 구입했고, 1938년에 그 땅에 80평짜리 교육관을 지었다.

사실 교육관을 짓는 일은 그리 쉽지 않았다. 어린이들을 위한 교육관이 필요하다고 생각한 나는 6개월간 특별 기도를 한 뒤, 1938년 봄에 함흥에 있는 김형숙 목사를 강사로 하여 일주일간 집회를 하면서 제직회를 세 번이나 열어 강당 짓는 문제를 토의했다. 그러나 제직들은 이미 2년에 한 번씩 큰 연보를 했으므로 공동의회에 내놓으면 교인들이 반대할 것이라고 주장했다. 그러므로 이번에는 남전도회를 강화해서 전도사를 지방에 파송하도록 하자는 것이다. 제직회가 이렇게 강하게 반대하니 특별 헌금에 관한 것은 강사에게 말도 하지 못했다.

마지막 주일에 낮 예배를 보는데, 부흥사는 헌금에 관해 강조한 다음 웬일인지 나에게 기도를 하라고 했다. 기도하려는 내 마음에 만감이 떠올랐다. 교육관을 짓는 것이 내 숙원인데, 그리고 이를 위해서 6개월이나 기도했는데 이런 좋은 설교를 듣고도 헌금을 못 하다니 이것은 실로 원통한 일이었기 때문이었다. 눈물이 나와 한두 번씩 기도를 끊으면서 기도를 올린 뒤, 나는 교인들에게 솔직한 심정을 털어놓았다.

"미리 알리지 못했으나 이제 공동의회를 열고 여러분의 의사를 묻고 싶습니다. 우리 어른들은 2층에 돗자리를 펴고 편안하게 예배를 드리는데 어린이들은 아래층에서 예배를 드립니다. 주님께서 이를 좋아하실까요? 800원이면 교육관을 깨끗이 지을 수 있을 텐데 집사님들은 여러분에게 지나친 짐이 된다고 반대합니다. 대신 남전도회를 강화해서 전도사를 파송하는 일을 하자고 합니다. 여러분은 어떻게 생각하시는지 말씀해 보십시오."

그러나 교인들은 아무 말도 하지 않았다. 나는 여러분이 아무 말도 하지 않으니 이제 가부를 묻겠다고 하고는 교육관 짓는 것이 옳다고 생각하는 이들은 손을 들라고 했다. 손을 든 이들이 500여 명 중에 80명이었다. 이번에는 반대하는 이들더러 손을 들라고 했더니 아무도 들지 않았다. 나는 나머지 분들은 기권을 한 것이라고 보아 교육관 건축은 가결되었다고 선포하고 헌금을 시작했다.

그런데 뜻밖에도 교인 중에서 주일에 출석도 잘 하지 않고 술잔도 이따금씩 드는 분이 맨 먼저 손을 들고 건축 헌금 50원과 전도인 헌금 1년 치를 담당한다고 하지 않는가. 이렇게 되자 헌금하는 사람들이 줄을 이어서 그날 헌금 총액이 1500원이나 되었다. 예산액보다 50%가 더 나온 것이다. 전도인 봉급도 5인분이 나왔다. 나는 이것을 토기장

용정 중앙교회 교육관 안. 원형으로 만들어진 탁자가 당시의 분위기를 말해 주는 듯하다. 1942년.

용정 중앙교회 유치원 1회 졸업식 사진. 그때도 만국기를 걸었다. 1941년 12월.

이가 이룬 기적이라고 본다.

그 후 김린서 장로가 강사로 와 집회를 인도하면서 우리 교회가 하는 일을 보고 듣고는, 전국에서 둘도 없는 봉사를 하는 교회라고 찬사를 보냈다. 주일 예배에 참석하는 교인 수가 400~500명에 이르니 교회의 모습이 완전히 갖추어졌고, 중앙교회 전도회는 한때 전도인 7명을 지방에 파송했다. 본교회 안에도 유치원, 야학교를 세워서 사회봉사에 힘썼다.

중앙유치원은 1932년에 생겼는데, 예배당을 임시로 사용하다가 1938년에 2층짜리 교육관을 지은 다음에는 그 건물 1층을 차지했다. 보모는 이인선, 이기운, 김연덕, 허영옥, 양춘희 등이었으며 원아는 40~50명이었다. 같은 해에 세워진 야학교에서는 강원용(몸이 약하고 집안이 어려워 교회는 그를 전도사처럼 썼다), 이상철, 김영규, 권성남, 문익환 등이 가르쳤고 학생 수는 50여 명이었다. 학생들은 형편이 어려운 여성들이었다.

청년회와 주일학교도 아주 활발했는데 윤갑수, 김기섭, 강원용, 전택열, 김성호, 전택완, 문동환, 박문환 등이 주일학교 선생으로 활약했다.

그런가 하면 유아회를 조직해서 달마다 서양 간호과장을 초빙해 아기를 낳고 기르는 법 같은 강의를 들었고, 의사가 와서 건강 진단도 했다.

성가대도 있었다. 성가대장은 김동환 장로였고 지휘자로 박창해 · 황병덕 · 박태기 · 김복준, 반주자로는 이성숙 · 고신덕 · 백진주 · 정춘례 · 김애신 · 이주선 · 권성남이 수고를 했다.

이렇듯 많은 이들이 활발하게 움직이는 가운데 용정 중앙교회는 문자 그대로 동만 일대의 중앙교회 구실을 했던 것이다.

용정 중앙교회 주일학교 유년부 교사들. 뒤에서 둘째 줄 오른쪽 두 번째 세 번째에 윤동주와 문익환이 있다.
1930년대.

해방이 될 때까지 용정 중앙교회의 장로로 안수받은 이들은 임득률,
박성덕, 김성호, 전택렬, 김지일, 김원규, 최승재, 박성구, 김정훈 등이
었다.

또 교회가 확장되면서 부목사로 정동관 목사를 초빙했는데, 2년 후
그가 왕청교회의 부름을 받아 떠난 뒤에는 김인석 목사가 부임했다가
2년 후에 명월구로 옮겼다. 1942년에는 정재면 선생의 아들인 정대위
목사가 부목사로 부임해서 해방 때까지 시무했다. 김의창 목사는 심방
목사로 5년간 시무했다.

여전도사로는 1915년부터 1920년까지 임보뫼 여사가 시무했고,
1921년부터 1925년까지 정신태, 1926년부터 1935년까지 김석복,
1935년부터 1946년까지는 김애신이 시무했다.

용정 중앙교회가 배출한 여전도사는 김유덕, 김성숙, 김선희, 문선

희, 이영숙, 윤신애 등이다.

또 이 교회 출신 목사들을 꼽아 보니 정재면, 서금찬, 정대위, 반병섭, 강원용, 이상철, 문익환, 문동환, 안병무, 조화철, 신성구, 박용만, 오봉서, 신광현의 두 아들 신정호·신정선(성결교 목사), 이천영, 정용철, 박지서, 김영철, 장영창, 김충국 등 22명이나 된다. 이들은 목사로서 활동했을 뿐 아니라 교계와 사회에 다양한 봉사를 했다.*

---

* 1942년 문재린 목사의 용정 중앙교회 재직 10주년 기념식 당시에 김성호 장로가 작성한 약력을 보면, 문재린은 목사로서뿐만 아니라 다음과 같이 다양한 사회 활동을 했다.
· 은진중학교, 명신여학교에서 15년간 이사, 학부형회 간부.
· 동만노회에서 노회장 3차(1932, 1936, 1939), 서기 5차, 회계 5차, 전도부부장 3년간.
· 당시 만주 조선기독교교회 총무국장, 신조위원장, 목사검정위원장, 동만교구회 회장, 동만회년전도회 위원장, 제창병원 이사장, 은사재단 보인자금 간도성 지방봉찬위원급 연길현위원부 현찬위원, 용정 중앙유치원 원장, 용정 중앙교회 주일학교 교장, 용정 중앙부녀학술강습소 소장, 용정 중앙교회 각 기관 고문.—엮은이

돌로써 아브라함의 자녀가 되게 한 이야기

중앙교회에서 시무하는 동안 겪은, 몇 가지 잊히지 않는 일들을 이야기해 보자.

내가 부임한 지 얼마 지나지 않아 발견한 인물이 있었다. 그는 학식도 돈도 없고, 외모나 품격이 훌륭한 분도 아니다. 그는 일흔이 넘은 꼬부랑 할머니였다. 옷도 제대로 갖춰 입지 못하고 배운 바도 없어서 무식한 여인, 입에서 침이 흘러서 누추하게 보여 아이들에게 놀림을 당하는 노파였다. 그래도 그는 이것을 탓하지 않고 꾸준히 믿음을 지켰다. 그는 버드나무 밑에서 석 달 동안 기도하면서 성경을 읽고 찬송을 부르기도 했다. 한번은 나에게 편지를 썼는데 받침을 제대로 쓰지 못해서 읽는 데 한참 걸렸다. 이 보잘것없는 여인을 토기장이 하느님은 전도인으로 쓰셔서, 주일마다 새 사람을 교회에 데려오는 것이었다.

나는 그를 당회에 권해서 권사로 만들었다. 장로들은 처음에 그를 권사로 만들면 교회의 체면에 손상이 된다고 했으나 나는 하느님이 귀히 쓰시는 분을 우리가 탓할 수 없다고 주장해서 뜻을 이루었다.

그의 이름은 김주성이다. 그에겐 김주병이라는 아들이 하나 있는데 술주정뱅이였다. 게다가 며느리는 불효막심했다. 며느리가 한번은 제 아들에게 닭고기를 먹이면서, "아이가 먹는 것을 옆에서 지켜보고 있으니 먹는 것이 살로 가지 않겠소" 하며 시어머니를 밖으로 내쫓았다는 것이다. 또 시어머니가 교회에 가는 것이 미워서 저녁에 대문을 안으로 잠가 놓아 교회에 다녀온 시어머니를 들어오지 못하게 했다. 그러면 어머니는 다시 교회당에 돌아와서 아들과 며느리가 예수를 믿게 해달라고 눈물을 흘리며 밤새워 기도를 했다고 한다.

어느 날 나는 여전도사와 함께 그 집을 심방했다. 권사는 우리가 심방 온 것을 너무나 기뻐하면서 며느리더러도 와서 인사를 하라고 했다. 그러나 며느리는 어머니가 교회에 가는 것도 싫은데 목사에게 인사까지 하라니 더 성이 났다. 때는 여름이라 창문을 열고 있었는데, 며느리는 빗자루로 마당을 쓸면서 먼지를 내어 집안으로 들어오게 했다. 우리는 급히 문을 닫고 예배를 드리고 나왔다.

그 후 7, 8개월이 지난 어느 날 나와 여전도사는 다시 그 집으로 심방을 갔다. 그런데 우리가 마당에 들어서는 것을 본 며느리가 "어머님, 목사님이 오십니다" 하고 반기는 모습이 아주 딴사람 같았다. 얼마 동안 앉아서 이야기를 하는데 며느리가 상에 국수 세 그릇을 올려 방에 들여놓으면서 "어머님, 목사님 모시고 점심을 드시오" 하는 게 아닌가. 나는 눈물이 나와 기도도 제대로 하지 못했다. 그 다음 주일부터 그 집에서는 아들, 며느리, 손자 셋이 김 권사와 더불어 교회에 나왔다.

또 한번은 그 집에 심방을 갔더니 아들은 어디 가고 없어서 권사와 며느리만 예배를 보았다. 예배가 끝나고 아들의 행방을 물었더니 며느리 대답이 취직을 하러 연길로 갔다는 것이다. 나는 걱정이 되었다. 그를 혼자 보내면 다시 술을 먹게 될 것이 아닌가 싶어서다. 그러나 그렇게 말할 수는 없어서 "취직을 했다면 같이 가서 밥도 해주고 빨래도 해줘야 하지 않겠소?" 하고 돌려서 말했다. 그랬더니 그는 "어머님을 모시고 가려고 했으나 이 교회를 떠나지 않으시겠다고 합니다. 어머님 혼자 두고 갈 수가 없어서 제가 남아 있습니다. 젊은 사람들이야 좀 고생하면 어떻습니까?" 하는 것이다. 나는 눈시울이 뜨거워졌다. 토기장이 하느님은 예전의 못된 며느리를 이런 효부가 되게 하셨기 때문이다.

얼마 후 그들은 하얼빈에서 서북쪽으로 수백 리도 더 떨어진 어느 농촌에 땅을 사서 이사를 했다. 약 3년이 지난 어느 수요일 저녁 김주병이 우리 교회로 찾아와서 함께 예배를 드렸다. 예배가 끝난 다음 그는 광목으로 된 주머니에서 한 되나 되는 동전을 나와 장로들 앞에 쏟아 놓았다. 이것이 웬 돈이냐고 물었더니, 새 농장에 가보니 예배당이 없기에 동네 사람들을 자기 집에 모아 놓고 예배를 드렸는데, 그 예배에서 모은 헌금이라는 것이다. 그러면서 그는 그곳에 전도사를 한 사람 보내 달라고 부탁했다. 우리는 모두 감격에 가득 찼다. 돌을 가지고 능히 아브라함의 아들이 되게 하시는 토기장이가 이룩한 기적이었기 때문이다. 우리는 물론 그의 요청에 따라 전도사 한 사람을 그곳에 파송했다.

또 하나 기억나는 것은 공산주의자 청년이 회개한 이야기다. 1925년 이후 간도 지역에는 공산당 운동이 매우 강력해져서, 청년치고 공산당에 관여하지 않고는 출세를 못 할 정도였다. 기독교 학교인 은진중학교 학생들도 공산주의 서적을 학교 교과서보다 열심히 읽는 판이었다. 나는 목회를 하면서 틈틈이 은진중학교에서 가르치기도 했는데, 어느 해인가 은진중학교 졸업반 학생들이 동맹하여 졸업장 받기를 거부하는 사건이 벌어졌다. 그 시작은 이규숙 선생의 시험 시간에 한 학생이 답안은 내지 않고 야유를 적어 낸 일이었다. 학교가 그 학생을 처벌하니 졸업생들은 졸업식장에서 행사를 방해하여 중지시켰다. 이 사건의 주동자가 여창부라는 학생인데, 그는 명동소학교 출신이요 교인의 아들이었다.

그런데 그 일이 있은 뒤 여러 해 뒤에 그에게서 편지 한 장이 왔기에 펴 보니 자기 잘못을 뉘우치는 말이 간단히 쓰여 있었다. 그리고 며칠 후에는 직접 찾아와 눈물을 흘리며 사과하는 것이었다. 그는 기도회 시간을 이용해 학생들 앞에 서서 다음과 같은 말을 간곡히 했다.

"내가 은진에 다닐 때 공산주의가 내 마음에 파고들어 성경 공부에 불만을 품었다. 졸업식에서는 내가 주동자가 되어 행사를 못 하게 하고 스스로 뿌듯했다. 그 후 세관에 취직하여 일하는 과정에 업적이 좋아 세관장이 되었다. 가만히 그 이유를 생각해 봤더니 성경의 교훈이 내 마음속에 뿌리내려 일을 정직하고 성실하게 했던 것이다. 따라서 이것은 은진의 혜택이다. 그러기에 후배 여러분은 성경을 열심히 공부하고 진실한 크리스천이 되기를 바란다."

신안진교회 사경회를 간 경험도 잊을 수 없다. 1937년의 일이라고 생각되는데, 그때 나는 동만노회의 회장이었다. 당시 동경성(중국 흑룡강성 영안현에 있음. 발해의 도읍지였던 곳—편집자)은 동만노회에 속해 있었고, 신안진교회는 그 구역의 한 작은 교회였다. 그 교회에서 사경회를 인도할 목사를 구해 달라고 하는데 적당한 목사를 구하지 못해서 내가 대신 갔다. 그 교회의 영수는 송태준이라는 이였고, 집사로는 계화삼 등이 있었다.

그런데 도착해서 만나 본 교회 지도자들의 말이 현재로서는 도저히 집회를 할 수 없다는 것이다. 그 이유란 첫째로 송 영수가 그 지방 민회 회장이었는데 공금 회령으로 면직을 당하는 바람에 교회의 평판이 아주 나빠졌고, 또 교회 청년 한 사람이 동네의 어느 잉태한 여인을 때려죽여서 재판을 받는 중이라 이중으로 교회의 위신이 떨어졌다는 것이다. 더구나 송 영수 부인의 병이 아주 악화돼서 금명간 별세할 것 같아 멀리 있는 자손들에게 전보를 쳤으니 이런 혼란 속에서 집회를 할 수 없다는 것이다.

이에 대하여 나는 강사를 구하지 못해서 내가 왔는데 이번에 하지 못하면 금년에는 다시 할 수 없을 것이다, 동네에서 교회의 평판이 나쁘다면 동네를 향해서 집회는 못하더라도 이런 힘든 때에 우리 스스로 반성하면서 기도를 하는 것은 매우 중요하다, 이렇게 설득하고 집회를 시작했다.

첫날 저녁에 모인 인원은 약 30명이었다. 예배 후 집사들을 데리고 영수 부인의 집으로 찾아가서 기도회를 한 다음 계화삼 집사의 댁에 가서 잤다.

새벽 기도회에 영수가 참석했기에 아직은 부인이 운명하지 않은 것으로 생각했다. 기도회가 끝난 후에 영수가 자기 집으로 가자기에, 운명했기에 나를 청하는 것이라고 생각하고 들어갔더니 환자는 지난밤 잘 잤다고 하면서 일어나 앉아 있는 것이다. 우리는 기쁜 마음으로 집회를 계속했는데, 영수 부인은 계속 병이 나아갔고 살인범으로 재판을 받던 청년도 무죄 석방이 되었다.

중국인 서장의 재판은 이러했다. 본래 이 죽은 여인은 이 남자의 아내를 다른 남자에게 중매해 주는 행위를 했기에 남자가 홧김에 그를 때린 것이므로 남자에게 책임이 없다는 것이다.

이렇게 되면서 감사하는 마음으로 집회를 계속했더니 새로운 신자도 30여 명이나 생겼다. 마지막 날이 되자 나는 교인들에게 다섯 가지 결심을 하도록 했다. 그 다섯 가지 결심은 "첫째 성서는 심령의 양식이니 매일 한 장씩 읽자, 둘째 하느님과 교통하는 기도 시간을 정하고 매일 한 번씩 기도를 올리자, 셋째 주일을 성스럽게 지키자, 넷째 십일조를 정성스럽게 올리자, 다섯째 1년에 최소 한 사람씩은 교회에 인도하자"라는 것으로 내가 평양신학교 다닐 때부터 강조하던 것이었다.

송 영수와 계 집사 등이 교인들로 하여금 이 약속을 지키도록 격려한 덕분인지 교회는 크게 발전해서 권중홍 목사와 여전도사를 모시게 되었다. 또 인근 마을에도 전도를 해서 세 곳에 지교회를 세웠다. 청년들은 돈을 모아 하얼빈에 가서 관현악기를 사다가 예배를 볼 때 사용하기도 했다. 그리고 계화삼 집사는 장로가 된 후 봉천신학교를 졸업하고 대만, 브라질 등에서 선교사로 활약하다가 지금은 토론토 중앙장로교회에서 목회를 하고 있다.

동만 희년전도회와 평생여전도회

한국에 복음이 들어온 것은 퍽 오래 전의 일이다. 그러나 단편적이 거나 산발적으로가 아니라 제대로 선교가 시작된 것은 1885년 4월 5 일 부활주일에 북미 장로교회 선교사 원두우(Horace Underwood) 박 사와 역시 북미 감리교회 선교사 아펜젤러(Apensela) 목사가 인천에 상륙하면서부터다. 그래서 1935년은 한국 선교 50주년이 되는 해였 다. 그해 예수교장로회 총회는 평양 숭실전문학교 운동장에서 축하회 를 성대히 열고 한국교회 희년을 선포했다.

이렇게 되자 봉천노회, 안동노회, 남만노회 등 남만주 세 노회는 희 년전도회를 조직하고, 전재광 목사를 책임 목사로 선정해서 활동하면 서 교역자 수십 명을 파송했다. 우리 동만노회도 총회 대표로 갔던 전 택후 목사의 보고를 듣고 동만노회 희년전도회를 만들었다. 그리고 회 장에 문재린, 서기에 홍상표, 회계에 이권찬, 총무에 전택후를 뽑았다.

회장, 회계, 총무가 지방을 순회하면서 회원을 모집하여 전도인을 다섯 곳에 파송했다. 회비는 연 5원이었고, 전도인은 박경희 전도사(1935∼1936년 돈화현 지방, 1937∼1943년 동경성 지방, 1937∼1940년 북만주 라빈선拉濱線 지방), 오기풍 전도사(1935∼1939년 안도현 신기가), 송용섭 전도사(1935∼1939년 왕청현 나자거우)였다.

1938년에는 내가 계획한 희년전도회 계획을 알고 캐나다 선교부로부터 교섭이 왔다. 내 생활비를 댈 터이니 성진에 신설되는 농촌지도자양성소를 책임지는 교수가 되어 3개월만 가르치고, 나머지 9개월은 마음대로 동만 희년전도회를 위해서 쓰라는 것이다. 나는 이것을 토기장이가 주신 기회로 생각했다. 당시 일본인들의 이민 정책에 따라 농민들이 계속 만주로 들어오고 있었으므로 그들을 위해 교회를 세우는 것은 참으로 중요한 과제였다. 그리고 그들이 자리 잡은 농촌에 땅을 200평만 사면 선교사 한 사람이 생활하기에는 문제가 없게 된다. 그러다가 교회가 자립하게 되면 그 땅을 팔아서 여러 곳에 새로 전도인을 파송할 수 있다. 이런 식으로 선교하면 만주 전체에 교회를 세우는 일은 그리 힘들지 않다고 보았다.

이런 생각으로 나는 용정 중앙교회 장로들의 양해를 구하고 동만노회에 사표를 제출했다. 그러자 노회 간부들이 중앙교회 장로들을 불러서 내가 왜 사표를 제출했는지를 묻게 되었다. 이 사실을 알게 된 교인들은 장로들에게 항의했다. 당신들이 중앙교회 장로가 아니고 희년전도회 장로냐고 말이다. 당황한 장로들은 내게 와서, 내 사표를 회수하든지 장로들의 사표를 받든지 해야 한다면서 다시 교회에 머물러 달라고 호소하는 것이었다. 부득이 나는 이것 역시 토기장이의 뜻이라고 생각하여 내 계획을 버리고 사표를 취소할 수밖에 없었다. 이렇게 되자 중앙교회는 마치 새 목사를 맞이하듯이 잔치를 벌였다. 좀 겸연쩍은 노릇이었지만, 이것이 새로운 생기를 불러일으켜 교회의 발전에 도움이 된 것은 사실이다.

나로 하여금 중앙교회를 그만두고 희년전도회 일에 전념하도록 하지 않은 것이 토기장이의 배려였음은 7년 후에 알게 되었다. 해방 전후해서 나는 세 차례나 군경에 붙들려서 사지를 헤매게 되는데, 그때마다 미국의 스파이로 몰렸다. 만일 내가 선교부의 돈을 받고 만주 전역을 돌아다니면서 교회 설립 운동을 했다면 정말로 미국의 스파이라는 혐의를 벗을 수 없었을 것이다. 또 그때만 해도 불과 6, 7년 사이에 전 만주가 공산화가 되리라고 아무도 생각을 못 했다. 우리가 아무리 열심히 해서 땅을 사고 교회를 확산했더라도 다 공산당에게 빼앗기게 되었을 것이다. 실제로 우리가 안도현 십자가와 동경성 경백호에 각각 1만여 평씩 사 놓은 땅은 고스란히 공산당의 토지가 되고 말았다.

동만 평생여전도회는 임뵈뵈라는 여성이 만들었다. 그는 1920년에 일어난 '15만 원 사건'으로 서대문형무소의 이슬이 된 임국정 선생의 모친이다. 캐나다 선교부 용정 지부에 있던 박혜선 여사가 이 임뵈뵈 여사를 높이 보아 캐나다 여전도회에 평생회원으로 입회시켜 준 일이 있다. 임 여사는 이러한 여전도회를 한인 여성들도 해야 한다고 생각하고, 먼저 고온유 여사를 설득해서 평생회원으로 삼았다. 이렇게 해서 평생여전도회가 탄생된 것이다.

임 여사는 교회를 발전시키는 것이 아들의 독립운동을 잇는 길이라고 믿고 전심전력을 기울었다. 여사는 5원만 내면 죽을 때까지 동만 평생여전도회의 회원이 된다고 하면서 열심히 회원을 모집했다. 모두 1500원을 모아 토성포에 논 1만 평을 샀는데, 이 땅에서 해마다 400~500원씩 소득이 나왔다. 그 돈으로 여전도인 일곱 명을 마적달, 안도, 돈화, 춘양, 토성, 동불사, 대황구 등 일곱 교회에 파송해 전도하게 했다.

1942년 가을에는 김순호 선생을 평생여전도회 총무로 모셔 왔다. 김순호 선생은 산동성에 가서 중국인들에게 선교했는데, 그곳이 공산화되자 더 있을 수 없어 길림에 와서 중국인들에게 선교하고 있었다. 평생여전도회 회장이었던 내 아내 김신묵 여사가 길림성에 가서 평생여전도회의 꿈을 이야기하고 그를 총무로 모신 것이다. 그리하여 여전도회는 매우 활기를 띠었다.

그러나 간도 일대가 공산화되면서 김순호 선생은 청진의 신암교회 전도사로 나오게 되고, 창설 당시부터 회장 직을 맡았던 김신묵도 나를 따라 남한으로 나오면서 평생여전도회는 없어지게 되었다.

다섯 교파를 하나로—만주 조선기독교회

일본은 1931년에 세계열강이 묵인하는 가운데 만주의 실권을 잡고 만주국이라는 허수아비 정부를 세웠다. 만주국 인구의 10분의 3인 약 450만 명이 조선족이었다. 그중 기독교인은 2만 5000여 명이었다. 만주에서는 장로교회가 제일 큰 교파였는데 6개 지회가 있었다. 남만노회, 봉천노회, 안동노회, 영구노회, 동만노회, 북만노회가 그것들이다.

북만주는 본래 감리교 구역이었으나 1920년경에 구역이 철폐되면서 그 지역에 장로교회가 많이 설립되었다. 감리교도 동만주와 남만주의 도시마다 교회를 세웠고, 침례교회는 동만주에 몇 곳 설립되었다. 감리교회에서 갈라져 나온 조선기독교회의 교회는 길림, 신경, 무순, 목단강시 등에 세워졌다. 성결교회는 동만주에서 10여 곳, 남·북만주의 도시에는 거의 빠짐없이 세워졌다. 그래서 당시 만주의 장로교회는 485개에 교인 수 1만 9130명, 감리교회는 70개에 교인 4530명, 침례교회 15개에 교인 890명, 조선기독교회 교회는 5개에 교인 450명,

1942년 만주 신경에서 열린 만주 조선기독교회 창립총회. 장로교, 감리교, 침례교, 성결교, 조선기독교가 연합해 한 교단을 만든 일을 문재린은 뿌듯해했다.

성결교회 20개였다.

　이들 5개 교파의 요인들이 뜻을 모아 교역자 친목회를 만든 것은 1940년 7월 5일의 일이다. 한 해 뒤인 1941년 7월 20일 열린 제2회 친목회에서 교파 합동 문제가 제기되었다. 큰 교파 중에서도 반대하는 이가 없고, 성결교회와 침례교회는 조선에서는 일제가 해산시켰기 때문에 본부가 없는 처지라 전부 찬성하므로, 합동을 위한 준비위원회가 조직되었다. 합동 준비위원은 각 교파별로 선출되었다. 곧 장로교회에서는 정상인 · 김창덕 · 문재린 · 이권찬 · 전수창 · 안광국, 감리교에서는 배형식 · 이형동 · 송득후, 조선기독교회에서는 변성옥 · 김동철, 침례교에서는 최성업 · 한장로, 성결교회는 조승각 · 장두원이 준비위원이었다.

　그리하여 1942년 4월 19일 만주 조선기독교회 창립총회가 신경 감리교회당에서 열렸다. 모인 사람은 목사 32명, 장로 32명이었다. 만주에 있는 한인 기독교 5교파가 이로써 통일 교단을 이루게 된 것이다. 만주 조선기독교회는 장로교회의 헌법을 채용하고, 예식은 감리교회의 예식을 받아들이되 침례교인이 침례(baptisma) 받는 것은 허용하기로 하며, 교구는 동만·북만·남만·신경·안동의 5개 구역으로 나누기로 했다.

교회의 임원은 회장에 정상인 목사, 부회장 송득후 목사, 총무 문재린 목사, 서기 안광국 목사, 부서기 장두원 목사, 회계 최성업 목사였다. 신학회 이사진도 선출했는데 이사장은 문재린이었고 이사는 배형식 목사, 변성옥 목사, 정상인 목사, 장두원 목사, 최성업 목사, 김창덕 목사, 권연호 목사, 조승규였다.

만주 조선기독교회 창립 축하식은 신경 협화회에서 열고, 협화회 총무가 축사를 했다. 이후 1945년 해방될 때까지 만주 조선기독교회 일을 보았는데 뜻밖에 예상보다 재미있게 지냈다. 나중에 남한에 나와서 교파가 갈라진 것을 볼 때마다 늘 만주 생각이 나곤 한다.

일제 말기의 탄압

이렇게 여러 가지 일을 맡은 가운데 나는 한동안 캐나다 선교부의 용정 지역 재산을 관리하기도 했다. 그렇게 된 것은 1941년에 일본이 태평양전쟁을 시작했기 때문이다. 이것은 사실상 영국에 대한 선전 포고였다. 따라서 영국 연방에 속했던 캐나다 선교사들은 모두 추방당하게 되었다. 한국의 북부 지역과 동만주에 있던 선교사들도 떠나지 않을 수 없었다.

일본이 내린 퇴거령에 따라 용정에 거주하던 캐나다 연합교회 전도사 로즈 목사 부부, 브루스 씨, 암스트롱 양, 리즈 박사 등이 간도를 떠난 것은 1941년 3월 중순이었다. 그들은 떠나기 전에 캐나다 선교부가 소유하던 교회와 은진중학교, 명신여학교, 제창병원 등의 관리를 한국인 세 사람에게 위임했다. 교회는 나, 학교는 명신여학교 교감으로 오래 일한 김두식 장로, 제창병원은 역시 그곳에서 10여 년 일한 허상훈 장로가 관리를 맡게 되었다. 그러나 나중에 김두식, 허상훈 두 사람이

선교사들을 본국으로 환송하면서. 문재린과 익환이 함께 했다. 1941년 3월 3일.

용정 제창병원을 이관하며 찍은 사진. 문재린은 선교사들이 철수한 후 병원의 관리를 맡았다.

병을 이유로 귀국하는 바람에 결국 내가 다 맡을 수밖에 없었다.

선교사들이 용정을 떠난 직후의 일이다. 선교사들이 살던 집을 일본 군인들이 사용하겠다고 했다. 나는 "보관 책임만 맡았고 사용 허가권을 갖고 있지 않으니 가부를 말할 수 없다"고 잘라 말했다. 결국 일본 군은 함흥에 있던 서고도(William Scott) 박사와 프레이저 목사를 불러 다가 주택 사용을 허락받았다.

그때 나는 서고도 박사, 프레이저 목사와 정국에 대한 이야기를 주고받았다. 세 사람 다 결국 일본이 패전할 것이라는 데 생각이 일치했다. 그러나 그 뒤 소련 세력이 어떻게 할 것이냐 하는 데는 의견이 달랐다. 나는 틀림없이 소련의 세력이 한국 북부 지역과 만주까지 미쳐 공산주의 천지가 될 터인데, 이것은 한민족을 위해 불행한 일이라고 걱정했다. 그랬더니 서고도 목사는 염려하지 말라는 것이다. 장개석의 세력이 만주를 관할하여 소련을 나오지 못하게 할 것이므로 한국인에게 좋은 길이 열리리라고 그는 주장했다. 그러나 나는 소련이 러일전쟁에서 패배하고 만주와 조선에서 손 뗀 것을 두고 와신상담하고 있기에 안심할 수 없다고 했다. 그리고 우리는 헤어졌다. 불행하게도 내 예측이 맞아 해방 후에 남한으로 피하지 않은 수많은 교역자와 교인들이 희생되고 교회는 모조리 쓸려나고 말았으니 참으로 입맛이 쓰다.

1942년 9월부터 간도성 성장(省長) 유홍구가 은진중학교와 명신여학교를 성에 귀속케 하라고 강요하기 시작했다. 나는 내게 그렇게 할 권리가 없다고 거부하면서 버티고 있었다. 그러자 저들은 1942년 12월 나를 경찰서에 강제로 붙잡아 놓고 은진중학교를 인수해 버리고 말았다. 명신여학교는 1943년 7월, 제창병원은 1944년 3월 31일에 저들의 손에 넘어갔다. 그러기까지 나는 관청의 사무실에 불려 나간 것이 수십 차례나 되었고, 경찰서와 헌병대의 협박도 이만저만이 아니었다. 어떤 때는 밤에 불려 나가기도 했는데, 그럴 때면 혹시 아무도 모르게 처치해 버리는 것 아닌가 하는 생각도 들었다.

한국을 식민지로 만든 일본은 기독교인들을 반제국주의자로 여겼다. 3·1운동 때 독립선언서의 서명자 반수 이상이 기독교인이었고, 북간도에서도 목사, 장로는 으레 국민회 회장을 겸임했으며, 그 후에도 교회는 말없이 지하에서 민족을 위한 일을 했기 때문이다. 만주국의 무임소장관이었던 윤상필은 북만주 시찰 보고서에서, 만주국이 조선인 기독교회와 손을 잡아야 한다고 제안한 적이 있다. 교회가 있는 곳에는 도박, 음주, 음란 같은 악풍이 없고 생활 정도도 높으며 공산당을 절대로 수용하지 않으니, 교회를 잘 흡수하면 나라가 저절로 잘될 것이라는 게 그의 주장이었다. 그러나 이에 대해 어떤 일본 고관이 "그것은 다 맞는 말이지만 조선 기독교인은 일본 제국의 신민이 되지 않는다"고 반발했다는 것이다.

일본제국 처지에서 보면 나는 믿음직한 신민이 되기는 애초에 틀린 기독교인이었을 것이다. 일찍이 애국지사들이 운영한 북간도 명동중학교를 졸업하고, 더 배우고자 일본으로 가지 않고 중국으로 간 것, 일본말을 절대로 배우지 않은 것, 캐나다 임마누엘 신학교에 일본 학생이 셋씩이나 있었는데 그들과는 사귀지 않고 굳이 중국인 의대 학생과 기숙사에서 함께 지낸 것 따위부터가 일제가 곱게 볼 수 없는 행적이었을 것이다.

캐나다에서 유학할 때다. 1931년인가로 기억하는데, 일본 대사인 마쓰오카 요스케가 제네바에서 연설한 것이 세계적인 파문을 일으켰다. "우리 일본은 작은 섬인데 인구는 7000만이 넘어 살기가 매우 힘들다. 반대로 만주는 땅은 광대한데 개척이 안 되었기 때문에 살림이 어렵다. 또 맹수들이 인가에 나타나곤 해서 불안하기 그지없다. 일본이 진출하여 만주를 개척하면 만주인과 일본인 모두에게 이익이다. 그런데도 너희 유럽 사람들은 사정을 알지도 못하고 일본을 비난하니 이런 몰인정한 일이 어디 있느냐'는 게 연설의 내용이었다.

이 문제를 가지고 빅토리아 대학 교수 몇 명과 신학생들을 포함한 학생 60여 명이 모여서 간담회를 했다. 그런데 놀랍게도 거기 모인 사람 거의 모두가 마쓰오카의 말에 공감하는 것 아닌가. 좌중에 아무도 반박하는 자가 없었다. 참다못해 내가 일어서서 서툰 영어로 말했다.

"나는 태어나기는 조선반도 북단에서 났지만 만주에서 30여 년간 살아왔다. 그래서 만주 사정은 내가 마쓰오카보다 더 잘 안다. 만주는 마쓰오카가 말하는 것과 같은 미개척지가 아니다. 그곳 산속에 맹수들이 있기는 하지만 그 맹수들이 민가에 내려오는 것을 본 일은 없다. 사람이 맹수에게 다치거나 죽었다는 말도 들어 본 일이 없다. 여러분은 일본에 인구가 많다는 걸 동정하는 모양인데, 나는 마쓰오카보다 더 좋은 안을 제시하겠다. 만주보다 땅이 훨씬 더 넓고 인구도 아주 적은 나라가 있다. 바로 캐나다다. 그렇다면 일본 사람들을 캐나다에 와서 살게 하는 것이 어떤가?"

그랬더니 그 화제는 쑥 들어가고 말았다. 그 자리에 일본 학생들도 왔으니 아마 이 이야기가 일본 영사관에 전해졌을 것이다.

용정 중앙교회에서 시무하던 1936년의 일이다. 이 해에 광주에서 열린 총회에서 나는 일주일 동안 매일 기도회를 맡았다. 그러자 일본 경찰이 나를 불렀다. 나는 오후 4시에서 8시까지 고등계 주임한테서 심한 심문을 받았다. 아무리 해도 흠잡을 것이 없으니 내 말 가운데

"남만주와 시베리아에 산재한 동포들을 구원할 책임을 진 총회"란 구절을 붙잡고 늘어지는 것이었다. 그는 일본이 조선인을 남북 만주에 추방했다는 말인가, 또 '구원'이란 독립운동을 가리키는 것이 아닌가, 따지고 들었다. 하도 어처구니가 없어서 내가 웃었더니 주임은 "내 말이 말 같지 않아서 웃느냐?"고 화를 낸다.

나는 "조선인들이 만주 곳곳에 산재한 이유는 여러 가지가 있겠지만 나는 그것을 연구해 보지 못했으니 설명할 수 없고 다만 흩어져 있는 것은 사실이므로 교회는 그들을 도울 수밖에 없다. 그리고 구원이란 죄와 죽음에서 구하는 것이라는 것을 주임도 잘 알 텐데 왜 이런 어처구니없는 말로 나를 책잡으려 하느냐"고 했더니 더 화를 내는 것이다.

이런 식으로 네 시간이나 설전을 벌였다. 그러던 끝에 주임이 나더러 시말서를 쓰라고 한다. 일본 경찰에서 시말서 같은 문서를 남기면 그 책임을 져야 하므로 나는 "잘못한 것이 없는데 무슨 시말서냐, 쓸 수 없다"고 잘라 말했다.

그랬더니 주임은 사정하는 말로, 이렇게 한 번 출두하면 시말서를 쓰는 법이라고 하는 것이다. 나는 형사가 잘못 고발해서 왔는데 내가 시말서를 쓴다는 것은 있을 수 없고, 정 그렇다면 '설명서'를 쓸 수는 있다고 했더니 그것이라도 쓰라는 것이다. 그래서 나는 설명서를 쓰고 나왔다.

광주 총회에서 돌아온 뒤 얼마 되지 않아서 이번에는 일본인 헌병대장이 명함을 보내어 헌병대장실로 오라고 했다. 가서 인사를 나누고 나니까 신사 참배를 어떻게 생각하느냐고 묻는다. 나는 솔직히 내 생각을 말했다. 기독교에서는 우상 숭배를 금한다, 신사 참배는 우선 그 이름에 귀신 신(神) 자가 붙었고 그 앞에 음식과 향을 피워 놓고 절하니 우상 숭배가 아닐 수 없다고.

그러자 헌병대장은, 신사 참배란 국민정신을 집중하고자 하는 것이기 때문에 종교로 볼 필요가 없다고 주장한다. 나는 문명이 발달한 오늘날 세계 4대 강국의 하나인 일본이 미개한 야만인들이나 하는 우상 숭배로밖에 국민정신을 통일시키지 못하느냐고 말했다.

그랬더니 헌병대장은 책상을 치면서 "너는 죽어야 할 반역자다"고 외쳤고, 나는 일어서면서 "죽여 보라"고 했다. 헌병대장은 "너는 죽어도 순교자로 죽는 것이 아니라 일본제국의 반역자로 죽는 것이다" 하고 더 크게 소리를 질렀다. 나는 "순교자든 반역자든 그게 문제가 아니라 내 양심이 문제다. 신사 참배가 우상 숭배라고 여기는 한 나는 죽어도 못 한다. 만일 우상 숭배가 아니라고 인정된다면 나도 교인들을 인솔하고 참배할 것이다"라고 하면서 계속 버텼다. 그러자 그만 가라는 것이다.

그 후 신경 정부의 고문관인 일고(日高丙子浪)라는 일본인이 나를 찾아와, 신사 참배에 관하여 이해시키려 했다. 나는 그에게 한마디로 "선생의 말에 내 마음이 변할 리 없다"고 했더니 그는 더 말하지 않고 돌아갔다.

3, 4년 뒤에 신의주에서 총회가 열렸다. 거기서 내가 사무적인 발언을 했는데, 형사가 보고해서 또 고등계에 호출을 당했다. 그러나 이번에도 내 말은 책잡힐 것이 없었다. 그런데 또다시 시말서를 쓰라기에 여관에 돌아가서 설명서를 써서 보내 주겠다 하고 돌아왔다.

이렇게 번번이 걸고넘어지는 것을 보아 일제는 나를 민족주의자로 점찍은 것이 틀림없었다. 그것은 사실상 맞는 판단이었다. 그러나 내 말에서 꼬투리를 잡을 수 없었기 때문에 저들은 나를 어떻게 하지 못한 것이다. 나는 다음부터는 총회에 가지 않기로 했다. 그러나 일제와 부딪힌 일은 그것으로 끝난 게 아니어서, 앞서 이야기한 대로 캐나다 선교부의 재산을 놓고 일본 당국과 여러 달을 싸우게 되었다. 이렇게 해서 나는 가망 없는 불온 분자, 배일(排日) 분자가 되었다.

태평양전쟁이 한창일 무렵에는 일본인 헌병이 매일 아침 우리 집에 출근하듯 와서 저녁에 돌아가곤 했다. 하루는 서가에서 앨범을 빼내 보다가 태극기를 배경으로 하고 찍은 사진(세계주일학교대회 한국 대표들이 해외에서 찍은 것)을 물끄러미 들여다보고는 말없이 넘긴 적이 있었다. 내가 민족주의자라는 것은 너무나 당연한 일이어서, 그 정도 일로는 문제 삼지 않으려는 모양이었다.

1944년에는 이런 일도 있었다. 그해 봄에 교회의 종을 일본 당국에 헌납하는 문제가 대두되었다. 일제가 태평양전쟁을 치르느라 군수 물자, 특히 무기를 만드는 금속류를 확보하는 데 혈안이 되었을 때였다.

이 문제를 두고 중앙교회 목사관에서 회의가 열렸다. 시내 목사 전부와 당시 협화회 총무였던 윤극영이 참석했다. 다른 목사들은 바치자고 하는데 나만은 시내에 종 한 개는 남겨야 하지 않느냐고 우겼다. 그래서 간도성 안의 여러 관청에서 나에 대한 평이 아주 좋지 않았다.

하루는 관공서에서 일하던 이가 와서 이런 말을 전한다. 이전에 상해 임시정부에 관계했다는 어떤 사람이 변신을 해서 지금은 협화회에서 일하는데, 배일 분자 문재린 때문에 일을 할 수가 없다고 불평을 늘어놓더라는 것이다. 그 말을 전하는 사람은 그러니 나더러 협화회에 가서 변명을 하라고 한다. 나는 웃고 말았다.

모친의 별세

 일본의 식민 통치가 최후의 고비를 넘어가던 1945년 4월 23일(음력
으로는 3월 12일), 나는 또 한 번 개인적인 불행을 겪었다. 어머니 박정
애 여사가 돌아가신 것이다.

 어머니는 1878년 음력 10월 24일 함경북도 경원군 고건원에서 박
경심 공의 장녀로 나셨다. 집안이 가난해 학문을 배우지 못했으나, 18
세에 내 부친과 결혼하여 2남 4녀를 두고 잘 기르셨다. 그러나 19년
만에 남편을 여의고 몸과 마음으로 많은 고생을 하실 수밖에 없었다.
30대에 남편을 잃은 것만도 큰 타격인데 설상가상으로 장남 재린과
둘째딸 신재를 제외한 자식들을 앞세웠으니 그 아픈 심정을 누가 헤아
릴 수 있을 것인가.

 그러고도 병에 걸려 쓰러지거나 하지 않은 것은 어머니의 마음 기둥
이 튼튼한 까닭도 있었겠지만, 시어머니 김순홍 여사, 며느리 김신묵
과 손이 맞아 가사를 돌보는 일에 바쁘셨던 것도 도움이 되었을 것이

용정 중앙교회 사택에서 치른 어머니 박정애의 장례식. 1945년 4월 25일.

다. 어머니는 만주의 한인 사회에 무명의 공로자요 숨은 봉사자라 할 것이다. 명동으로 찾아오는 지사치고 어머니에게 대접을 받지 않은 이가 없기 때문이다.

어머니는 1926년 김익두 목사가 용정과 명동을 오가며 인도한 부흥회에서 은혜를 받으셨다. 그러고는 삶의 고통 때문에 마음에서 타오르던 불이 완전히 진정되셨다 한다. 그때부터 어머니의 삶은 봉사와 전도로 채워졌다. 시동생 치홍 가족이 하얼빈 남쪽 80리에 있는 수하에 가서 있는 동안에도 몇 사람을 전도해서 믿게 했고, 장손 익환이 만보산에 가서 전도사 일을 할 때에도 그곳에 한 달 머무르시면서 교회 하나를 설립했으며, 용정 중앙교회에서 내가 16년간 목회를 할 때에도 어머니는 무보수 권사로서 크게 활약하셨다. 신경, 만보산, 명동, 용정 등지에서 어머니가 새롭게 신자로 만든 이가 무려 100명이 넘을 것이다.

그래서 별세하시자 문중의 젊은 질부들은 물론 교회 내에서 어머니의 사랑을 받던 수많은 여성들의 울음이 그칠 줄 몰랐다. 한 젊은 부인은 남편의 의처증 때문에 고생했는데, 그럴 때마다 남편을 달래고 자신을 위로해 주던 어머니가 돌아가시자 "나는 이제 누구를 의지하고 살라오?" 하면서 통곡을 했다.

두 번째 사선을 넘다

전세가 점점 더 기울자, 일본 정부의 태도는 날로 더 흉악해졌다. 신사 참배를 강요하고 동방 요배를 시키고 성씨를 일본식으로 고치게 하고, 청년들을 군으로 혹은 강제 노동자로 징용하고 젊은 여자들을 일군의 위안부로 끌어가고, 그 흉악함은 말로 다할 수 없었다. 그러나 이렇게 한다고 한국인이 일본인이 되는 것이 아니다. 오히려 한국인들의 마음은 점점 더 반일적으로 되어 갔다.

저들은 신사 참배하는 기독교인들이 심중에 하느님께 기도하는 것을 몰랐다. 동방 요배를 하면서 일본이 망하기를 기원하는 줄을 몰랐다. 군인이 되면서 강제 노동자가 되면서, 일군의 위안부가 되면서 심중에는 일본이 망하는 날을 손꼽아 기다리는 줄을 몰랐다.

1945년 7월 19일이었다. 어떤 사람이 우리 교회를 찾아오더니, 도문에서 온 백 아무개라는 사람이 여기 있느냐고 물었다. 나는 그런 사람이 없으니 다른 교회에 가서 물어 보라고 했다.

이튿날은 주일이었다. 새벽 기도회를 인도하려고 대문을 열고 나오는데, 대문 앞에 어제 나를 찾아왔던 사람과 정복을 한 헌병이 서서 기다리고 있는 것이다. 저들은 나더러 책을 집에 두고 자기들을 따라오라고 한다. 그들은 나를 데리고 이권찬 목사의 집에 가서, 그도 체포했다. 그러고는 용정 역으로 가서 우리를 도문행 열차에 태웠다. 그래서 우리는 도문으로 가는 줄로 알았다. 그러나 조양천에 도착하자 저들은 다시 상삼봉으로 가는 기차로 바꾸어 타는 것이었다. 나는 곧 용정에서 상삼봉행 기차를 타면 우리를 아는 사람들이 우리가 가는 방향을 집에 알릴까 봐 그랬으리라고 짐작을 했다.

상삼봉에 있는 헌병대 파출소에 도착해서 저들이 일본말로 이야기하는 것을 이 목사가 들었다. 그제서야 우리가 조국의 성진으로 간다는 것을 알아차렸다. 그런데 저들이 우리에게 만주 돈을 가진 게 있느냐고 물었다. 마침 나에게는 만주 돈 600원이 있었다. 저들은 봉투를 주며 그 돈을 이곳의 아는 사람을 통해 집으로 보내라면서, 나더러 혼자 다녀오라고 한다. 나는 이상하게 생각하면서도 그곳에 있는 목사 댁으로 갔다. 그 댁에다 돈을 맡기고 개산톤(개산둔)에 있는 여전도사를 시켜 우리 집에 전해 달라고 부탁했다. 돈을 넣은 봉투는 봉하지 않고, 봉하는 곳에 '성진으로'라고 적었다. 이렇게 해서 우리가 가는 곳을 알릴 수 있었다. 나는 아직도 왜 저들이 그때 나에게 그런 자유를 주었는지 알 수 없다.

상삼봉에서 3시간을 기다린 뒤, 경성행 기차를 타고 성진에 도착했다. 성진 헌병대에 도착하자 우리를 데리고 온 사람들은 대장에게 죄인 두 명을 무사히 데리고 왔다고 보고하더니, 우리 넥타이와 허리띠를 빼앗고는 감방에 가두었다. 그런데 그 감방이라는 것이 기가 막혔다. 헌병대 앞마당에 판 방공호를 개조한 것이 곧 감방이었다. 그러니까 다섯 자 쯤 되는 땅굴에 철문을 단 감방인데, 바닥에 깔린 다다미에는 축축하게 물이 배어 있었다. 높이는 우리가 서면 머리가 천장에 닿을 정도니 6척쯤 되었을 것이다. 앉으면 다리를 죽 펼 수 없을 정도로 좁았다.

이렇게 갇히게 되자 우리는 이것이 보통 사건이 아님을 직감했다. 우리를 잡으려고 성진에서 세 사람이나 온 것부터가 보통 일이 아니다. 나중에 안 일이지만, 우리를 잘 아는 윤정희 집사가 용정 헌병대에 아는 사람이 있어서 물었더니 성진 헌병대에서 일부러 와 잡아간 것을 보면 우리 두 사람이 살아서 돌아오는 것은 기대할 수 없다고, 그런 사람들과 가까이 하지 말라고 하더라는 것이다. 그러니 우리 가족들은 얼마나 놀라고 걱정을 했겠는가? 게다가 우리를 가둔 감방의 꼬락서니는 생각을 더욱 불길한 쪽으로 이끌고 갔다.

그날 밤 잠을 자다가 나는 놀라운 꿈을 꾸었다. 꿈속에서 나는 좋은 자동차를 몰고 큰길을 신나게 달리고 있었다. 새카만 택시였는데, 사람 하나 겨우 다닐 만한 좁은 골목으로 들어서는 참에 그만 커다란 트럭이 덮쳤다. 내려서 살펴보니 놀랍게도 내 차는 아무렇지 않았다. 다행으로 여기면서 다시 차를 몰려고 했더니 내 앞에 큰 돌과 쓰러진 나무 기둥이 놓여 있고 땅에는 큰 홈이 파여 있었다. 도저히 운전을 할 수 없어 당황하는데 웬 거인이 나타나더니 내 자동차를 번쩍 들어서 장애물 저편에 놓아 주는 것이었다. 고마운 심정으로 자동차에 타고 다시 달리려는 참에 잠을 깼다.

잠을 깬 나는 "하느님, 감사합니다" 하고 중얼거렸다. 이 꿈은 하느님이 나를 살려 주시겠다는 꿈임에 틀림없었기 때문이다. 그래서 다시 당신을 섬기게 하시겠다는 것이다. 나는 옆에서 자고 있던 이권찬 목사를 깨워 꿈 이야기를 들려주면서 우리는 석방될 것이라고 격려했다.

그러다가 나는 이질에 걸리게 되었다. 콩밥으로 된 주먹밥에다 소금물에 삶은 배추를 얹어 주었는데, 손으로 먹어야 했다. 씻을 물을 전혀 안 주고 식후에 마실 물만 한 모금 정도 주니 손이 더러워서 이질에 걸릴 수밖에 없었다. 그러자 멀건 죽을 가져다주었다. 이질은 좀처럼 낫지 않아 한참 고생하다가, 수감된 지 8일 만에 정식 감방으로 옮겨졌다. 무엇보다도 햇빛을 보게 된 것이 좋았다. 정말 햇빛의 고마움을 절감했다. 습기 없는 방에서 지내서인지, 방을 옮기고 얼마 뒤 이질이 나았다.

이제 죽 가지고는 배가 고파서 도저히 견딜 수가 없었다. 다시 주먹밥을 요구해서 받게 되었으나 그 동안 씻지 않은 손으로 먹을 수가 없었다. 하는 수 없이 오줌으로 손을 씻고 입에 물고 있었던 물로 헹구었다. 그러던 차에 밖에서 차입된 밥이 우리 둘에게 들어왔다. 식기 위에 물수건도 놓여 있었다. 그 순간의 감격이란 이루 말할 수 없었다. 우리가 여기 있는 것을 밖의 가족이 알았다는 신호이기 때문이다. 그렇다면 내 아내 신묵 씨와 이 목사의 아내 장후복 씨가 여기 와 있음에 틀림없었다.

나는 무릎을 꿇고 다시 한 번 하느님께 감사드렸다. 그 수건으로 얼굴을 씻고 손을 닦으니 수건이 까맣게 되었다. 주먹밥을 기다리던 우리가 고깃국을 앞에 놓고 있자니 우리만 먹기가 죄송스러웠다. 우리 옆방에 강홍수 목사와 장수천 목사, 두 분이 계셨기에 나누어 먹겠다고 간수에게 요청했으나 안 된다는 것이다. 밥이 목구멍으로 잘 넘어가지 않았다.

이권찬 목사가 동행한 것은 나에게 이만저만한 도움이 아니었다. 무엇보다 서로 의지할 수 있으니 그 이상 고마운 것이 있겠는가. 또 나는 일본말을 전혀 모르는데 이 목사가 있어 통역을 해주니 큰 도움이 되었다. 그리고 밥이 차입된 것도 이 목사의 부인이 이곳 출신이기 때문에 가능했으리라 여겨졌다.

나중에 알고 보니 내 아내와 장후복 씨가 우리를 찾아온 경로는 이러했다. 우리가 잡혀가자 가족들은 우리 소식을 알려고 백방으로 노력했다. 큰아들 익환이는 간도성장 관저까지 찾아갔다고 한다. 그때 간도성장이 "왜 자네 아버지는 일본말 공부를 하지 않나?"고 묻더라나. 그런데 우리가 조양천에서 차를 갈아탈 때 우리를 알아본 교인이 있었다. 그는 우리가 조양천에서 남쪽으로 가는 차를 바꾸어 탔다는 소식을 우리 집에 전했다. 이것이 우리가 함경북도의 헌병대에 잡혀갔다는 단서가 되었다. 그러나 함경북도 어딘지는 알 길이 없었다. 그러다 내가 집으로 보낸 돈 봉투를 보고 비로소 성진으로 갔다는 것을 알았다. 두 여인은 곧 성진으로 달려와서 김동극 집사의 집으로 달려갔다. 김동극 집사의 아버지는 함북에서 잘 알려진 김택서 초대 목사였고, 그의 어머니도 봉사 활동으로 유명한 분이었다.

김동극 집사는 일찍이 헌병대에 잡혀 들어가서 오래 고생한 적이 있었다. 그때 백 아무개라는 헌병과 아주 가까워졌다고 한다. 그런데 이 백 아무개가 바로 나와 이 목사를 체포한 사람 중의 하나였다. 이 백 헌병이 다른 두 헌병과 같이 우리를 체포하려 간도에 가면서 김동극 집사에게 "네 동생이 조양천에 있는 모양인데 무슨 편지라도 보내지 않겠느냐"고 하기에 김 집사는 여동생에게 편지를 쓰면서 "이 헌병은 내가 갇혔을 때 많이 도와준 사람이니 잘 대접하라"고 했다. 물론 김 집사의 동생은 저들을 잘 대접했다.

그런데 저들이 취중에 문재린 목사와 이권찬 목사를 잘 아느냐고 물었다. 김 집사 동생의 남편이 자기는 모르나 저들을 잘 아는 친구가 있다고 하면서 채희관 장로를 불러왔다. 채 장로가 오자 저들은 두 목사에 대해서 여러 가지를 물어 보았다. 그래서 채 장로는 나중에 두 목사가 잡혀갔다는 소식을 들은 뒤 용정에 연락을 넣었는데, 그때 이미 두 목사의 부인은 이미 알고 성진으로 간 뒤였다.

김동극 집사는 백 헌병을 만나 "네가 용정에 가서 문 목사와 이 목사를 붙잡아 왔느냐"고 물었다. 백 헌병은 아니라고 딱 잡아떼더라고 한다. 그래도 김동극 집사가 "네가 두 목사를 잡아 오는 바람에 두 목사의 부인이 우리 집에 와서 죽는다고 야단을 치니 이를 어쩌면 좋으냐"면서 도와달라고 부탁했고, 이 일이 있고 나서 우리가 감방도 옮기고 차입도 받게 되었다는 것이다.

우리가 방공호에 갇혀 있을 때인데, 밤중에 두 번이나 나오라고 한 일이 있다. 함흥으로 가게 되었으니 나오라, 또는 서울로 가게 되었으니 나오라고 했다. 그러나 그때마다 폭격이 심해져서 돌려보내곤 했다.

나는 첫날 밤 꿈으로 미루어 무사히 석방될 것을 믿었으나 언제 석방될지 몰라 늘 '언제입니까?' 하고 하느님께 여쭙곤 했다. 그런데 하루는 저녁잠이 들락 말락 하는데 내 귀에 "하지가쯔 주 이찌니찌"라는 말이 들렸다. 이 목사에게 물었더니 그것은 '8월 11일'이라는 일본말이란다. 놀라운 일이었다. 일본말을 모르는 내 귀에 8월 11일이라는 일본말이 똑똑히 들렸고, 정말로 그날 우리는 석방되었던 것이다. 나는 그것이 내 토기장이이신 하느님이 들려주신 말씀이라고 믿는다.

내가 집에 돌아온 것은 8월 12일이었다. 내가 갇혀 있었던 날은 21일밖에 되지 않았으나 저들이 나를 죽일지 살릴지 한 치 앞도 내다볼 수 없는 나날이었다.

저들이 나에게 심문한 것은 미국이나 중국에서 무슨 연락이 없었느냐는 것이었다. 전혀 그런 일이 없었다고 강경하게 부인했더니 마지막에 저들은 어떤 유인물을 나에게 보여 주었다. 이승만과 중경의 대한민국임시정부가 국내의 요인들을 통합해서 새로운 체제를 만들 계획인데, 그 명단에 내 이름이 들어 있다는 것이다. 외국에서 그런 계획이 있었는지는 모르나 내게는 그런 연락이 없었다고 나는 스스로를 변호했다. 내가 서양인들과 오랜 관계를 맺었던 것이 이런 의심을 더하게 만든 것임에 틀림없었다.

나중에 2차 대전 말기 서울 용산에 있는 헌병대 본부가 전국 경찰에게 유지 명단과 더불어 공문을 보내어 조선인 유지들을 한꺼번에 학살하라는 명령을 내렸고, 나와 이권찬 목사가 성진 헌병대에 끌려간 것은 이 음모에 따른 것이라는 말을 들었다. 생각하면 아찔한 일이 아닐 수 없다.

해방 정국

성진의 헌병대에서 풀려나고 불과 며칠 뒤, 나는 온 겨레와 더불어 해방의 기쁨을 맛보았다. 일제로부터 해방된 것을 나는 토기장이의 섭리로 알아 깊이 감사했다. 그러나 한편으로 불길한 생각이 치솟는 것을 금할 길이 없었다. 조국의 삼팔선 이북에 주둔한 소련군이 공산 정권을 세우면, 미군이 주둔한 남과 갈라지고 말지 않겠는가 싶었다. 해방 이튿날 커다란 현수막에 "동포여! 하나가 되자!"고 써서 중앙교회 앞에 내걸었다.

나는 남쪽으로 도피할 생각은 없었다. 앞날을 걱정한 많은 사람이 남쪽으로 도피하기 시작했지만 나는 만주에 깊은 인연이 있었다. 50년 전 선친이 민족을 위한 큰 꿈을 품고 동지들과 함께 입주해서 땅을 개간하고 학교와 교회를 설립한 곳이며, 내가 20년 동안 목회해 온 곳이다. 내가 먹여서 기르던 양떼가 있는 곳인데 어찌 저들을 뒤에 두고 떠날 수 있단 말인가? 나는 그렇게 생각했다.

해방 직후 용정에서는 한인회를 만들었다. 내가 회장이 되고 임계학이 부회장이 되어 새날을 꿈꾸고 있었다. 그러다 10월 1일 서울에서 기독교대회가 열린다는 말을 방송을 통해서 들었다. 나는 서울로 가서 약 2주일 동안 관철동에 있는 한 여관에 투숙했다.

이 여관은 박태식 목사의 부인이 경영하는 여관이었다. 당시 박 목사는 위암이 심해서 음식도 전혀 못 먹고 잠도 못 잘 정도로 괴로운 형편에 있었다. 서울을 떠나기 전날, 아침 식사 후에 나는 목사님을 위해서 기도했다. 완쾌는 바라지 않더라도 돌아가실 때까지 괴로움 없이 지내게 해달라고 간절히 기도했다. 1년 반 후에 내가 다시 서울에 왔을 때 그 뒷이야기를 들었다. 내가 떠난 뒤 박 목사는 잠도 잘 자고 이튿날 아침부터 식사도 시작해서 일주일 만에 기동하더니, 곧 완쾌되어 다시 교회 일을 맡아 보기도 했다고 한다. 그러고는 문 목사에게 연락해서 당신의 완쾌를 알리면 얼마나 좋겠느냐고 늘 말씀하셨다는 것이다. 그러나 안타깝게도 7개월 만에 다시 병이 도져서 별세했다고 한다.

그때 서울에서는 일본인들이 남기고 간 재산을 점령하려고 눈에 불들을 켜고 있었다. 운영은 자기가 하겠으니 나더러 인쇄소를 하나 점령하라는 사람도 있었다. 그러나 만주로 다시 돌아가려는 내가 그럴 생각이 있을 리 없었다.

나는 조선호텔에 가서 이승만 박사를 만났다. 나는 그에게 만주를 사수할 의사를 밝혔다. 그랬더니 그는 "갸륵한 생각이지만 공산당 세상이 되면 견디지 못할 것"이라고 주의를 주었다. 그러나 만주에서 네 살 때부터 46년간 살며 일하던 나의 귀에는 그의 말이 들어오지 않았다. 이미 1940년에 캐나다 연합교회 서고도 목사에게, 앞으로 만주가 공산 세계가 되면 한인 교회는 멸절되고 만다고 나 자신이 주장한 것도 잊어버리고, 굳이 용정으로 들어가고자 10월 7일 개성행 열차를 탔다.

평양과 원산을 거쳐 15일에 개산톤에 도착했다. 개산톤에서는 중앙교회의 황지일 장로가 병원을 운영하고 있었다. 그는 나를 만나서 "간도는 완전히 공산 세계가 되었으니 용정으로 가지 마십시오. 지금 남하하시면 사모님께 연락하여 곧 뒤따라가시게 하겠습니다" 하고 말하는 것이었다. 나는 이 말을 듣지 않고 용정으로 돌아갔다.

그러나 사태는 완전히 바뀌어 있었다. 한 달 전만 해도 소련군은 엄지손가락을 치켜들면서 "로스케가 제일이고 미국도 한국도 제일이고 야판시케(일본인)만이 나쁘다"고 했다. 그런데 이제는 미국인이 나쁘다고 하는 것이다.

용정에 도착한 이튿날 나는 치안 책임을 맡은 전윤필을 찾았다. 그러나 방에 없다고 해서 그냥 돌아왔다.

그러다 10월 18일 밤이었다. 자고 있는데 공산주의자 10여 명이 권총을 들고 우리 집 담장을 넘어 들어왔다. "내가 경찰 사무실로 몇 차례 찾아갔을 때 체포하지 않고 왜 강도처럼 야밤에 이렇게 부산을 떠느냐?"고 했으나 저들은 아무 말 없이 나를 붙잡아다가 유치장에 넣는 것이었다.

이튿날 아침 김중산이라는 자가 소련 장교와 함께 취조를 시작했다. 남한에 가서 이승만을 만나 무슨 사명을 띠고 돌아왔느냐는 게 그들의 질문이었다. 나는 속으로 '이거 잘못 걸렸구나. 다른 사람은 다 남으로 도망하는데 나만 갔다가 돌아왔으니 틀림없이 무슨 사명을 띠고 온 것으로 생각하는구나' 하고 중얼거렸다.

나는 그들에게 사실대로 말했다. 이승만의 지령으로 온 것이 아니라 내 하느님의 명령으로 온 것이라고. 나는 하느님 앞에서 이곳에 있는 하느님의 자녀들을 끝까지 섬기기로 서약한 사람이기에 다시 돌아왔을 뿐이라고.

그러나 저들은 내 말을 들으려고 하지 않았다. 그렇게 위장하지 말고 바른 대로 말하라고 윽박지르면서, 이승만을 만난 것은 사실 아니냐, 이승만에게서 사명을 받을 것이 없다면 왜 만났느냐고 따졌다. 나는 국제 정세에 어두워서 앞으로 만주에 있는 한국인들의 앞날이 어떻게 될지 알고 싶어 만났다고 했다. 저들은 그래도 내가 만주에 돌아왔으니 이승만의 지시를 받은 게 틀림없다고 우기는 바람에 나는 결국 성을 내고 말았다.

"나는 정치하는 사람도 아니고 어린애도 아니다. 내가 정치할 생각이 있다면 거기 남아 있지 정치적으로 아무 소망이 없는 이곳으로 왜 왔겠는가. 나는 내 양들과 같이 살고 같이 죽으려고 돌아온 것뿐이다."

그러나 여전히 마이동풍이었다.

한번은 소련 장교가 "이 친구, 전기 고문이라도 해야 바른 말을 하겠군" 하면서 화를 냈다. 그러자 옆에 있던 김중산은 "이분은 전기 고문을 한다고 효과가 날 분이 아니니 점잖게 대하는 것이 나을 것"이라고 해서 전기 고문은 면했다.

나는 10월 25일에 연길 감옥으로 옮겨졌다. 이감 후 고문 같은 것은 당하지 않고, 2주일쯤 있다가 11월 15일에 깊은 감옥에 들어갔다. 가족 면회도, 식사 차입도 없어졌다. 나와 이금석, 일본인 세 명을 포함해 여섯 명만이 함께 갇혀 있었다. 나는 우리가 사형수라 이렇게 깊은 감옥에 갇힌 것이지 싶었다.

이렇게 몇 달이 지나는 동안 내 아내는 남편 소식을 들을 데가 없어

애태우고 있었다. 김정섭 장로의 사위가 감옥의 간수였는데, 아내가 그에게 물으니 감옥 뒤로 들어가면 뒷마당에 처형된 시체들이 있다고 하더란다. 아내는 뒷문으로 들어가, 시신들 가운데 남편이 있는가 해서 눈물을 흘리며 시체를 하나하나 들추어 보았으나 발견할 수 없었다. 그래서 아직은 살아 있나 보다 일말의 희망을 품고 동분서주하면서 도와줄 사람을 찾았다.

마침 은진중학교 졸업생 세 사람이 팔로군으로 활약하다가 용정에 왔다는 말을 듣고 그들을 찾아갔다. 만나 보니 문정일은 정치 책임자였고, 이익성은 보병단장, 김덕근은 포병단장이었다. 그들 중에는 내게 성경을 배운 사람도 있었다.

그들은 내가 사형수가 되어 있는 것을 발견하고, 지방 책임자들에게 나를 풀어 주라고 강요했다. 그들은 지방 공산당이 인심을 잃고 있는 것을 보고, 지방의 존경을 받을 만한 유지들을 풀어 주어 인심을 되찾으려 했던 것이다. 그래서 나와 이태준 목사는 1946년 1월 5일에 석방되었다. 김덕근과 이익성은 몇 년 후 6·25전쟁에서 전사했고, 문정일은 나중에 등소평이 등용해서 중국의 고위 간부가 되었다고 한다.

나는 김중산이 좋은 말로 석방했기 때문에 여전히 남하할 생각을 하지 않고 중앙교회 목사로 계속 시무했다.

소련군 감옥으로

나는 이제는 별일이 없으리라고 생각했다. 공산당의 손에 잡혔다가 석방되었으니 더 무슨 일이 있겠느냐고 여겼다. 그런데 석방된 지 3주가 되는 1월 26일에 나는 다시 체포되었다. 이번에는 소련군 사령부 감옥에 갇힌 것이다. 틀림없이 내게 반감을 품은 지방 공산당원들의 고발 때문이었다고 짐작된다.

내가 소련군의 트럭에 강제로 실리자 내 아내는 소도 악이 나면 문다는 말처럼 "이번엔 나도 잡아가라. 죽이려면 나도 죽여라"고 외치며 트럭에 타려고 했다. 그러자 트럭에 탄 소련 병사 둘이 아내를 발로 차서 떨어뜨리는 것이었다. 주저앉아 몸부림을 치며 우는 아내를 두고 떠나는 내 마음은 정말 아프기 그지없었다. 나 같은 남편을 만나서 저 고생을 하는 아내가 불쌍했다. 그러면서도 성실하게 책임을 감당하는 아내에게 고마운 심정도 들었다.

나를 실은 트럭은 큰길로 가지 않고 해란강 얼음 위로 달렸다. 그렇게 얼마 가더니 이번에는 밭을 가로질러서 연길을 향해서 질주했다. 아무도 뒤를 따르지 못하게 하려는 속셈이다. 후에 들으니 아내와 교인 여럿이 뒤를 쫓아 트럭이 가는 곳을 알려고 했으나 결국 방향을 잡지 못하고 돌아왔다는 것이다.

한 시간쯤 지나서 나는 연길에 있는 소련군 사령부의 감옥에 수감되었다. 당시 연길 소련군 사령부에 갇힌 사람의 수는 약 60명가량이었다고 한다. 대부분은 잡범들이었다.

첫날 밤에 나는 또 한 번 계시 같은 꿈을 꾸었다. 장소는 은진중학교 기숙사 뜰이었다. 기숙사 뒤에 새로 만들어진 무덤 셋이 있었다. 그 무덤에는 금방 세운 대리석 비석 세 개도 나란히 서 있었다. 나는 누가 내 허락도 없이 이곳에 무덤을 셋씩이나 썼느냐고 옆에 있던 학생에게 성난 목소리로 물었다. 그랬더니 그 학생은 "그것은 모두 목사님의 무덤입니다" 하는 것이 아닌가. '내가 살아 있는데 내 무덤이라니' 이상하게 생각하면서 그 옆 제창병원 앞의 아스팔트 길로 나오다가 잠을 깼다.

내 머리에는 그 꿈의 해석이 금방 떠올랐다. 무덤 셋이란 해방 전후해서 세 번 죽을 고비를 넘는 것이다. 그리고 아스팔트가 깔린 신작로에 나선다는 것은 내 앞날이 환히 열린다는 뜻이 분명했다. 내 마음은 다시 토기장이를 향한 감사로 가득 찼다. 나는 "당신이 가라는 데라면 어디나 다 가겠습니다. 만주 어디든지, 반도 강산 어디든지, 아니 세계 어디라도 가겠습니다. 소련까지라도 가겠습니다" 하고 기도했다.

이튿날 취조가 시작되었다. 용정에서 하던 그대로 나를 미국의 스파이로 모는 것이다. 정말 억울했다. 내가 목사라고 해서 조사를 받는다면 그래도 떳떳했을 것이다. 그런데 얼토당토않게 미국 스파이라니 어찌 억울하지 않겠는가? 나는 분함을 억누르면서 용정에서 했던 대로

답했다. 내가 용정에 돌아온 것은 교인들을 위한 내 사명감 때문이라고, 만일 스파이 노릇을 하려면 왜 이렇게 표면에 나서겠느냐고. 그러나 내 말을 곧이듣지 않기는 이들도 마찬가지였다.

저들은 언제나 새벽에 불러내어 조사를 했다. 이것 자체가 일종의 고문이었다. 그리고 힘든 것은 식사였다. 고량(수수) 껍질에 좁쌀을 약간 섞어서 기름에 볶은 것을 주는데 도저히 먹을 수가 없었다. 물론 소화도 제대로 되지 않았다. 감옥에 드나드는 사람이란 모두 소련인이어서 부탁 한마디 할 수도 없었다.

그래서 나는 러시아어 공부를 시작했다. 바로 내 옆에 앉은 사람이 일본인인데 만주국 외교관이라 러시아어를 잘했다. 그런 사람 옆에 있게 된 것을 다행으로 생각하면서 러시아어 공부를 약 2개월 했더니 기본적인 말은 할 수 있게 되었다.

소련군 감옥에 갇힌 나의 심정은 정말 착잡했다. 특히 새벽에 일찍 눈을 뜨게 되면 별 생각이 다 나는 것이다. 눈에는 늘 소련군의 발길에 걸어차여 몸부림치면서 울던 아내의 모습이 어른거린다. 바깥세상과는 아무 연락이 없으니, 내가 어떻게 됐는지도 모르고 걱정만 하고 있을 것이 아닌가? 지난번 갇혔을 때 내 차를 들어서 큰길에 놓아 준 힘센 이는 나의 토기장이라고 믿었는데, 그것은 나 혼자 좋을 대로 해석한 것이 아닌가? 꼬리를 물고 지나가는 생각에 나는 더욱 잠들 수가 없었다. 이렇게 되면 나는 기도를 했다. 하느님만 더욱 의지하게 해달라고, 그리고 사랑하는 아내와 자식들을 잘 지켜 달라고, 용정에 있는 내 양들도 보호해 달라고.

3월 말에 접어든 어느 날 새벽이었다. 우리가 아직 일어나기도 전인데, 옆에 누워 있던 마쓰다가 내 옆구리를 찌르고는 이렇게 말한다.

"문 선생은 오늘 집에 가실 것입니다."

어떻게 그것을 아느냐고 했더니, 어제 저녁 감옥의 사령관이 간수에게 15명은 데리고 가고 15명은 석방할 것이라고 하더라는 것이다. 문 선생은 데려갈 15명 중에 들 까닭이 없지 않으냐는 것이다. 나는 그 말이 맞기를 속으로 기대했다.

그 다음 날 11시에 간수가 석방할 15명의 이름을 불렀다. 내 이름이 언제 나오나 하고 기다렸으나 끝내 나오지 않았다. 마쓰다는 내가 실망할까 보아 "저들이 무슨 실수를 한 모양인데 오후에 정말 석방할 때는 문 선생의 이름이 있을 것이다" 하고 위로해 주었다. 고맙기는 하나 이제는 그 말이 믿어지지 않았다. 아닌 게 아니라 오후 석방 때 한 사람의 이름이 더 추가되었는데 그것도 내 이름이 아니었다. 결국 나는 러시아로 끌려갈 14명 속에 낀 것이다. 나는 시베리아로 가면 그곳에 있는 우리 동포에게 선교하면 될 것이라고 생각하면서 기도했다.

남은 14명은 일본인 11명, 한국인 3명이었다. 나를 뺀 두 한국인은 국제공산당에 참가했던 인물들로, 한 사람은 변절해서 만주국 협화회 총무로 일했다. 한이라고 하는 사람은 변절한 것은 아닌데 주의 주장이 다르다고 시베리아로 끌려간다는 것이다. 이들 두 사람은 두 달 동안 나와 같이 있으면서 모두 기독교를 받아들이게 되었다. 한이란 사람은 목사까지는 몰라도 장로라도 되어서 교회를 돕고 싶다고 고백했다.

4월 22일이 되자 간수는 우리 14명에게 그릇 하나씩과 함께 길에서 먹을 음식을 나누어 주었다. 그리고 일본군이 먹던 된장 네 통을 가져다주면서 나누어 가지라고 한다. 러시아에 가면 이런 된장이 없다는 것이다. 이러고 보니 내가 시베리아로 가는 것은 의심할 여지가 없게 되었다.

4월 24일에는 사령관이 감방에 들어와서 오늘은 소련으로 가니 모두 짐을 준비하라고 했다. 나도 준비를 다 하고 두루마기를 입고 신을 신고 모자까지 쓰고, 짐 위에 앉아서 기다렸다. 오후 2시에 떠난다고 모두 나오라고 하기에 내가 제일 앞서서 나가려고 했다. 내가 문에서 제일 가까운 자리에 있었기 때문이다. 그랬더니 웬일인지 문을 다시 닫으면서 저녁 식사 후에 떠난다는 것이다.

저녁을 먹은 다음 다시 감방 문을 열고 나오라고 하기에 또 먼저 나가려고 했더니 간수는 이름을 부르는 대로 나오라는 것이다. 저들은 네 명씩 불러내어 호위하는 소련군을 붙여 데리고 갔다. 아마 네 명씩 트럭을 타고 가는 모양이라고 생각했다. 그런데 이상하게도 내 이름은 부르지 않고 감방 문을 닫는 것이 아닌가? 어떻게 되는 것이냐고 물었더니 뜻밖에도 나는 내일 석방된다는 것이다. 용정이 연길에서 얼마 멀지 않아 이제라도 석방하면 집에 갈 수 있다고 했더니, 사령관의 명령이라 자기는 어떻게 할 수 없다고 한다. 그도 그럴 성싶어서 그대로 주저앉았다.

이튿날 빈 감방에서 하루 종일 기다렸으나 아무 소식이 없었다. 아침도 먹고 점심도 주는 대로 먹었으나 저녁은 먹을 생각이 나지 않았다. 전과는 달리 주는 음식이 퍽 고급인데도 수저를 들 생각이 없었다. 도대체 어떻게 되는 것인지 궁금하기 짝이 없었다. 도대체 나는 왜 감방에 방치해 두는가? 큰 죄는 없으니 사형에 처하거나 러시아에 데려가지는 않겠지만, 그렇다고 놓아 주기도 싫다는 것인가? 그렇다면 어떻게 하겠다는 것인가? 결국은 슬그머니 처리해 버리고 말 것이 아닌가? 그래서 음식도 이렇게 좋은 것으로 주는가? 이런 온갖 생각이 마음을 어지럽혔다.

밥상을 앞에 놓고 먹지 않는 것을 보고, 간수는 배가 아프냐고 묻는다. 아니라고 했더니 내 심정을 알았던지 간수는 걱정 말고 드시라면서 나간다. 나는 모든 것을 나의 토기장이에게 맡기고 저녁을 먹었다. 그리고 눈을 감고 명상했다. 어쩌면 앞으로 남은 시간이 얼마 되지 않을지도 모르기에 내 일생을 기도하는 심정으로 되새겨 보았다.

그러자 먼저 떠오르는 것은 내 부족함이었다. 이렇게 부족한 나인데 그래도 하느님의 뜻에 따라서 살 수 있었다는 것이 고마웠다. 그리고 만약 공산주의자들의 손에 죽는다면 그것이 순교이니 하느님 앞에 나갈 때 좀 덜 부끄러울 것 같았다. 만일 그렇게 순교한다면 내 자녀들의 믿음에도 도움이 될 것 같았다. 그렇게 생각하니 마음에 안정이 생기고 기쁨마저 느끼게 되었다. 그래서 그날 밤도 편히 잘 수 있었다.

이튿날 아침에 일어나니까 벌써 아침밥이 방에 들어와 있었다. 1946년 4월 26일이었다. 아침을 먹고 무슨 소식이 있나 기다렸으나 간수조차 보이지 않았다. 점심 후에도 소식이 없었다. 오후 6시에야 간수가 나타났다. 나오라고 한다. 내가 짐을 가지고 나가려고 했더니 두고 나오라는 것이다. 나는 내 짐작이 맞았다고 생각했다. 집으로 보낼 것이라면 짐을 가지고 나오라고 할 것 아닌가.

나를 데려가던 간수는 내가 사령관에게 돈을 얼마나 맡겼느냐고 묻는다. 290원이라고 했더니 100원만 자기를 달라고 한다. 집에 돌아갈 때 아내한테 비단을 사 가지고 가고 싶다는 것이다. 그 말을 들은 나는 토기장이가 결국 나를 살려 주시는구나 생각하고, 흔쾌히 간수의 말을 들어주겠다고 했다.

알고 보니 군인들은 이틀 전에 다 보내고, 사령관은 잔무를 처리하느라고 이틀 더 묵고 있었다. 사령관 방에 들어갔더니 사령관과 통역관이 앉아 있었다. 통역관은 소련에서 태어난 한국인인데 한국말이 퍽 서툴렀다. 사령관은 일어서서 나를 맞이해 주었다. 그러면서 당신은 아무 죄도 없이 오래 고생했으니 얼마나 억울하냐는 것이다.

내가 "장님이 자기 장님인 것을 원망하지 개천을 원망하지 않는다"는 속담이 있다고 했더니 무슨 뜻이냐고 묻는다. 나는 소련과 미국이 연합국으로 서로 친하다고 생각해서 서울에 나갔는데 돌아와 보니 완전히 다르게 되어 있었다. 내가 장님처럼 두 나라 사이를 모르고 행동했으니 책임은 장님인 내게 있다는 이야기라고 설명했다. 그리고 몇 달 감방에 있는 동안 여러 가지 경험을 통해서 배운 것이 많기에 원망하는 마음은 없다고 말했다.

사령관이 손을 내밀어 내게 악수를 청했다. 그리고 자기네가 소련으로 돌아가지만 만주와 맺은 관계는 여전히 이어지니 앞으로 공산당에

잘 협조해 달라고 한다. 나는 종교의 자유를 허용해 준다면 얼마든지 협조할 수 있다고 대답했다. 그는 종교의 자유는 물론 있다고 말했다. 나는 그의 말을 믿을 수 없었다.

사령관은 나를 현관까지 배웅해 주었다. 현관을 나

소련군에 수감되었다가 석방된 후의 문재린. 초췌하면서도 눈빛에 당당함이 느껴진다. 1946년 용정.

오자 아까의 간수가 다가왔다. 나는 그에게 100원짜리 한 장을 주었다. 그는 매우 고맙다면서 감방에 가서 내 보따리를 가져다주었다. 그리고 대문 밖까지 전송해 주었다.

나는 저녁 버스를 타고 집으로 돌아왔다. 아내 신묵은 지나친 고생과 긴장으로 심장마비를 일으켜서, 우리 교회 집사인 최용주 의사가 와서 주사를 놓고 있었다. 의사 말로는 아침에는 좋지 않았으나 지금은 괜찮다는 것이다. 가까이 가서 손을 잡았더니, "다시 만나지 못할 줄 알았더니 살아 오셨구먼" 하고 눈물을 흘린다. 자칫하면 아내도 다시 못 볼 뻔했다고 생각하자 이렇게 석방된 것이 새삼 고맙게 생각되었다. 우리 부부는 손을 잡고 하느님께 감사 기도를 드렸다.

삼팔선 탈출기

소련군 사령부에서 석방된 후 나는 4주간 집에서 머물며 목회를 계속했다. 그러나 들리는 소리에 따르면 앞으로 나는 설교도 심방도 해서는 안 된다는 것이다. 종교의 자유가 완전히 박탈될 것이 불을 보듯이 훤했다. 친구들도 만주를 떠날 것을 권했고, 집안 식구들이 신경 쓰는 것도 두고 보기 딱했다. 얼마를 두고 기도한 결과 일단 나 혼자서 남하하기로 가정 회의에서 결정이 났다.

1946년 5월 28일, 나는 밤중에 용정을 떠났다. 아내는 가산을 적당히 정리한 뒤 원산에 있는 김성호 장로 댁에서 만나기로 했다. 대문에는 "문 목사는 정양이 필요하니 당분간 면회 사절"이라고 써 붙였다. 공산당원들에게 알려질까 염려되어 문중 노인들에게도 알리지 못했다. 나는 떨어지지 않는 발을 옮겨 명동 김유연 장로 댁에 가 하룻밤을 자고, 아버지 어머니 산소에 하직 인사를 올린 다음 걸어서 명동을 떠났다.

대립자에서 트럭을 얻어 타고 두만강 변에 왔으나 강을 건너는 일이 크게 걱정되었다. 소련군이 강변에서 내 사진을 갖고 사람들을 조사한다는 말을 용정에서 들었기 때문이다. 그러나 정작 도착해 보니 아무런 조사도 없었다. 나는 순조롭게 강을 건너서, 회령에서 기차를 타고 청진에서 일박한 뒤 6월 2일에 원산에 도착했다. 그리고 원산시 송평에 있던 김성호 장로 댁에서 일주일 머물며 뒤따라올 집 식구들을 기다렸다.

원산교회에서는 나더러 더 내려갈 것 없이 원산에서 목회를 해달라고 요청해 왔다. 또 평양신학교장 김인준 목사는 중앙교회의 중역인 김동환 장로를 통해서, 평양에서 신학교를 같이 경영하자는 말을 전해 왔다. 그러나 원산까지 와 놓고 보니 원산이나 평양에 있을 생각은 전혀 들지 않았다. 고향을 떠난 바에는 아주 남쪽으로 가는 게 나을 것 같았다.

6월 10일이 되자 너무 오래 머물기 미안해서, 집 식구들이 오면 뒤따라오게 해달라고 부탁하고 원산 역에 나왔다. 그런데 내가 타려던 바로 그 기차로 원산까지 온 가족들(신경에서 전도사를 하던 큰아들 익환 부부는 여기서 빠져 있었다)을 역에서 만난 것이다. 나는 가족과 함께 다시 김 장로 댁에 들어가서 이틀을 더 지내고 떠났다.

원산에서 철원까지는 기차가 있었지만 그 아래로는 걸어서 나오는 길밖에 없었다. 짐은 사람이 끄는 수레에 싣고, 우리는 걸어서 연천까지 나왔다. 그런데 동네마다 지나가는 사람들에게 발음하기 어려운 말을 시켜 보는 것이다. 일본인을 가려내려는 것이었다. 그러다 일본인을 찾아내면 잡아가곤 했다.

연천까지는 별고 없이 왔으나 그 이상 남하하는 것은 공식적으로 불허되었다. 거기까지 탈 없이 온 까닭은, 용정을 떠나기 전에 둘째 동환이가 중국 관리로부터 하얼빈에서 남한으로 가는 증명을 한 장 떼어 가지고 왔기 때문이다. 그런 증명만 있으면 북한에서 이동하는 데는 아무 불편이 없었다. 이제 문제는 고개 하나를 넘어서 한탄강을 건너는 것이다.

우리 일행은 안내하는 사람을 따라 숨을 죽이고 연천 고개를 넘어가고 있었다. 그때 한국어를 제법 하는 소련군이 말을 타고 우리를 따라 잡았다. 그는 남하하는 증명서가 있느냐고 물었다. 가지고 있는 증명서를 보였더니 그 증명서는 소용이 없다며, 평양에 가서 소련군 사령부에서 증명을 받아야 한다는 것이다. 그러면서 우리더러 연천으로 돌아가라고 했다. 그것은 불가능한 일이었다. 평양으로 간다는 것은 더더욱 불가능했다. 내가 누구라는 것이 드러나게 되기 때문이다.

이렇게 되자 동환이가 소련 장교의 다리를 붙잡고 사정을 했다. 남쪽에 우리 할머니가 계시는데 우리가 얼른 가서 모셔야 한다고 말이다. 그래도 그는 말을 들으려고 하지 않는다. 할 수 없이 우리가 몹시 피곤하기에 조금만 쉬었다 갈 터이니 먼저 가라고 했다. 그는 안 오면 다시 찾으러 올 텐데 그때는 좋지 않을 것이라고 겁을 주고 떠났다. 우리는 다시 발걸음을 옮겨서 고개를 넘었다. 금방이라도 뒤에서 말발굽 소리가 들릴 것만 같았다.

허덕지덕 금곡에 이른 우리는 안내인을 따라 어느 집 뒷방에 짐을 내렸다. 그리고 나와 동환이는 안내인과 함께 강가로 나가 보았다. 갈 길을 미리 보아 둘 생각이었다. 그날 밤은 달이 유난히 밝았다. 달이 밝아서 건너기 좋겠다고 했더니 안내원의 말이, 달이 밝으면 소련군에게 들키기 쉽고 들키기만 하면 소련군은 발포해서 많은 사람이 죽는다는 것이다. 이 말을 들으니 이 강을 왜 한탄강이라고 하는지 실감 났다. 그리고 달을 쳐다보니 그렇게 밝을 수가 없었다. 몹시도 얄궂은 생각이 났다.

우리는 집에 돌아와서, 밤 12시까지 기다렸다가 도강하기로 했다. 그때 구름이라도 와서 달을 가려 주면 얼마나 좋을까 생각하기도 했다. 밤이 깊어지자, 나는 막내아들 영환이를 업고, 동환이는 막내여동생인 은희를 업고, 아내는 짐을 이고 강에 들어섰다. 안내원에게는 큰 짐을 지게 했다. 그런데 그때 구름이 와서 달을 가려 주는 것이 아닌가. 나는 이스라엘 백성이 홍해를 건넌 이야기가 떠올랐다. 역시 나의 토기장이는 나를 지켜 주시는구나 생각하니 다시 가슴이 울렁거렸다.

강 한가운데쯤 왔을 때 아내 신묵은 미끄러운 돌을 딛다가 미끄러져서 넘어질 뻔했다. 물살이 퍽 센데다 어두운 밤에 넘어지면 위험하기 그지없었다. 그런데 다행히 동환이 바로 옆에 있다가 어머니를 붙들어서 무사하게 되었다. 자칫했다면 나는 홀아비가 되고 아이들은 어미를 잃을 뻔했다.

천신만고 끝에 우리는 한탄강 남쪽까지 무사히 도착했다. 그런데 강의 둔치가 절벽에 가까웠다. 우리는 나무뿌리, 풀포기를 붙잡으면서 간신히 언덕을 기어올랐다. 언덕 위에 다다르자 다들 긴 한숨을 내쉬었다. 내가 이 산을 한숨산이라고 했으면 좋겠다고 했더니 모두 크게 웃었다.

우리와 같이 남하한 김동환 장로의 아들과 김치묵 목사의 아들은 "목사님, 이젠 거짓말하지 않아도 되지요?" 하고 물었다. 그들은 그 동안 나를 목사님 대신 아버지라고 불렀기 때문이다. 나는 그렇다면서 다시 한 번 웃었다. 이렇게 우리는 남쪽에서 삶을 시작하게 된 것이다.

노동하는 목사

동두천에서 아침을 먹고 얼마쯤 가니 미군 부대가 있었다. 우리는 그 부대에서 조사를 받았다. 내가 영어를 하는 것을 안 그들이 나에게 북한 사정을 자세히 물었다. 보고 들은 대로 알려 주었더니 저들은 고마워했다. 그런데 문제는, 우리가 가지고 온 돈 2500원 중에서 500원만 바꾸어 주고는 나머지는 영수증으로 주는 것이다. 다섯 식구가 500원을 가지고 무엇을 하느냐고 사정했더니 1500원을 바꾸어 주었다. 나머지 1000원은 서울에 가면 바꾸어 준다는 것이다.

우리가 서울에 도착한 것은 6월 16일이었다. 우리는 서울역 앞에 있는 동자동 153번지의 조선신학교를 찾았다. 우리가 잘 아는 김재준 목사(그는 나와 함께 은진중학교에서 학생들을 가르쳤다)와 송창근 박사가 그 신학교의 책임자였기 때문이다. 용정 중앙교회에서 부목사 일을 보던 정대위 목사도 이 신학교에서 가르치고 있었다.

신학교 사무실에 들렀더니 모두들 두 팔을 들어 환영했다. 그리고 김재준 목사 사택의 방을 하나 제공해 주어, 우리는 거기에 짐을 풀었다.

우리가 가지고 온 1500원은 일주일이 지나니 없어지고 말았다. 동두천에서 맡긴 돈 1000원을 찾으러 군정청에 갔더니 두 달 후에야 준다는 것이다. 미 군정청에서 일하던 이대식과 고리용 등은 나더러 군정청에 취직해 일하면서 원하는 일자리를 구하라고 했으나, 나는 교회 일을 볼 생각뿐이었다. 임시로 노동을 하면서 교회를 찾아보리라 생각했다.

당시 서창희 목사의 아들 서화숙이 미군 통역을 했기에 그에게 적당한 회사를 소개해 달라고 했다. 그러나 그가 나를 미국에 유학했던 목사라면서 말을 넣으니, 아무도 나를 부르려고 하지 않았다. 그래서 서 군에게, 나는 영어 통역도 할 수 있고 장부 처리도 할 수 있을 뿐만 아니라 큰 건물을 여러 채 지었으니 건축 감독도 할 수 있다고 말하라고 했더니 한 회사에서 현장에 나와 보라고 했다.

나는 이튿날 아침부터 나가기 시작했다. 반바지를 입고 캡을 쓰고 허리춤에 타월을 끼우고 손에는 도시락을 들고 나서니 제법 노동자 같았다. 내가 이렇게 차리고 나서는 것을 본 서 목사는 "문 목사가 가는데 나는 못 갈까?" 하며 따라나섰다. 용정 동산 밑에서 살던 이춘섭 장로가 옆에 있다가 "목사님들이 가시는데 낸들 못 가랴" 하고 또 따라나섰다.

둘째 날은 동환이도 끼어들었다. 이렇게 해서 우리는 약 3주일 동안 계속 노동판에 나가 일을 했다. 거기서 80원씩 주는 것을 가져오면 식생활은 문제가 없었다. 나는 일하다가 어디고 제일 먼저 나를 청하는 교회로 가리라고 마음을 먹었다. 화숙이는 우리가 이렇게 하는 것을 부끄러워했지만, 나는 우리가 종로 네거리에서 노동을 해도 조금도 부끄럽지 않다고 생각했다.

하루는 공사장 통역이 외출했는데 미군 한 사람이 찾아왔다. 일터의 책임자가 나를 찾기에 갔더니 통역을 해달라고 한다. 부탁대로 해주었다. 공사장 수십 명 일꾼들의 눈이 둥그레졌다. 그냥 노동하는 늙은이로 알았는데 영어를 제대로 하니 웬일인가 싶었던 모양이다.

그런데 그중에 남로당 고위 인사의 외조카가 있었다. 그 인사는 조카에게서 내 얘기를 듣고 내가 무슨 사회주의자나 되는가 했는지, 나를 찾아와서 함께 일하자고 하는 것이었다. 나는 웃으면서 "나는 사회주의자가 아니라 목사인데, 교회 자리가 날 때까지 노동을 하면서 살려는 것뿐"이라면서 거절했다. 그는 "그래도 노동을 소중히 여기니 참 좋다"는 말을 남기고 돌아갔다.

김천 황금동교회

하루는 노동판에서 돌아오니, 송창근 박사에게서 소식이 와 있었다. 경북 김천 황금동교회에서 초청이 왔는데 가겠느냐는 것이다. 나는 가겠다고 대답했다. 황금동교회에서 교섭차 찾아온 분이 박세운 장로였다.

나는 1946년 7월 4일에 황금동교회에 취임하여 1948년 8월까지 시무했다. 조선신학교로 간 송창근 목사의 후임이었다. 장로들로는 박세운 장로 외에 심문, 이원강, 안영기 같은 유능한 분들이 있었다. 그 가운데 심문 장로는 김천 군수였다.

일본 신사가 있던 언덕을 학교 터로 접수하여, 교회 부속 중학교를 설립했다. 학교 이름은 배영중학교라고 하고 목사가 교장을 겸임했다. 교사는 임성길, 최충갑, 문익환 등이었다.

큰아들 익환이 부부는 내가 김천으로 내려온 지 두 달 후인 9월에 월남한 상태였다. 월남하기 전에 그들은 신경 중앙장로교회에서 전도사

216 | 기린갑이 이야기

일을 하다가, 김창덕 목사가 남하하자 교회 전체를 맡아 보았다. 그때 일본인이나 그에 협력한 한국인들을 습격하던 중국인들에게 익환이가 봉변을 당할 뻔한 적이 있었는데, 주변에 살던 중국인들이 이분은 일제에 협력하지 않은 좋은 분이라고 편들어 주어서 살아났다고 한다.

그는 교인들과 함께, 북에서 내려오는 피난민들이 남하하는 것을 보살펴 주었다. 처음에는 천진으로 보내 비행기로 실어 나르다가, 마지막에는 직접 피난민 수백 명을 이끌고 기차로 봉천까지 왔다. 그러나 거기서부터 안동까지는 기차가 다니지 못하므로 500리를 걸었다고 한다. 익환이는 몸 여기저기에 돈을 감추어 가지고 나왔는데, 중국에서 동네를 통과할 때마다 빼앗겨 압록강을 건널 때는 아주 적은 돈과 책 몇 권밖에 안 남았다 한다. 이북 지역을 통과하던 중에, 내무서원들이 영어 사전을 보고는 이것이 미국말 배우는 책이냐고 묻기에 영국말 배우는 책이라고 대답해서 무사했다는, 웃지 못할 이야기가 있다.

김천 황금동교회 시절. 막내아들 영환과 막내딸 은희의 표정이 티 없다.

배영중학교 학생들과 마라톤 우승을 기념하여 찍었다. 1947년 3월 15일.

 익환의 가정은 1946년 9월에 서울에 왔고, 그때 내가 김천에 있으
므로 익환네도 따라서 김천에 와 얼마 동안 같이 살았다. 북만과 동만
에 갈라져서 살던 식구들이 다시 한자리에 모이게 된 것을 우리는 하
느님께 감사하지 않을 수 없었다.

 배영중학교의 학생 수는 58명이었다. 1948년 9월에 내 후임으로 이
명석 목사가 부임한 후 학교 이름이 시온중학교로 바뀌게 되었다.

 황금동교회 가까이 기차가 지나가는 까닭에 예배당을 다른 곳으로
이전하려고 이전비 1000원을 예치한 것이 있었다. 그것으로 역전에
지교회를 세웠다. 이름은 평화동교회였다. 이 교회는 예수교장로교와
기독교장로교가 갈라질 때 기독교장로교 교회가 되었다.

 내가 황금동교회에 재임하는 동안 제헌국회의원 선거가 있었다. 국
회가 설립되면 미군정으로부터 대한민국으로 국정이 넘겨지게 되는

것이다. 김천에서도 한 사람을 뽑아야 했다.

입후보자는 세 명이었다. 김철안 여사는 애국부인회장으로 활동하는 이였고, 김천읍장 박완은 우리 교회 집사였으나 일제 36년간 관리 노릇을 충실히 한 이였으며, 김 아무개라는 분은 한학을 좀 공부했으나 양조업자였다. 그중 한 사람도 신성한 제헌국회의 의원으로 선출되기에는 흡족하지 못해서 모든 읍민이 걱정했고, 나도 마음이 답답했다. 나는 사석에서나 강단에서나 이 일의 중요성을 강조했다.

그 후 강 목사라는 사람이 나왔는데, 선전문에 십자가를 그려 넣고 묵시록 이야기를 하면서 말세에 하느님의 뜻대로 헌법과 국회를 만들어야 한다는 주장을 폈으나, 이해하는 사람은 없고 비웃음거리가 되었다.

내 생각에는 강익형 장로나 심문 장로가 적격인데 나가지 않겠다고 고집을 부린다. 걱정하던 유지들 가운데 몇 분이 나더러 출마를 권했다. 민족을 위해 가장 중요한 일인 만큼 승낙하고 싶은 생각도 있었다. 그러나 3일 동안 특별 기도를 한 결과 나에게는 목사의 성직이 더 중요하다고 느껴 출마를 사양했다. 대신, 4개월 전에 김천중학교 교장으로 부임한 권태희 목사에게 입후보를 권하여 출마하게 했다.

교회 청년들이 자비를 들여 활동하고, 학교 학부형들도 후원하여 권 목사는 쉽게 당선되었다. 그는 제헌국회의원 가운데에서도 가장 쟁쟁한 청년 국회의원으로 활약이 컸다. 특히 한글 전용법을 제정하는 데 앞장서서 한글문화 발전에 크게 공헌했다. 권 목사는 6·25전쟁 때 스스로 국회의원이라는 신분을 밝히고 나서 납북되고 말았다. 그를 국회의원이 되게 한 나로서는 미안한 마음을 누를 길이 없다.

선산읍 장로교회에 가서 집회한 기억도 생생하다. 이 교회에서 시무하던 이덕성 목사는 동만노회에서 10년 가까이 나와 동역하던 목사다. 그의 요청을 받고 나는 1947년 11월 24일부터 31일까지 집회를 맡았다. 주일 새벽 기도회 끝에 병자들을 위해서 안수 기도를 했다.

그런데 10여 명 앉은 중에 그 교회 문덕무 집사의 다섯 살배기 아들 창길이가 있었다. 그 아이가 곱사등이로 자리에서 일어나지도 못했는데, 기도를 받은 뒤 걸음을 절로 걷고 철봉에 매달려 장난을 치더니 곧 완전히 나았다고 한다. 3년 후 문 집사 부인이 그 아들을 데리고 서울로 나를 찾아와 그 사실을 알려 주었다. 나는 내게 무슨 능력이 있어서가 아니라 부모들의 믿음과 기도로 아이가 나은 것이라고 말하고, 그 댁의 신앙과 아이를 위해 기도한 뒤 보냈다.

집회를 마치고 돌아오려는데 제직들이 하루만 더 있다가 가라고 간곡히 청하기에, 월요일 저녁 새 신자들을 위한 예배 및 환영회를 하기로 했다. 새 신자 90명을 초청했더니 그중 78명이 참석했다. 그들을 위한 설교를 한 후에 떡과 국수로 잔치를 하고 간담회를 했는데 은혜로웠다. 그 후 그들이 거의 다 꾸준히 출석하는 교인이 되었다. 그 이듬해 이덕성 목사가 충북의 한 교회로 옮기기로 한 일이 있었는데, 이때의 새 신자들이 항의하기를 "왜 목사님이 타지로 가시는가? 월급이 적어서라면 우리가 헌금할 것이니 다시 붙잡으라. 안 되면 우리는 이 교회에 나오지 않겠다" 해서, 초빙하려던 교회에 가서 사정하고 다시 유임했다. 그렇게 새 신자들은 열심히 교회 생활을 했다.

기독교장로교의 탄생과 조선신학교

1940년 김대현, 송창근, 김재준 등 뜻있는 기독교인들이 조선 교회를 이끌어 갈 목회자를 자주적으로 키우려고 조선신학교를 설립했다. 이 학교에 외국에서 교육받은 신학자들이 교수로 들어와 성서의 새로운 해석을 강의하니, 이제껏 선교사들이 전해 준 정통 보수 신학만을 믿어 온 이들 중에서는 이를 받아들이지 못하는 경우가 있었다.

1947년, 평양신학교 졸업생들을 포함해 조선신학교 재학생 50여 명이 이른바 '이단' 교수들을 쫓아낼 것을 요구했다. 문제가 된 교수들은 이 학교의 핵심인 김재준, 송창근, 정대위 교수였다. 그러자 장로교총회와 학교에서 공동으로 조사위원회를 구성했고, 나도 이 학교 이사였기에 조사위원회에 참여하게 되었다. 조사위원은 함태영, 계일성, 김원일, 이장익, 문재린 등 한국인 6명과 미국 북장로교 선교사, 남장로교 선교사 한 명씩 해서 모두 8명이었다.

송창근 교수의 발언 중 문제가 된 것은 4복음서 중에서 마가복음이

한국신학대학(전신 조선신학교)은 1958년 동자동에서 수유리로 교정을 옮겼다. 당시 미아리만 지나면 푸른 산속에 하얀 한국신학대학 건물이 눈에 보였다. 이 학교에서 익환, 동환 두 아들이 교수를 지냈다. 문재린 가족은 1956년부터 1970년까지 교내 사택에서 살았다.

제일 먼저 쓰였다고 했다는 것이었다. 성경을 문자 그대로 믿는 사람들은 신약에 수록된 순서대로 마태, 마가, 누가, 요한복음이 차례로 기록되었다고 믿었던 것이다. 송창근을 불러 어느 복음서가 제일 먼저 쓰였느냐고 물으니 "마태복음"이라고 대답하고 나가 버렸다. 그는 정치를 잘 아는 사람이라 이런 일로 말썽을 일으키고 싶지 않았을 것이다.

지금 기억은 안 나지만 정대위 교수도 정말 말도 안 되는 것으로 문제가 되었다. 그도 요령껏 대답하고 빠져 나갔다.

그런데 김재준 교수는 아주 논문을 복사해 와서 나누어 주고, 성서의 내용이 역사적으로 전부 사실은 아니라고 말했다 해서 정죄한다면 갈릴레오의 지동설을 문제 삼은 중세 기독교와 같은 잘못을 저지르는 것이라고 강변했다. 나는 그래도 일을 원만히 해결하고 싶어서 김 목사에게, 성경의 내용에 글자 그대로는 역사적 사실이 아닌 것이 있으나, 그 본뜻에서 성경이 잘못된 것은 아니지 않느냐고 물었더니 그렇다고 대답했다. 그래서 내가 위원들에게 김 목사가 성경이 잘못됐다고 하지 않았잖느냐고 하니, 그들은 문 목사가 질문을 교묘하게 해서 그렇다고 반박을 했다.

한국인 조사위원들의 의견은 3 대 3으로 갈렸다. 그래서 다음 날 아침 일찍 이장익 조사위원을 설득하러 찾아갔더니 계일성 조사위원과 같이 있기에 두 사람에게 이야기했다. 이 신학교는 총회의 신학교이고, 그 교수들은 학교를 설립한 당사자들이며 학장이다. 그런데 그 교수들이 나가겠느냐. 안 나가면 총회에서는 신학교를 따로 세워야 하고 총회가 갈라질 텐데, 그러지 말고 당신들도 나도 학교에 들어가서 직접 강의하면서 그들을 잘 지켜보고, 정말 문제가 있으면 그때에 쫓아내자고 설득했으나 소용이 없었다.

선교사들은 내용이 어떻게 돌아가는지 알지도 못하면서 교수들이 신신학이라는 말만 듣고 그들 편이 되어, 투표 결과가 3 대 5로 교수들을 내보내는 것으로 결정이 났다. 학교 이사회에 보고했더니 위원회 결정을 따르겠다고 하기에, 내가 일어나 자초지종을 설명하니 그럼 안 되겠다고 하고, 총회에 위원회 결정을 따르지 않기로 했다고 통보했다.

그러나 1953년 대구에서 열린 38회 총회에서 김재준 목사와 캐나다 선교사 서고도 목사가 제명되었다. 그리고 김재준을 따르는 사람은 모두 제명하기로 결정함으로써 장로교는 둘로 갈라지게 되었다. 김재준의 신학은 해외의 보수적인 교단에서도 인정되는 것인데도 선교사들에게 보수적인 신학만을 배워 온 한국 교단은 수용할 수 없었던 것이다. 사람들은 남북이 삼팔선에서 갈라지듯 38총회에서 교회가 갈라졌다고들 했다.

총회의 결정에 따라 그 후 각 지교회들도 교단 선택을 놓고 진통을 겪었다. 새로 생긴 기독교장로교를 지원해 준 선교부는 캐나다 선교부뿐이었다.

캐나다 선교부와 기독교장로교는 불가분의 관계에 있다. 김재준과 함께 제명된 서고도는 캐나다 선교부 소속이고, 김재준은 캐나다의 선교 구역이었던 함북 출신이며, 미국에서 신학을 공부하고 캐나다 선교부가 운영하던 용정 은진중학교에서 성경을 가르쳤다. 정대위는 정재면 목사의 아들로 용정 중앙교회에서 부목사로 시무했다. 이들은 캐나다 선교부가 키워 낸 종교 지도자들이다. 용정 중앙교회에서 배출된 정대위, 안병무, 강원용, 이상철, 문익환, 문동환도 기독교장로교와 한국신학대학(조선신학교)의 중추 구실을 했다.

나는 캐나다 연합교회의 탄생을 지켜보았고 만주에서는 교파 통합을 추진했으며, 모두 그리스도 안에서 한 형제라고 믿기에 어떻게든 분열을 막아 보려고 노력했는데 뜻을 이루지 못하고 말았다.

신암교회 재직 시절에 맞은 전쟁

1948년 8월, 나는 다시 서울로 왔다. 서울 신암동과 돈암동 접경에 자리 잡은 신암교회에서 그해 7월까지 목회하던 김춘배 목사가 예수교서회(현 대한기독교서회—편집자) 총무로 취임하면서 후임으로 나를 추천한 것이다.

나는 김천 생활에 만족하고 있었다. 황금동교회의 당회원들도 좋았고 교우들도 순박했으며, 교육 기관도 시작한 참이었다. 송창근 박사가 시무하던 교회라 경북노회 서부 시찰에서 수석 교회 구실을 하여 기대가 많았다.

그러나 자녀 교육을 위해 서울에 가는 것이 좋겠다고 생각하여 청빙을 받기로 했다. 당회에 사정을 이야기했더니 널리 양해해 주어 8월 초에 신암교회에 부임했다.

교회에 부임해 보니 교회당이 너무 좁았다. 출석 교인이 100명이 넘는데 예배당은 40평에 불과했다. 첫 주일 예배를 보고 나서 제직회를

열고, 교회 증축 문제
를 제의하여 만장일치
로 결의를 얻었다. 우
선 교회 터를 기역자
모양으로 25평 늘렸
다. 1년이 지나자 주
일에 나오는 교인 수
가 250명에 이르러
다시 건축 문제가 대
두되었다. 당회와 제
직회가 가결하여 예배

1948년부터 6 · 25전쟁 전까지 시무하던 서울 돈암동의 신암교회.
종탑이 눈에 띈다.

당 서남쪽 언덕 위 땅을 300평 사들이고 건축에 착수하려는 참에 전쟁
이 터지고 말았다.

　건축은 중지되고 교인들은 뿔뿔이 흩어질 수밖에 없었다. 3년간 이
어진 전쟁 중에 나는 전국 피난 교역자들을 제주도와 거제도에서 돌
보는 일을 하게 된다. 그러는 동안 신암교회는 다른 교역자를 모시게
되었다.

　내가 북의 남침을 알게 된 것은 1950년 6월 25일 오후였다. 그러나
우리는 크게 걱정하지 않았다. 국군이 훨씬 더 강하다고 생각했기 때
문이다. 그랬는데 26일 새벽 장하구 집사가 우리 집 대문을 두드리면
서, 서울이 북한군에게 포위되었다는 소식을 전해 주었다. 우리는 모
여 앉아서 기도를 드린 다음 어떻게 해야 할지 의논했다.

　아내 신묵 씨는 동환이더러, 먼저 선희를 데리고 서울을 빠져나가라
고 지시했다. 젊은 사람들은 빠져나가려면 나갈 수 있지 않겠느냐는

것이었다. 동환이와 선희를 내보낸 우리는 종로구 운니동에 있는, 큰 며느리 용길의 친정집으로 가서 잤다. 북한군이 쳐들어온다면 의정부를 통해 우리가 살던 돈암동 부근의 미아리고개를 거쳐서 올 것이기 때문이다.

아침에 일어나기도 전에 탱크 소리가 으르렁거리고 따발총 소리가 요란하게 들렸다. 아내는 집에 별일 없나 해서 새벽에 돈암동 쪽으로 갔는데, 가는 도중에 혜화동에서 인민군이 기관총인지 속사포인지를 걸어 놓고 남산을 향해서 쏘고 있는 것을 보았다고 한다. 국군이 일찍 철군했으니 망정이지 시가전이라도 벌였다면 아내도 벌써 쓰러지고 말았을 것이다. 그런데도 이승만 대통령은 "국군이 북괴군을 격퇴하고 있으니 국민은 걱정하지 말라"는 방송을 계속 내보냈다.

이렇게 되자 눈치 빠른 사람들은 모두 부산 쪽으로 내려갔다. 나는 만주에서 두 번씩이나 공산당으로 말미암아 죽을 고비를 넘었지만, 돌보던 양의 무리를 버리고 떠날 수가 없어서 8월 초까지 목회를 계속했다. 그러다가 또 한 번 사선을 넘게 되었다.

하루는 며느리 용길이 혜화동 친구네 집에 갔다가 인민군의 지프차를 타고 오는 것을 시어머니가 보고 깜짝 놀랐다. 인민군은 우리 집에 들어오더니 "당신 아들은 무엇을 하며 어디 있느냐"고 묻는다.

그때 익환은 미국 프린스턴 신학교에 가서 공부하고 있었다. 만일 이 사실을 그대로 말한다면 칼을 든 사람 앞에 목을 내미는 격이다. 나는 "내 아들과 딸은 부산으로 내려갔다"고 말했다. 물론 동환이와 선희를 가리킨 것이다. 그랬더니 "그놈들은 서북청년단이구먼" 하고 나더러 자기들 차를 타라는 것이다.

내무서에 가는 것은 사지로 가는 것임을 잘 아는 나는 이렇게 대답했다.

"아무리 내무서에 가서 물어도 내 대답은 같을 거요. 정말 내 아들이 서북청년단인지 아닌지를 알려면 이 동네를 돌아다니면서 물어 보시오. 한 사람이라도 내 아들이 서북청년단이라고 하면 내가 그 책임을 지겠소."

이렇게 말했더니 저들은 비로소 내 말을 믿는 것 같았다. 그러면서 "성북 내무서에 아는 사람이 있느냐" 묻기에 "내무서장 문경춘을 잘 안다"고 하자 저들은 아무 말도 하지 않고 나가 버렸다. 문경춘은 몇 달 전에 내무서장 도장을 위조해 가지고 협잡을 하다가 잡혀서 서대문 형무소에서 몇 달 고생한 사람이었다. 나와서는 공산당 행세를 해서 내무서장이 되었던 것이다. "너희가 관리 앞에 가서 심문을 받거든 무엇이라고 대답할지 걱정하지 말라. 그때 내가 가르쳐 줄 것이다"라는 예수의 말씀이 실감 나는 순간이었다.

그해 9월 28일 서울이 국군에 탈환되었는데, 인민군 후퇴의 조짐은 7월부터 보였다. 저들의 표정에 초조함이 서렸을 뿐 아니라 서울에 있는 유지들에 대한 감시가 날로 심해졌기 때문이다. 후퇴할 경우 저들은 협조하지 않는 자들을 납치하거나 살해할 가능성이 매우 높았다. 나는 8월 15일쯤이 위험하다고 생각하고, 그때 피할 생각을 했다. 그런데 8월 초가 되니 늙은이들은 시골로 떠나라고 했다.

당시 이북에서 남하한 교역자들은 대개 남쪽으로 피하고, 공산당을 겪지 않은 남쪽 교역자들이 주로 남아 있었다. 숭실전문학교와 평양신학교를 졸업한 대구의 최문식 목사가 남아 있는 교역자들을 통합해서 기독교연맹을 조직했다. 그는 성실한 사람으로 일제하에 감옥 생활도 했다. 나도 잘 아는 사람이기는 하나, 다소 좌경한 사람으로 알려져서 별로 만나지는 않았다.

나는 8월 첫 주일 예배를 인도한 뒤 식구들과 함께 경기도 광주에 있는, 조진구 장로의 처가로 갔다. 식구들을 거기 두고 다시 서울에 돌아와서 예배를 인도하려고 했으나, 어찌나 피난하는 사람들이 많은지 조 장로의 처가에 토요일에야 도착하는 바람에 서울로 돌아올 여유가 없었다. 마침 김춘배 목사가 거기에 와 있었는데, 같이 있자고 해서 그대로 주저앉았다. 그 동리는 아주 가난한 동네여서 쌀을 구하는 것이 문제였다. 너무 힘들었기에 나는 며느리와 아이들을 서울로 보내고, 국군이 서울에 들어갈 때까지 거기 머물며 김춘배 목사와 둘이서 자취를 했다.

9월 20일쯤 되자 인민군은 예측했던 대로 후퇴할 준비를 했다. 9월 20일 기독교연맹 회장의 이름으로 된 소집장이 서울에 있던 교역자들에게 날아왔다. 이미 피했던 나에게도 인민군 한 사람이 소집장을 가져왔다고 한다. 그 군인은 하루 종일 골목 어귀에 서서 내가 나타나기를 기다렸던 모양이다. 그때 소집된 목사들은 모두 북으로 끌려갔다. 그때 납북된 목사들이 남궁혁, 송창근, 김영주, 권수희, 안갈선, 김동철, 김두식 등이다.

내 처남 김진국도 그때 실종되었다. 그들의 손에 납북된 자들이

김신묵의 동생 진국. 어릴 때 누나들에게 공부를 가르쳐주었으며, 12년간 미국 유학을 다녀와 서울고등학교 교사로 일했다. 안타깝게도 전쟁 때 납북되었다.

1952년 용길이 서울 갔을 때 납북된 진국의 남겨진 가족을 만났다. 맨 왼쪽이 박용길, 그 옆이 진국의 처 백병숙, 딸 경신, 아들 민흡.

확실히는 몰라도 수천 명은 될 것이다. 9월 29일 유엔군의 폭격에 생명을 잃은 사람의 수도 퍽 많으리라고 생각된다. 내 큰처남 김진묵의 큰딸 영숙이네 네 식구도 몰살당하고 어린 인혜와 창환이만 살아남았다.

원산에 살았던 내 친구 한준명 목사의 체험담에 따르면, 10월 9일에 그들이 우익이라고 생각하는 사람들을 모두 가두었다가 후퇴하기 전에 학살했다. 그 과정은 잔인했다.

어느 날 저녁, 인민군은 폭격 때문에 한꺼번에 이동할 수 없다고 하면서 수감자들 네 명씩 팔과 팔을 얽어매었다. 그러고는 지하에 파 놓은 굴로 데려갔다. 들어가는 문은 하나이나 안쪽에는 굴이 여러 갈래로 뻗어 있었다. 일제 강점기에 방공호로 판 대피소다. 굴에 들어갔더니 바닥에 피가 질벅하고 피 냄새에 정신을 잃을 정도였다고 한다. 굴안에서 한 사람이 전짓불을 켜고, 다른 하나가 머리카락을 휘어잡더니 권총으로 머리를 쏘았다. 이렇게 네 사람을 다 죽인 다음 그 시체에 따발총을 갈겼다. 그러고는 다른 네 명을 데려와서 같은 짓을 되풀이했다. 한 목사는 그 그룹의 셋째로 묶였는데, 앞의 두 사람이 총에 맞아 쓰러진 다음 한 목사가 당할 차례에, 앞에 있던 시체들 속에서 한 사람이 김일성 만세를 부르면서 "내가 아직 죽지 않았으니 다시 쏘아 달라"고 했다. 총을 쏘던 자가 가서 그 사람을 다시 쏘고 돌아와서는 한 목사 다음 사람을 쏘아 죽였다. 그 후에 또 따발총을 쏘았는데, 한 목사는 다리를 맞았다고 생각했지만 지나고 보니 아무 데도 상한 데가 없었다. 한 천주교 소년이 거기 있었는데, 포승에 엮이지 않고 들어와서 총을 맞았으나 팔을 약간 다친 정도였다. 그 소년이 와서 한 목사의 포승을 풀어 주었다. 더 살아 있는 사람이 없나 둘러봤더니 한 젊은 여인이 살아서 움직이더라는 것이다. 가서 봤더니 한 목사가 아는 방송 아나운서였다. 셋이 그곳에 얼마쯤 있다가, 공기가 너무 탁하고 피비린내가 심해 방공호 문 쪽으로 가 봤더니 포탄에 맞아서 문짝에 직경 다섯 치 정도 구멍이 나 있었다. 그들은 그 구멍을 통해 공기를 마시면서 약 20시간 정도 있다가, 국군이 지나가는 것을 보고 소리를 질러 구출되었다고 한다.

유엔군은 약 열흘간 인민군을 추격해서 서부 전선은 압록강까지, 동부 전선은 두만강까지 진격했다. 이제는 통일이 되는 것 같아, 나는 유엔군 사령부에 가서 내 소개를 한 다음 군용기로 나를 청진까지만 데려다 달라고 요청했다. 그것이 금요일이었는데, 다음 월요일에 오라고 한다. 토요일에 다시 사령부에 갔더니 유엔군이 총후퇴를 하기 때문에 갈 수가 없다고 한다. 유엔군이란 몸만 사리는 비겁쟁이라고 생각했는데, 알고 보니 중공군 30만 명이 참전을 한 것이다. 유엔군은 동부 전선의 경우, 12월 24일 흥남에서 모든 선박을 이용해서 태울 수 있는 데까지 원하는 자들을 태워 가지고 후퇴했다. 이른바 1 · 4후퇴였다.

피난 생활

　중공군이 다시 이남을 휩쓸 형편이 되자 선교부는 먼저 교역자부터 피난을 시켜야 한다고 생각하고, '니뽄마루'라는 기선을 인천에 입항시켰다. 공산군이 들어오면 교역자들이 제일 위험하리라고 생각한 것이다. 이 배는 서울에 있는 각 교파 교역자 가족 580명을 태워 12월 21일 탈출하게 되었다. 안두화(Adams) 목사는 내게 단장 역할을 맡겼다.

　우리는 배에서 크리스마스를 지켰다. 그리고 27일 부산항에 입항하여 항만 사령관에게 상륙을 교섭했는데, 작전상 허락할 수 없다면서 차라리 제주도로 가는 것이 안전하고 좋겠다는 것이다. 우리는 할 수 없이 뱃머리를 돌렸고, 이튿날 무사히 제주도에 상륙했다.

　우리는 제주읍, 성산포, 서귀포, 모슬포, 한림, 이렇게 다섯 곳에 나누어 자리를 잡았다. 그중 제주읍은 군청 소재지요 부산 가는 연락선이 매일 드나드는 곳이다. 따라서 중요한 기관들은 다 여기에 있었고 중고등학교, 동부교회, 서부교회도 이곳에 있었다. 피난 교역자 가족

180명이 이 두 교회에 수용되었다.

성산포는 제주읍 동쪽으로 약 90리 되는 곳에 있는데 거기에는 예비군 군영이 있었다. 이곳에는 교역자 가족 약 50명이 정착했다.

서귀포는 성산포에서 서쪽으로 약 60리 되는 곳에 있는데 날씨와 생활 조건이 제일 좋은 곳이다. 가족 100명이 이곳에 자리 잡았다.

모슬포는 서귀포에서 서쪽으로 약 40리 거리인데, 교역자 가족 약 40명이 거주하게 되었다.

한림은 모슬포에서 북으로 20리 떨어진 곳인데 한때 어업이 왕성했다고 한다. 여기에 교역자 식구 약 40명이 거처를 정했다.

1951년 3월 중공군이 서울을 통과해 급속도로 남하해서 부산까지 위험해졌다는 소문이 났다. 교역자 가족들은 다시 피난을 가야 한다는 이야기가 있었다. 내게 와서 선교부에 다시 피난을 떠날 교섭을 하라고 요구하는 교역자들도 있었다. 그때 나는 꿈에 비행기 수백 대가 북상하다가 40~50대가 반도의 남해까지 오는 것을 보았다. 나는 피난민들에게 이 꿈 이야기를 하면서, 유엔군이 패배하지 않는다고 설득했다.

피난 시절 제주도 돌담 앞에서 찍은 가족사진.

1951년 9월 나는 캐나다 선교부의 요청에 따라, 제주도를 떠나 거제도에서 피난민 돕는 일을 하게 되었다. 거제도에 정착한 피난민은 1·4후퇴 때 남하한 사람들로 함경도에서 나온 이들이 많았다. 피난민 거의 전부가 교인이었다. 따라서 지난날 함경도를 선교 구역으로

피난 시절 구호 식량을 나누어
주던 천막 앞에 어린이들이 양
푼이나 주전자를 들고 줄지어
서 있다.

삼았던 캐나다 선교부는 저들에게 지대한 관심을 가졌다. 나 자신이
캐나다 선교부와 밀접한 관계가 있으니 내게 이 일을 맡기는 것은 당
연한 일이기도 했다.

　우리는 일단 장승포에 거처를 마련했다. 나는 그곳에 새로 온 캐나
다 선교사 와델(Wadel) 목사와 함께 일했다. 그리고 아직 한국말을 배
우는 중인 의사 랍(Robb), 간호원 샌더(Sander)를 도와서 장승포에 임
시 진료소를 만들었다. 피난민도 돕고 새로 온 선교사들도 지도하라는
것이 서고도 목사의 요청이었다.

　거제도는 둘레가 약 80리 되는 섬이다. 지형이 교묘하게 생겨서 항
구마다 경치가 아주 좋았다. 특히 동남 해안선은 거제도 금강이라고
불릴 만큼 절경이었다. 농지는 별로 없고, 몇 해 전까지는 어업이 잘
되었는데 전쟁이 나고 군함, 잠수정이 왕래하면서 고기들이 자취를 감
추는 바람에, 많은 거제도 주민이 부산에 나가서 여러 직업을 가지게
되었다. 따라서 피난민들이 거처할 여유가 생기기도 했다.

　그러나 피난민 역시 할 일이 별로 없어 부산으로 왕래하면서 장사하여 겨우 생계를 이어가곤 했다. 거제도의 피난민들은 도내 다섯 곳에 나누어 살았는데, 저들을 위해 캐나다 선교부가 특별 교섭을 해서 군용 천막 1000여 개와 군용 식품, 입던 옷을 가져와 피난민들을 크게 도왔다.

거제도 장승포에서 서쪽으로 10리쯤 떨어져 연락선으로는 10여 분 걸리는 곳에 옥포교회가 있었다. 주민은 인접 마을을 합해서 약 360명 가량인데, 거기에 피난민 약 380명이 입주했다. 본래 이 피난민 교회에서 최문환 목사가 약 반년 동안 목회하고 있었다. 그러다 내가 그의 후임으로 옥포교회를 시무하게 되었다. 부임할 때 내가 받은 요구는 약 3개월 동안만 목회를 해달라는 것이었다.

나는 교회의 최고 지도권이 목사에게 있다는 인식을 바꾸어, 더불어 일하는 교회라는 인식을 가지게 하려고 했다. 그리고 피난민 중학교를 설립하기로 했다. 학교 이름은 '육영학교'로 정했다.

교장은 이춘식 목사, 교감은 동중섭이 맡고 나는 이사장이 되었다. 교사로는 동중은, 김영제, 오익서, 오승호 등이 있었다. 학생은 약 80명이었다. 여기서 나는 독일어를 가르쳤다. 옛날 중국 청도의 전문학교에서 배운 적이 있었기 때문이다.

옥포교회의 교인 수는 날로 늘어, 40명이던 교인이 150명에 이르게 되었다. 교회당은 석조로 잘 지어진 건물이긴 했지만 면적이 30평밖에 되지 않아서 날로 늘어나는 교인을 수습할 길이 없었다. 그래서 진정률 장로의 창고 2층을 수리해서 새 교회당으로 만들고, 거기에 교인 100명을 들였다. 그리고 덕포에 김우필 장로를 전도사로 보내어 교회를 신설하게 했다. 그곳 교인이 약 30명가량이었다. 이렇게 세 곳에 모이는 교인 수를 합치니 약 280명가량이었다.

옥포교회 성가대와 주일학교 선생들과 함께. 1952년 3월 9일.

거제도 다른 지역에도 교회가 있었다. 지세포교회는 장승포에서 남으로 10리 정도 거리에 있었다. 본주민이 100여 명이고 피난민이 320명이었다. 그곳에는 본래 교회가 없었는데, 피난민들이 와서 교회를 세웠다. 최 전도사가 목회했는데 교인은 약 150명이었다.

구읍은 장승포에서 35리나 떨어진 거제도 남단에 있었다. 해안선에 기암괴석이 많아 거제도 금강이라고 불린다. 읍이 장승포로 옮기면서 더욱 영세해져, 주민이 얼마 되지 않았다. 피난민도 별로 많지 않아 교회를 세우기는 했으나 약 30명가량 모이는 정도였다.

옥포에서 10리쯤 가면 연초(延草)가 있고, 거기서 다시 남쪽으로 가면 고현(古縣)이 나왔다. 그곳에 포로수용소가 있었다. 여기 수용된 북조선인민군이 약 8만 명, 중공군이 약 2만 명이나 된다고 했다. 그곳에 수용소를 관리하는 유엔군 부대가 있었는데, 그 부대에 소속된 군목으로 옥호열 선교사가 있고 한국 군목으로는 황용만, 강신석, 김응무, 김건호 같은 이들이 있었다. 이 기관들을 상대로 상행위를 하는 피난민도 퍽 많았다.

그런데 이 공산군 포로수용소에는 공산주의에 동조하지 않는 포로들이 적지 않았다. 그런 비공산주의자들이 종종 공산주의자들에 의해서 살해되는 일이 있었다. 이 사실을 안 이승만 대통령은 1953년 국군 간수들에게 지시해서 수용소 문을 열고 그들을 도주하게 했다. 이렇게 해서 약 3만 명이 도주하고, 이 사건으로 인해서 이곳 수용소가 폐지되자 그들을 대상으로 하던 장사꾼들도 사라지고 말았다.

강원도 순회 전도

1953년 7월에 정전 협정이 맺어짐으로써 전쟁은 끝났다. 1953년부터는 피난 갔던 사람들이 대거 집으로 돌아갔다. 나도 옥포교회를 사임하고, 그해 9월 식구들을 데리고 서울로 돌아왔다.

서울에서 나는 캐나다 선교부와 함께 함경도에서 온 피난민 구호를 했다. 그러다 강원도 순회 전도의 필요성을 느끼고 선교부를 설득했다. 강원도 순회 전도가 필요한 이유로는 세 가지를 들 수 있었다.

첫째로 강원도에는 함경도에서 들어오는 피난민을 돌볼 장로교회가 없었다. 둘째, 함경도와 강원도는 인접한 지역이므로 강원도에 장로교회가 많아지면 통일된 후 캐나다 선교부의 구역이 자연히 확장될 것이었다. 셋째로 전쟁의 와중에 있는 그곳 교인들을 돌보아야 했다. 아무도 그쪽에 관심이 없었다.

이렇게 해서 캐나다 선교부의 후원으로 강원도 선교를 시작했다. 사실 그때 강원도를 마음대로 통행할 수 있는 사람은 아무도 없었다. 그곳은 전선으로 여겨졌기 때문이다. 그러나 캐나다 선교부가 발행한 통행권을 가진 나는 자유롭게 움직일 수 있었다. 그 통행권만 보이면 헌병들은 언제 어디서나 아무 말 없이 나를 지나가게 했다.

나의 강원도 선교에는 한신 졸업생들의 협조가 여간 도움이 된 것이 아니다. 예를 들어 화천읍 예배당은, 군단 군목으로 있던 문기성 목사가 군단장 장도영 소장에게 교섭해서 50평짜리 벽돌 예배당을 무료로 지어 주었다. 함태영 부통령을 모시고 헌당식을 다채롭게 거행했다. 신포리에 있던 교회당은 저수지 건축 때문에 헐려, 군목 이영찬 목사가 알선하여 새로 지어 주기도 했다. 그러나 안타깝게도 예수교장로회 소속 군목들은 내게 협조하지 않았다. 그들은 나를 신신학자로 보았던 것이다.

강원도 순회 전도를 하면서 내가 세운 기독교장로회 교회는 모두 일곱 곳이다. 1954년 9월에 설립된 것이 춘성군 신포리교회다. 예배당이 신축되었을 때 교인 수 50명이었다. 1954년 10월에는 홍천읍교회가 세워졌다. 개인 가옥을 개조해 목조 45평짜리 교회를 지었고, 교인 수는 50명이었다. 화천 중앙교회도 1954년에 설립됐는데 임춘봉 목사가 담당했고 교인은 50명이었다. 춘천시 후평동교회도 같은 해에 설립되었고, 가정집을 개축해서 예배당으로 썼다. 춘천시 교동교회는 1955년에 세워졌다. 강원

이권찬 목사와 함께 강원도를 순회하면서 삼팔선 앞에서 찍었다.

하 목사가 시무했고 교인은 30명이었는데, 지금은 발전해서 수백 명
이 모인다. 1955년 3월에 세워진 교회로는 신사리교회가 있다. 그리
고 화천군 구만리교회는 1955년 5월에 설립되었는데 교인 수는 35명
이었다.

이 교회들은 한동안 경기노회 강원 시찰로 있었다. 그러다가 1960
년에 이 교회들이 중심이 되어 강원노회가 설립되었다.

그러나 강원도를 순회하는 동안 나를 후원해 준 것은 캐나다 선교부
회장 모예리 박사뿐이었다. 선교부 자체는 태도가 분명하지 않았다.
그래서 나의 강원도 선교는 2년 만에 끝났다.

한빛교회 설립과 한남신학교

　1955년 2월 20일 만주 출신 교인 20여 명이 김성호 장로 댁에 모여 교회를 하나 시작했다. 그것이 서울 중앙교회다. 목사는 나였고, 장로는 김성호, 남집사는 문치룡 · 김기섭 · 이원초 · 이상은 · 김치선, 여집사는 채희숙 · 조송학 · 박용길 · 김순덕이었다.

　김성호 장로는 앞에서 밝힌 대로 용정 교회 장로였고 채희숙 집사는 그의 부인이며 김순덕 집사는 누이였다. 김기섭은 김약연 목사의 손자이고, 조송학은 김기섭의 아내다. 문치룡 집사는 나의 오촌당숙이다. 그는 3 · 1운동 당시 명동학교를 졸업하고 국민회 경호원으로 독립운동에 참여하여 7년 옥고를 치렀다.

　서울 중앙교회는 나중에 중부교회, 다시 한빛교회로 이름을 바꾼다. 그리고 내 뒤를 이어 아들 문익환 목사, 이해동 목사, 유원규 목사가 목회를 맡으면서 민주화 운동의 한 거점이 되어 많은 박해를 받게 된다. 여전도사로는 조남순, 안계희가 각각 오랫동안 수고했다.

서울 중앙교회에서 얼마 동안 목회하다가, 1955년 10월 나는 중앙교회를 미국 유학에서 돌아온 문익환 목사에게 맡기고 대구로 내려간다. 한남신학교 학장을 맡았기 때문이다. 한남신학교는 6 · 25 때문에 대구에 이전했던 중앙신학이 1954년에 환도하자, 대구의 유지들이 남은 학생들을 중심으로 시작한 학교다. 농촌 선교를 위한 일꾼들을 기르고자 함이었다. 학장으로는 길진경 목사를 추대했는데, 길진경 목사가 교회협의회 총무로 선임되어 학장 직을 사임하면서 내가 뒤를 이은 것이다.

　한남신학교는 1956년 3월 12일에 제2회 졸업식을 치렀다. 중부교회에서 식이 열렸는데, 여기에 함태영 부통령이 참석해 축사를 했다. 그러자 경북 도지사를 비롯해 각 기관장들도 졸업식에 왔다. 저들은 우리 학교가 있는지도 몰랐는데 부통령이 온다는 바람에 덩달아 참석한 것이다. 그 덕에 한남신학교는 꽤 널리 알려졌다.

　1956년 여름까지 우리 학교는 YMCA 회관의 교실 몇 개를 빌려서 가르치는 형편이었다. 그러다 대봉동에 있는 교사를 사들여 이전하면서 학교가 크게 발전했다. 이 건물은 이명석 목사의 사위가 경영하던 공민중학교 자리에 있었다.

　1957년 미국에 있는 동환이가 폐병에 걸려 죽어 가게 생겼다는 소식이 왔다. 병이 너무 심해 대소변도 제대로 못 보는 상황이라고 했다. 나는 신학교고 뭐고 다 그만두고 동환이에게 가야겠다고 생각했다. 그런데 가만히 생각해 보니 내가 의사도 아닌데 가야 뭐 하나? 그보다는 여기서 기도를 해야겠다고 생각했다. 그래서 미국에 있는 동환이와 스코빌 목사(에든버러에서 만났던 미국인 동생)에게 편지를 썼다. 우리 세 사람이 시차를 생각해서 하루에 두 번씩 같은 시간에 기도를 하자고.

대구 한남신학교에서 목회학을 강의하는 문재린. 1950년대 말.

그 기도의 내용은 세 가지였다. 하나는 스코빌 목사가 백내장으로 고생하는데 이를 위한 것이고, 다른 하나는 동환의 폐병, 세 번째는 한남신학교의 발전을 위한 것이었다. 그렇게 기도한 결과 스코빌 목사의 수술이 성공했다. 동환이도 두 번 수술한 끝에 교수들의 수혈을 받고 기적적으로 살아났다. 그리고 한남신학교에도 1958년에 기적과 같은 일이 있었다.

1958년 4월에 캐나다 연합교회 총무 갤러허(Galligher) 박사가 기장 교회를 둘러보러 내한하여 지방을 순회하다가, 대구에 와서 한남신학교를 시찰했다.

그때 나는 갤러허 박사에게, 한남신학교는 농촌 교회의 교역자를 양성하고자 세워진 신학교라는 점을 강조했다. 그러자 그는 농촌 교역자를 양성한다면 농지도 있어야 하는데 농지가 있느냐고 물었다. 없다고 하니까 학교 앞의 땅 몇천 평을 사려면 얼마나 드느냐고 또 물었다. 나는 300만 원 정도면 될 것이라고 대답했다. 그랬더니 그는 함께 온 어윈(Irwin) 목사에게, 그 자리에서 300만 원짜리 수표를 쓰라고 지시했다.

기장 총회의 결정도 없고 연합사업협의회의 토의도 거치지 않았는데 수표를 끊어 줄 수는 없다면서 어윈 목사가 난처한 표정을 짓자, 갤러허 총무는 자신이 책임을 지고 처리할 테니 수표를 끊어서 주라는 것이다. 결국 그들은 그 자리에서 가지고 있던 100만 원을 주고, 나머지는 서울에 올라가 환전을 해서 보내기로 했다.

이렇게 법규까지 무시하고 300만 원을 얻게 되니 이것이야말로 하느님의 특별하신 배려라고 생각할 수밖에 없었다. 그러나 뜻밖에 원조금으로 거액을 얻게 되자 호사다마로 학교 안에 다툼이 생기게 되었다. 지금의 학교 지도자들을 제쳐 놓고 따로 학교를 세우려는 운동이 일어났다. 그 지방의 유력한 목사로 자처하는 이가 몇 사람과 힘을 합쳐 물의를 일으킨 것이다.

한남신학교 제2회 졸업식. 한복을 입고 앞줄에 앉은 여자 졸업생들이 인상적이다.

나는 사실 앞으로 큰 전망도 없는 학교인데 지방 목사들과 합심하지 못한 상태에서 무리하게 밀고 나갈 필요가 없다고 생각했다. 그래서 나를 비롯한 학교 당국자들은 1958년에 전부 퇴진하고, 미국 프린스턴 신학교에 유학 중이던 오태환 목사를 초청해서 학교를 맡겼다. 그러나 처음에 문제를 일으킨 인사들이 협조하지 않는 가운데 오 목사 혼자서 학교를 경영하려고 애쓰다가, 결국 한남신학교는 한국신학대학과 합병하고 말았다.

평신도 운동

한남신학교에서 물러난 나는 1958년 6월에 상경했다. 그 동안 서울 중앙교회는 강흥수 목사가 시무하던 동부교회와 합병했다가, 다시 나와서 중부교회로 이름을 바꾸었다. 나는 중부교회에서 3년간 목회하다가 이를 문익환 목사에게 맡기고, 1961년 봄에 목회 일선에서 물러났다. 그러나 하느님 나라 운동을 위해서 던진 이 몸을 어떻게 할 것이냐 하는 문제로 수개월 동안 기도하면서 심사숙고했다.

그 결과 한 가지 중요한 과업을 생각하게 되었다. 그것은 한국 평신도의 신앙생활 문제였다. 한국에는 평신도가 150만 명이 된다고 한다. 그러나 그들의 신앙자세와 삶을 본다면 문제가 많다. 한국 신자들은 예수를 구주로 안다는 것을 신앙이라고 생각하고, 교회에 나가 예배드리는 것을 신앙생활의 전부로 여기고 있었다. 한국 신도가 이렇게 믿는 것으로 어찌 구원을 얻을 수 있으며 이런 신도를 가진 교회가 어떻게 선교의 사명을 다할 수 있으랴.

사실 당시에나 이 글을 쓰는 지금에나 한국 교회 가운데에는 할 일이 무엇인지를 올바로 아는 교회가 매우 적다. 좋은 목사를 모시고 많은 신도를 모아서 예배를 성대히 드리면 다인 줄 안다. 구원은 행함으로가 아니라 믿음으로만 얻는다는 복음주의의 잘못된 교리 탓이 크다. 또 이 교리에서 생겨나는 것이 "예수 믿고 천당"이라는 강령이다. 그에 따라 많은 한국 기독교도에게, 천당 가는 것이 유일한 목적이고 예수 믿기만 하면 천당 간다는 것이 신앙의 전부이다. 예수님이 공생활(公生活)에서 하신 그대로 행함이 우리의 책임이요 참신앙이라는 생각은 자리 잡을 데가 없다. 한국의 교직자들과 신자들은 틈만 나면 천당 이야기를 하지만 이것은 "회개하라 천국이 가까이 왔다"고 말씀하신 예수의 뜻에서 너무나 먼 것이다.

1961년 봄에 이런 생각을 하자 나의 40년 교역도 실패한 것 같고, 한국의 80년 선교 역사 역시 허사인 것만 같았다. 그러면 어떻게 할까? 나는 남은 삶을 한국 방방곡곡을 찾아다니면서 평신도가 올바른 신앙 자세로 살도록 깨우치고 권면하는 일, 곧 평신도 운동에 바치겠다고 결심했다.

평신도를 헬라어로는 '라오스(Laos)'라고 한다. 기독교는 본래 평신도의 종교로 태어났고 평신도의 활동으로 발전해 왔다고 할 수 있다. 주님 자신이 제사장 족속으로 태어나지 않고 평민 중의 평민으로 나시지 않았던가. 그리고 나사렛에서 목수로 사시다가 때가 됨에 따라 광야에 가서 평신도 요한에게 세례를 받으신 뒤 세상을 구원할 큰 사명을 가지고 나섰던 것이다.

평신도 운동에는 단 한 가지 정의나 원리가 있는 것이 아니다. YMCA나 YWCA를 비롯하여 신도가 자율적으로 움직이는 것은 모두

가 평신도 운동이다. 그러나 그 당시 우리나라에서는 평신도 운동이 널리 인식되지 못해서, 평신도 자신도 별 흥미를 갖지 않는데다가 일부 교역자들은 의심마저 품는 형편이었다. 그렇다면 평신도 운동은 구체적으로 왜 필요한가? 나는 그 까닭을 크게 세 가지로 보았다.

먼저, 평신도 자신에게 절대로 필요하다. 앞에서도 얘기했듯이 한국의 신자들은 스스로의 신앙에 무관심하고도 무책임하다. 일주일에 한두 번 교회에 나가 목사의 지도에 따라 예배를 보고 목사의 설교를 듣는 데 전적으로 의지한다. 따라서 신앙이 자라지 않고 이내 힘을 잃고 만다. 〈사도행전〉 17장 11절에서는, 사도의 교훈을 무조건 받아들임으로써 믿는 자가 많던 데살로니카 사람들보다 베레아 사람들이 더 귀한 이유를 이렇게 밝혔다.

그곳 유다인들은 데살로니카 유다인들보다 마음이 트인 사람들이어서 말씀을 열심히 받아들이고 바울로의 말이 사실인지 알아보려고 날마다 성서를 연구하였다.

다시 말해서 베레아 사람들은 결코 피동적인 신앙이 아니라 스스로 생각하고 연구하는 능동적인 신앙을 가졌던 것이다. 스코틀랜드의 신학자 존 베일리(John Baily)는 "신앙에는 중개자(second hand)가 없다. 자기의 신앙은 자기로써 만들어 내야 한다"고 했다. 이는 자신의 신앙은 자신이 더듬어 얻어야 하고, 자기 구원의 책임은 자기에게 있음을 밝힌 것이다.

평신도 운동이란 다른 것이 아니라 자기 신앙을 위해 스스로 힘쓰며 스스로 책임을 지려고 노력함을 가리킨다. 반면 성경과 목사가 이렇게 말하며 다른 이들이 이렇게 믿으니 나도 이렇게 믿는다는 것은, 다른 이들을 추종하는 것일지언정 참신앙이라고 할 수 없다.

둘째로 평신도 운동은 교회 발전을 위해서 필요하다. 사도 바울은 교회를 주님의 몸이요 신도는 그 지체(肢體)라고 비유했다. 지체가 각기 책임을 감당함으로써 완전한 몸이 되는 것처럼, 신도가 각기 책임을 제대로 감당하느냐에 따라 교회는 발전하기도 하고 쇠퇴하기도 한다. 일본의 교회는 신도가 열 명만 되면 훌륭히 유지해 나가지만, 당시 우리 한국 교회는 신도가 100명이 되어도 예배당도 제대로 수리하지 못하고 교역자 한 사람을 제대로 모시지 못하는 형편이었다. 전쟁으로 찢겨진 우리나라의 경제 사정이 어려운 것은 사실이었지만, 우리 신도가 교회를 가정과 같이 사랑하고 교역자를 내 식구처럼 생각한다면 지교회뿐 아니라 노회, 총회의 사업, 신학교 운영 등에 아무런 염려가 없을 것이 분명했다.

셋째로 평신도 운동은 이 땅에 천국을 건설하는 데 꼭 필요한 일이라고 보았다. 우리 사회를 천국으로 만드는 일은, 하느님의 뜻을 이 사회에 실천하면 된다. 당시 한국의 형편은 어느 모로나 암담하고 걱정스러웠다. 그러나 한국의 문제를 어느 누가 해결해 줄 것인가? 정치가, 사업가, 군인, 교육자? 나는 그네들보다 우리 크리스천들이 일어나서 3000만을 주님께 인도할 때 비로소 천국이 이 강산에도 임할 것이라고 생각했다.

이렇게 생각할 즈음, 마침 캐나다에서 평신도 운동의 지도자 12명이 한국 교회 시찰을 나왔다. 그것이 1961년 9월 28일이다. 그때 나는 한국-캐나다 친목회 회장이었기에 그들을 안내하게 되었다. 그들을 원주로 모시고 갔다 오는 길에 평신도 운동에 대한 내 꿈을 이야기했

10년 동안 평신도 운동 자금을 보내 준 피셔 씨의 당시 가족사진.

다. 그랬더니 앨버타 주의 로이드민스터라는 곳에서 백화점을 경영하는 케네스 피셔(Kenneth Fisher) 부부가 매월 100달러씩 보내겠다고 약속하는 것이었다. 그분들은 그 다음 달부터 꼬박꼬박 약속한 금액을 보내 주셨다.

후원을 받게 되자 나는 더욱 기운을 얻어, 초교파적으로 동지들을 모아 평신도 운동의 취지를 설명했다. 모두 동의를 했다. 그때 모인 사람들은 예수교장로회의 이필현 장로, 기독교장로회의 윤영규, 김성호, 박영기, 김봉익, 양환철 장로 등이었다. 그러나 교파 간 의견이 일치하지 않아, 결국 기장 장로들과 함께 기장 교회들을 방문하면서 평신도 정신을 일깨우기 시작했다. 그리하여 10월에는 '평신도전도회(한국기독교평신도전도회)'가 만들어졌다. 평신도전도회는 한국 기독교인 스스로 영적 생활을 향상케 하고 성도 간에 따뜻한 교제를 갖게 하는 것, 그리고 세상의 종으로서 성실한 봉사를 하게 하며 모든 신도가 개인 전도자가 되어 1년에 한 사람 이상을 주님께 인도함으로써 이 땅에 하늘나라를 건설한다는 목적을 띠었다. 회장은 박성엽 장로였고 나는 총무를 맡았다.

한국기독교평신도전도회 실행위원으로 수년 동안 함께 일한 사람들. 1962년.

나는 1962년 2월부터 4월까지 충남에서 한남신학교 출신 목사들의 목회를 살펴보면서 평신도 운동의 중요성을 강조했다. 이렇게 12개 교회를 순방한 뒤 몸이 몹시 약해져서 의사의 지시로 3개월 쉬고, 다시 순회 강연을 했다. 1963년 9월에는 목포에서 열린 총회에서 그 동안 진행된 경과를 보고하고 평신도 운동을 인준해 달라는 청원을 했다. 그 결과 전도부 산하에서 활동하도록 결정이 내려졌다. 그 후 곰곰이 생각한 결과 목사들의 이해와 협력이 없이는 이 일이 발전될 수 없음을 느끼고, 각 노회를 순방하면서 이를 강조하기로 했다. 그래서 대천에 모인 경기도 교역자 회의, 마산 수양관에 모인 경남 교역자 수양회, 속리산에 모인 충북 교역자 수양회, 두 차례 모인 육군 군목 수양회에 참석해 평신도 운동의 중요성을 알렸다.

이와 함께 평신도전도회에서는 《평신도》라는 잡지를 발간했다. 당시 평신도 운동을 위한 전문 서적으로는 교파를 초월하여 하나밖에 없는 잡지였다. 창간호는 1963년 8월 20일자로 1000부를 발간했다. 이어 제2집(1963년 11월 20일, 3000부 발간)과 제3집(1964년 5월 20일, 1000부 발간)까지 내고, 더 발간하지 못했다. 지금 생각해도 아쉬운 일이다.

《평신도》 잡지 2집, 3집과 교육 책자

1964년 9월 총회에서 평신도부를 신설하면서 부녀부를 발전적으로 폐지했다. 그리고 평신도 운동을 연구 발전시키고자 연구위원 9명을 선정했다. 이 위원회의 장은 김재준 목사, 서기는 정하은 박사, 그 밖의 위원은 박형규, 문동환, 박광재, 문재린, 최태섭, 이주선, 조남순이었다. 위원들은 여러 차례 회합을 열고 '평신도 헌장'과 회칙을 제정했고, 5개년 교육 프로그램을 만들어 이의 실천을 평신도전도회에 위촉했다. 평신도전도회는 이 위촉을 받아 한편으로는 통신지를 발간하여 서로 소식을 나누면서 평신도 지회를 각 교회에 설립하고, 노회 단위로 연합회를 조직하여 평신도 훈련에 착수했다. 1965년 8월까지 연합회를 조직한 노회는 강원, 제주, 충남, 충북, 경북, 경기, 서울 등 일곱 지역이었고, 전남, 전북, 경남은 아직 조직되지 않은 상태였다.

1965년 9월 총회에 제출된 평신도 헌장의 일부를 여기에 옮겨 본다.

역사 안에서의 그리스도는 수난의 종으로 죽기까지 섬기신 분이다. 그러므로 그리스도의 몸으로 역사 안에 있는 교회는 역사 안에서 역

평신도 대회에서 교육하는 장면. 정면에서 말하는 이가 김재준, 그 오른쪽에 서남동, 문재린. 1967년 11월 24~26일.

사에 봉사하는 하나님의 종이어야 한다. 따라서 우리 평신도는 개별적으로 각자의 가능한 한 최선의 봉사를 찾아 진실하게 실행함과 동시에 조직체로서의 각양 봉사 기관에도 최선의 협력자가 된다.

모든 봉사는 그리스도의 사상에서 우러나오는 자유롭고 자발적 성질의 것을 원칙으로 한다.

우리 평신도는 우리가 교적을 둔 각자의 지교회를 우리의 교회 생활의 거점으로 한다. 그러나 전체로서의 하나의 교회에 대한 충성에 배치되지 않을 뿐 아니라 이에 적극적으로 공헌할 수 있는 범위 내에서 우리의 지교회에 대한 충성을 규정한다.

우리는 자연과 인간 생활의 모든 부분에 있어서 속양 질서에 동참하기를 기원한다.

그러므로 만유의 주 그리스도를 만유 앞에 증언하는 폭넓은 신학 이해에 힘씀과 동시에 우리는 오직 그리스도만을 자랑하는 철저한 자기겸허의 인간이어야 할 것을 다짐한다. 하나님의 은총이 우리를 도와주심을 믿는다.

남신도회 창립과 피셔-문 장학회

　평신도전도회는 1965년 8월 24일에서 27일까지 한국신학대학에서 평신도 전국대회를 개최했다. 이 대회는 평신도전도회가 교단 총회 평신도부의 후원 아래 '평신도에 대한 의식화 운동'과 '남신도회전국연합회 조직'이라는 두 가지 목적을 가지고 이루어 낸 자리였다. 대회의 주제는 '우리가 교회다'였다. 이 말에는 교회란 예수를 따르는 무리의 공동체라는 뜻이 들어 있다.

　대회의 설교와 강연은 홍현설 감신대 교수(개회 설교), 이장식 한신대 교수('올바른 교회관'), 유동식 감신대 교수('성경이란'), 김재준 목사('우리의 신앙 이해'), 정하은 한신대 교수('사회 문제와 복음'), 김득렬 박사('가정 생활의 요소'), 문동환 한신대 교수('교회와 청장년'), 이재형 크리스찬아카데미 간사('평신도 운동의 과제'), 신연식 교수 등이 맡았다.

　그리고 이 대회에서 남신도회전국연합회가 탄생했다. 전국연합회 창립총회는 대회 마지막 날인 27일 오후 4시, 폐회 예배를 앞두고 열렸다. 대회 후 조직된 남신도회전국연합회 초대 임원은 회장에 유화청(서울), 부회장 최인호(충북), 서기 장정표(서울), 부서기 김진학(전북), 회계 안치조(서울), 부회계 곽청학(강원), 전도부장 박영기(서울), 봉사부장 최인도(경북), 교육부장 김윤식(전남), 출판부장 김영주(서울), 재정부장 한창환(서울), 명예총무 문재린 등이었다. 김재준 목사, 이남규 목사, 원두옥 목사, 이여진 목사 등 다섯 분은 고문을 맡았다.

이렇게 이루기까지 박성엽(한일교회), 김봉익(초동교회), 김성호(한빛교회), 박영기(공덕교회), 김윤석(공덕교회), 김영주(신암교회), 김갑규(흑석동교회), 윤영규(성남교회), 이양학(성암교회), 유화청(성암교회), 문창호(경복교회), 신재록(경복교회), 양환철(초동교회), 전종대(수도교회), 장승표(서울교회) 등이 4년 동안 동고동락을 했다.

평신도회전국연합회 운영은 피셔 씨가 월 50달러 보내 주는 돈으

첫 번째 피셔-문 장학금을 받은 박종화, 김성순, 박성준, 장석준과 실행위원들이 함께 찍었다. 1967년.

로, 출판과 교육은 피셔 씨가 연 500달러 보내 주는 것으로 집행했다. 각 지회 운영은 지회의 회비로 충당했다.

나는 1960년대를 주로 평신도 운동에 바쳤다. 더 자세히 말한다면 내가 평신도 운동에 나선 기간은 1961년 8월부터 1971년 6월까지다. 이 10년의 첫 5년 동안에는 전국 각 교회에 평신도회를 조직하고, 각 노회와 총회 안에 평신도부를 두어 전국 평신도를 지도 관리하게 하는 데 힘을 쏟았다. 그리고 후반의 5년 동안에는 피셔-문(Fisher-Moon) 장학회를 만들어 평신도 지도자 자격이 있는 대학생들에게 장학금을 주었다.*

피셔-문 장학회는 '피셔-승아 장학금'이라고도 했는데, 피셔는 10년을 한결같이 평신도 운동에 자금을 지원해 주신 케네스 피셔 씨의 이름이고 승아(勝啞)는 나의 호다.

---

* 그 수혜자들은 김성순(1967, 68년. 연세대 의학과), 장석준(67년. 서울대 사회학과), 박종화 (67, 68, 69년. 한신대 신학과), 박성준(67년. 서울대 경제학과), 이현숙(68, 69년. 한신대 신학과), 김문숙(69년. 이화여대 사회사업과), 윤민중(69, 70년. 서울대 화학교육과), 최임경 (69, 70년. 건국대 축산학과), 전경선(70, 71년. 한신대 대학원), 권경숙(70, 71년. 이대 초등 교육과), 김돈(71년. 연세대 경제학과) 등이다.

한일조약과 나의 유언

1960년대를 돌이켜 보노라니 한 가지 잊을 수 없는 일이 있다.

나는 12세부터 애국적인 교육을 받았고, 그 정신으로 일생을 살아온 사람이다. 그러므로 일본에 대한 나의 감정은 언제나 좋지 못했다. 그런데 1961년 군사 쿠데타로 집권한 박정희 정권은 1964년 5월부터 저자세로 일본과 화해를 서두르고 있었다. 야당은 말할 것도 없고 대학생들과 중고등학생도 이에 반대하여 격렬한 투쟁을 하게 되니 수습할 길이 없는지라, 문교부는 6월에 방학을 선포했다.

많은 국민이 그토록 반대하는데도 정부는 1965년에 한일조약 결성을 계속 추진하여, 결국 6월 22일에 철부지 청년 외무부 장관 이동원이 일본에 가서 조인을 했다. 국내 여론은 비등했다. 윤보선, 함석헌 같은 뜻있는 분들이 금식 투쟁을 벌였고, 전국의 기독교인들이 7월부터 8월 중순까지 각 교회에 모여서 구국기도회를 했다. 나이 일흔에 이른 나도 강연장에 따라다니기도 하고 구국기도회에 참석했다. 7월

23일부터 25일까지는 금식 기도를 했다. 그러나 박 정권은 8월 20일에 국회 통과를 강행할 기세였다.

한일조약이 잘못되었다는 것은 말할 것도 없지만, 더욱 걱정되는 것은 윤보선 씨 말처럼 이 정권이 종당에 이 나라를 어디로 끌고 갈 것이냐는 것이었다. 나는 박 정권이 눈에 보이는 건설을 좀 하지만 부정부패가 극심하기 때문에 민심이 떠날 것이며, 그러면 결국에는 반란이 불가피하다고 보았다. 가난한 이들은 물론이고 중소기업까지 망하게 하고 몇몇 재벌만 살게 하는 일은 민주주의 정치와는 너무도 동떨어진 것이었다.

8월 19일은 내 생일이어서 자녀들이 식사를 준비하고 모였으나, 나라가 다시 일본의 손아귀에 들어갈 것을 생각하니 살고 싶지가 않았다. 1945년부터 이듬해 사이 세 번에 걸쳐 기사회생하게 하신 하느님의 뜻은 이때를 위함이라 생각했다. 내일 국회 마당에서 분신함으로써 내 정신을 이 백성의 마음속에 심으리라 결심하고, 나는 8월 14일 밤 11시 반까지 다음과 같이 유언을 기록해 두었다.

사랑하는 식솔들에게

7차 죽음에서 살려주신 하나님의 경륜을 나는 이제 발견했다. 이때를 위하여 세 번 사지에서 건져주신 줄 안다. 내가 가는 일을 슬퍼하지 말고 장하게 생각하고 겨레를 위하여 잘 싸워라. 나와 같이하신 하나님이 너희와도 같이하실 것이니 그에게 전적으로 의지하고 나가거라. 신묵 씨! 하나님께 전체를 다 맡기시고 남은 시간을 은혜롭게 살다가 오시오.

1965. 8. 14

주님을 믿는 백오십만 나의 사랑하는 신도들에게

이 나라를 우리는 정치인들에게 맡길 수 없다. 여러분은 십자가를 지고 이 겨레들을 복음으로 인도하여 이 강산 위에 천국을 이룩함은 오직 신도 여러분의 책임이다. 목사님들에게만 의존하지 말라. 그리함으로 여러분 자신도 구원 얻고 이 겨레에게도 살 길을 열어주는 것이다. 그래서 하나님의 뜻이 이루어지기를 기도한다.

1965. 8. 14

나의 사랑하는 삼천만 겨레들에게

이 겨레들이 다시 왜놈의 종됨을 볼 수 없어 나는 간다. 삼천만이여 깨라. 이제도 늦지 않다. 경제적 침략은 실제로 우리의 목을 조르는 것이다. 나라 없는 개인이 살 수 없음을 잊지 말라.

1965. 8. 14

나는 8월 20일 조반을 오전 7시 30분에 마치고 커피 한 잔을 마신 뒤 가방에 신약과 찬송가 책, 그리고 빈 병 하나를 넣어 가지고 나갔다. 지서 뒤 주유소에서 20원을 주고 휘발유를 사서 시내로 들어갔다. 시내는 소란할 줄 알았더니 의외로 조용했다. 국회의사당 건너편에 서서 동정을 살피면서 분신할 기회를 노렸다.

그러나 감정이 독하지 못했던지 결심이 부족했던지, 살고 싶지는 않으면서도 행동에 명분이 서고 효과가 있어야 할 텐데 너무 무계획적이라는 생각이 들었다. 나의 분신을 하느님이 원하시는 바일까. 이런 중대한 일을 혼자서 결정하는 것은 있을 수 없는 일이다, 철없는 행동이라는 음성이 들렸다. 나는 병 속에 든 휘발유를 머리에 붓지 못했다.

하며 全國을 全國基督學生大會로
8月中旬까지 各處 教會에 열으며서
구국기도會 가졌고 ... 된 ... 또 各
... 하고 구국기도會에도
... 하였다 ... 七月 23부터 25일
까지 금식기도 하였고 8月 20에 聯合通
音... 가지게 ... 19日은 나의 生日
이라 고주들은 飮食수순 비하프로였으나
國家가 다시 日本손에 들어가게 될
을 생각하 나살교실지구 받 ...
1945-46 동안 三次 起國 ... 하신
... 이 이때를 당하이 ... 보존한 ...
... 나 來日國會 마당에서 燃
... 으로 내 精神을 이 ... 수에
살 ...리라 했다 八月十四
밤 十一時半까지 遺言을 다음 다같이
적어 두었다

사랑하는 식솔들에게
解放二十周 ... 에七次宣言서

살려주신 하나님의 경륜을 나는 이제
발견했다 이때를 통하여 세번 깨게서
에서 건저주신을 안다 내가 가는
일을 슬퍼하지 말고 ... 하게 생각하고
겨레를 爲하여 잘 싸워라 나와
같이 하신 하나님이 너희와도같이
하실것이 그에 全能으로 의지
하고 나가거라

信徒여! 하나님께 全心을 다
마게시고 남은 시간을 해롭게
살다 가오시요

1965. 8. 14

主님을 믿는 五十萬 우리
사랑하는 信徒들에게

이 나라를 우리들 ... 人들에게
... ... 겨레들은 福음으로 이룩하여 이

江山위에 天國을 이룩함은
오직 信徒 여러분의 손信이나
牧師님들에게만 依存 하지말고
그리함으로 여러분 自身도 구원
얻고 이겨레의게도 ... 을 ...
러주는것이다 ... 그러워 하나님의
뜻이 이루어지기를 祈禱한다
1965. 8. 14

나의 사랑하는 三四萬 겨레두에게
이 겨레들이 다시 외놈의 종평을
받을수 없어 나는 나 三四萬이여
... 이제도 늦지 않다 ...
... ... 우리의 ... 은
것이 ... 나라없는 個人없음을

잊지 말라
1965. 8. 14.

八月 20日 朝飯을 午前 七時 三十分에
먹고 ... 한 간 먹은 ... 가량 ...
... 송으시 ... 지 그러... 비해 ... 까지
가... 가 ... ... 에서 ... 二十分은
또 ... 후 ... 까지고 ... 도 ... ...
... 조반 먹은 ... 이 真 ...에도
조금 했다 國會 안에 ... ... 우通
... 지 ... 못 했으나 ... ... 우 ...
聯合 ... 에서 ... 國會를
없 이번 ... 뜻과 한 기러는 소리 그 ... ...
感情 ... 까지 못 했던지 次 ... 이것을
했던 지 ... 수 없지도 않은 ... ...
效果 있어야 하겠 ... 나의 뜻 ... 은
나는이 적지 ... ... 나는 이 ... ...
... 일은 하나님께 ... 을 그것으로 ...
... 우리 ... 들로서 ... ... 하이 ...
는 ... 이로써 ... 나도 ... 하기 ... ...

그러나 집으로 돌아갈 수 있도록 발이 떨어지지도 않았다. 정신 나간 사람처럼 멍하니 한 시간쯤을 서 있었다. 느부갓네살을 기계로 쓰시고 애굽을 채찍으로 쓰신 하느님이 박정희를 쓰시는 것이라면 내 행동은 하느님을 거역하는 일일 뿐이라는 느낌이 들었다. 분신을 하려면 진작 했어야 민심에 커다란 영향을 주었을 터인데 이렇게 늦게 한다는 것은 비굴한 일이면서 가족을 궁지에 몰아넣는 일이 된다고 생각하자, 비로소 발이 땅에서 떨어져 집으로 돌아왔다. 혼자서 멋쩍기만 했다.

회혼

지금으로부터 60년 전인 1911년 음력 3월 2일 간도 명동엔 희귀한 일이 생겼다.

용암촌에 15세도 되지 않은 총각이 있었다. 그리고 건너편 뱀골엔 금방 16세가 된 처녀가 있었다. 총각은 종성 문 초시의 증손인 재린이었고, 처녀는 주역을 만독한 거유 소제 김하규의 넷째딸이었다. 그 처녀는 결혼한 뒤 '신묵' 이라는 이름을 가지게 되었다.

저들은 만나서 말 한마디 해본 일도 없는데, 부모님들의 합의로 결혼하게 되었다. 신랑의 아버지 문치정은 명동학교의 재무이고 명동교회의 첫 집사였으나, 신부의 아버지는 아직 교회에 나오지 않았다. 그래서 옛 풍습대로 신랑은 신부 집에 가서 기러기를 드리고 신부를 집에 데려와서는, 명동중학교 박태환 선생의 주례로 신식 결혼식을 올렸다.

결혼식에서 명동중학교의 김철 선생(후에 목사가 되심)은 축사를 하면서 "단군님의 아들딸들이 이제 결혼을 했으니 조국의 광복을 위해서 을지문덕과 이순신을 낳아라" 했다.

이런 축사란 처음 있는 것이라 인근 동리에 화제가 되었다. 이야기가 돌고 돌면서 이렇게 변했다. 주례가 신부에게 "앞으로 광복을 위해서 을지문덕과 이순신을 낳겠느냐?"고 물었더니 신부는 "예, 그렇게 하겠습니다" 대답했다는 것이다.

이렇게 결혼한 부부는 60년을 함께 살면서 3남 2녀를 낳았다. 이 다복한 가정에 1년 반 전부터 언쟁이 일어났다. 자녀들은 부모님의 회혼식을 열겠다는 것이요, 노부모는 그런 허식은 필요가 없다는 것이다. 그러다가 한 반년 후에 타협안이 생겼다. 회혼식은 그만두고, 노부인이 부군을 협조해서 위로 조모와 시어머니를 모시고 아래로 자식들을 기르느라고 고생했을 뿐만 아니라 50년 간 어려운 목사부인 노릇하느라고 지쳤으므로, 캐나다의 셋째아들 집에 가서 얼마간 쉴 수 있도록 하자는 것이다.

노부부 마음에 기쁘면서도 뒤따르는 문제 때문에 주저하지 않을 수 없었다. 여비를 어떻게 하느냐는 것이다. 두 아들은 봉급으로 근근이 생활하는 목사이고 큰사위는 중학교 선생이요, 당시 둘째딸은 미국에서 유학 중이었다. 토론토에 있는 아들도 겨우 먹고사는 터라 캐나다 가는 것은 그림의 떡이나 다름이 없었다.

그러던 차에 내 친구인 이신제의 장남, 고려원양어업주식회사 사장인 이학수 군이 두 사람 여비 일부를 도와줄 뿐 아니라 내가 쓰고 있는 책을 자기가 운영하는 광명인쇄소에서 출판하겠다고 했다.

이렇게 되자 자식들은 다시 떠나기 전에 친구와 친척, 교인 들을 모아 놓고 환송식 겸 친교하는 시간을 마련하자는 것이다. 결국 YMCA 강당에서 회혼식을 치르게 되었다. 강당에 가득 찬 가까운 사람들과 하룻밤 즐겁게 지내면서 다시 하느님 은혜를 감사했다.

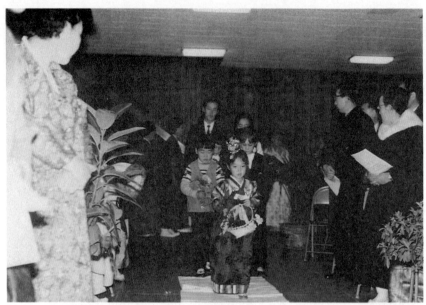

서울 YMCA 강당에서 올린 회혼식. 어린 손자손녀부터 가족이 차례로 입장하고, 마지막에 맏아들 부부가
두 분을 모시고 들어왔다. 1971년 12월 15일.

회혼식 때 축가를 부르는 손자손녀들. 태근, 문규, 영미, 창근, 영규.

할아버지 할머니 안녕

문 선 희 작사

할아버지, 할머니 우리들 절 받으셔요
언니도 오빠도 함께 안녕
우리를 사랑하시던 할아버지 할머니
주름진 얼굴에 웃음꽃이 피-네

할아버지 할머니 지나신 옛날에는
정말로 수고가 많으셨어요
비가온 뒤에는 햇빛이 나듯이
이제 부터는 평안히 쉬셔요

할아버지 할머니 두손을 흔들께요
비행기야 잘 보셔다 드려다오
멀고먼 나라로 가시더라도
우리를 위하여 기도하여 주셔요

주의 가정

문 익 환 작사

1. 미더워라 주의 가정   반석위에 섰으니
   비바람이 불어쳐도   흔들리지 않으리
   하나님을 믿는마음   서로서로 빈는맘
   얼기설기 하나되어   믿으면서 살리라

2. 평화롭다 주의가정   아득하다 그 품 이
   따뜻하고 포근하여   마음좋고 쉬리 어라
   미소하는 얼굴들에   주의마음 서리어라
   하늘평화 풍기면서   서로서로 살리라

3. 즐거워라 주의가정   사랑의샘 더진다
   께마튼땅 적시어라   불이물과 외된다
   너도 나도 어깨껴고   노래하며 날기니
   이웃들이 형제로다   내품처럼 아끼라

회혼식 때 부른 노래들. 큰딸 선희가 작사 작곡한 노래를 어린 손자손녀들이 축가로 부르고, 어른들은 큰아들 익환이 작사한 찬송가를 불렀다.

6장

이민자의 꿈

다시 캐나다로

1971년 12월 21일 우리는 몸담고 살던 고국을 떠났다. 원래는 잠시 다녀올 예정이었지만, 결국 셋째아들 영환의 초청을 받는 형식으로 캐나다에 이민을 가게 된 것이었다.

우리 부부는 이날 오후 1시에 친척과 친우 50여 명의 환송을 받으면서 일본 항공기를 타고 김포 비행장을 떠났다. 언제 다시 고국 땅을 밟을 수 있을지, 거기 가서 무엇을 할지도 모르는 여행을 떠나려니 막연한 심정이 들었다. 그러나 하느님께서 인도해 주시리라 믿으면서 기도하는 마음으로 떠났다. 베드로 전서 5장 7절에 있는 "너희 염려를 다 주께 맡겨라" 하는 말씀이 떠올랐다.

한 시간 반 만에 동경 비행장에 도착했다. 우리를 배웅했던 식구들은 아직 집에 도착하기 전이리라. 비행장 안에서 두 시간 기다리다가 더 큰 JAL 비행기를 타고 태평양 상공으로 날았다. 이 비행기는 점보 비행기로, 수용 인원수가 364명이나 우리가 탔을 때는 승객이 84명뿐이었다. 1928년 처음 미주로 건너갔을 때도 일본 기선을 탔는데 또 일본 비행기를 타니 마음이 언짢았다. 본래 어려서부터 반일적인 교육을 받았기 때문이다. 원래 미국 비행기를 타려고 했지만 비행기 표가 다 팔려서 일본 비행기를 탈 수밖에 없었다. 나는 '예수님은 원수를 사랑하라고 했는데' 하는 생각을 했다.

하네다 공항을 떠난 것은 오후 5시였다. 비행기 항행은 매우 순조로웠으나 엔진 소리가 요란했다. 저녁을 먹은 후 서부 활극 영화를 요란스럽게 해주었다.

잠깐 눈을 붙였다가 일어나, 21일 오전 8시에 샌프란시스코에 내렸다. 어제 오후 5시부터 이튿날 오전 8시까지면 태평양 횡단에 15시간이 걸린 셈인데, 시차를 따지면 실제 걸린 시간은 12시간밖에 안 되었다. 지난날 배로 14일 걸리던 거리를 비행기로 12시간 만에 온 것이다.

우리는 샌프란시스코에서 2, 3일 묵으면서 막내딸 은희네 식구들을 만나 보고 싶었다. 당시 은희의 남편 박영신은 버클리 대학에서 공부하고 있었다. 그러나 우리는 미국 영사관에서 경유 비자를 받지 못했다. 만일 문제가 생기면 샌프란시스코 감리교회의 송정률 목사에게 전화해서 도와달라고 할 생각이었다.

비행기에서 내리자마자 재빨리 이민관에게 가서 사정했더니 첫마디에 허락하면서, 우리 비행기 표는 2시간 후에 갈아타야 하는 것이니 빨리 항공사에 가서 이틀 후 표로 바꾸라고 한다. 그리고 친절하게 나를 JAL 사무실까지 데려다주고, 항공사 직원에게 표를 바꾸어 주라고 부탁까지 해주었다. JAL 직원도 서둘러서 표를 바꾸어 주었다. 짐을 찾아 세관에 갔더니 세관원도 곧 우리를 통관시켜 주었다. 내가 목사 칼라를 한 것이 도움이 된 것 같다.

세관문 밖에 나갔더니 은희가 페기(Peggy)라는 친구의 차로 마중 나와 2시간 동안이나 기다리고 있었다. 참 반가이 만났다. 우리는 알바니에 있는 은희네 집으로 갔다. 사위 영신은 건강해 보였고, 아기 한얼이도 잘 자란 모습이 좋아 보였다. 그런데 은희만이 좀 파리해 보였다. 생활고 때문인지도 몰라서 안타깝기만 했다.

이튿날 아침을 먹고, 우리는 은희네 식구와 같이 독일제 폭스바겐을 타고 버클리에 있는 캘리포니아 대학을 구경했다. 이 대학은 연조가 짧아서 널리 알려지진 않았으나, 이공계는 미국에서 유명하다고 한다. 노벨 수상자가 수학과에만 5명, 전교에서 7명이나 나왔다는 것이다. 원자탄도 이 대학에서 처음 제조했다고 한다. 사위는 박사 과정을 다 마치고 이제 논문만 쓰면 된다고 한다. 한국 기독교에 대해 쓰려 한다고 하므로 협조해 주기로 했다.

우리를 태운 차는 그 유명한 금문교(Golden Gate Bridge)를 향해서 달렸다. 2층으로 된 이 다리는 길이가 1.7마일이라 한다.

이정근 목사 댁에 들렀다가 집에 돌아와 저녁을 먹고, 기도회 후 이야기를 나누다가 잠자리에 들었다.

23일 10시에 다시 페기의 차로 비행장에 나왔다. 아메리칸 에어라인의 비행기를 탔는데, 180명을 태울 수 있는 중간 크기 비행기로 비행은 평안했다. 12시 정각에 이륙해서 2시간 만에 시카고 오하라 비행장에 도착했다.

거기서 토론토로 가는 비행기로 바꾸어 타는데, 바꾸어 탈 사람이 우리 둘과 한 일본 여인뿐이었다. 우리가 손에 든 짐이란 하나뿐인데 이 일본 여인은 어린이 둘에 작은 짐이 여섯 개나 되었다. 게다가 영어도 알지 못했다. "원수도 사랑하라"는 말을 생각하며 우리는 그녀의 짐을 하나씩 들어 주었다. 우리 권사(아내 김신묵—편집자)는 큰 아이 손도 잡아 주었다.

이륙한 뒤 한 시간 만에 토론토 공항에 도착했다. 짐을 찾아 세관을 통과하고 이민국에서 수속을 마치니, 세관원 한 사람이 밖에 나가서 영환이를 데리고 들어왔다. 짐을 가지고 대합실로 나가자 전동림, 전우림, 이상철 목사와 청년 몇 사람이 나와 있어서 반갑게 만났다. 1년 넘게 수속하며 애쓴 결실이라고 느낄 때 기쁨은 한량없었다.

토론토 한인연합교회

영환이는 우리 둘의 거처를 마련하느라 퍽 수고한 듯했다. 침실이 두 개 있는 아파트를 얻느라 월 40달러씩 더 쓰고, 침대와 경대를 새로 구입하는 데 400달러를 들였다고 한다.

아들이 부모의 신방을 멋있게 차려 주었으나, 밤과 낮이 갑자기 바뀌는 통에 우리는 밤에 잠이 잘 오지 않고 낮에는 정신이 나지 않았다. 특히 한국에서도 밤에 잘 자지 못하던 나이 많은 신부는 밤낮 자지도 못하고 깨지도 않아서 머리가 아프다고 야단이었다.

이틀 후인 12월 25일 오전 11시 우리는 한인연합교회에 가서 성탄 예배를 드렸다. 간도에서 살던 사람들이 무척 많아, 마치 고향의 교회에서 예배를 보는 느낌이었다.

이곳의 이상철 목사는 용정 은진중학교를 다닐 때, 우리 중앙교회에서 경영하는 야학교의 선생으로 여러 해 가르쳤다. 내 아내도 그에게서 일어를 배운 일이 있었다. 그는 그 후 한국신학대학을 졸업하고 캐나다에 유학했고, 1965년에 밴쿠버 근교 그티브스턴 연합교회(백인과 일본인 혼성 교회)의 초청으로 이민을 와서 목회하다가 토론토 한인연합교회에 부임했다.

그의 부인 김신자는 김재준 목사의 둘째딸인데, 명신여학교와 한국신학대학 시절 우리 큰딸 선희와 동급생이어서 쌍둥이처럼 가까웠다. 김 목사의 셋째딸 김혜원도 여기서 공부하고 있었고 남편은 상업을 했다.

전택균 장로는 용정 중앙교회 교인이었다. 6년 전에 와서 사업을 벌여 착실하게 자리를 잡고, 연합교회 시무 장로로, 또 이곳 한인회 회장으로 많은 활약을 하고 있었다. 그의 부인 엄경자는 용정 중앙교회 엄경직 집사의 처제로, 전택균 장로와 결혼할 때 내가 주례를 섰다. 그들의 장녀 전은주와 사위 윤호영은 상업에 충실하고, 아들은 대학에서 공부하고 있었다.

전우림 장로는 고 전택은 장로의 사촌 전택조의 아들로, 용정에서 공부하고 북만주에 들어가서 사진업과 정미업을 했다. 용정 중앙교회 학생이기도 했고, 익환이의 은진중학교 한 해 선배다.

이성돈 장로는 은진중학교의 교감이었던 이태준 목사의 아들이다. 자동차 수리를 생업으로 삼고 있었다. 그의 아내 윤정옥은 명동 동거우에서 우리 바로 앞집에 살던 윤상은의 딸이라 너무나 잘 안다. 그 집 두 아들도 다 가정을 이루고 잘 살고 있었다.

전충림 장로는 전택후 목사의 아들로, 이성돈과 함께 토론토 한인연합교회 설립을 이끌었다. 부인 전순영은 우리 딸 선희와 명신학교 시절 친구였다.

정대위 박사의 딸 정성옥도 있었다. 서울에서 강태룡 군과 결혼해 캐나다에 와서 잘 살고 있었다.

이 토론토 한인연합교회가 세워진 때는 1967년 4월이다. 캐나다 전체에서 몬트리올(1965년 1월)과 밴쿠버(1966년 3월)에 이어 세 번째로 세워진 한인 교회다. 이 교회는 개방적이고 사회 참여적인 캐나다 연합교회의 신앙 노선을 따라 설립 초기 몇 년간은 새로 정착하는 한인들과 한인 사회를 돕는 데 앞장섰고, 1970년대부터는 고국의 민주화와 인권 운동에 적극적으로 참여하게 된다.

원래 캐나다 이민이 시작된 것은 1966년부터다. 이해에 캐나다가 인종과 문화와 종교를 초월한 개방적 이민 정책을 발표하면서 캐나다와 국교를 맺은 모든 나라에 이민의 문이 열린 것이다. 내 셋째아들 영환이는 그 다음 해 토론토로 이민을 왔다.

1967년 3월이 되자 한국인 이민자의 수는 150여 명으로 늘어났다. 이 중에는 한국에서 온 사람도 많았지만 유럽과 미국에서 올라온 이들도 있었다. 그들 중에 기독교인들이 모여 교회 설립을 추진했다. 그런데 어느 교파의 교회를 세울 것이냐 하는 문제를 놓고 초교파 그룹과 장로교파 그룹으로 나뉘었다. 초교파 그룹은 캐나다 연합교단 본부에서 활동하던 원로 선교사들과 회합하여 4월에 교회를 세웠다. 그것이 토론토 한인연합교회다. 이 교회는 캐나다 연합교회 노회에 가입했고, 교단에서는 한국 선교사였던 버비지(W. A. Burbidge) 목사를 초대 목사로 파견했다. (장로교파 그룹은 그해 9월에 토론토 한인장로교회를 따로 설립한다.)

교회 설립 이듬해인 1968년에는 한국신학대학 교수와 건국대학교 총장을 지낸 정대위 박사가 토론토를 방문했다가 칼튼대학 동양학부 교수로 부임할 때까지 임시 목사로 재임(1968년 7월~1969년 6월)한다.

토론토 한인연합교회 앞에서. 맨 왼쪽에 큰딸 선희가 있다. 1970년대 중반.

그리고 1969년 8월에 교단 선교부와 정대위 박사가 교섭하여 밴쿠버에서 목회하던 이상철 목사가 제3대 목사로 부임하게 되었던 것이다.

나는 이상철 목사가 목회하는 연합교회를 중심으로 교회 생활을 했지만, 될 수 있는 대로 여러 교회에 참석했다. 한인 교회들의 형편을 알고 싶어서였다. 한국에 나와서 일하신 선교사들과 그들의 후손들도 만나 보았다.

토론토 지역에는 해방 전 캐나다 선교부의 선교 구역이었던 함경도와 북간도 용정에서 선교 활동을 한 선교사들이 적잖게 생존해 있었다. 그들은 귀국한 지 오래되었지만, 한국을 제2의 고향으로 생각하면서 새로 이민 온 한인들의 정착을 돕는 데 기꺼이 봉사했다. 사실 토론토에 북간도 출신 교인들이 많이 온 것도 캐나다 선교부 지역 교인이었기 때문이기도 하다. 나는 은진중학교의 마지막 교장이었던 브루스(Bruce) 씨, 그리고 마구례 목사의 장남과 장녀를 만나 보았다.

모교인 임마누엘 신학교도 찾아갔다. 성탄절 방학 중이라 사람은 만나지 못하고 교내를 돌아보니 감회가 새로웠다. 내가 있었을 때 건축된 임마누엘 정문 앞에서 사진을 찍었다. 내가 2년간 머물렀던 게이트 하우스와 주 의사당 앞에서도 사진을 찍었다. 나이아가라 폭포도 구경했다.

나와 아주 가까운 친구였던 존 왓슨 목사를 만나서 옛정을 나눈 것은 잊을 수 없다. 그날은 눈이 많이 온 날이었는데 왓슨의 부인과 자녀도 어

문재린의 모교인 임마누엘 신학교 정문 앞에서 부인과 함께. 1971년 12월.

울려 밤늦게까지 담화를 나누었다. 나의 평신도 운동을 오랫동안 도와주었던 케네스 피셔 씨를 만난 것도 인상 깊었다. 나는 많은 한국인 친지들의 집에 초청을 받아 오가기도 하고, 캐나다인들의 교회를 포함한 여러 교회에 가서 설교와 간증을 하기도 했다.

캐나다 순회

아브람이 하란을 떠난 때는 75세였다. 나도 75세에 한국을 떠나서 캐나다에 오게 된 것은 우연이라기보다는 토기장이 그분의 어떤 뜻이 아닐까, 무엇을 하라고 나를 이리로 보내신 것이라면 그것이 무엇일까 기도하던 중에 이상철 목사를 비롯한 여러 친우들이 나더러 캐나다 중서부 지역을 순회해 보면 어떻겠느냐는 제안을 해 왔다. 이 지역에 있는 한국 교포들의 형편을 살펴서 격려하고, 할 수 있으면 교회도 형성해 주면 좋겠다는 것이다. 이것은 내가 노년에 원하던 일이었기에 응하기로 했다.

캐나다에 흩어져 있는 한국인들의 수는 확실하지는 않지만 대체로 1만 명으로 추정되었다. 그러나 그들은 목자 없는 양떼와 같았다. 캐나다의 관청들은 극소수 민족인 한국인에게 아무런 관심이 없었고, 한국 대사관도 대외 무역 말고 교포들 자체에 대해서는 신경을 쓰지 않았다. 토론토, 몬트리올, 위니펙, 에드먼턴, 밴쿠버에는 한인 교회가 있지만 힘이 별로 없었다. 한인회는 17곳에 있었으나 한두 번씩 모이는 정도였다. 이들을 지도함에 교회 설립이 중요한 일이었다.

아울러 캐나다 교회에 한국인과 한국 교회를 알리고 한인 교회 운동을 돕는 것이 좋은 새 캐나다인을 만드는 일임을 역설하는 것, 세계적으로 유명한 캐나다 평신도 운동을 견학하는 것, 한국에 선교사로 가서 수고한 분들을 찾아보는 것도 중서부 지역을 도는 여행의 명분이 되었다. 그리고 캐나다라는 나라가 어떻게 살고 있는지 살펴려는 생각도 있었다. 여행 경비 585달러는 이상철 목사가 연합교회 동부 시찰 등에 교섭해서 마련해 주었다.

나는 1972년 9월 20일 오전 11시 25분 에어 캐나다 비행기로 서북쪽을 향해 날아가, 4시간 반 만에 에드먼턴에 도착했다. 아침에 토론토를 떠날 때는 날씨가 좋고 더웠는데, 내려 보니 눈이 지면을 하얗게 덮고 북풍에 눈보라가 몰아쳐 만주의 추위를 연상케 했다. 버스로 시내로 들어가, 택시를 타고 김형도 목사 댁을 찾았다. 옛 시인은 천 리 타향에서 고향 사람을 만나는 것(千里他鄕逢故人)은 세 가지 즐거움의 하나라 했거늘 서울에서 5만 리 떨어진 곳에서 그를 만나니 반가움이 이루 말할 수 없었다.

우리는 밤이 깊도록 이야기를 나누었다. 김 목사는 몇 달 전에 회갑을 지났다. 다른 이 같으면 가만히 앉아서 자손들의 효도를 받을 나이다. 그러나 그는 아들들이 취직해서 남 못지않게 돈을 버는데도 예배당 두 곳의 청소부 노릇을 하면서 한인 교회를 설립하고, 무보수로 충성되게 목회를 하고 있는 것이 아닌가. 그는 한국에서 육군 군목실장으로도 있었고 큰 교회의 담임 목사로 시무하기도 했다. 그러나 체면이나 남의 눈길 같은 것은 아랑곳없이 교회 섬김에만 전념했다.

이튿날 아침을 먹고 버스로 로이드민스터에 갔더니, 케네스 피셔 씨가 마중을 나왔다. 그의 집에서 점심을 먹고 그의 백화점을 구경했다. 시내에서 가장 큰 상점이었다. 그는 사업에 바쁜데도 교회 활동과 평신도 활동을 열심히 한다.

하루 쉬고, 23일 그레이스(Grace) 교회의 브라운(Brown) 목사 부부와 교회의 중진들을 만났다. 밤 12시까지 한국 이야기와 신앙 경험담을 나누었는데, 손님 중 의사인 햄스톡(Hamstock) 씨는 이런 이야기를 듣기는 난생처음이라고 했다. 분위기가 이렇게 되니 나 자신에게도 다소 충격이 와서 아찔했다. 그래서 햄스톡 씨의 진찰실로 갔는데, 진료 결과 괜찮다고 해서 안심했다. 내가 70대 후반인데 혈압이 다소 높고 심장 근육이 좀 약해서 의사의 처방으로 약을 먹는 형편이니 주의하지 않을 수 없다. 의사에게서 약을 더 얻었다.

24일 주일에 그레이스 교회의 예배에 참석했다. 그리고 아이들 약 50명과 어른 100여 명을 앞에 두고 설교 대신에 한국 교회 이야기를 40분쯤 했다. 조그마한 도시인지라 한국인 이야기를 듣는 것은 처음이어서 모두 주의 깊게 들어주니 나도 신이 났다.

그날 오후에는 케네스 피셔 부부와 함께 저녁 집회 준비를 했다. 한국 물건과 사진 등을 전시해 놓고, 한국을 소개하는 슬라이드를 보여 주려고 환등기도 준비했다. 처음에는 사람이 없어서 케네스 부부가 당황했으나 나를 환영하는 음악 순서가 끝나고 등단해 보니 강당이 가득 차 있었다. 300명가량 될 것이라고 했다.

간단히 인사말을 하고 환등을 보여 준 다음, 내가 해방 전후 세 번 죽을 고비를 넘긴 이야기를 정리한 〈세 무덤(I Left Three Graves Behind)〉을 케네스 피셔의 부인 실비아가 약 25분 낭독했다. 그러고는 나의 축도로 폐회했다.

며칠 동안 근방을 돌며 교회 관계자들과 한인들을 만난 뒤, 29일 다시 에드먼턴으로 왔다.

10월 1일 주일에 센트럴 연합교회(Central United Church of Canada)에서 세계 성찬식 날로 지냈다. 그 교회의 캔틀런(Cantelon) 목사와 김형도 목사가 함께 성찬식을 이끌었다.

그날 오후 2시에 센트럴 연합교회에서 한인 교회가 모였다. 예배 시간에 '이상적 이민'이라는 제목으로 내가 설교를 했는데, 참례자가 약 40명뿐이나 분위기가 좋았다.

예배 후에 김 목사의 차로 약 90마일 남하해 육촌동생 형린의 집을 방문했다. 그곳은 인디언 보호 구역이다. 형린이는 국민회 경호원으로 옥고를 치렀던 문치룡의 장남이다. 서울대 수의학과를 나왔는데, 캐나다에 와서 교사 자격증을 따 인디언 학교 교원으로 3년째 일하고 있었다. 바로 학교 앞에 있는 사택에서 살고 있었다. 천주교에서 운영하는 이 에르미네스킨(Ermineskin) 학교의 학제는 9학년제, 학급 수는 34개, 교원 수는 43명, 학생은 8000명에 달한다.

4일 형린의 차로 캘거리에 있는 형린의 친구 양재설 씨 댁에 갔다. 그곳에서 한인회 간부들을 만나 한인 교회 설립의 필요성을 말하자 모두 찬성한다. 8일 주일까지 그 댁에서 유하면서 교회 설립에 관한 준비를 했다. 한인 총수가 80명이라 한다.

8일은 캐나다의 감사절이다. 오후 2시에 한인들이 성안드레 연합교회(St. Andrew's United Church)에 모여서 한인 교회를 발족했다. 나는 여기서도 '이상적 이민'이란 제목으로 설교를 했다. 성안드레 연합교회의 목사 부인은 바로 한국 선교사 에비슨의 손녀였다.

그 뒤 형린이네와 같이 로키 산맥에 있는 국립공원 밴프를 구경하고, 그곳에서 열린 앨버타주 평신도 대회에 참석했다.

이런 식으로 나는 9월 20일부터 11월 7일까지 밴프, 밴쿠버, 위니펙 등 모두 여섯 곳을 순회했다. 구체적으로 말하면, 캐나다 교회 일곱 군데에서 설교를 여섯 번 하면서 한국을 소개하는 슬라이드를 보여 주고, 네 번 좌담을 했다. 당시 중서부에 한인 교회는 네 개밖에 없었는데 그 네 군데에도 모두 가서 설교하고 다섯 번 좌담했다.

한국 교회에서 한 설교의 제목은 매번 '이상적 이민'이었다. 나는 캐나다에 온 한국 출신 사람들을 '한인'이라고 부르지만 사실은 '이주 캐나디안'이라는 점에 눈길을 돌렸다. 내가 이렇게 순회하는 목적도 한인들이 좋은 캐나디안 노릇을 하게 하려는 것임을 밝히고, 그렇게 되도록 저들을 잘 돌보는 것이 교회의 책임이라고 강조했다.

도중에 밴쿠버에 들렀을 때 이런 일도 있었다. 관광지인 클리블랜드 댐과 스탠리 파크를 구경하는데 웬 미국인이 와서 한국말로 말을 건넨다. 한국말이 매우 능하기에 찻집에서 이야기를 시작하니, 한국말뿐 아니라 일어, 중어에도 무불능통이었다. 알고 보니 익환이와 동경사령부에서도 같이 일하고 판문점 휴전회담 때도 일했고, 박 대통령이 워싱턴에 방문했을 때 통역도 했다 한다. 이제 일을 그만두었다 하나 비밀 정보원인 듯 느껴졌다.

나는 또 미국으로 잠시 내려가서 샌프란시스코와 미네소타의 미국인 교회 두 곳에서도 설교했다.

사실 샌프란시스코는 은희가 편지를 보내 둘째를 해산할 때가 되었고, 곧 동부로 이주하므로 와 달라 해서 간 것이었다. 10월 15일이 해산 예정일이라 해서 이미 순산했으리라고 생각했는데, 19일에 가니

뚱뚱보 그대로 공항에 마중 나온 게 아닌가? 은희는 23일에 둘째아들 한터를 낳았다.

27일 낮 12시경 은희가 퇴원하는 것을 보고 한터를 위하여 축수한 후, 샌프란시스코를 떠나 미네소타 주 미니애폴리스까지 1590마일 거리를 3시간 반 만에 날아갔다. 내 미국인 동생, 거든 스코빌 목사가 마중 나왔다. 그의 부인은 처음 만나는 것이고, 스코빌 목사도 에든버러에서 41년 전에 고별한 후 처음 만났으니 말할 수 없이 반가웠다. 미국인 동생 집에서 일주일간을 내 집처럼 지냈다.

스코빌 목사의 집에 지낼 적에 그 동네에서 할로윈을 맞았다. 할로윈의 유래는 알 수 없으나, 어린이들이 가면을 쓰고 여러 집을 다니며 "Trick or treat" 하고 외치면 집주인은 과자나 사탕을 준비했다가 주어 보낸다. 저녁 식사 후에 어린이들은 부모와 같이 학교에 모이고 소년소녀들은 교회에 모여서 노는 것을 보았다.

내가 여로에 오를 때 아내는 나이를 잊지 말라고 당부한 바 있었다. 의사도 조금이라도 이상이 있거든 진단을 받으라고 했다. 도중에 과로한 날도 있었지만, 아무 어려움 없이 순회를 마치고 귀가한 것은 하느님의 동행하심 덕분이라 믿는다.

이번 순회 여행으로 일석사조의 성과를 거두었다고 생각한다.

첫째, 이곳 사람들에게 한국에 관한 올바른 인식을 심어 준 것이다. 그리고 이민 온 한인은 타국민이 아니고 새 캐나다인(New Canadian)임을 기억하라 했더니, 에드먼턴에 모였던 앨버타 평신도 대회 실행위원들이 새로운 인식을 얻었다고 말했고, 위니펙의 가정 예배(Home Mission) 부원도 같은 감상을 말했다.

둘째, 겨레들에게 이상적 이민 생활에 대해 알리려 했는데, 많은 이들이 매우 인상 깊게 듣고는 토의할 뿐 아니라, 캘거리에서는 새로 교회를 설립하기도 했다.

셋째, 밴프의 평신도 대회에도 참석했고, 간 곳마다 교회 내 평신도 활동을 구경했다.

넷째, 옛 친구도 다시 만나고 새 친구도 많이 만나서 퍽 보람 있었다.

이듬해인 1973년에는 동부 지역을 돌아보았다. 이 지역은 한국인 이민이 적어서 순방할 곳이 그리 많지 않았지만, 달리 생각하면 그만큼 소수이기에 당하고 있는 그들의 어려운 처지를 살펴볼 필요도 있었다. 마침 은진중학교 교장이던 브루스 씨와 명신여학교 교장이던 반부련(Francis Bonwick) 씨가 알선하여 캐나다 연합교회에서 노자를 400 달러 마련해 주었다. 그래서 나는 9월 7일부터 26일까지 몬트리올, 퀘벡, 핼리팩스 등을 돌며 1년 전 중서부를 순회할 때와 같은 종류의 활동을 했다.

동부를 순회하면서 깊은 인상을 받은 것은 핼리팩스에 갔을 때였다. 원래 이곳은 캐나다 장로교회의 중심지였다. 1899년에 첫 선교사로 한국 땅을 밟았던 부두일(Foote) 목사와 구례선(Grierson), 마구례(McRae) 목사는 모두 이곳에 있던 파인힐 신학교(Pine Hill College) 출신이다. 그런데 연합교회가 조직되고 그것이 토론토를 중심으로 활동하게 된 뒤로 핼리팩스는 좀 침체되었다. 그러나 놀랍게도 이곳에서 천주교와 성공회(Anglican Church)와 연합교회가 신학교를 하나로 통합해 운영하고 있다.

통합 신학교인 대서양신학교(Atlantic School of Theology)는 1970년에 만들어졌다고 한다. 정규 학생이 70명, 비정규 학생이 50명이라니 꽤 큰 학교인데 정규 학생 중에 가톨릭 학생이 5명, 성공회 학생이 20명, 연합교회 학생은 45명이나 된다고 했다. 교장은 가톨릭 신부가 맡고 있었다. 교수는 천주교 3명, 성공회 3명, 연합교회 5명이었고 강사 6명이 있었다. 건물은 연합교회의 것을 사용하는데 세 교파의 교역자 강습회도 합쳐서 한다고 했다. 천주교와 성공회는 특수한 교파인 만큼 교역자를 양성하는 중요한 기관을 이렇게 통합한다는 것은 다른 곳에서는 볼 수 없었던 일이다.

캐나다 사람들이 교회 일치 운동(ecumenical movement)에서는 어디보다도 앞서 있는 것 같았다. 연합교회와 성공회의 통합만 해도 그렇다. 둘 사이의 통합은 거의 다 되어 가다가 성공회 주교회의에서 부결되었다. 그러나 지교회 목사나 간부들은 여전히 통합을 원하고, 연합교회는 언제든지 문을 열어 두고 있으니 통합은 시간문제일 뿐이었다. 이것을 보면 머지않은 장래에 이곳 교파들은 그냥 캐나다 교회(Church of Canada)라는 이름으로 하나가 될 수 있지 않을까 여겨졌다.

내 욕심 같아서는 계속 이렇게 캐나다 곳곳을 돌아다니고 싶었다. 지방의 노회에 가서 연락도 하면서 이렇게 살면 좋겠다는 생각이었다. 그러나 인생에서 원하는 대로 되는 일은 적은 법 아닌가. 내가 예상도 못한 박사 학위를 받고 또 노인회 일을 맡게 되고 하면서 캐나다 순회 사업은 그만 손을 떼게 되었다.

명예 박사학위를 받다

1973년 2월 5일, 우편함에서 빅토리아 대학교 이사회가 보낸 편지한 장을 발견했다. 열어 보았더니, 그 학교 이사회가 내게 명예 신학박사 학위를 주기로 결정했으니까 받기를 원하면 일주일 안으로 회신하라는 것이다. 편지를 보낸 날이 2월 2일이었으므로 9일까지 답을 주어야 했다.

혼자서 곰곰이 생각했다. 그 결과 받지 않는 것이 현명하다고 판단했다. 그 까닭은 두 가지다. 첫째로 모교에서는 42년 전에 졸업한 목사로 꾸준히 목회한 외국인이니 명예 학위를 줄 만하다고 생각했던 모양이나, 나로서는 신학에 특별한 연구도 없고 사업으로도 사람들 앞에 내놓을 것이 없으니 받지 않음이 옳다. 둘째로 내가 젊기만 하다면 이 명예를 가지고 앞으로 일하는 데 얼마쯤 도움이 될 터이나, 내 나이 지금 여든을 향하고 있으므로 굳이 학위를 받아야 할 까닭이 없다.

이상철 목사는 만주 시절부터 나를 도와주던 사람이고 익환, 동환의 친구여서 대소사를 의논하는 처지라 의견을 물었다. 그는 모교가 특혜로 생각하는 바이니 받아야 한다는 것이었다.

하지만 그의 권면도 귀에 들어오지 않았다. 어떻게 해야 하나 고민 속에 기도하다가 문득 '내가 학위를 받으려고 운동한 것도 아니고, 심지어 학위 받는 것을 부끄럽게 생각하기까지 하는데 이렇게 되다니, 이것은 하느님의 섭리 아닌가?' 하는 생각이 솟았다. 신학박사 학위가 나 자신에게는 무거운 짐이고 부끄러움의 극치이지만 하느님의 섭리라면 그가 하시는 일에 불복종할 수 없다고 느껴졌다.

그래서 9일 오후에 빅토리아 대학교의 서무과장인 맥도널드 교수 (한국 선교사로 30년 선교한 매도날 목사의 아들)를 만나 말했다.

"나는 이런 영예로운 학위를 받기에 부적합하지만 하느님의 섭리로 느끼고 울며 겨자 먹기 식으로 받기로 했습니다."

명예 박사학위를 받는 장면.

그랬더니 그들이 도리어 기뻐했다. 그도 그럴 것이 내가 이사회의 결정에 불응했더라면 그들 입장도 딱하게 되었을 것이기 때문이다.

학위 수여식은 5월 2일에 있었다. 그 전날 오후 6시 반에 '한국에 갔던 선교사회(Korea Missionary Fellowship)'가 베풀어 준 축하연에 참석했다. 30여 명 모인 이 자리에서 나는 답사로 축하 모임을 열어 준 것과 1928년 캐나다 유학을 보내 준 것, 그 동안 여러 가지로 도와 준 것에 감사드리고, 앞으로 남은 생을 선한 사마리아인 운동에 바치겠다고 했다. 우리 모두가 원하는 이 일이 잘될 수 있게 기도와 성원을 부탁했다.

5월 2일 낮에 빅토리아 대학교 총장의 초대연이 열렸고, 학위 수여식은 오후 8시에 했다. 신학박사 학위를 받는 두 명 중에는 한국신학대학 출신인 박하규 군이 있었고, 나는 명예 신학박사 학위를 받는 네 명 중 한 명이었다. 식을 마친 뒤에 임마누엘 신학교에서 리셉션이 있었는데 많은 동창과 친우가 와서 축하해 주었다.

그날 《토론토 스타》지의 '가족'란에 우리 식구 다섯 명의 사진과 함께 내가 세 번에 걸쳐 감옥 생활을 한 사연이 자세히 실렸다. 용정 명신여학교 교장이던 반부련이 주선한 결과였다. 이 신문은 매일 50만 부씩 찍어 북미 전체에 보급되는, 토론토 제일의 일간지다. 내가 신문에 나서가 아니라 한국인이 토론토 대학에서 명예 박사학위를 받았다는 사실이 널리 알려졌다는 데 흐뭇함을 느꼈다.

학위를 받은 다음 날 아침 오전 6시 반에 나는 공원에 나가서 기도했다.

"이 뜻밖의 영예는 나에게 맞지 않으나 하느님의 뜻이 있으리라 믿어서 순종했사오니 그 뜻이 무엇인지 알려 주시고 실천할 힘을 주소

"Two soldiers kicked her down from the truck while they held me under their guns. That was the picture of her that I carried in my heart as they drove me away to a Russian army prison at Yenki, in Manchuria."

The months that followed were filled with black depression, broken by the second of his prophetic dreams:

Giant tombstones

"I found myself on the grounds of our mission school. To my great distress I saw three newly made graves with giant tombstones.

"'Who dug those graves without my permission,' I demanded of a student passing by. The student calmly replied —'Rev. Moon, they are your graves.'

"As I passed by the mounds of fresh dirt, I could see a great highway extending into the far distance and when I stepped on the highway I came awake.

"Was this God's confirmation of the other dream? I was convinced of it. This would mean, I reasoned, that there were three critical incidents for me to pass through, bringing me close to death, after which I would be placed before a wider opportunity of service."

Some prisoners were released and others were sent to Moscow. Moon, finding himself on neither list, moved towards acceptance of his fate.

"I believed I was going to be executed," he said. "When I realized there was no future for me I bent my knees in prayer, entrusting what was left of my life to God.

"One day a guard asked me to come out. I picked up my bundle and started to go, but he told me to leave my bundle behind. This was it, I was convinced. Why bother with a bundle if I was going to be executed."

Instead of facing a firing squad, he was presented to the prison commander who shook his hand and apologized for the long detention.

"He asked me to help the local Communist leaders and I told him I would not oppose them providing there was freedom of worship. He agreed and let me go. I still do not know why."

The scene that greeted him on his homecoming in April, 1946, could hardly have been more disturbing.

Shinmuk, pale and wasted, was being treated by a doctor. The irregularity of her heart beats suggested she might not recover consciousness.

"I held her hand t[...] name," Moon recall[...] eyes and looked at [...] her eyes and her li[...] to talk,' I told her [...] right.'"

Health improved

Shinmuk's health improved quickly, but her husband found he was not to be allowed to teach or preach. His solution was to disguise himself as a farmer and escape to South Korea where he was joined later by his family.

His preaching continued until 1961, when he retired from the active ministry, after 40 years' service, to work for the laity movement of the Presbyterian church in South Korea.

Three of his children are in the full-time ministry of the church in the Korean Republic and his youngest son, Young Moon, is now working as a mechanic in Toronto, having emigrated to Canada six years ago.

Young Moon and his wife Ruth, a nurse at Toronto East General Hospital, invited Chairin and Shinmuk to join them here at the end of 1971.

"When I came to Canada I felt God would have some plans for me to carry out his work here," said Chairin Moon. "The immigrants who came here from Korea seemed to be like sheep without [...]

《토론토 스타》지에 난 기사.

FAMILY SECTION

Y, MAY 2, 1973 * REACH FOR A STAR, MOST PEOPLE DO

camp death three times

By BOB PENNINGTON
Star staff writer

THREE graves have been dug for the Rev. Chairin Moon in his 76 years; three graves, he says, that mark his persecution.

Today this Korean Christian returned to Toronto's Victoria University is to be awarded an honorary doctorate in divinity, rolling back the years to 1921 when he graduated as a bachelor of divinity at the same seat of learning.

The Christian faith for Chairin Moon has never been questioned since his conversion at the age of 12 by the Canadian Presbyterian Mission.

Those strident voices of today "proclaiming God is dead" bewilder him. How can be confound such heretics with the truth of what he has been preaching for well over 40 years?

"I wonder what scientific formula, what argument in logic they would accept?" he said. "As well to ask why a [...]

[A]tomic bombs

[...] probably his freedom [...] the atomic bombing of Aug. 6], Nagasaki (Aug. 9) [...]ddenth surrender of Japan [...] three days after his

[...]ack to my work among my [...]ans in Manchuria," he said. [...] the straight highway prem[...]ean.

[...] country was occupied by [...] of war; Russia, in North

Her fears were quickly justified. Moon was seized and taken to a prison in Songjin, North Korea. Shinmuk, obeying his orders, hid with her three youngest children.

"When we arrived in Songjin," he said, "the prison commander showed me a list of those who were to be put to death if the war went against the Japanese. My name was on it.

"There were two prisoners to a cell. The one I shared was just a small hole dug underneath the prison yard.

"It was only about four feet square and I wondered if Shinmuk also felt buried alive like this down in our cellar hole at home."

It was here in the total darkness of this heel-hole that Moon dreamt the first of two prophetic dreams.

"I was in a car crash, but crawled out unhurt to find the road ahead covered with huge rocks and tree trunks. Then a huge man appeared, lifted the car and set me down on a straight [...]. The car was undamaged.

[...]words I said to my fellow [...] to be freed.'

[...] all but begun to despair, [...] weeks of continued in-

[...] wonder how long it would [...] fulfill his dream. Could I be [...]'s meaning?

[...] in the tralee-like state of [...]fulness and sleep, I heard [...]nce.

[...] understand Japanese, but [...]new the voice was saying [...] August.' True to its prom[...]reasons I do not know, I [...] on Aug. 11 and made my

False charge

"After three weeks of freedom I was dragged out of my house by some Russian soldiers and put on a truck. Later I learned the North Korean Communists were so bitter they had sent the Russian military police a false charge against me.

"Shinmuk dashed to the truck and tried to climb aboard. 'This time I am not going to let him go alone,' she shouted. 'If you want to kill him, kill me too.'

[...] Korea, and the United States in the south.

"Some of the North Koreans where we lived had been trained in communism by the Russians.

Arrested as a spy

"In October, two months after I had been released by the Japanese, these North Koreans arrested me. It had been decided that I was a South Korean spy.

"Again I was imprisoned and again I was on the death list, joined by two Japanese generals, many of whose officers were executed.

"Poor Shinmuk was told my body was among those lying in the prison yard. It was Christmas Eve when she made this terrible search, examining every corpse. Slowly her hope revived. I was not among the dead."

Shinmuk lobbied ceaselessly for her husband's release, finding most success with a new group of dedicated Communists who had been thoroughly trained under the Chinese.

Several of these had been Chairin Moon's students before the war and they, in turn, took up the campaign on his behalf.

Communism was gaining a poor reputation, they said, and one way to increase its popularity was to free local leaders.

Three months after his second arrest, Moon was again released to join his family.

"I thought this was the end of the prison business," he said. "What I did not know was that the interference of the Chinese-trained Communists had angered the local North Korean Communists.

Shinmuk and Chairin Moon are seen with daughter-in-law Ruth, son Young and granddaughter Deborah

서. 캐나다의 한인 교포 사회에서 선한 사마리아인 노릇을 하다가 고국에 나가서도 선한 사마리아인으로 죽을 수 있게 하소서.

한국 안의 기독교가 속히 하나 되어서, 천당 가는 것에만 골똘하지 말고 사회에서 빛과 소금 노릇을 하게 하옵소서. 이것이 아버지의 뜻이니이다.

8·15 해방, 그리고 6·25를 극복시켜 주심을 보아도 하느님은 한민족을 사랑하심을 알 수 있습니다. 하지만 2차 세계대전 패전국 독일, 일본은 강대국이 되고, 이스라엘은 신흥국으로 뽐내는데 한국은 왜 이렇게 어렵습니까? 불행하게도 이승만, 박정희 두 정권은 백성은 염두에 없고 자기 정권을 지키는 데만 관심을 쏟습니다. 백성을 위하는 정권, 민권을 신장하는 정권을 주셔서 한민족도 잘 살면서 하느님을 받드는 민족이 되게 하여 주소서.

제 자녀들이 다 하느님의 종으로 일하고 있거나 종이 되려 하오니 모두가 순종하는 아브라함의 자손이 되도록 하여 주소서."

토론토 한국노인회

토론토에 와 보니 한인 노인들은 말도 문화도 다른 이국땅에서 퍽 외롭게 지내고 있었다. 그런데 그들을 위한 아무런 시설이나 프로그램이 없었다. 나는 저들 서로 간에 친교를 맺게 하고, 영어와 캐나다 문화 및 제도에 대해서도 깨우쳐 주며, 구체적인 삶의 문제도 상담해 주는 노인회가 있어야 한다는 것을 절감했다.

1973년 2월 18일, 이상철 목사의 권유에 따라 토론토 연합교회 안에 노인회를 조직하고, 모임 이름을 '선한 사마리아인회' 라고 지었다. 내가 회장으로 선출되었는데, 연합교회 노인들의 목사로 취임하는 심정으로 수락했다. 협조위원으로 이석재, 김재용, 조용호, 김인순 등이 있었고 회원은 33인이었다.

'선한 사마리아인회' 라는 모임의 이름은 성서에서 딴 것이다. 성서에서 유대인이 사마리아 사람들을 인간 대접하지 않은 것처럼 우리 한인들이 캐나다에서 완전한 인간으로 취급받지 못한다는 데 생각이 미쳤다. 그러나 선한 사마리아인처럼만 되면 그보다 좋은 일이 없을 것이다.

선한 사마리아인은 경제적 지반이 완전한 자였고, 사람을 대할 때 관대하여 오랜 원한을 잊고 유대인을 이웃으로 대했으며, 희생적 봉사를 한 사람이다. 그래서 그는 제사장이 될 자격도 없고 레위인도 아니었지만 영생을 얻을 자의 본보기가 되었다. 나는 이곳에서 선한 사마리아인 운동을 펼쳐서 우리 한인 이민자들을 하느님 나라뿐 아니라 캐나다라는 나라의 좋은 시민으로 만들어야 한다고 느꼈다.

노인회를 위하여 관계 기관들을 다니면서 성사한 일은 크게 두 가지다. 먼저 한인 공동묘지를 마련한 것이다.

토론토에는 장지와 장례에 관계하는 노인들의 기관(Memorial Society)이 있었다. 이 기관의 서기인 엘더 여사를 만나 의논한 끝에 요크 공동묘지(York Cemetery)가 가장 알맞겠다는 조언을 받고 이상철 목사와 같이 가서 보니 과연 좋았다. 이곳에 토론토 한인을 위하여 묏자리를 500개 확보했다.

두 번째로 이룬 일은 노인회관 건립을 청원하여 허가받은 것이다.

1973년 10월 17일 나는 이상철 목사, 김창열 간사와 함께, 이런 일을 돕는 뉴호라이즌(New Horizon) 사무실에 가서 책임자 올먼(Allman)을 만났다. 그는 마침 연합교회 목사였다. 우리가 노인회를 하나 만들었는데 지원받을 길이 없느냐고 했더니, 그는 청원을 하라면서 친절히 신청서를 내주고 우리가 할 일을 지도해 주었다. 예산안 청원서를 준비하여 그달 30일에 제출하니 예산 총액이 거의 3만 달러에 달하는, 생각지 못한 거대한 사업이다. 올먼은 조금 삭감될지는 몰라도 잘될 것이라면서 오타와에서 소식이 오는 대로 알려 주마고 했다.

나는 기대에 가득 차서 노인회관을 지을 구상을 해보았다. 한인 교포 노인들에게 친교를 나눌 기회를 주거나 오락거리를 제공하는 것도 필요하지만, 더 중요한 것은 여생을 보람 있고 즐겁게 살 수 있도록 노인들을 훈련하는 일이라고 생각했다. 그리고 이것이 노인회관의 목표가 되어야 한다고 여겼다.

노인 훈련은 청소년 훈련과 달라 쉽지 않지만, 멀리 외국까지 나온 교포 노인들에게는 어느 정도 열의가 있기 때문에 희망적으로 보았다. 그들이 배울 것은 허다했다. 영어, 풍습, 기술, 새로운 신앙 태도 등 하나부터 열까지 모두 배울 것들이다. 연합교회 노인회가 노인회관을 통해 이런 훈련을 제공하고, 또 그들의 모든 문제를 상담 · 해결해 준다면 얼마나 좋을 것인가.

1974년 2월 7일 오타와에서 연락이 오기를, 여행비는 지원할 수 없으며, 다른 기관의 보조를 받지 않는다는 증명이 필요하다고 해서 여행비 항목을 빼고 올먼의 도움을 받아 다시 서류를 냈다. 그리고 나는 에드먼턴의 김형도 목사와 밴쿠버의 반병섭 목사에게도, 복합 문화 사업을 위해 관의 예산을 청원하는 일에 대해 편지로 알려 주었다.

3월 18일, 마침내 연방정부로부터 허락한다는 공문이 나왔다. 28일에는 예산에서 일부 삭감된 액수인 2만 5010달러어치 수표를 받았다. 인건비 반년치가 깎인 것이다. 이것은 1년 안에 노인회가 자립할 수 있도록 하고, 만일 그렇지 못하면 다른 통로로 지원받을 길을 알아보라는 뜻이었다.

우리는 아예 토론토 한국노인회를 창설하기로 했다. 이상철 목사야말로 인물로 보나 경력으로 보나 지반이 누구보다 튼튼하고, 또 캐나다인들에게도 인정을 받는 인물이다. 게다가 조국의 민주화를 위한 운동에도 앞장서기에 한인들 사이에 시기와 질투도 받았다. 이것을 이 목사 자신도 알기에, 우리는 이 모임을 한인 사회의 공기(公器)로 하기로 했다.

우리 계획은 사단법인으로 등록하고, 재정은 한인 사회에서 30%, 주 정부에서 50%, 시 정부에서 20% 후원하도록 하는 것이다. 한인들 사회에서 후원회를 조직하고 연 9000달러를 모금한다면 주 정부에서 1만 5000달러, 시 정부에서 6000달러를 받을 수 있을 것이다. 이렇게 되면 총 예산이 3만 달러는 된다. 이만하면 여러 가지 필요한 일들을 할 수 있을 것이라고 생각했다. 그래서 1974년 4월 초에 토론토 한인 노인회가 만들어졌다.

노인회는 토론토 시내 한인 교회의 신부, 목사, 한인회장, 그리고 한국 교회와 관계를 맺었던 선교사 세 명 곧 버비지 목사, 반부련 여사, 탤벗(Talbot) 목사를 자문위원으로 모셨다. 이사는 청원서에 이름을 넣었던 열 명과 시내에 있는 노인회에서 추천한 한 사람씩, 그리고 일반인 중에서 한 명 등 모두 15명으로 하기로 했다.

그래서 이사장은 김형근, 서기 및 회계는 문언기, 이사는 전승운 · 신오석 · 이석재 · 전택균 · 김재용 · 김창복 · 조열 · 장계수 · 김시몬(천주교노인회) · 함필용(신우회) · 김문양(염광회) · 임연수(일반인 대표)가 맡게 되었다. 또 프로그램 위원 직은 김창열 · 조성준 · 김명규 · 정동석 · 오기환에게 맡겨졌고, 실무진으로 사무장을 내가, 간사를 장정문 신부가 맡았다.

이런 과정을 거쳐서 노인회관인 '흰뫼의 집'이 마침내 개관식을 올린 것은 1974년 6월 21일의 일이다. 토론토 한인노인회가 발족한 뒤 이날에 이르기까지 80여 일은 짧다면 짧은 기간이지만 내게는 무척

노인의 백발, 또는 백두산을 상징하는 '흰뫼의 집' 앞에서 토론토 노인회 유좌석 간사와 함께. 1975년경.

긴 세월같이 느껴졌다. 개관식 준비하느라 분주했으나 하고 싶은 것의 절반도 되지 않아 마음이 초조했다. 노인회에서 나는 사무장이었으나 회관에서는 관장이기 때문이다.

회관 이름을 '흰뫼(白山)의 집'이라고 한 것은 첫째로 늙은이의 머리는 백발이 되기 때문이요, 둘째로 흰뫼는 백두산을 뜻하므로 조상 단군의 정신을 교포에게 남겨 주려는 뜻이었다.

이날 수십 명이 참석한 가운데 사무장인 내가 경과보고를 하고, 이사장 김형근 장로와 뉴호라이즌의 책임자 올먼이 테이프를 끊었다. 올먼은 축사도 했다. 그러고 나서 다과회를 했는데 한국식 약밥과 경단을 준비하고 인삼차를 대접하니 분위기가 아주 좋았다.

6월 22일 오후 6시 30분에 '흰뫼의 집' 개관 축하연을 했다. 연합교회 친교실에 한국 노인 140여 명이 모였다. 저녁 식사를 하고 사무장인 내가 개관사를 했다. '흰뫼의 집'은 친교의 장소, 새 사회에 적응하고

토론토 한국노인회에서 발행한 회보

노인회보 창간호

The Voice of Korean Senior Citizens (Vol.1)

토론토 한국 노인회 발행 1975년 1월

노인회보 제2호

The Voice of Korean Senior Citizens (Vol.3)

토론토 한국 노인회 발행 1975년 6월

노인회보 제3호

The Voice of Korean Senior Citizens (Vol.3)

토론토 한국노인회 발행 1975년 10월 31일

자 훈련하는 장소, 어려움을 나누는 상담소이니 많이 이용하기 바란다고 간곡히 당부했다. 문 여는 시간은 매주 화요일부터 토요일 오후 2시부터 6시까지고, 앞으로는 회원들의 기쁜 소식과 명사들의 좋은 글을 싣는 계간지를 연 4회 발간할 계획이라는 사실도 알렸다. 그런 다음 장정문 간사의 인도로 노래자랑이 진행되었다. 처음부터 끝까지 화기애애했다.

그 후 노인회의 행사들은 대성황이었다. 9월 21일 한인 장로교회당에서 제1회 수양회를 열었는데 약 130명이 참석했고, 10월 5일에는 단풍놀이에 135명이 참석했다. 1975년 2월 15일에는 민족의 명절인 설 잔치를 열었는데 120명 예정에 160명이 모였고, 70세 이상 12명이 장수상을 받았다.

이 밖에도 노인회는 이민국이나 병원 업무, 영세민들의 집세 처리 등과 관련하여 도움이 필요한 노인들에게 통역을 해주고 병든 노인들을 방문하는 등 바쁘게 움직였다.

그런데 어느 날 토론토 한인회가 반발하고 나섰다. 교포 노인 전체를 위한 사업이 어느 특정한 교회의 프로그램이 되어서는 안 된다는 것이다. 그러면서 이 사업을 한인 교포 전체를 대표하는 한인회가 집행해야 한다고 주장했다. 이것은 한 교회의 사업이 아니고 여러 교회 노인회 이사들이 모여서 하는 일이라고 설명해도 소용이 없었다. 게다가 자기네가 발행하는 신문을 이용해 악선전을 하면서 헐뜯기까지 했다.

하루는 뉴호라이즌의 책임자 제임스 밀먼이 사무실로 오라는 전화를 했다. 이상철 목사가 "우리 하는 일에 잘못이 있다고 생각한다면 조사관을 보내 조사하라. 잘못이 있으면 책임을 질 테지만, 이렇게 오라 가라 하는 것은 옳지 않다"고 했더니, 밀먼은 그게 아니라 앞으로 어떻게 하는 것이 좋을지 의논하자는 것이라 한다.

그래서 이 목사와 내가 사무실로 나갔더니 한인회 회장을 비롯해서 다섯 사람이 와 있었다. 한인회 회장은 토론토의 노인들을 상대로 하는 일이라면 마땅히 한인회가 맡아야 한다는 논리를 다시금 폈다. 그러자 이상철 목사가 한인회 회칙을 내보이면서 말했다.

"한인회는 한인들 사이의 친목 도모를 목적으로 한다고 돼 있지 사업을 하려는 단체는 아닙니다. 그리고 지금 한인회 회원은 120명에 불과한데 어떻게 1만여 명이 넘는 노인들을 위한 사업을 할 수 있다는 말입니까?"

밀면 책임관도 이런 사업은 교회보다 한인회가 하는 것이 옳다면서 한인회 편을 들었다. 그러나 문제의 핵심은 다른 데 있었다. 한인회 쪽의 생각은 결국 조국 민주화 운동을 하는 연합교회가 이 사업을 주동하는 것을 그대로 둘 수 없다는 것이었다. 그래서 싸움은 날로 비열하게 되어 갔다. 나중에 알았지만 당시 한인회 뒤에 박정희 정부의 정보기관이 개입했다고 한다.

결국 우리는 노인회를 그들에게 넘겨주기로 했다. 싸우려면 싸울 수도 있었으나 연합교회에 큰 피해가 올 수 있었다. 나이 먹은 내가 끼어들어 싸울 수도 없었다. 그래서 우리는 품었던 꿈을 접고 1975년 11월 7일 그들에게 노인회를 넘겨주었다. 나는 이렇게라도 노인회가 잘되어 토론토에 있는 노인들을 실질적으로 돕기를 바랐다. 그러나 그 후 노인회는 그냥 친목 단체에 머물고 말았다.

토론토 민주사회건설협의회

　내가 캐나다로 이민을 떠나오고 나서 1년 뒤 조국에는 이른바 유신 체제가 들어섰다. 박정희 대통령이 1972년 10월 17일 비상계엄령을 선포하고 국회를 해산한 뒤, 자신이 평생토록 독재를 할 수 있도록 헌법을 고쳐 버린 것이다. 민주주의를 비웃고 아예 부정하는 처사였다. 뜻있는 이들의 저항이 시작된 것은 당연한 일이었다. 비록 몸은 멀리 있지만 이러한 조국의 현실은 남의 일일 수가 없었다.

　1973년 11월 5일 함석헌, 김재준, 지학순, 장준하, 김지하 등 15명 이 YMCA에서 기자회견을 열고 민주주의 회복을 촉구하는 시국 선언을 발표했다는 소식이 들려왔다. 일주일 후인 11월 11일, 이날은 마침 세계대전에서 숨진 군인들을 위한 기념일이었는데 나는 교회에 가서 고국을 위해 기도하기 시작했다. 이날부터 40일간 아침저녁으로 하루 두 차례씩 기도를 올리고, 박 대통령에게 편지를 보내기로 했다.

　12월 13일에는 윤보선 전 대통령, 김수환 추기경, 백낙준, 이희승,

김관석 같은 원로 인사들이 시국 간담회를 열고 '민주주의 회복을 위한 건의서'를 발표했다. 나는 하느님이 역사하고 계심을 느끼면서 12월 20일에 40일 기도를 마치면 두 번째 40일 기도를 하기로 작정했다. 이렇게 기도하는 가운데 하느님이 대한민국도 살고 박 대통령도 살 수 있는 길을 마련해 주시리라 믿었기 때문이다.

1974년에 접어들어 1월 15일이었다. 이상철 목사와 점심을 같이 하는데, 이 목사가 나에게 한 가지 제안을 한다. 북미에서 한국 인권을 옹호하는 운동을 일으켜야 하겠는데, 내가 캐나다에서 어른으로서 그 운동의 대표를 맡아 주면 실질적인 일은 자신이 동지들과 함께 맡아서 추진하겠다는 것이다. 그는 그때 세계교회협의회(WCC)에서 일하던 박상증 목사, 일본의 오재식·이인하, 미국의 이승만·손명걸 등과 함께 한국의 민주화 운동을 지원하는 네트워크를 만들기로 뜻을 모은 상태였다. 그들은 지역에 이를 위한 조직을 만들기로 했고 캐나다에서는 이상철 목사를 중심으로 활동을 펼치기로 했던 것이다.

제안을 받은 나는 망설였다. 뜻은 좋으나 그때 막 노인회 일을 준비하던 참이라 여러 가지 일을 맡아 잘 감당할 수 있을지 걱정스러웠기 때문이다. 그러나 이 목사는 주저하지 말라고 강권했다.

그즈음 고국에서는 유신 헌법을 바로잡고자 개헌 청원 운동이 벌어지고 있었다. 토론토의 우리도 1월 16일 저녁에 예배당에서 성서 공부를 마친 다음 '개헌청원 지지 서명운동 발기인회'를 열었다. 여기서 우리는 성명서를 발표하고 서명 운동을 벌이는 한편, 고국의 구속자 가족을 위해 모금을 하기로 했다. 내가 모임의 위원장, 김소봉과 김해천이 부위원장이 되었다.

이 목사와 의논했던 일이 '민주사회건설협의회'라는 모임으로 조직된 것은 1974년 4월 19일의 일이다. 뉴코리아 음식점에서 7, 8명이 모인 자리에서였다. 내가 회장을 맡았고, 장정문 신부(성공회)·전충림 장로(연합교회)·김해천 장로(장로교회)가 부회장을, 김소봉 장로가 총무를 맡았다. 사실 나는 노인회 일도 막중한데다가 일도 제대로 못하면서 이름만 내거는 것이 내키지 않았으나, 사람들이 간곡히 권하는 바람에 회장을 맡았다.

민주사회건설협의회(약칭 '민건') 이름으로 한 일 중에서 특히 기억나는 것은 민청학련과 인혁당 재건위 사건으로 8명이 사형을 당하고 수백 명이 구속된 것을 보고 견딜 수가 없어 시위를 벌인 일이다. 그해 7월 20일 김재준, 이상철 목사의 인솔하에 12명이 오타와의 한국 대사관 앞에 가서 시위를 했고, 27일 오전에는 토론토 시청 앞 광장에서 120명이 모여 집회를 열고 연합교회까지 행진을 벌였다.

민건은 고국에 어려운 상황이 있을 때마다 성명서를 발표하고 시위를 했다. 민건은 해외 민주화 운동의 토론토 지부인 셈이다. 그래서 해외 민주화 운동의 중요한 거점인 토론토에서 주어진 역할을 열심히 수행했다. 국내외의 민주 인사들이 토론토에 오면, 한인연합교회와 민건이 중심이 되어 강연회를 열었다. 함석헌, 이문영, 서남동, 이해동, 문동환, 이우정, 한완상 등이 다녀갔으며 김대중 선생은 캐나다에 못 오자, 여러 분들이 미국까지 가서 만나 보기도 했다.

두 아들, 감옥에 가다

1976년 3월 아들 익환이와 동환이가 나라의 민주화를 촉구하는 '3·1민주구국선언' 사건으로 구속되어 감옥에 갇혔다. 익환이는 그 선언서를 작성했고 동환이는 거기에 서명했다는 죄목이었다.

나는 그 소식을 병원에서 들었다. 닷새 전에 두 손녀와 공원에 나갔다가 왼쪽 발목이 부러져 입원했는데, 김재준, 이상철, 이복규 목사가 문병 와서 전해 준 것이다. 그들 외에도 서남동, 안병무, 김대중, 이문영, 이해동, 윤반웅, 함세웅, 문정현, 신현봉 등 민주 인사 11명이 구속되고 익환의 처 박용길, 맏손자 호근도 중앙정보부에 끌려갔다는 소식이었다.

청년들은 몹쓸 고문을 받는다고 들었기 때문에 걱정되었지만, 한편 우리 집에 애국자 넷이 있는 것이 흐뭇하기도 했다. 일주일에서 열흘 후에 용길이와 호근이는 나왔다. 용길이는 이우정 교수가 낭독한 선언 문을 읽기 좋게 정서했고, 호근이는 아버지가 기초한 선언문을 타자했다고 한다.

3월 26일자 신문에 발표되기를 검찰은 구속자 11명과 불구속으로 7명, 합쳐서 18명을 기소했는데, 구속자 중에서도 문익환, 김대중, 함세웅 신부를 주동자로 단정한다고 한다.

혼자서 곰곰 생각해 보니 김대중은 원래 없애 버리려던 사람이라 장기간 투옥하려는 음모로 그러는 것이고, 익환이는 천주교와 함께 8년간 구약 번역을 했으므로 개신교와 천주교 양 교파가 힘을 합쳐 반박정희 투쟁을 벌이는 것이 아닌가 해서 그 싹을 자르려는 것 같았다.

나중에 들으니 수도권 특수지역선교위원들이 사업의 하나로 사랑방 교회를 설립했는데, 경찰이 이 교회를 철거하면서 학생들을 마구 밟고 구타하는 것을 익환이 보고 너무 분개해서 친구들과 윤보선, 함석헌, 정일형, 김대중 등에게 전화로 연락하고 거사했다 한다. 선언문 초안은 함석헌, 김대중과 익환이 내놓은 안 중에서 익환의 것이 채택됐다.

이 사건은 곧바로 전 세계적인 반응을 일으켰다. 북미주 대륙에서도 이에 항거하는 시위가 벌어졌다. 첫 번째 시위가 3월 16일 미국 워싱턴의 백악관 뒤에 있는 광장과 국무부 앞에서 열렸다. 나는 발목 때문에 시위에 참석하지 못했다. 불편을 무릅쓰고 나가려 했으나 모두 말려서 그만두었다.

그즈음 나는 어느 하버드 대학 교수가 "미국 정부는 미군을 한국에서 속히 철수해야 한다"고 발표한 것을 보고 한국의 앞날이 한심함을 느끼고 있었다. 한국이 이렇듯 모진 운명 속에 놓인 데에는 물론 우리의 잘못도 없지 않다. 그러나 해방 후 한국의 모든 악순환은 믿었던 미국의 장난임을 발견할 때 원통하여 견딜 수 없었다. 첫째, 삼팔선을 그어서 이북을 소련에 맡겨 공산 국가를 만든 것은 미국과 소련이 정치

홍정을 벌인 결과일 뿐 우리에겐 그렇게 할 이유가 도무지 없었다. 둘째, 미국이 1960년에 이승만을 없애 버리고 말 잘 듣는 사람을 대신 등용하려 할 때 박정희가 쿠데타를 하기로 준비되었다는 것이다. 1961년 5월 16일 박정희가 거사를 했을 때 미국과 일본의 계획에 따른 것임을 일본 언론인들은 다 알고 있었다고 한다. 셋째로 미국은 일본이 동양에서 미국의 앞잡이 노릇을 하는 대가로 한국을 경제 침략하고 박 정권을 마음대로 잡아먹도록 용인하고 있다는 것을 세상 사람들이 두루 아는 바이다. 넷째로 미국은 박 정권을 적극 후원하여 민주주의를 말살게 하고 한국을 1인 독재 국가로 만든 책임이 있다.

물론 미국에도 정부의 이런 옳지 못한 정책에 반대하는 야당 인사들과 시민들이 있었다. 그들을 향해 호소하고자 나도 미주의 한국인 지사들과 더불어 뛰고 싶었다. 그러나 다리가 부러져서 병원 신세를 지고 있으니 어찌해야 하나 고민이었다. 그래서 기도를 하는데, 김재준 목사를 앞장세워 곳곳의 인사들이 잘 뛰고 있으니 다리 부러진 너는 다른 보람 있는 일, 즉 특별 기도를 하라고 그분은 지시하시는 것이었다.

참으로 그러했다. 그분을 움직이는 것은 미국 대통령을 설득하거나 어떤 국회의원을 움직이는 것보다 나은 일이었다. 가능성도 더 크다. 미국의 대통령이나 요인은 미국의 이해가 걸려 있을 때에는 어느 누구의 말도 듣지 않지만, 그분은 언제나 귀를 기울여 참기도를 듣고 이룩해 주시기 때문이다. 그러고 보니 다리가 부러진 것도 우연한 일이 아니라고 느꼈다.

그래서 나는 그날부터 하루에 세 번 2시간씩 특별 기도를 드리기로 하고 동지를 구했다. 동환의 장모인 핀치벡(Pinchbeck) 여사, 거든 스코빌 목사, 케네스 피셔 씨, 로버츠(Oral Roberts) 목사 등 많은 친구들

3·1 구국선언 사건 가족들이 법정 앞에서 시위를 벌이는 모습. 앞줄 왼쪽에 큰며느리 박용길, 둘째 줄 오른쪽에 둘째며느리 문혜림이 보인다. 1976년.

3·1 구국선언 사건 구속자 부인들이 예수님의 고난을 상징하는 보라색 옷을 입고 십자가를 걸고, 기도회를 열었다. 가운데 김대중의 부인 이희호가 보인다. 1976년, 서울 기독교회관.

이 동참할 뜻을 밝혀 왔다.

물론 아내 김신묵은 눈물 없이 기도하지 않았으며 익환, 동환이는 시간 전부를 기도 시간으로 썼을 줄로 안다. 그리고 관련자 식구들의 기도도 누구의 기도보다 더욱 간절했을 것이다. 한국에서는 금요일마다 NCC 주최로 종로5가 기독교빌딩에서 관련자 가족 기도회가 열리는데, 한번은 구속자 아내를 대표해서 박용길, 자녀를 대표해서 태근이가 기도를 드렸다. 그 기도문이 《선구자》에 났는데, 어찌나 좋은지 그분의 마음을 움직이고 남음이 있다고 본다.

장한 어머니 상

두 아들이 감옥에 들어간 뒤 많은 사람들에게서 "얼마나 걱정스러우냐"는 인사를 자주 들었다. 사실 두 아들뿐 아니라 익환의 처와 내 맏손자 호근이까지 끌려갔다는 말을 들었을 때, 나는 특히 호근이가 걱정스러웠다. 그런 청년들은 흔히 혹독한 고문을 당하기 때문이다. 다행히도 며느리와 손자는 10여 일 만에 석방되었다.

아들 둘이 투옥되자 아내는 더러 잠을 이루지 못하기도 하고 눈물을 흘리기도 했으나 나는 기도는 성심껏 올릴지언정 근심을 하지 않았다. 그 까닭은 그들의 행동이 겨레를 위한 의거로서 마땅히 할 일을 하는 것이니 장하게만 여겨졌기 때문이고, 하느님이 그들을 돌보신다고 믿었기 때문이다. 또 두 아들에게 이런 고생은 좋은 은혜가 될 것이라고 보았다.

5월 8일은 어머니날인데, 토론토 한인회에서는 이날이 되면 '장한 어머니'를 뽑아 상을 주었다. 그래서 한인회는 각 교회에 훌륭한 어머

토론토 한인회에서 장한 어머니 상을 받은 김신묵. 두 아들을 감옥에 둔 심정이 표정에 드러난 듯하다. 1976년 5월.

니 한 사람씩을 추천하라고 했다. 토론토 연합교회 여신도회는 내 아내 김신묵 권사를 추천했다. 그러나 우리는 김 권사가 상을 받으리라고 믿지 않았다. 당시 한인회는 늘 영사관의 조종을 받고 있었다. 따라서 두 아들이 반정부 인사로 감옥에 들어간 어머니가 수상하는 것을 가만둘 리 없었다. 더구나 연합교회 여신도회는 김 권사를 추천한 까닭을 "두 의로운 아들을 길러 낸 어머니"이기 때문이라고 분명히 밝혀 놓았다.

시상식은 8일인데 7일까지 아무 소식이 없어서 우리는 예상이 맞았다고 생각하고 있었다. 그런데 전충림 장로가 연락해서 김 권사가 수상자로 뽑혔다는 소식을 전해 주었다. 상을 받을 어머니는 여덟 사람인데 김 권사와 백운송 여사가 '최우수 장한 어머니'로 뽑혔다는 것이다.

시상식은 8일 12시 모닝사이드 공원에서 열린다고 했다. 나는 외출을 삼가고 있었지만 김 권사가 이런 훌륭한 상을 받는데 가지 않을 수 없어서, 영환이 부부와 선희까지 데리고 공원으로 나갔다. 그런데 가 보았더니 식은 다 끝나고 위원들만 남아 있었다. 우리가 시간을 잘못 알고 늦게 나간 것이다. 꽃다발을 준비해 온 연합교회 여신도회원들에게 특히 미안했다.

이상한 일은 백운송 여사도 그날 참석하지 못한 것이다. 그래서 상은 9일 저녁 연합교회에서 전 한인회 회장 전택균 씨를 통해서 받았다. 김 권사는 자기가 이런 상을 받게 된 것은 민족운동에 모든 것을 바친 독립지사들이 명동과 용정에 와서 젊은이들의 마음에 나라와 민족을 사랑하는 정신을 불어넣고 길러 주신 덕이라고 생각한다고 답사를 하여, 모두에게 감명을 주었다.

그런데 《코리안 저널》이란 신문에서 토론토에 있는 어머니는 모두 장한 어머니인데 연합교회에 있는 어머니만 장하냐고 비평하여, 시상식에 참석지 못해 미안했던 마음이 사라지고 말았다. 어쨌든 한인회에 감사장을 내고 부본을 《뉴 코리아 타임스(New Korea Times)》 발행인 전충림 장로에게 보냈더니, 가족사진과 답사 전문이 게재되어서 더 널리 알려졌다.

북미주에 번져 가는 민주화 운동

　재판이 진행되는 동안 아들들의 석방과 고국의 민주주의를 위해 내가 할 수 있는 일들을 했다.

　5월 15일(캐나다에서는 14일), 집에 늙은 두 사람만 있는데 한국 시간으로 오전 10시에 법정이 열릴 예정이었다. 이곳 시간으로는 오후 8시인즉 저녁은 나중에 먹기로 하고 기도를 했다. 찬송가 343, 344, 345장을 두 번 세 번 부르고 주님의 능력, 주님의 사랑이 주님의 종들과 같이하셔서 옛날 사도들이 공회 앞에 담대히 증거해 그 재판장들을 설복케 한 것과 같은 기적이 나타날 줄 믿고 기도했다.

　6월 7일에는 이철용이 서대문경찰서 대공과에서 탈출, NCC 인권위원회에 정보부의 음모를 폭로했다. 수도권 특수지역선교위원회 사업은 공산당 자금으로 운영하며 NCC도 공산당 자금을 쓴다고 위증하면 석방해 주고 자금을 제공하겠다고 회유, 협박을 받았음을 밝힌 것이다.

이 일이 있은 뒤 보수파 고영근 목사가 정권을 비판해 구속되었다. 마침내 보수 기독교 인사가 나선 것이다. 8월 7일 꿈에 보수파와 합해서 기도하니 응답이 있음을 보고, 우리 민족에 희망이 있음을 느껴 감사했다.

그러는 동안에도 재판은 착착 진행되어 7월 31일 증인 심문, 8월 3일 구형, 8월 27일 서울지방법원에서 유죄 선고가 이루어졌다. 익환에게 징역 8년, 동환에게 5년이 선고되었고, 다른 이들도 10년 구형된 이에게는 8년, 7년 구형된 이에게는 5년이 내려졌다. 안병무 목사만이 징역 3년에 자격정지 5년으로 되었다. 관계자 전원이 항소를 신청했다고 한다.

나는 80세 생일을 맞아 이렇게 기도했다.

골문에 도달한 경주자인 이 사람은 12세에 이 나라 백성 되어서 70년 경주를 해 오는 동안에 자는 때도 많았고 적과 같이 즐기는 때도 많았고 도리어 그분을 대적하는 짓도 수없이 했으나, 지금 골문을 지척에 두고 골문 앞에 나를 기다리고 계신 그분을 바라보니, 정신이 벌컥 들어 그분을 노하게 한 모든 일이나 세상에서 필요하다고 사랑하던 모든 것은 다 방해물이고 당치 않은 것으로만 여겨지고, 어떻게 하면 저 골문으로 뛰어들어 가는가? 생각이 간절하다. 생각만 가지고 들어가는 것이 아니라 있는 힘을 다해서 뛰어야 하겠다. 모든 것 다 버리고 뛰어야 한다. 이 뛴다는 것은 별다른 것 아니라 70년 세상을 위해서 나의 향락을 위해서 간혹 쉬기도 하고 자기도 하고 놀기도 했으나 이젠 그런 짓은 다 떠나서 달릴 뿐이다. 무엇이든 그분의 뜻에 맞는 일이라면 내가 마땅히 해야 할 일이라면 찾아다니며 하나씩 빼놓지 말

고 재빨리 서둘러서 이룩하도록, 그 골문으로 들어가는 순간까지 달
리다가 들어갈 수 있기를 그분에게 믿고 부탁한다. 앉아서 뭉개다가
그 문으로 들어가지 않게 해주시고 달려 들어가게 해주소서. 아멘!!!

1976. 8. 19.

1976년 9월 7일에는 주 토론토 대한민국 총영사관에 박정희 대통
령에게 보내는 성명서를 전했다. 토론토 민주사회건설협의회(민건) 대
표로 나와 정학필이 가고, 퀘이커 대표로 캐나다 여성 두 명과 일본 불
교인 한 명이 합류했다. 우리가 들어가니 총영사는 외출하고 없고 부
영사가 우리를 맞았는데, 그는 정보 책임자였다.

그가 퀘이커 교도에게 "당신들이 한국에 친히 가서 본 일이 있는가?
한국 가 보지 않고서는 정부에 대해서 말할 자격이 없다. 한국 목사 중
유명한 자는 모두 공산주의자들이다" 하는지라, 내가 영어로 "한국의
유명한 목사들은 모두 공산주의자라니, 내 두 아들을 말하는 것인가?
목사가 공산주의자라면 반드시 갇힐 테고, 그렇다면 현재 옥중에 갇힌
목사, 곧 내 두 아들이 공산주의자란 말이냐?" 했더니 그는 "우리끼리
우리나라 말로 하자"면서 "이북에 있는 목사들이 공산주의자란 말"이
라고 뒤집는 것이었다.

나는 이어서 말했다.

"박 정권이 목사, 신부들에게 중형을 언도함은 세계적으로 체면이
떨어지는 일 아니오? 갇힌 사람들은 모두 할 일이 많은 사람들인데 속
히 석방해서 일을 하게 함이 좋을 거요."

그랬더니 그는 그렇게 보고하겠다고 했다.

9월 9일 워싱턴 광장에서 한국의 민주화를 위한 집회와 시위가 열

렸다. 그때 모인 사람들은 김재준, 김상돈, 이승만, 이상철, 손명걸, 한승인, 김윤철, 구춘회, 김상호, 임창영, 임순만, 차상달 등 약 200여 명이나 되었다. 그중 80여 명은 구속된 18명의 수인복을 광목으로 만들어 입고, 명찰과 수인 번호를 달고서 행진의 선두에 섰다. 나도 수인복을 입고 익환의 명찰과 수인 번호 6943을 달았다. 김재준 목사는 윤보선의 명찰과 번호를, 한승인 장로는 함석헌의 것을, 문동환의 6907은 친우 이승만 박사가 달았다.

"Stop aiding the dictator Park Chung Hi(독재자 박정희를 돕지 마라)!"

"Free 윤보선!"

"Free 김대중!"

"Free 문익환!"

"Free 김지하!"

그렇게 'Free' 하고 18명의 이름을 다 부르고 나서 "Free 18!" 하고는, "Stop aiding Park Chung Hi!"와 "KCIA go home(안기부는 물러나라)!"을 되풀이 외쳤다. 발목이 부러져서 집 주위 출입밖에 못하던 내가 백악관, 국무부, 한국대사관 앞까지 오후 1시경부터 5시간 동안 10여 리 거리를 무난히 걸었다. 한국대사관 앞에서는 국제법대로 1500척 밖에서 외쳤다.

시위가 끝난 뒤에는 미 하원 외교 분과위원장인 도널드 프레이저를 만나 미국이 군사 독재를 지원하는 것은 있을 수 없는 일이라고 항의했다.

나는 이날 시위에 날카로운 칼 한 자루를 품고 갔다. 한국에서 젊은 이들이 분신하고 할복을 하면서 정의를 외치는데, 우리 나이깨나 든

워싱턴에서 문재린은 문익환의 죄수복을 대신 입고 시위를 했다.

사람들은 그들의 뜻을 따르려는 성의가 없는 것 같아 나라도 백악관 앞에서 할복자살을 함으로써 미국 정치인들의 생각을 바꾸고 싶었다. 그러나 "네가 나를 그렇게도 믿지 못하느냐"는 하느님의 음성을 듣고, 나를 이끌어 주신 토기장이를 불신하는 일이라는 생각이 들어 마음을 바꾸었다.

1977년이 되자 조국의 민주화를 위한 운동은 더 활발해졌다. 우선 해외 동포들의 연합 조직을 만들려는 움직임이 있었다. 그래서 '북미주 한국민주화연합운동(The United Movement for Democracy in Korea)'이 만들어졌다. 이 단체를 만들려고 로스앤젤레스에서 1977년 1월 14일에 예비 회의를 하고 그 다음 날 1차 본회의를 했는데, 두 모임에 나는 아내와 함께 참석했다.

예비 회의에 모인 사람 24명 중에는 LA의 차상달·김정순·홍동근·김상돈, 뉴욕에서 온 이승만·구춘회·김상호·한승인, 애틀랜타의 박상증, 워싱턴의 문명자, 그리고 토론토의 김재준 목사와 우리 부부 등이 있었다. 예비 회의에서는 우리 민주화 운동 단체들이 더욱 큰 힘으로 뭉쳐 목소리를 내어 보자는 데 뜻을 모았다.

다음 날의 본회의에서는 박 정권의 비민주적 정책에 대한 비판 행동, 미국 정부의 대 한국 정책에 관하여 미국 시민의 여론을 모으는 사업, 국제기구와 연대하여 여론을 조성하는 사업, 북미 한인 사회에서 대중을 정치적으로 의식화하는 일 등을 펼쳐 나가기로 했다. 아울러 각 지역별로 두 명씩, 김재준·문재린·차상달·송정률·선우학원·이재현·전규홍·임병규를 중앙조정위원으로 선출했다. '북미주 한국민주화연합운동'은 2월 26일 워싱턴에서 시위를 벌인 뒤 준비위원회를 열고, 6월 24일 세인트루이스에서 결성 대회를 했다.

또 하나 중요한 움직임은 한국의 민주화를 후원하는 외국 교회들의 공동체를 결성하려는 것이었다. 그 결실로 미국에서 만들어진 것이 '한국 인권을 위한 북미주연합(North American Coalition for Human Rights in Korea)'이다.

이 모임에는 미국에 있는 거의 모든 신교 교파가 참여했다. 한국과 깊은 인연이 있는 페기 빌링스(Peggy Billings) 여사가 의장을, 이상철 목사가 부의장을, 김재준 목사가 고문을 맡았다. 워싱턴과 뉴욕에 사무실을 두었는데, 뉴욕 사무실에서는 구춘회, 워싱턴 사무실에서는 김상호 목사가 총무로 선정되었다. 얼마 뒤 김상호 목사가 은퇴하자 하비(Faires Harvey) 목사가 워싱턴 사무실의 책임을 맡아 크게 활약했다.

민주화를 위한 작은 활동으로는 목요기도회를 빼놓을 수 없다. 한국의 민주 인사들과 고난 받는 이들이 목요기도회라는 이름으로 매주 모이기 시작한 것은 1973년부터였지만, 토론토에서는 4년 뒤인 1977년 3월 3일에 처음 모였다. 참석자들은 대개 20명 정도였다. 규모는 작았지만 고국의 새로운 소식을 나누고 함께 기도드리는 분위기가 자연스럽고 은혜로워서 믿지 않는 몇 분도 꾸준히 참여했다.

한때 박정희 정권이 한국에서 열리는 목요기도회를 적극적으로 방해하려 한 것은 어떤 무당이 "목요기도회로 말미암아 박정희에게 큰 피해가 닥치게 된다, 박(朴) 자에 나무 목 변이 들어가기 때문이다"라고 했기 때문이라는 소문이 있었다. 그러나 설령 김 씨나 이 씨가 집권하더라도 교회를 박해하고 인권을 억압한다면 기도회를 열 것이요, 하필 박정희 대통령을 해롭게 하려는 야비한 생각으로 우리가 목요일에 기도하는 것은 아니었다.

그러면 왜 목요일에 기도하는 것일까. 궁금해서 몇 분에게 물어 보앉으나 아는 이가 없었다. 내 나름대로 생각해 보기는, 예수님께서 구세주의 중요한 일을 완성할 준비를 하면서 제자들과 함께 겟세마네 동산에서 기도를 올리신 날이 바로 목요일인데 그것을 본받아서 민주주의 회복을 위한 기도회를 이날 열게 된 것이 아닌가 싶다.

우리 내외는 어느 모임에 가든지, 고국의 상황이 궁금한 이들을 위해 고국 소식을 전하는 순서를 맡았다. 아들들을 감옥에 둔 팔십 노인이 이야기를 하면 모두들 안타까워하며 더 열심히 운동하는 것 같아 보람을 느꼈다.

귀국

두 아들이 3 · 1구국선언 사건으로 투옥되면서부터 나는 한국에 가야
한다는 생각을 하게 되었다. 민주 투사들이 고난 받는 것을 밖에서만
보고 있을 수가 없었기 때문이다. 특히 익환이 감옥에서 1977년 5월부
터 죽음을 각오하고 무기한 단식을 시작하자, 귀국할 결심은 더 강해졌
다. 하지만 당분간은 이곳에 있으면서 워싱턴에 있는 미국 정치가들에
게 압력을 넣을 필요가 있다고 생각해서 그냥 머물러 있었다. 대신 익
환의 어머니를 먼저 들여보내어 단식을 중지시키기로 했다. 결국 익환
은 어머니의 간곡한 권면에 따라 3주 만에 단식을 끝냈다.

1977년 12월 31일, 마침내 익환과 동환이 형 집행 정지로 감옥에서
풀려났다. 얼마쯤 안도감이 들었지만 그다지 기쁘지는 않았다. 그 아
이들의 싸움이 끝난 것이 아니기 때문이다. 사실 그들이 나온 것은 내
가 풀지 못할 수수께끼였다. 저 사람들이 약해져서 풀어 준 것이라면
우리의 기쁨이지만, 저 사람들이 배짱을 부리는 것이라면 참으로 서글

익환이 석방되자 기뻐하는 가족들. 벽에 붙은 포스터는 3·1 사건 구속자들의 사진을 담은 것으로 일본에서 만들어진 것이다. 1977년 12월 31일.

픈 일이기 때문이다. 하여튼 곧 고국에 가 보아야겠다는 생각은 활화산 같았으나 사정이 사정인 만큼 금세 떠날 수가 없었다.

틈틈이 귀국 준비를 하는 한편으로, 1978년 3월에는 도널드 프레이저와 미 하원 윤리위원회 수석 고문인 자워스키(Jawarsky)의 수석 보좌관 피터 화이트(Peter White), 국제정치연구원 원장 도널드 레이너드(Donald Ranard) 등에게 편지를 써 보냈다. 미국이 공산주의의 확장을 막고자 일본을 지원하는 것은 이해하나 한국의 군사 독재를 지원하는 것은 결코 지혜로운 일이 아니다, 카터 정부가 한국에서 미군을 철수하려고 군사 독재자에게 막대한 원조를 하려고 하는데 이것은 미련한 처사일 뿐만 아니라 민주주의를 갈망하는 한국 국민을 반미적으로 만드는 일이다, 우리는 일본이 한국을 다시 제 손아귀에 넣고자 군사 독재를 지원하는 것으로 믿기에 이에 대해서도 매우 경계한다, 대체로 이런 취지의 이야기를 했다.

미국과 캐나다의 민주화 동지들 54명에게는 '귀국하면서 동지들에게' 라는 제목으로 아래와 같은 편지를 써서 보냈다.

이 늙은 사람이 사랑하는 동지들과 몇 해 동안 뜻있게 지난 것이 결코 헛되지 않을 줄 믿습니다. 그러나 저는 고국으로 돌아가기로 결심한 것은 고국에서 고생하는 겨레들을 생각할 때에 마음이 아파서 견딜 수 없어서 귀국해서 그들이 울 때 같이 울어주고 그들이 마시는 쓴잔에 동참하려 합니다. 동지들과 같이 갈라질 때에 한마디 말이 없을 수 없어서 간단한 우견(愚見)을 드려서 몸은 비록 동서로 갈라지더라도 마음은 하나가 되게 하려는 심정으로 몇 자 적어 드립니다.

경주자들이 골문이 멀었을 때는 슬렁슬렁 뛰다가도 골문이 가까워지면 있는 힘을 다해서, 젖 먹을 때 힘까지 다해서 골문으로 달려감과 같이 우리의 민주주의 골문이 일보 직전에 다가왔다고 믿어지는 이때에 우리도 있는 힘을 다해서 골문으로 뛰어들어 가서 목표를 더욱 잡아야 하지 않겠습니까. 그리하려면 다음 세 가지에 유의하여야 하리라 믿습니다.

1. 한반도 전부가 감옥이라 하지만 많은 민주 투사들은 아직도 깊은 감옥에서 고생하고 있지 않습니까? 이 추운 시절에 그들에게 따끈한 국밥 한 그릇씩이라도, 잠주머니 한 장씩이라도 보내 준다면 그들에게 무한한 힘이 될 것입니다. 애국 애족하시는 동지들은 한 번 더 힘내 주심을 우러러 빕니다.

2. 이렇게 절박한 시점에서 무슨 사소한 의견의 차이나 무슨 방법의 약간 다름이 있다 하더라도 우리는 공동 목표를 위해선 아량을 가지고 대동단결하지 못해서 되겠습니까? 골문에 다가와서 목표를 달성치 못하게 되면 우리는 후손들에게 용서 못받을 죄인이 될 것인즉 깊이 생각해야 할 것입니다.

3. 해외에 있는 우리 동지들은 여론을 일으키기 위해서 민간사절의 임무를 다해야 할 것입니다. 우리 중 많은 분들은 생각하기를 "우리는 특별한 자격이 없으니 이것은 우리와는 관계없다"고 하기 쉬우나 우리 모두가 미국 대통령이나 국회의원을 상대로 한 민간사절이 될 것 아니고 우리 직장에서, 우리 학교에서, 우리 이웃에서, 우리 교회에서, 써브웨이 안에서 우리의 성의를 다할 때엔 하느님이 우리와 같이 역사하심으로 우리 자신도 예측하지 못했던 놀라운 민간사절의 성과를 거둘 수 있습니다. 그래서 하루 빨리 한반도에 민주주의 사회가 이룩되기를 염원하면서…….

1978. 2. 10
문재린 올림

캐나다를 떠나는 날짜가 4월 4일로 정해졌다. 떠나기 이틀 전, 이상철 목사의 연합교회 예배에 마지막으로 참석해서 '한 포도나무에 붙은 가지들'이라는 제목으로 설교를 했다. 담장 밑에 포도나무를 심으면 가지는 담 이쪽저쪽에서 각각 열매를 맺지만 다 한 나무에 속하고 한 주인의 소관이듯이, 내일 한국으로 떠나는 나와 여러분은 언제나 같은 주님의 지체라고 말했다.

이런 이야기도 했다. 어떤 사람들은 이 교회를 빨갱이 교회라고 하는데, 우리 주님도 바로 정치적인 죄명으로 처형을 당했다고. 하느님의 뜻은 그의 뜻이 땅 위에서 이룩되도록 하라는 것인데 그렇게 하자면 정치적으로 되지 않을 수가 없다고. 빨갱이라는 말은, 로마인들이 예수님을 '유대인의 왕'이라고 부른 것과 마찬가지로 애국지사들이 3000만의 자유를 위해서 투쟁하는 것을 미워하여 오명을 뒤집어씌우는 것인데, 그것은 곧 십자가를 지고 주님을 따르는 것이니 조금도 두려워할 것 없고 오히려 즐거워할 일이라고. 그러면서 하느님의 도우심으로 이윽고 민주화가 이룩되고야 말 것이기에 우리도 힘을 다해 노력하자고 권유했다.

4월 4일 아침 9시 50분에 아메리카 에어라인 편으로 캐나다를 출발했다. 중간에 로스앤젤레스에서 하루를 자고 7일 오전 8시에 한국에 도착했다.

집으로 돌아와서 옥고를 겪은 익환이와 동환이를 만났다. 죽었다 살아난 이를 대하는 것만큼이나 반가웠다. 그러나 한편으로는 안쓰러운 마음이 들었다. 아들들의 정신은 팔팔하나 낯은 조금 수척한 느낌이었기 때문이다. 젊은

감옥에서 나온 문동환이 딸 영미를 안았다.
서울 방학동 집, 1977년 12월.

이들보다 더 뛰려니 몸이 감당치 못하는 것만 같았다. 며느리 용길과 혜림의 얼굴에도 어느새 나이가 어린 것이 가엾게 느껴졌다. 그사이 서울의 모습은 크게 변했다. 내 눈에는 제2의 도쿄로만 보였다. 그것이 발전인지 멸망하는 것인지 나는 알 수 없었다.

4월 9일 한빛교회 예배에 참석하면서부터 나는 고국에 머무는 7개월 동안 여러 교회로, 학생과 민주 인사들이 재판을 받는 법정으로, 민주화를 위한 각종 모임들이 열리는 곳으로 바쁘게 움직였다. 일선에 나서지는 못해도 하느님의 정의를 위해 활동하는 이들을 뒤에서 돕고 격려하는 것이 내 할 일이라고 생각했기 때문이다. 또 민주 국민운동은 곧 천국 국민운동이라는 것이 내 믿음이었다. 이때에도 나는 열심히 일기를 적었다.

4월 24일 월요일

10:30 AM. 서울 고법재판소(정동) 17호실. 정각 전에 익환, 권사, 용길과 동행해서 갔더니 윤반웅 목사도 오셨다. 그는 언제나 빠지지 않는다 한다. 정각 전 재판소 문 앞에 사오십 명이 섰다. 꼭 참관하려고 염치 불구하고 뚫고 들어가니 벌써 초만원이다. 방청석 의자 두 열은 만원이다. 윤 목사가 일어서서 나와 권사를 앉게 해주어 감사했다. 피고는 서울대생 십 명과 시인 양성우와 군인 한 사람, 그도 민주 투사였다. 시작은 국기 참배로 하는데 학생들이 애국가를 합창하니 재판장도 따라서 부를 수밖에 없었다. 12시 30분까지 학생들의 심문을 끝마치고 양성우와 군인 심문은 오후 3시로 연기했다. 변호사들의 변호 내용은 사회 정세가 그들을 그렇게 만든 것이지 그들이 악의로 조작한 것이 아니니 고려하라는 것이다. 학생들은 집권자들이 민주 정신

'민족문학의 밤' 행사에 아들과 함께 참여한 문재린과 김신묵. 소설가 이호철의 이야기를 듣고 있다. 1978년.

에 위배된 것이니 용서할 수 없다고 공격했다. 오후 재판에 가지 못하고 신촌 은희네 집에 가서 저녁을 먹은 후 성공회 강당에 가서 '민족문학의 밤'에 참여했다. 민주 시인들의 시를 낭독하는데 호근의 처 정은숙이 독창을 하게 돼 있었고, 시 〈그날이 오면〉을 낭독하기도 했다. 대성황을 이루었다.

5월 4일 목요일

목요기도회에서 고은 사회로 함석헌이 간증을 한 후에 윤반웅, 고은은 서대문교도소 방문 가고 나는 김정돈, 박용길과 같이 서울대부속병원에 가서 김대중의 병실 밖에서 기도하고 돌아왔다. 한양대부속병원에서 강찬순 집사를 방문하고 기도하고 귀가했다.

8월 3일

8·15에 민주 인사 전원이 석방되도록 하기 위해서 동지들이 '새벽의 집'에서 14일까지 금식 기도하기로 했다. 나도 참석했다. 참석자는 우리 식구 6인 외에 윤반웅, 전학석, 이한림, 김지하의 모친, 이우정, 이해동 부부, 이해학 부인, 서광태 모친 외 12인 등 모두 27인이었다. 매일 3차 기도회 보니 오전 8시, 오후 2:30, 오후 8시.

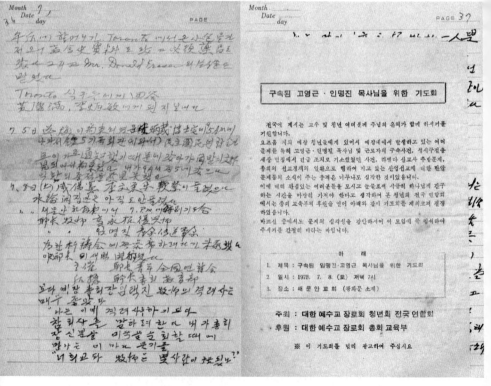

구속된 예장 목사를 위한 기도회 안내서를 일기장에 끼워 놓았다. 문재린은 예수교장로회 인사들이 민주주의 투쟁에 나서면 매우 반가워했다.

8월 21일 월요일

전국 기장 청년들이 전주에서 대회를 가진 후 데모하고 있어 후원키 위하여 전국 기장 목사들이 전주에 회합함으로 서울에서도 십여 명이 내려가는데 나도 동행해 갔다. 점심 후 중앙교회에 모인 청년 3, 40명에게 격려의 말을 하고 기도하다. 이어서 남문교회에 가니 약 70명이 데모하고 있었다. 각지에서 온 목사들과 일반 후원자 1백여 명이 합세하여 기도회를 가졌는데 문동환 박사가 '데모의 신학'이란 제목으로 설교하다. 위원들은 사건 처리를 위해서 체류하고 나머지는 귀가했다.

그런데 캐나다 시민권을 가지고 있는 나의 한국 체류 기한은 2개월이었다. 그리고 세 번까지만 연기 신청을 할 수 있었다. 따라서 그해 11월 5일까지는 캐나다로 일단 돌아가야만 했다. 나는 기한에서 나흘이 지난 11월 9일 서울을 떠났다.

캐나다에서 얼마 동안 필요한 일을 하고 다시 귀국하려 했는데, 이제는 한국 정부에서 비자를 내주지 않았다. 김재준 목사도 귀국하려 했으나 그도 귀국이 허락되지 않았다. 그렇게 되니 자연히 토론토에서 민주화 운동이 더욱 활발해졌다. 나는 귀국하려고 여러 곳에 탄원서도 내고 애써 보았으나 원치 않는 귀양살이를 하게 되었다. 내가 영구 귀국한 것은 1981년 4월이 되어서였다.

영구 귀국하기 1년 전에 광주의 비극이 있었다. 1980년 5월 17일, 캐나다에서 이날은 토요일이었다. 점심 후에 소식을 들으니 한국에서 전두환이 정부를 전복하고 거의 모든 민주 인사들을 구속했다는 것이다. 아들 익환도 끌려갔다. 동환은 다행히 오스트리아에서 열리는 회의에 참석하느라 한국을 떠나 있어서 무사했다. 사실 나는 그 몇 달 전부터 익환에게, 민주 국민운동에 정진하되 되도록이면 정치 일선에 나서는 것을 자제하도록 권유했다. 발로 뛰는 투쟁은 청년에게 맡기고, 원로들은 큰 틀에서 민족의 미래를 설계할 책임이 있다고 믿어서였다. 만주에서도 애국지사들과 열혈 청년들이 몸부림치며 고투했으나 실패했던 이유 중 하나는 설계자가 없었기 때문이다. 그러나 한국의 정세는 이미 손을 쓸 수가 없이 흘러갔다.

쿠데타를 일으킨 인물들이 미친 듯이 날뛰면서 사람의 피를 한없이 흘리게 할 것을 생각할 때 나는 참으로 등에서 땀이 솟고 머리가 어지러웠다. 이것이 기우가 아니어서 5월 20일 광주에서 수많은 시민이 죽음을 당했다는 소식이 전해졌다. 나는 간절히 기도할 뿐이었다.

"세상 모든 것이 바뀌어도 하느님은 영원히 변치 않으십니다. 짐승과 같이 사나운 자들이 당신의 의로운 양들을 없애려 노리고 있습니다. 영원히 변치 않는 당신을 우리 백성은 믿고 기다리오니 오래 기다리지 않게 하소서."

그렇다. 우리의 기다림은 길지 않을 것이다. 수많은 백성들이 귀한 생명을 바쳤고 지금도 바치고 있다. 그런 만큼 하느님께서 우리에게 빛나는 민주주의를 주실 날이 곧 올 것이고, 우리는 그토록 어렵게 얻은 민주주의를 잘 간수할 것이다. 나는 그렇게 믿고 있다.

글을 맺으며

나의 가족

지금까지 써 온 글을 읽은 이들은 짐작하겠지만, 나는 여러 면으로 부족한 것이 많은 사람이다. 하지만 사회와 천국을 위해서 내 나름대로는 봉사하는 삶을 살려고 애를 썼다. 내가 뚜렷이 이룬 것은 없으나 80세 넘도록 봉사할 수 있었던 것은 물론 이 흙덩이를 손에 잡고 원하는 대로 주장하신 옹기장이의 은혜다. 아울러 나는 그가 주신 많은 협조자들을 잊을 수가 없다.

사람이 세상에서 살아가는 데 가장 필요한 것은 가정이다. 가정이란 우리가 잘 먹고 평안히 쉬는 안식처만이 아니다. 가정에서보다 더 잘 먹을 수 있는 식당도 있고 집에서보다 더 편히 거처할 수 있는 호텔이 얼마든지 있다. 하지만 고급 호텔보다 자기의 오막살이가 더 귀하고, 고급 요리점 식사보다 자기 집에서 보리밥에 토장국을 먹는 것이 더 즐거운 것은 거기에 사랑하는 식구들이 모여 살기 때문이다. 그러므로 집은 아무리 잘 꾸며지고 입을 것 먹을 것이 태산같이 쌓여 있을지라도 사랑이 없으면 지옥이 되고 만다.

내가 자란 집엔 오룡동 실학파의 견실한 이념과 그리스도의 사랑이 겹쳐 흘러, 우리 가정은 행복스럽고도 단란했다. 나는 이런 가정환경에서 자랐고 그 가정에서 살게 해주신 옹기장이에게 감사한다.

이 글에서 나는 그 협조자들을 감사의 마음을 담아 소개하려고 했다. 그분들이 없었다면 나는 지금만큼도 못한 삶을 보냈을 것이다.

내 아내 김신묵 권사는 모습도 부친인 명동 실학파의 거두 김하규 선생을 닮았지만 성격도 닮아, 불의를 두고 보지 못하고 말없이 봉사하기를 좋아하며 남의 사정을 잘 이해한다. 그는 시집와서 집안일을 돌보면서도 명동여자소학교를 졸업하고 모교의 교원으로 일했다. 시아버지가 별세하고 집안일이 너무 무거워 교직을 그만둔 뒤에도 아이를 등에 업은 채 무보수로 야학교, 반일(半日) 학교에서 가르쳤다. 집안일을 할 때 그는 남자 일과 여자 일을 가리지 않았다. 밭에 나가 김을 매고 가을이면 추수를 했으며 추수해 들인 그 많은 곡식을 나의 어머니와 함께 모두 탈곡했다. 1년에 한 번씩 온돌 고쳐 놓기, 벽 바르기 같은 일도 다 자신의 손으로 처리했다. 그래서 나는 집 걱정은 도무지 하지 않고 목회에 전념했으며 중국과 캐나다로 마음 놓고 유학을 할 수 있었다.

내가 중국에 유학할 때 그는 집에서 혼자 선친의 상을 당했고, 내가 캐나다에 있을 때는 내 남동생 학린이 세상을 떠났으며, 그 밖에도 여동생 둘과 어린 딸 둘이 죽었으니 그 심신의 괴로움이 어떠했을지 짐작할 수 있다. 게다가 해방 전후해서는 내가 세 번 죽을 위험에 빠졌고 자신도 나를 구출하려고 애쓰다 죽는 줄 알았으니 네 번 과부가 될 뻔했다고 아내는 말한다. 김 권사는 내 협조자가 되느라고 말로 다할 수

용정의 집에서 자녀들과 밥을 먹는 모습. 아이들과 찍은 가장 오래된 사진이다. 왼쪽부터 두환, 동환, 신묵, 어머니 박정애, 익환, 선희. 1930년대.

없는 고생을 한 것이다.

그래서 나는 기회가 있을 때면 아내를 자랑한다. 아내 자랑하는 남편은 바보라지만 내가 그렇게 하지 않는다면 배은망덕이 될 터이므로 나는 기꺼이 바보 노릇을 자청한다.

자식들도 훌륭한 협조자였다. 그들은 어린 시절부터 다른 아이들과 싸우거나 잘못된 짓을 해서 목사인 나를 난처하게 한 일이 없었다. 중학생이 되면서는 주일학교 선생이 되거나 성가대원으로 같은 제단에서 예배를 도왔다. 장남 익환, 차남 동환, 장녀 선희, 삼남 영환, 익환의 처 박용길은 신학을 공부해서 직간접으로 교역에 종사하고 있다. 차녀 은희는 교육을, 동환의 처 혜림은 사회사업을 전공하여 상담과 봉사를 하면서 그리스도의 사랑을 어려운 이웃들과 나누고 있다. 익환은 신구교 합동으로 성서를 현대 한국어로 번역하는 일에 참여함으로써 한국 교회에 공헌했고, 동환과 혜림은 '새벽의 집'이라는 공동체 실험을 통해 새로운 형태의 선교를 시도해 보기도 했다.

이렇게 말하는 것도 자칫하면 바보 취급을 받을 일인 줄 안다. 그러나 자식들의 성장과 성취가 자기들이 잘나거나 부모가 힘을 쓴 덕분이 아니라 완전히 옹기장이의 축복과 도움에 말미암은 것이므로 그들의 협조를 자랑하는 것은 곧 옹기장이의 은혜를 간증하는 것이요 그에게 영광을 돌리기 위한 것이다.

참회의 말

사도 바울은 왜 자신을 죄인이라고 했는지 몰라도 내 평생을 회고해 볼 때 옹기장이의 지극한 은혜에 비해서 내가 의로운 것은 찾을 수가 없다. 내가 하루에 한 번씩만 죄를 지었다고 해도 80년간 29만 2000번 죄를 지은 셈이 된다. 그러나 어찌 하루 한 번씩만 죄를 지었겠는가? 그것을 두고 보면 내 삶이란 죄의 덩어리라고 말해도 좋을 것이다. 그러나 천만 다행인 것은 그분은 지극히 너그러운 분이라 우리의 연약함을 아시기에, 하루에 일곱 번씩 일흔 번이라도 용서해 주셔서 나 같은 사람도 그의 손에서 버림을 받지 않은 것이다.

물론 나도 버릇없는 손자처럼 그의 관용만을 믿고 어리광을 부려서는 안 된다고 생각해 왔다. 나날이 반성하면서 회개의 삶을 살리라고 다짐했다. 하루가 끝나고 한 해가 지날 때마다 스스로를 돌아보고 하느님 앞에서 청산할 것은 청산하면서 살아야 한다고 결심했다. 그러나 그 다짐을 나는 제대로 지키지 못했다. 이제 여든이 넘어 내 삶을 돌아보면서 잘못되었던 일들을 고백하려고 한다. 원래 기억력이 부족한 내가 그 동안의 잘못을 일일이 떠올릴 수는 없다. 그러나 생각나는 대로 보따리를 풀려고 한다.

첫째 보따리에 든 것은 집안 식구들에게 한 잘못들이다. 예수님은 바리사이파 사람들을 향해 "부모에게 드려야 할 것을 하느님께 드렸다"면서 착복했다고 책망하셨다. 나 자신 이런 바리사이파 사람과 같은 과오를 저질렀다는 것을 알게 되었다.

여러 번 말했듯이 내 가족은 나를 한없이 사랑해 주고 내가 성직을 감당하는 데 큰 도움을 주었다. 그런데 나는 성직에 충성을 다한다면서 부모에게 효를 하지 못했고 후손들을 따뜻하게 포용해 주지 못했다. 예를 들면 내 선친이 돌아가셨을 때 홀로 되신 젊은 어머니의 타격이 얼마나 컸겠는가. 그 아들만을 믿고 살아오신 할머니의 심정은 어떠했을까. 시아버지를 잃고 가정의 책임을 다 짊어진 젊은 며느리 신묵 씨는 또 얼마나 당황스러웠겠는가. 인정이 있는 사람이라면 제아무리 길이 멀어도 당장 귀가해야 했을 것이다. 그러나 나는 집으로 돌아오지 않을 뿐만 아니라 위로의 편지 한 장도 쓰지 못했으니 정말 부끄럽게 생각한다. 그때 일본과 독일의 전쟁으로 얼마 동안 청도에 갇혀 있기는 했지만 노력했더라면 편지를 보낼 길이 있었을 것이다.

내가 캐나다에 4년간 유학을 하는 동안 동생 학린과 여동생 둘이 세상을 떠났다. 혼자 그들의 초상을 치른 집사람 신묵 씨에 대한 고마움도 크지만 그 동생들에게 따뜻한 애정을 주지 못했던 것도 미안한 마음을 누를 길이 없다. 당시에 나는 미련하게도 "네 부모나, 자식이나, 네 생명을 나보다 더 사랑한다면 내게 합당하지 않다" 또는 "손을 연장에 놓고 뒤를 돌아보는 자도 내게는 합당하지 않다"는 주님의 말씀을 문자 그대로 믿고 가정을 내 마음에 두지 않았던 것이다. 주자는 열 가지 후회(朱子十悔)를 이야기하면서 "부모에게 불효하다가 돌아가신 다음에 후회하고 둘째로 가족에게 친절하지 못하다가 멀어진 뒤에 후

큰손녀 영금의 아들인 문칠에게 팥죽을 먹이는 문재린. 문재린은 평생 아이들을 돌볼 여유가 없었지만 캐나다에서 지낼 때는 손녀들과 증손자와 잘 놀아 주었다. 1979년.

회한다"고 했다. 나는 바로 그 두 가지 후회를 하게 되었다.

나는 자식들을 기르면서 세 가지 방법을 썼다. 우선 전공 선택은 자신들에게 맡겼으나 나머지는 내 지도에 절대 복종하라고 강요했다. 이것은 첫 세 아이의 경우에 더 심했다. 둘째, 1940년부터 50년까지는 자성(自省)의 원칙으로 지도했다. 자식들이 잘못을 범하면 스스로 판단하게 하고 밥을 한 끼 굶기면서 가정의 반장 격인 나도 같이 굶었다. 이것은 효과가 있는 것 같기는 했지만 어린이들을 한 끼씩 굶기는 것은 심한 짓 같아 그만두게 되었다. 셋째로 나는 아이들에게 옆에서 보는 대로 내 의견을 말해 주고 기도를 했다. 그러나 훌륭한 인물이 되게 하려는 욕심으로 지나친 기대를 품고 사정없이 지도하다 보니 자녀들의 심정을 이해하지 못했다는 것을 절감한다. 옹기장이께서 아이들을 잘 지도해 주시지 않았다면 그들은 나와 사이가 멀어지고 빗나간 사람이 되었을지 모른다.

둘째 보따리에는 목회를 하면서 잘못한 일들이 들어 있다. 나는

1921년부터 1946년까지 만주에서 목회를 했다. 그리고 남한에서는 1946년부터 1970년까지 직간접으로 성직에 몸을 바쳤다. 위에서 말한 대로 가정까지 무시하면서 성직에 충성을 하느라고 했지만 지금 생각하면 다 실패한 것 같다.

물론 건물을 짓고 교인 수를 늘리고 지교회들을 많이 육성한 것은 사실이나 그렇게 하는 과정에서 교인들을 얼마나 그리스도의 제자로 길렀느냐 하는 것에 대해서는 자신 있게 대답할 수 없다. 그러니 어찌 목회에 성공했다고 말할 수 있겠는가. 예수님 말씀대로 소경이 소경을 이끌었다고 말할 수밖에 없는 것 같다. 스승이 된 자는 더욱 중한 심판을 받을 것이라는 〈야고보서〉의 말씀이 머리에 떠오른다.

셋째 보따리에는 개인들에게 죄송하게 생각하는 것들이 있다. 내가 용정 중앙교회에서 목회할 때 은진중학교에 음악 선생으로 오래 재직하면서 교회 일을 성실히 본 박태기 선생이 있었다. 그는 교회의 집사로 찬양대 지휘와 주일학교 교장을 맡아 성심껏 봉사하다가 폐병에 걸려 고향으로 돌아가 별세했다. 그 당시 폐병에 걸린다는 것은 사형 선고를 받는 것과도 같았는데 왜 내가 책임지고 그의 투병을 도와주지 못했는지, 생각할수록 마음이 아프다. 그가 내게 얼마나 환멸을 느꼈을까 생각하면 가슴이 저려 온다.

최용주 의사도 생각난다. 그는 세브란스의전을 졸업하고 세브란스 분과병원에서 명성이 높았던 의사인데, 용정의 제창병원에서 외과 주임의로 일하다가 시내에 개업하면서 중앙교회에 나오기 시작했고 집사로도 봉사하게 되었다. 그는 독실한 신자여서 주일에 위독한 환자가 없을 때는 예배 끝에라도 와서 축복 기도만이라도 받으려 했다. 그는 우리 어머니가 오래 병석에 누워 계셨을 때 많은 수고를 했다. 그런 그에게 제대로 고마움을 표하지 못한 것이 그렇게 마음에 걸린다. 이것은 어머니에 대한 불효라고도 느껴져서 더욱 그렇다.

6·25전쟁으로 서울이 공산군 점령하에 있을 때 일이다. 서울 신암교회 이필무 장로는 판사로서 여러 차례 공산당원에게 사형 선고를 내린 적이 있는 분이다. 하루는 그가 나를 찾아와서 의논하기에 지방으로 피하라고 권했다. 그러나 머뭇거리다가 공산군에 잡혀 처형당하고 말았다. 왜 그때 강력하게 남하하라고 권하지 못했는지 지금 생각해 보면 후회 막심하다.

대구에 있는 한남신학교 교장으로 일하는 동안 캐나다 연합교회 외지선교부 총무에게서 300만 원을 기증받았을 때의 일도 후회스러운 대목이다. 그 돈을 놓고 문제가 복잡해졌을 때 왜 나는 대구에 영향력이 있는 강정애 장로와 타협하지 못했던가. 그리고 집에도 협의할 만한 지혜로운 이들이 있었는데 왜 그들과도 의논하지 않았던가. 그래서 좋은 기회들을 놓쳐 버렸던가.

토론토 한국노인회는 하느님의 지도로 사단법인을 만들고 양로원까지 설립할 수 있었던 좋은 기회였다. 내가 일찍 물러서서 나를 괴롭히던 몇몇 사람들에게 노인회를 넘겨주지 않았던들 연합교회가 양로원을 만드는 데까지 이 일을 발전시켰을지 모른다. 지금도 생각하면 미안한 생각이 든다.

이렇게 내가 알게 모르게 지은 죄 때문에 실망하고 섭섭해서 교회를 떠난 사람이 많을 것이다. 마지막 심판의 날에 내게 실망한 많은 무리가 나타나서 "나는 문 목사 때문에 교회를 떠나 그릇된 길로 갔습니다. 책임은 문 목사에게 있습니다" 하면서 내 부족함과 실수를 열거하면 나는 어떻게 해야 할 것인가.

그러나 나는 안다. 아무리 잘못한 것이라도 이것을 마음에 뉘우치면서 그분께 고백한다면, 그리고 마음을 바꾸어 바르게 살려고 한다면 그는 용서해 주신다는 것을. 그래서 나는 내 부족한 것을 이렇게 고백하는 것이다.

남은 날들의 목표

마음의 무거운 짐을 옹기장이 앞에 털어놓으니 마음은 가벼워졌다. 그의 용서를 믿기 때문이다. 나는 이제 나머지 시간을 한 가지 목표를 위해서 달리려고 한다.

바울 사도는 우리 삶을 경주에 비유했다. 헬라 문화에 친숙했던 바울 사도는 틀림없이 헬라인들이 벌이던 올림픽 경기를 생각하면서 그런 비유를 했을 것이다.

올림픽 경기에 나가는 선수는 4년 동안 있는 정성을 다해서 스스로를 단련하고 훈련한다. 그리고 경기가 시작되면 한 순간도 곁눈을 팔지 않고 목표를 향해서 달린다. 그의 눈에는 목표밖에 보이지 않는다. 바울 사도는 올림픽 선수처럼 달렸다. 나도 과거의 보따리를 청산했으니 바울 사도의 심정으로 달려야 한다.

나는 이 희망을 이미 이루었다는 것도 아니고 또 이미 완전한 사람이 되었다는 것도 아닙니다. 다만 나는 그것을 붙들려고 달음질칠 뿐입니다. 그리스도 예수께서 나를 붙드신 목적이 바로 이것입니다. 형제 여러분, 나는 그것을 이미 붙들었다고 생각하지 않습니다. 다만 나는 내 뒤에 있는 것을 잊고 앞에 있는 것만 바라보면서 목표를 향하여 달려갈 뿐입니다. 하느님께서는 그리스도 예수를 통하여 나를 부르셔서 높은 곳에 살게 하십니다. 그것이 나의 목표이며 내가 바라는 상입니다.(〈필립비〉서 3:12~14)

이제 내가 바라보며 달려야 할 목표가 무엇인가? 한국 교인들은 흔히 자신이 겨냥하고 달리는 목표가 '천당'이라고 생각한다. 그러나 신구약성서를 통틀어 보아도 천당이라는 말은 없다. 중국 교회에서 하느님 계시는 곳을 '천당'이라고 부르던 것을 빌려 온 용어다. 구약에서는 '메시아 왕국'이라고 했고 복음서에서는 '하느님의 나라'나 '하늘 나라'라고 했다. 아무튼 핵심은 하느님의 뜻이 이룩되는 나라를 목표로 해야 한다는 것이다.

이 하느님의 뜻이 이룩되는 나라, 곧 하느님 나라에 대해서는 보통 두 가지 해석이 있다. 하나는 우리가 죽은 다음에 들어가는 새 하늘 새 땅이라고 믿는 해석이다. 다른 하나는 땅 위에서 하느님의 도의가 실현된 사회를 하느님 나라로 보는 것이다. 이 두 가지 주장이 팽팽히 맞서고 있다. 전자는 후자를 신신학, 혹은 용공적인 신학이라고 비판한다. 후자는 전자를 미신적인 신학을 주장하는 자라면서 부정한다. 전자는 국제기독교교회협의회(ICC)요 후자는 세계교회협의회(WCC)다.

내가 목표로 하는 하느님 나라는 3차원적이다. 다시 말해 내가 이해하는 하느님 나라는 세 가지 차원으로 이룩된다고 믿는다. 그 첫째는 우리 마음속에 이루어지는 하느님 나라이다. 〈누가복음〉 17장 21절을 보면 하느님 나라가 여기 있다, 저기 있다 하지 말라면서 "하느님 나라는 너희 안에 있다"고 했다. 우리 마음속에 그분을 모시고 그의 뜻대로 살 때 우리 마음속에 하느님 나라가 이룩되는 것이다. 우리 마음속에

악마를 거하게 한다면 우리 속에는 악마의 왕국이 있는 것이 된다. 그러기에 우리는 언제나 마음속에 하느님을 모시고 그의 뜻에 따라서 살아야 한다.

둘째로 이렇게 그의 뜻에 따라서 사는 사람이 모여서 사는 사회란 지상에 있는 하느님 나라다. 이것이 두 번째 차원의 천국이다. 이 지상 천국에도 마음의 천국처럼 하느님의 뜻을 따르지 않는 자들이 끼어들어서 하느님 나라의 조화를 깨뜨리기 쉽다. 그러기에 서로 경계하고 용서하면서 마귀가 틈타지 않도록 노력해야 한다.

셋째로 우리가 흔히 생각하는, 죽은 다음에 가는 천당이 있다. 이것이 말하자면 제3의 천국이다. 지상의 천국에서 하느님의 뜻에 따라 산 자들이 죽은 다음에 제3의 천국에 간다. 이 제3천국의 그림을 〈요한묵시록〉의 저자는 아름답게 그렸다. 죽음에 직면한 신도들에게 아름다운 제3의 천국을 보여 주면서 끝까지 충성하라고 권한 것이다.

내 삶의 목표는 이 세 가지 천국을 바라보면서 몸과 마음과 뜻과 정성을 다해서 살아 보는 것이다. 물론 내가 구체적으로 노력할 것은 첫번째와 두 번째 목표를 위해서 달리는 것이다. 그러면 제3의 천국은 하느님이 마련해 두었다가 주실 것이라고 나는 흔들림 없이 믿는다.

아버님은 이렇게 가셨습니다*

문익환

82년 여름까지 아버님(문재린 목사―편집자)은 건강하셨습니다. 공주교도소로 저를 보러 오시는 아버님은 교도관들의 눈에 저의 형으로밖에 보이지 않으셨으니까요. 그랬는데 그해 가을이 되면서 아버님은 접견실에서 가끔 왼쪽 머리에 손을 얹으시는 것이었습니다. "왜 머리가 아프세요" 하고 물었더니, 머리가 조금 띵하다는 대답이었습니다. 걱정이 안 되는 것은 아니었지만, 별로 마음을 쓰지는 않았습니다.

그러다가 제가 안양으로 이감되어 온 다음 처음 만났을 때―그건 11월 22일이었습니다―저는 아버지를 안아 보고 놀랐습니다. 그 육중하던 몸이 갑삭해지셨기 때문입니다. 저에게 있어서 아버님은 바위였습니다. 흰뫼였습니다. 언제까지나 우뚝 서 있을, 그런데 그 바위가 푸실

---

*이 글은 문익환 목사가 《고 문재린목사 추모문집》에 쓴 글을 맞춤법과 띄어쓰기만 손보아 그대로 실은 것이다.―편집자

푸실 부서져 내리는 것 같아 무너지는 마음을 가늠할 길 없었습니다. 그 심정을 저는 그 다음다음 날 편지에서 이렇게 표현해 보았습니다.

> 푸실푸실 부서져 내리는 바위 같은 아버님을 쳐다보면서 서글프고 서운한 심정이 되었었는데, 불현듯 부서져 내리는 바위 속에서 햇빛을 받아 눈부신 흰눈 같은 바위의 살결이 보이기 시작하더니, 그 눈부시게 하얀 바위가 땅에 뿌리를 박고 구름 위 하늘에까지 닿아 있는 것을 저는 볼 수 있었습니다.

이 편지를 쓰고 얼마 안 되어(12월 3일) 저는 잠시 집으로 돌아왔었습니다. 아버님이 위독하시다고 특별 외출이 허락되었던 것입니다. 아버님은 인사불성이셨습니다. 엉뚱한 헛소리만 하고 계셨습니다.

아내의 편지를 보니, 11월 25일에 서울대병원에 갔다 오셨는데, 보행도 어려우셨다고 의사들은 아무것도 하지 말고 쉬시라는 것이었습니다. 어머님 말씀을 들으면, 11월 22일 안양에도 못 가신다고 하다가 무리하게 갔다 오신 것이라고 합니다. 그리고 머리가 아프기 시작한 것은 여름 어느 때엔가 의자에 올라서서 선반에서 서류를 내리려다가 떨어져 머리를 다치신 것이 원인이었던 것 같다는 어머님의 말씀이십니다.

아무튼 12월 3일 집으로 돌아와 보니 아버님은 저를 못 알아보시는 것 같았습니다. 그리고 종잡을 수 없는 헛소리만 하고 계셨습니다. 아시든 모르시든 저로서는 아버님께 드리고 싶은 말씀을 큰 소리로 했습니다. 아버님이 저의 생에 얼마나 큰 의미를 가지느냐는 이야기를 열심히 하는데 그때까지 헛소리만 하시던 아버님이

"나는 아무 것도 아니다"

라는 말을 또렷이 세 번을 하시고는

"사람들이 나를 믿는다면, 그건 하느님이 내게 주신 뙤씨만 한 믿음 때문이다"

이렇게 말씀하시고는 또다시 헛소리를 하시는 것이었습니다.

저는 이 말씀을 아버님의 유언으로 받아들였습니다. 교도소로 돌아갈 시간이 되어 마지막 기도를 드리고 "저 갑니다" 하고 절을 하고 나오는데, 그때까지 꼼짝도 못 하시던 아버님이 벌떡 일어서 응접실까지 걸어 나오시었습니다. 저는 그 아버님을 확 끌어안았습니다. 그리고 이것은 세상에서 아버님을 마지막으로 안아 보는 일이라고 생각하며 안양교도소로 돌아갔습니다.

그 후로 아버님은 극도로 쇠약하기는 해도 의식은 많이 돌아오신 것 같습니다. 12월 8일자 아내의 편지는 이렇게 아버님의 소식을 전해 줍니다.

아버님 모시고 저녁 예배를 드렸습니다. 아버님이 기도를 드리셨는데, 기도가 끝나고 주님의 기도를 드리시다가는 다시 아버님의 간절한 기도로 돌아가기를 되풀이했습니다. 늘 예수님의 뒤를 따르려고 하시고 부족함을 느끼시는 기도였습니다. 일생을 주의 일을 하시고도 주님 앞에 부족함을 느끼는 그 겸손을 배워야 하겠습니다.

12월 11일 편지에는 이렇게 적혀 있습니다.

아버님을 원인도 모르는 병으로 누워 계시게만 할 수 없다고 생각되어 원 선생과 의논 끝에 서울대병원으로 모시게 했습니다. 구급차가

1982년 12월 문재린이 위독해지자, 익환이 감옥에서 병문안을 나왔다.

이때 익환이 다시 감옥으로 돌아가야 한다고 하자, 문재린은 벌떡 일어나 걸어 나왔다.

와서 11시 지나 응급실로 들어왔습니다. 여러 가지 검사가 있어서 관찰실에서 오늘 밤을 지내야 합니다.

15일 편지에는 이렇게 적혀 있습니다.

그렇게 맛있게 음식을 잡수시던 분이 맛을 못 보시고 직접 위로 넣어 드린다는 것 서글픈 일입니다……. 함 선생님이 오시니까 통일 이야기를 하십니다. 교회도 하나가 되어야 한다고 젊은 목사들에게 말씀하셨습니다.

17일이 되면서 병이 호전되시어 입으로 죽을 잡수실 수 있게 되십니다.

20일에야 아버님의 병이 뇌혈전이라는 것이 밝혀집니다. "뇌 속의 혈관들이 터지고 아물고 엉키고 한 흔적이 있다는데 그래서 머리를 앓으셨나 봐요." 제가 안양교도소에서 마지막 받은 편지의 일부입니다.

12월 24일 석방되어 돌아와 보니 아버님의 병은 다시 악화되어 있었습니다. 다시 코로 위에 직접 급식하여야 했고, 링거 맞으시는 팔을 침대에 동여매고도 붙잡고 있어야 했습니다. 대소변은 물론 가리지 못하시는 형편이었습니다. 어떻게 기다리던 아들인데 알아보시지 못하는 형편이었습니다. 하루는 주치의가 컴퓨터 사진을 보여 주면서 회복되기를 기대하지 말라고 하는 것이었습니다. 제가 보기에도 왼쪽 머리에 꺼뭇꺼뭇한 점들이 너무 많았습니다.

희망 없어 보이는 투병이 계속되었지만, 왠지 꼭 회복이 되실 것만 같았습니다. 얼마 지났는지 잊었지만, 코에서 호스를 빼고 입으로 죽을 잡수실 수 있게 되셨습니다. 하루는 아침에 대변을 보겠다고 하시는 것이었습니다. 정말 변기에 대변을 보시었습니다. 대소변을 가리시게 되었다는 것은 병세가 잡혔다는 것을 말하는 것이라고 생각되어 정말 기뻤습니다. 똥 냄새가 그렇게 향기롭게 느껴질 수가 없었습니다.

그러나 의사들은 그게 아니었습니다. 마지막 반짝하는 것이라는 것이었습니다. 의사들이야 뭐라고 하든, 우리는 희망을 가지고 퇴원시켜 드렸습니다. 83년 1월 9일이었습니다. 퇴원하신 후 얼마나 지났는지 기억이 나지 않습니다마는, 하루는 아버님이 지팡이를 양쪽으로 짚으시고 응접실로 걸어 나오셨습니다. 후에 어머님에게서 들은 이야기입니다마는, 어머님이 아버님 다리운동을 많이 시켜 드렸다는 것입니다. 저는 너무 좋아서 마당으로 나가 걸어 보시라고 했습니다. 아버님은 마당에 나가서 거니시다가 대문을 향해서 층계를 내려가시기 시작했습니다.

"야, 아버지는 층계도 내려가시게 되었구나."

저는 속으로 외치며 한 걸음씩 아버님의 뒤를 따라 내려가고 있었습니다. 그런데 그것이 실수일 줄이야. 저는 시멘트 층계를 지팡이를 짚고 내려가시는 아버님을 붙들어 드리지 않았던 것입니다. 마지막 두 층계를 남겨 놓고 삐딱하시더니, 그 육중하신 몸으로 굴러 떨어지면서 쇠대문을 이마로 들이받고 쓰러지셨습니다. 정말 아찔한 순간이었습니다.

'나의 실수로 아버님은 가시는구나' 싶으니까, 저는 천추에 씻을 수 없는 죄인이 될 뻔한 순간이었습니다.

황급하게 부축해 가지고 집으로 들어와서 방에 눕혀 드렸습니다. 그런데 저의 실수가 하느님의 손에서 기억이 될 줄이야! 한 30분 가만히

누워 계시더니 조리가 있는 이야기를 하기 시작하셨습니다. 그때까지
는 몸은 회복되어 가시는데, 하시는 이야기는 아직 조리 없는 것이었
던 것입니다.

　가까운 데 있는 의사를 불러다가 이마의 상처를 보여 드렸더니, 다
섯 바늘이나 꿰매는 것이었습니다. 꽤 큰 상처였습니다. 응접실에 나
와서 의사에게 자초지종을 이야기했더니, 당장 응급실로 모시고 가라
는 것이었습니다. 머리 안 모세관이 하나라도 터졌으면, 지금은 괜찮
은 것 같아도 언제 악화될지 모른다는 것이었습니다. 의사를 보내고
방에 들어갔더니, 말짱했습니다. '믿는 거다. 나의 실수마저가 하느님
의 손에서 기적이 된다는 걸' 속으로 뇌까리며 아버님 머리맡에서 간
단히 기도를 올렸습니다.

　'아버님의 생명을 당신 손에 맡깁니다.'

　그러고는 병원으로 모시고 가지 않았습니다. 신앙의 모험을 그때
처음 실천해 본 것 같습니다. 우연을 기적으로 오인하는 것이 아닌가
하는 생각이 머리를 쳐들어도 저는 고개를 저으며 지금까지 살아왔
습니다.

　아무튼 그것으로 아버님은 급속도로 회복이 되시어 3년을 더 사셨
습니다. 아버님도 그 3년을 소중하게 사셨지만 저희도 어버이의 정이
무엇인지를 살갗이 쓰릴 정도로 느끼며 산 너무너무 소중한 기간이었
습니다. 바쁘다는 핑계로 미루어 오던 〈아버님 어머님의 간도 이야기〉
3회분을 《오늘의 책》에 연재했습니다. 나머지 이야기를 아버님 없이
써야 한다고 생각하면, 하늘이 무너지는 것 같아도, 세 번이라도 썼다
는 건 저에게 있어선 그냥 보람차기만 합니다.

　매주일 교회에 나가셨고 가끔 요청이 있으면 설교도 하셨습니다. 다

시 아침부터 저녁까지 만주의 역사 자료들을 모으고 정리하는 일을 하셨습니다. 어머님은 가끔 이런 말씀을 하셨습니다.

"젊었을 때는 책상에 붙어 계실 짬이 없으시더니, 이제 그걸 봉창하시는군!"

평소에 들어 둔 이야기, 녹음해 둔 것, 기록해 두신 것을 더듬으면서 회고록을 완성하는 것이 제가 할 일입니다.

아버님이 목사로서 한 마지막 일이 평신도 운동이었습니다.

"교회는 목사의 것이 아니야. 평신도들의 것이야. 각성된 평신도들만이 교회를 교회 되게 하는 거야." 이것이 그의 불붙는 신념이었습니다. 그 신념으로 전국을 누비며 평신도의 자각과 평신도회의 조직을 위해서 자비량으로 뛰셨습니다. 그야말로 신들린 사람 같았습니다. 그 결과로 기독교장로회 안에 남신도회가 탄생되었습니다. 이것은 교회의 민중성에 대한 깨달음이었습니다.

그 남신도회를 위해서 아버님은 지난 3년 동안에 두 가지 일을 하고 가셨습니다. 하나는 회가를 짓는 일이었습니다. 제가 곡조(273장 곡*)에 맞추어 가사를 손질했습니다마는 내용은 그대로 아버님이 지으신 것입니다. 그것은 아래와 같습니다.

1. 우리는 주의 형제 반갑고 미더워라
   뜨거운 사랑으로 하나가 되었네
   그 사랑 흘러넘쳐 즐거운 낙원을
   이 땅에 세우려고 부르심 받았네

---

*《찬송가》, 한국찬송가공회 펴냄. 원래 제목은 〈저 북방 얼음산과〉.—편집자

2. 우리는 주의 정병 반갑고 미더워라

　　드높은 큰 뜻으로 하나가 되었네

　　십자가 등에 지고 빛나는 천국을

　　이 땅에 세우려고 몸 바쳐 싸우리

3. 우리는 주의 일꾼 반갑고 미더워라

　　평화의 복음으로 하나가 되었네

　　나누인 이 겨레가 한마음 한 몸 되어

　　온 누리 땅 끝까지 평화를 이루리

　　다음으로 그가 하신 일은 평신도들이 어떻게 신앙생활을 하면서 사회에 민주적인 기여를 할 것이냐는 것을 성서적인 근거로 밝히는 것이었습니다. 그것을 책심으로 만들어 전국으로 퍼뜨리는 일을 남신도회에서 했는데, 그것은 아래와 같습니다.

1. 하루 두 번씩 정한 시간에 하느님께 솔직한 심정으로 정성껏 기도한다(마태복음 7:7~8).

2. 영적 양식(성경)을 하루 한 끼니씩 먹기로 한다(디모데 후서 3:15~17).

3. 주일은 은혜 받는 날이므로 정성으로 지키도록 한다(출애굽기 20:8~11).

4. 헌금은 천국 시민으로 하느님께 드리는 감사 예물이니 정성으로 드리기로 한다(말라기 3:10).

5. 1년에 불신자 한 사람을 주님께로 인도한다(사도행전 1:8).

6. 하루에 작은 봉사 하나를 하기로 한다(마태복음 25:40).

7. 민주 운동은 주님이 시작한 것이니 나도 이에 참여하기로 한다(마
   태복음 11:4).

1~6까지는 목사이면 누구나 하는 말일 터이기에, 아버님의 '천국 시민의 실천 생활'에서 특이한 것은 7항입니다. 아버님이 믿으신 천국은 철저한 민주 사회였습니다. 거기는 명령과 복종의 질서가 완전히 청산된 곳이었습니다. 만인이 다 제 세상으로 살아갈 수 있는 곳이었습니다. 그러나 아버님이 예수의 가르침에서 찾으신 민주성은 동시에 민중성이었습니다.

소경이 보고 절름발이가 제대로 걸으며 문둥이가 깨끗해지고 귀머거리가 들으며 죽은 사람이 살아나고 가난한 사람들에게 복음이 전해진다.(마태복음 11:5)

아버님의 믿음은 이 나라의 민주화와 민족의 통일로 구체화되지 않으면 안 되는 것이었습니다. 그의 믿음과 민족사랑은 한 치 어긋나지 않고 하나였습니다. 표리일체였습니다. 재작년(1984) 8월 13일이었습니다. 아버님은 민족 통일을 꿈으로 계시받으셨는데, 그 이후로 남북 관계가 풀리는 기운을 보시고는 그 꿈을 더욱 믿으시게 되었습니다. "민족이 통일되려면, 그 전에 교회가 하나가 되어야 해"라는 말을 아버님은 입버릇처럼 하셨습니다.

지난 3년 동안 아버님을 정말 기쁘게 해드린 것은 재야 민주 세력들의 단합이었습니다. 그리고 그 일에 당신의 아들이 한몫하고 있다는

것은 그의 생의 마지막을 만족스럽게 했습니다.

1984년 11월 26일 민주·통일국민회의 현판식에 나오셔서 만세 삼 창을 선창하신 일은 그를 정말 기쁘게 해드렸습니다. 작년 4·19 때 에 우이동 성역에서 젊은 학생들과 함께 기념행사에 참석하신 것이 민 족적인 행사에 참석한 그의 마지막이었습니다.

아버님의 마지막 즐거운 여행은 육친의 아들들이 시켜 드린 것이 아 니라, 민족의 아들들이 시켜 드렸습니다. 유운필 목사, 전학석 목사, 최익준 장로, 이두수 목사가 김재준 목사와 함께 아버님을 한 번은 현 충사로 한 번은 유성 온천으로 모시고 갔다 온 일은 눈물겨웁도록 고 마운 일이었습니다. 작년 가을의 일이었습니다.

아버님의 생의 마지막 아픔은 북간도에 가 보고 싶은 꿈이 건강 악 화로 깨어질 때였습니다. 대 중공 관계가 트이면서 북간도에 갈 기회 가 허락된다면 가실 생각이 간절하셨습니다. 저도 기회가 되면 아버지 어머니를 모시고 갔다 오고 싶었습니다. 어머님은 "난 못 가"라고 하 셨지만, 아버님은 못 간다는 말씀을 하시지 않았습니다. 제가 가서 산 다면, 아버님은 북간도에 가서 사시다가 거기 묻히고 싶으셨습니다. 해외 교포 사회가 민족 통일의 지렛대 구실을 해야 하는데, 그걸 할 수 있는 곳이 바로 북간도라고 믿었기 때문에 제가 그리로 가고 싶다는 말을 했더니, 네가 간다면 나도 가겠다고 하시며 굉장히 흥분하셨습니 다. 북간도에 있는 일가와 열심으로 편지 거래를 하셨는데, 그것도 북 간도에 가고 싶은 그의 심정의 표현이었을 것입니다. 그런데 그의 기 력은 눈에 보이게 약화되어 가고 있었습니다. 특히 걸음이 부자유스럽 게 되어 갔습니다. 게다가 아들이 이 나라에서 한 발짝도 나가지 못하 리라는 것이 분명하게 되면서 아버님은 끝내 북간도행을 단념하시었

습니다. 그건 정말 서글픈 일이었습니다. 옆에서 보는 저에게 있어서
도 가슴을 할퀴는 것 같은 아픔이었습니다.

　마침내 그의 체력의 한계가 오고 말았습니다. 지난 추석날(9월 29
일)이었습니다. 마침 그날은 주일이어서 교회에 갔다 오셔서 점심을
잡수시려고 식탁에 앉으셨는데, 전연 몸을 못 가누시는 것이었습니다.
그래서 방에다 눕혀 드렸는데 정신이 혼미해지셨습니다. 그 이튿날 아
침이었습니다. 장인의 마지막을 보살펴 드린 경험이 있는 막내아들 성
근에게서 전화가 걸려 왔습니다. 할아버님 변소 출입하실 때 잘 보살
펴 드리라고. 그러마고 해 놓고도 아버님이 혼자서 변소로 들어가시는
걸 부축해 드리지 못했습니다. 아버님의 몸에 대한 확신 같은 것이 있
었던 것 같습니다. 한 15분 지났을 것입니다. 아차 하고 생각이 들어
변소에 들어갔더니, 아버님은 욕조와 변기 사이에 끼어 꼼짝도 못 하
고 계셨습니다.

　막 저녁을 먹으려고 하는 때였으니까 여섯 시쯤이었을 것입니다.
119에 전화를 걸어 소방서 구급차를 불러 서울대학병원 응급실로 모
시었습니다. 가 보았더니 갈비뼈 하나가 부러져 있었습니다. 그러나
그것은 별 치료가 없고 저절로 아물어 붙기를 기다리는 길밖에 없다는
진단이었습니다. 아버님은 내과와 신경내과와 외과의 치료를 받으시
게 되었습니다. 때때로 헛소리를 하실 정도로 병세는 일진일퇴였습니
다. 한번은 헛소리로 이런 말을 하시는 것이었습니다.

　"의정부는 지났지? 동두천도 지났지? 평양은 아직 멀었지?"

　저는 그냥 "예" "예" 하는 수밖에 없었습니다. 정신이 돌아오신 다음
에 아버님은 '하느님은 한국 민주주의를 완수하려 하신다'는 제목으
로 그때 보신 환상을 이렇게 기록해 두신 것이 후에 발견되었습니다.

그 글은 이렇습니다.

대한국민치고 조국의 민주 통일을 원치 않을 누리요? 나도 이것을 위하여 무시로 기도하고 있다. 그러나 이를 완수함에 넘기 어려운 장벽들이 우리 앞을 첩첩 가로막고 있으므로 낙심하기 쉬운 딜레마에 빠지기 쉬운 형편에 있음으로 하느님은 10월 6일 새벽 5시에 나에게 계시 같은 꿈을 주셨다. 하느님은 부족한 늙은 종에게 이런 격려의 지시를 아끼지 않으심을 중심으로 황송함을 금치 못한다.

때마침 이상향을 찾느라고 어떤 심산에서 헤매다가 눈을 들어 남산을 바라보았더니 만산에 기화요초가 덮였고 옥수는 쏟아져 내려오는 드문 요소에 고루거각이 있을 뿐 아니라 천주교 성당 소리가 울 뿐 아니라 신교회 예배당에 성도들이 부르는 찬송 소리도 우렁차게 들려왔다. 아— 이것이 내가 원하는 이상촌이로구나 하고 당장 뛰어올라 가고 싶었다. 너무나 가파롭고 고원 약 2천 척이나 되어서 나로서는 가망이 없었다. 두루 살펴보니 케이블카 한 쌍이 있어서 나는 그 이상촌에 올라가서 실컷 즐겼다. 그 케이블카를 타고 그 이상촌에 두 번 올라가 즐겼다. 꿈을 깬 뒤에 해석이 뒤따르니 이렇다. 그 이상촌은 우리가 취하려고 온갖 힘을 다하나 우리 힘으로는 불가능에 가까우나 전지전능하신 하느님의 손이 케이블이 되는 때는 거뜬히 그 이상향 민주 사회는 성공하리라고 믿는다. 나는 이어서 북한을 방문하고 싶었다. 발을 옮겨 38선을 넘어서니 내 앞에 펼쳐 있는 들은 전부 사막에 여윈 나무가 서 있을 뿐이었다. 내 고향이 왜 이렇게 되었으며 내 사랑하는 형제자매들은 모두 어디로 가고 보이지 않나 해서 한바탕 통곡했다. 이북의 우리 형제를 속히 찾아 만나서 붙들고 속히 하나 되도록 하자.

그래야 우리는 산다.

"의정부는 지났지? 동두천도 지났지? 평양은 아직 멀었지?" 하실 때 아버님은 사막을 보고 통곡하고 계셨던 것입니다. 이것을 당신 손으로 똑똑히 기록하시기 전에 아버님은 제게 "분단 조국은 인간 부재라는 걸 하느님은 내게 보여 주셨다"고 뚜렷이 말씀하셨습니다. 이렇게 아버님은 민주조국 통일조국의 꿈을 계시로 받으셨다고 믿고 굉장히 기뻐하셨습니다.

아버님의 병은 실은 오줌을 충분히 못 누시는 데 있었던 것 같습니다. 입원 후 얼마 안 되어 오줌을 아주 못 누시게 되어서 호스를 박은 다음 많은 오줌을 누시면서 병이 호전되기 시작했으니까요. 오줌독이 몸에 퍼지면서 병이 악화되었던 것 같습니다. 몸에서 오줌독이 빠지면서 거의 정상이 되었는데 문제는 호스를 빼고도 정상적으로 오줌을 눌 수 있느냐는 데 있었습니다. 그런데 불행하게도 그게 되지 않았습니다. 그래서 하는 수 없이 방광에 호스를 박고 퇴원할 수밖에 없었습니다. 입원한 지 3주일 만인 10월 21일이었습니다. 수술을 받으실 수 있을 만큼 건강 회복을 하는 것이 남은 문제였습니다.

그런데 건강 회복이 여의치 않았습니다. 우선 아버님의 사기가 떨어져 있었습니다. 워낙 당당하던 몸이셨는데, 그 몸의 중요한 한 부분이 고장이 나서 오줌통을 달고 지나야 한다는 것이 퍽 비참하게 느껴지셨던 것입니다. 교회로 나가자고 하시다가도 "저걸 달고 어디로 가" 하고는 외출할 생각을 거두시는 것이었습니다. "그게 어떻니까?" 하면서 교회로 모시고 나갔더라면 아버님의 사기가 올라갈 수 있지 않았을까 하는 후회도 해봅니다.

그러면서 차츰 불규칙한 고열이 집요하게 달라붙는 것이었습니다. 약을 써 보아도 안 되고 주사를 해도 내렸다가는 곧 오르고 하면서 몸은 급속도로 약해지고 있었습니다. 천수(天壽)가 다한 것이라는 느낌이 들어서 가까운 이들에게 알렸습니다. 제일 먼저 달려온 것이 안병무 박사 내외였습니다. 그 다음 정대위 박사, 김재준 박사, 그리고 이권찬 목사, 정관빈 장로도 정 대위 박사에게서 소식을 듣고 왔다 갔습니다. 김대중 선생, 계훈제 선생, 백기완 선생, 김충섭 선생도 다녀갔습니다. 양심수 가족들도 많이 다녀갔습니다. 김근태 씨 부인과 연성수 씨 부인이 찾아왔을 때였습니다. 어디서 기운이 났던지 벌떡 일어나 앉아 기도하자고 하시면서 양심수들의 건강과 석방, 이 나라의 민주화와 통일을 위해서 간절히 기도를 드리셨습니다. 그것이 아버님이 드린 공(公)기도의 마지막이었습니다. 끼니때마다 저는 아버님에게 기도하시라고 했습니다. 아버님의 기도는 어눌하시면서도 언제나 나라와 겨레, 특히 감옥에 있는 이들을 위한 기도였습니다.

그러던 중 12월 6일이었습니다. 밤늦게 숨이 끊어지고 잘 이어지지 않게 되었습니다. 그래서 전화로 아이들을 불렀습니다. 찬송을 부르고 기도하고 또 찬송을 부르곤 하는데 맥박이 아주 제 손가락에 느껴지지 않게까지 되었습니다. 그러는데 갑자기 눈을 번쩍 뜨시며 활짝 웃으시는 것이 아니겠습니까? 3, 4일째 눈을 제대로 못 뜨시는 상태였는데, 저는 아버님의 얼굴에서 그렇게 맑은 웃음을 일찍이 본 일이 없었습니다. 이제 정말 가시기 전 마지막 반짝하는 것이라고 판정되어 어머니에게 마지막 말씀을 하시라고 했습니다.

"당신은 행복한 분이에요. 일생 소신을 굽히지 않고 사셨고, 자손들도 그 뜻을 따라 다들 나름대로 살아가고 있구요. 그러니 안심하고 가십시오."

어머님의 마지막 작별 인사였습니다. 우리도 다 각기 안심하고 가시라는 인사를 드렸습니다. 그리고 제가 마지막 찬송을 무얼 불러 드릴까요 하고 물었더니 "할렐루야" 라고 하시는 것 아니겠습니까? 그래서 부활절 찬송(133장)

"할렐루야 우리 예수 부활 승천하셨네"

를 부르는데 눈을 스스로 감으시는 것이었습니다. 그 찬송 소리를 들으면서 문턱을 넘으시는 것이라고 생각했는데, 얼마 있자니까 죽었던 맥박이 다시 살아 나오는 것 아니겠습니까? 그래서 또다시 투병이 시작되었습니다.

12월 12일에는 북간도에 있는 '종린 현제에게' 편지를 남깁니다. 글씨가 헝클어져서 알아보기 힘들지만 내용은 대강 이런 것이었습니다. 만주에 있는 가문의 소식을 책임지고 그때그때 알려 달라는 것과 북미에 있는 가문의 연락은 형린 아우가 지고 국내는 용길 장로가 책임진다는 것이었습니다. 이 편지가 아버님의 마지막 육필이 되었습니다. 그리고 해외에 있는 친지들의 주소록을 맏며느리에게 넘겨주셨습니다. 이때쯤이었는지는 기억이 되지 않지만, 하루는 저에게 이런 말씀을 하셨습니다.

"나를 살려 보겠다고 네가 애를 쓴다마는 이젠 안 되겠다. 건강할 때 실컷 뛰어라."

저에게 주시는 둘째 유언이었습니다.

12월 14일이었습니다. 오래 막혔던 오줌이 저절로 나왔습니다. 그래서 의사를 불러다가 조처를 하고 방광에 박았던 호스를 뺐습니다. 막혔던 요도가 뚫렸으니 조절 기능만 회복되면 수술 않고도 될 것 같아서 기뻤습니다. 그런데 그 다음 날 열이 높았습니다. 외과 조처를 하는 동안 균이 들어가지 않았나 해서 의사를 불러다가 항생제과 해열제 주사를 놓았는데, 그게 쇠약한 몸에 지나쳤던 것 같습니다. 땀을 많이 흘리시고 다섯 시간이나 혼수상태에 빠지셨으니까요. 17일 아침에는 열이 35도에 혈압이 아래가 40으로 떨어져 있었습니다. 서둘러 입원 수속을 밟고 비뇨기과에 입원시켜 드렸습니다.

의사는 방광에 다시 호스를 박아야 한다는 것이었습니다. 또다시 제가 실수를 저질렀습니다. 바퀴수레를 타고 수술실로 내려가실 때 제 웃옷만 걸쳐 드렸는데 수술실에서 오래 기다리면서 몹시 추우셨던 것 같습니다. 그때 폐렴이 걸려서 결국 폐렴과 싸우시다가 가시게 되었으니, 자식 된 도리를 한다는 게, 어떻게든 살려 보려고 하는 일이 불효 막심하게 되어 버렸습니다. 최선을 다하느라고 했는데, 깜박 잠든 동안에 링거 줄이 빠져서 그 소중한 피가 침대에 흥건히 흘러나온 것을 보았을 때는 정말 죽고 싶은 심정이었습니다.

그러나 아버님의 투병은 그냥 놀라울 뿐이었습니다. 그렇게도 괴로우실 텐데 어디 불편한 데 없으시냐고 물으면 언제나 머리를 저으시는 것이었습니다. 하룻밤 동환이가 밤을 새면서 정말 아픈 데가 없으시냐고 물었더니,

"왜 아프지 않겠니. 안 아픈 데가 없다"

고 하시더라는 것입니다. 그렇지요. 바위가 아프다는 말을 하겠습니까? 아버님은 바위이신데. 운명 나흘 전부터 소변에서 피가 쏟아져 나오고 있었습니다. 당황했습니다. 의사들의 조사 결과 피가 응결력을 잃었고 병균을 이길 힘을 잃었다는 것입니다. 이제는 병균이 어디든 갈 수 있고 가는 곳곳에서 피가 터져 나올 것이라는 것이었습니다. 가

래를 뽑아내면 가래에서도 피가 나왔습니다.

절망적이었습니다. 저는 온몸에서 무게가 빠져나가는 것 같았습니다.

"난 20대에 부모를 다 여의었어요. 당신은 70이 되기까지 부모를 모셨는데 왜 그렇게 허둥대지요?"

체중을 잃은 사람처럼 허둥대는 저를 진정시키려는 아내의 말이었습니다. 저도 20대에 이 일을 당했으면 그렇게 허둥대지 않았을지도 모르지요. 90년에 걸친 민족 수난사가 아무 보람 없이 끝나는 것을 보는 허탈감 같은 것도 있었겠지만, 그것만은 아니었던 것 같습니다.

28일 의사들도 튜브를 가슴속에 꽂아 넣고 산소를 공급하는 비상수단을 썼습니다. 우리는 그것으로 캐나다에 있는 영환이가 오기까지 연명되기를 바랐습니다. 영환이는 연말이라 캐나다 정부에서 여권을 1월 3일에야 발부할 수 있다는 소식이 와 있었던 것입니다. 영환이가 오기까지 연명되기를 바랄 뿐 아니라, 그리 되리라고 믿으면서 맏손자 호근이에게 아버님의 병간호를 맡기고 집에 들어와서 잤는데, 새벽에 호근에게서 전화를 받고 나갔을 때는 아버지의 생을 90년 지탱해 온 심장은 이미 멎어 있었습니다. 이마에 손을 얹어 보았더니, 아직은 따뜻했습니다.

빙긋이 웃으시는 극히 평화로운 얼굴이었습니다. 그 순간 저는 "아버님은 가신 것이 아니구나, 저 확실한 웃음으로 되돌아 오셨구나, 이렇게 살아 계시지 않는가"라는 생각이 들며 허둥대던 마음이 완전히 평온을 되찾았습니다. 그것은 90년 민족 수난사의 승리와도 같은 웃음이었습니다. 인생의 마지막 적인 죽음에게 꺾이지 않는 확신 같은 걸 보는 순간이었습니다. 죽음이 웃음이 된다면 웃음이 안 될 것이 없다는 것을 깨닫는 순간이었습니다.

　어머님의 깊은 울음소리만이 병실에 메아리치고 있었습니다. 파란 만장의 민족 수난사를 75년 동안 같이 걸어오신 동반자를 먼저 보내신 울음소리로서는 차라리 조용한 울음이었습니다. 어머님에게 있어선 무덤 이편의 아버지와 무덤 저편의 아버지 사이에 차이가 없어진지 오랬던 것 같습니다. 82년 겨울 이후로 어머님은 무덤 이편에서 무덤 저편의 아버지와 같이 살고 계신 것 같습니다.

　"난 많은 노환을 겪어 봐서 안다. 저 열이 문제다."

　어떻게든 살려 보고 싶어 애쓰는 아들에게 아버지의 죽음을 고요히 받으라는 투였습니다. 75년을 한눈팔지 않고 민족 수난사 속을 같이 걸어오신 분으로서 이제 새 시대가 너희의 손으로 열릴 걸 믿고 가셨는데 뭐 그리 슬퍼할 것이 있느냐는 확신이 젖어 있는 울음소리였습니다.

　"빨리 홍 박사에게 전화를 걸어라."

　어느샌지 눈물을 거두고 난 어머님의 목소리였습니다. 아버님은 이 병원의 홍창의 박사님에게 아래와 같은 유언장을 81년 12월 3일 날짜로 이미 맡겨 두셨던 것입니다.

　내 몸을 땅에 묻어 썩이지 말고 필요한 부분을 필요로 하는 환자에게 주고 뼈는 해부학 표본으로 만들어서 많은 젊은 의학도들과 같이 봉사 생활에 바치려 한다. 그리고 나머지 내장과 살을 땅에 묻되 그 위에 잣나무 한 그루를 심어서 길이 푸르게 해주기 바란다. 이는 내가 하느님 앞과 사람들 앞에서 가진 삶의 부족을 참회함이다.

　이것이 얼마나 간절한 소원이었느냐는 것은 마지막 한 주일 동안 무언가 말씀을 하시곤 하셨지만, 하나 알아들을 수가 없었습니다. 그런데 꼭 한마디 "내 몸을 해부할 때 익환이 입회하라"는 말만을 분명히 알아들을 수 있게 해주셨다는 것으로 증명이 됩니다. 이 말만은 있는 힘을 다해서 알아들을 수 있게 해주셨던 것입니다. 그리고 이것은 저에게 내리신 아버님의 세 번째 유언입니다. 홍 박사에게 전화를 걸었더니, 홍 박사의 대답은 다른 부분들은 다 노쇠해서 쓸 만한 것이 없지만 눈만은 쓸 수 있을지 모른다면서 안과 의사를 보내겠다는 것이었습니다. 한 세 시간 후에 의사가 왔을 때는 아버님의 몸은 이미 영안실에 내려와 있었습니다. 의사가 아버님 얼굴에서 보자기를 벗겼을 때 우리는 모두 "앗" 하고 놀랐습니다.

아버님은 운명하실 때에 튜브를 문 채로였기 때문에 턱이 떨어져 있었습니다. 아무리 턱을 받쳐 보아도 이미 굳어진 턱이 올라갈 턱이 없었습니다. 그런데 지금 아버님은 살그머니 입을 다물고 빙긋이 웃고 계시는 것이 아니겠습니까? 아버님의 시신을 앞에 놓고 기쁘다는 말을 하는 것은 죄받을 소리지마는, 그때의 기쁨은 이루 다 형언할 수 없었습니다.

"각막 둘 다 쓸 수 있겠습니다."

이 말 또한 우리를 기쁘게 했습니다. 아버님은 눈도 안 좋으셨기 때문에 별로 기대하고 있지 않던 저희로서는 이건 뜻밖이었습니다. 간단한 수술 도구를 갖추어 가지고 온 의사들의 얼굴에서도 감출 수 없는 기쁨이 빛나고 있었습니다. 눈알을 마음대로 굴리며 초점을 맞추어 주던 신비 막측한 힘줄과 신경을 하나하나 끊어 가는 의사들의 손길이 하느님의 손길처럼 놀라웁고 고맙게 느껴졌습니다. 이리하여 저는 아버님의 셋째 유언부터 이루어 드리게 된 셈입니다. 동환이도 지켜보았습니다.

　의사들도 칼과 가위를 놀리면서 이런저런 이야기를 들려주었습니다. 서울대학병원에 각막 이식을 요청한 사람이 120명 있는데 눈을 제공하겠다는 사람은 한 70명밖에 안 된다는 것, 그들이 대부분 젊은이들이어서 각막 이식을 기다리는 사람들은 청원을 해 놓았지만 거의 가망이 없다는 것, 눈알 제공이 서울대병원으로서는 아버님이 처음이라는 것 등.

　언제 이식하느냐고 물었더니 그날 오후 3시에 한다는 것이었습니다. 그날은 일요일인데도 그날로 이식한다니, 그 성의가 어찌나 고마웠던지 모릅니다. 다음 날 석간 중앙일보에 아버님의 각막을 이식받은 사람이 신모라는 27세가 된 남자와 허모라는 63세 난 부인이라는 것이 보도된 것을 읽고는 중앙일보 기자들의 성의에 정말 고마움을 느꼈습니다. 그야말로 남녀노소가 아버님의 각막을 이식받아 눈을 뜨게 되었다는 사실은 빈소에서 조객들을 맞는 상주들에게서 슬픔을 씻어 내고도 남았습니다. 아버님은 그리도 원하시던 통일을 못 보고 가셨지만, 아버님은 신 씨의 눈과 허 씨의 눈이 되어 통일을 보게 되려니 싶으니까 정말 위로가 되었습니다.

　장례식은 서울노회장으로 하자는 의견이 있었지만, 아버님은 교회의 울타리를 깨고 신앙을 민족사의 전 영역으로 확대시키신 분인데, 노회의 울타리에 가두어 둘 수는 없다는 생각에서 교회와 교회 바깥의 동지들로 장례위원회를 구성하고 위원회장으로 하기로 했습니다. 위원장으로는 김재준 목사님, 부위원장으로는 김소영 한국교회협의회 총무, 김승훈 신부님, 계훈제 선생님을 모시고.

　수의는 따로 만들지 않았습니다. 평소에 즐겨 입으시던 우리옷에 곤색 마고자를 입혀 드려 어디 잠깐 마실 나가시는 듯한 옷차림으로 가셨습니다. 무덤은 경기도 양주군 동두천읍 상봉암리, 소요산 중턱 경원선이 굽어보이는 곳에 썼습니다. 아버님 어머님을 모실 생각으로 사두었던 산인데, 산을 볼 줄 아는 사람들이 자리가 좋고 흙도 좋다고 하는 바람에 많은 위로를 받았습니다. 금년 봄 4월 3일이 아버님 어머님 결혼 75주년이 되는 날인데, 그 다음다음 날 어머님 생신에 산소를 다듬고 마침 식목일이라 잣나무도 한 그루가 아니라 많이 심어서 잣나무 골을 만들려고 합니다.

빈소로 위문 오셔서 방명록에 서명해 주신 분은 679분이었지만, 출상 날 장례식장이었던 한국신학대학 강당은 아래위층 다 차고도 못 들어오신 조문객들이 많았다고 합니다. 천 명이 넘었을 것이라고 합니다. 그믐날이어서 모두들 바쁘실 텐데도 산소까지 가신 분이 300명은 되었을 것입니다. 특히 흐뭇했던 것은 교회와는 관계가 없는 분들이 반을 넘었을 것이라는 점입니다. 교회의 울타리를 깨려고 살아오신 아버님의 마음이 교회 안팎에 고루 울려 퍼졌다는 것을 보여 주는 일이었기 때문입니다.

장례식 때 설교를 맡아 주신 김재준 목사님이 죽음을 넘어가는 생의 의미를 담담하게 설파해 주셔서 고마웠습니다. 어머님 말씀대로 안병무 박사의 약력 소개는 아버님의 생 그대로였습니다. 정대위 박사의 조사는 아버님을 열사로 돋보이게 해주었고 계훈제 선생님은 조사에서 아버님의 생을 오늘의 민족사로 조명해 주어서 고마웠습니다. 폭포처럼 쏟아지는 고은 선생님의 조시는 아버님을 영원한 젊은이로 민족의 아버지로 돋보이게 해주었습니다. 아버님의 인품과 생애가 고은 시인에게 그렇듯 넘치는 시적 영감을 주었다고 생각하니까, 아버님이 더욱 자랑스럽게 느껴졌습니다.

입관 예배를 보아 주시고 그 밖에 모든 일을 총괄해 주신 한빛교회 유원규 목사님, 발인 예배에서 하관 예배까지 모든 예식을 주관해 주신 서울노회장 서도섭 목사, 호상으로 중책을 맡아 애써 주신 기장총회 총무 김상근 목사, 그리고 온갖 궂은일을 해낸 민통련 간부들과 한빛교회 청년들, 양심수 가족들의 헌신적인 봉사를 어찌 다 말로 고맙다고 할 수 있겠습니까?

아버님은 가셨습니다. 그러나 아버님은 가시는 듯 돌아오셨습니다. 가시는 아버님을 붙잡으려는 우리의 모든 노력은 오히려 가시는 아버님의 발걸음을 재촉하는 것이었습니다. 그러나 아버님은 웃음으로 돌아오심으로 우리의 어깨에서 불효의 짐을 벗겨 주셨습니다. 두 각막을 남겨 두 사람의 암흑에 빛을 주심으로 인생이란 죽음을 넘는 뜻과 보람이 있다는 것을 보여 주심으로 우리에게서 슬픔을 거두어 가셨습니다.

그뿐 아닙니다. 아버님의 빈소가 85년을 보내고 86년을 맞이하는 민족사의 뜨거운 현장이 되었을 때는 속으로 피눈물을 삼키면서 기뻤습니다. 이 나라 민주화의 험준한 산마루를 넘은 85년을 보내는 송년회 자리가 경찰력에 막히자 이 땅의 민주 세력들은 아버님의 빈소로 모여 왔습니다. 자연스레 빈소가 송년회 자리가 되었던 것입니다. 역사의 경륜을 제가 누군데 마다하겠습니까? 기꺼이 승낙했습니다. 이 이상 아버님의 넋을 기쁘게 해드릴 일이 또 어디 있겠습니까? 목이 터지게 선구자를 부르고 송년회를 끝내려는데 이 땅의 야인 중의 야인 백기완 씨가 만세 삼창을 제안했고 박형규 목사의 선창으로,

"민중 해방 만세"

"민주주의 만세"

"민족 통일 만세"

를 빈소가 떠나가게 부를 때에는 승리감에 도취할 수조차 있었습니다.

아버님의 생의 마지막 장은 아버님의 생에 너무나 잘 어울리는 승리의 월계관이었습니다. 이렇게 아버님의 장례식 모든 절차는 승리의 축제가 되었습니다.

"만세 만세 만세"

1986년 2월 20일

김근태 씨 재판 때문에 연금되던 날
무너미에서 아들 익환

모처럼 두 아들을 앞에 두고 즐거운 시간을 보내는 문재린. 그의 웃음이 목련꽃 같다.

같은 날 흥에 겨워 노래를 부르는 김신묵. 1978년 7월 둘째며느리 생일에, 방학동 집에서.

고만네 이야기

| 김신묵 |

✤

　내가 이 글을 쓰게 된 동기는 남편 문재린 목사가 글을 쓰면서 내게 자주 우리 집과 시댁의 역사를 묻곤 한 데 있다. 내가 기억력이 좋은 편이고 특히 북간도 명동촌에서는 상관하지 않은 것이 없어 잘 알고 있으니, 후손들에게 내가 아는 것을 자료로 남겨 두는 것이 좋겠다는 생각이 들었다. 내가 친정집에 대해서 아는 것은 우리 어머님에게서 들은 것이요, 시댁에 관한 것은 내 시조모가 들려준 것이 대부분이다.

1장
어린 시절

다섯 살에 두만강을 건너서

나는 함경북도 회령군 용흥면 용성리에 살던 김하규와 김윤하 부부의 3남 6녀 가운데 넷째 딸로 1895년 4월 5일에 태어났다. 내 어릴 적 이름은 고만녜였다. 이제 딸은 그만 낳으라고 이런 이름을 지었다 한다. 그런데 내 밑으로도 딸을 둘이나 더 낳았으니 어머니는 정말 지겨웠을 것이다. 그래도 아버지는 내가 약하다고 해서 인삼도 먹이고 개도 잡아먹였다.

우리 동기들 중에 큰언니는 마리아다. 아명은 머리가 노랗다고 해서 노랑녜, 남편은 림 씨였다. 둘째언니는 유신, 아명은 귀복례(貴福女)이고 남편은 박 씨였다. 셋째언니 유진은 아명이 곱단이, 남편은 이 씨였다. 넷째이자 큰아들은 진묵이고 아명은 성송, 부인은 정 씨다. 넷째 딸은 나고, 다섯째 딸은 신희인데 아명은 어린아, 남편은 최 씨다. 여섯째 딸은 신철이로 아명은 데진녜였다. 데진녜란 내던진 아이라는 뜻이다. 태어났을 때 또 딸이라 해서 태도 안 자르고 아이에게 누룩덩이를 올려놓은 것을, 사촌아주머니가 와서 보고 "형님, 이러면 안 됩꾸마" 하면서 태를 잘라 태웠다 한다. 그래서 그런지 몸이 약해서 울기를 잘하더니, 오래 못 살고 자식을 낳기 전에 죽었다. 훤하게 잘생기고 공부도 잘하고 글씨도 잘 썼는데, 이 동생 생각만 하면 가슴이 아프다. 남편은 최 씨였다. 그 아래 동생은 진국으로 아명은 만송이고 부인은 백 씨다. 아이들은 경흡, 민흡, 영신, 경신이다. 그 밑에 진용이라는 아들 하나가 더 있었으나 그도 16세에 세상을 떠났다.

옛날에는 천하게 불러야 오래 산다고 했다. 한범(송몽규)의 엄마는 개똥네였고 최기학의 부인 음복의 아명은 농빼였다. 아마 농방에서 낳았나 보다. 내 사촌은 샛별.

1899년 음력 2월 18일에 우리 집은 다른 집안들과 함께 두만강을 건너 만주 화룡현 부걸라재라는 곳에 중국인 동가의 땅을 사 가지고 정착했다. 부걸라재는 중국말로 비둘기 바위라는 뜻이었다. 마을 어귀에 우뚝 서 있는 그 커다란 바위를 우리는 선바위라고 불렀다. 바위 세 개가 나란히 있어 삼형제 바위라고 부르기도 했다. 그곳은 나중에 명동학교가 생긴 뒤에 명동촌, 또는 그냥 명동이라는 이름으로 불리게 되는 곳이다. 만으로 네 살이 채 안 되었지만 나는 두만강을 건너던 날이 어렴풋이 기억난다. 두만강을 건너니 넓은 모래벌이 있어서 그 모래 위에서 놀았다. 그리고 돌아서서 강 저쪽의 회령을 건너다보니 하얗게 회칠한 집이 보였다. 그게 회령 원님이 사는 관서라고 했다.

만주로 함께 옮겨 온 사람들은 우리 집을 포함한 김해 김씨네 63명, 종성에서 살던 전주 김씨네(김약연 일행) 32명, 남위언의 식솔 7명, 나중에 내 남편이 되는 문재린의 일가 40명 등 다 합쳐서 142명이었다.

이분들은 한국이 날로 기울어지는 것을 걱정하여, 만주에 가서 후배를 길러 나라를 위한 일꾼으로 삼으려는 큰 뜻을 품고 두만강을 건넌 것이다. 이민단은 2월 18일 하루에 두만강을 건너서 부걸라재로 들어왔다. 내가 그걸 정확히 아는 것은 우리 큰집 문정호 할아버지 장례식 때 김약연 선생이 추모사를 하면서 그 이야기를 하셨기 때문이다.

김약연 선생님은 만주에 들어오게 된 동기를 이렇게 말했다. 첫째는 척박하고 비싼 조선 땅을 팔아 기름진 땅을 많이 사서 좀 잘살아 보자는 것이고, 둘째는 집단으로 들어가서 정착해 간도를 우리 땅으로 만들자는 것이다. 본래 고구려인들의 고장인데, 백두산이나 간도뿐 아니라 그 넓은 땅을 몽땅 잃은 게 억울해 되찾으려는 심정도 있었다. 셋째는 기울어 가는 나라의 운명을 바로 세울 인재를 기르자는 것이라고 했다. 날이 풀리기도 전에 가족들을 이끌고 강을 건넌 까닭은 그곳에서 새해 농사를 짓고자 함이었다.

남씨네가 같이 들어오게 된 것은 남위언의 아버지 남도천(남종구) 선생이 김약연 선생의 스승이었기 때문이다. 사람들은 남도천 선생을 백결 선생이라고 불렀는데, 도포도 안 입고 관도 안 쓰고 그냥 검정 천으로 만든 것을 쓰고서 옷은 제 손으로 더덕더덕 기워 입고 다니던 분이었다. 김정규 장로의 누이동생에게 아들의 혼사 청원을 하면서 '너희 집에 암컷이 있고 우리 집에 수컷이 있으니까 붙여 주는 게 어때?' 할 정도로 격식에 매이지 않은 사람이었다. 남도천 선생은 부걸라재로 와서 세상을 떠났는데 장례식을 조촐하게 하라고 유언하셔서인지 장례식 기억은 나지 않는다. 그의 아들 남위언도 학식이 높은 분으로 명동학교 초창기에 한문을 가르치셨다. 그러던 남씨네는 기독교가 싫어서였는지 내가 시집왔을 때에는 소리 소문 없이 명동을 떠나 있었다.

이민단의 가장 어른은 훗날 내 남편이 된 문재린의 증조부님이셨다.

성함은 병규, 호는 성제였다. 종성에 계실 적에 두민(頭民, 동네의 나이 많고 식견이 높은 사람)이었다고 하니까 금도가 넓은 분으로 사람들의 존경을 받는 분이었으리라 생각된다. 두민이셨기 때문에 동네 사람들끼리 다툼이 생기면 시비를 가려 주고 재판할 일이 있으면 재판도 해 주었다는 이야기를 들었다. 서재를 가지고 후진 양성을 하던 분이니까 학식이 상당히 높은 분이었을 것이다. 김약연 선생이나 우리 아버지가 '선생님, 선생님' 하던 기억이 난다.

남도천 선생의 장례식은 기억이 없는데 병규 할아버지의 장례식은 기억이 환히 난다. 학교촌에서 큰사동(蛇洞)으로 긴 만장 행렬이 지나갔다. 그 산소 자리는 내 아버지가 잡은 것인데, 자리가 그렇게 좋아서 아무도 손을 대서는 안 되는 곳으로 되어 있었다. 집의 끝 방에 모래를 깔고 빈소를 차렸고, 17일장으로 치렀다. 17일 동안 장례를 하려니까 시신이 썩지 않도록 모래에 관을 파묻은 거다. 그리고 석 달 동안 빈소를 마련했다. 깃발에 글씨를 써서 든 만사(만장)를 숱하게 세워 가지고 긴 행렬이 사동을 지나갔다. 큰사동 뒤에 즈릉봉이라는 봉이 있었고 건너편에도 그런 봉이 있었는데 그 사이에 무덤을 만들었다.

우리 김씨네는 모두 큰사동에 정착했다. 큰사동 건너편에 작은사동이 있었고, 큰사동에서 개울을 건너면 나중에 학교촌으로 이름이 바뀌는 다양촌이 있었다. '다양'은 아편이라는 뜻의 중국말인데 예전에 아편 농사를 짓던 곳이었다. 땅이 좋고 명동의 중심에 있는 다양촌에 문씨네가 자리를 잡았고, 김약연 선생네도 처음엔 여기서 살다가 나중에 장재촌으로 이사를 갔다. 남씨네는 중영촌에 터를 일구었다.

북간도 이민단 중에는 평북 사람이 한 명 있었는데 이름은 김항덕이다. 김정규 장로가 동생처럼 데리고 살았는데 중국말을 썩 잘해서 통사(통역) 일을 했다. 중국말보다 우리말이 서투를 정도였다. 중국인 동가에게서 땅을 살 때 김항덕에게도 땅을 떼어 주었는데, 그 땅을 통사전이라고 했다.

명동촌을 같이 일군 주요 가문인 윤씨네 가족은 1886년, 그러니까 도강령이 내려지기 3년 전에 간도에 먼저 들어가 있었다. 네 가문과는 잘 알고 뜻이 맞아서 우리가 들어간 이듬해 1900년에 자동에서 명동으로 들어와 정착했다. 나중에는 윤씨네가 명동에서 가장 잘 살게 되었다.

부걸라재에 와서 내 첫 기억으로 어렴풋이 남아 있는 것은 방 하나에 고방(함경도에서는 딸이 쓰는 방을 이렇게 불렀다)이 있고 부엌이 딸린 작은 집들을 본 것이다. 삼촌 댁은 동향집이고 우리 집은 남향집이었던 것도 기억난다. 4월쯤이었는지 파밭이 파랗던 게 떠오른다.

1900년 여름 경자년 난리(의화단의 난)에 쫓겨서 자동으로 피난 갔던 일도 내 맨 처음 기억 가운데 하나다. 온 식구가 피난을 가고 나하고 오빠, 할머니만 남아서 조 이삭이 수그러진 데 숨었다가 답답해서 나갔더니, 붉은 옷을 입은 관병이 총을 쏘며 언덕을 넘어오는 것이 보여 울음을 터뜨렸던 기억이 난다. 나중에 그때가 음력 8월이었다는 이야기를 들었다. 셋째형님은 시집갈 나이라서 회령 가까이 영산 큰형님 집에 가서 겨울을 났고, 아버지 어머니는 곧 돌아오셨다가 다시 자동으로 피난을 갔는데 그때는 나도 같이 갔다. 사람들이 많이 몰려가던 것, 군인들이 피난민들의 짐을 빼앗아 작두질해서 늪에 집어넣던 일, 무를 뽑아 먹던 일도 기억난다.

1905년 6월에 의병들이 들고 일어난 뒤에 많은 사람들이 간도로 이주해 왔다. 간도 땅을 갈다가 보면 한국 사람이 쓰던 절구나 맷돌 같은 게 가끔 나왔는데, 그걸 보아도 그 땅이 예전에 우리 땅이었다는 건 의심할 수 없다. 백두산 북쪽에 사는 사람들은 본래 다 한국 사람이고 중국 사람들도 스스로 단군의 후손이라고 생각한다는 얘길 들었다. 중국 학교 선생이 10월 3일은 선조 단군의 생일이라고 휴일을 선포하기도 했다. 내 친정에서는 삼성인(三聖人) 탄신일이라고 해서 하루 종일 부정을 탈까 봐 조심하곤 했다. 또 새 물을 떠다가 찰밥을 지어서 낮에 마당에 나가서 제사를 드렸다. 울락개라고 하는 구 길림에 가서도 단군의 후손이라고 하는 사람을 만났고, 말은 중국말을 해도 고추를 지붕에 말리는 것을 보면 한국 후손이라는 것을 알 수 있었다.

북간도로 온 네 가문은 중국인 대지주의 땅을 몽땅 사서, 돈을 낸 비율에 따라 나눠 가졌다. 원래 조선인들은 중국인으로 귀화하지 않으면 토지 소유권을 가질 수 없었다. 그래서 중국말을 잘하는 한 사람이 머리를 밀고 호복을 입고 대표로 귀화를 한 뒤에 땅을 산 것이다. 문씨 가문이 제일 돈이 많아서 땅도 가장 많이 차지했다.

특이한 것은 처음 땅을 나누면서 학전(學田)으로 따로 땅을 떼어 놓은 일이다. 학전은 여러 곳에 있었는데, 처음에는 7000평 정도였다가 명동학교가 공산주의자들의 손에 넘어간 1929년에는 80일경(8만 평)으로 늘어나 있었다. 이 학전은 소작을 주고, 거기서 나오는 소출로 책도 사고 그 밖의 교육비로도 썼다. 김약연, 남위언, 김하규 선생이 서재를 열어 학생들을 가르칠 때는 해마다 그 교육전에서 나오는 수입금으로 한학 책들을 사다가 나눠서 각 서재에 쌓아 놓고 학생들을 공부하게 했다.

나의 친정집 이야기

우리 집 땅은 처음엔 얼마 되지 않았다. 그렇지만 약국을 해서 돈이 생기면서 땅을 더 사게 되었다. 아버지 김하규는 처음에 생활 방도로 약방을 경영하시면서 글 배우러 오는 사람들을 하나둘 가르쳤다. 그러다가 1902, 3년경에 집을 크게 짓고는 소암재라는 서당을 시작하셨다. 서당을 하면서 약방은 그만두셨다. 김약연 선생네도 장재촌에 규암재라는 서당을 열었다. 그분도 아이들이 내는 돈으로는 살기 힘들어서 칠도구(七道溝) 골짝을 개간하며 가난하게 살았다. 김약연 선생은 양봉도 하고, 나중엔 명동학교 교장을 하면서도 가을이면 타작을 하셨다. 중영촌에 살던 남씨네도 학자 집안으로, 농사지을 만한 사람도 없었을 테니 서당 훈장을 하면서 가난하게 살아갔을 것이다.

아버지는 아이들 20명 정도를 가르쳤는데 1년에 서른 냥씩 받으셨다. 그렇지만 못 내는 아이들도 있었고, 한 집에서 둘이나 셋이 왔어도 한 사람 몫만 냈으니까 아버지의 수입은 300냥쯤 되었을 것이다. 그때 명동에서는 조선 돈을 그대로 썼다. 세금을 낼 적에만 중국 돈으로 바꿔서 냈다. 중국 돈은 허술한 종이에 뻘건 글씨를 쓴 것이었는데 나는 만져 본 일도 없다. 1932년 만주국이 설 때까지 북간도에서는 조선 돈을 화폐로 썼다.

아버지는 동학에 관여했다가 실패를 맛보신 실학자였기 때문에 후학들에게 실제적인 학문을 가르쳤고, 어머니는 철저히 신앙생활을 하신 분이다. 예로부터 엄부자모라는 말이 있지만 우리 아버지는 엄하면서도 이해력이 많으셔서 딸이 많다고 천대하지 않고 여러 가지로 사는 일을 가르쳐 주셨다. 겨울이면 딸들이 물 긷는 것을 도와주고, 아이들을 가르치면서도 손수 신틀을 놓고 신을 삼았다. 여름에는 삿갓을 만들고 파, 상추를 심고 김을 매면서 늘 부지런히 일을 하셨다.

아버지는 성격이 청렴결백하고 불의를 용납하지 않으셨다. 원칙을 따지고, 뭐든 대충대충 넘어가는 것을 싫어했다. 한번 야단을 치면 무섭게 혼을 냈다. 아버지는 풍수도 하고 의학도 공부하셨다. 주역을 공부하면 의학도 공부하게 된다. 주역은 가장 밑바닥에 있는 사람들을 위한 공부다. 주역을 공부한 어떤 사람들은 예언도 했다는데 우리 아버지는 예언을 하시지는 않았다. 대신에 아버지는 관상을 볼 줄 알았다. 익환이를 처음 낳아서 하마탕(1913년께 김씨 일가가 이사 간 지역 — 편집자)에 데리고 갔는데, 아버지가 보고는 "그놈, 세겠다"고 하셨다. 아버지의 동생에게 딸이 하나 있었는데 아주 잘생겼다. 그런데 아버지가 동생에게 하는 말이 "그 아이를 잘 키워야겠다. 일을 칠 아이다." 그 아이가 마감에 자살을 했다.

하여튼 아버지는 백성을 돕는 실용적인 학문을 하셨다. 옷도 언제나 검소해서 늘 베 두루마기를 입고 다녔는데 여기저기 흙이 묻고 구겨져 있는 때가 많았다. 아이들을 가르치시면서도 일손을 놓지 않았기 때문이다. 아버지는 양반 마르때기들을 그렇게 미워하셨다. 서당에 있으면 양반들이 "김 교감" 하면서 들어와서는 학생들에게서 쌀을 한 말씩 걸어 가곤 했다. 그러면 아버지는 어찌나 속상해하셨는지 모른다. 만주에는 그런 벼슬아치들이 없었지만 함경도나 외지에서 나타나서 마구 훑어가곤 했다.

나의 할아버지 김병식(1841~1887)은 향학열이 남다르셨다. 할아버지는 네 형제였다. 셋째할아버지는 다리를 절었는데, 증조할아버지는 이 할아버지만 공부를 시켰다고 한다. 우리 할아버지는 넷째였는데 공부를 시켜 주지 않으니까 혼자서 공부를 하셨다. 공부에 한이 맺힌 할아버지는 곳간에서도 밭에서도 소를 타고 다니면서도 공부를 했다고 한다. 사람들이 '김 소학'이라고 불렀다니까 《소학》을 많이 읽으셨던 모양이다. 그의 매부 최씨는 《통감》을 많이 읽어서 '최 통감'이라고 불렀다는데, 이 두 분을 기리는 비석이 회령 동문 밖에 세워졌다는 말을 어머니한테서 들은 적이 있다. 할아버지는 아들에게도 공부를 열심히 가르쳤다. 아버지뿐 아니라 젊은이만 만나면 공부하라고 하셨기 때문에 젊은이들은 대하기를 꺼릴 정도였다고 한다.

할아버지는 한 해 운수를 보니까 그해로 사주가 끝나, 도망을 치느라고 서울로 과거를 보러 오셨다가 병을 얻어 세상을 떠나셨다. 서울에는 역병이 돌아 피난들을 가는데 그것도 모르고 서울로 가셨던 것이다. 그래서 미아리에 묻히셨는데, 아버지가 서울에 가서 선친의 뼈를 메고 걸어서 회령에 돌아와 묻으셨다. 아버지 나이가 스물일곱이었는데 그때 어깨에 생긴 자죽이 평생 남아 있었다. 아버지는 풍수를 볼 줄 아는 분이셨기 때문에 간도 명동촌과 용정 중간쯤에 있는 동량이라는 골짜기에 좋은 자리를 찾아서 할아버지 뼈를 묻으려다가, 천둥이 치며 소나기가 쏟아지는 바람에 대강대강 묻고 포기해 버리시고 말았다고 한다. 지극한 효성을 미처 다 이루지 못하신 것이다.

아버지 김하규의 스승은 회령에 살던 김주함 선생이다. 본명은 모르고 호가 그랬다. 아버지는 17세에 결혼을 하고 3년 동안 삼수갑산에 가서 공부를 하셨는데, 그때 삼수갑산 가는 길이 험해서 할아버지는 길을 스스로 닦아 가면서 아들을 스승에게 데려갔다고 한다. 우리 할아버지가 자식들 공부시키는 데 열심인 건 다 알아줬다.

아버지가 집을 떠나서 공부를 하는 동안 혼인한 지 얼마 안 된 새색시였던 어머니는 시부모와 남아 있었다. 그때 고갯세라는 데 살았는데, 하루는 시부모님이 둘 다 집을 비우셔서 내 어머니가 혼자 자게 되었다고 한다. 고갯세는 사람이 귀한 곳인데, 어떻게 무서운지 호랑이가 그저 당장 들어오는 것 같더란다. 다음 날 아침에 누가 지나가자 어머니가 나오면서 그 사람을 붙잡고 울었단다. 그 얘기를 듣고 시아버지가 삼수갑산에서 아들을 데리고 왔다는 것이다.

어머니는 인자하면서도 매섭게 자녀들을 대해서 말씀 한마디로 순종하게 하셨다. 어머니는 아주 규칙적이어서 우리도 규칙적인 생활을 했다. 언제 배우셨는지 한글을 읽고 쓸 줄 아셨다. 어머니의 고향은 함경북도 옹휘(또는 오위성)라는 곳인데 산이 깊어 호랑이가 많았다. 나의 외할머니는 어머니가 세 살일 때, 자다가 산에서 내려온 호랑이에게 물려 가 죽었다고 한다. 어머니나 외삼촌은 그 이야기를 할 때면 늘 우셨다.

외삼촌, 그러니까 어머니의 오빠 윤앵은 키는 작았지만 운동 선수였고 담을 획획 뛰어넘는다는 소문이 있었다. 윤앵 외삼촌을 김 오위장

(五衛將)으로 부른 것을 보면 어머니 집안의 사람들은 무관의 후손이었던 것 같다. 덩치도 크고 잘생기고 운동도 잘했다고 한다. 남의집살이를 하던 이 외삼촌 밑으로는 어머니까지 여동생 넷이 있었는데, 큰동생은 이미 시집가 있었다. 할머니가 호랑이에게 물려간 뒤 찢어지게 가난하던 세 동생은 여기저기 흩어져 살았다. 어머니는 이모님 밑에서 자라다가 14세에 결혼을 했다.

딸 하나는 중국 사람 집에 팔려 갔다. 외삼촌은 그 동생을 다시 사내려고 돈을 모았다 한다. 그러나 "이미 시집가서 아이를 둘이나 낳았는데 찾아와서 뭘 하겠냐? 사람이 놋그릇이니? 다시 붓게?" 하며 말리니까 돈 꾸러미를 땅에 놓고 엉엉 울더라고 했다. 청나라 사람 집안에서 여자는 대접을 받으면서 편히 사는데도 그때는 중국 사람한테 시집가서 사는 것을 그렇게 욕이라고 생각했다. 그 딸은 조선 사람 아는 사람을 만나 아이 하나를 굴려 죽이고 도망쳐 나오다가 도로 붙잡혀 갔는데 그 후로는 소식이 끊기고 말았다.

내 어머니는 밤늦게까지 삼베를 삼고 물레를 하면서 집안에 대한 이야기와 부걸라재에 처음 정착해 살 때 이야기를 해주시곤 했다. 이때 들은 호랑이 이야기가 몇 가지 더 있다. 오위 다타골에 열두 집이 있었다. 거기 어떤 집에 한 부인이 밤늦게 삼을 삼고 있었는데, 호랑이가 문을 뚝 떼고 들어서니까 삼을 담아 놓은 바두기(바구니)를 불에 붙여 던졌더니 호랑이가 훨훨 타며 산을 타고 오르다가 죽었다는 것이다. 또 어떤 부인은 대낮에 호랑이가 마당에서 얼씬거리며 소를 노리는 걸 알고, 도끼를 들고 외양간의 구시(구유) 위에 앉아 기다리다가 호랑이가 들어서자 도끼를 던졌는데, 용케 정수리를 맞춰서 호랑이가 죽어 쓰러졌다고 한다. 호랑이는 걸으면 뻘거덕뻘거덕 소리를 내고 냄새가 나서 알 수 있었다. 우리 어머니도 어느 날 이른 아침에 아기를 업고 산을 넘는데, 한 곳에 이르니까 나무와 풀에서 이슬이 다 떨어지고 호랑이 냄새가 확 풍겨 오더라고 한다.

내 큰형(언니)이 어렸을 때 함북 종성의 오룡천이라는 강물에 떠내려가다가 살아난 이야기를 들었다. 단오에 강가에서 씨름판이 벌어졌는데 할머니가 막내아들의 손을 잡아 앞세우고 내 큰형은 뒤에 세우고 다리를 건너가다가 큰형이 물에 떨어져 떠내려갔다. 강가를 따라 내려가다가 건져야 하는데, 할머니는 물에 뛰어들려니까 따라갈 수가 없었을 게 아니니? 마침 씨름 구경을 하던 조군실이라는 사람이 뛰어들어 시뻘겋게 된 아이를 건져 냈다. 단오라고 빨간 치마를 해 입혔는데 물감이 풀어져서 몸이 빨갛게 된 거다. 큰형이 나중에 시집간 다음에, 생명의 은인이라고 해서 반나시(시집갔다가 처음 친정으로 차려 가지고 오는 음식)를 그 조군실이라는 이한테 가져다 드렸던 게 생각난다.

우리 어머니는 모든 일을 규모 있게, 쉽고 빠르게 하셨다. 그랬기 때문에 일이 밀리는 경우가 없었다. 함경북도에서는 삼베 짜는 일이 주였다. 그걸로 옷도 해 입었고 가계에도 보탰다. 어머니는 일생을 두고 그 일을 했다. 남들은 다 노는 명절에도 일을 미루는 적이 없었다. 우리 6형제는 어머니를 닮아서 일 잘하는 사람으로 알려졌다. 우리 아버지는 삶의 원칙을 말씀해 주셨고 우리 어머니는 집안 역사와 가정에서 어떻게 살아야 하는지를 가르쳐 주신 것이다.

고만네의 어린 시절

우리 집이 몹시 가난했던 데는 사연이 있었다. 북간도로 온 뒤 1903, 4년쯤일 텐데 간도 관리사였던 이범윤이 러시아와 손을 잡고 항일 운동을 하려고 군대를 만든 일이 있다. 이 군대를 사람들은 관리 사병(管理使兵)이라고 했다. 여기에 아버지의 사촌형 김형규라는 분이 가담하게 되었다. 이분을 김 선천이라고도 불렀는데, 선천은 무과에 급제한 사람이 처음에 받는 벼슬 이름이다. 말을 조리 있게 잘하고 만주에서 처음으로 논농사를 지어 성공한 분이라고 했다. 그는 이범윤의 군대에 있다가, 러일전쟁에서 러시아가 지고 물러가자 청나라가 친러파를 쫓아내는 와중에 붙잡혀 죽을 뻔했다.

이범윤의 군대는 간도의 걸만동(걸망골)에서 군대를 모집하고 조련했다는 기록이 있다. 김 선천 맏아방(큰아버지)은 주동자로 재판을 받았다. 청나라 사람들이 맏아방을 수레에 태워 가지고 노래를 부르면서 들로 나가서 승기대(형틀)에 달고 목을 치려고 했는데, 두 번이나 승기

대가 돌개바람에 쓰러졌다. 그러니 청나라 군인들은 이 사람은 죽을 사람이 아니라고 하면서 볼기를 쳐서 내놓았다. 매를 맞고 돌아오던 맏아방의 모습이 기억난다. 벌금을 물고 내오느라 여덟 사촌들이 있는 소와 땅 등의 재산을 다 팔았던 거다. 내 친정집의 고생은 거기서부터 시작되었다. 명동에 들어와 좋은 땅을 사서 살 만했는데 쫄딱 망한 거다.

가난했기 때문에 자식들을 기르느라 부모님들이 고생한 것은 이루 다 말할 수 없다. 겨울에 이불이 없어 자다가 추워서 일어나 운 적이 한두 번이 아니었다. 대여섯 살짜리인 내가 나물을 캐고 삼을 삼거나 동생들을 돌보고 방아를 찧었고, 오빠는 산에 가서 나무를 해 오고 밭에 가서 김을 매야 했다. 그래도 모두들 열심히 일을 했다.

봄이면 갖가지 나물을 캐러 산으로 가곤 했다. 나물은 여기보다 북간도에 가짓수가 많았다. 여기에도 있는 고사리, 미나리, 도라지, 더덕 말고도 에사리, 풀고비, 붉은고비, 소고비, 그름고비, 구정금, 삼배대, 함박꽃대, 수우나물, 빨죽대 같은 게 있었다. 국거리로는 닥시싹, 물절어지, 삽지, 또 쌈 싸먹는 것은 참취와 곰취가 있었다. 날것으로 먹는 것 중에는 에누리, 미나리가 있었다. 나리뿌리는 날로도 먹지만 밥가마에 두어서 쪄 먹거나 죽에 넣어 끓여 먹으면 달달하다. 흉년에는 나리뿌리를 많이들 캐어 양식으로 먹었다.

소나무 껍질을 벗겨서 먹기도 했다. 잿물에 삶아서 개천에 가서 두드리고 물에 씻어 찌를 흘려보내고 남는 까만 진액을 수숫가루에 섞어서 떡을 해 먹었는데 이걸 송기떡이라고 했다. 쑥을 넣고 보리 잣죽을 만들어 먹던 일도 잊히지 않는다. 그게 그렇게도 맛이 있었다. 또 앞집에서 방아를 찧고 남은 겨를 채로 쳐다가 죽과 밥에 섞어서 먹던 일, 서투리라는 나물을 캐어다 삶아서 콩가루에 섞어서 먹던 일이 기억난다. 한 광주리씩 상추를 따다가 개울에서 씻어서 서너 장씩 해서 쌈을 싸 먹었다. 다른 사람들은 먹지 않는 나박기(쌀겨를 한 번 벗기고 현미 상태에서 또 한 번 벗길 때 나오는 껍질)를 얻어다 먹기도 했다. 명절이면 친척집에 가서 먹던 명절 음식도 어찌나 맛있었는지.

그래도 우리 부모는 돈을 위해서 자식을 매혼하는 일은 절대로 없었다. 자식을 위해서 좋은 혼처를 고르셔서 결혼을 시켜 모두 잘살게 되었다.

아버지는 처음에 큰 방이 없어서 학생을 세 명 정도밖에 가르칠 수 없었다. 그러나 차려 놓은 약방이 잘되었던 데다 학부형들이 도와주어서 집을 크게 짓고 큰 서당을 마련했다. 그러면서 살림이 조금 펴이게 되었다.

한번은 진묵이 오빠가 김약연의 사위 최기학 씨네로부터 송아지를 한 마리 끌고 왔다. 송아지를 잘 키워서 어른 소가 되면, 키워 준 대가로 작은 송아지를 한 마리 준다는 것이었다. 오빠는 정성으로 그 송아지를 돌보았다. 일을 할 때 데리고 나가 풀을 뜯기고 여물을 먹였다. 오빠는 아버지가 서당 선생님이었는데도 가난 때문에 마음껏 공부할 수가 없었다. 봄, 여름, 가을에는 일을 하고 겨울이 되어야 겨우 공부할 시간이 주어졌다. 일도 야무지게 잘하고 공부도 잘하던 오빠는 때로는 아버지가 원망스러웠다. 오빠는 송아지가 커 가는 것을 보면서 신이나 어쩔 줄을 몰랐다.

그해 여름 장맛비에 물이 많이 불었다. 종일 풀을 뜯은 소를 데리고 집으로 돌아오는 길이었다. 논둑길을 걷던 소가 진흙에 미끄러지면서 그만 웅덩이에 빠지고 말았다. 푹 빠져 들어간 소를 끄집어내려고 안간힘을 쓰다가 오빠도 웅덩이에 빠졌다. 논둑의 풀을 잡고 겨우 밖으로 나온 오빠는 진흙으로 범벅이 되어 누구인지도 알아볼 수가 없었다. 뒤늦게 달려온 남정네들 대여섯 명이 끄집어낸 소를 자세히 살펴보니 한쪽 다리가 부러져 있었다. 오빠는 소를 다 키워 놓고도 아무것도 받지 못하고 최씨에게 돌려줄 수밖에 없었다.

진묵이 오빠는 이후로 한동안 말도 안하고 풀이 죽어 있었다. 오빠가 나무하러 산에 갈 때면 어머니는 나더러 꼭 따라가도록 했다. 나는 네 살 위인 오빠에게서 농사일을 배웠다. 씨를 심고 김을 매고, 나무를 해 오고. 오빠가 말을 하지는 않았지만 왜 그토록 실망했는지 나는 알았다. 나 역시 오빠에게 말은 못했지만 똑같은 희망을 갖고 있었기 때문이다. 그즈음 윗동네 아이들은 어디에서 구했는지 예수라는 사람이 나오는 복음서라는 책을 구해 읽었는데 재미있다고 약을 올리고 다녔다.

앞에서도 말했지만 함경북도에서 여자들이 주로 하는 일이란 삼베를 짜는 일이었다. 북쪽에는 면화가 되지 않으니 삼베를 했다. 함경도에서 나오는 베를 북포(北布)라고 불렀다. 많이 짜니까 베 짜는 기술이 발달되었다. 남쪽에서는 부인들이 농사도 짓고 음식도 하고 베도 짜고 여러 가지를 하니까 베 짜는 기술만 특별히 발달하지는 않은 것 같다. 북쪽에서는 여자들 할 일이 별로 없으니까 베 짜는 데 정성을 들였다. 또 여자 아이들이 다섯 살만 되면 삼을 삼는 법을 가르쳤다. 북쪽에서는 제추리라고 해서 삼의 껍질을 벗기고 그 속청을 가지고 베를 짜니 아주 가늘고 색깔이 예쁘던데, 남쪽에서는 제추리를 몰라 그냥 짜서 거칠고 누렇다.

삼을 베어서 익히고 옷감을 짜는 일은 1년 내내 계속되었다. 먼저 삼을 베어 놓고 잿물을 받아다 익혀야 했다. 이 일은 여드레쯤 걸리는데 씻고 익히고 말리고 하는 걸 서너 번 되풀이해야 되었다. 그러니 아주 고되었다. 삼이 충분히 익어 연해지면 껍질을 벗겨 낸다. 가늘게 벗겨 낸 삼을 허벅지에다 문질러 이어주는 게 삼을 삼는 일이다. 껍질 안에 있는 굵은 심은 울타리를 치거나 흙벽을 바를 때 따로 썼다.

아주 규칙적으로 일했던 우리 어머니는 10월 1일이면 반드시 삼을 삼기 시작했고 12월 20일이면 설 준비를 해야 하므로 중단했다. 그랬다가 1월 2일이면 다시 삼을 시작했고, 정월 대보름을 앞두고 1월 14일에 또 중지했다가 17일부터 다시 시작해서 4월 10일쯤 끝냈다. 그러고는 물레를 시작했다. 물레에는 일곱 가락짜리와 여덟 가락짜리가 있다. 경상도에서 한 가락짜리 물레를 쓰는 것을 본 일도 있다. 어머니는 4월 25일께 물레를 끝내고 5월 5일까지 단오 옷을 만들었다. 남들은 다 8일까지 노는데, 우리는 하루만 놀고 5월 6일이면 삼실 30여 겹을 잇는 일을 어김없이 시작했다. 그걸 함북 말로는 실자리라고 부른다. 그 후 잿물을 받아서 실을 거기에 이겨서 하얗게 만들어야 했다. 그것을 세 번 하면 실이 하얗게 된다. 5월부터 8월 추석까지 베 짜는 일을 했다. 8월 초부터는 다시 밭에서 삼을 베어다가 시냇물에 담가서 불린 다음 껍질을 벗겼다. 그러고는 10월 1일부터는 다시 삼을 삼는 일을 시작한다.

이것이 우리 어머님의 일과였으니 언젠들 밤잠을 편히 주무셨을까? 딸 여섯을 길러서 시집을 보냈는데 각각 치마를 한 열 개씩 해주었으니 치마 60벌을 해준 것이다. 그뿐인가. 그 베를 팔아서 겨울옷도 장만했다. 이 일을 어머니와 함께 하느라 우리도 밤잠을 자지 못했다. 베가 좁은 것은 집에서 해 입고 넓은 것은 팔 것이라서, 각각 입을베와 팔베라고 했다. 베를 팔면 광목이나 민영(무명) 치마로 바꿔 입었다.

이렇게 베를 짜서 옷을 해 입다가 광목이 들어온 건 1905년쯤이었다. 친정집이 큰사동 위쪽에서 살다가 아랫동네에 여덟 칸 집을 짓고 내려온 게 그 무렵인데, 그 집에 내려와서 광목 치마를 처음 해 입은 일이 기억난다. 광목이 처음 들어왔을 때 우리 어머니는 "이건 사람이 못 짜, 등신(等神)이나 짜지" 그러셨다. 광목의 폭이 너무 넓어서 사람은 감히 못 짜고 귀신이나 짠다는 뜻이다.

만주는 매우 추웠다. 그러니 옷에다 솜이라도 넣어서 입었더라면 좋았겠지만 솜이 워낙 귀해서 엄두도 내지 못했다. 내 사촌이 겨울에 밖에 나갔다가 손바닥만 한 솜을 얻어 가지고 돌아와서 좋아하던 기억이 난다. 그 솜을 실을 내서 아롱아롱하게 베에 섞어 짰는데, 그게 다 시집갈 준비였다.

광목이 들어올 때쯤 해서 성냥도 들어왔고 석유도 들어오기 시작했다. 석유가 들어온 것은 아버지가 서재를 할 적이니까 1908년 이전일 것이다. 그런데 1931년에 명동을 떠날 때까지도 우리는 석유등을 쓰지 않았다. 대신에 겨릅등이란 걸 켜 놓고 삼을 삼거나 공부를 했다. 겨릅이란 삼나무 속줄기를 말한다. 쌀뜨물을 잘 가라앉힌 것과 술을 고은 다음에 남은 앙금을 합쳐서 베 위에 얹어 놓으면 물이 빠지고 두부모처럼 된다. 거기에 나박기를 넣어 주무른다. 깻묵이나 엿밥 같은 것도 넣는다. 이렇게 반죽한 걸 기다란 겨릅에 묻혀 말린 다음, 등경에 꽂고 불을 붙이면 상당히 밝아서 책도 읽을 수 있고 길쌈도 할 수 있었다. 약 한 시간쯤 탄다. 내 친정어머니가 만든 등은 그렇게 잘 탔다. 어떤 때는 거기에 두부 찌꺼기를 넣기도 했다. 잔치를 할 때 찹쌀을 씻으면 뜨물이 많이 나온다. 잔치가 있으면 모두 동이를 가지고 와서 그것을 받아 오곤 했다. 찹쌀 뜨물은 그냥 쌀물보다 그렇게 잘 탔다. 시할머니는 손자들이 공부할 때 책 읽기 좋게 들고 계셨다. 아이들이 졸음이 와서 엎디어 졸면 할머니가 깨우곤 했다.

내가 열두어 살 때부터는 황아장사가 양산을 팔러 왔는데 그게 얼마나 신기했던지 아직도 생각이 난다. 황아장사는 잡살뱅이 물건을 지고 집집이 찾아다니며 파는 사람이다. 우리 동네에는 장씨라는 황아장사가 있었다. 또 술막거리라고 술과 과자, 사탕 같은 걸 파는 주막이랄지 가게가 있었다. 큰사동의 어귀, 회령에서 용정을 오가는 큰길가에 있었다. 중국 사람들은 장사를 잘한다. 그 집 주인은 한국 사람들에게 외상으로 술을 팔고는 음력설이면 몽둥이를 들고 와서 외상값을 쌀로 받아 가곤 했다. 남편의 작은아버지 문치홍은 김을 매다가도 호미를 꽂아 놓고는 며칠이고 그곳에 가서 술에 취해 있었다. 아이들은 쌀을 몰래 퍼내다가 사탕을 사 먹고 그러다가 패가망신했다.

어렸을 때 우리가 처음 살던 집은 네 칸 집이었다. 부엌에 붙은 정지방, 그 옆에 웃방이 있고, 그 뒤에 고방이 있었다. 여섯 칸 집은 부엌에 외양간이 붙어 있고 외양간 뒤에 방앗간이 붙어 있다. 함경도에서는 날이 하도 추워서, 같은 집에서 말과 소가 사람과 건너다보면서 밥을 먹었다. 외양간에는 홰라고 하는 나무를 대서 병아리들이 올라가게 했다. 홰는 미끄러지지 말라고 새끼로 감아 두었는데 큰 닭들이 날아올라 가서 까까까까 하면서 새끼를 부르면 거기로 병아리들이 따라 올라갔다. 개들은 벼룩이 많아서 부엌에 들어와서 살지는 못하고 바깥 굴뚝 밑에서 지냈다. 추운 겨울에도 거기는 따뜻했으니까. 방바닥에는 노점(새끼로 짠 돗자리 같은 것)을 깔았다. 매년 구들을 손봐야 하기 때문에 장판을 깔지 않은 것이다. 친정집에는 칙간(측간)이 있었는데, 시집오니까 집은 큰데 칙간이 따로 없어서 새색시인 나는 아주 곤란했다. 친정아버지가 서당을 해서, 공부하는 아이들이 많아서 칙간을 만들었는지 모르겠다. 시집오니 칙간이 없어서 어두워지면 나무 밑 으슥한 곳에 가서 적당히 볼일을 봤다. 아이들은 돌을 두 개 놓고 그 위에 올라앉아 일을 보면 개들이 와서 먹어 치웠다.

어린 시절 제일 지긋지긋했던 기억으로 남아 있는 것은 중국인 거지들이 밥그릇을 채우라고 행패를 부리던 일이다. 원숭이를 데리고 다니면서, 원숭이가 오줌을 싸면 병이 난다면서 방바닥에 내려놓겠다고 협박을 해서 쌀을 빼앗아 가는 것이다. 삼사십 명이 무리를 지어 다니며 한곳에 2, 3일씩 머물면서 먹고 쌀을 내놓으라고 강요하고, 주지 않으면 그냥 죽치고 있을 때도 있었다.

북간도의 풍속

기독교를 받아들이기 전에 우리 친정집에서는 여러 가지 제사를 지냈다. 삼성인에게 제사하는 상산제도 지켰고, 농경 제사인 지신제도 지켰다. 마당맞치라는 제사가 있었는데, 타작이 다 끝난 다음에 찰떡을 만들어 그릇째 들고 나가 마당에서 절을 했다. 낮에 집집을 돌아가며 마당맞치를 했다. 그 다음에는 칠성기도라는 게 있었다. 우리 집에서는 1년에 한 번 밤중에 기도를 드렸다. 밥을 일곱 그릇 중탕으로 지어 놓고 북두칠성을 향해 절을 했다. 내 남편의 아버지는 남편의 사주가 열여덟까지밖에 나오지 않아서 한밤중에 냉수를 떠 놓고 이레 동안 칠성님께 연명 기도를 올렸다고 한다.

우리 친정 집안 산소는 모두 고향에 있고 명동에는 없어서, 남의 산소에 따라다녔던 기억이 난다. 장손과 차손이 나누어 제사를 지내고, 후손 없이 떠난 삼촌의 제사는 조카가 지냈다. 그때는 가난해도 빚을 내서라도 제사는 꼭 지냈다. 할아버지 제사는 아버지가 모시고, 할머니 제사는 삼촌네서 지냈다. 할아버지 제사는 여름이고 할머니 제사는 3월 8일이다. 제사 때는 밥, 떡 상과 반찬 상을 따로 차리고 할아버지, 할머니에게 각자 상 두 개씩 모두 네 개를 차렸다.

　설날에는 차례라고 조상 제사를 드렸다. 그 전날인 아치설에는 일가 친척이 모여서 음식을 먹으며 놀았다. 그 전전날은 모고지설이라고 해서 또 먹고 놀았다. 그 다음으로 중요한 절기는 보름이었다. 14일은 보름이라고 했고 15일은 한보름, 16일은 까막딸깃날이라고 했다. 14일에는 수수밥을 해 먹었고, 15일에는 달이 뜨기 전에는 집 안밖을 가리지 않고 비질을 못 했다. 비질을 하면 곡식이 안 된다고 했다. 또 달이 처음 뜨는 것을 보면 아들을 낳는다고 했다. 까막딸깃날에는 새의 부리를 불로 지지면 새가 곡식을 먹지 않는다고 했다.

　14일이 제일 큰 날이었다. 그날 수수밥을 먹기 전에 고사리처럼 쓴 나물을 된장에 무쳐 먹었다. 또 실 여덟 오리를 목에 걸고 양쪽을 둘씩 둘씩 매는데, 그게 모두 하나로 되는 때가 있다. 그렇게 되면 그해 운수가 좋아진다고 했다. 그걸 느지보름이라고 불렀다. 느지가 좋아야 행운이 온다고 했다. 또 윷으로 신수를 보기도 했는데 윷에 화, 수, 목, 금이라고 써 가지고 달에다 절하고 어깨 뒤로 떨구어 나오는 글자에 따라 그해 운수를 점쳤다.

　14일 아침에 오는 첫 사람이 키가 크면 그해 삼이 잘 자라고, 키가 작으면 삼이 자라지 않는다고 해서 키 작은 사람은 아침에 나다니지를 못했다. 키 작은 사람이 나타나면 조리를 씌우고 솔비로 때렸다. 북쪽의 조리는 쌀을 이는 데 쓰는 게 아니라 채소나 보리를 삶아서 건지는 데 쓰였기 때문에 크기가 좀 더 컸다. 솔비는 자작나무 어린 걸 한 뼘 남짓 찍어서 한 다발로 묶어 가마를 부시는 데 쓰는 거였다. 또 16일에는 오곡밥을 해 먹었다.

남쪽에서는 단오보다는 추석이 즐거운 절기지만 북간도에서 추석 때는 언제 서리가 내릴지 몰라 거두어들이고 마당질을 하느라 즐길 겨를이 없었다. 그러다 단오가 되면 1년 입을 옷을 다 새로 했다. 최소한 한 벌은 해 입었다. 그리고 그 옷을 1년 동안 입었다.

제사도 정성으로 드렸다. 내 시조모였던 김순홍 여사 같은 분은 찹쌀을 말릴 때도 깨끗한 홑이불을 깔고 그 위에 널어 말려서 방아에 찧어 떡도 만들고 밥도 지었고, 음식 차릴 때엔 잿물을 받아 놓고 손을 씻어 가며 준비했다. 계모도 제사를 받기는 하는데 남편 제사 때에는 같이 못 받고, 자기 제사 때에는 남편과 같이 제사를 받았다. 서손은 본손들과 같이 못 하게 되어 있었는데, 내 아버지는 그걸 깨려고 했다. 삼촌이 서손이신데 아버지는 할머니가 별세하셨을 때 삼촌까지 3형제가 이불을 한 벌씩 차별 없이 만들어 덮어 드리게 했다.

굿 구경은 한 번도 못 해보았다. 함경도 종성, 회령 지방과 만주에서는 유교나 실학의 영향이 강해서인지 무속 신앙이 썩 활발하지는 않았다. 명동촌에 함경도 부령에서 온 사람이 있었는데 그 사람은 국수도 모시고 해마다 구명도 했다. 국수란 길가에 돌을 쌓아 놓은 다음 나무때기에 뭐라고 쓰고 거기에 천 조박지들을 매어 놓은 것이다. 그 가문의 수호신 같은 거였다. 또 복술(남자 무당)이 종이를 이상하게 오려서 달아 놓고 그 위에 재미(스님이나 절에 보시하는 쌀—편집자) 쌀을 담아 놓고 인절미도 접시에 조금씩 떼어 놓고 한 사람은 양푼을, 다른 한 사람은 장단 맞춰 북을 두들기면서 경을 읽고 비는 일을 구명이라고 했다. 액운을 막으려고 하는 일이었다.

죽어 가는 사람을 살리려고 하는 연수라는 것도 있었다. 죽어 가는 사람의 팔에 실 한쪽 끝을 매고, 다른 끝을 소에 매고 소를 때리면 그 실이 끊어진다. 그 실이 소다리 가까이에서 끊어지면 병자는 살아나고, 병자 가까이에서 끊어지면 죽는다는 거였다. 어느 편이든 그 소를 사람 목숨 대신에 잡아먹었다. 치욱이 큰형 아플 때 그것을 했다. 또 동네마다 부군산천이라는 큰 나무를 섬겼고 온 동네가 1년에 한 번씩 제사를 드렸다. 그걸 상공당이라고도 불렀다.

호박씨 모아 산 쪽복음서

우리 아버지는 큰 학자였지만 그때는 여자에게 공부를 시키지 않을 때였다. 그래서 나는 글을 배울 수 없었고 배울 학교도 없었다. 1906년 쯤에는 국문으로 된 책도 없었다. 그러나 붓으로 쓴 소설책은 있었다. 나는 그때 육촌올케가 국문을 배워 가지고 옛날 소설책을 읽는 것을 우연히 보게 되었다. 부러웠던 나는 언문(한글)을 배우기로 작정했다.

이런 결심을 한 아이들이 우리 친척들 가운데 여섯 명이었다. 우리는 언문 열네 줄을 아버지 몰래 써 가지고 삼 삼는 광주리 밑에 놓고 몰래 공부를 했다. 동생 어린아와 나는 서로 도와 가면서 공부를 했다. 둘이 방아를 찧게 되면 한 사람이 열심히 일하고 다른 한 사람은 공부를 하는 것이다. 부엌에서 불을 땔 때도 한 사람은 열심히 하고 다른 사람은 재에다 글씨를 쓰곤 했다. 저녁불을 켤 때도 한 사람이 화로의 불고치를 솔솔 불어서 불을 켜면 다른 한 사람은 그 불빛에 글을 읽곤 했다. 이렇게 한 1년 공부를 했더니 책을 읽을 만한 실력이 생겼다.

이제 어느 정도 국문으로 글을 쓸 수가 있게 됐으나 읽을 책이 없는 게 문제였다. 그런데 어느 날 윗동네에 사는 조카한테서, 자기 오빠가 책 네 권을 사서 나누어 주었다는 말을 들었다. 그 말을 들으니 얼마나 부러운지 몰랐다. 조카에게 그 책값이 얼마냐고 물었더니 1전이라고 한다. 그 책에 무슨 이야기가 있더냐고 물었더니 "하느님이 가라사대, 예수님이 가라사대" 하는 말이 많더라고 했다. 성경을 말하는 거였다. 그때는 성경을 나눠서 작은 책으로 만들어 팔았는데 '쪽복음'이라고 불렀다. 또 돌아다니면서 그 책을 팔기도 하고 전도도 하는 사람을 매서인(賣書人)이라고 했다.

조카의 말을 들은 나와 동생은 책 살 돈을 구할 방도를 궁리해 보았다. 처녀가 장에 가서 무엇을 판다는 것은 생각도 할 수 없는 일이었다. 열두 살 먹은 큰애기가 장에 갔다가는 큰일이 났다. 그래서 우리는 호박씨를 모아서 팔기로 했다. 집에서 호박을 삶을 때마다 그 씨를 모았다. 그게 한 됫박쯤 되었을 때 지나가는 중국인 홀롱재에게 팔아 마침내 1전을 마련했다. 홀롱재란 궤짝 두 개에 온갖 일상품을 넣어 메고 다니면서 파는 중국 사람을 가리키는 말이다.

돈은 있는데 책을 어떻게 사는 것인지 몰랐다. 답답하기 그지없었다. 그러던 어느 날 내가 부엌에서 불을 때고 있는데 동생이 뛰어들어 오더니 동네 어구에 책장사가 왔다고 빨리 나가서 책을 사자는 것이다. 외간 남자 앞에 가서 책을 사기가 부끄러워 나는 동생의 손에 1전을 쥐어 주었다. 동생이 뛰어가서 자그마한 책 한 권을 샀다. 그랬더니 그 책장사는 전도지 한 장도 주었다. 우리는 얼마나 기뻤던지 그때의 벅찬 느낌이 지금도 역력히 기억난다. 정말 눈물이 날 지경이었다.

그런데 그 책을 아무리 읽어도 예수라는 말이 나오지 않는 것이었다. 지혜니, 솔로몬이니 하는 말만 반복되는 것이었다. 후에 알고 봤더니 그 책은 솔로몬의 〈잠언〉이었다. 우리는 얼마나 실망했는지 모른다. 하지만 읽을 책이 그것뿐이라서 이내 잠언을 줄줄 암송할 정도로 되풀이해 읽고 또 읽었다.

동쪽을 밝히는 빛 ─명동학교와 명동교회

그 당시 신문명이 들어온다고 모두들 야단이었다. 우리 큰사동만 해도 함경도 부령에서 신학문을 받은 김병렬이라는 사람이 있어서 아이들에게 체조를 시키고 노래도 가르치곤 했다. 그는 21세 정도 되었을 텐데, 저녁이면 매일 청년들을 모아 놓고 '뒤로 갓! 앞으로 갓!'을 시켰다. 그걸 보면 신학문이 함경도에 먼저 들어오고 그 후 간도로 전해졌다는 것을 알 수 있다.

우리 오빠 결혼식 잔치에도 모여서 체조를 하고 한신 경주도 하고 노래도 했다. 한신 경주는 맨 앞 사람을 웅크리게 하고 다음 사람이 뛰어넘고 뛰어넘은 사람이 또 웅크리고, 이렇게 차례로 뛰어넘는 운동이다. 중국 한나라 때 한신이 남의 가랑이 밑으로 빠져나가는 수모를 참았다는 이야기에서 붙은 이름일 것이다.

그때 우리 아버지 서당에서는 사람들이 모여서 교육의 중요성을 토론하곤 했다. 우리 아버지는 동학을 하고 주역을 하신 분이라 민중을 위한 생각을 많이 했다. 그래서 겨울이 되면 많은 사람들이 와서 공부를 했다. 우리 오빠도 평소에는 일을 하다가 농한기인 겨울이면 공부를 배웠고, 문치홍 아주버님(시아버지 문치정의 동생)도 오셨다. 어떤 제목을 내걸고 토론을 벌이기도 했다. 구학 서재에서 이미, 신학문의 내용을 가르치지는 못해도 방식을 배워서 토론들을 한 거다. 나는 토론하는 것을 잘 들어 두었다가 그때 배운 지식을 훗날 강연할 때 쓰기도 했다.

한학을 가르치던 아버지가 신학문을 가르쳐야 한다고 주장하게 된데에는 기막힌 사연이 있었다. 경원에 김도심이라는 친척 할아버지가 있었다. 그런데 그의 부인이 열네 살 먹은 아들을 살리려고 손가락을 잘라 피를 내어 먹였고, 남편이 열병에 걸리자 자기 다리의 살점을 베어 먹여 살리고 자신은 죽었다는 것이다. 그 남편 김도심 할아버지가 1906년에 우리 아버지에게 와서 열녀문 신청서를 써 달라고 하기에 아버지는 정성껏 써 주었다고 한다. 그는 이 신청서를 가지고 서울에 있는 내 어머니의 친척인 오상규 탁지부 국장에게 가서 보였다. 오 국장은 아버지의 청원서를 읽고, 만주에 이렇게 훌륭한 선비가 있느냐고 감탄하면서 그녀를 열녀의 반열에 올릴 뿐만 아니라 우리 아버지를 함북흥학회 회장으로 임명했다. 그러면서 신학문 취지문과 선전문, 갖가지 교재와 백로지(白露紙)를 한 짐 보내 주었다. 부걸라재에 있던 학자들은 한자리에 모여 이 선전문을 읽고 앞으로는 신학문을 하기로 결정했다. 또 북간도 일대에 있는 서당들에 통지문을 보내어 신학문을 하라고 독려했다. 그 하얀 백로지를 처음 보았던 게 어찌나 신기하던지 그 일이 뚜렷이 생각난다.

그렇게 신학문을 하려는 분위기가 만들어져서 드디어 1908년 4월

27일에 신식 학교인 명동서숙이 세워졌다. 밝을 명(明), 동녘 동(東), 명동. 학교의 이름을 명동이라고 지었다. 우리 조국의 앞날을 환히 밝히는 인재들을 여기에서 키우겠다는 의지였다. 마흔 줄에 접어든 김약연 선생이 숙감을 맡았다. 어른들은 부걸라재의 세 곳에 있던 서당 문을 미련 없이 닫았다.

그 전에 만주에는 신학문을 하는 학교로 서전서숙이 있었다. 1906년에 이상설, 이동녕, 정순만, 박무림 같은 애국지사들이 용정에 와서 세운 학교다. 고종이 돈을 대어 민족 지도자 양성을 하다가 이를 계속할 수 없게 되자, 명동서숙이 그 전통을 받은 것이다. 용정이 나중에 독립운동의 중심지처럼 되었지만 민족정신, 민족교육의 중심은 명동촌이었고, 활동의 중심은 명월거우(명월구)라는 곳이었다. 명동에는 일본 세력이 얼씬도 하지 못했고, 중국 사람도 술막거리에서 술 파는 집 한 채밖에 없었다. 용정에 있는 일본 총영사관 순경이 명동에 다녀오면 그것만으로 한 계급 특진을 할 정도라고 했다. 명동에서 이야기된 비밀은 절대로 새는 일이 없었다.

명동에서 신학문을 처음으로 접한 사람은 김약연 선생의 사촌 학연 씨, 그리고 김 선생의 제자이자 사위인 최기학 씨였다. 이 최기학 씨는 서전서숙에서 공부하다가 서울 청년학관에서 공부를 하고, 명동으로 돌아와서 선생님이 되었다. 그리고 서전서숙의 박무림 선생은 명동학교의 숙장(교장)으로 취임했다. 그는 평안도 출신으로 푸성귀에 대해서라면 모르는 게 없는 식물학자였다. 이렇게 교사들의 경력에서도 명동서숙은 서전서숙의 후신이었다. 남위언 선생이 한문을 가르치고, 그분이 떠나시고 난 후에는 친정아버지 김하규가 한문을 가르쳤다.

명동서숙, 즉 명동학교는 강 유사네 집을 사서 교사로 썼다. 명동에 새로 지은 집이라고는 문재린네와 강 유사네 집밖에 없었다. 강 유사네 집을 지을 때 온 동네가 모여서 흙을 올리며 지르는 소리가 우리가 사는 큰사동까지 똑똑히 들려왔다. 강 유사는 김약연 선생의 맏아들을 청사위(데릴사위)로 맞을 정도로 유력한 분이었고 모든 회의에 참여하는 유지였는데 성격이 좀 까다로운 편이었다. 문씨 가문의 아들도 청사위로 삼아 함께 살았다. 그 집은 여덟 칸 집으로 두 칸을 사무실을 만들고 나머지를 교실로 썼다. 교실이 모자라서 학교 바로 옆에 있던 우리 시집도 임시 교실로 사용했다. 교과서로는 서울서 가지고 온 국어교과서 다섯 권과 역사책이 있었다. 수업도 역사와 국어, 체육과 음악이 중심이 되어 독립운동가가 되는 데 가장 필요한 덕목들을 가르쳤다.

내 동생 진국이가 명동소학교에 입학해 학교에 다니기 시작한 게 얼마나 부러운지 몰랐다. 그래서 나는 진국이가 학교에서 돌아올 때쯤 되면 길목에 숨어 있다가 붙잡고 나무 밑으로 가서, 그날 배운 공부를 다 가르쳐 달라고 했다. 그렇게 해서 나는 소학교 1학년 교과서인 《신천초학》을 진국이에게 배웠다.

세 서당이 합하여 명동서숙이 될 때에 한학을 많이 공부한 이들을 모아서 갑반으로 했고, 김하규의 제자로 김창흡·김성도·문치한·문성린·이규한, 김약연 제자로 문치욱·김정근·김석관과 남위언의 제자 한 사람이 갑반이 되었다. 그들보다 공부가 모자란 윤영석, 문재린, 김정훈 등이 을반이었다. 1910년 명동중학교가 생기고 1912년 갑반이었던 김창흡, 김성도, 문치한, 문성린, 이규한, 문치욱, 김정근, 김석관 등 9명이 1회 졸업을 했다. 1913년 2회 졸업생 6명은 문재린, 윤영석, 김정훈, 윤영식, 김용환, 한인열이었다.

명동학교가 유명해지면서 부걸라재는 명동이라는 이름으로 알려지고 불리기 시작했다. 명동학교에 다니려고 만주와 함경도 곳곳에서 학생들이 모여들었고, 국내에서 피신해 온 애국지사들이 선생으로 가르쳤다. 그때부터 명동은 매우 작은 곳인데도 북간도 독립운동의 본산지 구실을 했다. 국내에서 만주나 중국으로 가는 인사들은 가는 길에 꼭 명동에 들르곤 했고, 명동학교를 졸업한 학생들은 만주, 시베리아로 퍼져서 민족교육과 독립운동의 선구자가 되었다. 1910년 8월 29일 한일 병합이 이루어지자 명동학교의 선생과 학생 들이 통곡하던 게 어제 일처럼 떠오른다. 학생들 중에서도 문재린이 제일 많이 울었다 한다.

안중근 씨가 명동에 와서 권총 연습을 했다고 하는데 그때 우리는 전혀 몰랐다가 나중에 서울에 와서 김약연 선생의 손자인 기섭이에게 들었다. 기섭이는 안 의사가 자기 집에 와서 지내면서 사격 연습을 했다는 말을 할아버지에게 들었다고 한다. 이등박문을 죽인 게 1909년이니까 그 두 해 전쯤에 명동에 왔을 것이다. 안중근은 천주교 사람인데 용정의 천주교 쪽에서 잘 협조를 안 해주니까 명동으로 와서 김약연 선생을 만난 걸로 안다. 김 선생이 안중근의 의거를 뒷받침해 주었을 것이다.

명동학교는 정재면 선생이 교사로 오면서 기독교 교육을 하게 되었다. 정재면 선생이 명동학교에 교사로 부임한 것은 1909년이었는데 그 다음 해 1910년 단오에 내가 교회에 가 보았으니까 오신 지 1년도 안 되어 교회를 세우신 거다. 아직 교회를 다니지 않았을 때인데, 나는 여동생이랑 단오에 그네를 뛰러 갔다가 몰래 들어가 본 것이다. 그게 5월 6일이었다. 우리는 어머니한테 다 큰 계집애들이 돌아다닌다고 호되게 야단을 맞았다.

정재면 선생은 처음엔 학생들하고만 예배를 보았다. 그러다가 어른들까지 나오지 않으면 자기는 떠나겠다고 해서 어른들도 예배에 참석하게 되었다. 그러나 명동교회가 선 다음에도 우리 아버지는 교회에 나가시지 않았다. 예수를 믿으면 제사를 드릴 수 없고, 또 예수를 하느님의 아들이라고 하는 것을 믿을 수가 없다는 게 아버지 말씀이었다.

내 올케와 동생은 교회에 나갔다. 아버지는 커다란 처녀가 교회처럼 사람이 많이 모이는 데 나가서는 안 된다며 나만 못 나가게 했다. 교회 생활이 너무나 궁금했다. 내가 교회에 갈 수 있었던 건 결혼하고 나서부터다. 시집 식구들은 다 교회를 나갔기 때문이다. 얼마나 기뻤는지 모른다. 성경책이 내 손에 들어온 것도 결혼한 그해의 일이다. 너무나 갖고 싶었던 책인지라 원 없이 실컷 읽었다.

2장
새 이름 새 자리

명동의 두 번째 신식 결혼식

내가 열세 살 먹었을 때부터 여기저기서 시집을 보내라는 혼사 이야기가 오갔다. 김정규 장로의 아들 김석관이 오기만 하면 우리 어머니에게 "아주머니, 딸 시집 안 보내세요?" 하고 물었다. 그러면 어머니는 "아직도 입에서 젖내 나는 걸 시집을 보내?" 하시곤 했다.

나는 시집 이야기만 나오면 너무 겁이 나고 싫었다. 모르는 집 식구가 되는 게 그렇게 무서워 시집을 안 가려고 벌레도 먹고 그랬다. 그런데 1910년에 오빠를 결혼시키고 나서 10월쯤에 나도 약혼을 하게 되었다. 그때는 다 자란 처녀가 있는 집에는 중매를 하는 사람들이 문턱에 불이 나도록 찾아온다. 우리 아버지는 그런 사람들이 마음에 들지 않으면 문에 들이지도 않고 끝내 버렸다. 우리는 김석관이 중간에서 중매를 해줬다.

시아버지 문치정은 재산이 많아, 아들 문재린에게 사방에서 청혼이 들어왔다. 그러나 시아버지는 식구들 모두 머리가 좋고 공부 잘하기로 소문난 김하규 씨네 딸을 며느리로 삼아야 훌륭한 후손을 얻을 수 있다고 생각했다. 김씨네 10가문이 모여 사는데 우리 아버지가 가난해도 대우는 받았다. 어머니는 그 많은 아이들 옷을 다 깨끗이 해 입혔다. 일 잘하고 깔끔하고 규칙적이어서 김 선생네 딸은 인기가 좋았다.

나는 결혼식 날까지 신랑 얼굴도 보지 못했다. 그는 그때 명동중학교에 다니고 있었다. 남편은 다니던 길에 나를 본 적이 있었는데, 내가 머리카락이 노랗고 머리숱이 적어서 실망을 했다고 한다. 1902년에 장질부사(장티푸스)가 돌아 김씨 집안 식구들이 다 걸렸는데 나만 걸리지 않았다. 장질부사를 앓으면 머리가 다 빠진 다음에 다시 까맣게 나는데, 나는 전염병에 한 번도 걸리지 않아 머리숱이 많지 않았다.

결혼을 앞둔 어느 날이었다. 아버지가 나더러 책을 가지고 와서 당신 앞에서 공부를 하라고 하셨다. 어린아와 나는 얼마나 좋았는지 모른다. 마침 그때 명동에는 명동학교에 여자 소학교가 생길 참이었다. 유명한 독립운동가 이동휘 선생이 명동에 와서 사경회를 한 것이 중요한 계기가 되었다. 이동휘 선생은 "새도 날개가 둘이라야 날고, 수레도 바퀴가 둘이라야 구른다. 여성과 남성이 차별 없이 교육을 받고 깨어나야만 우리 민족이 앞으로 나아갈 수 있다"면서 여자들도 공부를 해야 한다고 웅변을 토했다. 그 후 정재면 선생과 김약연 선생이 주동이 되어 여학교를 세우자고 제안한 것이다. 그런데 나는 곧 결혼을 할 몸이라 학교에 들어가기는 좀 곤란했다. 그 때문에 아버지는 직접 가르쳐 줄 생각을 하신 것이다. 나는 가슴이 설레어 그날 밤 잠을 설쳤다.

다음 날 저녁을 먹고, 동생 어린아와 나는 아버지 앞에 앉았다. 《신천초학》1권은 이미 진국이에게 배웠기에 2권을 가지고 들어갔다. 1권은 한글로만 되어 있는데 2권과 3권은 한자가 가끔 섞여 있었다. 한자

는 배울 기회가 없었기 때문에 조금 어려웠다. 산수도 공부했다. 구구
단을 외우고, 덧셈과 뺄셈도 배웠다. 아버지 앞에서 공부를 하니 바짝
긴장되어 진국이와 공부할 때와는 달리 집중이 잘 되었다. 서당 선생
님이던 아버지는 이해하기 쉽게 똑 부러지게 설명을 잘해 주셨다.

공부하는 틈틈이 아버지는 결혼을 앞둔 딸에게 이런저런 이야기를
하셨다. 시부모님을 잘 모시라는 당부, 또 친척들에게는 돈을 빌려주
지 말고 도와주려면 거저 주라는 말씀 같은 거였다. 나중에 큰아들에
게 붙어살아야 고생을 안 한다는 얘기도 하셨다. 여자는 맏며느리로
들어가야 대접을 받고 산다고 생각하시던 아버지는 둘째언니만 빼고
는 전부 맏며느리로 시집을 보낸 분이다. 나는 아버지한테 직접 공부
를 배우며, 여자라면 그저 살림 잘하고 시부모 공경 잘하면 된다고 평
생을 믿어 왔던 아버지의 생각이 바뀐 게 신기했다.

피하고만 싶었던 결혼식 날이 다가왔다. 오빠까지는 초례를 하고 구
식 결혼을 했는데, 나부터는 기러기만 들일 뿐 식은 신식으로 했다. 그
당시 결혼할 때 기러기 들이는 것은 모든 집에서 다 했고, 초례는 양반
집에서만 했다. 내 혼수로는 시할아버지, 시아버지와 남편의 두루마기
를 가는베로 만들고 시어머니의 치마도 준비했다. 어머니는 딸을 위해
베로 바지를 만들어 주셨다. 속바지 같은 것인데 여름에는 이것만 입
고 지내도 되었다. 또 지금까지 만들어 놓은 베로 치마 여덟 벌, 적삼
한 벌과 베수건 열 몇 개도 만들었다. 결혼식 날 입을 회장저고리에 쪽
물을 들이고, 옥양목으로 된 버선 한 켤레도 준비했다.

결혼식 날은 1911년 음력 3월 2일이었다. 신랑은 흰 옥양목 바지에
명주로 만든 검은 두루마기를 입고 조랑말을 타고 신부의 집에 왔다.
결혼식 날 신랑은 신발도 옷도 임금처럼 신거나 입는다. 그날 하루만

은 임금이 되는 것이다. 길을 올 적에도 신랑이 말을 타고 가면 아무도 그 앞으로 지나가지 않고 먼저 지나가도록 기다려 준다.

신랑 집에서 보낸 예물함을 우식꾼(상객이라고도 했다)이 들고 왔다. 그 예물함에는 납채와 여러 가지 예물들이 들어 있었다. 납채는 신랑 집에서 신부 집에 결혼을 청하는 편지로, 예전에는 신랑 신부가 집에 간직하고 있다가 이혼을 하면 이 납채를 끊어서 가졌다. 내가 나중에 읽어 보니 한문은 아니고 우리말로 쓰여 있었다. 함에는 쌀이 조금 있었고, 예물로 연두색 영초저고리(중국에서 들여온 비단으로 만든 저고리)와 달비(다리, 곧 머리숱이 많아 보이도록 덧넣는 머리채—편집자) 2개, 은 전 세 푼이 들어 있었다. 또 함에는 청실홍실을 늘어뜨려 놓았다. 우식 꾼이 먼저 와서 함을 주는데, 신부 측에서 팔자 좋은 이가 신부의 빨간 저고리를 입고는 치마에 함을 받았다. 그러면 그 함을 신부 집 쌀독 위에 두고, 그 쌀독에서 쌀을 꺼내 신랑이 먹을 밥을 해주었다.

그러고는 기러기를 들였다. 기러기는 죽을 때 부부가 목을 걸고 죽을 정도로 금슬이 좋은 새이기 때문에 부부가 사이좋게 살라는 의미로 들이는 것이다. 먼저 신랑이 신부 집 마당에 들어와서는 북향재배를 세 번 드린다. 그런 다음 무릎을 꿇고 기러기를 마당에다 놓은 후 부채를 가지고 기러기를 세 번 밀어서 신부 집 쪽으로 보낸다.

우리 때에는 안 했지만 오빠까지는 결혼할 적에 초례를 했다. 신부는 큰머리를 쓰고 장옷을 빌려 입고, 상을 두 개 차리고 병풍도 두 개 놓고, 닭도 두 마리 잡고, 조롱박에 청실홍실을 꿰어 놓았다. 신랑이 신부에게 먼저 절을 한 다음 둘이 맞절을 했다. 서로의 얼굴을 못 보게 앞에 부채를 든 사람이 있었다. 술을 한 잔씩 마신 후에는 신랑이 마신 것을 신부에게 주고, 신부가 마신 것을 신랑에게 주어서 바꿔 먹게 했다. 초례를 하면 큰 구경거리였다.

　신랑이 우리 집에 와서 함과 기러기를 들이고 식사를 하고 나니 조랑말을 탄 신랑과 가마를 탄 신부가 신랑 집으로 갈 차례였다. 전날 큰 눈이 내렸는데 얼음물이 풀려 개울로 물이 막 흐르고 있어서 가마꾼은 얼음물 위를 팔랑팔랑 건너갔다. 나는 큰머리를 쓰고 달비를 땋아서 머리에 올리고, 푸른 회장저고리를 입고 빨간 치마를 빌려 입었다. 결혼한 이들도 평소에 빨간 치마는 안 입고 옥색 치마나 입었다. 처녀들은 보통 때는 흰 치마에 분홍 저고리를 입었고, 무슨 때가 되면 옥색 치마를 입곤 했다. 검은색 치마는 종이나 입는 거라면서 안 입었다. 솜은 귀해서 전혀 넣지 못했다. 사촌오빠 진권이가 결혼 예물로 분이 든 거울을 사 주었는데 얼굴에 분칠도 안 했다. 물에 비친 그림자나 보았지 그때까지는 내가 어떻게 생겼는지도 몰랐다. 부끄러워서 그 거울을 못 보다가 가마 안에서 보았다. "내 이렇게 생겼나?" 혼자서 중얼거리면서 내 얼굴이 참 희다고 생각했다.

　이렇게 신랑 집으로 와서 명동중학교 박태환 선생의 주례로 북간도에서 두 번째인 신식 결혼식을 올렸다. 원래 주례를 하기로 된 분은 정재면 선생이었다. 그런데 용정에 급히 갈 일이 생겨서 박태환 선생에게 대신 주례를 부탁해 놓았다고 했다. 나중에 알고 보니 정 선생은 그때 독립운동단체인 신민회 일 때문에 일본군에 체포되어 청진으로 끌려갔던 것이었다. 왕청현 밀산 봉밀산사에 군관학교를 세우려던 계획이 들켜 버렸다고 한다. 다행히 정 선생은 중국 국적을 가지고 있었고, 평소에 친하게 지내던 중국인으로 당시 연길 도윤이었던 오녹정이 항의한 덕분에 며칠 뒤 돌아왔다.

　결혼식에서는 예배를 보고 김철(나중의 김영구 목사, 명동학교에서는 법학을 가르쳤다) 선생이 축사를 했다. 김 선생은 축사를 하면서 "을지문덕, 이순신 같은 아들을 낳으라"고 말씀하셨다. 그리고 신식 결혼식이었기에 혼인 서약을 할 때 "예"라고 대답을 했는데, 그게 와전되어 이웃 마을에까지 내가 "예, 낳겠습니다" 하고 대답했다는 소문이 퍼졌다.

나는 첫날밤에 어떻게 해야 하는지 아무것도 모르고 결혼을 했다. 나중에 들어 보니 신부와 신랑이 첫날밤에 주고받는 이야기가 있다고 한다. 신부가 신랑에게 "우물이 어디 있나요?" 하고 물으면 부부가 복을 받고 잘 산다고 했다. 그런데 나는 그런 것도 몰라서 아무 말도 못 했다. 내 나이 16세, 신랑은 14세 반이었다.

학교에 들어가서 새 이름을 얻다

이렇게 해서 나는 문씨 가문의 맏며느리가 되었다. 시댁은 명동학교 바로 옆이었다. 문씨네 가문은 다 그 근처에 집을 짓고 살고 있었다.

시댁 식구로는 먼저 61세 되는 시할머님이 계셨다. 장풍의 허가부시기가 친정이었던 김순홍 할머니는 16세에 결혼을 한 뒤 19개월 만에 남편을 장질부사로 잃고 청춘과부가 되었다.

남편은 공부를 하느라 서당에 가서 지내면서 밥 먹을 때에나 집에 들르고, 가끔 집에서 잘 뿐이어서인지 자식이 생기지 않았다. 그러던 중에 문씨네 어떤 신랑이 장가를 가다가 문병규 할아버지 집에서 점심을 먹고 갔다. 그 사람들이 그만 장질부사를 옮긴 것이다. 병규 할아버지의 아들 부부인 승호 할아버지와 김순홍 할머니가 둘이 같이 장질부사를 앓았다. 할머니는 앓으면서도 다리의 피를 뽑아 술에 담아서 남편에게 먹였다. 그런데 할머니는 살아나고 남편이 죽었으니 기가 막히지 않아? 그래서 할머니는 죽으려고 밤에 기어 나가서, 부엌에 떠 놓은 쌀뜨물의 맑은 웃물을 한 바가지씩 퍼마시고 눈 속에 시원히 누워서 하늘에 별이 반짝반짝하는 것을 보다가 정신을 잃었다고 한다. 그러면 가족들이 끌어들이고 그러기를 여러 번 했는데도 살아났다는 것이다. 목을 매 죽으려고 해도 못 죽고.

할머니는 남편이 죽고 나서 열한 살 되는 넷째시동생 명호를 키워 19세에 결혼시키고, 그에게서 난 처음 아들인 내 시아버지 문치정을 양아들로 삼으셨다. 그러니까 우리 집안은 핏줄은 명호 할아버지와 닿아 있지만 승호 할아버지 밑으로 되어 있는 것이다. 할머니는 밤이면 등을 켜 들고 내 시아버지와 남편, 그리고 아들들까지 3대를 공부시킨 여걸이시다. 김약연 선생도 답답한 일이 있으면 찾아오시어 이야기를 나누고 의견을 묻곤 하셨다. 머리가 탁 트인 분이셨다. 또 길쌈을 부지런히 하고 솜씨가 좋아서 소와 말을 사서 키울 수 있었다. 그래서 북간도로 올 때 문씨네가 가장 형편이 좋았다. 청상과부가 집안 살림을 일으킨 것이다.

시할머니는 사랑이 많으셨다. 며느리인 내 시어머니가 머리를 곱게 빗고 있으면 머리가 흐트러진다고 물을 긷지 못하게 하실 정도였다. 아들을 키울 때 시아버지가 손자에게 매를 들면, 말로 하면 알아들을 것을 왜 내 아들에게 매를 대냐고 항의하실 정도로 당찬 분이기도 했다.

시할머니 밑으로는 시아버님(문치정), 시어머님(박정애)이 계셨고, 남편의 여동생들인 신린(13세), 신재(11세), 그리고 남동생 학린(8세), 막내여동생 신렬(4세)이 있었다. 모두 아홉 식구였다.

시집와서 나는 시할머니에게서 문씨 집안의 역사에 대해 많은 이야기를 들었다. 우리가 알고 있는 가장 위의 할아버지는 문병규 할아버지다. 문병규 할아버지는 처음에 함북 장풍서 살았다. 문씨의 입북(서울 사람이 함경도에 감―편집자) 시조는 처음에 경흥에 살았다고 한다. 그 집안이 무척 가난해서 묘를 집 바로 뒷산에 묻었다. 그런데 그 산이 그렇게 좋아서 문씨네가 자손이 많이 불어났다는 이야기가 있다. 경흥에서 점차 북쪽으로 올라와 종성까지 오게 되었다. 문병규 할아버지는 3형제 중 둘째였는데, 농사를 짓고 서당의 훈장을 하면서 괜찮게 산 모양이다. 학식이 높아서 존경을 받았고, 벼슬을 하던 경원 채씨네와 결혼을 할 수 있었다.

그 경원 채씨네가 유명해진 데는 이런 사연이 있다. 함북에 사는 백성들은 북경의 청국 정부에 세금을 바쳐야 했다. 그 세금을 거둬들이려고 청국인 100명이 나와서는 세금을 중앙 정부에 보내지 않고 중간에서 먹었다. 조선 관리들과 같이 착복을 하고는 청국 정부에는 흉년이 나서 못 낸다는 둥, 서리가 일찍 와서 곡식이 썩었다는 둥 여러 가지 핑계를 대면서 10년 동안 세금을 내지 않았다. 의심이 간 중앙 정부가 추궁을 하니까, 함북 백성들이 원래 여진 사람들을 쫓아내고 정착해서 사는 거칠고 못된 백성이라 세금을 내지 않는다고 거짓말을 했다. 청국 정부는 화가 나서 군대를 보내 혼을 내고 10년치 세금을 받아 내겠다고 을렀다. 함북의 학자들은 진정서를 써서 이 사정을 하소연했으나 중국 관리와 한통속인 관청에서는 접수도 해주지 않았다. 관찰사도 그렇고 다 받아먹은 것이다.

그러자 유명한 학자 한봉암이 이 억울한 사정을 임금에게 알리는 상소문을 썼다. 이 상소문을 가지고 서울에 올라가서 신문고를 울린 사람은 채항복이라는 이였다. 채항복은 45세가량이었는데, 부친이 여든이어서 언제 돌아가실지 몰랐다. 한봉암 선생이 가지 말라고 말렸지만, 채항복은 "백성이 죽게 될 판인데 효도만 하고 있을 수 없지 않으냐"며 서울로 왔다.

채향복은 서울에 와서도 무척 고생을 했다. 여비가 다 떨어져서, 가난뱅이들이 모여 사는 권농동에서 나무를 해다 팔아 살면서 각 방면으로 알아봤으나 반대파가 많아서 신변이 위험할 정도였다. 그러다가 열병에 걸려서 죽을 지경이 되었다. 옛날 서울 인심은 좋아서 하숙집 노인이 자기 돈으로 약을 지어 주고 극진히 간호를 해서 살아났다.

채향복은 마지막 결심을 하고 신문고를 울리기로 한다. 죽을 각오를 하고는 밤중에 도포 입고 갓을 쓰고 상소문을 가지고 신문고에 가서 있는 힘을 다해 북을 쳤다. 밤중에 신문고가 울리자 영조 대왕부터 백성들이 무슨 큰 일이 났는가 놀라서 깨어났다. 신문고 위에는 먼지가 수북이 쌓여 있었다고 한다. 신문고는 사실 몇 번 울리지 않았다. 왜냐하면 난리가 나거나 외세가 쳐들어온 일이 아닐 경우에 잘못 쳤다가는 목숨을 잃을 수도 있기 때문이었다.

금부에 잡혀간 채씨는 사실대로 말을 했다. 그리고 나는 죽어도 좋으나 이 상소문을 꼭 임금에게 전해야 하니 임금을 가까이서 모시는 도승지를 만나게 해달라고 해서 직접 상소문을 전했다. 이걸 임금이 읽고는 조사를 시켜 보니 그의 말이 맞는지라 문제가 풀리게 되었다. 청국에서는 자기네 관리들은 자기가 처분할 것이며 탐관오리 때문에 백성들이 고생을 했으니 앞으로 10년 동안 세금을 면제해 주겠다고 했다고 한다. 이건 내가 경원 채씨네 후손 채관석이라는 분에게 직접 들은 이야기다.

이 이야기에서 상소문을 쓴 한봉암은 종성 출신 학자로 최학암, 한치암, 남오룡재, 김노규로 이어지는 관북 실학파의 한 기둥을 이루는 분이다. 이 상소문 얘기를 보더라도 출셋길이 막혀 있었던 관북의 실학자들이 얼마나 백성들을 위해 생각하고 행동하는 걸 중요시했는지 알 수 있다. 이분들 가운데 최학암은 숙종 때 관북의 인재를 찾아오라는 명을 받고 한양의 관리들이 와서 관북의 학자들을 상대로 시험을 쳤을 때 뽑혀서 벼슬을 한 유명한 학자였다.

또 학음 김노규는 《사농문답(선비와 농사꾼의 대화)》이라는 책을 쓴 사람인데, 김해 김씨의 명인이라고 소문이 났다. 그는 예언을 해서 점잖지 못한 학자라고 욕을 먹기도 했다. 한번은 러시아 사람이 찾아왔는데 러일 전쟁이 일어나면 러시아가 질 것이니 싸우지 말라고 예언을 했다고 한다. 서울을 훈춘으로 옮겨야 한다는 주장을 하기도 했다. 창가를 직접 만들고 가사와 곡을 붙여서, 달밤에 제자들 수십 명과 북을 치면서 노래를 부르기도 했다. 우리말과 한자를 섞은 가사였으며 연애시도 있었다. 그만큼 허례허식에 얽매이지 않았으니 실학자로 이름을 남길 수 있었을 게다. 그는 고종이 몇 번을 불러도 가지 않았다. 고종은 관리로 직접 임명하면 일을 하리라고 보고 함경도 관찰사를 시켰다. 임금이 직접 내리는 벼슬이니 받아들였는데 열흘 만에 급병이 나서 돌아가셨다. 주변에서는 자살을 했을 것이라고 추측이 나돌았다.

문병규 할아버지는 채씨네와 결혼해서 아들 다섯과 딸 둘을 낳았다. 아들의 이름은 첫째가 문정호, 둘째가 승호, 셋째는 창호, 넷째가 명호, 다섯째가 종호였다. 내 생각에 채씨 어머니가 들어왔기 때문에 다섯 아들을 다 공부시킨 것 같다. 그때는 한학을 시키는 게 어려웠기 때문에 집안에서 한 명 정도만 공부를 시켰다. 왜냐하면 공부를 하면 서당에 가서 자면서 집에는 가끔씩만 올 정도로 공부에 전념을 해야 했기 때문이다. 공부를 해서 급제를 해야 하는데 그것도 쉽지 않았다. 그런데도 문병규 할아버지와 채씨 부인은 다섯 아들을 다 공부시킨 것이다.

병규 할아버지가 채씨와 결혼을 잘해 후손이 잘된 것처럼 결혼을 잘해 여자가 잘 들어오는 게 그렇게 중요한 거다. 우리 친정 집안의 내력을 보아도 내 어머니가 최학암의 외손이고, 아버지는 한봉암의 외손이다. 이렇게 세 학자와 문씨의 자손들이 결혼을 해서 우리 집 후손들을 본 것이다.

문치정 시아버지에 대해서 재미있는 일화를 들은 적이 있다. 시아버지는 헤엄을 썩 잘 치셨다고 한다. 셋째할머니네가 가난해서 우리 집(문치정네)에서 한동안 끼생계(얹혀삶)를 할 정도였는데, 강 건너로 이사 가서 살았다. 큰아들 재린의 첫돌 때, 돌잔치 준비를 다 했는데 비가 많이 와서 강물이 크게 불어나는 바람에 셋째할머니네 친척들이 건너올 수 없게 되었다. 그래서 할머님이 "건너오고 싶어서 얼씬얼씬하는구나" 하며 안타까워하시니까 아버님이 떡을 목에 메고 급류를 헤치고 건너갔다 오셨다고 한다. 오룡천은 회령과 부령에서 줄기가 시작되어 종성에서 모여서 경원까지 연결되는 강인데, 비가 많이 오면 그렇게 불어나곤 했다.

내가 시집오기 전에 시아버님은 한동안 밀가루 공장을 하시기도 했다. 학린이가 태어난 때니까 1904년경이다. 그때까지는 밀을 맷돌에 하루 종일 갈아야 수제비 한번 해 먹을 정도였는데, 그때 수남촌에 밀가루 공장이 생긴 것이다. 북경서 온 김도현이라는 사람과 석관이삼촌 여백이랑 아버님이 같이 했다. 김도현은 부잣집 양반이었는데 순 난봉꾼이었다. 술 먹고 첩질 하고 해서 두 형제가 재산을 다 떠먹었다. 김도현이 다 탕진해서 시아버님은 빚만 지고 걷어치우게 되었다. 그 사람이 아버님에게도 첩을 붙여 주려고 했는데 거들떠보지도 않으셨단다. 이 때문에 어머니가 마음을 졸이셨다.

그래서 할머니가 모아 둔 실을 풀어서 옷감을 짜 가지고 그 빚을 다 갚으셨다. 사람을 잘못 만난 거였다. 김도현에게는 땅이 조금 있었는데 그것도 농사를 안 지어 그대로 둔 것을, 내 친정아버지가 사들여 거기다 집을 지었다. 그 집이 남편이 장가올 때 기러기를 들인 집이다.

결혼을 하고 나니 뜻밖에도 시아버님이 나를 학교에 보내신다는 것이었다. 그것도 결혼한 지 8일 만이었다. 나는 정말 깜짝 놀랐다. 결혼한 며느리를 학교에 보내는 시아버지란 상상도 할 수 없었기 때문이다. 그만큼 명동의 어른들이 깨어 있고 자유로운 분들이었다.

이때는 막 명동여학교가 창립되었을 때다. 그리고 여학교에 자녀를 보낸 집안은 거의 다 예수를 믿는 가정이었다. 나는 시집온 여자가 친척들 집을 도는 집보기라는 걸 하루에 두세 집씩 해서 끝내고는 곧바로 학교에 가게 되었다.

입학하기 전날 시아버지는 며느리를 앞에 앉혀 놓고 산수 공부를 시키셨다. 이미 한글을 알면 소학교 1학년부터 시작할 필요가 없었다. 그러나 월반을 하려면 덧셈과 뺄셈쯤은 할 줄 알아야 했다. 시아버지는 두 자릿수 덧셈 문제를 두 개 내주었다. 어떻든 답은 맞았다. 그런데 나는 숫자 올리는 것을 할 줄 몰랐다. 시아버지는 그걸 설명해 주면서 이 정도 실력이면 3학년에 들어갈 수 있을 거라고 하셨다.

시어머니는 내가 결혼을 했으니까 학교에 가더라도 머리를 올리고 가야 한다고 했다. 함경도 북쪽 지방에는 결혼을 하면 쪽을 찌지 않고 달비를 넣어서 머리를 위로 얹는 풍습이 있었다. 처녀들 사이에 끼어 학교를 다니는 것도 부끄러운데 머리까지 얹고 가야 한다니 더욱 쑥스러웠다. 그때는 비녀도 없었다. 하지만 용기를 내었다.

나는 명동 여자 소학교 3학년에 입학했다. 반이 두 개 있었는데 나는 갑반으로 들어갔다. 담임선생님은 바로 그 유명한 정재면 선생이었다. 그분이 《유년필독》이라는 교과서의 제1과 '나라이란'을 펴 들고 하던 말씀이 아직도 생생하게 떠오른다. "나라는 백성을 위해 있는 것이다. 또 나라가 잘 서려면 백성은 나라를 위해 몸을 바칠 수 있어야 한다"는 말씀이었다. 나는 이 말씀을 평생 잊지 않았다.

학교에서 우리는 지리, 이과(농사와 식물), 역사, 국어, 성경 같은 과목을 배웠다. 나는 한글은 깨우쳤지만 천자문을 배운 적이 없었다. 처음에는 승제(곱셈과 나눗셈)를 하는 데 따라가기가 힘들었다. 공부에 좀 뒤떨어져서 걱정이 되었지만 용기를 내어 부지런히 공부를 했다. 결혼하기 전에 아버지와 공부하던 것, 동생 진국이에게 초등 수학을 배운 것이 도움이 됐다. 또 아버지 서재에서 토론회를 할 때 들었던 내용들이 많이 도움이 되었다.

그 후에 가을에는 신용이가 결혼하고 머리를 얹고 학교에 들어왔고, 후에 인숙이의 형 신종이, 또 석관의 부인이 아이를 낳고 나서 석관이가 북경에 공부하러 간 다음에 너무 공부하고 싶어 학교에 나왔다. 나 이후로는 결혼한 여자들이 학교에 많이 왔다.

그런데 우리 집에는 언제나 손님이 많아서 공부할 새가 없었다. 간도를 지나가는 사람들은 모두 '동만의 대통령'이라고 부르는 김약연 선생을 뵙고 갔지만 묵는 곳은 늘 우리 집이었다. 북간도를 거쳐 간 애국지사치고 우리 집 밥을 안 먹은 사람이 없었다. 집이 학교와 교회 가까이 있어서 모이기가 좋아 친척들도 많이 왔고, 치한 씨(문치정의 친동생)는 우리 집에 살았으며 치홍 씨도 오면 가기 싫어했다. 시집을 왔더니 거의 끼니마다 밥을 말로 짓고 있었다. 2, 3일에 한 번씩 쌀을 찧어서 손님을 치렀다. 어머님이 아침 일찍 석마(맷돌)에 조 열 말을 넣으면, 좁쌀이 여섯 말이 나왔다. 하루는 밤새워 콩 두 말을 맷돌에 갈아서 두부를 만들었는데 학교에 갔다 왔더니 두부가 두 모밖에 안 남아 있어서 얼마나 기가 찼는지. 더구나, 한 사람씩 받게 돼 있는 밥상(외상이라고 한다) 열두 개를 끼니때마다 거의 다 내려서 하나하나 차리는 일도 쉬운 노릇이 아니었다. 이렇게 음식을 준비하고, 설거지와 빨래, 바느질을 다 하면서도 나는 학교에 다니는 게 그리 좋았다.

어머님과 할머님은 그렇게 많은 손님을 치르면서도 나를 공부시켜 주셨다. 두 분은 내가 일에 바빠 틈을 내지 못하는 걸 보시고, 아침에 공부하라고 하셨다. 그런데 나는 아침잠이 많아서 아침이면 너무 졸려 공부가 되지 않았다. 그래서 저녁에 바느질 광주리 옆에 책을 놓고 공부를 했다. 그때는 주로 외우는 공부니까 나는 다 외웠다.

학교에 입학하기 전까지 고만녜라는 아명 말고는 나에게 이름이 없었다. 당시에 여자는 호적에다가도 아무개의 몇째 딸 정도로만 올렸을 것이다. 여자는 사주도 없고 아무것도 없었다. 여자는 종이라야 이름이 있는 거라고 했다. 그런데 학교에 다니는 학생들에게 이름이 없다는 건 곤란한 일이었다. 누구네 둘째딸, 아무개 셋째며느리, 와룡댁, 이런 식으로 출석을 부를 수는 없지 않은가. 하루는 정재면 선생이 말을 꺼냈다. 우리도 이제 정식으로 이름을 가져야 한다면서 모두가 믿을 신(信) 자를 넣어 새 이름을 짓는 게 어떠냐는 것이다. 주님 안에서 모두 한가족, 한자녀라는 뜻에서 같은 항렬로 짓자는 말씀이었다. 그래서 우리는 저마다 이름을 지어 왔다.

남편은 나한테 신묵이라는 이름을 지어 주었다. 신 자에 오빠 진묵의 이름에 있는 묵(默) 자를 붙여서 신묵이라는 이름을 만든 것이다. 내 여동생 어린이는 신희, 정재면(정병태) 선생의 여동생은 정신태라는 새 이름을 얻었다. 주신덕, 김신정, 김신훈, 김신국, 김신우, 김신근, 문신린, 문신재, 문신렬, 문신학, 문신천, 문신도, 문신길, 윤신영, 윤신진, 윤신현, 윤신환, 김신오, 한신환, 한신애, 한신극, 이신애, 이신송, 전신암, 전신건, 전신전, 윤신금, 윤신동, 윤신풍, 윤신순, 김신화, 김신욱, 최신학, 전신원, 윤신은, 윤신태, 윤신해, 윤신옥, 이신용, 문신진, 문신옥, 문신자, 박신근, 남신현, 남신학, 그리고 명동 사람은 아니지만 여학교 학생이었던 윤신애와 윤신근……

몇 주 만에 명동에는 신 자 돌림의 젊은 여자들이 50여 명이나 생겼다. 나이 드신 분들은 이 항렬을 따르지 않고 오빠나 남편의 이름에서 글자를 따서 짓기도 하고 성경 속의 이름을 받기도 했다. 내 친정어머니는 오빠의 이름에서 '윤' 자와 남편의 이름에서 '하' 자를 가져와 김윤하(潤夏)라는 이름을 지었다. 작은사동 할머니는 김애당, 다섯째 할머니는 박사라, 시어머니는 박정애(朴貞愛)가 되었고, 환갑을 맞은 시할머니에게도 김순흥(金順興)이라는 이름이 주어졌다. 살날이 얼마 남지 않은 할머니들에게까지도 갓 태어난 아이에게처럼 이름을 지어 주었다.

나는 이렇게 새 이름을 얻어 학교를 다니면서 교회 생활도 열심히 했다. 그때 남편과 시아버지는 이미 세례를 받은 터였다. 또 내가 결혼하던 해에 시아버지는 첫 집사로 택해졌다. 그때는 집사를 교회에서 선출하지 않고 시찰회에서 선택해 주었다. 시댁 식구들과 나는 일요일 아침이 되면 모두들 깨끗한 옷으로 갈아입고 성경책을 옆에 끼고 일찌감치 교회로 갔다. 교회 바로 옆집에 살았기 때문에 늦을 염려는 없었다. 남자고 여자고 한 주일에 하루씩 옷을 갈아입고 교회에 간다는 것은 마치 해방 같은 것이었다. 나는 늘 맨 앞자리에 시어머니와 시할머니를 모시고 앉아 예배를 드렸다.

김순홍 시할머니는 젊어서 남편을 잃고 나서부터 지극 정성으로 제사를 지냈다. 그러나 정재면 선생의 권유로 기독교를 받아들이고 난 다음에는 남편의 제사를 딱 끊었다. 남편의 제사를 모시던 그 정성으로 기독교를 섬기기 시작했다. 학교나 서당이라고는 문턱에도 가 본 적이 없던 시할머니와 시어머니는 설교 말씀을 통해 많은 것을 배웠다. 항상 집안에만 머물렀던 그분들이 이제 교회라는 새로운 세계를 알게 된 거였다.

교회는 전영국이네 집을 사서 방을 트고 예배를 보았다. 그 집도 여덟 칸 집이어서 부엌 바닥과 정지방을 터서 여자들이 앉았고, 안방과 고방, 웃방, 굿방을 터서 남자들이 앉았다. 그 사이에 있는 문에 정재면 선생님이 서서 예배를 인도했다. 여학교도 한동안 이 집에서 열렸다. 그러다가 나중에 이 터에 붉은 벽돌로 여학교를 지었다.

친정에서는 다른 식구들은 교회에 다니는데 아버지만 예외였다. 학문이 높고 줏대가 강한 학자여서 주변 사람들이 교회에 나오라고 권하지를 못했다. 친정아버지는 식구들이 교회에 나가는 것을 허락하시고는 혼자서 제사를 드렸다. 그러다가 갑자기 교회에 나오기 시작한 것이 1918년에서 19년 사이의 일이다. 작은사동에 살던 친정집이 1913년께 하마탕이란 곳으로 이사를 갔다가 19년께 다시 사동으로 돌아왔을 때다. 사람들은 놀라서 어떻게 교회에 나오시게 되었는지 물어 보았다. 아버지는 "남들이 나를 선생이라고 부르는데 기독교가 뭔지 몰라서야 되겠느냐?" 하셨다. 아버지는 가족이 잠들고 나면 성경책을 꺼내 3년 동안 신구약성경을 세 번 읽으셨던 것이다. 내 아들 익환이가 외할아버지에게 《대학》, 《논어》, 《맹자》를 배우러 다닐 때, 기독교를 받아들이게 된 이유를 여쭙자 이렇게 답하셨단다.

"윤리 도덕은 유교가 더 높다. 그런데 유교에는 신앙이 없다."

그리고 남편에게는 이렇게 말씀하셨다고 한다.

"유교에서는 죄를 지으면 용서받을 방법이 없지만 기독교에서는 원수마저도 사랑하라고 하고, 죄를 지어도 죄 사함을 받을 수 있다. 유교에서는 제게 싫은 것을 남에게 하지 말라고 했지만 기독교에서는 원수까지도 사랑하라고 했으니 훨씬 적극적인 게 아니냐?"

하지만 그때 기독교를 받아들였던 어른들은 유교를 완전히 버리지 않고 유교와 기독교를 조화롭게 받아들였다. 그래서 윤하현 장로와 아버지 김하규 장로도 제사를 드렸다. "예수 탄생과 죽은 날을 지키면서 아버지, 어머니의 것을 지키는 게 어떠냐?" 하면서 우리 풍습을 지켰다.

잊지 못할 선생님들

　내가 다닌 명동학교에는 훌륭한 선생님이 많이 있었다. 그분들 중에
는 내가 직접 배운 분도 있고 행적을 전해 들은 분도 있다.

　명동을 기독교로 개종시키는 데 큰 역할을 한 정재면 선생은 독립운
동을 하던 신간회의 파송을 받아 1909년에 명동에 오셨다. 나중에 서
울에 와서 내가 정 선생한테 들으니, 신간회에서 자신을 보내 간도의
교육을 맡으라고 할 적에 유한양행 설립자 유일한의 아버지인 유기연
씨가 생활비를 대 주기로 했다고 한다. 정 선생네는 대가족이었는데
그렇게 해서 적은 월급으로도 생활할 수가 있었던 것이다. 정 선생네
가족은 선생을 뒤따라 1910년에 명동에 들어왔는데 부모님, 부인, 누
이 정신태, 사촌형 병선, 그 형의 딸 낙도, 이렇게 여섯이었다. 후에 정
재면 선생이 윤하현 장로 장립식에 오셔서 권면의 말씀을 했던 기억이
난다. 그는 장로는 "소"처럼 묵묵하게 일해야 한다고 하셨다.

　정 선생이 명동을 떠난 것은 1912년쯤이다. 내가 졸업(1914년)하기

전이었는데 여학생들은 동거우 산꼭대기까지 뒤따라가면서 울었다. 선생은 길림으로 떠나면서 갓난아기를 업고 갔다. 열네 살에 결혼해 서른에 얻은 아기였는데, 이 아기가 길림에 가서 죽고 말았다. 정 선생의 동생 정신태는 남아서 계속 여학교 일을 했고, 새로 이준 선생이 와서 둘이 여학교에 있었다.

그 후 정 선생네는 용정으로 다시 왔다. 우리가 찾아가자 사모님은 "너희들이 그렇게 울던 것을 털어놓고 갔으니 잘될 리가 없지" 하시며 울었다. 그리고 1917년에 다시 아기를 낳았는데, 그가 정대위 목사다.

정재면 선생님은 독립운동에 열과 성을 다한 사람이었다. 이후 상해 금릉신학에서 공부하고 목사가 되고 나서도 독립운동을 계속했다. 상해 임시정부와도 계속 연락했을 것이다. 한동안 은진중학교에서 교사를 하기도 했다. 성경을 가르쳤던 것으로 안다. 그런데 은진중학교의 이사이던 이성국 목사와 맞지 않아서 청진교회로 가셨다.

정 선생은 해방 후에는 서울로 나와 송추에 있는 작은 교회에서 목회하다가 세상을 끝내셨다. 건국대 총장이던 아들 정대위의 도움으로 여생을 편히 지내실 수도 있었을 텐데.

박상환 선생은 한국 역사를 가르치신 분이다. 임진왜란이나 한일병합 이야기를 하면서 자주 우셨다. 그때는 토론회를 많이 했는데 그 내용은 늘 독립운동에 대한 것이었다. 성품이 거룩한 양반이었다. 학교 앞 밭에 상추랑 채소 농사를 지어 우리 집에 가져다주시곤 했다. 가족 없이 혼자 와 계셨다.

박태환 선생은 순 서울 분으로 국어를 가르쳤다. 한글학자 주시경 선생의 저서에 서문을 쓰기도 할 정도로 실력자였다고 그 아들 박희경 선생(전 정신여고 교장)은 말한다. 박 선생은 명동학교를 책임지던 정재

면 선생이 떠나신 후 학교를 맡아서
했다. 1910년에서 1918년까지 8년을
계시다가 훈춘교회를 맡아 보며 신학
교 공부를 시작했다. 박태환 선생과
정재면 선생은 서울 상동감리교회 안
에 있던 기독청년학원에서 같이 공부
하던 동창이었다고 한다. 우리 결혼
식 주례를 해주신 분이기도 하다.

김신묵과 문재린의 결혼에 주례를 섰던 박태
환 선생. 후에 목사님이 되었다.

그곳 출신 세 명이 정 선생을 따라
명동으로 들어왔는데, 역사학자 황의
돈, 국어학자 장지영, 김철 같은 쟁쟁
한 분들이었다. 장지영 선생은 국어학자인데도 박태환 선생이 국어를
가르치니까 영어를 가르치셨다.

내가 결혼할 때 축사를 하신 김철 선생님도 인격자셨다. 본명은 김
영구인데, 후에 목사가 되어 김재준이라는 유능한 젊은이를 기독교인
으로 이끄는 일을 한다. 김재준 목사가 똑똑하다는 걸 알고 자기 서재
를 완전히 개방해서 좋은 책을 많이 읽도록 하셨다고 한다. 서울 승동
교회 목사로 있으면서 상당한 영향력을 가지셨다. 김철 선생이 목사가
된 것은 이동휘 선생의 감화 때문이었다고 한다. 이동휘 선생이 소련
으로 갈 때 함께 가려고 하자 이동휘 선생이 "너는 국내로 들어가서 목
사가 되어라"고 했다는 것이다. 김철 선생은 법학을 가르치셨다. 이분
들은 다 중학교 선생님이었다.

김치관이라는 체조 선생은 명동 바깥에서 와서 명동에 뼈를 묻은 분
이다. 그분은 평안도 사람인데, 일본 사람들에게 무장 해제를 당한 옛

명동학교 교표

한국군 소장이었다. 그때 체조라는 건 군사 조련이었다. 모두들 목총을 메고 훈련을 받았다. 김 선생님은 악보를 그리면서 음악도 가르쳤다. 우리가 그에게 배워 열심히 부르던 노래 가운데 이런 것이 있다.

무쇠 골격 돌 근육

소년 남자여

애국의 정신을 분발하여라

다다랐네 다다랐네

우리나라에

소년의 활동 시대

다다랐네

만인대적 연습하여

후일 정공 세우세

절세 영웅 우리 목적 아는가?

이 노래를 부르던 그의 쩌렁쩌렁한 목소리가 지금도 귀에 쟁쟁하다. 그는 가족을 다 내버리고 홀로 명동에 들어와서 오래 폐병을 앓으셨다. 돌아가시면서 교회 뒷산에 묻어 달라고 해서 말씀대로 해드렸다. "여기서 너희들이 뛰노는 것을 보고 싶다"는 뜻이었다.

전우택 선생도 공부를 많이 한 실력파 선생이었는데 뒷산에 올라가 노래를 잘 부르셨고 문학을 가르쳤다. 또 신체수 선생은 내 졸업식 때 답사를 써 주셔서 내가 읽었던 기억이 난다. 그분 역시 문학을 가르치셨다. 김연 선생은 수학을 가르치셨다. 두 분 다 서울 사람으로 1913, 14년까지 계셨다. 그 밖에 김홍일 장군(명동에서는 최세평이라는 가명을 썼다)도 명동학교 교사로 잠시 있다가 떠났다.

여학교에서는 정신태 선생이 성경을 가르치셨고, 이동휘 선생의 둘째딸 의순이 음악, 재봉, 이과를 가르쳤다. 그는 아버지를 따라 여성 교육의 필요성을 강조했다. 이동휘 선생은 요샛말로 여성 해방론자였다. 그가 가는 곳은 어디에나 여학교가 섰다. 선생은 가족을 모두 북간도에 정착시켰다. 이의순은 명동에 있었고 그의 부모님과 부인과 두 아들, 두 딸은 모두 연길에서 살았다.

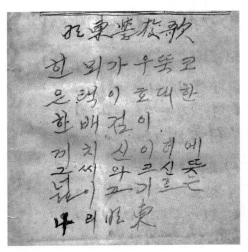

김신묵의 기억에 따라 복원한 명동 학교 교가를 문재린이 일기장 들머리에 적어 놓았다.

흰 뫼가 우뚝코
은택이 호대한
한배검이
끼치신 이 터에
그 씨와 크신 뜻
넓히고 기르는
나의 명동

그 무렵 명동에는 야학 운동이 활발하게 일어났다. 야학교는 일 때문에 학교에 못 간 사람이나 나이가 든 농민들을 밤에 가르치는 학교였다. 신식 학교가 세워지면서 거의 동시에 야학교도 시작되었다. 내가 결혼했을 때 큰사동(대룡동)에는 벌써 야학교가 지어져 있었다. 나무를 베어다 야학교를 지은 것이다.

나의 삼촌 김동규가 야학 운동을 열심히 하셨다. 김동규 삼촌은 한의였는데 아버지처럼 공부는 많이 하지 않으셨다. 개암나무가 가득한 큰 사동 앞데기를 하루에 소 일곱 커리(겨리)를 동원해서 개간했다. 한 커리는 소 두 마리가 하는 것이니까 일곱 커리면 소 열네 마리를 동원하여 황무지를 개간하여 학교전을 만들던 모습이 눈에 선하다. 나무를 베어다가 야학 운동을 위해 집을 지었다. 저녁이면 야학교에 학생들이 모여 공부도 하고 체조도 하면서 노래를 불렀는데 그 노랫소리가 만주벌판을 뒤흔들 것처럼 우렁찼다. 그때는 글을 배울 뿐 아니라 밤낮없이 모여서 웅성거리는 곳이 야학교였다. 그만큼 다들 신학문을 받아들이고자 하는 열의로 가득 차 있었다.

이렇게 집까지 따로 지어서 야학을 한 곳은 큰사동뿐이었고, 다른 동네에서는 집에서 모여서 야학을 했다. 내가 시집을 오기 전에 학교촌(용암촌)에서는 시아버지 문치정의 집에서 야학교를 열었다. 남편 문재린도 낮에 학교에 가서 배운 산수를 밤에 야학교에 와서 가르쳤다고 한다. 장재촌에서는 김약연 선생 집에서 야학을 했던 것으로 알고 있다.

나는 명동 여자 소학교를 3년 동안 다녔다. 그리고 1914년에 1회 졸업생이 되었다. 내 동생 신희는 그 후 2학년에 입학해서 힘들지 않게 공부를 하고 졸업할 때도 1등을 했다.

문씨 가문을 너에게 맡긴다

1913년 3월 어느 날, 학교에 갔다 오니 시어머님이 빨래를 하다가 내일 남편 문재린이 북경으로 유학을 떠난다고 말씀하셨다. 느닷없는 얘기였지만 공부하러 간다니 나는 그저 좋기만 했다. 공부하러 같이 갈 사람이 여럿이었는데, 떠난다는 걸 김약연 목사네와 우리 집만 알고 다른 사람에겐 말을 하지 않았다. 비밀이 샐까 걱정을 한 것이다. 남편의 육촌형인 문성린은 그의 큰아버지가 책임을 지고, 윤영석은 그 삼촌이 학비를 대기로 했다. 명동의 교육열은 이렇게 열렬했다.

남편은 중학교 졸업 시험을 금방 끝마친 때였는데, 자기가 쓰던 잉크를 나에게 건네주었다. 편지를 쓰라는 뜻이라고 짐작했다. 나는 아무 말도 못 하고 받았다. 시아버지도 아무 말 하지 않고 아들을 데리고 김약연 교장 선생 댁으로 갔다. 가는 사람이나 보내는 사람이나 인사 한마디 없이 갈라진 것이다. 남편은 이때부터 1916년까지 만 3년간 집을 떠나 있게 된다.

이튿날 아침 일찍 조반을 한 뒤 시할머니와 시어머니는 교장 댁으로 가고 나는 학교로 갔다. 학교에 갔더니 학생들이 하나둘씩 모여들었다. 교장선생님의 며느리 이신용, 시인 윤동주의 고모 윤신영(송몽규의 어머니) 등이었는데, 윤신영의 친척인 윤신현이 들어오면서 "너의 오빠(윤동주의 아버지 윤영석)도 갔다더구나" 하니까 신영이가 울음을 터뜨렸다. 그러자 교장선생의 며느리도 덩달아 울었다. 이의순과 정신태 선생은, 신묵이는 남편이 유학 간 것을 좋아만 하더라고 소문을 냈다.

남편은 청도에서 독일 계통의 의과대학에 입학을 했다. 예과 3년, 본과 4년을 합쳐 7년간 공부를 한다는 것이다. 아버님은, 정치를 공부해서 나라의 급한 일부터 해결해야 하는 판에 의과 공부를 한다고 섭섭하게 여기면서도 아들의 7년 교육비를 댈 계획을 세우고 계셨다. 시아버지는 명동학교 가까이 있던 집과 땅을 팔아 학교에서 약 3리가량 떨어진 동거우에 있는 집과 땅을 사셨다. 그때 돈으로 1500원을 받았고, 동거우 집과 땅은 800원을 주고 샀다. 집은 크긴 했지만 아직 완성되지 않은 채였다. 집주인은 돈이 많은 건달이었는데 빚에 몰렸던지 채 짓지도 않은 집을 팔았다. 땅은 잡초와 잡목이 있는 미개척지였다. 시아버지는 황소 같은 일꾼들을 데리고 개간을 하실 생각이었다.

동거우로 이사한 날은 1914년 1월 25일이었다. 소달구지 18대에 짐을 가득 실었고, 집안의 부인들은 짐을 머리에 이어서 날랐다. 시아버지는 대문간을 지을 재목을 사 오시고는 그해 3월에 용정에서 열린 사경회에 일주일 동안 가 계셨다. 돌아오실 때 관주(貫珠)가 달린 신구약 성서를 사 가지고 오셨다. 그러면서 낮잠을 주무시는데 "나 추워. 뭐 좀 덮어 주지" 하셨다. 그래서 덮어 드렸는데, 알고 보니 그때 이미 부스럼을 앓기 시작하신 것이다. 어머니는 그 뒤에 누가 낮잠을 자면 꼭 이불을 덮어 주셨다. 시아버지가 추워하며 병이 들었던 게 한이 된 것이다.

시아버지는 스무 살 나이로 함경도 종성에 사실 때 말을 키웠는데, 말을 옮겨 매다가 발을 잘못 디뎌 다친 적이 있었다고 한다. 그런데 한쪽 다리에 균이 들어가 곪았다. 한의가 와서 유근피나무 껍질을 벗겨서 꼬긍꼬긍 묶었더니 낳았다고 한다. 그 뒤에 간도로 이민 올 때 아버님은 말을 타고 들어오고, 어머니는 신린이를 업고 걸어오는데도 죽을 뻔하다가 살아난 남편을 앞세우고 오니 그렇게 좋았다고 한다. 남편 재린은 시아버님이 그 병을 앓기 전에 가진 아들이었지만 나머지 아이들은 그 뒤에 가졌다. 그래서인지 시누이들이 같은 병을 앓았다. 지금 생각해 보면 시아버님은 예전에 아프셨던 게 다시 도져서 돌아가시고 자식들에게도 유전이 된 게 아닐까 싶다.

신린이는 열세 살에 세상을 떠났는데, 어머니를 닮아 얼굴이 길쭉하고 재주가 많고 공부도 잘하고 이뻤다. 그런데 11년 봄에 홍진(홍역)을 앓고 나더니 다리가 구부정해 가지고 다녔다. "쟤가 어째 저래?" 하고 말들을 했는데 다리에 살이 오르지 않고 거기에 고름이 생겼다.

둘째시누 신재도 막내시누 신학이도 같은 병을 앓았다. 신재는 발가락이 아프다면서 발톱이 빠지고 그랬는데 솔잎 찜질을 해서 나았다. 만주에는 솔이 귀한데, 겨울에 시아버지가 눈을 밟으면서 용정 가는 길까지 가서 솔잎 한 푸대(부대)를 따 왔다. 그걸 가마솥에 삶아서 얇은 홑이불 위에 펴고 아이를 그 위에 눕혀서 땀을 뺐다. 조금만 구멍이 있으면 김이 막 나왔다. 그렇게 여섯 번이나 찜질을 했다. 그 뜨거운 걸 용케 참았다. 뼈마디마다 아프다고 기절을 하곤 했다. 그러고는 그 병이 나았다. 그런데 땀을 너무 많이 빼서 그런지 아이가 약해졌다. 동거우로 이사 갈 때도 수레에 태워 가지고 갔다. 약해서 학교에도 가지 못하고 쉬다가 다시 학교를 시작했다.

신재만 유일하게 살아서 시집을 간 시누이다. 자식을 셋 낳고 나중에 러시아로 갔다. 독립운동을 하던 강영순이라는 잘생긴 사람과 결혼해서 고생도 많이 했다. 남편이 사상이 바뀌어 교회를 비판하더니 러시아로 갔는데, 딸은 뒤에 두고 아들만 데리고 갔다. 러시아 가서는 한동안 편지를 자주 보내더니 소식이 끊겼다. 우리 시어머니는 딸에게서 소식이 없으니까 애가 타셨다.

아버님은 몸살이 나는 모양이라고 하면서도 채 옮기지 않은 이삿짐을 가져오셨다. 그리고 4월 12일은 내가 명동여학교를 졸업하는 날이었는데, 아버님은 몸이 불편하신데도 소달구지를 타고 와서 졸업식에 참석하셨다.

용정에 캐나다 선교부 병원이 선 것이 1916년이니까 그때는 병원도 없었고 의사는 40리 밖에나 있었다. 소청개에 최승헌이라는 사람이 있어서 가셨더니, 옥도갈헌인가 하는 약을 줘서 먹었다. 그 약이 좋은 약인데 그때 좀더 썼으면 좋았을 것. 계속 몸이 편치 않은데도 의사가 멀리 있어 못 가는 참에 어디서 왔는지도 모르는 돌팔이 의사가 나타나더니 치료를 해준다는 것이다. 김약연 선생과 의논을 하고 수술을 하기로 했다. 그게 14일인가 그랬는데 엉덩이에 종기가 나 땅땅하게 부은 걸 수술을 했다. 피가 많이 나오니까 노란 양푼에 피를 받았는데, 이렇게 수술을 하다가 오히려 균이 들어간 모양이다. 그 후유증이 심하더니 시아버지는 미처 손 쓸 새도 없이 4월 21일 저녁 9시에 36세 나이로 세상을 떠나시고 말았다.

마지막 장면은 일생을 두고 잊을 수가 없다. 임종 때 친척들과 학교 교직원, 교회의 제직들이 다 참석했는데 시아버지는 조선통감부 통감이었던 이등박문이 들어왔다면서 "어서 나가, 여기가 어디라고 들어 온다는 말이냐" 하고 고함을 질렀다. 이때부터 교인들이 몰려들기 시작했다. 이등박문을 쫓아낸 다음에는 호흡이 순조로워지셔서 "천당이 밝기도 하다"고 하셨다. 모두 찬송을 부르고 기도를 하는데 시아버님 은 직접 열두 조목을 들어 기도를 하더니 다시 스물한 조목을 들어서 기도하시는 것이었다. 어찌나 힘찬지 몰랐다. 성령의 힘이 아니고는 그렇게 기도할 수 없었을 것이라고 나는 믿는다. 지금처럼 녹음기가 있었더라면 녹음을 했을 텐데, 그랬다면 후손들에게 얼마나 의미 있는 것이 되었을까 생각하면 아깝기 그지없다. 그는 편안히 숨을 쉬면서 "주여" 하고 부르기를 계속했다. 목소리가 들리지 않을 때까지. 땀을 심하게 흘리시는데 수건이 없어서, 내가 시집올 때 가지고 온 옥양목

문치정의 묘비석 앞뒷면. 선산이 무너져 비석이 모두 파묻혔는데, 2004년에 기적처럼 발견되었다. 2005년에 후손들이 선산 자리에 다시 세웠다.

저고리의 자주고름을 떼어 땀을 닦아 드렸다.

그러시더니 존경하는 자기 어머니에게는 "아들이 있어야 어머님은 행복하시겠는데. 자리를 깨끗하게 하고 잘 잡수시면서 사십시오" 하고, 부인에게는 "문을 꼭 잠그고 주무십시오", 큰시누이한테는 머리를 꼭 붙잡으면서 "주님을 잘 믿고 잘 놀라"고 하셨다. 나에게는 "며늘아, 며늘아" 하고 수없이 부르셨다. 이 말을 듣고 명동학교 교장 김약연 선생은 "며느리를 끔찍이 사랑하셨지" 하고 중얼거리셨다. 나는 "해드릴 것을 다 못 해드렸는데, 저에게 하실 말씀이 계시면 해주십시오"라고 말하고 싶었지만, 부끄러워 하지 못한 것이 일생 마음의 짐이 되었다.

아버님 장례를 치르고 나서 나는 앓았다. 장례를 치르고 밤에 자는데 4월이니까 추웠을 때다. 가슴이 턱턱 막히면서 앞가슴이 뒤에 가서 딱 붙는 것 같고 "악" 소리를 지르며 깨어나곤 했다. 시어머니는 속이 타는데 나까지 아프니까 화가 났다. 나는 한 달 동안 앓다가 일어났다. 장례를 치르고 내가 그렇게 앓았으니 집 모양이 엉망이었다. 어린것들이 친구들과 놀면서 "아버지를 한 번만 봤으면 좋겠다"고 하는 걸 듣고 어머니가 우셨다. 시누이 신렬이는 그렇게 자라다가 두 해가 지난 1916년 말에 겨우 아홉 살 나이로 세상을 떠났다.

이상하게도 만주로 들어온 뒤에는 자식들이 많이들 죽었다. 병규 할아버지네는 아들 다섯과 딸 둘을 다 잘 키워서 시집 장가 보내고, 우리 친정어머니도 9남매 중 아들 하나만 잃고 다 잘 키웠다. 그런데 우리 시어머니는 8남매를 낳아서 그중 둘만 살아남았다. 토질이 맞지 않았는지 집집마다 그렇게 죽는 사람이 많았다.

그 후 성경을 공부하면서 부활하신 예수님이 베드로를 보고 "네가 나를 사랑하느냐. 내 어린 양을 먹이라"고 세 번이나 반복하신 것이 큰 깨달음을 주었다. 시아버님이 세상을 떠나시면서 나를 그렇게 부른 건 "네가 나를 사랑하느냐. 이 문씨 가문을 너에게 맡긴다"고 말씀하신 것이라고 느꼈다. 중국에 있던 남편에게도 그 무렵 아버지가 꿈속에 나타나서 동생을 잘 부탁한다고 하셨다 한다. 돌아가시는 날에는, 우리 집 뒤에 있는 큰 느티나무를 당나무라고 했는데 그 나무가 벼락에 맞아 부러졌다. 우리는 무서워서 그 나무를 치우지도 못했다. 남편이 1916년에 돌아올 때까지도 그대로 두었다가 남편이 와서 나무를 잘라 불에 땠다. 그 뒤로는 거기서 제사를 지내지 않고 다른 데 가서 지냈다.

시아버지가 돌아가셨을 때 내 나이 19세였다. 시할머님은 64세였고 시어머니는 37세, 시동생(학린)이 11세, 큰시누이(신재)는 13세, 작은 시누이(신렬)가 7세, 막내시누이 신학이는 난 지 5개월이었다. 이 가정을 어떻게 돌볼지 어린 나에게는 막연하기만 했다. 식음을 전폐하고 계신 시할머니는 팔이 그렇게 가늘어지셨다. 집안 바깥의 일은 하나도 모르는 어머니는 아기를 업고 황폐한 밭에 드나들며 우셨다. 그리고 아버지를 잃고 슬퍼하는 시누이와 시동생 들…….. 스물도 안 된 나에게는 너무나 무거운 짐이었다. 남편은 멀리 중국에 가 있고, 집은 짓다가 만 상태고, 2만 평이나 되는 땅에는 풀이 무성하고, 일꾼은 내보내서 없고, 소도 팔아서 없었다. 그 뒤 20여 년 동안 세 시모녀가 당한 고난이란 이루 말할 수가 없는 것이었다. 어떤 때는 친척들에게도 무시를 당했고, 친구들에게 무시당한 때도 한두 번이 아니었다.

나는 모든 걸 신앙으로 이기는 수밖에 없다고 생각했다. 아침저녁으로 찬송을 부르고 성경을 읽고 기도를 올렸다. 우리에게는 가정 예배를 드리는 시간이 가장 즐거운 시간이었다. 시할머니나 시어머니는 언문을 읽지 못했기 때문에 성경을 읽는 것은 내 몫이었다. 우리는 〈욥기〉를 즐겨 읽었다. 욥이 어떻게 고난 가운데서도 믿음을 지켰는지, 그래서 하느님의 사랑을 받게 되었는지에 관한 이야기가 우리에게 힘을 주었다. 우리는 또 〈창세기〉와 〈출애굽기〉를 열심히 읽었다. 특히 하느님이 모세를 통해서 이스라엘 백성을 건져 내고 여호수아를 통해서 가나안 땅을 정복하는 이야기를 반복해 읽었다. 노인들을 모시고 하는 성경 공부와도 같았다. 중요한 찬송가는 두 분 다 잘 기억하고 계셨기에 가정 예배를 드리는 데는 아무 문제가 없었다.

그런데 설상가상으로 1차 대전이 터졌다. 전쟁이 시작되어 영국 편에 든 일본이 독일 조계지였던 청도를 공격하게 되면서 남편이 다니던 청도의 학교는 문을 닫고 말았다. 그러자 아버님의 부고를 받고 편지한 장을 보냈을 뿐인 남편과는 연락이 완전히 끊기고 말았다. 나의 걱정은 이만저만이 아니었다. 남편마저 세상을 떠나고 만 것만 같았다. 그때의 내 심정은 이해할 사람이 없을 것이다. 나는 정말 과부가 된 것이나 다름없었다.

부끄러운 줄도 몰랐던 쇠똥 비나리

　그해 여름엔 또 갑인년 장마라고 비가 어찌나 많이 왔는지 가는 곳마다 홍수가 났다. 우리 집은 집이엉도 제대로 하지 못한 상태라 비가 오자 지붕에서 흙이 싹 씻겨 내려왔다. 비가 새어들어 벽은 무너지고 지붕이 갈라져서 하늘의 별이 보이는 지경이라 그대로 앉아 있을 수가 없었다. 짚을 얻어다가 지붕을 막고 진흙을 모아 쌓은 뒤 동네 이웃집들에 가서 쇠똥을 얻어다 흙과 섞어서 바람벽을 막았다. 그리고 겨울을 나려고 온돌을 뜯고, 고래에서 재를 훑어 낸 뒤 다시 온돌을 덮고 흙으로 도배를 한 다음 마르기를 기다려서 신문지 바르는 일을 했다.

　동거우의 우리 집은 열두 칸 집이었다. 윗방, 가운데 방, 뒷방 두 개, 큰 정지, 바당(부엌)과 방앗간이 있고 방앗간 뒤에 고방이 또 있었다. 그 옆에는 외양간이 있었다. 우리 집에는 소가 없고 나귀가 한 마리 있었다. 그전 학교촌에 있던 집에서는 외양간과 방앗간 사이를 널로 막지 않았다. 막은 집들도 있었는데 우리 집은 막지 않아서 남자 아이들

동거우 집터에서. 1914년 여기에 열두 칸 집을 짓고서, 나중에 용정으로 떠날 때까지 살았다. 그 뒤 문화혁명 때 온 마을이 사라지는 바람에 지금은 밭이 되었다. 집 뒤에 있던 나무 그루터기를 알아본 동환이 후손들에게 자리를 잡아 주고, 집터를 표시해 서 보도록 했다.

이 머리카락을 자른다고 하면 외양간 안으로 쏙 도망해 들어가곤 했다. 쇠똥이 주룽주룽한데 그 옆에서 방아를 찧었다.

그 쇠똥이 참으로 쓸모가 있어 쇠똥이 아니면 벽에 바름질을 못 했다. 흙만 바르면 벽이 튼다. 그래서 쇠똥을 섞어 가지고 발랐다. 겨울에는 밑에 검부러기를 펴고 위에 쇠똥을 덮어 얼려 가지고 쌓아 놓았다가 봄에 밭에 나가 비료로 삼기도 했다. 만주는 땅이 좋아 비료가 필요 없었지만 그래도 비료를 주면 도움이 됐다.

구들을 고칠 때도 쇠똥을 썼다. 시아버님이 돌아가신 다음부터 용정에 올 때까지 17년 동안 나는 해마다 구들돌을 고쳤다. 해마다 구들돌을 들어 재를 꺼내고 그 돌을 다시 놓는다. 그 큰 돌을 바로 놓지 않으면 연기가 나기 때문에 잔돌을 밑에 대 주었다. 쇠똥은 타 버리니까 구들 바로 위에는 쇠똥을 쓰지 않았다. 구들을 흙으로 바르고 나서 그 위에 방바닥을 할 때 썼다. 우리 집에는 소가 없어서 이웃 성환네 집과 나치원네 집에 가서 똥을 퍼 왔다. 내 나이 스무 살 때부터다.

가을에 마당을 다시 바를 때도 쇠똥이 있어야 했다. 그래야 타작을 할 수 있었다. 마당을 할 때에는 쇠똥 무더기를 몇 군데 쌓아 놓고 물을 부으면서 빗자루로 여기저기를 골고루 개어 죽죽 바른다. 그걸 혼자 하려니 힘들었다. 그러다가 겨울에 다시 마당이 패면 또 쇠똥을 가져다가 수리를 하곤 했다. 그러다 보면 치마에 얼음 덩어리가 주렁주렁 달렸다.

한번은 작은사동의 작은할아버지가 오셔서 타작을 해주시는데 어머니가 이웃집에 가서 쇠똥을 가져오게 되었다. 그 집 남자들이 방에 앉아 내다보는 통에 창피해서 혼났다고 얼마나 노여워하시던지. 나는 다시는 어머님에게 쇠똥 비나리를 하시게 하지 않았다. 우리 어머니는 곱게 자라서 험한 일을 못 했다. 나 스스로는 부끄러운 줄 모르고 쇠똥을 퍼왔다. 일이면 그저 다 하는 줄 알았다. 이렇게 쇠똥이 나하고 인연이 깊었다. 성경을 보면 쇠똥을 태워 그 불에 떡을 구워 먹었다 하고 인도에서도 그랬다고 한다. 그걸 보면 쇠똥은 괜찮은 거다. 냄새도 그리 안 난다.

우리 어머니는 손가락이 구불어서 바름질을 잘 못 하셔서 바름질을 하나 구들을 고치나 나 혼자서 다 했다. 그 큰 돌을 일구고 또 덮고, 건너편에 가서 대야에 흙을 하루 종일 퍼다 소똥을 넣고 물로 떠서 이겨서 바름질을 했다. 딸 경희를 기를 때였는데 아이가 아주 순했다. 마른

열콩(강낭콩)을 갖다 주면 앉아서 그것을 깐다. 내가 바름질을 다할 때까지 그렇게 혼자서 놀았다.

흙덩어리로 꿍지벽을 하는 일도 했다. 집을 지을 때 기둥을 세우고 외를 엮은 다음 흙덩어리를 둥그렇게 해서 올려쌓는다. 그걸 꿍지벽이라고 한다. 흙과 짚을 섞어서 바르면 떨어지지 않기 때문에 꿍지벽은 짚을 섞어서 한다. 동거우의 방앗간 같은 데는 다 꿍지벽이었고, 아버님 돌아가신 해에 비가 너무 왔을 때 내가 다시 한 것도 꿍지벽이다.

도리깨질은 어머니도 하셨다. 아버님이 별세한 뒤 한 이태 동안은 집안 남자들이 와서 더러 도와주었다. 그러나 그 다음부터는 남자가 어딨어? 내가 다 했다. 타작을 하기 전에는 빨래를 다 해서 잔뜩 쌓아 둔다. 얼기 전에 빨래에 풀을 해야 되기 때문이다. 그러고는 타작을 하고, 타작이 끝나면 다듬질해서 겨울옷을 했다. 그것이 내게는 순서였다.

시아버님은 내가 시집올 때 해온 하얀 베 두루마기를 늘 입고 다니셨다. 시아버지가 돌아가신 후 나는 나중에 그 두루마기를 다듬이질해 옥색 물감을 들인 다음 그것으로 아들 3형제, 그러니까 익환, 동환, 두환이(1924년에 태어난 그 아이는 1936년에 죽었다)에게 두루마기를 해 입혔다. 그때 촌에서는 장에 가서 천을 사다가 단오가 되면 굉장히 해 입히곤 했다. 서로 경쟁을 하느라 그랬다. 주성국의 어머니가 우리 아이들 입은 것을 보고는 "너희 옷이 제일 좋다"고 했다.

1914년부터 용정에 간 31년까지 그렇게 살았다. 어떤 이들은 베도 짜지 않고 편히 지냈는데 나는 그렇게 고생을 했다. 하지만 그렇게 힘들어도 나는 집이 좋았다. 그만큼 시어머니, 시할머니와 사이가 좋았다. 친정집에 가면 눈치를 보게 되고 먹는 것도 편하지 않았다.

9월이 되어서 옥수수를 베는데 학교에 갔던 시동생이 "할머니, 할머니 우리 집에 까치가 짖었어?' 하고 소리를 지르면서 오더니 남편에게서 온 편지를 내놓았다. 나는 남편이 아직 살아 있다는 것을 알고 하느님께 감사 기도를 드렸다. 소식이 불통된 지 약 6개월 후에 살아 있다는 편지를 받은 것이었다.

그러나 그해 추수는 그리 만족스럽지 못했다. 우리는 다른 집에서 곡식을 꾸어다가 먹어야 했다. 그리고 그 겨울은 얼마나 추웠는지…….

우주는 대학교다

그런 와중에 1914년 12월 용정에 있는 캐나다 선교부에서 배신여자성경학교를 시작한다는 소식이 들려 왔다. 이 소식을 들은 시어머니가 나더러 가서 성경 공부를 하라고 권했다. 나는 한 달 동안 박걸 목사 댁에서 숙식하면서 성경 공부를 했다. 그렇게 겨울마다 다니는 성경학교를 1914년에서 16년까지 3년 다녔다. 1915년에 중앙예배당을 지어서 16년부터는 중앙교회에서 성경학교를 했다. 우리 시어머니는 나 공부하라고 쌀을 대 주셨다. 그 추운 때, 그 기가 막힌 형편에도 나를 한 달 동안 공부 보낸 것이다. 내가 명동여학교 다닐 때에도 일찍 일어나셔서 방아를 찧으며 새벽잠 많은 나를 공부하게 해주신 시어머니다. 그까짓 소학교를 3년 다녔는데 내가 뭐 크게 배운 것이 있었겠는가. 그래도 소망과 기대는 다들 컸던 것이다.

그때는 이미 회령과 용정의 성경학교를 합한 때여서 회령에서도 학생들이 많이들 왔다. 그해 우리 명동에서는 열두 명이 참석했고, 회령에서 온 여성들과 기숙사에서 같이 생활했다. 여자 소학교를 졸업할 때 공부를 계속할 형편이 못 되었던 우리에게 박태환 선생은 "우주는 대학교다"라고 격려하셨다. 나는 그 말이 평생 잊히지 않는다. 그래서 우리는 제 힘으로 공부를 계속했다. 책이 있으면 거듭해서 읽었고 1년에 한 번은 용정의 성경학교에 갔다. 그 후에도 나는 뭔가 배울 수 있는 기회만 생기면 주저하지 않고 가서 배웠다.

첫해 성경학교는 동생 신희와 함께 갔다. 박걸 목사 부인이 성경을 가르쳤다. 성경만 가르친 것도 아니다. 윤씨 성을 가진 의사가 위생을

겨울 농한기에 열렸던 배신여자성경학교의 8회 졸업식 사진. 앞줄 왼쪽에서 두 번째가 32세의 젊은 김신묵이다. 그의 가장 오래된 사진이다. 머리에 수건을 두른 다른 부인들과 달리 머리가 짧다. 1927년 용정.

가르쳤고, 원산서 온 강마리아의 삼촌이 《소학》을 가지고 한문을 가르쳐 주었다. 병원에 있는 간호원들이 와서 아기 목욕시키는 법을 가르쳤다. 김 부인이라고 피아노를 치면서 노래를 가르친 분도 있었다. 부두일 박사도 있었는데 무엇을 가르쳤는지는 기억이 나지 않는다. 둘째 해 성경학교는 자리를 옮겨 중앙교회에서 열렸다.

그렇게 3년을 공부하다가 아이들이 생기고 나서는 계속하지 못했는데, 한참 건너뛰어서 한 번은 돌도 안 지난 두환이를 업고, 또 한 번은 선희를 업고 성경학교에 갔다. 두환이를 업고 간 것은 1924년인데 장소는 예수교서원이었다. 선희를 업고 간 것은 1927년이었고 남편이 토성포교회를 볼 적이었다.

명동교회에는 제대로 교육을 받은 여성 일꾼이 없었기 때문에 내가 용정의 성경학교에 다녀온 후 장년 주일학교에서 가르치게 되었다. 내가 성경을 자세히 배운 것은 오히려 주일학교를 가르치면서부터다. 김약연 선생과 박태환 선생이 주일 아침 일찍 선생들을 모아 놓고 성경 공부 준비를 시켰다. 이렇게 시작한 주일학교 선생 일을 나는 해방 후 서울에 나올 때까지 계속했다.

1916년에 명동여학교 졸업생이 3회까지 나오자 박태환 선생이 여자 동창회를 조직했다. 그러면서 나를 동창회장으로 뽑았다. 나하고 같이 명동여학교를 졸업한 1회 졸업생은 모두 세 명이지만, 둘은 결혼해 다른 곳으로 가 버리고 나밖에 없었기 때문에 동창회장을 맡게 되었다. 그때 용정 사진관에 가서 사진을 찍었던 기억이 난다. 그 후 1919년까지 회장을 하다가 최신학에게 넘겼다. 최신학이 마국정이를 낳았을 때인데 월요일마다 동창회 일로 모이면 아기를 업고 와서 열심히 했다.

명동여학교 동창회. 둘째 줄 아기 안은 이들 중에서 왼쪽에서 두 번째가 김신묵이다. 이 아기가 세 살에 죽은 경희다. 1929년 4월 27일.

동창회에서 한 일 가운데 기억에 남는 것은 풍금이 무엇인지도 모르고 사서 여학교에 기증한 일이다. 그때 여학교 교사로 우봉운이 있을 때인데 풍금이 없어서 답답해했다.

1916년 10월에는 명동교회에 여전도회가 조직되었다. 내 동생 신희가 시집을 가느라고 나는 들여다보지 못했다. 장로교는 여전도회 조직이 강했고 선교사들이 직접 여전도회를 조직했다. 한국에 온 지 얼마 안 돼 한국말을 못하는 배 선교사 부인과 임뵈뵈 할머니가 오셔서 집회를 하고, 석관어머니에게 회장을 맡겼다. 그런데 그 할머니가 회장을 못 하겠다고 해서 그때부터 내가 회장을 맡아 20년 동안 그 일을 했다. 명동을 떠난 후에도 매년 총회 때는 꼭 갔다. 나 뒤에는 김성덕이 회장을 했다.

여전도회에서는 여러 가지 일을 했지만 그중 하나는 여성들을 위한 여자 전도사를 고용한 것이다. 특이하게도 북간도에서는 여전도회서 여전도사의 월급을 줬다. 그만큼 여전도회가 힘이 크고 독립적인 기관 이었던 것이다. 그때는 남녀가 함께 어울리지 못했기 때문에 교회마다 여전도사를 따로 두었다. 동만주노회에서는 여성의 힘이 매우 컸다. 용정 교회에 있을 때 김애신이 전도사로 오면서, 교회에서 주는 게 마땅하지 왜 여전도회에서 월급을 주냐고 따진 적이 있었다. 그래서 한번 당회에 말을 했지만 당회에서는 여전도회에서 주는 게 마땅하다고 했다. 동만주노회에서 여전도회가 있는 교회는 52곳 정도나 되었다.

나는 명동여학교에서 학생들을 관리하는 총책임자 역할도 맡았다. 원래 여학교 선생으로 제일 처음 들어온 이는 이동휘 선생의 딸 이의 순이다. 그리고 정신태, 그 다음에는 우봉운 선생이 들어왔다. 이의순 과 우봉운은 정신여학교 졸업생들이다. 여학교 책임자였던 이의순이 떠난 다음 정신 2회 졸업생인 우봉운이 와서 선생을 했다. 그는 경상도 사람이고, 남편은 김태진이라고 하는 이였는데 멋쟁이들이었다. 우봉운 선생의 남편은 나중에 중이 되어 절로 들어가고, 우 선생은 아이를 키우면서 혼자 명동에 살았다. 여학교에서는 남자 선생님들도 가르쳤지만 여자가 책임자로 있었는데, 한동안 여학교 책임자가 없게 되자 박태환 선생이 나를 책임자로 세웠다. 학생들을 관리하는 일로 월급은 10원을 주었다. 익환이를 낳기 전인데 그 후에 임신을 하면서 앓게 되어 학교에 나가지 못했다.

1916년 여름에 조국의 독립을 위한 '여자비밀결사대'에 가담한 일도 빼놓을 수 없겠다. 정신태, 윤신현, 김신관, 최신학, 김신덕, 김신회, 나 이렇게 일곱 명이 명동교회에 모여 결사대를 조직했다. 결사대에서는 모금 운동을 해서 독립군을 후원했다. 우리를 모이게 한 사람은 독립운동가 백남채 선생과 여학교의 우봉운 선생이었다. 백남채 선생은 대구 출신으로 호리호리하고 약하게 생긴 사람이었다. 우리는 손가락의 피를 내어 흰 천에다 각자의 이름을 쓰기도 했다. 그런데 얼마 되지 않아 백 선생이 용정의 일본 경찰에 체포되었다. 심한 고문을 받아 온통 피가 터지고 했다는 소문이 들렸으나 명동의 여자결사대 이야기는 끝내 꺼내지 않은 모양인지, 아무 탈이 없었다. 그 뒤로 백남채 선생은 다시 명동에 오지 않았고, 결사대원들은 그저 각자가 처한 자리에서 정신을 잃지 않도록 노력하며 지냈다.

내가 관여하고 회장을 맡았던 단체에는 명동 여자기독청년회도 있었다. 창립 기념일에는 그네타기 대회를 열기도 했다.

1920년 7월 중순께인데, 명동 여자기독청년회(당시 회장은 남홍락)가 여름 방학을 이용하여 강연회를 열었는데 나더러 강연을 하라고 했다. 여자 교육의 필요성 같은 제목을 걸고 다른 사람들도 한다고 했다. 내 강연 제목은 '조선 여성들이여, 거듭나라'였다. 강연회 날 할머니가 익환이를 업고 함께 참석했는데, 어찌나 사람이 많이 모였는지 제법 큰 목조 건물 강당이 꽉 찼다. 연사들은 모두들 말을 잘했다. 나는 러시아의 톨스토이가, 고향에 있는 바위처럼 생긴 사람이 나타나면 러시아를 구할 수 있을 것이라고 생각하고 전국을 돌아다녔으나 못 찾고 돌아와 자기가 바로 그 바위와 같이 생긴 사람이라는 것을 발견한 다음 노력하여 러시아를 재건하는 데 크게 공헌했다는 얘기를 중심으로 강연을 했다. 우리 각자가 자기 선 자리에서 각성하여 거듭난 생활을 한다면 우리나라를 구할 수 있을 것이라고 했다. 학교 선생들이 심사

명동 여자기독청년회 9회 창립 기념식 때에는 그네타기 대회를 열어 가마솥을 상으로 주었다. 뒷줄 오른쪽 끝에 회장 김신묵이 보인다.

를 했는데 내가 1등으로 뽑혔다.

　이 강연회를 했던 동쪽 목조 건물 강당은 제법 커서 연극도 하고 강연회도 하고 잔치도 하던 곳이었다. 김약연 선생이 목사님이 되어 축하 잔치를 열 때에도 거기서 했다. 학교 건물이 불에 탄 것이 대토벌이 있었던 1920년 가을이었다. 그리고 김약연 목사님이 1919년부터 1921년까지 감옥에 계시다가 나와서 건물을 다시 지었다. 김 목사와 가깝게 지냈던 일고(日高)가 일본 영사관에 말해서 지어 준 것 같다. 두 사람은 둘 다 정치인이어서 서로를 이용했던 것으로 안다. 그때 학교 건물과 함께 이 목재 건물도 다시 지었다.

　여전도회에서 한 일 가운데 또 다른 중요한 일은 여성들을 위한 야학을 세운 것이다. 1920년대에 들어서면서 전국적으로 문맹 퇴치 운동이 벌어져 각 교회 여전도회에서 동네마다 야학을 세웠고, 명동에서는 1921년에 시작했다. 명동에도 학교에 못 가는 여자 아이들이나 글 모르는 어른이 많아, 우리 여전도회에서 큰사동, 학교촌, 장재촌, 동거우 등 다섯 곳에 여자 야학교를 세운 것이다. 동거우에서는 우리 집에 모였고, 장재촌에서는 여찬걸의 둘째삼촌네 집에서 야학을 했다. 학교촌에서는 여학교에서 모였다. 여전도회 회장인 나는 동거우와 장재촌의 야학을 책임지고 가르쳤다. 1924년에 셋째아들 두환이를 가졌을 때 겨울에 장재촌으로 가다가 얼음판에 넘어진 일도 있었다.

해마다 11월에 타작이 끝나면 이듬해 봄이 올 때까지 농한기에 야학을 열었다. 한글, 산수, 그리고 찬송가를 가르쳤다. 나중에 동거우와 장재촌 야학은 밤에 모이기가 힘들어 낮 시간에 모였다. 학교촌 앞새촌 큰아주머니는 어떻게나 공부를 잘했는지 금세 책도 읽고 계산도 하게 되었다. 윤영규 장로 아주머니도 그렇고, 다들 야학교에 열심히 다니는 모습을 보면서 큰 보람을 느꼈다. 선생 월급으로는 옥양목을 한 필 짜서 넷으로 나누어 주었다. 옥양목 치마저고리 한 벌, 그게 선생 월급이었다. 그걸 여전도회에서 준 것이다. 기미년 만세 운동 후에 학제가 중학교 4년제, 소학교 6년제로 바뀌었는데 명동학교는 그때부터 1원 주던 선생 월급을 2원 주었다.

그리하여 나는 주일학교 선생과 여전도회 회장 일을 하면서 겨울에는 야학 선생까지 한 셈이다. 처음에는 사람이 없어서 일을 맡기 시작했는데, 나중에는 내가 없으면 명동이 유지 안 될 정도로 모든 일에 관여하게 되었다. 학교 이사도 했다. 나중에 용정에 가서도 평생전도회 회장과 여전도회장을 해서 간도에서는 나를 모르는 사람이 없다고 할 정도였다.

자식들과 며느리의 교육을 위해 열성을 다하신 시어
머니 박정애 여사.

　　이렇게 일할 수 있었던 것도
시어머니와 시할머니가 아이들
을 봐주고 도와주신 덕분이었
다. 야학생들이 집에 와서 공부
를 하고 가면 나는 그때부터 삼
을 삼았다. 겨울이니까 야학생
들이 문을 열고 들락날락하면
추워서 죽을 지경이었다. 그래도 시할머니는 한쪽에 가만히 앉아 계셨
다. 내가 하는 일을 그렇게 응원들을 해주신 것이다.

3장

격동기를 헤치고

사진 설명 평생여전도회 시절의 사진. 앞줄 가운데 두 사람이 평생여전도회의 총무 김순호와 임뵈뵈 할머니. 바로 뒤에 회장 김신묵, 뒷줄 오른쪽 끝에 전도사 김애신이 서 있다. 1930년대 용정.

몸부림치는 조국

1916년 8월에 남편이 북경에 있는 사범학교에서 공부를 하고 돌아
왔다. 남편은 한동안 식산회사에서 일을 돕다가 명동에서 약 40리 떨
어진 곳에 있는 중국 학교의 일을 보게 되었다. 그즈음 남편이 추경(秋
耕)을 해야 소출이 많이 난다고 해서 말대로 했더니 정말 소출이 많이
났던 일이 기억난다. 추경이란 곡식을 다 거둔 가을에 소를 빌려서 땅
을 갈아 놓는 것이다. 추경을 하면 풀뿌리가 다 죽고 땅이 비옥해져서,
간도에서는 추경을 많이 했다.

1918년 6월 1일에 나는 첫아들 익환이를 낳았다. 그리고 얼마 안
되어 3 · 1 독립선언 운동이 해일처럼 밀려왔다. 북간도에서도 1919년
3월 13일에 용정에 모여 독립 만세를 불렀다. 나도 익환이를 할머니한
테 맡기고 30리나 되는 용정으로 갔다. 그날 용정 북편 서전 넓은 벌
에는 3만 명이나 되는 군중이 모여들었다. 용정에 그렇게 많은 군중이
한자리에 모인 건 용정이 생기고 처음이라고 했다. 그런데 일본인들이

충동질을 해서 중국 관헌이 총질을 하는 바람에 16명이 즉사했다. 그 사람들은 공동으로 장례를 치렀다. 총탄에 맞아 부상당한 사람들도 캐나다 선교부에서 하던 제창병원에 입원하게 됐다.

새벽밥을 해 먹고 용정에 가서 만세 부르고 돌아올 때까지 하루 종일 굶었는데도 나는 배고픈 줄을 몰랐다. 내 옆에 있던, 토성포에 사는 여자 교인 하나는 정말 독립이나 된 듯 "아유, 이게 다 어쩐 일이야! 어떻게 이렇게 되었나!" 하고 기뻐하는 거였다. 그날 집회의 이름이 '독립축하회'였기 때문에 독립이 된 줄 알았나 보다. 그 좋아하던 모습이 눈에 선하다.

만세 운동 당시에 우리 간도의 지도자였던 김약연 선생은 계시지 않았다. 러시아에 가서 시베리아와 만주 대표들과 회합을 하고 상해로 내려가려던 길목에서 잡혀간 것이다. 그게 독립 만세를 부르기 직전이었다. 그 회의에는 명동학교 선생들인 박태환, 정재면 같은 분들이 함께 갔고, 정기선이라는 청년도 노인들을 보호한다면서 동행했다. 회의의 목적은 파리에서 모이는 강화회의에 진정서를 보내 일본 사람들의 박해를 보고하고 우리 민족의 독립을 호소하려는 것이었다.

이때부터 독립운동은 한결 뜨거워졌다. 남편은 북간도에서 제일 큰 독립운동단체인 '국민회'의 지회 서기 직을 맡았고, 《독립신문》 기자 일도 하느라고 분주히 돌아다녔다. 학생들과 부인들은 신문이나 통지문 나르는 심부름을 했는데, 내 동생 진국이와 치룡 아주버님(문재린의 오촌당숙)은 몸집이 작아서 학생처럼 하고 다니면서 그런 일을 했다. 국민회 경호원들은 의심스러운 사람을 붙잡아다가 죽이기도 했다. 나중에 명동학교에서 가르친 한의정의 남편도 그렇게 죽었다.

치룡 아주버니는 열대여섯 살에 경호원으로 활동하다가 살인 연루

자로 잡혀서 함흥에 끌려갔다. 10년 선고를 받았다가 일본 황태자가 태어난 덕분에 풀려났다. 감옥에서 바느질을 배워 가지고 나왔다. 치현 아주버니(문재린의 또 다른 오촌당숙)는 비밀 문서를 가지고 가다가 잡혀서 2년가량 감옥에 있으면서 목수 일을 배웠다. 치룡 아주버니와 진국이는 1902년생인데, 진국이는 아버지가 있지만 치룡이는 아버지가 없어 어린 게 날뛰다가 감옥 갔다고 할머니가 말씀하셨다.

독립운동가 마진과 최기학(명동학교 선생이자 김약연 선생의 사위)도 명동에서 활동했다. 마진은 명동에서 가까운 달라재에서 살다가 토벌 전에 명동으로 이사 왔는데, 토벌 때 명동학교와 마진의 집이 불탔다. 마진은 명동교회에 다녔다.

그러나 봉오동과 청산리에서 일본군이 몰살당한 다음부터 북간도의 형편은 아주 어려워졌다. 봉오동에서 일본군을 무찌른 독립군 대장은 홍범도 장군이었다. 그는 평안도 사람인데 산의 지리를 아주 잘 알았다고 한다. 내 큰형님이 시집가서 영산에 살았기 때문에 홍범도 부대가 삼수갑산에서 싸우던 이야기, 을사년에 영산에서 싸우던 이야기 등을 전해 들었다.

김좌진 장군이 총지휘를 하고 이범석이 세 부대 중 하나를 맡았던 청산리 전쟁에서 6000~1만 명가량 일본군을 몰살했다. 10월 23, 24일이었는데 그 후 일본인들은 간도의 민간인들에게 무차별 보복을 시작했다. 일본군인들이 많이 죽자 이것들이 눈에 불이 나서 백성들을 토벌하기 시작했다. 독립군들은 만주나 러시아로 들어가 버렸고, 앉아 있는 백성들만 얼마나 많이 죽었는지 말할 수 없을 정도다. 청산리 근교 사람들은 말도 못 하게 많이 죽고 노루바위에서는 예배당에 교인들을 집어넣고 불을 질러 버렸다. 뛰쳐나오는 사람들은 총으로 쏴서 죽이고 해서 거기서만 오륙십 명이 죽었다.

일본 영사관에서는 미리 예비 검거를 했다. 명동에서는 무작정 당하고 있을 수만은 없어서 회의를 열고 문재린을 비롯해 5인이 먼저 일본군에 자수를 해서 큰 화를 면했다. 남편은 12월에 일본 영사관에 갇혀서 약 두 달 정도 옥살이를 하고 풀려났다. 그러나 남편을 사지로 보낸 내가 멀쩡했겠는가. 나는 그때 두 번째로 과부가 되는 줄 알았다. 더구나 그때 나는 동환이를 임신하고 있었다. 내가 놀란 탓에 태동이 심해서 걱정을 했다. 그래서 동환이는 태어나서 그렇게 약했던지 모르겠다.

밤마다 사람을 내다 죽이는 때였는데 명동 사람들은 기적적으로 풀려나왔다. 일본군들은 명동학교를 불사르고 독립운동가 마진의 집을 불 지르는 정도로 명동을 지나갔고, 다행히 인명 피해는 없었다.

토벌이 너무 심해져서 독립군들은 러시아로 들어가고, 만주에 남은 사람들은 아무도 독립운동에 적극적으로 나서지 못하고 잠잠해진 듯했다. 만주에서 일하던 김좌진 장군과 그의 동생 등 독립지사들은 일본군에게 매수당한 자들로 말미암아 죽임을 당했다. 조국의 미래가 어둡기 그지없었다. 그 일이 있자 공산주의자들도 맥이 탁 빠져 버리고 말았다. 이젠 정말 의지할 데가 없었다. 한국의 비극이란 말도 못 하는 것이었다.

독립운동가 마진도 러시아에서 돌아와 길림에 농장을 만들어 독립운동을 계속하다가, 작은아들은 옥살이하다가 죽고, 큰아들 마철용과 마진 씨 모두 일본인들에게 죽었다. 마철용의 부인 최신학(최기학 씨의 누이)은 네 살짜리 아들이 아파서 업혀 다니다가 죽었는데 죽은 줄도 모르고 업고 다닐 정도였다. 그 집에는 어머니와 두 며느리, 세 과부만 남고 다 죽었다.

1921년 5월 5일에 둘째아들 동환이가 태어났다. 암담했던 시기에 나는 두 아들에게 애국정신을 넣어 주려고 태극기를 수놓아 베개를 만들어서 아이들에게 베여 주었고, 말을 배우자마자 애국가를 가르쳤다. 이런 자장가도 불렀다.

아가야 자장자장 어서 자거라
아가야 자장자장 잘도 자누나
젖은 자리 바꾸고 마른자리 가린다
사랑업다 장중보옥 네아라 자장

아가야 자장자장 어서 자거라
아가야 자장자장 잘도 자누나
친척에는 화목동, 붕우에는 신의동
사랑업다 가정유 네아라 자장

아가야 자장자장 어서 소학교
아가야 자장자장 버서 중대학
박사동이 되고서 영웅동이 되거라
우리나라 광복사업 네아라 자장

교회의 상황도 예전과 많이 달라졌다.

북간도에 처음 교회가 생기기 시작하던 게 1910년경이다. 함경도 성진에 있던 구례선 선교사가 간도에서 교회를 시작했다. 또한 국내에

서 독립운동을 하라고 많은 젊은이들을 간도로 파견했다. 그래서 북간
도에는 성진, 명천, 길주 등에서 온 사람들이 많았고 그 사람들이 들어
와서 학교와 교회를 곳곳에 세웠다. 국내에서 사업을 하거나 의사인
사람들이 이들의 생활비를 후원해 주었다.

그런데 1919년 만세 사건과 토벌 이후로는 외부로부터 후원이 중단
될 수밖에 없었다. 따라서 목사와 전도사들은 월급을 받으면서 교회에
머물렀고, 독립운동을 할 사람들은 러시아로 떠나가게 되었다. 명동
출신 여자들도 여섯 명이나 러시아로 떠났다. 내 동생 신희도 남편과
함께 러시아로 갔다. 나중에 남편이 캐나다 유학을 갔다가 돌아온
1932년쯤 해서는 독립운동을 하던 이들이 힘겹게 몸부림을 치던 때여
서, 기차역이나 일본 건물을 하나라도 더 태우려고 여기저기에 불을
질렀다. 하지만 김좌진 장군이 쓰러지고 나서는 다 흩어지고 말았다.
그 후에는 일본 세력이 더 강해져서 꼼짝을 할 수 없었다. 참으로 암담
한 시절이었다.

남편은 풀려나온 뒤 한동안 명동식산회사에서 사무원으로 일을 했
다. 상황이 하도 위험하니 일정한 직업을 갖고 있는 게 안전하기에 담
뱃값 정도 받으면서 일을 보았다. 명동식산회사는 신문명이 들어오면
서 명동 사람들이 조합으로 돈을 모아 차린 주식회사다. 문씨네가 주식
을 많이 샀다. 이익 배당은 언제 했는지 모르겠다. 그 회사에서는 뽕을
심고 양잠도 하고, 장재촌에 포목점을 열었다. 또 그 사무실에 약방을
겸한 의료 시설이 있었고 학수아버지란 이가 촉탁 의사로 와 있었다.

학수아버지는 동환이 낳고 100일이 안 되어서 익환이가 홍역을 할
때 집에 와서 진료를 해주었다. 우리가 문을 꼭꼭 닫아 놓자 환기를 해
야 한다며 문을 확 열어 놓곤 했던 기억이 난다. 동환이는 100일 전이

어서인지 홍역을 앓지 않았다. 남편은 여종선 씨가 회사를 맡았을 때 일을 보았는데, 그 다음 주현덕 씨가 맡아서 할 때 회사가 망했다.

무슨 직업을 택해야 할지 고민하던 남편은 교회 일에 적극적으로 나서기로 결심을 했다. 25세에 장로 투표를 받고 26세에는 장로 안수를 받았다. 노회에서는 전도사 일을 하라고 권했다. 1920년 토벌 후에 많은 젊은이들이 독립운동을 위해 공산당에 들어가면서 교회에는 청년이 없어졌다. 남편은 교회에 남아서 민족을 위해 일을 하겠다고 결심한 것이다.

경신년 토벌 이후 일본인들이 한국인을 마구 학살했는데 그 뒤로는 중국 관헌들이 한국 사람들을 파리 잡듯 죽이는 일이 잦았다. 1921년에 용정에서는 중국 군인이 허병섭이라는 사람을 아무 이유도 없이 총살했다. 쏴 죽인 사람은 6개월만 살고 나왔고, 일본 영사관에서 아첨을 한다고 나서서 장례비를 겨우 1000원 줬다. 국자가(연길)에서는 경찰국 앞에서 최동이라는 열두 살 아이가 중국 경찰에게 당했다. 김약연 목사가 감옥에 있을 때 음식을 나르고 하던 김동환이라는 사람도 경관의 총에 맞아 죽었다. 팔도구(八道溝)라는 곳에서는 김씨 성을 가진 이가 중국 군인의 총에 맞아 죽었다.

팔도구에서는 또 다른 억울한 사건도 벌어졌다. 이곳에 큰물이 났는데 그때 줄천(또는 줄판)이라는 것이 있었다. 강 양쪽에 든든한 나무를 심어 놓고 그 사이에 줄을 매어, 그 줄을 잡고 배들이 노를 저어 가는 것인데, 중국 군인 셋이 서 있다가 줄을 칼로 자르는 바람에 배가 뒤집어졌다. 일곱 사람이 물에 빠졌는데 여섯 사람은 살아나고 한 사람이 죽었다. 중국 사람들도 일본군처럼 한국 사람은 마구 죽여도 괜찮다고 여겼던 모양이다.

1923년 2월 12일에는 용정 우장거리에서 사람 하나가 총에 맞아 죽었다. 가족들은 억울하다고 야단을 했는데 그 사람의 형을 경찰이 붙잡아다가 마구 때렸다. 용정의 한국 사람들이 화가 나서 상점 문을 닫고 시위를 했다. 그랬더니 철시한 상점 주인을 데려다가 가두었다. 그러자 용정 시가지 모든 상점이 철시를 했다. 18일에 장례식을 했는데 그 사람이 천도교인이어서 천도교 식으로 했다. 1000여 명이 모여 관을 앞에 모시고 시가지 시위를 벌였다. 또 위원 61명을 정해서 김약연 목사와 김병진을 대표로 관청에 교섭을 했다. 30만 원을 보상하라고 요구했지만 고작 3만 5000원이 나왔다. 그러자 일본 사람도 중국 사람도 믿을 수 없다면서 한국 사람들이 자치를 하자고 의견을 모았다. 그러나 그 후 뚜렷한 성과를 내지는 못했다.

그 무렵 우리 집안에도 큰일이 많았다. 1924년 4월 20일에는 막내 시누 신학이 세상을 떠났다. 남편이 국자가에서 전도사 일을 보던 때인데, 나는 남편에게 시누의 죽음을 알리지 않고 장례를 치렀다. 그 며칠 뒤인 27일에는 셋째아들 두환이가 태어났다. 나는 1926년에는 큰딸 선희를, 1928년에 둘째딸 경희를 낳았다. 그런데 경희는 1931년에 세상을 떠났다.

그전에 시아버지가 돌아가셨고, 시누이 신렬·신학이 차례로 숨졌으며 1932년에는 시동생 학린마저 세상을 떠나게 되니, 남편이 교회 일이나 평양·캐나다 유학으로 집을 떠나 있는 동안 나는 다섯 식구의 장례를 치른 것이다. 정말 욥의 가정과도 같았다. 나는 시험에 들지 않으려고 〈욥기〉를 읽으면서 믿음을 지키고자 애를 썼다.

평양신학교를 졸업한 남편은 1927년에서 28년까지 명동교회와 토성포교회를 맡아 30리 길을 왔다 갔다 하면서 목회를 했다. 그때 여러 유명한 목사들이 명동과 용정에 와서 사경회를 하곤 했다. 1927년인지 28년인지에는 김익두 목사가 명동에 왔다. 용정에서 사경회를 하고 명동으로 오는데 수많은 사람들이 그를 따라왔다. 그때 목사님들은 병 고치는 안수 기도도 많이 했지만 병을 직접 고치는 것은 못 보았다. 김익두 목사는 〈로마서〉에 통달하셔서 낮에는 〈로마서〉 강의를 하고 저녁에는 사경회를 했다. 〈로마서〉 강의를 노인들도 이해할 수 있을 만큼 아주 쉽게 했다.

길선주 목사는 〈요한계시록〉을 만독하셨다고 했고, 김우현 목사는 〈요한복음〉을 꿰뚫고 있었는데 늘 그 책만 다 떨어져서 새로 사시곤 한다고 들었다. 김해술 목사(황해도 사람으로 키가 무척 컸다)도 중앙교회에 와서 사경회를 했다. 이병희 목사도 여기 와서 사경회를 했는데 특이하게도 〈아가서〉를 가지고 했다. 김치 담그는 것에 대한 이야기를 하신 기억이 난다. 김치는 큰 독에 묻어서 먹는 거보다는 작은 독 여러 개에 담아서 그때그때 빼 먹는 게 맛있다고 하던 말이 생각나 나는 요즘도 그렇게 담가 먹는다.

1928년 8월에 남편은 다시 캐나다의 신학교로 유학을 떠나게 되었다. 그 이듬해에는 시동생 학린이 은진중학교를 졸업하고 평양의 숭실전문학교로 공부를 하러 갔다. 여든이 되신 시조모를 비롯한 세 여자는 다시 익환, 동환, 두환, 선희, 경희 등 올망졸망한 아이들과 함께 남겨진 것이다.

시동생 학린이 학교에 간다고 하자 할머니가 땅을 팔아서 보내라고 하여 5000평을 팔았다. 그리고 집에서 돼지를 길러서 학비를 댔다. 돼지가 1년에 두 번 새끼를 열두 마리 정도 낳으면 열한 마리를 팔고 또 키웠다. 시어머니는 돼지들에게 말을 걸어 가며 정성껏 키워서, 이 돼지들은 기름이 좌르르 흘렀다. 그리고 베를 짜서 옷을 해 입고 베를 팔아서 광목을 샀다. 명주는 집에서도 쓰고, 판 것은 여러 가지 비용으로 썼다. 그때는 누에 치는 것을 장려해서 집집마다 뽕나무를 심었다. 우리도 집 뒤 언덕에 뽕나무를 심었다. 덕분에 아이들은 밤낮 오디를 따 먹었다.

시할머니는 벌써부터 누에를 먹여 명주를 짰는데, 남편이 결혼할 때 입었던 명주 두루마기도 할머니가 짜신 거였다. 할머니는 만주로 들어올 때 이미 자신의 수의도 명주로 준비해서 가져왔다. 나한테도 명주를 주셔서, 남색 물을 들여 명주 치마를 해 입었다. 시누이 신린이 세상을 떠나자 할머니는 명주에 곱게 물감을 들여서 치마저고리를 만들어 신린의 상수(喪需)를 하셨다. 우리 친정어머니도 누에를 많이 했는데 어머니는 나무에 그렇게 잘 올라가셨다. 누에는 배고파하고 뽕잎은 없어 야단인데도 모두들 집에 있던 커다란 뽕나무를 쳐다보기만 하자, 우리 어머니가 나무 위에 올라가 뽕잎을 따서 자루에 넣곤 하셨다.

쌀뒤주에는 쌀을 가득 넣어 두고도 왜 그렇게 경제를 했는지(아꼈는지) 모른다. 집에서 돼지를 키우는 것은 모두 평양 학비로 썼다. 우리는 늘 조밥을 먹고 고춧잎나물을 해 먹었다. 아이들 옷 제대로 못 해 입힌 것, 잘 먹이고 잘 입혔더라면 병이 덜 걸렸을지도 모른다는 생각이 들어서 자꾸 후회가 된다. 요새도 그게 꿈에 보인다. 엊그제도 영환이에게 옷을 새로 해주려고 다 준비를 했는데 깨 보니 꿈이었다. 공부만 시키고 학비 댈 생각만 했지 왜 그렇게 돈을 아꼈는지 모르겠다.

명동 시대는 끝나고

이즈음, 그러니까 1928년께 명동의 분위기도 급하게 바뀌고 있었다. 명동촌의 많은 똑똑한 젊은이들이 시대의 분위기에 휩쓸려 공산주의 사상에 빠져들었다. 경신년 토벌 뒤에 일본의 탄압이 더 심해지자 젊은이들은 교회나 교육 운동만으로는 한계를 느끼고 공산당에 합류한 것이다. 또 이동휘 선생 같은 이들이 만주에서 독립군 활동을 할 수 없게 되자 러시아로 들어가 소련과 손을 잡기도 했다. 하지만 러시아가 배신을 해 한국 공산주의자들을 무장 해제시키고 많이 죽였다.

한편 명동에서는 명동중학교를 졸업한 많은 젊은이들이 서로 모교의 선생을 하고 싶어했다. 마침 학교에서 한 명을 감원해야 할 일이 생겨 투표를 했는데, 국어를 가르치던 송창희 선생이 뽑혀 그만두어야 할 처지가 되면서 감정이 상해 버렸다. 젊은 사람들의 일자리 문제와 사상 문제가 얽히게 된 것이다.

김정규 장로가 1929년에 여학교를 빨간 벽돌 건물로 새로 지었는데, 하루는 비가 와서 횟가루(시멘트) 마대를 김정훈 선생(김약연 교장의 아들)이 윤인숙이라는 여학생과 맞들고 간 일이 있었다. 그런데 글쎄, 공산 청년들이 이 일을 가지고 일요일 예배 시간에 삐라를 뿌리면서 트집을 잡았다. 남자 선생이 여학생하고 횟가루 마대를 맞들고 들어갔다는 것이었다. 우리는 콧방귀를 뀌면서 그까짓 일은 김약연 목사님이 잘 해결하실 걸로 생각했다. 그 양반은 워낙 인격이 큰 분이셨기 때문이다. 그러나 자기 아들 일이어서인지 꼼짝을 못 하는 것이었다. 그때는 김약연 선생이 신학교를 한 학기 다니고 목사가 되어, 명동교회 목회와 명동학교 교장을 같이 맡고 있었다.

김정훈 선생과 마대를 같이 든 윤인숙은 윤씨네 딸이다. 그때 윤씨네가 교회도 잘 안 나오고 이상했다. 윤영춘이, 윤영섭이, 윤영찬이 같은 똑똑한 젊은이들이 다 공산주의자가 되어서 야단을 했다. 어린 학생들도 나섰는데 한범이(송창희의 아들인 송몽규)가 어른들 앞에서 연설을 하기도 했다. 송창희는 윤하현의 사위로 타지에서 명동학교 선생으로 왔다. 첫아들 한범이를 낳을 때에는 처갓집에 살았기 때문에, 한범이는 윤동주와 같은 집에서 몇 달을 먼저 태어난 사촌형이다. 우리 익환이와 동주와 한범이는 절친한 친구였다. 한범이는 독립운동을 하다 일본에 유학 가서 윤동주와 함께 구속되어 며칠 간격으로 옥사했다. 윤동주와 같은 해 같은 집에서 태어나 같은 해 같은 감옥에서 죽었다.

그 일로 학교 이사회가 여러 차례 모이게 되었다. 전영헌 갑장(이장), 윤갑제 갑장, 송창희, 박기주 등이 주동이 되어 학교를 교회에서 분리해 인민학교로 만들어야 한다고 우겼다. 윤 갑장은 학교 땅이나 교회 땅이 다 교회 이름으로 되어 있는 걸 공박하면서, 교회가 학교 땅을 빼앗은 도적놈이라고까지 했다. 그러면 김약연 선생이 답변을 했다. 교회가 학교를 사실상 경영하기에 합쳐져 있는 것이고, 만일 외부에서 들어온 사람이 학교를 운영하더라도 학교 땅은 다 빼앗을 수 있지만 교회 땅은 건드리지 못하기 때문에 그렇게 했다고 말씀하셨다. 국내에서도 교회와 학교의 재단을 분리해야 문제가 없다는 얘기가 들려 왔다. 그래서 결국 교회 땅을 뺀 학교 땅은 모두 공산주의자들에게 넘겨주게 되었다.

이렇게 해서 1908년에 시작된 명동학교는 1929년에 사실상 문을 닫고 말았다. 우리는 모두 큰 충격을 받았고, 김약연 선생은 하도 애가 타서 똥을 누지 못해 똥을 파내야 할 정도였다. 나중에 김약연 목사는, 문재린만 있어도 싸워 보겠는데 싸워 봐야 맡길 젊은이가 없다고 한탄하셨다 한다. 그때 김약연, 김하규, 김정규 모두 환갑이 넘으셨다.

명동에서는 진작부터 정재면 선생의 부인 차신면, 누이 정신태, 임뵈뵈 같은 분들이 비밀리에 조직한 애국부인회에서 독립운동을 위해 모금한 돈이 있었다. 그리고 그 돈을 용정에 있던 고덕수라는 사람에게 맡겨 놓았다. 그런데 그 사람이 공산당이 되어 그만 그 돈을 떼어먹은 것이다. 그랬는데 임뵈뵈 여사의 둘째아들 임윤정이 자기 어머니가 돈을 잘못 간수해서 잃어버렸다면서 돈을 물어넣었다. 그처럼 양심적인 인물이었기 때문에 나는 임윤정에게 고개를 숙인다. 그는 300원을 내게 가져와서 이제는 이 돈을 명동에서 관리해야 한다고 했다.

나는 그 돈을 맡아 식산은행에 넣어 두었다. 그렇게 몇 년을 가다가 갑자년(1924)에 흉년이 왔다. 그래 명동중학교는 용정의 은진중학교와 합쳐지고 남녀 소학교는 남기는 했는데 운영하기가 여간 힘들지 않았다. 전에 여학교 건물(중학교가 은진과 합쳐지면서 이 여학교 건물은 쓰지 않고 비워 두었다)을 지으면서 생긴 빚이 있어 김약연 목사님이 돈을 얻으러 사방으로 다녔고 힘들어하셨다. 흉년에는 학교전에서 소출도 안 나고 부모들도 학비를 댈 수가 없어 학교를 운영할 수 없을 지경이었다. 김약연 선생이 우리를 찾아와 학교를 위해 그 돈을 내놓으라고 했다. 나는 최신학이와 의논을 하고 처음에는 못 내놓겠다고 했다. 그러자 김약연 목사님이 "독립이 되면 돈이 없어서 학교를 못 하겠니?" 하고 설득을 하셔서 돈을 학교에 넣었다.

그 돈이 1930년쯤에는 불어서 1000원이 되었다. 그런데 이제 학교가 공산주의자들에게 넘어가게 되자 우리 여자들 몇이 전 갑장을 찾아가서 그 돈을 달라고 했다. 그랬더니 되레 우리를 일본인들한테 고발하겠다고 하는 것이다. 그 사람은 남편과 함께 명동중학교를 졸업한 사람이었는데 참으로 기가 막혔다.

공산주의자들에게 학교를 빼앗기게 되자 김약연 선생 사모님이 내게 여동문회에서 사 준 그 풍금을 다시 찾아오라고 했다. 그래서 내가 "풍금이 그리 중요합니까? 학교가 다 들어갔는데" 했더니 사모님이 "신묵이도 그쪽 패다" 하면서 소리를 지르던 일이 생각난다.

결국 공산주의자들은 길림성에 가서 중국의 허락을 받아 가지고 인민학교로 간판을 달았으나, 실력 없는 사람들이 하는 학교라 잘 운영되지를 못했다. 그리고 중국 현에서도 공산당이 운영하는 것을 반대해 결국 얼마 못 하고 중국 관립학교가 되어 버렸다. 중국 교과서를 배우는 학교로 몇 년간 계속하다가 나중에 다시 사립학교가 된 것으로 안다.

이렇게 명동에 공산당 바람이 너무 거세지는 바람에 동네가 험악했다. 언제 무슨 일이 일어날지 몰라 불안했다. 그래도 용정은 일본 영사관도 있고 대도시라 치안이 안전한 편이었다. 나는 시할머니와 시어머니, 아이들과 함께 1931년 세밑에 용정으로 이사를 했다. 명동 집은 친척에게 맡기고 용정에 세를 얻어 살기 시작한 것이다. 우리 집뿐 아니라 명동에 재산을 가진 집이나 김약연, 윤하현 장로네, 우리 친정집 모두 용정으로 옮겨 갔다. 우리가 꿈으로 일궈 온 명동 공동체는 역사 속으로 사라지고 말았다.

시동생 학린의 사랑과 죽음

　　우리가 용정으로 이사하기 한 해쯤 전이다. 시동생 학린이 평양의 숭실전문학교를 졸업하고 돌아왔다. 그는 몸이 아주 약해져 있었다. 한의에게 물었더니 영계 50마리를 먹이라는 것이다. 우리 세 시모녀는 부지런히 닭을 길러서 영계를 먹였다. 그러자 몸이 많이 나아진 듯했다. 그렇게 되면서 학린이는 은진중학교의 선생으로 취직을 했다. 나는 학린을 뒷바라지하려고 용정으로 가는 시어머니에게, 월급을 받거든 집 생각은 조금도 하지 말고 삼촌만 살펴 달라고 부탁드렸다. 이렇게 되면서 동환이도 용정에 있는 영신소학교에서 공부하도록 했다.

　　그러나 시동생은 몸을 돌보지 않고 일하기를 좋아하는 성미였다. 그렇게 일에 열중하다가 각혈을 하고 입원을 하게 되었다. 알고 보니 폐병에 걸린 것이다. 그때 폐병이란 사형 선고와도 같은 것이라 우리의 걱정은 태산과도 같았다.

　　그런데 용정의 병원에 입원해서 치료하던 시동생이, 문병 왔던 친구의 사촌여동생인 한의열이라는 처녀와 연애를 시작했다. 그럴 뿐 아니라 저희끼리 약혼을 했다. 어머니는 그것을 막자고 애를 썼다. 병자가 연애를 하면 죽는다고 생각하신 것이다. 그러다가 둘이 합하더래. 그러면 학린이 숨이 가빠 숨을 쉬지 못하더래. 어머니는 문에 손을 집어 넣고는 지키고 있었다. 그러다가 속이 타서 어머니가 기절을 하셨다. 어머니는 의열이 때문에 아들이 죽는다고 그러고, 삼촌은 용서하시라며 울었다. 삼촌이 폐병을 앓는데도 여자들이 어찌나 달려드는지.

학린은 겨울이 지나고 1931년 봄에 명동으로 다시 왔다. 한의열은 중국 사람들이 팔러 다니던 인조 비단으로 위아래를 빨갛게 해 입고는 신혼여행처럼 인력거를 타고 왔다.

나는 시동생이 온다고 구들을 고치고 도배까지 한 다음 하루 종일 뒷장대에서 차 오는 걸 기다리고 있었다. 그들은 그날 해가 넘어갈 즈음에야 도착했는데, 우리 집에 와서는 노할머니가 계시는데도 안 내리고 "할머니, 왔습니다"라는 말만 하고는 한의열의 사촌오빠 한준명의 집으로 갔다. 맞은편에 앉은 어머니도 그 집으로 따라갔다. 그 집의 한 기옥 선생이 "앓는 사람인데 어쩌니?" 하면서 받아들였다. 그 집에서도 환자하고 연애를 하니 얼마나 속이 탔겠어? 그 이튿날 의열이는 신이 나서 종이를 사다가 도배를 하고 야단이었다. 저녁이면 여학교 마당에 풀이 많은데 거기 나가서 둘이 놀았다.

명동교회도 떠들썩했다. 문씨 집안에서도 굉장히 반대를 했다. 지금과는 달리 연애하는 것에 대해 집안에서 동정을 해주지 않았다.

학린이 다시 그 집을 떠나 우리 집으로 오니 의열이도 따라왔다. 학교에 다니던 다른 처녀들도 방학이 되어 돌아오면 학린을 만나러 우리 집으로 왔다. 그렇게 여자들한테 인기가 있었다. 그렇게 처녀들이 우리 집으로 와 있으면, 동네 아줌마들이 물동이를 이고는 들여다보았다. 내가 떡을 치다가 한번은 "저기서 사람들이 들여다보니 창피하다"고 학린에게 말했다. 그랬더니 학린이 성이 나 가지고 뛰어나가, 뒷산으로 올라가서 나무 밑에 앉아 있었다. 그러니 할머니가 나한테 와서 "어찌겠소, 앓는 사람인데 형수가 가서 잘못했다고 해야지" 하셔서, 내가 가서 잘못했다고 하고 데려왔다. 화가 나면 그렇게 지랄을 했다. 한번은 의열이와 충돌을 하고는 지팡이로 남포등을 깨 버렸다. 그때는 어머니와 할머니와 그것 때문에 고생을 했다.

시동생은 아이들과 참 잘 놀아 줬다. 개구리 고기를 좋아해서 아이들과 개구리를 잡으러 다니기도 하고 바이올린을 켜면서 놀기도 했다. 그는 연설도 잘하고 재주가 많았다.

우리가 용정으로 이사 온 후 시동생이 갑자기 원산으로 간다고 서두르는 것이었다. 원산에는 한의열의 집이 있는데 그곳에 가서 병 치료를 한다고 했다. 있는 재산은 다 긁어서 숭실전문을 졸업하게 했는데, 때로는 남에게 빌려주었던 돈까지 눈물로 호소해서 도로 받아서 공부를 시킨 시동생인데 갑자기 원산으로 간다니 난감했다. 시어머니는 아들을 멀리 있는 애인에게 빼앗긴다고 허둥지둥 돌아다니고. 그게 1931년 9월이었다.

그랬던 시동생이 1932년 2월 1일에 죽었다는 부고가 날아들었다. 장례를 치르러 육촌시동생인 광린이 준 5원과 이태준 목사가 준 5원을 합쳐 10원을 가지고 원산으로 갔다 와야 했다. 어머님께 가시라고 했더니 혼자서는 못 간다고 하셨다. 돈이 한 사람의 왕복 여비밖에 없으니 어쩌겠는가, 내가 갔다 올 수밖에.

나는 상삼봉행 열차를 타고 회령에 가서 박태환 목사님 집에서 하룻밤을 잤다. 울면서 가니까 골치가 너무 아팠다. 박 목사네가 더운 국수를 한 그릇 사 주었다. 아침에 박 목사가 정거장에 나오면서, 집에 귀한 어린아이들이 있으니까 시동생의 물건은 아무것도 가지고 오지 말라고 당부를 했다. 원산행 열차를 탔는데 거기서 잘 아는 선교사를 만났다. 그 선교사에게 원산으로 가는 이유를 말했더니 돈 5원을 주셨다. 나는 그 돈으로 장례비를 썼다.

원산에 내리니까 한의열의 언니 의정이가 나와 있어서 그 집으로 갔다. 한의정이, 한준명 둘 다 거기에 있어서 함께 장례를 치렀다. 다른 것은 가지고 오지 않고 남편이 유학 가서 보내 온 금시계만 가지고 왔다. 본래 남편이 익환이에게 금시계, 동환이에게 만년필, 두환이와 선희에게는 스웨터를 보냈는데 글쎄 학린이 금시계와 만년필을 자기가 가진 것이다. 남홍이라는 집주인에게 만년필을 주고 한 상자가 되는 의복도 다 주고 왔다. 지금 생각하면 그 만년필을 가지고 올 것을…….

하긴 그 사람이 수고를 많이 하기는 했다. 산기슭에 있는 그 집은 해가 잘 들어서 폐병쟁이가 와서 나았다는 집이다. 시동생은 아침이면 나가서 햇볕을 쬐곤 했는데 지붕의 얼음이 녹아서 떨어지는 바람에 그 얼음에 깔려서 죽은 것이다.

장례가 끝난 뒤 의정이가 와서 이야기하는데, 학린이 죽은 뒤 의열이가 그냥 울면서 상복을 입겠다고 하더란다. 그래서 의정이가 "이제 문씨네서 누가 올 터이니 오면 그분을 따라가거라. 그럴 각오가 없으면 어찌 상복을 입겠니?" 했더니 상복을 벗더란다. 그리고 장례를 하는데 남끝동저고리를 입고 나왔다. 의정이가 "저게 저렇게 철이 없어" 하고 말했다.

그때 마침 부흥회 때문에 원산에 온 정재면 목사를 만나게 되었다.

폐병에 걸려 죽어 가던 시동생이 자신한테 와서 울더라는 얘기를 해주었다. 시동생은 아마 은진중학교에서 정 목사에게 배운 인연이 있었을 것이다. 그래서 "세상의 영웅호걸도 다 가야 하는 길인데 당당하게 죽음을 맞으라"고 말해 주었더니 울음을 그치더라고 했다. 장례를 마치고 정 목사와 같이 기차를 타고 돌아왔다. 목사님은 청진에서 내렸다.

그 뒤 한의열도 같은 폐병을 앓다가 죽고 말았다. 그리고 그 어머니도 죽고, 한준명의 동생도 평양에서 죽었다. 그 가족은 원래 대구 사람들이다. 아버지가 하와이에도 다녀오고 대구에 큰 집이 있는 부자였다. 오랑캐령과 명동 사이에 있는 산골인 쇠골에 땅을 사서 간도로 들어왔다. 그 아버지가 어느 날 명동에 와 보니 학교도 있고 상점도 있고 훤하니 좋아서 마음에 들었는데, 사람들은 경상도 말씨가 낯설어 냉대를 했다. 그런데 문재린 목사를 만나니 친절하게 대해 주는 데 반해 명동에 넓은 땅을 사서 들어오게 되었다. 그 사람 때문에 쇠골에 경상도의 가난한 사람들이 많이 들어와 살게 되었다. 그런데 한의정의 남편이 경상도 말씨로 말하니 명동 청년들이 일본 개라고 몰아서 죽이고 말았다. 한의정은 과부가 되어 아이까지 잃었지만, 명동학교 선생으로 가르쳤고, 6·25 후에 평양에서 순교했다.

임뵈뵈 할머니와 평생여전도회

1931년에 만들어진 평생여전도회와 임뵈뵈 할머니 이야기를 여기서 해야겠다. 북간도 기독교 여성사에서 빼놓을 수 없는 분이 바로 임뵈뵈 할머니다. 나는 1914년 용정에서 열린 성경학교 강습에서 그를 처음 만났다. 뵈뵈란 이름은 성경에서 따온 이름이다. 원래 성씨는 박씨인데 서구식으로 남편의 성을 따라 임뵈뵈라는 이름을 가졌다. 아주 활동적이고 의식이 투철한 분이었다. 원산성경학교를 졸업하고 간도에 와서 전도 일을 하셨는데, 기미년 독립운동 시대에 대단한 활약을 했다.

이분의 셋째아들인 임국정 씨는 '15만 원 사건'의 주인공으로 일제에 의해 처형당한 인물이다. 1920년 1월에 회령은행에서 용정으로 막대한 돈을 이송한다는 소식을, 회령은행 김 모 씨가 독립운동가 윤준희, 임국정, 최봉설, 박웅세, 한상호 씨에게 알렸다. 이들은 돈을 탈취해 백두산 뒤에 군관학교를 짓고 무기를 사려는 계획을 세웠다. 그들은 6일, 말을 타고 지나가는 일본인 세 사람 중에서 한 명은 총으로 쏴

15만 원 사건으로 아들 임국정을 잃은 임뵈뵈.
북간도 기독교 여성사에서 빼놓을 수 없는 인물이다.

죽이고, 두 명은 묶은 후에 돈을 빼앗은 뒤 말을 타고 산으로 도망쳤다. 말은 산에 버리고, 돈 15만 원을 지고서 산을 타고 와룡동까지 갔다. 내 육촌시누이 문신숙의 남편인 박웅세는 결혼 날짜를 며칠 앞두고 이 일에 합세했다.

내 동생 신희의 남편 최봉설은 그 돈을 와룡동 자기 집 짚 무더기 밑에 숨겨 놓고 이틀을 묵었다. 다시 와룡동에서 네 사람이 만나 산길을 타고 해삼위까지 갔다. 거기서 독립운동의 동지인 엄인섭을 만나서 무기를 산 다음 백두산으로 가기로 했다. 여관에 들러서 잠을 자는데 일본 경찰이 여관을 둘러쌌다. 엄인섭이 배신하고 일경에게 밀고한 것이다. 동생의 남편 최봉설은 옷을 찾아 입는 척하다가, 문 옆에서 칼을 들고 있었던 사람의 손을 강타해 칼을 떨어뜨리고 도망쳤다. 그는 본래 운동선수로 몸이 몹시 날쌨다. 달밤에 담장을 넘어 뛰어서는 총 몇 군데를 맞았는데도 40여 리를 도망쳤다.

나머지 윤준희, 임국정, 한상호는 그 자리에서 붙잡히고 말았다. 박웅세는 결혼식을 올리느라 일행과 같이 가지 않고 명동에 남아 있어서 다행히 살아남았다.

한상호와 최봉설은 명동의 이웃 마을 와룡동 사람이고, 윤준희와 임국정(함흥 출신)은 용정에 살았다. 명동에 와서 공부한 사람과 와룡동 사람들이 주가 되었던 사건이었다. 회령 출신인 한상호는 아버지, 어머니만 있었고 보통 키에 제일 어렸다. 그는 아마 10대였을 것이다. 윤준희는 키가 크고, 운동회 때 머리에 띠를 두르고 말을 타고 다니면서 광고하던 괄괄한 사람이었다.

돈에 대한 정보를 알려 준 회령은행 서기도 청진 감옥에서 도주했으나, 임국정·윤준희·한상호 세 사람은 이듬해인 1921년 8월 25일 서울 서대문형무소에서 사형을 당했다. 세 사람은 마지막까지 백절불굴의 정신으로 "우리가 돈을 도둑질한 게 아니라 너희가 우리나라를 통째로 먹고 백성을 약탈한 것의 일부를 되찾은 것이다. 내 나라 백성의 세금을 우리나라 일을 위해서 쓰는 것이 무슨 죄가 되느냐?" 하면서 당당하게 맞섰다고 한다.

이들이 돈을 가지고 와룡동에 있는 동안 일본 경찰은 명동으로 들이닥쳤다. 일본인들이 온다기에 남편은 아파서 드러누운 척했다. 일본 순사들은 우리 집에 들어와서는 남편의 신발을 내놓으라고 했다. 신발을 보더니 아니라면서 그냥 갔다. 그런데 김정훈은 두루마기를 펄럭이며 도망하다가 한참 후에 잡혀서 우리 집 앞으로 지나갔다. 나는 조마조마해서 죽을 지경이었다. 그러나 그도 어린아이를 금방 낳았는데 그 아이가 아파서 죽어 간다고 이야기해서 풀려나왔다. 아마 사건의 주인공들이 와룡동으로 도망치면서 얼어붙은 강을 건널 때 일본인들이 발자국을 놓친 게 아닌가 싶다.

박웅세는 명동에서 결혼하고 한참을 숨어 있다가 떠나갔고, 부인 문신숙도 남편을 따라갔다. 해방 후에 다시 나타났는데 부인은 죽고 다른 여자와 함께 왔다. 그가 공산군이 되어서 6·25 때 남쪽으로 내려왔다는 소리를 들었다. 이준·이동휘 선생의 아들도 그때 공산군으로 내려왔다고 한다.

무조건 먼저 명동을 덮쳤던 일본인들은 뒤늦게 와룡동에 가서 최봉설의 삼촌과 동생을 잡아 갔다. 다리를 좀 절던 삼촌은 똑똑해서 말을 안 했는데, 동생은 와룡동에 최봉설이 왔던 일을 다 말했다고 한다. 그일로 삼촌은 오래 갇혀 있었다. 최봉설은 그 후 서울에 나와서 갇힌 세 동지를 구출하려는 운동을 하기도 했다. 나중에는 러시아로 가서 내 동생 신희와 함께 살았다. 모스크바 대학에 다니면서 아이들도 낳고 남부럽지 않게 잘 살고 있다고 편지가 온 적이 있다. 그 후 신희는 1969년에 죽었다고 한다. 아무튼 최봉설은 15만 원 사건에서도 도망쳐서 살았지만 그 후에도 공산당에 가담해 러시아에 가서 죽을 고비를 여러 번 넘기고도 죽지 않은 불사조다.

내 동생 신희와 최봉설이 결혼할 때 이야기다. 최봉설은 와룡동에서 학교를 다니고 있었는데 뒷집 새아기와 결혼 말이 나왔다. 최봉설이는 처음부터 결혼을 안 하겠다고 했는데 부모들이 억지로 결혼을 시키려고 잔치를 벌였다. 학교 친구들을 다 청해서 먹이는데 신랑이 과즐(유과)을 아끼지 않고 마구 먹이더란다. 그래서 사람들이 "저 신랑이 어찌 저래?" 했는데, 잔치를 끝내고 사람들을 다 보내고는 신부 집에 또로로 달려가서 "난 장가 아니 오겠소" 하더라는 것이다. 그래서 파혼이 되었다. 그리고 최봉설은 명동에 왔다. 그 당시에는 명동 처녀라면 최고로 생각했다. 학교도 먼저 생기고 해서 왠지 깨었다는 인상을 주었기 때문이다. 박태환 선생은 최봉설에게 내 동생 신희를 중매해 주면서 "앞서 그런 것처럼 해서는 안 돼" 하며 다짐을 받았다. 그렇게 약혼을 하고는 와룡동에 가서 신혼 예식을 올렸다. 최봉설의 집은 농촌에 있었는데 제법 잘 살았다.

내 동생 신희는 그리 인물이 좋지는 않지만 성격도 야무지고 공부나 일도 야무지게 잘했다. 파혼하고 난 자리에 시집갔어도 둘이 아주 잘 살았다. 1916년에 결혼해서 이듬해 아들 동현이와 또 그 밑으로 아들을 낳고 시부모님의 사랑을 받으면서 살았다. 아버지는 키가 작고 동작이 빨랐는데 아이들은 키가 쑥 컸다. 그 시어머니는 며느리를 끔찍이 좋아했고, 아이들을 낳은 게 기뻐서 무슨 일만 있으면 70리나 되는 명동까지 아이를 업고 걸어오곤 했다. 학교 운동회나 우리 친정아버지 회갑 때에도 와서 우리 집에서 자고 가곤 했다. 두 번째 아이는 홍역으로 죽었다.

신희는 남편이 독립운동을 하러 외지에 많이 다니니 친정에 자주 와 있었다. 그래서 나와 함께 성경학원에도 다닐 수 있었다. 아이 둘을 낳은 후에 15만 원 사건이 있었지만 다행히 최봉설은 산 것이다. 신희가 둘째아이를 업고, 나와 함께 임뵈뵈 할머니를 뵈러 토성포에 간 적이 있다. 임뵈뵈 할머니가 아기를 만지면서 "네 아버지는 살아서 좋겠다" 하시던 생각이 난다.

아들이 그렇게 순사하자 캐나다 선교부는 임뵈뵈 할머니를 위로하고 격려하고자 캐나다 평생여전도회 회원으로 가입시켜 주었다. 입회비 25달러를 내주고, 회원권도 주었다. 임 할머니는 아들이 죽은 후 꼼짝도 못 하고 누워 있다가 그 회원권을 받고는 자리를 박차고 일어났다.

캐나다 평생여전도회 회원권을 받은 임뵈뵈는 우리도 이런 전도회를 만들어야 하겠다고 생각하고, 자기처럼 아들을 잃은 가정에 가서 아들딸을 잃었다고 울지만 말고 그 아이 기념으로 평생여전도회에 들라고 설득하여 회원을 모집했다. 그러니까 평생여전도회는 임뵈뵈 여사가 아들이 하던 일을 이어받아 교회운동을 하려고 결심한 데서 시작된 것이다. 입회비는 한 사람당 50전으로 누구나 참여할 수 있게 했다.

그는 먼저 자기 아들과 함께 사형을 당한 윤준희 씨의 부인을 찾아 갔다. 가서 취지를 설명하고 회원으로 가입시켰다. 그런 다음 열네 살 난 독자를 잃고 울고 있는 고온유라는 어머니를 찾아가서 회원으로 삼고, 일본 형사에게 자식을 잃은 분들도 회원으로 만들었다. 그러고는 명동의 김약연 선생 댁에 와서 그 집 세 시모녀를 가입시켰다.

당시 나는 세 살짜리 아기 경희를 잃고서 마음 아파하던 때였다. 이 말을 들은 임뵈뵈 할머니가 사람을 보내어 나를 오라고 했다. 나는 성경학교 시절부터 임뵈뵈 할머니와 가깝게 지내서 잘 알았다. 가 보았더니 임뵈뵈 어머님이 평생여전도회 취지를 이야기하시면서 날더러 입회하라고 하셨다. 그 정신에 감동을 받은 우리 세 시모녀는 죽은 아이 첫돌에 들어온 돈 15원을 내고 회원이 되었다. 죽은 경희의 돌에 들어온 돈이 서 푼 이자를 줘서 2년 뒤에는 15원으로 불어나 있었다.

임뵈뵈 여사는 그렇게 슬슬 다니면서 남자나 여자를 가리지 않고 입회시켰다. 1921년께부터 혼자서 이 일을 10여 년 동안이나 하셨다. 그리하여 1930년 4월 12일에 용정에서 동만주 평생여전도회 창립총회가 열렸다. 나도 소식을 듣고 30리를 걸어서 갔더니 회원이라고는 달랑 차신면, 최진실, 김신묵, 임뵈뵈, 고온유(황국주 모친)뿐이었다. 황신기 장로네 국숫집 다다미방에 모여서 회를 조직했다. 임원을 선정하니 회장에 차신면, 서기 겸 회계에 최진실, 순회 간사에 임뵈뵈, 김신묵, 고온유였다.

그 뒤로 간사 임뵈뵈의 활동은 대단했다. 그가 활약해서 1931년에 처음으로 돈화에 전도사를 파견했다. 전도사는 박데보라였다. 그 다음에는 이재신을 훈춘에 파송했고, 동불사에는 서도선, 대황구(훈춘에서 약 30km 북쪽—편집자)에 임병국, 동경성에 이병림, 토성포(용정 근처

육도하 남쪽 기슭―편집자)에 한신현 씨를 파송했다. 모두 전도사 여섯 명을 파송한 것이다.

두 번째 총회는 1931년 2월 10일에 성경학원에서 열렸다. 200여 명이 모여서 회의를 했다. 이 사람들은 다 성경학교 출신들이고, 또 여전도회연합회로 모이는 사람들도 다 같은 사람들이었다. 그때 선정한 임원은 회장에 김신묵, 서기에 이성숙, 회계에 최진실, 총무에 임뵈뵈였다. 평생여전도회는 각 부서를 두고 지회도 조직했다. 실행위원도 두었다.

1939년에는 회가 너무 커 가니까 유급 총무를 두기로 하고 산동에서 선교하던 김순호를 채용했다. 김순호는 산동 반도에서 선교하다가 일본 때문에 더 못 하게 되자 구 길림에 머물고 있었다. 나는 길림에 가서 하루 자고, 다시 기차를 타고 구 길림으로 그를 데리러 갔다. 순호는 중국 교회에서 일하다가 바로 짐을 챙겨서 우리와 같이 돌아왔다. 구 길림에 가보니 도시 같지 않고 순 농촌이었

용정 중앙교회 여자 전도사들인 김애신(왼쪽), 김순호. 평생여전도회 유급 총무이기도 했던 김순호는 김신묵의 며느리 박용길과 요코하마 신학교 동창이다.

다. 예전에 지은, 크고 시퍼런 벽돌로 된 탑이 있었는데 사람들은 거기가 한국 여장군을 훈련시키던 곳이었다고 했다.

김순호는 평생여전도회 일을 참 잘했다. 모금도 잘했고, 나가서 집회를 하면 은혜롭게 했다. 그래서 회원도 죽죽 늘어 갔다. 순회 전도를 할 때에는 바빴지만 나머지 시간에는 할 일이 많지 않았기 때문에, 남편이 1932년부터 목회하던 용정 중앙교회에서 김순호의 월급 절반을 대 주면서 반(半) 전도사로 일하게 했다. 해방 후에 동산교회 전도사 자리가 비자 김순호는 거기서 월급의 절반, 평생여전도회에서 나머지 반을 받고 일했다. 김순호는 해방 후에 북에서 활동하다가 순교했다.

나는 1946년 한국으로 나올 때까지 평생여전도회 회장을 맡아서 했다. 너무 오래 하는 게 싫어서 중간에 다른 사람을 설득해 투표까지 했는데 그 사람이 극구 안 한다는 바람에 할 수 없이 내가 16년 동안 회장 노릇을 했다.

회원은 만주에 1000명 이상 있었고 국내에서도 유명한 분들이 회원이었다. 회원들은 입회금 5원, 1년 정기 회비를 1년에 1원씩 냈다. 그래서 내가 남한에 나올 때까지 평생여전도회 재산이 퍽 많았다. 회원들은 토성포에 땅 1만 평을 사서 모래밭에는 백양목도 심었다. 안도현에서는 집을 사고 세를 주어 전도사 한 사람을 쓸 수가 있었다. 운출라재에 논 1만 평을 사서 그 소출로 전도사 여러 명을 쓰려고 했으나 결국 그 원대한 계획을 이루지 못했다. 만주 전역에 전도사를 파송하려고 했으나 8·15 후에 공산당이 만주를 지배하게 되자 다 허사가 되고 만 것이다. 마치 노아의 홍수 뒤에 사람들이 바벨탑을 쌓으려다가 실패한 것과 비슷하다는 생각이 든다. 당시 선교했던 구역은 돈화, 훈춘, 마적달, 동불사, 대황구, 동경성, 토성포 등지였다.

나는 용정 교회 일, 여전도회 일, 명동여동창회 일, 평생여전도회 일을 1946년 공산당에게 밀려서 서울에 나올 때까지 계속했다.

남한으로 나올 적에 나는 평생여전도회 일을 회계인 윤영숙에게 모두 맡겼는데 나중에 그도 나오게 되었다.

내 일생의 전성시대

명동에 공산당 바람이 너무 거세어지고 학교도 넘어간 후, 우리 가족은 아이들 교육을 위해 용정으로 이사했다. 남편은 캐나다에 가 있었고 나 혼자서 시할머니와 아이들을 데리고 용정으로 이사했다. 시어머니는 동환이를 데리고 이미 용정에 계셨다. 용정으로 와서 익환이는 은진중학교, 동환이는 영신소학교, 두환이는 홍중학교, 선희는 명신여학교에 다녔다.

1932년에 남편이 캐나다에서 돌아왔다. 얼마 뒤에는 용정 중앙교회 목사로 부임했다. 이렇게 해서 우리는 용정에 완전히 뿌리를 내리게 되었다. 용정에서는 중앙교회와 동산교회가 가장 중심적인 교회였다. 용정교회가 잘된 이유 중 하나는 상업 지대에 있었기 때문에 장사를 하는 이들이 많아서 돈도 많았기 때문이다.

사실 남편이 오기 전에 교회에 심한 내분이 있어서 남편이 임직하는 데에도 반대 세력이 있었다. 그러나 무뚝뚝하지만 진실한 남편의 심정을 사람들이 곧 알게 되었다. 뒤에서 반대하는 파가 있었다는 것을 알았지만 그냥 무시하고 교회를 끌고 나갔더니 잘되었다. 남편은 평신도에게서 환영을 받았다. 아무래도 캐나다 연합교회에서 공부를 하고 왔으니 보수적인 평양신학교를 졸업한 목사의 설교와는 내용이 달랐다.

처음에 중앙교회에 가니 이삼백 명 정도가 모이고 예배당이 크긴한데 낡아서 비가 죽죽 샜다. 뒤에 유치원 건물이 하나 있었는데 마당에 비가 오면 물이 철퍼덕철퍼덕 고이고 해서 우리는 예배당을 고쳐지을 생각부터 했다. 1932년에 제직회에서 그렇게 하기로 결정하고 건축 연보(헌금)를 시작했다. 그리고 길선주 목사를 초청해 사경회를 열었다. 그는 우습게도 어디에서 몸에 안 맞는 작은 두루마기를 구해다가 입고서는, 용정 중앙교회가 몸은 이렇게 크게 성장했는데 교회는 그에 걸맞지 않아서 불편하다고 이야기했던 기억이 난다. 용정 중앙교회는 나무로 된 건물이

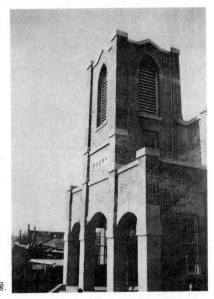

어서, 작지는 않았지만 매우 낡고 초라했다.

그리하여 문 목사가 목회를 시작한 지 2년째 되는 1934년에 교회당을 76평짜리 2층으로 신축했다. 1층에서는 야학과 유치원을 하다가 그 후에 강당을 지어 유치원은 거기서 했다.

익환이 찍은 용정 중앙교회 건물.

건축을 한 김 영감은 함흥 영산학교, 용정의 은진학교와 선교사들 집도 지어 준, 경험 많은 사람이었다. 건물의 밑그림은 남편이 직접 그렸다. 김 영감이 남편에게 한번 그려 보라고 하기에 남편은 외국에서 본 것도 있고 해서 그렸다. 이걸 가지고 김 영감이 설계를 한 것이다. 그래서 앞에서 보면 균형 잡힌 아치가 보기 좋은 교회 건물이 생겼다. 우리는 용정 중앙교회를 찍은 사진을 딱 한 장 갖고 있는데 아들 익환이가 교회 건너편 김 장로 쌀가게 지붕에 올라가서 아버지 카메라로 찍은 것이다.

교회를 새로 건축하고 나서, 일본서 건축을 공부하고 온 어떤 사람이 지나가다가 교회 건축이 우리나라에서 가장 훌륭하다고 칭찬을 했다. 그 이유를 물어 보니까 십자가 종각을 검은 벽돌로 한 게 건축학상 좋고, 또 기둥을 아주 굵고 안정감 있게 했다는 것이었다. 그런데 종각을 검은 벽돌로 한 것은 비용을 절약하고자 한 것이었다. 또 기둥도 좀 더 가늘게 하고 싶었는데, 종탑에 커다란 돌을 올려놓는다고 해서 그 것을 받쳐 주려면 튼튼하게 해야 하기 때문에 그렇게 한 것인데 결과적으로는 안정감 있는 건축물이 되었던 것이다.

그 뒤로 남편은 중앙교회 교육관, 은진학교 강당을 짓는 일도 맡아서 했다. 남편은 외국에서 보았던 좋은 것들을 실생활에서 사용할 수 있도록 직접 만들곤 했다. 장례식 때 무거운 상여를 사람들이 지고 먼 산까지 오르는 게 너무 힘들다고, 도본을 그려 가지고 소가 끄는 상여차를 만들기도 했다.

중앙교회는 여섯 곳에 전도사를 파송했다. 중앙교회 교인은 누구나 선교사 한 명을 후원하는 형식으로 각 지회에 전도사를 파견했다.

동만노회에서는 교회를 하더라도 함경도 전통이 있어서 교육을 매

문재린 목사 중앙교회 근속 10주년 기념사진. 서양식 아치와 이를 받치고 있는 튼실한 기둥이 눈길을 끈다.
앞줄 가운데의 문재린 오른쪽에 그 어머니 박정애가 보인다. 1942년 7월 18일.

우 중요시했다. 그래서 교회가 세워지는 곳에서는 유치원, 학교, 야학
교가 많이 생겨났다. 유치원은 교회 뒤에 지은 강당에서 했는데, 거기
에 이화 보육과 출신인 이인선 선생이 처음 와서 가르쳤다. 야학교는
강당 지하에서 했는데 그때 학생이 200명 모일 정도로 아주 잘되었
다. 그때 야학교 선생을 하던 이로는 강원룡, 이상철, 김영규 등이 있
다. 식모살이를 하거나 해서 학교를 가지 못하는 여자 아이들이 많이
들 모였다.

　돌이켜 보면 용정 중앙교회에서 보낸 시간이 내 일생에 가장 전성시
대였다. 나는 목사 부인으로 있으면서 장년 주일학교에서 가르쳤고,
또 여전도회장을 맡았다. 또 1931년부터 전 간도의 평생여전도회 회
장을 맡고서 여기서도 여섯 전도사를 각지로 파견했다. 남편 역시

1935년에 희년전도회를 만들어서 전도사를 파견했다. 그때는 피난 나온 한국인들이 중국 땅을 많이 사들이던 때였다. 희년전도회에서도 땅을 사 놓고, 부부를 파송해서 농사를 지어 먹으며 전도하게 했다. 우리의 포부는 그렇게 해서 만주 전체에 교회를 세우고 전 만주를 전도하는 것이었다. 교회도 왕성하고 전도도 잘 되어 만사가 일사천리로 이루어졌다. 그런데 그것도 하느님의 뜻이 아니었는지, 8 · 15를 맞으면서 공산 세력에 쫓겨 교회는 다 없어지고 우리의 계획은 다 무너지고 말았다.

그때 장년 주일학교도 잘되었고 유년 주일학교도 잘되었다. 그때는 장년들을 위한 주일학교를 일요일 대예배 전에 꼭 했고 모든 교인이 참여했다. 요즘은 그게 다 없어져서 교인들이 성경 지식을 배울 데가 없다. 나는 19세에 유년 주일학교를 시작해서, 장년 주일학교를 맡아서 52세가 될 때까지 했다. 용정에서는 손필환 목사가 오랫동안 주일학교 선생님들을 맡아서 가르쳤다. 교인들이 많이 오고 출석도 부르고 모두들 재밌게 공부를 했다.

주일학교 선생으로 일했던 젊은이들은 김기섭, 전택열, 김성호, 강원룡, 윤갑수 등이었다. 강원룡은 전도사 비슷한 역할을 했는데 용광동에 중앙교회의 지교회를 하나 세우고 거기서 일을 했다. 아들 동환이도 주일학교 일을 열심히 했다.

익환이는 신학교에 다니다가 몸이 약해져서 쉬고 있을 때 집에 와서 중학교 학생회를 조직했다. 처음에 당회에서 반대했는데 그 모임이 꽤 잘되었다. 여자 청년반은 따로 모였는데 선교사 배 부인이 맡아서 가르쳤다. 남녀 노년반은 따로 반을 구분했고, 일요일 아침에 열 명씩 교회 구석구석에 둘러 앉아서 성경을 배웠다.

나는 또 영아부를 조직해서 매달 의사나 서양 간호과장을 초대해 아기 키우는 법, 출산하는 법, 위생 같은 것을 배우는 시간을 마련했다. 그러다 보니 프로그램이 가득 만들어졌다. 아이들 생일이 되면 안수 기도를 받게 했고, 달마다 여는 월례회에는 젊은 엄마들이 열심히 참여했다. 크리스마스 때면 선물을 나눠 주기도 했다. 참 재미있었다. 그때 영아부 회원들과 찍은 사진이 하나 남아 있다.

중앙교회 여자 전도사로는 김석복 씨가 오랫동안 있다가 청진으로 이사를 가는 바람에 자리가 비게 되었다. 한참 동안 사람을 못 구하다가 평양 숭의학교에서 선생으로 있는 김애신을 소개받았다. 김애신은 중앙교회 여전도사로 부임해서 아주 일을 잘했다. 가르치는 것도 잘하고, 심방도 열심히 하고 재미를 붙였다. 김애신은 내가 평생여전도회 일로 초빙해 온 김순호와 같은 집에서 살았다.

그때 교회에서는 교인들이 잘못을 저질렀을 때 목사가 책벌을 하는 제도가 있었다. 당회에서 의논해서 어떤 책벌을 할지 결정했다. 소실을 두거나 수절을 제대로 하지 못하는 사람들, 이혼하는 이들이 책벌을 받았다. 명동교회에 있을 때도 큰아버지(오촌당숙)가 아들을 낳으려고 소실을 얻은 일이 있었다. 남편은 울면서 그를 책벌했지만 그래도 아들을 낳고 싶어서 소실 두는 걸 포기하지 않았다.

큰집 맏아방은 문병규의 장손인 문치헌인데, 아들을 못 낳고 딸들만 낳자 동생의 아들 문성린을 양자로 삼아 중국 유학까지 시키며 키웠다. 그런데 동생네가 그 아들을 다시 데려가 버리자 장손으로서 아들이 있어야겠다고 생각해, 아들 있는 과부를 소실로 두어 아들 둘을 낳았다. 그런 큰아버지를 책벌하자니 조카가 얼마나 어려웠을까? 큰아버지는 집사였는데 책벌을 받은 후에도 열심히 교회에 다녔다.

그 집에서는 아들을 낳으면 곧 본집으로 데려와서 키웠다. 본부인은 선산에 묻히고 소실은 명동교회 묘에 묻혔다. 그래서 뒤늦게 얻은 종손이 문종린이다. 문종린은 길림성 평안중학교 교장을 30여 년간 했다. 15만 원 사건의 박응세가 치헌 아저씨의 맏사위다. 딸들도 공부를 잘 시켜, 문신도는 원산신학교를 나와 명월교회 전도사가 되었으며 문신길은 명신여학교를 나와 교사가 되었다.

또 한 사람은 소실과 본부인을 나란히 데리고 교회에 나왔는데, 아브라함도 첩을 두었다면서 조금도 죄책감을 느끼지 않았다. 본부인이 첩의 아이들을 업고 손잡고 다니기에 사이좋게 사는 줄 알았더니, 무척이나 고생을 하다가 죽었다고 나중에 들었다. 본부인 마음이 너그러워서 아무렇지도 않게 보였을 뿐이었다.

책벌은 물론 세례 교인에게만 했다. 그때는 그러면 당당히 책벌을 받고 다시 교회 생활을 열심히 하곤 했다. 교회 장로의 딸이 처녀 몸으로 임신을 한 걸 그 아버지에게 책벌을 물었던 적도 있다. 그때 교회에서 책벌할 일이 생기면 큰일이었다. 지금 생각하면 너무 세게 했던 것 같다. 우리 교회 최 장로네와는 아주 친하게 지냈는데, 책벌을 받고는 교회에 안 나왔고 우리와도 멀어졌다. 지금도 그 생각을 하면 마음이 아프다.

은책이란 것도 있었는데, 공개적으로 하지 않고, 본인만 알고서 숨어서 책벌 받는 것이다. 이것도 당회에서 결정했다. 또 그 당시에는 불신자하고 하는 결혼에는 주례를 해주지 않았다. 교인이 결혼할 때에 상대방 교회에 교적을 보내 달라고 해서 확인하고 주례를 해주었다.

며느리 사랑을 가르쳐 주신 시할머니

용정교회 시절, 사택도 새로 지었다. 그런데 교회당 북쪽에 지어서 해가 잘 들지 않았다. 그 탓인지 아이가 둘이나 병이 들었다. 큰딸 선희는 늑막염, 셋째아들 두환이는 뇌막염에 걸렸다. 선희는 늑막염이 폐까지 번져서 고생하다가 다행히 나았다. 하지만 그때 13세로 5학년 생이었던 두환이는 앓다가 1936년에 죽고 말았다. 막내 영희도 죽어서 5남매가 3남매로 줄었다. 그 후에 막내아들 영환과 막내딸 은희가 태어나서 다시 3남 2녀가 되었다.

큰아들 익환이를 임신했을 때 나는 큰 산과 수풀을 바라보는 꿈을 꾸었다. 동환이를 가졌을 때에는 큰 호랑이를 멀리서 바라보았다. 영환이 때는 호랑이 새끼를 옆에 끼고 집으로 들어오는 꿈, 막내딸 은희때는 호랑이에게 쫓기는 꿈을 꾸었다. 두환이 때에는 호랑이가 집에 들어오는 것을 쫓아냈다. 그래서 두환이가 일찍 죽었는지도 모르겠다.

그때 평생여전도회 총회다 직원회의다 해서 내 바쁜 건 말도 못 할 정도였다. 또 물 길어다 먹지, 아이들 옷 다 손으로 해 입혀야지, 정신이 없었다. 익환이와 동환이가 일본에서 유학할 때에도 양말을 기워서보냈다. 일본에서 학생들이 먹을 게 없어서 고생한다는 소리를 듣고는집에서 엿과 태석(찹쌀가루를 쪄서 물엿에 갠 음식―편집자)을 달여서 보내 주기도 했다.

남편은 성격이 굉장히 뚝뚝한 편이라 아이들을 안아 주고 그러는 법이 없고 오순도순한 면이 적었다. 한국 남자들의 가부장적인 성격에다맏아들로 떠받들려 자라서 그런지 나를 누르려고 했다. 그런데 내 성격이 순종적이지 않으니 나를 편하게 생각하지 않았던 것 같다.

남편은 캐나다 유학에서 돌아온 뒤, 외국 여자들을 보다가 나를 대하니 초라해 보였던 모양이다. 어떻게나 성화를 하는지 내가 빼빼 말라 갔다. 사람들이 "어째 형님은 목사님이 온 다음에 몸이 그리 축나느냐?"고 했다. 한번은 내가 교회 찬양대원들한테 찬물을 직접 대접했다. 젊은이들은 목사님 사모님이 직접 나와서 주니 좋다고 하는데 남편에겐 그게 거슬렸다.

남편의 육촌인 광린이가 이혼하고 재혼을 하는 날이었다. 금순엄마와 재혼을 하는데 광린이어머니가 밤늦게 혼

1936년 13세에 죽은 셋째아들 두환의 묘를, 70년 후 그 동생 영환이 용정 중앙교회 묘역에서 찾아냈다. 캐나다에 유학을 다녀온 문재린은 어린 아들의 묘비를 서양식으로 세웠다. 두환이 죽은 이듬해에 영환이 태어나서 박정애 할머니는 죽은 두환이가 살아왔다며 무척 예뻐했다고 한다.

자 결혼식 준비를 하기에 내가 도와주러 갔다. 금순이 외할머니와 둘이서 혼례를 준비하고 떡을 빚고 하는데 내가 안 갈 수가 없어 도와준 것이다. 정 장로가 주례를 서서 잔치를 마치고 밤늦게 돌아왔는데, 남편이 문을 채우고 나를 못 들어오게 했다. 그러고는 며칠 동안 나에게 말도 하지 않으니 내가 빼빼 마를 수밖에 없었다. 그래서 내가 빌었다. "내 지금까지 남편을 위해서 산 사람이고 이제도 그러겠다"면서. 남편이 무슨 일로 오해를 했는지 모르지만 그때는 내가 고통이 컸다.

남편이 여러 교회를 다니면서 전도사 일을 볼 적에는 집에 와서 옷만 갈아입고 또 나가곤 했다. 동환이가 열이 굉장히 나고 아픈데 나가야 했던 일도 있다. 하지만 나는 의사도 있고 하느님도 있는데 무슨 걱정이냐고 생각했다. 남편은 뭘 하든지 너무 진실해서 교회에 몸을 바친다고 하면 집은 전혀 돌보지 않았다. 총회 기관이 있는 봉천으로 신경으로 하도 다녀서, 집을 비울 때면 서 장로가 와서 "목사가 또 나갔어?" 하며 야단을 했다. 그래도 목사님 앞에서는 꼼짝도 못 했다. 남편은 그만큼 진실해서 어려운 사람도 많이 봐주었고, 나중에 우리가 만주에서 나와서 서울로 갈 때에도 우리 땅을 모두 소작인에게 주고 나왔다.

두환이를 잃기 2년 전인 1934년에는 시할머니가 노환으로 돌아가셨다. 그때 연세 84세였다. 시집와서 64년 동안이나 홀몸으로 사신 김순흥 여사. 그는 좋은 집에 시집와서 깨끗하게 살다가 세상을 떠난다고 고맙게 여기셨다. 자식 없이 혼자된 며느리를 집안에서 거두는 것은 흔치 않은 일이기 때문이다. 그의 성품은 온화하고 자비롭고 원만하셨다. 3리가 넘는 곳에 있는 교회를 8년 동안이나 개근하셨으며, 자녀 교육에 있는 정성을 다 쏟으셨다.

할머님이 돌아가신 9월 23일은 중앙교회를 2층으로 짓고 헌당식을 한 날 밤이었다. 그날 밤에 할머니는 찬송을 부르면서 자기는 하느님 계신 곳에 간다고 증언하시며 돌아가셨다. 할머니는 중앙교회 묘지에 안장되었다.

나는 잠깐 동환이더러 할머니를 보게 하고는 헌당식에 갔다 왔다. 할머니는 예전부터 다리를 쪼그리고 주무시는 버릇이 있었는데, 앓으면서도 다리를 펴지 못하고 구부리고 있어서 무릎과 발목에 닿는 부분이 벗겨져 그렇게 아파하셨다. 그래서 잠시도 혼자 놔두지 못했다.

돌아가시기 전전날 한준명이 문병을 오고 또 박걸 부인이 왔다 갔는데, 검은 머릿니가 몰려서 버글버글하는 게 보여 깜짝 놀라서 머리를 빗기고 옷도 새로 갈아입혀 드렸다. 교인들이 자꾸 문병을 오는데 냄새가 나고 이가 보일까 봐 계속 조심을 했다. 원래 노인들이 죽을 때가 되면 이들이 기어 나온다는 이야기를 들어서 무척 조심을 했는데도 그랬다.

헌당식을 끝낸 밤에는 가족이 다 모였는데, 대변이 흐르다 못해 피가 나왔다. 양재기를 들이대니 피가 철철 나오고 냄새가 그리 났다.

식구들은 다 들어가서 자고, 나는 혼자 할머니 옆에서 조용히 성경을 읽고 찬송을 부르면서 예배를 보았다. 그러니까 앓는 이가 성신의 충만함을 받는지 아픈 것도 다 잊고 편안해하셨다. 계시록 21장에 나오는 천당 이야기를 읽어 드리고, 어느 찬송이든 마감절(마감절에는 천당에 대한 이야기가 나오니까)을 계속 반복해서 불러 드렸다. 임종을 하시려고 해서 나는 다시 식구들을 깨웠다. 할머니는 마지막 순간에 〈예수 사랑하심은〉을 4절까지 다 부르고 돌아가셨다. 돌아가신 다음 씻기전에 다리를 펴 드렸다.

할머니 돌아가시고 나는 많이 울었다. 눈이 퉁퉁 부었다. 시할머니를 내가 24년 동안 모셨는데 이분에게 배운 것이 정말 많았다. 성격이 원대하고 자립심이 강한 분이셨다. 또 침착하고 청렴결백하고 인자하며 며느리를 사랑하셨다. 며느리를 아끼는 우리 집 전통이 이분에게서 시작했다. 옛날 노인이 앓으면 노환이라고 해서 약을 쓰지 않는 것이 전통이다. 그래서 우리 할머니에게도 약을 대접해 드리지 못했다. 나는 할머니에게 잘해 드리지 못한 것이 한스럽다. 그것이 마음에 한이 되어 나도 약을 먹지 않을 작정을 했다.

할머니는 옆집에 사는 구 장로님 댁의 칼국수가 퍽 맛있다고 하면서 그런 칼국수를 잡수시고 싶다고 하셨다. 내가 그 집에서 하는 것처럼 칼국수를 만들어 드려도 그 맛이 나지 않는다고 안 드셨다. 시내 중국 식당에 가서 군만두를 사다가 드렸는데 그것도 별로 맛이 없다고 잡수시지 않으셨다. 그게 늘 마음에 걸려서 나중에 내가 식구들에게 이야기를 했더니, 어린 손녀 영금이가 "그럼 구 장로님 댁에 가서 좀 만들어 달라고 하시지" 하는 것이다. 그 말을 들으니 그때 그렇게 해드리지 못한 게 그렇게도 후회가 된다. 후회해야 쓸데없는 일이기는 하지만.

할머니가 세상을 떠나실 때에 입던 옷을 입혀서 보내 드렸는데, 그때 김약연 목사님이 "어째 신수가 초라하다" 하시던 말씀이 잊히질 않는다. 그 집은 비싼 명주로 싸서 노인들을 해 입히는데 그게 내 성격에는 안 맞았다. 입던 옷이면 어때?

할머니의 시어머니는 며느리가 다섯 있었는데, 삼 농사를 지어서 몇 단씩 묶어 며느리들에게 똑같이 나눠 주셨다고 한다. 그러자 다른 동서들이 혼자 사는 과부 며느리에게도 똑같이 준다고 불평하곤 했다. 그러면 할머니는 "내 그것 하나 가지고 일생을 사는데……" 하셨다

한다. 할머니는 워낙에 베 짜는 솜씨가 좋으셔서, 다섯 되는 사촌동서들이 겉이불을 짤 때면 할머니를 오라고 해서 짜게 했다. 겉이불은 보이는 것이기 때문에 나쁜 삼을 다 골라내고 좋은 것으로만 이쁘게 짰다. 그래서 할머니는 동서네 집들을 다니면서 겉잎을 짜 주었다. 그리고 가을이 되면 겉잎을 짜 준 대가로 동서들이 삼을 한두 단씩 줬다. 그래서 우리 할머니는 늘 삼이 많았다.

가을에 삼을 벗길 때면 시어머니, 시형, 동생들은 다 영감하고 마주 앉았는데 할머니만 덜렁 혼자서 일을 했다. 내가 "할머니 그때 얼마나 분했습니까?" 여쭈면 할머니가 "분하기는, 동서들은 애기를 재운다고 들어가서는 잠들어 못 벗길 때 나는 애기가 없으니 밤에 잠을 안 자고 다 벗겼지" 하셨다.

나는 시간이 있을 때마다 시조모님과 조용히 앉아서 기도하고 찬송을 부르고 성경을 읽고는 했다. 이런 시간들이 시조모님의 신앙에는 물론 내 신앙생활에도 크게 도움이 되었다. 이런 신앙생활은 세상을 하직하려는 노인들에게 정말 필요하다는 것을 체험으로 느꼈다.

4장

전쟁과 전쟁 사이

과부의 심정으로

8·15 해방 몇 달 전인 4월 23일에 시어머님이 돌아가셨다. 시어머니는 건강하고 활발하신 분이었다. 그리고 교육에도 열성이었다. 며느리 공부를 위해서 그렇게 애쓰셨고, 내가 교회 안팎에서 한 활동도 시어머니의 후원이 없이는 도저히 할 수 없는 일이었다. 어머니도 평소에 나에게 의지하고 사셨다. 나는 아플 때에도 시어머니가 걱정되었다. "내 죽으면 목사님은 새장가 가서 잘살면 되는데 시어머니가 제일 불쌍해. 어머니는 내 없으면 벌벌 떨고 나를 기둥처럼 믿고 사는데……." 어린것들도 생각이 안 나고 그저 어머니가 걱정되었다. 그렇게 서로 돕고 의지하던 어머니가 돌아가셨다.

어머니는 운명하기 전에 자손들에게 축복 기도를 하신 뒤, 아기를 낳지 못하는 친척 며느리를 위해서 기도하셨다. 또 당신이 전도해서 세우신 교회를 위해서, 그리고 일제 말엽에 제대로 먹지 못하는 기숙사 학생들을 위해서도 기도하셨다. 이렇게 어머니와 나는 기도하고 찬송을 부르고 성경을 읽고 하면서 조용히 마지막 시간을 보냈다. 나는 세상을 떠나시는 이들을 이렇게 도우면서 마지막 날들을 보내는 것이 그렇게 좋을 수가 없었다.

그리고 해방되기 한 달 전 7월 내 뒷둑(등)에 부스럼이 났다. 뜸을 뜨는 게 좋다고 해서 그 자리에 뜸을 떴는데 오히려 번졌다. 선희가 시험공부를 할 때여서 같이 복습을 하면서 나는 뜨거운 물로 찜질을 했다. 그런데 독이 더 심하게 들어 가지고 열이 심하게 오르더니 나는 거의 죽게 되었다. 토성포에 사는 조 장로라고 한의사가 있었는데, 우리 집에 들러서 내 사지가 뻣뻣하게 굳어 가는 것을 보고는 세상을 뜬다고, 준비를 하라고 했다. 교인들이 막 모여들었다. 남편은 연길에 가서 오지 않고 선희만 있었다. 나는 죽을 줄 알고 유언까지 했다.

토요일인데 의사가 놀러 나가고 없어서 기다리니 최형주 의사가 왔다. 계속 찜질을 하니 차차 수그러졌다. 그렇게 다시 살아났다. 다시 살아나니 어찌나 아프고 열이 나는지.

나는 용정에 와서도 누에를 먹였다. 광명학원 둘레에 빙 둘러 뽕나무를 심은 게 크게 자랐다. 그래서 그걸 얻어다가 누에를 먹였다. 뽕나무 잎을 따다가 먹여서 실을 뽑아 명주를 냈다. 누에가 아주 잘됐다. 바깥에 틀을 차려놓고 명주 40장을 냈다.

그날도 그렇게 명주를 켜고 있는데 하루는 노타이 차림으로 어떤 한국 사람이 남편을 찾아왔다. 그게 7월 20일이다. 그 사람은 남편과 한참 이야기를 하다가 갔다.

이튿날은 주일이었는데 밤에 나는 이상한 꿈을 꾸었다. 어떤 중국 아이가 장미꽃을 한 아름 가져와서 남편에게 드리는 것이었다. 꽃은 좀 시들었지만 그걸 목사님이 받으면 목사님과 나는 이혼하게 된다는 것이었다. 이 말을 듣고 나는 울었다. 그러나 남편은 할 수 없는 일이라고 했다.

그렇게 뒤척이다가 잠을 깨니 날이 벌써 훤하게 밝아 왔다. 나는 주섬주섬 의복을 입고 찬송과 성경을 들고 새벽 기도회에 나가려 했다. 목사님도 준비를 하고 나왔다. 우리 교회 부목사로 있던 정대위가 먼저 대문을 열었다. 정 목사네는 우리 집 마당에 있는 사랑채에 살아서, 기도회에 나가려고 마당에 나와 있었던 것이다. 그런데 대문 밖에 어제 우리 집에 찾아왔던 사람과 일본 헌병이 기다리고 서 있었다. 남편더러 어디 며칠 갔다 와야 할 일이 있으니 준비를 하고 나오라는 것이었다. 할 수 있으면 내의도 입고 나오라는 것이었다. 그런데 집에는 내의가 없었다. 캐나다에서 온 뒤로 한 벌도 사지 않았으니까. 내가 떨리는 가슴을 부둥켜안고 헌 내복을 찾아서 드렸더니 남편은 그것을 가방에 넣어 가지고 붙들려 갔다.

나는 교회에 가서 기도하면서 한참 울고 있었다. 그러다 아래층에 있는 사무실에 갔더니 정대위 목사와 전택완 장로가 이야기를 하고 있는데 거기에 동환이가 와서 하는 말이 이권찬 목사도 붙잡혀 갔다는 것이다. 그 소식을 듣고 나는 조금 위로를 받았다. 이권찬 목사는 문 목사와 친형제처럼 지내는 사이이기에 서로 의지가 되겠다고 생각했기 때문이다.

그 다음부터 우리는 남편의 행방을 찾기 시작했다. 그때 익환이는 신경에서 잠시 나와 있었고, 동환이는 명신여자중학교 선생 일을 보았고, 선희는 사범과에 다니고 있었다. 은희와 영환이도 집에 있었다. 그러나 너무나 막연해서 어찌할 바를 알 수가 없었다. 기차 정거장에 가 보고 자동차 정거장에도 가 보았다. 조양천, 연길, 도문, 훈춘, 남양평을 두루 다녀 봐도 알 길이 없었다. '하느님 말고는 아무 데도 의지할 곳이 없다'는 생각이 들었다.

그런데 다행히 우리 교회의 윤 권사님네 두 아들이 헌병대에서 일하고 있었다. 권사님에게 좀 알아봐 달라고 부탁했더니 며칠 후 오셔서 하는 말이, 지금 일본 정부가 한국인 지도자들 가운데 죽여 버려야 할 사람들의 명단을 만들었는데 두 목사님의 이름이 거기에 있기에 돌아올 수 없을 테니 단념하라고 하더라는 거였다. 권사님 아들들은 자기 어머니에게, 목사님 집을 찾아가는 것도 위험하니 앞으로는 찾아가지 말라고 했다는 것이다. 정말 기가 막혔다. 그때 과부가 다 된 느낌이었다. 세 번째로 과부가 된 것 같았다.

일주일쯤 지나 문 목사와 이 목사가 성진으로 갔다는 걸 겨우 알게 되었다. 갓난아기를 업은 이 목사 부인과 나는 기차를 타고 성진을 향해서 떠났다. 익환이가 개산툰까지 전송해 주었다.

두만강을 건너자 기차가 서는 역마다, 일본군으로 끌려가는 젊은이들을 전송하는 사람으로 붐볐다. 군가 소리가 천지를 진동하는가 하면 어머니들과 친척들이 우는 모습이 뒤섞여 내 가슴을 아프게 했다. 오후 9시쯤 청진에 도착하자 사이렌 소리가 들려 오는데 그 소리와 함께 차 안은 물을 끼얹은 것처럼 조용해지고, 여기저기서 어린 아기들의 울음소리만 들렸다. 그리고 혀를 차는 소리들이 들려 왔다. 얼마 있다가 다시 차가 달리기 시작해서 밤새도록 가니 아침 해가 돋을 때쯤 성진에 도착했다. 거기서도 어떤 어머니가 아들을 군대에 보내고 통곡을 하고 있었다.

성진에서 우리는 아는 집을 찾아갔다. 이 목사 부인이 성진에서 선생 일을 보았기에 아는 사람들이 있었다. 김동극이라는 사람이 우리 이야기를 듣더니 "헌병대에 나가는 사람 하나가 만주에 갈 일이 있다면서 만주 조양촌에 사는 내 누이동생에게 편지를 쓰면 자기가 전해 주겠다고 하기에 편지를 써 준 일이 있습니다. 그 사람이 그 편지를 갖고 만주에 가서 두 목사님을 붙잡아 왔군요" 하면서 펄쩍 뛰는 것이었다.

김동극은 그 헌병대 사람을 찾아가 "우리가 보낸 편지를 가지고 가서 목사님들을 잡아 오다니 그럴 수가 있느냐? 그 목사님들의 부인들이 지금 우리 집에 와서 울고 있으니 참으로 딱하다"고 하면서 차입이라도 넣게 해달라고 부탁했다. 그래서 그 이튿날부터 사식을 넣게 되었다. 그것이 8월 3일이었다.

두 목사님은 감옥도 아닌 방공호에 다다미를 펴고 지냈는데 밑에서 스며드는 물 때문에 질퍽질퍽하여 속탈이 났다고 한다. 그래서 죽을 먹고 있었다. 그날도 주먹밥을 먹으려고 양칫물로 손을 닦는데 난데없는 사식이 들어온 것이다. 남편은 밥 속에 무슨 쪽지라도 들어 있지 않을까 해서 찾아보았으나 아무것도 없었다. 우리가 미처 그것까지는 생각을 못한 것이다.

하루는 헌병대 가까이 접근해서 일광욕을 하는 죄수들을 보려고 했는데 헌병들이 가까이 오지 못하게 해서 그냥 돌아왔다. 한번은 죄수들이 밖에 나와서 이도 잡고 일광욕도 하는데 모습이 그리 형편없었다. 일본말을 할 줄 아는 이 목사 부인이 헌병대장을 만나 어떻게 된 것이냐고 물었더니, 자기들도 모른다면서 함흥이나 서울로 옮겨 갈 것 같다고 하더란다.

8월 9일 소련이 일본을 향해서 선전 포고를 했다. 그러자 성진 주민들은 다 흩어지고 우리 두 부인과 김동극 씨만 남았다. 그날 밤 성진 앞바다에서는 대포 소리가 요란하게 나는데, 나는 감옥에 있는 두 분

목사와 집에 두고 온 아이들을 생각하면서 안절부절못하고 있었다. 결국 방에서 무릎을 꿇고 기도를 드리는 길밖에 없었다. 하느님께 제발 도와달라고 애원을 했다.

아침이 되자 피난 나갔던 사람들이 되돌아왔다. 우리는 밥을 지어 가지고 다시 시가지 밖으로 나갔다. 저녁이 되자 이권찬 목사가 나오셨다. 그는 남편도 곧 나올 테니 걱정 말라면서 위로를 해주었다. 정말 그 이튿날 8월 11일 저녁에 남편도 풀려났다. 그때의 기쁨이라니!

우리는 용정행 기차를 타고 성진을 떠났다. 헌병대의 주선으로 1등실에 타고 먼저 회령으로 왔다. 그때 회령 주민 한 사람도 탔는데 그 집에 가 보았더니 식구들이 다 피난을 가서 빈집이었다. 다시 용정으로 가려고 하는데 차가 만원이 되어 탈 수가 없었다. 다행히 같이 왔던 회령 주민이 주선을 해서 차장실에 몸을 싣고 왔다. 우리가 탄 차가 두만강을 건너자 일본인들이 두만강 철교를 폭파해 버리고 말았다. 우리는 12일 밤에 용정에 도착했다.

용정에 왔더니 소련군이 온다고 모두 피난을 가고 있었다. 나도 선희와 애들을 데리고 큰형님네가 사는 평강에 가서 하룻밤을 자고 왔다. 다시 용정으로 돌아오니 해방이 되었다. 8월 15일 일본군이 항복을 하자 모두 태극기를 해서 걸고 악대를 앞세우고 애국가를 부르면서 신이 났다. 36년 동안 바라던 독립이 이루어졌으니 어찌 기쁘지 않을 수가 있겠는가? 친하게 지내는 세 교회가 우리 교회에 모여서 벽에 그림도 그려 놓고 축하 잔치를 했다. 교회 밖에 "동포여! 하나가 되자!"라는 큰 현수막을 내걸었다.

그렇게 기다리던 해방이었으나 용정은 곧바로 무정부 상태가 되어 무서웠다. 중국 교회의 장로인 쌴진이 자기 교회 청년 80명을 풀어서 몽둥이를 들고 용정의 치안을 맡아 보게 하기도 했다. 일본인들이 쫓겨나자 사람들은 일본인들이 묻어 두었던 물건들을 미친 듯이 파다가 시장에 내다 팔기도 했다. 모아산과 명동에서 가까운 문안골에 묻어 둔 물건들이 많았다. 모아산에는 과자 같은 식료품이 많았고 문안골에는 내복이나 군용품이 많았다. 그러나 우리 교인들은 그렇게 하지 않았다.

그러나 뜻밖에 삼팔선이 그어져서 나라가 둘로 갈라지는 비극이 뒤따르게 되었다. 그즈음 라디오를 통해서 흘러나오는 이승만 박사의 연설을 듣고 가슴이 설레던 게 기억난다. 10월 초 서울에서 기독교 총회가 열린다는 소식을 듣고 남편은 총회에 참석하고자 서울로 떠났다.

남편이 서울에 가 있는 동안 만주는 공산당 천지가 되었다. 소련군 사령부가 들어왔고, 연안에서 훈련을 받은 조선인 공산군도 들어와서 간도를 지배하게 되었다. 공산당이 들어오자 친구들의 조카들, 심지어 교회 교인들의 아이들도 나와서 춤을 추는 것을 보고 어이가 없었다.

그런데도 남편 문재린 목사는 간도를 사수한다고 결심하고 서울에서 용정으로 돌아왔다. 돌아오는 길에 청진에 들렀는데 청진에서도 용정에 돌아가시지 말라고 모두 만류했다고 한다. 그런데도 남편은 용정으로 돌아왔다.

돌아오신 뒤 얼마 아니 되어 용정시의 공산당이 문 목사를 체포했다. 그것이 10월 12일이었다. 그들은 밤중에 뛰어들어 가택 수색을 하더니 남편을 잡아갔다. 문 목사는 용정에 잠시 있다가 연길형무소로 이감되었다. 어처구니없는 건 문 목사를 일본인 앞잡이와 마찬가지로 취급했다는 것이다. 어떻게나 분통이 터지던지. 문 목사를 일본인 앞잡이와 같이 취급한다니 말이 되나? 나는 너무 화가 나서 밤잠을 잘 수가 없었다. 일본놈들에게 붙잡혔을 때는 영광으로 생각했는데 이번에는 분통이 터졌다.

나는 40리나 되는 연길을 이틀에 한 번씩 찾아갔다. 처음에는 면회도 시키고 차입도 했는데 하루는 면회를 허락하지 않았다. 마침 친구의 사위가 보초를 서기에 어떻게 된 일이냐고 했더니, 목사님하고 몇몇 사람은 어디로 갔는지 알 수가 없다고 했다. 그러면서 자기 집에 가서 좀 기다리라는 것이다.

형무소 뒤에 있는 그의 집에 갔더니 그 형무소 뒷담에 난 문으로 두부 장수가 드나드는 것이 보였다. 그래서 나도 들어가 보았다. 거기는 일본군을 수용하는 곳인데 마당에 대소변을 함부로 보아서 냄새가 나고 더럽기 짝이 없었다. 더구나 수없이 많은 시체들이 거적때기에 덮여서 누워 있었다. 그 비참함이란 이루 말할 수가 없었다. 혹시 남편이 있나 싶어 거적을 들춰 보았더니 그 시체들은 일본군 소년병들이었다. 그 후에 알아보았더니 우리 목사님은 좀더 깊은 감옥에 가두었다는 것이다. 아무튼 살아 있다니 다행이라고 생각했다.

이렇게 가슴 조이는 날들이 4개월 동안 흘러간 다음에야 남편은 석방되었다. 1946년 1월 5일이었다. 연안에서 나온 팔로군 가운데 은진중학교 출신 공산당원들이 있었다. 그들은 지방의 공산당원들이 민심을 잃은 걸 보고, 문 목사처럼 백성들에게 존경받는 인사들을 석방해야 한다고 설득을 한 것이다.

이렇게 되자 지방 공산당원들은 소련 헌병에게 다시 밀고를 했다. 그래서 남편은 출감한 지 21일 만에 이번에는 소련 헌병대 감옥에 수감되었다. 나는 트럭에 실려서 붙잡혀 가는 남편의 뒤를, 동생을 데리고 따라가려 했지만 트럭을 쫓아가기란 불가능했다. 가다 말고 어디

죽여서 버리고 간 게 아닌가 해서 여기저기 살펴보았으나 찾을 길이 없었다. 연안에서 나온 은진중학교 졸업생들도 도울 수가 없었다.

그런데 어느 날 우리 시삼촌 댁에 일본인 한 사람이 찾아오더니 각반을 풀고 쪽지 한 장을 전해 주었다. 문 목사가 보낸 편지였다. 지금 러시아 감옥에 갇혀 있는데 김치를 들여보내라는 내용이었다. 그래서 남편이 소련군 감옥에 갇힌 걸 알았다.

4월 24일이 되니 소련군이 철수한다는 소식이 들렸다. 치안은 팔로군에서 나온 의용군에게 맡긴다는 것이다. 그러면 문 목사도 나올 것이라고 했다. 그러나 26일이 되어도 남편은 나오지 않았다. 게다가 소련군 감옥 문이 열려서 보통 사람들도 들락날락하는 게 아닌가. 나는 이번에야말로 정말 과부가 된 줄 알았다. 그랬는데 남편은 28일에 집으로 돌아왔다. 다른 중죄인들과 함께 소련으로 데려가려다 마지막 순간에 석방을 한 것이다. 하느님의 도우심이라고 할 수밖에 없었다.

이렇게 되자 모두 이제는 남한으로 도피하라고 권했지만 남편은 여전히 간도를 떠날 수 없다고 고집했다. 그러다가 공산당과 내통하는 사람들이 와서, 앞으로는 설교도 심방도 할 수 없다는 공산당의 방침을 전하자 마음을 돌리게 됐다. 설교도 심방도 하지 말라는 건 가만히 집에만 앉아 있으라는 말인데, 그렇다면 더 머무를 이유가 없다고 생각한 것이다. 그리고 식구들에게도 고생이 너무 크다고 생각해서 결단을 내린 것이다.

서울로 오는 길

  1946년 5월 중순, 나는 서울에 가려고 돈을 바꾸고자 만주 돈 5만 원을 가지고 조카 영숙이와 함께 익환이가 있던 신경으로 갔다. 신경에서 익환이를 만났더니 깜짝 놀라면서, 내일 장개석 군대가 들어와 시가전이 벌어질 테니 빨리 돌아가라고 하는 것이었다. 우리는 5만 원을 익환이에게 맡기고 길림으로 오는 차를 탔다. 오는 도중 장개석의 군대인 국부군의 비행기가 기차를 세 번이나 폭격했다. 다행히 모두들 무사했다.

  사람들은 비행기 폭격이 오면 기차를 세우고 모두 내려서 피했다가 다시 타곤 했다. 그러다 밤이 되니까 전부 차에서 내려서 가라고 했다. 차에서 내린 우리는 밤새껏 걸었다. 날이 훤하게 밝아올 즈음에 저 멀리 불이 훨훨 붙은 게 보였다. 우리는 그게 우리 일행을 기다리느라고 피운 불인 줄 알고 기뻐했다. 그런데 큰 물 위에 놓인 다리를 건너가서 보니 신경으로 가던 차가 불타는 거였다. 그 차에는 공산군이 많이 탔는데, 국부군의 비행기가 폭격해서 산산조각이 난 것이다. 수많은 사람이 죽었다고 한다.

그날 아침 길림에서 간분 가루(감자녹말 가루)를 사서 머리에 이고, 동만주로 가는 차가 있다고 하여 역으로 다시 나왔다. 부상을 당한 중국 공산군이 역에 가득 차 있었다. 간도에서 인민군을 모집하여 사평가(四平街) 전투에 내보냈는데 거기서 크게 패해 많은 사상자를 내고 돌아오는 무리라고 했다. 거기서도 국부군의 비행기가 이따금씩 날아왔는데 그러면 또 난리가 났다.

우리 일행은 용정으로 간다는 어떤 청년 한 사람을 앞세우고 그가 가는 대로 쫓아갔다. 기찻길 여럿을 넘어서 기차에 오르기는 했는데 벽도 천장도 없는 것이었다. 밤에 어떻게 추운지 모두 벌벌 떨면서 밤을 지냈다. 아침이 되니까 차가 움직였다. 송화강 다리를 지나자 거기에 제대로 된 기차가 기다리고 있었다. 그 차를 타니 비로소 안심이 되었다. 그 차를 타고 조양천까지 온 다음 용정까지는 걸어서 왔다. 이렇게 하느님의 보호하심 아래 무사히 돌아오니 참새 한 마리도 하느님의 허락 없이는 떨어지지 않는다는 예수님의 말씀이 생각났다. 집에 있던 남편은 우리가 못 오는 줄 알고 거의 포기하던 참이었다.

남편은 먼저 몰래 집을 빠져나가 원산에 있는 김성호 장로 집에 가서 우리가 도착하기를 기다리기로 했다. 동환이와 선희는 6월 4일에 떠나고, 나는 10일에 영환이와 은희를 데리고 회령 역에서 동환이와 선희를 만나서 기차를 탔다. 중국 돈은 이제 못 쓸 테니 삶아 온 계란을 기차에서 팔아 조선은행권을 샀다.

중간에 청진에 내려서 내 친구 이숙경을 찾았으나 만나지 못했다. 어디 피난이라도 간 모양이었다. 나는 길림에서 이고 온 간분 가루를 팔아서 조선은행권을 좀 더 샀다. 정거장에 나왔더니 떠나려는 사람들이 너무 많아서 언제 탈 수 있을지 알 길이 없었다. 그때 동환이와 정림이가 거기에 있는 어린이들과 친해져서 놀기에, 어린이들을 핑계로 역 안에 들어가 있다가 차가 도착하자 얼른 차를 탔다.

원산에 도착하니 남편은 김성호 장로님 댁에 머물고 있었다. 우리는 이틀간 김 장로님 댁에 머물다가 기차를 타고 철원까지 왔다. 차가 그 이상 가지 않기에 우리는 도보로 이틀 동안 걸어서 전곡에 이르렀다. 거기서 한탄강을 건너고 여러 난관을 거쳐 서울에 도착한 것이 6월 16일이었다.

간도에는 우리 땅이 약 2만 평 있었다. 어떤 집에 10년쯤 소작을 주었는데, 서울로 내려오기 전에 우리가 그 땅을 팔겠다고 했더니 소작을 짓던 사람이 자기 동생과 함께 땅을 사겠다고 했다. 그런데 얼마쯤 지나서 살 수 없겠다고 한다. 그 소리를 들은 우리 육촌동서가 땅값이 얼마나 되느냐고 물었다. 우리가 1800원이라고 하니까 그 땅을 자기가 사서 자기 오빠들한테 농사를 짓게 하겠다고 했다. 그러나 이 말을 들은 문 목사는 소작인들에게 지어 먹게 하자면서 만사가 합동하여 유익하게 될지 아느냐고 했다. 그래서 땅을 소작인들에게 그냥 주고 나왔다. 나는 그즈음에 인상적인 꿈을 하나 꾸었다. 1946년 황산철공소의 지붕에서 샘물이 터져 큰 폭포수가 되어 내려오는데 그 샘물의 권리는 내가 가지고 있는 꿈이었다.

이렇게 해서 우리는 모든 것을 버리고, 47년 동안이나 살던 간도를 떠나왔다. 기억을 더듬어 만주에서 부르던 노래를 여기에 적어본다.

1. 산아 산아 높은 산아
   네 아무리 높다 한들
   우리 부모 날 기르신
   높은 은덕 미칠쏘냐
2. 바다 바다 깊은 바다
   네 아무리 깊다 한들
   우리 부모 날 기르신
   깊은 은덕 미칠쏘냐
3. 산에 나는 가마귀도
   부모 공경 극심한데
   귀한 인생 우리들은
   부모님께 어이할꼬
4. 우리 부모 날 기를 제
   고생인들 어떠할까
   우리들을 길렀으니
   잊지 마소 부모 은덕

   ― 〈부모은덕가〉

뒷동산 저 송죽 그 절개
찬 서리 쌓인 눈 견다
홀로 푸르렀네
중한 책임 맡은 청년 우리 학도들
하고 어려움 견디어

승리를 견디세

— 〈수절가〉

학도야 학도야 청년 학도야
벽장에 패종을 열어 보시오
한 소리 두 소리 가고 보니
인생의 백 년 가기 주마 같도다

— 〈학도 노래〉

1. 아름다운 삼천리 정든 내 고향
   예로부터 내려온 조선 이 터를
   굽이굽이 험악한 고향 길이라
   돌아가지 못하는 내 속이로다
2. 백두 금강 태백에 슬픔을 끼고
   두록 양 강 물결에 눈물 뿌리며
   남부여대 쫓겨 온 백의동포들
   북간도에 눈보라 울리지 마라
3. 서백리야 가을 달 만주 벌판에
   몇 번이나 고향에 꿈에 갔더뇨
   항소주의 봄날과 장사의 비에
   우리 님 생각이 몇 번이던가
4. 상해 거리 등불에 안개가 끼고

황포강의 밀물이 부닥쳐 올 때

만리장천 떠나는 기적 소리는

잠든 나를 깨워서 고향 가자네

5. 이르쿠츠크 찬바람 살을 여이고

바이칼 호수에 달이 기울 때

묵묵히 앉아 있는 나의 심사를

날아가는 기럭아 너는 알리라

6. 부모님 생각과 나라 생각에

더운 눈물 작침을 적실 뿐이라

와신상담 십 년을 헤매이어도

아! 나의 타는 속 뉘라서 알랴

— 〈망향가〉

엘리야의 까마귀

 서울에 도착하니 아직 신경에 있던 익환 부부를 뺀 우리 가족은 여섯 명인데, 가진 돈이라곤 1500원밖에 없었다. 여관에 든다면 하룻밤을 자는 숙박비도 되지 않을 것이고, 생각다 못해 전택렬 장로님 댁을 찾아갔다. 이튿날 선희와 함께 동교동 정재면 목사님 댁을 찾아갔더니, 사모님은 우리를 데리고 김관식 목사님 댁으로 갔다. 그러나 그 집에도 빈방은 없었다.

 우리는 이번에는 김재준 목사님 댁으로 찾아갔다. 그 댁을 찾은 것은 방 때문이 아니라 인사를 드리려는 거였다. 이야기를 나누다가 어제 전택렬 장로님 댁에서 잤다고 했더니 사모님이 자기 집 윗방이 비어 있으니 와서 지내라면서 방을 보여 주었다. 집이 좋은데 방도 넓으니 우리는 너무나 고마웠다. 얼른 전 장로님 댁에 돌아와서 짐을 가지고 그 방으로 이사하고, 선희와 나는 시장에 나가서 솥과 물통, 쌀 한 말과 채소를 사 가지고 들어왔다.

김재준 목사님이 사는 집은 동자동 조선신학교 안에 있었다. 조선신학교는 일본인들이 경영하던 불교 집단의 건물들을 입수해서 학교를 운영하고 있었다. 그렇게 입수한 건물들이 지금 영락교회나 경동교회가 있는 일대에도 있었다. 김재준 목사 댁에 입주하면서 남편이 신학교 사무실에 들러 고맙다는 인사를 했다. 그러자 교수님들은 깜짝 놀라면서 누가 그 집에 들라는 허락을 했느냐고 묻더란다. 그때 피난민들이 너무 많이 들어와서 신학교 구내의 방을 함부로 주지 않기로 결정했다는 것이다. 난처해진 우리는 정대위 목사님 댁에 일시 머물기로 했다. 그러나 신학교에서는 다시 의논해서 우리가 김재준 목사 댁의 방에 머무는 것을 허락해 주었다.

돈 1500원을 가지고 살자니 그게 얼마나 가겠는가. 그 다음 날 입던 치마들을 가지고 거리에 나가 팔아서 밀가루를 사다가 뜯어 국을 끓여서 먹었다. 하지만 그것도 얼마 못 갔다. 그래서 내가 어린 은희에게 마음의 준비를 시키느라고, 사람이 하루 이틀 굶어서 죽는 법은 없다고 했더니 "엄마 정말 하루 이틀 굶어도 죽지 않아?" 하고 묻는 것이었다. 그 말을 듣는 내 마음이 정말 아팠다.

이튿날 누가 와서 동환이를 찾았다. 그 사람은 원래 일본에서 공부하다가 학병에 끌려갔는데 도망쳐서 팔로군의 조선인 부대에 속해 싸운 사람이었다. 그 사람은 성경책을 구해 읽다가 사상이 불온하다고 인민재판을 당할 위기에 처하자 다시 도망을 쳐서 용정으로 익환이를 찾아왔는데, 익환이가 없어 동환이가 도와주었다. 동환이는 그와 함께 온 다른 두 사람도 불러서 하룻밤을 편히 쉬게 하고 변장을 시킨 다음 돈도 얼마 주어서 남쪽으로 피난을 시켰다. 그 사람이 우리가 서울에 왔다는 말을 듣고 찾아온 것이다.

그는 동환이를 데려가더니 쌀 대두 두 말과 솜 두 채를 들려 보냈다. 엘리야를 로뎀나무 아래 숨기시고, 까마귀를 시켜 살려 주신 이야기*가 생각나 하느님께 감사를 드렸다.

문 목사는 미군정에서 일하라고 하는 것을 사양하고 목회할 곳을 찾았다. 그러던 차에 서창희 목사님의 아들 서화숙이 미군에서 통역하고 있는 것을 알고 일자리를 부탁했다. 서화숙이 영등포에서 한국인 사택들을 헐고 미군 숙소를 짓는 일이 있다고 연락을 해주어서, 남편은 그곳에서 막노동을 하기로 했다. 동환이도 같이 나섰다. 하루 임금이 80원이었으니까 우리 집에선 하루에 160원 수입이 생긴 것이다.

그러다가 송창근 목사의 소개로 경상북도 김천 황금동교회의 초청을 받아 이사하게 되었다. 우리 집 여섯 식구와, 만주에서 함께 지내던 안병무, 조덕현까지 여덟 명이 김천으로 내려갔다. 그때 수중에 돈 2전이 있어서 복숭아를 사서 아이들을 먹인 기억이 난다.

김천역에 내리자 우리는 초라한 피난민인데 마중 나온 교인들은 깨끗하게 차려입고 있어서 너무나 대조가 되었다. 더구나 이름은 목사부인인데 맨발로 기차에서 내린 나의 모습은 초라하기 그지없었다. 하지만 김천 교인들은 그릇 같은 살림 도구들을 다 마련해 주고 그렇게 친절할 수가 없었다.

김천에 살 동안 익환과 며느리 용길이 월남을 해서 우리와 만났다. 맏손자 호근이도 김천에서 태어났다. 익환, 동환, 선희는 한국신학대학에서 공부하고, 며느리 용길은 교회에서 중등부를 가르쳤다. 남편이 김천에 배영중학교를 세우자 익환은 이듬해에 졸업하고 이 중학교에

---

* 구약성서 〈열왕기상〉 17장 2~6절과 19장 4~7절.—편집자

김천에서 지낸 장손 호근이의 돌잔치. 뒤에 걸린 태극기와 박용길의 어머니 현문경이 수놓은 무궁화 한반도가
집안의 분위기를 상징적으로 보여 준다. 1947년 11월 17일.

와서 가르쳤다. 동환이도 학교를 졸업하고는 장단중학교에서 선생으
로 일했다. 남편은 평화동에도 교회를 세웠다.

나는 간도에서 목사부인으로 있으면서도 평생전도회 회장과 여전
도회장으로 일했다. 그런데 남쪽에 내려오니 목사부인은 그저 가만히
있어야지 여전도회장을 맡으면 안 된다고 했다. 만주서는 그런 걸 안
따지는데 남쪽은 생각이 다르다는 것을 알게 되었다.

김천에서 남편은 만 2년 동안 의미 있게 목회를 하다가 신암교회의
초청을 받아 서울로 옮겨 왔다. 자녀들 교육을 위해서 서울로 옮긴 것
이다. 나는 떠날 때 김천 교회에서 장만해 준 가구 일체를 교회에 남겨
놓고 왔다. 그것이 1948년 8월이었다. 신암교회에서는 예배당을 증축
하기로 하여 기금을 모으고 땅까지 샀는데 그만 전쟁이 터지고 말았다.

전쟁의 소용돌이 속에서

　동환이는 그때 서울의 대광학교에서 가르치고 있었는데 아무래도 큰 딸 선희가 빨리 피하는 게 좋을 것 같아 동환이와 선희를 미리 피난 보내고, 나머지 식구들은 서울에 있었다. 동환이와 선희는 김천으로 해서 부산에 갔다. 익환이는 그때 미국 프린스턴에서 공부하던 중이었다.

　인민군은 우리 집이 있던 돈암동 쪽으로 들어왔다. 공산당을 피해 남쪽으로 내려왔는데 다시 공산군이 내려오니 우리는 어쩔 줄을 몰랐다. 우리는 돈암동에 머물 수 없어서 운니동에 있는 며느리 용길의 친정으로 피신을 했다. 아침에 인민군이 창경원을 뚫고 운니동으로 입성하는 것을 보고, 나는 돈암동 집이 어떻게 되었는지 궁금해서 길을 나섰다. 집에서 병아리를 키우고 있었는데 비가 많이 와서 병아리들이 괜찮은지 걱정이 되었던 것이다. 혜화동에 들어서니 인민군이 대학병원 쪽을 향해서 기관총을 쏘는데 그 소리가 얼마나 요란한지 나는 치마를 뒤집어쓰고 귀를 막고 엎드렸다가 나가고, 엎드렸다 나가고를 되풀이했다. 길거리에는 여기저기 국군이 죽어서 넘어져 있었다.

인민군이 들어오자, 아이들이 학교에서 인민군 노래를 배워 왔다. 공산당은 집집마다 붉은 기를 달라고 했다. 만주에서 붉은 기를 달라고 했는데 여기에 와서도 또 붉은 기를 달라고 하니 너무 속이 상했다. 붉은 천이 없어서 크레용을 천에 칠했더니 날씨가 더워 크레용이 흘러내렸다.

하루는 문 목사가 시내에 나가는 길에 내가 걱정이 되어 따라나섰다. 형달이(천형달, 김진국의 맏사위)네로 갔는데, 거기서 진묵 오빠의 큰딸인 영숙이를 만났다. 영숙이가 "고모네가 어찌 이렇게 고생해!" 하고 말했다. 그런데 영숙이네는 전쟁 중에 폭격을 맞아 동자동에서 일가족 네 명이 죽고, 어린 인혜와 창환이만 살아남았다. 진국의 큰딸 영신이도 전쟁 중에 부산에서 죽었다.

인민군은 와서 농사지은 것까지 검사했다. 옥수수를 몇 개 심었는지 세어 놓고 추수할 때 가져가려고 한 것이다. 그런데 옥수수가 익기 전에 갔다. 7, 8, 9월 석 달 있다가 갔으니까. 인민군은 온통 여러 곳에 사무실을 차려 놓았다.

얼마간 공산 치하에 있다가 식구들이 경기도 광주로 피난을 갔다. 나만 영금이를 데리고 집에 남았다. 식구들이 전차를 타고 떠나자 영금이가 "오빠" 하면서 울었다. 식구들이 없어서인지 영금이가 어찌나 우는지. 먹을 것을 주면 그때만 울음을 그치고 계속 울었다. 나는 영금이를 업고 다니며 여름 내내 비누 장사를 했다.

나는 그때 성경과 라디오와 지도를 앞에 놓고 살았다. 그때 어찌나 식구들이 걱정되고 그립던지 "너희들을 내가 다 먹여 살릴 테니까 돌아와라"고 혼자서 소리치곤 했다. 나중에 남편은 광주에 남아 김춘배 목사와 한방에서 자취 생활을 하고 영환, 은희, 용길, 손자인 호근, 의근이 돌아왔다.

용길이는 태어난 지 몇 달 안 된 의근이를 데리고 먹을 것도 없이 고생하여 몰골이 엉망이었다. 집에 왔는데 점심에 참외를 사 먹고 아무것도 먹지 못했다는 것이다. 호근이가 집에 왔는데 어찌나 심하게 체했는지 아무 말도 못할 정도였다.

그 후 용길이와 아이들을 집에 두고, 영환이를 데리고 광주에 가서 하루 잤다. 곡식과 콩을 구해 오는데 너무 무거워, 콩을 까서 알만 가지고 왔다. 인천 상륙 때라 총소리가 땅땅 울렸다. 왕십리쯤 오는데 어두워졌다. 집에 와서 하루 잤는데 다음 날 누가 쌀을 구하러 가자고 했다. 피곤하고 다리도 아프고 쌀 대신 팔 것도 없어 안 가겠다고 하다가 하는 수 없이 따라나섰다.

동네 청년들과 함께 걸어서 수원과 오산을 지나, 서해 바다가 내려다보이는 농촌을 찾았다. 모두 천이나 의복 같은 것으로 쌀을 바꾸는데 나는 아무것도 없었다. 어떤 청년의 어머니가 자기 아들이 천도 의복도 많이 가지고 가니까 사모님은 그냥 따라가기만 하면 된다고 해서 간 것이다. 그 청년은 나에게 백미 일곱 되와 보리 한 말 정도를 주었다. 그걸 그의 리어카에 싣고 고개를 넘어 오산역을 지나 수원으로 오는데, 하늘에는 비행기들이 제비가 날듯 횡횡 날아다니면서 사람을 해치려 했다. 그때가 국군과 미군이 인천 상륙을 하려고 불을 뿜던 때였다. 그곳 촌사람들 말로는 사람들이 밥 먹는 것까지 비행기에서 살핀다는 것이다.

우리는 달밤에 나지막한 언덕을 지나 길가에 있는 집에 들어가서 사정을 하고 그날 밤을 지냈다. 그때 후퇴하는 인민군이 과수원에 들어

가서 나무를 꺾어 몸에 두르고 숲 속으로 도망하는 것을 보았다. 그 집 사람의 이야기가 그 인민군 병사들은 수원, 안성, 영등포, 그리고 서울로 향해서 가고 있다는 것이었다.

이튿날 우리가 수원역에 오기 전인데, 미국 비행기들이 길 가는 사람들에게 무작위로 기관총 사격을 했다. 인민군이 섞여서 가는 것으로 본 것이다. 많은 사람들이 죽기도 하고 부상해서 쓰러지기도 했다. 청년 한 사람이 총에 맞아서 피를 줄줄 흘리고 있었다. 이렇게 되자 우리는 샛길로 들어서야 했다. 그러나 길이 너무 좁아서 리어카를 끌 수가 없었다. 우리는 쌀을 이기도 하고 지기도 하면서 가다가 길이 넓어지면 다시 리어카에 싣곤 했다.

다시 하룻밤을 길가 시골집에서 자고, 이튿날 하루 종일 도봉산을 바라보면서 그 방향으로 리어카를 끌고 와 한강 가까지 나왔다. 거기가 아마 말죽거리였을 것이다.

여기쯤 오자 신고 갔던 신발이 다 떨어져서, 벗어 버리고 맨발로 걷게 되었다. 강변 모래밭을 걸어 배가 오기를 기다리다가 옆에 있는 부락으로 들어가려고 보니 인민군이 우글우글해서 다시 나왔다. 미국 비행기가 날아오자 우리는 옥수수 밭 옆에 엎드렸는데, 옥수수 밭에서 인민군이 비행기를 향해서 총을 쏘는 바람에 우리는 또다시 놀랐다. 이런 일들이 수도 없이 계속되어 내 심장은 콩알만큼 줄어든 느낌이었다.

해질 무렵이 되어 배가 왔다. 배를 타고 강을 건너자 벌써 어두워져서 길 찾기가 힘들었다. 리어카를 서로 끌기도 하고 밀기도 하면서 남산 쪽으로 올라가다 보니 군인들이 파 놓은 방공호가 있는데, 군인이라고는 한 명도 보이지 않았다. 다시 길을 찾아 돌아 내려오다가 어떤 집을 만나 하룻밤 자고 가게 해달라고 했다. 고맙게도 허락해 주었다.

그러나 밤새도록 대포 소리와 소총 소리가 계속되어 잠을 잘 수가 없었다. 아침이 되어 집에 오려고 길에 나왔는데, 길에 있는 사람들 말이 국군이 영등포까지 왔다는 것이다.

식전에 남산 고개를 넘어서 신당동에 있는 형린이네(문치룡 아저씨네)에 왔더니 모두 아침을 들고 있었다. 그날이 1950년 9월 27일이다. 우리는 거기서 조반을 얻어먹고 나니 지난밤에 자지 못했기에 잠이 와서 잠깐 눈을 붙였다.

남자들은 인민군이 죄다 잡아갔다. 산에 나무를 하러 가면 송장이 수두룩했다. 어린 시절 내게 공부를 가르쳐 주던 동생 진국이도 이때 북으로 납치되었다. 동생이 어디로 갔는지 찾을 수가 없어 안타까운 심정에 형무소에 갇힌 사람들 명단을 찾아보기도 했지만 허사였다. 진국이의 처남도 문 뒤에 숨었다가 붙잡혀 갔다. 진국이 어디 있는지 몰라 안타까워하는데, 진국이 처는 아이들 데리고 어떻게 살아갈지 막막하여 남편 없어진 것은 생각도 못 한다고 했다. 그래도 진국이 처 백병숙은 모자원에서 살면서 기름을 짜서 병에 들고 다니며 장사해, 3남매를 대학 교육까지 다 시키고 훌륭하게 키웠다.

인민군은 우리 집을 감시했다. 밤에 세 번이나 찾아와 남편을 찾다가 한번은 낮에 찾아왔다. 나는 목사님이 전출 갔다고 했다. 그러자 잡으러 온 사람이 그냥 가면 자기가 혼난다고 해서 잡으러 왔다 갔다는 글을 써 주었다. 그는 저녁까지 문 앞에서 기다리다가 그냥 갔다. 송창근 목사, 김영주는 그날 잡혀갔다. 한번씩 오면 집안을 싹 뒤지기 때문에 남편처럼 피하지 않고 집에 있었던 사람들은 잡혀갔다.

9·28 수복 후에 국군이 서울로 입성하자 남편이 집으로 돌아왔다. 미군이 서울에 들어오자 남편은 편지를 써서, 미국에 있는 익환이에게

보내 달라고 지나가는 미군에게 부탁했다. 그 편지를 프린스턴 신학교에서 익환이가 받았다. 익환이는 아버지가 만주에서도 여러 번 공산당에 잡혀 고생했기 때문에 돌아가셨을까 봐 걱정을 많이 했는데 아버지 편지를 받고 "아! 살아 계시구나" 했단다. 수복 후에 동환과 선희도 서울로 돌아왔다.

한겨울에도 파란 섬

그 후 유엔군과 국군은 평안북도와 함경북도까지 밀고 올라갔으나 중공군이 밀고 내려오는 바람에 다시 후퇴하게 되었고, 서울 시민들도 다시 피난길에 오르게 되었다. 우리는 정부가 서울로 돌아오고 해서 안심하고 11월에 김장까지 다 해 놓았는데 12월 중순에 다시 서울에서 철수하라는 명령이 떨어졌다.

선교사들의 주선으로 한국인 목사들과 가족들은 제주도로 피난하게 되었다. 문재린 목사가 이 일의 총지휘자가 되었다. 그런데 그때 동환이에게는 제2국민역 소집장이 나왔다. 그래서 동환이는 우리와 함께 가지 못하고 신암교회 집사인 장하구, 장하린과 같이 대구 쪽으로 갔다. 나머지 식구들은 인천으로 갔다.

인천 부두에서 배를 기다리며 엿을 사서 아이들에게 나눠 주려고 하는데 네 살 된 손자 호근이가 없어졌다. 내가 영금이를 업고, 선희가 의근이를 업고, 호근이는 손을 잡고 걸어가다가 잃어버린 것이다. 남편이 미군 트럭을 타고, 아까 모여서 출발한 교회 앞에 가 보았더니 호근이가 움직이지도 않고 바로 그 자리에서 울고 서 있더란다.

남편은 피난민을 총지휘한다고 왔다 갔다 하지, 용길이와 나 말고는 우리 일행 중에 어른이 없었다. 영환이는 13세였고 모두 어린아이들뿐이어서 어떻게 움직일 수조차 없었다. 짐은 양손에 쥔 것 외에는 다 버리라고 했다. 그래도 내가 기운이 좋았는지 사람들을 밀치고 호근이와 아이들을 배에 태웠는데, 배가 떠날 때까지 남편이 오질 않았다. 배가 그대로 출발해서 한참 갔을 때에야 통통거리며 작은 배가 오더니 문 목사가 큰 배로 올라탔다. 그렇게 해서 제주도로 갔다. 며칠을 갔는지 모르겠는데 배 안에서 크리스마스 축하 예배를 보았다.

배가 제주도에 상륙한 것은 1950년 12월 28일이었다. 선희가 가서 고구마를 사 오더니 "여기는 들판이 파란 게 날씨가 덥다"고 했다. 한겨울인데도 파란 무와 배추가 들판에 심어져 있는 게 새 세상처럼 보였다.

제주읍으로 들어와서 우리는 어느 국민학교 마당에 수용되었다. 운동장에 솥을 걸어 놓고 가져온 김치를 지져서 먹는데 그렇게 맛있을 수가 없었다. 그 다음에 우리는 제주 서부교회로 보내졌다. 그곳 강당에서 잠을 자고 낮이면 마당의 돌멩이 위에 솥을 걸어 놓고 밥을 해 먹었다. 그래도 겨울이니까 땅이 꽁꽁 얼어서 추웠다. 제주도 서부교회에서 우리는 강당의 방 하나에 들고 다른 한 방에는 이완수 목사네가 들었다. 강당에는 피난민들이 합숙을 했다.

교회 예배당도 꽉 차고 마당도 꽉 찼다. 마당에 텐트를 치고 지냈다. 전부 목사들이어서 목사 사태가 났다. 목사들과 식솔이 모두 500명 정도 되었다. 대부분 평안남북도와 황해도 등 이북서 나온 목사들이었다. 서울 사람들은 예배당에 있었고 마당에 텐트 친 건 대부분 이북 사람들이었다.

그렇게 겨울을 나고 봄이 되니 쌀 배급이 나오기 시작했다. 또 식구대로 구제금을 주어 그것으로 반찬을 사 먹었다. 여름에는 어떻게 더운지 아이들이 모두 눈병에 걸리고 말았다. 호근, 의근, 영금, 선희 모두 눈병에 걸려 도립병원에 매일 치료를 받으러 다녔다.

어느 날 캐나다에서 남편 앞으로 구제품 한 박스가 도착했다. 며느리 용길이는 하도 옷이 없어서 여름에도 털옷을 입고 지냈다. 다들 옷이 없었으니 우리에게 와서 달라고 했지만 모두에게 나눠 줄 수는 없었다. 대신 우리가 고추장을 가져온 게 있어서 한 숟가락씩 나눠 주었다.

전부 목사들이니까 목사부인들이 많았는데, 아이들이 똥을 아무 데나 누고 해서 공동체 생활을 하는데 안 되겠다는 생각이 들었다. 그래서 하루는 한신 졸업생인 목사들의 사모님들을 모이게 해서 목사부인회를 조직하자고 제안했다. 박진규 목사 부인이 그런 거 잘했다. 모두 좋다고 해서 제주도 피난 생활을 하는 가운데 목사부인회를 조직했다. 또 여자 전도사들, 장로 부인들도 모아서 주일에는 나가서 전도를 했다. 박진규 목사 부인하고, 김 목사의 부인이자 일본 신학교를 졸업한 강기일이 제일 일을 잘했다. 의사였던 김애료도 같이 일했는데 목사인 그의 남편은 전쟁통에 죽었다. 우리가 있던 제주도 어느 마을에는 남자가 하나도 없었다. 남자들의 제사를 한날에 지냈다. 그 동네에 전도하러 다녔다.

목사부인회는 피난민들의 공동체 생활을 청결하게 유지하고, 바깥으로 전도하러 다니는 것 외에도 죽어 가는 병사들을 위해 봉사했다. 제2국민병은 폐병 환자니 아픈 사람 검사도 안 하고 죄다 뽑아 갔다.

그래서 많은 이들이 먹지도 못하고 앓아서 죽어 가고 있었다. 제주읍의 산에 천막을 치고 침대를 놓아서 그 사람들을 가득 눕혀 놨다. 목사부인들이 거기에 심방을 갔다. 나는 제일 앓는 사람에게 가만히 우유사탕을 몇 알씩 쥐여 줬다. 스물 몇 살짜리들이 그렇게 죽어 갔다. 우유사탕을 갖다 하나씩 주면 그렇게 좋아했다. 그저 내 눈치를 살피면서 죽어 가는 모습이 기가 막혔다. 볕이 따뜻한 날이면 물을 데워서 목욕을 시켰다. 그저 때가 엉겨 있었다. 목사부인들이 그런 걸 하고 바느질도 해주었다.

전쟁 중에 설사를 하고 부실하던 아기 영금이도 제주도에 와서 우유사탕을 먹였더니 그렇게 포동포동 살이 올랐다.

목사부인회에서는 또 군인들에게 속옷을 보내 주는 운동을 했다. 공덕교회 전도사로 있던 이에게 회장을 시켰다. 군인들이 팬티가 없어서 고생한다는 소리를 듣고 시작했는데 그 비용을 마련하기가 힘들었다.

그 와중에도 나는 익환이가 식구들 쓰라고 미국에서 보낸 물건들과 구호품들을 피난민 시장에 내다 팔아서 돈을 모았다. 물건을 잘 사서 장사를 잘하는 이들이 있었는데 나는 장사를 할 줄 몰라 그저 찌끄러기 같은 것들을 내다 팔았다.

그때 치맛감을 두 개 사서는 되판 적이 있는데, 하나는 팔리고 하나는 안 팔렸다. 그때 안 팔린 치맛감으로 은희의 치마저고리를 해줬다가 지금까지 내가 가지고 있다. 그 치맛감 판 돈으로 속옷을 만들어 보내려고 했던 것인데 잘 안 돼서, 그때 동환이가 미국으로 유학을 떠날 수 있게 된 게 매우 감사해서 감사 헌금 하는 셈 치고 내 돈 6만 원을 냈다. 그 돈으로 제주도에 있는 면을 다 샀다. 목사부인들이 다 같이 모여서 군인들이 입을 면 팬티를 만들어서 보냈다.

한번은 만들다가 만 외투를 사서 소매를 달아 파니 돈이 많이 남았다. 그래서 또 다른 외투를 샀는데 안 팔리기에 속이 상해서 기도를 했다. 그랬더니 어떤 사람이 목에 달린 털을 보고 그 외투를 샀다. 그런 장사를 해서 가족을 먹여 살렸다. 지금은 늙었지만 그때만 해도 사람들은 내 인상이 좋아서 물건이 잘 팔리는 것이라고 그랬다. 제주읍에 피난민이 많아지자 생겨난 시장에서, 나도 자리 잡고 장사를 했다.

처음에는 다들 목사님이라 사이좋게 지냈는데, 조금 지내다 보니 기독교장로교와 예수교장로교 목사님들 사이가 나빠졌다. 기장 쪽인 우리는 무척이나 힘들었다. 예장 목사들은 문재린이 피난민 총관리를 하는 것을 못마땅히 여겼다. 또 대부분 황해도와 평안도 출신이어서 함경도에서 온 우리를 그렇게 불편하게 했다.

남편은 제주에 있으면서도 강원도에 있는 교회들을 돌아보곤 했다. 제주도에서는 할 일이 그다지 많지 않았기 때문이다. 강원도 교회 개척은 거제도에 있을 때부터 시작했고, 제주도에 있을 때는 군인들을 심방하러 다닌 것이다. 그때 목사들이 다 그랬다. 그때만 해도 남편은 기운이 좋아서 미군 지프차를 타고 그 먼 짓길을 달리면서 갔다 왔다 누비고 다녔다. 베이더 부인한테서 선교사라는 증명서를 하나 받았는데, 어디서든 MP차(미군 헌병대 차)를 만났을 때 손을 들고 그 증명서를 보여 주면 태워 주고 데려다주었다. 그렇게 해서 나중에 강원도 지역 여덟 교회를 세울 수 있었다.

목사 가족들을 제주도로 피난시키는 일이 정리되자 문 목사는 거제도로 옮겨서 피난민들을 지원하는 일을 하게 되었다. 제주도에 약 9개월 정도 머물고 1951년 여름에 거제도로 떠났다. 우리가 떠난다고 하자 큰 송별 잔치를 열어 주었다. 우리를 힘들게 했던 이들도 짐을 옮겨

맨 왼쪽의 익환은 미국에 유학 중이었는데, 전쟁이 나자 유엔군에 자원해 귀국했다. 가족사진을 찍으려니 마땅한 옷이 없어서, 김신묵은 여름인데도 겨울 솜저고리를 입고 찍었다. 피난 시절 거제도 옥포교회 앞에서.

주면서 항구까지 배웅을 나왔다.

거제도에 온 교인들은 대체로 함경도 출신이기에 캐나다 선교부가 관심을 가졌고, 그래서 문 목사가 이 일을 책임지게 되었다. 문 목사는 피난민들을 거제도 여러 곳에 분산 정착시킨 뒤 옥포교회를 맡아서 시무하게 되었다.

우리는 배를 타고 거제도로 이사를 갔는데, 옥포교회의 사택이 어찌나 좋은지 그 동안 사는 게 얼마나 고생스러웠는지 잊어버릴 정도였다. 집도 크고 빛이 잘 드는 남향집이었다. 그곳에서 영환이는 배를 타고 장승포중학교에 다녔다. 그 학교를 졸업한 다음에는 거제도를 나와 대광고등학교에 들어갔다. 은희는 장승포에서 용길이가 해주는 밥을 먹으면서 국민학교를 다녔고, 영금이는 내가 데리고 있었다.

피난민들이 쏟아져 들어오는 참이라 옥포교회는 대성황을 이루었고, 피난민을 위한 중학교를 경영하기도 했다. 특히 옥포교회에는 마치 성진에서 떠다 놓은 것처럼 성진 사람들이 많았다. 장승포교회도 교회당을 새로 지었다. 본교회가 있는데도 피난민 교회를 새로 지은 것이다.

캐나다와 미국에서 남편에게 구제품이 많이 와서, 피난민과 원주민들에게 전부 나눠 주었다. 남편의 미국인 동생 스코빌에게서도 물건이 왔다. 한번은 미국에 있던 익환이가 물건을 보냈는데 남편이 부산에 나가 물건을 받아서 다 팔아 처분하고 왔다. 익환이는 가족들 쓰라고 좋은 옷과 물건들을 보냈는데 헐값에 팔아 버려서 용길이가 섭섭해했다. 구제품이 한 트럭씩 오곤 했는데 박스를 열어 보면 어떤 것에는 와이셔츠만 잔뜩 있고, 어떤 박스에는 여자 속치마만 잔뜩 있었다. 그런 것은 별로 쓸모가 없었지만 나중에 서울에 가지고 왔더니 잘 팔렸다. 구제품 가운데 아주 좋은 담요가 두 장 있어서 그걸 20원인가에 팔았다. 그 돈을 일본에 있는 익환이 가족에게 보냈다. 그때 유엔군에 있던 익환이는 동경의 극동사령부에 근무하게 되어, 어렵게 수속하여 1952년 가을 가족이 일본으로 건너간 참이었다.

거제도에는 포로수용소도 있고 피난민도 많아, 장사꾼들이 오고 가고 경기가 좋았다. 거제도를 주름잡은 이들로 진씨네 3형제가 있는데, 그 세 명이 모두 시·도의원으로 출마해 당선될 정도였다. 문 목사가 그 형제들 간의 불화를 해결해 주었다. 장승포중학교 교장도 하고 기독교장로회 장로도 맡았던 진씨네는 우리에게 퍽 잘해 주었다. 그래서 여러 가지로 피난민 생활 같지 않게 좋았다.

1953년도에 일본에서 익환이네 셋째아들 성근이가 태어났다는 소식이 왔다. 그 소식을 듣고 우리는 거제도에서 잔치를 벌였다. 그 후 얼마 안 있어 서울로 돌아왔으니 거제도에서 2년 남짓 있었던 것이다. 나는 피난살이를 하면서 변비를 심하게 앓았고, 밤에 잠을 못 자고 심장이 멎는 일이 자주 있었다. 거제도에서도 선희와 문 목사를 서울로 먼저 보냈는데, 내가 병원에 입원해서 선희가 다시 돌아온 적도 있다.

5장

밀알이 되다

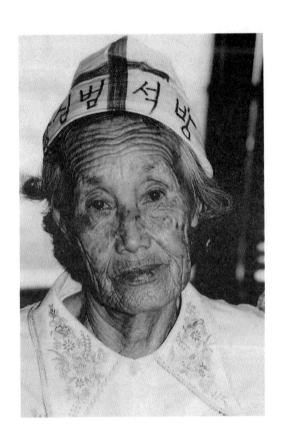

사진 설명 '양심수 석방' 머리띠를 두른 김신묵. 1980년대.

나의 사랑 한빛교회

전쟁이 끝나자 부산에서 한신대 교수와 학생들이 기차를 한 바구니 다 사서, 함께 서울로 돌아오게 되었다. 우리도 그 기차에 합류해서 서울로 왔다.

우리는 효자동 치룡 할아버지 집에 방 한 칸을 빌려서 살기 시작했다. 서울로 올라오면서 연길 할머니(치한 할아버지의 부인)에게 30만 원을 드리고, 가져온 나머지 10만 원을 김성호 장로에게 빌려주었더니 매달 5000원 이자가 나왔다. 그래도 그때는 그것으로 생활이 가능했다.

그 좁은 방에서 여러 식구가 지내려니 참 힘들었다. 추석이라고 밀가루 전병을 부쳐서 다 같이 나눠 먹었던 기억이 난다. 그 집에서 살기 힘들어 우리는 집을 사기로 했다. 나는 집을 보러 서울을 여기저기 다 돌아보다가 신당동에 집을 사게 되었다. 신당동에는 그 당시에 부서진 집들이 많았다. 우리 집도 창문이 부서진 것을 고친 것이다. 우리는 가지고 있던 돈과 선교사 배 부인에게서 빌린 돈으로 42만 원에 그 집을 샀다.

나중에 용길이가 일본에서 돌아오면서 일본서 쓰던 자동차를 가지고 왔다. 그래서 그 차를 팔아서 빚을 갚았다. 선교사는 돈을 꿔 주었다가 돌려받기는 처음이라고 했다.

당시에 문 목사는 캐나다 선교부의 증명서를 가지고 유엔군 차량을 타고서 강원도 일대를 순회하며 교회를 개척하는 일을 했다. 강원도는 함경도에 접경한 지역으로 피난민도 많고 미군도 많아 예배당을 새로 짓기에 좋았다. 남편은 캐나다 선교부의 후원으로 활동하면서 춘천, 홍천, 원주, 신포리 등에 기장 교회들을 세웠다. 그런데 그 후 예장 교회들이 들어와서는 춘천에 크게 지은 교회를 비롯해 기장 교회를 많이 빼앗았다.

그 동안 가족들은 신당동에 살면서 경동교회에 다녔다. 줄곧 교회를 하다가 봉사할 교회 일이 없어지니 용길이도 나도 허전한 생각이 들었다. 그래서 1955년 2월 20일, 용정에서 같이 교회에 다니던 사람들을 중심으로 독립된 교회를 세웠다. 이름은 중앙교회라고 지었다. 용정 중앙교회를 생각해서 지은 것이다. 나중에 이 이름을 한빛교회로 고쳤다.

처음에 셋집을 얻어 교회를 세운 곳이 을지로 4가였다. 그 뒤 청계천, 명동, 이화동으로 여러 차례 이사를 다니면서 예배를 드렸다. 그즈음에 교회를 지으려고 했으나 화폐가 개혁되는 바람에 무산되었다.

작은 교회다 보니 동부교회에서 교회를 합치자고 제안해 왔다. 문 목사와 나는 반대했지만 교인들은 그것을 원했다. 그래서 전세금을 모두 빼 가지고 그 교회로 들어갔다. 나와 남편은 그 교회에 나가지 않았는데, 교인들이 얼마 못 견디고 다시 나왔다. 그래서 이숙희 집사의 집에 모여서 발기 예배를 보고 다시 모이기 시작했다. 그러다 아무래도 집에서 모이기는 불편해서 장충동의 모자원을 30만 원 주고 샀다.

문익환 목사가 신학교에서 가르치면서 한빛교회 목회를 하기 시작했고, 장로도 김성호 장로를 비롯해 여럿이 있었다. 그런데도 장로들은 교회당을 지을 생각을 하지 않았다. 안 되겠다 싶어서 여전도회에서 교회 지을 기금을 모으기로 결심했다.

바자회를 열기로 하고 여집사들이 여름 내내 준비를 했다. 우리는 보자기, 옷, 수예품 등을 직접 만들었다. 전에 신암교회에 있을 적에 바자회를 통해서 5만 원을 벌었는데 그 정도라도 벌 수 있었으면 했다. 며느리 용길이는 솜씨가 좋아 재봉틀로 물건을 만들었고, 나는 옷장을 뒤져서 옷을 내놓았다. 안인숙 집사와 최 권사도 양복, 책 등을 내놓고 안계희는 어디서 파는 수저 세트를 내놓았다. 이렇게 해서 열린 바자회에서 우리는 17만 원을 벌었다.

당시에는 대단한 돈이었다. 우리는 김성호 장로에게 이자를 받고 그

한빛교회 바자회. 미국에서 한국을 방문한 둘째사돈과 며느리에게 바자회를 보여 주는 문재린. 1968년.

돈을 빌려주었다. 남은 물건들은 다른 곳에서 바자회가 있을 때마다 가서 팔아 바자회에서만 40만 원 정도를 벌었다. 그 밖에도 여전도회는 20만 원짜리 계를 들고 9만 원짜리 적금을 들었다.

이 정도면 땅을 사서 건축을 할 수 있겠다는 자신을 얻어 전경연 박사를 모시고 설교를 들은 다음 건축 헌금을 모으기 시작했다. 그래서 100만 원가량이 모였다. 미아리에 땅을 사서 예배당 짓기에 들어갔다. 예배당 정초식을 하는데, 김성호 장로가 빌렸던 돈 약 100만 원을 사위에게 빌려주었는데 받지 못하겠다고 말하는 것이었다. 낙심천만이었다.

어쨌든 윤일주가 종각을 세워 주고, 전기 공사는 아는 사람이 무료로 해주었다. 또 한신한 집사가 맡아서 칠을 해주었다. 지붕에 합판을 못 붙이고 있었는데 목재소에 갔더니 마침 목사님 친구가 있어 거저

합판을 준 덕에 해결되었다. 그리하여 1971년 12월에 마침내 낙성식을 할 수 있었다. 우리 부부가 캐나다로 이민을 가기 직전이다.

한빛교회는 이렇게 여신도회원들이 악을 써서 예배당을 지은 교회다. 그리고

미아리에 자리 잡은 한빛교회는 민주화와 통일 운동의 상징이 되었다. 구속자 가족들이 만든 갈릴리교회가 여기서 모였으며, 구속자들이 석방되면 이곳에 모여 환영 예배를 보았다. 교회 주변을 늘 형사들이 지키고 있었다.

지금도 다른 교회들은 다 침묵하는데 정의와 민주주의를 외치는 중요한 역할을 하는 교회다. 나는 이것을 하느님 앞에 큰 영광으로 생각한다.*

나는 17년간 한빛교회를 섬겼다. 빈손으로 시작하여 교회 하나를 만드는 것이 그렇게 힘들 수가 없었다. 집사님, 권사님 들과 같이 바자회도 하고 온갖 고생을 하면서 교회를 받들었다. 지금 생각하면 하느님 은혜를 찬송할 수밖에 없다. 나는 캐나다에 와서도 내가 사랑하는 제직들이 보고 싶고 그리웠다. 그들의 이름을 부르면서 한 사람 한 사람 껴안아 주고 싶었다.

---

* 1970년대에 이르러 군사 독재는 민주 인사와 학생 들을 극심히 탄압했다. 이에 뜻있는 교수들이 거리로 몰려나오곤 했고, 그중 한신대 문동환·안병무, 고려대 이문영, 연세대 서남동, 서울여대 이우정 교수, 성남교회 이해영 목사 등이 길거리에 내몰린 이들에게 힘이 되고자 갈릴리교회를 세우기로 뜻을 모았다. 1975년 8월 17일 오전 11시에 서울 대성빌딩에서 교회를 시작하려고 했으나 당국의 방해로 이웃 식당에서 예배를 드린 후, 다음 주일부터는 한빛교회에서 2시에 예배했다. 이후 갈릴리교회는 고난 받는 자들의 안식처가 되었다. 많은 이들이 돌아가며 예배를 인도하다가 1983년부터는 감옥에서 나온 문익환 목사가 교회를 이끌었다. 경찰이 예배 장소인 한빛교회에 모이는 것을 방해해 한빛교육관, 이문영의 집, 전태일 기념관인 '평화의 집' 등으로 전전했는데, 매주일 만드는 주보에는 예배 순서와 함께 양심수들의 근황이 실려 감옥에서 벌어지는 여러 가지 일들을 밖에서도 알게 되었다. 갈릴리교회는 15년 동안 민주화 투쟁을 하다 구속된 이들을 돕다가, 남민전 사건을 끝으로 모두 석방되는 것을 보면서 1990년 봄 문을 닫았다. ─엮은이

어머니의 기도

우리가 캐나다로 가게 된 이유 중 하나는 큰아들 익환이와 며느리와 계속 오래 살다 보니 서로 힘든 점이 있었던 데 있다. 그곳에서는 노인들에게 용돈도 주고 집도 준다고 하니 가서 좀 살아 보는 것도 괜찮다고 생각했다. 또 남편은 외국 생활을 몇 년 했는데 나는 한 번도 나가 보질 못했으니 외국 구경도 하고, 우유나 주스 같은 부드러운 음식을 먹으면서 건강도 챙기라는 게 익환의 권유였다.

그래서 우리 부부는 1971년 12월 23일 캐나다 토론토에 와서 셋째 아들 영환이 부부와 같이 살게 되었다. 영환이는 67년에 캐나다로 이민 와 있었다. 12월 25일 교회에 나갔더니 이상철 목사를 비롯해 교인 중 많은 사람이 간도에서 온 사람들이어서 참 좋았다.

하지만 도착한 뒤 한 달 반 동안은 정신을 제대로 차릴 수 없었다. 말도 잘 통하지 않고 답답하기 한이 없었다. 교회에서 집으로 돌아오면 무척이나 외로웠다. 아들과 며느리는 직장에 나가고 문 목사는 친구들을 찾아다니는데 나는 할 일이 없었다. 책으로 시간을 보내는 게 좋으나 눈이 아파서 오래 읽을 수 없고, 밖에 나가려 해도 말을 전혀 하지 못하니 딱한 노릇이었다.

베이비시터라도 해보고 싶다고 했더니 누가 4개월 된 인도 여자의 아기를 보도록 주선해 주어서 심심치 않게 지내게 되었다. 그해 6월 7일에 며느리 예학이가 영주를 낳아 이제는 두 아기를 돌보게 되었다. 이렇게 되니 좀 복잡해졌다. 그래서 인도 아기는 11월까지만 돌보고 영주 하나만을 돌보아 주었다.

1973년 11월에 영희가 태어나 나는 두 손녀를 돌보게 되었다. 그러면서 노인회에서 새로 시작한 영어 강습소에 나가 영어를 배우기 시작했다. 늙어서 다른 말을 배운다는 일이 쉽지는 않았지만 다시 학생이 되었다는 것이 몹시 흐뭇했다. 그러나 그 강습소가 곧 없어지면서 나의 영어 공부도 중단되었다.

시간이 지나자 토론토 생활에도 익숙해졌다. 어떻게 보면 사는 의미도 있고 할 일도 한국보다는 많았다. 토론토 교회에는 많은 노인들이 있었지만 81세에 농사를 짓고 아기를 보고 살림을 하는 사람은 나 하나밖에 없었다. 사람들은 그렇게 건강히 사는 비결이 무엇이냐고 물었다. 나는 "마음이 평안하고 모든 당하는 일들을 하느님이 주신 것이라고 믿으니 건강할 수밖에 없지요"라고 대답했다. 그리고 "하느님이 우리 자식들을 중요한 위치에서 일하게 하시니 찬송을 드립니다. 앞으로도 모세의 지팡이처럼 써 주시옵소서. 이 늙은 사람을 자손만대에 길이길이 당신의 사업에 써 주시옵소서. 만일 우리를 비방하는 자가 있다면 저들을 용서하여 주십시오"라고 늘 기도했다.

1974년에 남편은 토론토 한인노인회를 만들어서 열심히 뛰어다녔다. 노인회에서는 영어 강습도 하고, 재봉침도 사 놓고, 도서관도 만들고 오락실도 만들어 친목도 다졌다. 피크닉도 갔다. 그때 남편과 내가 같이 옛 〈독립군가〉를 〈이민 노인가〉로 바꿔 불렀다.

이곳은 우리나라 아니건만
무엇을 하려고 여기 왔는고
자손의 거름될 이 내 독립군
설 땅이 없건만 희망 있네
이렇다 웃지 마라 자유 국민들
우리도 자유 독립할 날 있으리라
— 〈독립군가〉

이곳은 우리나라 아니건만
무엇을 하려고 이민 왔는고
자손의 거름될 이 내 노인들
어려움 많으나 희망 있네
이렇다 웃지 마라 다른 민족들
우리도 잘살 날 있으리라
— 〈이민 노인가〉

그러다 1975년이 되었는데, 경기여학교의 가사 선생님 출신이 한 명 있어서 그 사람이 모자와 치마 등을 만들어 바자회를 열 준비를 했다. 그때 노인회 문제가 터졌다. 토론토 한인회에서 노인회를 자기들한테 넘기라고 주장하고 나선 것이다. 남편은 그때 충격을 받아서 걸어 들어오는 모습이 형편이 없을 정도였다. 그러고는 그렇게 설사를 했다. 몇몇 사람들이 아주 못되게 굴었다.

스카보로에서 웨스트로 이사 갔다가 시외에 있는 에이젝스에 나와서 살게 되니 다시 적적하고 기력도 약해져서 퍽 힘들었다. 내가 집에서 하도 맥없이 하니까 남편이 공원에 아이 둘을 데리고 놀러 나가자고 했다. 영주, 영희 둘을 데리고 나갔는데 봄이 되어 한창 땅이 녹을 때였다. 길 건너편에 놀이터가 있는데 잔디밭이 비탈졌다. 거기서 영주, 영희가 들고뛰었다. 나는 맥이 없어 먼저 집에 들어가고 남편이 두 아이를 따라갔다. 남편이 영희를 붙잡다가 그만 미끄러져 주저앉으면서 다리가 부러졌다. 영주가 나를 데리러 왔고, 내가 예학이에게 연락해 차를 가지고 와서 병원으로 갔다. 18주 동안이나 깁스를 해야 했다. 남편은 그 뒤로 허리도 굽어지고, 당당하던 풍채가 없어졌다.

캐나다에서 영환의 큰딸 영주의 세배를 받으며 활짝 웃는 김신묵. 1975년경.

설상가상으로, 남편이 병원에 입원해 있는 동안 한국에서 익환, 동환, 용길과 호근이 '3·1민주구국선언'으로 감옥에 들어갔다는 소식이 왔다. 아찔한 심정이었다. 그 다음 달 5일이 내 생일인데 며느리가 생일을 하자고 했지만 내가 싫다고 했다. 며느리도 일을 하느라 힘들었고, 두 아들을 감옥에 두고 무슨 생일잔치를 하느냐고 그랬다. 생일날 낮에 영주, 영희를 데리고 혼자 집에 있다가 내내 울었다. 그러니 영주가 "할머니 왜 울어? 왜 울어?" 하는 것이다.

그해 여름에 감옥에 있는 두 아들을 생각하니 답답해서 한국으로 나올 생각을 했는데, 형편이 안 되어 나오지 못했다. 대신에 나는 토론토에서 국내 신문과 뉴스를 보고, 로스앤젤레스나 일본에서 온 신문을 읽으면서 국내 소식을 어떻게든 알려고 했다. 그리고 그런 소식을 듣고 기도할 수 있는 목요기도회에 빠지지 않고 나갔다. 일요일에 예배당에 가면 사람들은 얼마나 애가 타시냐고 인사를 했지만, 내 애타는 민주주의에 대한 심정은 누가 동정하는 사람이 없었다. 감옥에 아들을 둔 어머니의 심정을 그 사람들은 알 수가 없다. 일제 때 부모님이 감옥에 있었거나 독립운동으로 고생해 본 사람만이 내 심정을 이해하고 목요기도회에 함께 나와 주곤 했다.

그러나 다시 생각하면 두 아들이 3·1운동과 4·19의 정신을 이어받아서 조국의 민주화와 민족의 통일을 위해 예언자처럼 외치다가 감옥에 들어갔으니 장한 일이었다. 익환이가 선언문을 쓰고 호근이가 타자를 치고 용길이 이것을 낭독할 수 있도록 붓글씨로 썼으니 할 일을 다 한 것이다.

사건은 명동성당에서 선언서를 발표하는 예배를 드린 데서 시작되었다. 이 예배에서는 동환이가 설교를 하고, 이우정이 선언문을 낭독했다. 그 선언문에 서명한 사람들은 윤보선, 함석헌, 김대중, 정일형, 윤반웅, 서남동, 문동환, 이문영, 안병무, 이우정 등이다. 이해동 목사는 서명은 하지 않았으나 성명서를 등사한 죄로 입건됐다. 함세웅, 문정현 등 세 분 신부는 명동성당에서 모이도록 주선한 죄로 기소되었다.

한국에서는 벌써부터 군사 독재자 박정희 대통령의 횡포로 많은 희생자가 생기고 있었다. 김지하 시인이 거듭해서 감옥에 갇혔고, 김관석 목사, 도시 빈민 선교를 하던 박형규와 그의 젊은 동지 허병섭, 이해학, 권호경, 김동완이 수감되었다. 민주화를 위해서 자결한 서울농대 학생 김상진, 조작된 인혁당 사건으로 처형된 여덟 사람도 독재의 희생자였다. 또 서울대학 교수로 정보부에 들어가서 매를 맞아 죽은 최종길의 억울한 사연을 잊어서는 아니 된다.

애국지사 장준하의 죽음도 있다. 그는 일본 학병으로 붙잡혀 가서 학대를 받았다. 선조들을 잘못 만나서 고생한 우리는 후손들에게 자랑스러운 선조가 되어야 한다면서 일본군을 탈출해, 천릿길을 걸어서 중경으로 가 김구 선생 밑에서 독립운동을 했다. 해방 후에는 월간지《사상계》를 출판하여 민족의 사상 지도에 성의를 다했다. 이 잡지가 정간을 당한 뒤 박정희 타도를 위한 백만 명 서명 운동을 펼치다가 옥에 갇히기도 했다. 그는 몸이 극도로 약해졌는데도 마지막으로 독재 타도를 위해서 극적인 일을 준비하다가 암살이 분명한 죽음을 당했다. 그러면서도 그는 인정이 많은 사람이었다. 한번은 내가 신촌으로 가는 것을 보고 "어머님, 제 차를 타십시오" 하고 나를 신촌까지 데려다주었다. 그가 남긴 일을 누가 할 것인지 생각하면 아쉽기 그지없다.

나는 이 모든 일을 보고 들으면서 아벨의 피가 하느님께 호소했다는 이야기를 생각했다. 형 카인이 동생 아벨을 죽였더니 아벨의 피가 하늘에 호소하여 하느님이 그 원한을 풀어 주었다는 것 아닌가. 우리는 이 일들을 기억하고 기도하며 억울하게 쓰러진 사람들이 원하던 바를 이루려고 애써야 한다.

나는 두 아들이 투옥된 것을 멀리 캐나다에서 가슴 아파하면서 하느님께 의지하여 기도를 드리는 일밖에 할 수가 없었다. 내 기도문을 이우정 선생이 새문안교회에서 대독한다기에, 기도문을 적어서 고국으로 보냈다.

한국에서 고생하는 투옥된 자들의 가족들에게 문안을 드립니다. 이 부족한 어머니가 멀리 캐나다에 있어서 고락을 같이할 수 없어서 정말 죄송합니다. 나갔댔자 너무 힘이 없고 부족해서 무슨 도움이 되겠느냐고, 오히려 짐이 될 것이라고 친구들이 만류하지만 기회를 보아 나가려고 기도를 하고 있습니다. 모두 주님의 권능을 믿고 낙심하는 일이 없이 기도하면서 전진합시다.

1976년 4월 19일에 멀리서 김신묵 올림

어머니의 기도

무소불능하신 하느님 아버지시여, 이 부족한 어머니가 사랑이 많으신 하느님 아버지께 기도드립니다. 하느님께서 우리에게 유업으로 주신 이 한반도, 삼천리 강산 오천만 민족이 국토가 양단이 되어 부모와 자식, 남편과 아내, 형제자매, 친척 친구가 갈가리 찢어져서 슬픈 가슴을 안고 눈물을 흘린 지 벌써 30년이 지났습니다. 오, 하느님. 언제까지 기다려야 하는 것입니까? 오천만 민족이 눈물을 흘리면서 애원하는 기도를 안 들으시렵니까? 양단된 한반도에서 아우성을 치는 오천만 민족을 하느님은 그냥 보시고만 계시려는 것입니까? 이 민족이 일제 지배 36년간 흘린 피, 4·19 학생들이 거리에서 흘린 피, 인혁당 8인이 흘린 피, 서울농대 학생이 흘린 피, 그 밖에도 숨어서 흘린 피들이 하느님께 호소하고 있지 않습니까? 이 어머니는 두 아들을 감옥에 넣은 뒤 이우정 선생이 이 어머니의 기도문을 새문안교회에서 대독한다기에 기도문을 쓰면서도 가슴을 쥐어뜯으면서 울었습니다. 그 밖에도 많은 어머니들, 아내들, 자식들이 당신께 호소하는 것을 들으셨지요. 하느님 아버지여, 이 기도들을 들어주십시오. 3·1 선언문이 무슨 죄라고 그렇게 야단을 떠는 것입니까? 백성으로서 마땅히 해야 하는 일이 아닙니까? 나의 두 아들이 들어가 있지만 이것은 그리스도인으로 응당 해야 하는 일이라고 생각하고 다른 어머님들과 같이, 아니 한국의 이백만 신도들과 같이 예수 그리스도의 뒤를 따르는 일이라고 생각합니다. 예수님도 가난한 자, 헐벗은 자, 굶주린 자, 병든 자들 편에 서셔서 일하시다가 돌아가셨습니다. 우리 모두가 이 예수님의 뒤를 따른다면 얼마나 좋을까요?

사랑의 하느님, 이 부족한 어머니는 "구하라, 주실 것이다"라는 주님의 말씀을 믿고 기도합니다. 불의한 법관도 억울함을 당한 과부가 간절히 기도하는 것을 보고 귀찮아서도 들어주었는데 하느님께서야 어찌 아니 들어주시겠습니까? 장준하 수기에 보면 장준하는 50명이 되는 탈영병들을 이끌고 중경으로 가는 도중 강도들을 만나 가진 것을 다 빼앗겼다는 것입니다. 그러나 다른 것은 몰라도 50명이 먹을 식량만은 도루 찾아야 하기에 도적 두목에게 하루 종일 간청을 했더니 들어주었다는 것입니다. 그러기에 저도 간절히 기원하오니 들어주십시오.

1. 첫째로 남과 북이 다시 하나가 되어서 삼천리 강산이 하나가 되게 하시고 오천만 민족이 자유롭게 살게 하여 주십시오.

2. 그리고 우리 민족이 다 그리스도의 뜻대로 사는 민족이 되게 하여 주십시오.

3. 남한의 이백만 성도가 다 예수 그리스도의 뜻을 따라 사는 참된 성도가 되게 하여 주십시오.

4. 투옥되어 고생하는 학생들이 그들의 소원이 이룩될 때까지 그들의 건강을 지켜 주십시오.

5. 3·1구국선언 사건을 통하여 하느님의 영광이 드러나게 하옵소서.

6. 한국 교회를 통하여 예수님의 뜻이 온 세계를 통하여 이룩되게 하옵소서.

이 부족한 어머니는 이 기도가 이룩되기까지 계속 애걸하겠사오니 들어주시옵소서.

하느님 아버지, 당신은 모세의 지팡이로도 큰 이적을 이룩하셨습니다. 그런 당신의 사랑과 능력을 믿고 이렇게 기도합니다. 우리 조상들의 죄가 있더라도 용서하여 주시고 이 기도를 들어주시옵소서. 이 부족한 것이 아무 공로 없으나 예수 그리스도의 공로로 기도합니다. 아멘.

1977년 1월 14일 나는 남편과 함께 미국 로스앤젤레스에서 열린 '북미주 한국민주화연합운동' 발기 총회 모임에 참가했다. 이 회의에서는 각 지역에 지회를 두기로 결정하고 3·1절 기념행사를 워싱턴에서 하기로 했다. 이 회의의 비용은 이용운 장군(전 해군 참모총장)이 전담했다. 이 장군 내외는 하루 4시간만 잠을 자면서 일하는데 그중 8시간 외에 얻는 수입은 모두 민주화 운동을 위해서 사용한다는 것이다.

16일까지 회의를 끝마치고 4일 동안 간도와 서울서 온 교인들을 만난 뒤, 김동환 장로 아들 김광락의 집에 가서 사흘 밤을 지냈다. 광락이가 현금 300달러를 주어 고맙게 받았다. 그리고 홍동근 목사 교회에 가서 김재준 목사, 문재린 목사가 소감을 말하는데 나도 이야기하라고 해서 몇 마디 했다. 그 교회에서 헌금까지 해서 주기에 감사하게 받았다. 구춘회 선생이 최근 한국에서 벌어지고 있는 일들을 눈물을 흘리면서 이야기하자 모두 같이 눈물을 흘렸다.

2월 26일 김재준 목사, 문재린 목사와 나는 워싱턴 한국 대사관과 일본 대사관 앞에서 시위를 했다. 우리는 구국선언을 하고 감옥에 간 18명의 이름을 죄수복에 붙여서 입고 집회 장소로 갔다. 그러나 벌써 순경들이 와서 막는 바람에 들어가지 못하고, 밖에서 찬송을 부르고 기도한 뒤 산회를 했다. 또 그날 밤에 한경직 목사가 집회를 하는 데 가서 데모를 했다.

이튿날 주일에는 교회에 가서 예배를 드리고 오후에는 3·1절 기념식을 했다. 기념식 사회를 본 사람은 김상돈 장로의 딸 김신형 여사였다. 이 기념식에서는 미국에 사는 이들이 만든 기념사와 지난해에 명동에서 발표했던 선언문을 낭독했다. 이어서 백인들과 한국인들이 함께 예배를 보았다. 양쪽에서 마련한 여러 가지 순서가 많았는데, 문재린 목사가 최근 한국에서 있었던 일들을 보고하고 박상증 목사가 통역을 했다. 나는 한국 어머니들의 심정을 전하는 이야기를 했다. 역시 박상증 목사가 눈물을 흘리며 통역을 했는데 청중이 큰 감명을 받은 것 같았다.

미국에서 민주화 운동을 하던 구춘회, 김재준, 신애균, 윤보선의 아들 윤상구와 함께. 김신묵은 3·1 구국선언 구속자 가족들이 짠 보라색 빅토리 숄을 걸치고 있다. 3·1 가족들은 빅토리 숄을 짜서 판매하며 3·1 사건을 대내외에 알렸다. 1970년대.

이 식이 끝난 후 촛불을 들고 시가행진을 했다. 그때 한국에서 10여 년간 봉사하고 안식년으로 미국에 돌아왔다는 수녀 두 사람이 자기들은 문동환 박사를 잘 안다며 내 곁에 서서 행진했다.

그 다음 날 우리는 미국 국회의원들을 만났다. 동남아 문제를 담당한 의원, 주한 미 대사관에서 6·25부터 4·19까지 일한 분, 그리고 한국에 깊은 관심을 가지고 있는 의원 한 분, 이렇게 세 분을 만나기로 했다. 이 일은 미국에서 기자로 있는 문명자 씨가 미리 다 계획을 짜 놓았다.

우리는 셋으로 편을 나누어서 그들을 만났다. 두 아들을 감옥에 넣은 문 목사와 나는 그중 제일 중요한 분을 만났는데, 김상돈 장로와 그의 딸, 이용운 장군, 차상달, 박상증 목사 등이 같이 가서 약 30분 동안 이야기했다. 그 후 다른 의원들도 만났다.

이 방문이 끝난 뒤 우리는 문명자 씨의 집에서 이틀 밤을 지냈다. 이틀 후 전충림 장로가 점심을 내서 잘 먹고, 문명자씨 남편의 차로 비행장까지 왔다. 비행기는 오후 3시에 출발해서 7시에 토론토에 도착했다. 돌아와서 나는 노래를 하나 생각해 보았다. '민주 아리랑'이라는 노래였다. 만주에서 부르던 〈광복군 아리랑〉의 노랫말을 바꿔 불렀다.

1. 우리 부모님 날 찾으시거든
　　광복군 갔다고 말해 주소
2. 광풍이 분다네 광풍이 분다네
　　삼천만 가슴에 광풍이 분다네
3. 바다에 두둥실 떠오는 배는
　　광복군 싣고서 오는 배래요.
4. 동실련 고개서 북소리 둥둥 나거든
　　한양성 복판에 태극기 훨훨 날리네

(후렴) 아리랑 아리랑 아라리요
　　광복군 아리랑 불러 보세

　　　　　　　　　　　　　　— 〈광복군 아리랑〉

1. 우리 부모님 날 찾으시거든
　　감옥에 갔다고 전해 주소
2. 불이 붙었네 불이 붙었네
　　오천만 가슴에 불이 붙었네
3. 박정희 김일성 타도하면

소원의 삼팔선 무너진다

4. 오천만 겨레는 정의의 용사

　삼천리 강산은 낙원이로다

(후렴) 아리랑 아리랑 아라리요

　민주 아리랑 불러 보세

— 〈민주 아리랑〉

아들의 단식

1977년 6월 초에 둘째며느리 문혜림(페이 문)에게서 전화가 왔다. 문익환이 민주화를 위해 옥중에서 15일 동안 단식을 하고 있으니까 아버지가 한국으로 오셨으면 좋겠다는 것이다. 이 일로 김재준 목사와 의논하는데 다시 연락이 왔다. 단식 18일을 넘어가니 어머니도 왔으면 좋겠다는 것이다. 큰며느리는 어머니께 어찌 알리느냐면서 그 동안 전화를 안 했는데, 둘째며느리는 그래도 어머니가 단식을 중단시킬 수 있지 않을까 해서 연락한 것이다.

우리 부부는 둘 다 가기로 했다가 남편은 사정이 있어서 떠날 수 없게 되어, 나만 로스앤젤레스 경유 비행기로 귀국하기로 했다. 김재준 목사님에게 어떻게 익환이를 설득해야 하느냐고 물었더니 "일을 하려면 건강해야지"라고 하셨다. 남편에게 물었더니 아무 말도 하시지 않았다. 간호사인 며느리 예학에게 18일이나 단식을 하면 생명에 위협이 있는 게 아니냐고 물었더니 "물을 많이 마시면 괜찮을 것 같은데 지금은 의식 불명이실지도 모르겠습니다"라고 하는 것이었다. 나는 모기 생명만큼이라도 있으면 면담을 할 수 있을 텐데 하면서 토론토를 떠났다.

로스앤젤레스에 내리니 11시 반이었다. 비행장에 홍동근 목사, 김상돈 장로, 차상달 선생 내외, 이용운 장군 내외, 김창락과 그의 모친 등이 나와서 약 3시간 동안 대화를 나누었다. 익환에게 무슨 말을 해야 할까 물었더니 김상돈 장로는 구약의 예언자들처럼 용감하라고 말하라고 했다. 얼마 후 비행기가 와서 하와이를 거쳐 서울 김포 비행장에 도착하니 6월 6일 10시였다. 토론토에서 서울까지 36시간이나 걸린 것이다.

공항에는 윤보선 전 대통령의 부인 공덕귀 선생, 김대중 씨 부인 이희호 씨 등 많은 사람들이 와서 기다리고 있었다. 비행기가 연착된 데다가 내 짐을 어찌나 철저히 뒤지는지 제일 꼴찌로 나왔다. 기다리느라고 다 지쳐 있었다. 이희호 씨 차를 타고 집으로 왔다.

집에 도착하자 중앙정보부에서는 이제라도 전주교도소로 가라고 했지만 그날 밤은 서울서 잤다. 이우정 선생이 찾아와서 "말로는 어려울 테고 어머님이 우시기만 하면 될 것입니다" 하고 제안했다. 은희도 내가 충고를 하면 들을 것이라고 했다.

이튿날 아침 7시 반 버스로 전주에 갔다. 며느리 용길, 큰손자 호근, 막내 손자 성근 이렇게 전주교도소 앞에 가서 수속을 하는데 몹시 까다롭게 굴었다. 내가 주민등록증이 없다고 들여놓지를 않는 것이었다. 용길이가 "사람이 죽어 가는데 왜 이렇게 까다로워"라 했더니 호근이가 큰 소리로 "사람이 죽어 가고 있어" 하고 고함을 질렀다. 성근이도 "이 개새끼들아, 얼른 들여놓지 않을 거야" 하고 호통을 쳤더니 우리를 들여보냈다. 그때 호근이가 그리 울었다.

면회실에 갔더니 익환이가 나왔는데 피골이 상접한 듯 야윈 모습이었다. 우리 둘은 서로 끌어안고 한참 울었다. 자리에 앉자 익환이는 자기가 그 동안 생각했던 것을 청산유수로 털어놓았다.

"어머니, 울지 마세요. 저는 마음이 점점 맑아집니다. 지금이 죽을 때라고 결정을 하니 마음이 편합니다. 일생에 원하던 성서 번역을 다 했고, 아이들 모두 자기들 길을 걷고 있고, 용길이는 제가 6개월만 살아도 좋다 하고 결혼했는데 이제 30년을 살았으니 한이 없을 겁니다. 다만 아버지 어머니를 두고 먼저 떠나는 것이 죄송스러울 뿐입니다. 어머니, 서울 가시면 전태일의 어머님, 김상진의 어머님, 장준하의 부인을 만나 보십시오. 저는 예수님의 첫째 시험과 둘째 시험을 생각하면서 영광을 하느님께 돌립니다. 아버지께는 아브라함이 아들을 하느님께 제물로 드리기로 결심했던 것을 생각하시라고 전해 주세요."

이 말을 듣고 나는 입을 열었다.

"지금은 태일이, 상진이 때와는 다르거든. 오늘 아침 신문을 봤더니 필리핀에서 양심수 몇백 명이 석방되었어. 너희도 곧 나온다. 아합 왕 때 엘리야 선지자는 혼자서 싸운다고 생각했어. 그러나 바알에게 절하지 않은 선지자가 7000명이나 더 있지 않았니? 네 주위에도 몇백만이 있으니 걱정할 것이 없어. 내가 나가서 무슨 말을 해야 할지 아버지에게 물었더니 아무 말도 하시지 않다가 내가 떠날 때쯤 작년 워싱턴에 데모하러 간 이야기를 하시더구나. 그때 아버지는 백악관 앞에서 할복 자살을 하려고 칼을 가지고 갔는데 온 세계 교회들이 우리와 같이 투쟁하는 것을 보고 '이렇게 하는 것은 나 자신이 영광을 받으려는 것'이라고 생각되어 그만두셨단다."

그 이야기를 들은 익환이는 "역시 우리 아버지는 위대하시군요" 하면서 생각에 잠기는 것 같았다. 익환이는 평소에도 아버지에 대한 생각이 각별했다. 나는 많이 생각하고 기도하면서 결단을 내리라고 했다.

면회 시간이 끝나고 아래층으로 내려오는데 익환이는 손잡이를 잡지 않고 층계를 뚜벅뚜벅 내려오면서 "어머님, 저는 이렇게 건강합니다" 하는 것이었다.

교도소를 나왔더니 윤반웅 목사 부인, 윤보선 씨, 안계희 등 서울에서도 많이 오고 부산의 임기준 목사도 오고 광주에서도 많이 와서 한 100명이 문 앞에 모여 있었다. 그때 강인환 목사가 행방불명인 채로 피 묻은 와이셔츠만 발견되어 암담해하던 차인데, 그 부인도 왔다. 우리는 보고를 하고 기도회를 했다. 기도회가 끝날 때쯤 교도소에서 소식이 왔는데 익환이가 단식을 철회했다는 것이다. 이 소식이 전해지자 한빛교회 안계희 장로는 "그래, 어머니가 오시면 될 줄 알았어" 했다.

우리는 다시 교도소로 갔다. 익환이는 아버지의 이야기에 충격을 받았다면서 자기가 예수님의 세 번째 시험에 들 뻔했다고, 그래서 단식을 철회한다고 했다.

익환이는 이렇게 단식을 끝마치고 그날 저녁부터 미음을 조금씩 먹기 시작했다. 8일 아침에 면회를 한 번 더한 다음, 나와 성근이는 서울로 돌아오고 호근이와 용길이는 남아서 익환의 뒷바라지를 했다. 며칠 지나서 호근이도 올라오고 용길이 혼자 남아서 남편의 뒤를 보아주었다. 익환이가 미음을 먹다가 밥을 먹을 수 있게 된 것은 7월 15일이다. 그래서 큰며느리도 서울에 돌아왔다.

그 후 한 달에 한 번씩 면회를 하게 됐다. 8월 1일 면회 때의 익환이는 아직도 시원치 않았다. 9월 1일 면회 때는 조금 회복한 듯했는

3.1구국선언 사건으로 재판을 받던 시절, 익환의 가족. 아내인 박용길과 아들 성근, 의근. 법정에서는 방청객들에게 일절 기록을 허용하지 않아, 당시 의근과 성근이 재판 내용을 모두 외워 밖에서 기록해서 국내외에 알렸다.

데 9월 2일부터 한 달 동안 기도를 하겠다고 했다. 이번에는 남북통일과 민주주의를 이룩할 때까지 일제히 기도를 하고, 밖에서는 릴레이로 단식을 하자는 것이다. 그래서 나는 "네가 금식 기도를 하면 나도 할 것"이라고 말했다.

9월 3일에는 청주교도소에 가서 동환이를 만났다. 퍽 약해진 모습이었다. 그래서 통조림을 넣을 것을 소장에게 청했더니 그렇게 하라고 해서 며느리 페이가 미군 피엑스에서 통조림을 사서 넣어 주었다.

나는 주일을 지내고 5일부터 금식 기도를 시작했다. 그리고 릴레이 단식도 시작했다. 120일 정도 릴레이 기도가 계속되었다. 이 소식이 전주교도소에 전해지자 익환이는 과장을 통해서, 자기는 3주 동안 금식 기도를 할 터이니 어머니는 일주일만 하라고 전해 왔다. 그래서 나는 네가 3주일 금식하면 나도 3주일 금식을 할 것이라고 알렸다.

그 이튿날 용길이가 함석헌 선생의 편지를 가지고 전주교도소를 찾아가서 릴레이 기도 소식을 알렸더니, '밖에서 무게 있는 분들이 금식 기도를 하니 저는 일주일이 되는 오늘로 금식을 철회합니다'라는 통지를 보내 왔다. 그래서 나도 금식을 그만두었다.

10월 1일 전주교도소로 갔더니, 익환이가 이번 단식을 한 달 했다면 큰일날 뻔했다는 말을 보안과장이 했다. 탈수증이 생겨서 좋지 않았다는 것이다. 얼굴에 부기는 내렸으나 다리의 부기는 아직도 내리지 않았다고 걱정을 했다. 그 동안 용길이는 한 달에 두 번씩 면회를 했다.

10월 4일 청주에 가서 동환이를 만났더니 통조림을 먹은 뒤 건강이 퍽 좋아져서 안심할 수가 있었다. 잠주머니(슬리핑백)도 들여보냈다.

11월 1일에는 전주교도소에 갔다. 과장은 익환의 부기가 50일이나 계속되어 걱정이라고 했다. 그래서 소장을 만나 승낙을 받고 바깥의 의사를 통해서 피검사를 해보았더니 아무 이상이 없다는 것이다.

12월 두 번째 주에 동환을 만나니 혈압이 220까지 올라갔다고 한다. 손과 말소리도 떨렸다. 교도소장을 만나려고 했지만 서울로 올라가서 만날 수가 없었다. 동환이에게, 지금 있는 방이 음지이고 구석이니까 병실로 옮겨 달라고 간청하라고 했다. 해가 들지 않는 좁은 방에서 굉장히 고생을 하고 있었다.

그리고 나도 그날 밤 소장에게 간절한 편지를 썼다. 그러나 회답이 오기를 방만은 못 옮겨 주겠다는 것이다. 얼마나 분한지 며칠을 잠을 이루지 못했다. 자식이 감옥에서 언제 죽을지도 모르는데 아무것도 할 수가 없다니. 이 억울한 사정을 목요기도회에 가서 이야기했더니 "문 박사가 죽게 됐다"며 함께 울었다. 어머니들 모두 법무부 교정과에 가서 하소연을 하라고 했다. 그래서 법무부에 가서 호소했더니 전화로 소장에게 연락하는데, 소장은 어머니의 심정을 생각해서 할 수 있는 일은 다 하겠지만 병실로 옮길 수는 없다는 것이다. NCC 인권위원회도 발 벗고 나서서 주선해 보았으나 쓸데없었다.

추운 겨울에 몸도 성치 못한 두 아들을 감옥에 두고 있으려니 밤에 잠이 오질 않았다. 두 아들을 열 달 동안 임신하고 낳아서 키우던 일들이 생각났다. 익환이와 동환이를 가졌을 때에는 어찌나 입쓰림(입덧)이 심한지 몰랐다. 열 달 동안 쌀을 두 말이나 먹었을까. 촌에서는 겨울이면 엿을 고아서 엿밥을 만드는데 나는 열 달 동안 엿밥을 먹으면서 지냈다. 익환이는 1918년 6월 1일에 태어났는데 내 젖꼭지가 좋지 않아 어미나 아기가 다 고생을 했다. 동환이는 1921년 5월 5일에 태어났는데 그도 내 젖이 나빠서 고생했다. 이때는 만주 청산리 전투가 벌어진 뒤 일본군의 토벌이 극심하여 언제 죽음이 닥칠지 모르는 불안한 시절이었다. 나는 두 아들을 기르면서 애국심을 길러 주려고 태극기를 수놓아 베개를 만들었고, 한국 역사에서 유명한 분들의 이야기를 들려주었다. 학교가 멀었기 때문에 집에서 한글을 읽을 수 있게 가르치고 산수도 곱셈까지 가르쳐서 입학시켰다. 두 아들은 다 중고등학교를 마치고 일본과 미국의 신학교에 가서 공부하더니, 이제 명동 사건으로 함께 옥고를 치르는 것이었다.

이즈음 나도 눈이 잘 안 보이고 아파서 약을 사다가 넣어 보았으나 효과가 나지 않았다. 병원에 가서 물었더니 백내장과 결막염 등 네 가지 병이 있다고 했다. 될 수 있는 대로 마음을 쓰지 말고 과일을 많이 먹으라고 한다. 과일이야 먹을 수 있지만 아들이 둘씩이나 감옥에 들어가서 고생하는데 어찌 마음을 안 쓸 수 있는가? 캐나다에 있는 남편 소식은 편지로 듣는데, 본래 일을 많이 하는 분이라 분주한 모양이고 글도 많이 쓰시는 모양이다. 한 달에 일주일씩 금식 기도도 하고 있었다.

그러는 동안 12월 30일이 되었다. 저녁에 소식을 들으니 내일 새벽에는 십중팔구 모두 출옥할 것이라 한다. 믿어지지 않았다. 그런데 이튿날 아침 8시 반에 용길이가 대문을 여니 익환이가 차에서 내려 집으로 들어오는 것이 아닌가. 두 시간이 지나 10시 반에는 동환이가 집에 도착했다는 연락이 왔다. 11시에는 이문영 박사가 돌아왔고, 오후 1시쯤에 서남동 목사가 돌아왔다. 아직 김대중 씨를 비롯한 많은 사람들이 나오지 못했다. 계속 투쟁할 것이 남은 것이다. 나는 기도하면서 투쟁할 것을 마음에 다졌다.

익환이는 살은 없지만 건강해졌는데 동환이는 아주 약해져 있었다. 고마운 것은 익환이 성격에 칼같이 날카로운 면이 있었는데 감옥살이를 하면서 많이 변했다는 점이다. 동환이는 원래 둥글둥글한 편인데 익환이는 신경이 바늘 끝처럼 예민했다. 또 외할아버지를 닮아서 성격이 불같은 데가 있었다. 그런데 감옥살이를 하면서 오히려 성격이 부드러워지고 눈도 더 밝아졌으며 고통을 함께 나누면서 부모, 아내, 자식, 친구들과 더 가까워졌다. 하느님께 감사할 일이다.

민주화의 현장에서 1978~1979의 일지

두 아들이 22개월 동안 힘들게 옥살이를 하고 석방되자, 문득 이런 생각이 났다. 소는 임신을 해서 10개월, 말은 12개월, 노새는 20개월 만에 새끼를 낳는데 나는 쌍둥이를 배어 22개월 만에 해산한 꼴이라고. 그 동안 태아가 부작용을 일으켜서 어미는 캐나다에서 나오게 되었고, 12월에는 태아가 사경에 이르러 산모는 4일 동안 잠을 이루지 못했으나, 12월 31일에 순산한 격이라고. 그러나 아직도 후유증이 있어서 유아도 산모도 편하지 않다고.

그 후유증이란 아직도 수많은 사람들이 차가운 감옥과 길거리에서 고통을 받고 있다는 사실이다. 김지하, 인혁당 관련자의 부인들, 민청학련 학생들, 시인 양성우, 한신대 학생들, 서울대 학생들, 서강대 학생들, 감신대 학생들, 고려대 학생들, 외국어대 학생들, 성균관대 학생들, 기독 청년들, 목사님들, 전도사님들, 전태일의 어머니, 노동자들, 문화인들, 지성인들, 언론인들, 김대중과 그의 비서 두 사람, 그 외에도 내가 모르는 긴급조치 위반자들……. 나는 긴급조치가 없어질 때까지 기도하며 싸우리라고 마음먹었다.

그중에서 비밀 신문을 4년 동안 만들다가 적발되어 수감된 전재용 씨는 2년 형을 받았다가, 감옥에서 다시 중형을 받아 7년을 감옥에서 생활해야 한다고 한다. 그러나 씩씩하게 살아서 청년들에게 좋은 본을 보여 준다고 한다. 그 부인이 근근이 벌어서 4남매를 기르는데 보기에 딱하다.

1978년 2월 인천 동일방직 공장에서는 직공들이 노동조합 투표를 하러 들어가는 것을 막으려고, 깡패들을 데려다 똥물을 뿌리고 심지어 이것을 먹이기까지 했단다. 이에 항거하여 126명이 단식을 했는데 기업주는 단식을 그만두면 요구대로 한다고 약속하고는 다 잘라 버렸다. 그래서 여공들이 계속 투쟁하고 있고 바깥의 민주 인사들은 격려 편지와 격려금을 보내 주고 있다고 한다.

6월 20일에는 서대문구치소에 수감된 학생들이 옥중 데모를 했다. 양성우 시인을 포함한 42명이 40일간 징벌방에 감금되었다. 이때는 날씨가 지독히 더웠다. 그 후 이들은 지방 구치소에 분산되었다고 한다.

7월 6일, 문익환 목사가 민주국민회를 조직하려다가 종로 5가에서 체포되어 행방불명되었다. 다음 날은 박정희가 선거 때문에 민주 인사들 가정에 십여 명씩 순경들을 배치해 지키게 했다. 우리는 북부경찰서부터 미국 대사관까지 가서 익환이를 찾았으나 간 곳을 알 길이 없었다. 14일 목요기도회가 끝나자 방학동 동환의 집('새벽의 집'*)에서

---

* 새벽의 집은 기독교 정신을 바탕으로 힘닿는 대로 일하고 필요한 만큼 나누어 쓰는 나눔의 삶을 실천했던 공동체다. 물질주의와 개인주의에 물든 삶을 극복하고자 한 새벽의 집은 문동환 목사와 수도교회 교인들이 중심이 되어 만들어졌다. 1972년에 시작되었으며 8년 동안 지속되었다. ─엮은이

단식기도를 시작하여 각계각층 사람들이 모여들었다. 이문영·안병무 박사도 아예 공부방을 그곳으로 옮겨 본격적으로 농성하려고 했는데, 농성을 시작한 지 6일째 되는 7월 19일 기도하는 중에 익환이가 가석방되었다는 소식을 듣고 농성을 중지했다.

8월 3일에는 김대중 씨와 모든 수감된 인사들의 석방을 위한 단식 투쟁을 역시 방학동 동환의 집에서 시작했다. 김대중과 수감자들의 이름을 써 붙이고 플래카드를 건 채 시작했다. 유인태, 이현배, 김하범의 어머니, 이해학의 부인이 단식에 참여했다. 나와 김지하 어머니, 서광태 어머니는 끝까지 버티다가 병이 나서 며칠 입원해야 했다. 익환이는 잘 견디어 냈다. 여름에 농성을 하니까 사람들이 수박 같은 것을 자꾸 사 들고 왔다. 김지하 어머니가 "먹지 말고 해야지. 먹으면 무슨 단식이야" 했던 생각이 난다. 8월 15일에 유인태, 이현배, 김하범, 박종철, 이해학 등 일곱 명이 석방되어 농성을 풀었다.

9월 3일에는 김대중 씨가 옥중에서 단식 투쟁을 하자 밖에 있는 가족도 단식을 시작했다. 김대중 씨가 일주일을 하고 쓰러져 단식을 중지하자 밖에서도 중지했다. 우리는 김대중 씨가 입원한 서울대학병원 마당에서 대대적으로 데모를 했고, 몇 사람은 12일간 구류 처분을 받았다.

7, 8, 9월 석 달 동안은 내내 금식 기도를 했다. 그런데 10월 13일 익환이가 다시 저들의 비위를 건드려, 형집행정지가 취소되었다. 윤반웅 목사도 금요기도회에서 기도한 죄로 구속되었다. 동아투위(동아자유언론수호투쟁위원회)가 동아자유언론실천선언 4주년 기념일을 위한 안내 기사를 신문에 냈다고 해서 네 명이 구속되었다. 한 달 지난 뒤 또 기사를 냈다고 두 명 더 구속되고, 그 후에 또 한 사람이 구속되어 도합 일곱 명이 감옥에 갔다.

방학동 새벽의 집에서 농성하며 구호를 외치는 문재린과 백기완 선생(왼쪽). 1978년 8월.

구속자 어머니들이 자식과 남편의 석방을 위해 방학동 새벽의 집에서 단식 농성을 하고 있다. 오른쪽 끝이 이태영 변호사, 두 번째가 김신묵. 1978년 8월.

11월 6일에는 박형규와 문익환 석방을 위한 농성을 우리 집에서 시작했다. 박형규 목사는 다섯 번째로 구속되어 있었고 익환이는 두 번째였다. 이때 시인 고은 씨가 플래카드에 "새 마음, 새 헌법, 새 대통령"이라고 써서 집 밖에 붙였더니, 경찰서에서 와서 이것만은 제발 떼어 달라고 해서 그걸 떼어 집 안에 붙였다. 그러다가 기소되는 바람에 농성을 중지했다.

그 후 12월 5일 박정희 취임식 때 갇힌 사람들을 많이 풀어 준다고 했으나 풀어 주지 않자 익환이가 26일부터 단식을 시작했다. 28일에 가족 특별 면회를 해서 단식을 중단하라고 했지만 듣지 않았다. 다시 특별 면회를 하여 단식 중단을 부탁했으나 예수님이 하신 40일 단식에 하루 못 미치는 39일 단식을 하겠다고 고집하는 것이었다. 할 수 없이 우리 식구들은 인혁당 가족들과 함께 종로 5가의 기독교회관에서 정부에 대한 요구를 내걸고 농성을 벌였다. 얼마 후 김관석 NCC 총무와 이국선 인권위원장 두 분이 감옥을 순회하면서 익환이를 만나, 가족이 농성한다는 소식을 전했더니 익환이가 25일 만에 단식을 중단했다.

나는 그때 이런 제목을 정하고 기도를 드렸다.

출애굽기 3장 8절에서 10절에 "나 야훼는 이 백성들이 얼마나 고생하고 있는지를 잘 알고 있다. 지금도 그 소리가 들린다. 내 눈에 보인다"고 말씀하셨습니다.
하느님 아버지시여, 오늘 우리 한국 민족이 억울함을 당하고 호소하는 기도를 들어주옵소서.

1. 이 민족이 남과 북으로 갈라져서 서러움에 복받친 기도를 들어주

시옵소서. 처자식이 서로 소식조차 모르고 있는 이 안타까운 심정을 알아주시옵소서. 민주 통일을 이룩하게 하소서.

2. 독재자들의 권력 유지에 항거하다가 쓰러진 심령들의 기도를 들어주시옵소서.

3. 언론 자유를 외치는 기도를 들어주시옵소서.

4. 학문 자유를 위해서 외치는 기도를 들어주시옵소서.

5. 집회 자유를 외치는 기도를 들어주시옵소서.

6. 출입의 자유를 허락하여 주시옵소서.

7. 국민들을 무조건 억압하는 것을 중단하여 주시옵소서.

8. 억울한 착취를 당하는 노동자들의 기도를 들어주시옵소서.

9. 땅에 떨어진 도덕을 회복하여 주시옵소서.

10. 민주를 외치다가 감옥에 들어간 이들의 기도를 들어주시옵소서.

주님께서는 무엇이나 구하는 것을 들어주시겠다고 하시지 않았습니까? 이제 간절히 기도합니다. 들어주시옵소서.

이스라엘의 고생하신 것을 보신 하느님,

이스라엘의 기도를 들어주신 하느님,

이스라엘에게 좋은 것을 주신 하느님,

이 부족한 종은 하느님께서 더 좋은 것으로 주실 것을 믿으면서 간절히 기도합니다.

이 부족한 종은 아무 공로 없으나 예수님의 이름으로 기도할 때 더 좋은 것으로 주실 것을 믿으면서 기도합니다. 아멘.

1979년 1월 14일 목요기도회에서, 강기정의 어머니가 대구교도소에 자기 아들을 면회하러 갔다가 들은 소식을 전해 주었다. 대구교도소에서 간수들이 수감자를 때려서 갈비뼈가 부러졌다고 죄수 전원이 단식에 들어갔다는 것이다. 이 소식을 들은 가족들은 종로 5가 NCC 사무실에서 농성을 시작했다. 농성자들은 19개 조건을 걸고 청와대, 국회, 관공서, 대학 총장에게 성명서를 보냈다. NCC 인권위원회에서는 대구 등 전국의 교도소에 조사단을 파견했다. 이때 많은 성과를 보았다. 익환이 단식을 끝냈고, 윤반웅 목사의 대우도 나아졌다. 대구교도소에서는 간수들이 벌을 받고, 단식하던 사람들은 중단했다는 소식이 왔다.

6월에는 카터 미국 대통령이 한국을 방문했다. 그런데 우리는 십여일 동안 가택 연금을 당했다. 나 같은 늙은이도 연금을 하는 것이다. 나는 너무도 화가 나서 심장이 아팠다. 그래서 치료를 받았지만 그 후에도 무슨 일이 있으면 심장이 아프게 되었다.

8월 10일에 YH 사건으로 문동환, 이문영, 인명진, 고은, 서경석 등이 구속되자 그들의 석방을 위하여 15일부터 농성을 시작했다. 목표는 기소를 막으려는 것이었다. 농성 첫날 오후에는 출옥한 사람을 위한 기도회를 한빛교회에서 열었다. 그 이튿날은 목요기도회를 했고, 농성장을 종로 5가 기독교회관으로 옮기기로 했다. 우리 시모녀는 버스를 타고 종로 5가 여신도회 사무실로 가서 총무의 허락을 받고 농성을 시작했다. 사흘 뒤 천주교 성당에서 성토회가 있어 참석했다. 그 후 천주교 성당에서 합동으로 농성하기로 했다. 나는 거기에는 참여하지 못하고 집으로 돌아왔다. 성당 농성은 이틀로 끝났다. 그래서 나는 플래카드를 가지고 호근이와 같이 종로 5가 여신도회 사무실에 가서 다시 농성을 시작했다.

민주 인사의 가족들이 어찌나 열심히 농성했는지 각계각층에서 여러 가지로 성원을 해주었다. 물질적으로 성원해 준 것도 많아서 쓰고 남을 정도였다. 이러는 동안 여러 가정들이 정말 한가족처럼 친해지게 되었다. 다들 하룻밤씩 와서 자고 가고, 나는 계속 그 자리를 지켰다. 외국에서 방문하여 격려해 준 사람들도 많아 우리에게 크게 힘이 되었다. 뉴욕의 유니언 신학교 학장과 그 부인도 왔다. 미국 케네디 의원의 특사들이 와서 YH 사건은 물론 크리스찬아카데미 사건, 대학 교수들의 해임 사건 등을 조사해 갔고, 일본에서는 한 여자 문인이 찾아왔다. 그는 여러 나라의 감옥에 대하여 조사하는 분인데, 우리 모임에 와서는 눈물을 흘리면서 위로와 격려를 해주고 수중에 있는 돈도 다 털어서 주고 갔다. 일본에서 온 목사들과 변호사들도 아카데미 재판을 참관하러 왔다가 우리에게 와서 격려를 해주었다. 그 밖에도 수많은 사람들이 찾아 주어 큰 도움을 받았다. 그때 구속자 가족을 위한 사무실이 있었으면 했으나 우리의 힘이 모자랐다.

1979년 10월 26일 기도회에서 정지철 목사님이 박 정권을 무너뜨려 달라고 기도하던 그 시간에 박정희가 죽었다. 이어 11월 6일 긴급조치가 해제되면서 8일에 익환이가, 12일에는 동환이가 석방되었다. 우리는 곧 민주주의가 이룩될 것이라고 믿었다. 하지만 잘못된 생각이었다. 1979년 11월 24일 YMCA에서, 최규하를 대통령으로 만들려는 것을 막으려고 모였던 사람들이 잡혀가서 모두 몹시 매를 맞은 것을 보아도 그렇다.

그들이 엄청나게 고생한다는 소식을 듣고 나는 찢어지는 듯한 심정으로 기도하다가 웅담이 매 맞은 데 좋다는 말이 생각이 났다. 그때 누가 내게 웅담 스무 돈을 맡기면서, 본전만 빼고 나머지는 인권운동을 하다가 상한 사람을 위해서 쓰라고 했다. 나는 그중 열 돈을 매 맞은 사람들에게 나누어 주기로 했다. 그러나 그것으로는 21명밖에 도울 수가 없었다. 나머지 열 돈도 인권운동을 하는 사람을 위해서 쓰고 싶어 그 열 돈을 사고자 두 사람에게 협조를 청했더니 최태섭 장로가 30만 원을 주셔서 그것도 나누어 주었다.

그때 웅담을 나눠 가진 사람들은 김병걸, 이철룡, 백기완, 서광태, 정병생, 박종렬, 박형규, 김한림, 김윤아, 박용길, 정은숙, 김명수, 정상복, 김신묵, 김상현, 이희호, 이해학, 박관석, 배성룡, 김용복, 권호경, 권진관, 이우애, 홍성엽, 최열, 이협, 안병무, 이우정, 이정옥, 문동환, 문익환 등 31명이다. 그 후에 웅담이 더 보내져 왔기에 무조건 필요한 사람에게 나누어 주었는데 그 명단은 자세히 기억할 수 없다. 기억나는 대로 적으면 백기완, 김주오, 전영주, 윤반웅, 인태선, 김봉우, 임인영, 이문영, 김옥실, 이해동, 송건호, 최열과 그 모친, 조성우와 모친, 강성구, 한승헌, 이봉우, 강정호, 한명숙, 예춘호, 이신범, 홍성엽, 권운상, 이석표, 임종환, 이수은, 노재창, 제일교회 오세구, 이소선 등이다.

그 무렵 호근이와 은숙이가 독일로 유학을 갔다. 그래서 1년 반 동안 증손자 바우를 키워 주었다. 바우가 여름에 피부병이 나서 약을 먹이고 병원에 데리고 다니며 하루에 두 번씩 목욕을 시켰다. 내가 힘들어하는 것을 알아주는 것은 의근이다. 의근이는 저녁이면 퇴근해서 바우와 한참씩 놀아 주곤 했다. 내가 바우를 키우는 것을 보고 믿음이 갔는지 둘째손부 성심이도 어진아를 한 달간 내게 맡기고 독일에 다녀오겠다고 해서, 어진아도 봐주었다.

일제하에 남편이 옥살이를 두 차례나 했어도 그때는 응당 민족을 위해서 할 일이라 생각하고 오히려 영광으로 느꼈다. 그러나 36년 만에 해방이 되어 기뻐하는데 뜻밖에 남편이 다시 투옥되니 분해서 견딜 수가 없었다. 얼마 있다 출옥되었는데 또 러시아 헌병에게 붙잡혀 갇히게 되니 너무 억울하고 분했다.

남하해서 자유롭게 살려고 했는데 박정희 정권으로 말미암아 아들이 둘씩이나 감옥에 들어가게 되니 이때는 어처구니가 없어서 내 열린 입이 닫히지 않았다. 법정도 경찰서도 형무소도 다 웃기는 존재가 되어 그냥 "개새끼들"이라는 말밖에 나오지 않았다.

이러한 기가 막힌 경험을 통해 나는 여러 가지 신앙 체험을 얻게 되었다. 〈다니엘〉 서, 〈예레미야〉 서, 〈이사야〉, 〈에스겔〉 등 고난서들을 읽을 때에 주님의 음성을 듣는 듯 특별한 감명을 받게 되었다. 또 네 복음서를 읽을 때에도 주님의 음성을 직접 듣는 듯했다. 특히 〈출애굽기〉 3장은 매일 읽으면서 기도를 드렸다. 하느님이 "내 백성들이 지금도 애굽에서 고생하는 것을 보고 그 신음 소리를 듣는다"고 하시면서 내가 그들을 구하겠다고 하는 음성이 직접 들리는 듯했다.

모세는 날 때부터 모진 시련을 겪었다. 아들을 낳으면 다 죽이고 딸을 낳으면 살린다는 무서운 박해를 받으면서 자랐다. 그때 어머니들이 얼마나 하느님께 기도했을까 생각하면 가슴이 벅차 오고, 우리 역시 그런 박해를 받고 있다고 생각했다. 그래서 아들들을 감옥에 보낸 우리 어머니들도 그렇게 하느님께 호소하면 하느님이 이스라엘을 해방시킨 것처럼 해방시켜 주실 것이라고 믿게 되었다. 이 깨달음을 구속자 가족들에게 이야기했더니 모두 감명 깊게 들었다.

밀알 하나가 땅에 떨어져

1980년 1월 15일에 나는 잊을 수 없는 꿈을 꾸었다. 간도의 명동 우리 집에 눈이 오고 있었다. 익환이는 앞채 사랑방 앞에서 눈을 치우고, 할머니는 사랑채와 본채 사이의 마당을 치우고, 나는 굴뚝 있는 데를 치우는데, 눈은 끝도 없이 왔다. 한참 치우다가 익환이와 할머니는 집으로 돌아오고 내가 혼자서 치우다가 보니 햇빛이 쨍쨍 비쳐서 눈이 금방 녹아 흘러내리는 것이었다. 그 물이 아주 맑았다. 그래서 나는 도랑을 파서 물이 내려가도록 하고 집에 들어왔는데, 그 햇빛이 어찌나 밝은지 변화산상의 예수님*의 빛과도 같다고 느꼈다. 그런데 익환이가 공주교도소에 있을 때 똑같은 꿈을 꾸었다고 한다.

지금까지 지나온 나날들을 되돌아본다. 나는 1914년부터 문씨 가문을 지켜 왔다. 어디든 밖으로 나가면 집안일이 틀어지기에 언제나 집

---

* 〈마가복음〉 9:2~8. —편집자

을 지키는 자세로 살아왔다.

내 일생의 모든 일들이 다 하느님께서 소원하셔서 이루어진 것이라고 생각한다. 허둥지둥 그 끔찍하고 험한 생활을 내가 어떻게 살아왔을까? 그런 생각을 하면 나의 어머니 아버지가 가르친 것을 다시 곰곰이 생각하게 된다.

어머니는 딸을 셋 낳고 아들을 낳았고 그 다음에 나를 낳으셨다. 아버지는 대학자로 마을 아이들을 교육하셨지만, 가난 때문에 나보다 네 살 위인 오빠에게는 공부를 가르치지 못하고 농사일을 시켰다. 그런데 오빠가 농사일을 하러 나갈 때 나를 꼭 동무시켜서 내보내셨다. 오빠가 김매러 갈 때나 나무하러 갈 때도 같이 보냈다. 그래서 다른 형제들은 배우지 못한 김매고, 씨 심고 하는 농사일을 나는 다 배웠다. 또 빨래 다듬고 베 짜는 것, 바느질하는 일도 다 배웠다. 그 덕분에 16세에 시집가서 겪어야 했던 모든 어려운 고통을 이겨 낼 수 있지 않았던가 싶다. 또 그렇게 되도록 부모님을 통해 하느님이 나를 기르신 것이라고 생각한다. 하느님이 일제와 공산당과 독재 치하에서 나와 남편, 자식들의 생명을 지켜 주시고, 어려움 속에서도 일생을 살아갈 수 있도록 길러 주신 것이다.

서울에 나올 때 우리는 단돈 1500원을 가지고 나왔다. 그런데 자녀들의 길을 다 열어 주신 것을 볼 때 다시금 하느님의 은혜를 생각하게 된다. 빈손으로 서울 생활을 시작해서 자녀들을 다 미국 유학 보내고, 지금은 자녀들이 다 자기 집을 가지고 살고, 차도 가지고 피아노도 가지고 있을 정도로 복을 받았다. 그때는 여덟 명이 남쪽으로 내려왔지만 지금은 가족 수가 37명이 넘었다. 지금 나는 93세 나이로 효자 효부의 효성으로 행복한 생활을 하고 있다. 익환이에게 말한 적이 있지

김신묵과 문재린이 1970년부터 생을 마치기까지 살았던 수유리 집. 지금도 문재린 김신묵 문익환 박용길의 이름이 나란히 적힌 문패가 그대로 있다.

만 "우리도 욥만큼, 욥보다 더 많이 받았다." 어려서 형제 중에 내가 몸이 가장 약했는데 9형제 가운데 지금 나 혼자 살아 있다. 그리고 두 아들이 감옥에 들어가 고생하고 속상하고 아픈 생각이야 어떻게 다 말로 표현하겠나? 하지만 두 아들이 나라를 위해 뛰는 걸 보면 할렐루야 하느님 앞에 감사드린다. 두 아들을 생각하면 눈물밖에 흐르는 게 없다. 우리 가정의 자녀들이 하나가 되어서 하느님을 찬양하고 이 나라를 위해 일하기를 바란다. 그리고 신앙의 길로 깊이깊이 들어가기를 기도한다.

부족하고 연약하지만 나는 나름대로 삶을 무의미하게 살지 않으려고 노력해 왔다. 부모와 시부모를 섬기는 일, 친정과 시댁의 형제들과 자식들을 돌보는 일, 교회와 사회를 섬기는 일에 모자라나마 정성을 다하려고 했다. 나의 표어와도 같은 성경 구절은 〈요한복음〉 12장 24절이다. 거기에 보면 "밀알 하나가 땅에 떨어져 죽지 않으면 한 알 그대로 남아 있고 죽으면 많은 열매를 맺는다"고 했다.

나를 택하셔서 문씨 가정에서 오늘날까지 살게 하고, 자녀들이 의의 길로 나가는 것을 볼 때 하느님께 감사드린다. 나는 부족하고 아무런 지혜와 지식도 없고 잘난 것도 없지만, 힘을 주시고 길러 주시고 추대해 주신 하느님 안에 있어 인재를 양성할 수 있었다. 하느님께 감사 감사드린다. 예수님이 제자를 택하되 천한 세리 마태와 어부 베드로를 택해 증인으로 삼고 모든 사업을 그들에게 맡겼듯이 나를 택하심에 그저 감사드리면서 말년을 보내고 있다.

이 땅 모든 여성의 얼굴에서*

문익환

어머님께!

어머님은 마침내 저의 기도에서 해방되셨습니다. 어머님을 생각하며 기도할 일이 없어졌습니다. 어쩐지 허전하고 서운합니다. 그러나 이제부터는 어머님을 생각하며 간구하는 일은 없어졌지만, 어머님을 생각하며 감사하고 찬양을 하게 되었습니다.

5년 전 아버님을 보내야 했을 때, 아버님은 가는 듯 되돌아오시는 것을 보았습니다. 이번 어머님을 보내면서는 가시는 듯 되돌아오시는 어머님의 모습이 더욱 뚜렷해졌습니다. 어머님이 돌아오신 곳은 민중의 아픔이 있는 곳이었습니다. 거기가 바로 어머님이 가서 안긴 하느님이 계시는 곳이기 때문입니다.

---

* 이 글은 문익환 목사가 《그리운 어머니—김신묵 권사 추모문집》에 쓴 글 〈이 땅의 모든 여성들의 얼굴에서 어머니의 얼굴을 볼 겁니다〉를 맞춤법과 띄어쓰기만 손보아 그대로 실은 것이다.—편집자

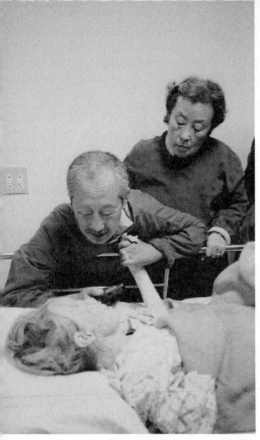

위독한 어머니를 병문안하러 안동교도소에서 나온 익환. 그러나 다시 의정부교도소로 수감당해 결국 임종을 지키지 못했다. 1990년 9월, 서울 한일병원에서.

　　하늘나라의 행복과 기쁨이 민중의 아픔과 서러움 속에 있다는 것이, 바로 어머님이 경험으로 터득해 깨친 것이었으니까요. 90년간에 걸친 뼈가 으스러지고 살갗이 찢어지는 아픔과 고난을 정면으로 대결하여 뚫고 나오고 보니 그게 그대로 행복이었다는 걸 어머님은 제게 담담하게 이야기해 주시지 않았습니까? 우리가 살아가는 이생의 현장이 그대로 하늘 한복판이거든요.

　　14일 밤을 못 넘기실지 모른다던 것이 의사의 판단이었지요. 그래서 어머님의 임종이나 보라고 허락이 내렸던 겁니다. 그런데 그날 밤 어쩌면 어머님을 다시 살릴 수 있지 않을까 하는 생각이 들었습니다. 문병 온 이들을 다 돌려보내고 잠깐 눈을 붙였다 깨었더니, 이 웬일입니까? 온몸에 기가 왔거든요. 그래서 어머님께 기를 넣어 드렸지요. 그랬더니 어머님은 고이 잠드시는 것이었습니다. 그리고 그날 밤은 무사히 넘기셨지요.

　　다음날 아침 의사들은 적이 놀라는 것이었습니다. 혈압과 맥박은 썩 좋아졌으니까요. 철야 기도하시는 교인들의 기도가 하느님의 가슴에 울려 제 몸에 감응된 것이라고 생각되었습니다. 15일도 계속 기를 넣어 드렸더니, 훨씬 차도가 있었지요. 그래서 법무부는 저를 의정부교도소로 보내고 이틀이나 어머님 병이 악화되기를 기다리는 꼴이 되었지 뭡니까? 그 이틀 동안의 안타까움이라니. 어머님 옆으로 돌아가 보살피게 해준다면 백골이 진토가 되어도 그 은혜를 잊지 않겠다고 법무부 장관에게 애걸까지 해보았지만 허사였습니다.

17일 저녁 동환이와 용길이가 와서 어머님의 병세가 많이 악화되었는데도 법무부는 전연 허락할 기미가 없다는 말을 하고 돌아간 다음, 방에 들어가 엎드리니 온 얼굴 근육이 푸들푸들 떠는 것이었습니다. 그러다가 하느님이 저를 통해서 간접적으로 어머니를 다시 살리시면 저에게 영광이 돌아올지 모르니, 이젠 하느님이 직접 어머님의 몸에 손을 대어 되살리심으로 하느님께 영광이 돌아가도록 해달라고 기도를 드렸더니 푸들푸들 떨리던 얼굴 근육이 진정되고 마음의 평정을 찾을 수 있었습니다.

그리고 잠들었는데 정말 고마운 꿈을 꾸고 깨니, 새벽 3시 15분이었습니다. 꿈에 누군가 어머님이 12시 반에 운명하셨다고 하는 것이었습니다. 그 말을 듣고 얼굴을 쳐들었더니, 아버님의 건장한 얼굴이 보이는 것이 아니겠습니까? "어머니가 돌아가셨습니다" 하며 엎드려 울음을 터뜨리다가 깨니 꿈이었습니다. 그리고 꿈대로 12시 반에 어머님은 운명하셨습니다. 하느님은 이것으로 저를 구원해 주셨습니다. 법무부에 대한 원망에 죽기까지 시달릴 뻔했는데, 또 죽기까지 가슴에 맺힌 한을 품고 살 뻔했는데, 저는 그 원망과 한에서 풀려나게 된 것입니다. 어머님이 돌아가신 건 법무부의 몰인정 때문이 아니라는 걸 하느님은 꿈으로 제게 알려 주셨던 것입니다.

세상에 한이 없는 무덤이 없다지만 아버님, 어머님의 무덤은 한이 없는 무덤이라고 생각합니다. 아버님, 어머님 북간도 이야기가 미완으로 남았지만, 녹음해 둔 것이 있어서 아쉬운 대로 써 내려갈 수 있습니다. 우혜도 녹음해 둔 것이 있으니까 잘 되리라고 생각합니다.

세상에 더없이 행복하셨던 아버님, 어머님의 아프고 괴로웠던 생애를 기어코 완성하겠습니다. 쉴 새 없이 몰아치는 고난을 한 걸음도 비켜서지 않고 정면으로 대결하고 뚫고 90여 성상 살고 보니 그것이 더없는 행복이었다니. 어머님이 하느님께 돌아가서 누릴 천국의 복락이 결코 아픔과 고통과 동떨어진 것일 수 없다는 것을 밝혀 주셨군요. 어머님이 돌아가신 하느님의 품이란, 고난 받는 민중을 품어 주시는 통일밖에 없으니까요. 어머님을 맞이하시는 하느님은 민중의 아픔과 고통 속에 계시는 것이니까요. 천국의 복락이란 민중의 아픔과 고통을 하느님과 함께 겪어 나가는 과정 속에 있다는 걸 어머님은 제게 가르쳐 주셨습니다.

앞으로 어머니가 보고 싶으면 고난의 현장으로 달려가겠습니다. 어떤 고난에도 굴하지 않고 밝은 새날을 향해서 온몸으로 밀어붙이며 전진하고, 이 땅의 모든 여성들의 얼굴에서 저는 어머니의 얼굴을 볼 겁니다. 그들을 어머니로 알고 부둥켜안고 같이 몸부림치며 살아갈 겁니다. 그리고 거기서 어머니와 함께 천국의 복락을 누릴 겁니다.

이렇게 해서 죽음도 어머니와 저를 갈라놓지 못하는군요. "우리는 우리를 사랑하시는 그분의 도움으로 이 모든 시련을 이기고도 남습니다."(로마서 8:17) 예수 그리스도의 십자가의 사랑이 우리에게 모든 시련을 이기는 힘을 주시는 거고, 사랑으로 역경을 헤치며 이겨 내는, 승리하는 생 속에 천국의 복락이 있다는 것 아닙니까.

"그래 맞다. 네가 이제 그걸 깨쳤으니, 나의 기쁨이 또 더 커지는구나." 이렇게 어머님이 제 귀에 속삭여 주시는 소리가 들립니다. 문상 오신 어떤 분이 "어머님만큼 행복한 사람이 다시 있을까요?" 하고 묻더군요. "어머님 자신이 그렇게 생각하시면서 눈을 감으셨습니다. 그러나 그 행복은 90년에 걸친 고생의 총화였답니다." 이렇게 말해 주었습니다. 이 말을 듣고 있던 분은 "목사님만큼 행복한 사람이 또 있다고 생각하십니까?" 하고 묻는 것이었습니다. 저는 주저하지 않고 단호하게 없다고 대답할 수 있었습니다. 이렇게 대답할 수 있도록(자신을 가지고) 만들어 주신 것이 바로 어머님이셨습니다. 그 행복의 내용이 모든 고난을 이겨 내는 데는 사랑이라고 하겠습니다. 십자가의 사랑인 거죠. 어머님과 함께 지상의 행복, 천국 복락을 누리게 되었다는 것이 어찌 예삿일이겠습니까? 이리하여 저도 어머님과 함께 가장 큰 복을 받은 사람이 되었습니다.

오직 감사할 뿐입니다.

전주에서 아들 익환 올림

병상 일지*

문호근

1990년 8월 23일

서울 중앙병원에 입원.

할머니는 팔순 이후부터는 웬만해서는 병원에 가기를 꺼리셨다. 살 만큼 산 노인이라고 병원에서 푸대접이 말이 아니었기 때문이다. 이번 입원은 가슴의 통증이 견디기 어려울 만큼 심해지기도 했지만, 무엇보다도 감옥에 있는 아들을 석방시키는 일에 '노모의 입원'이 일정한 효과를 발휘해 주기를 기대하셨기 때문이다.

8월 25일 03:00

병원 침대에서 떨어져 머리를 다치심.

심장의 통증으로 밤새 괴로워 몸부림치시다가 침대에서 떨어지신

---

* 맏손자인 문호근이 《그리운 어머니 ─ 김신묵 권사 추모문집》에 올린 병상 일지를 손보아 실은 것이다. ─편집자

것인데, 이 일이 할머니의 죽음을 재촉한 결정적인 일이 되었다. 격심한 통증과 함께 매우 위험한 기간을 겪으셨다.

8월 29일

중앙병원 퇴원.

병원에서는 좀더 입원해 있으라고 했으나 일단 안정기에 접어들었고, 무엇보다도 '병 고치러 들어왔다가 도리어 병을 얻은' 병원에 더 계시고 싶지 않은 심정이어서 퇴원하기로 했다.

이후 9월 10일까지 집에 머무셨다. 그 동안 많은 분들의 위로 방문과 격려 전화를 받았다.

9월 8일

북한 총리 일행이 남기고 간 선물을 통일원 관리들이 전하러 왔다. 할머니는 이들이 북한에서 오신 분들인 줄 아시고 눈물을 흘리며 반가워하셨다.

9월 10일

갑자기 통증이 심해져서 한일병원 중환자실에 입원.

9월 12일

전주교도소에서 아버님*이 특별면회 허락을 받아 비밀리에 잠깐 방문하셨다.

---

* 문익환 목사.

9월 13일

맥박이 급격히 떨어져 병원에서 임종을 준비할 것을 통보했다. 곧 사방 가족들에게 통지하고 법무부에도 알렸다.

9월 14일 12:20

아버님이 도착하셨다. 위급하시던 할머니는 어느 정도 안정을 찾고 아버님과 장시간 이야기를 나누셨다. 할머니는 당신의 '투쟁'으로 아버님이 석방되신 것으로 아시고 마음의 평정을 되찾은 것이다. 그것이 아버님 특유의 치료와 함께 일시적으로 병세를 호전케 했다고 판단된다.

9월 15일

그러나 법무부는 용태가 좋아졌기 때문에 아버님을 다시 교도소로 모시고 가겠다고 했다. 가족은 아버님의 치료로 호전되었으니 더 계셔야 한다고 주장했고, 병원도 같은 견해였다.

9월 16일 15:00

아버님은 의정부교도소로 가셨다. 상태가 나빠지면 곧 다시 나오시게 한다는 약속을 받고. 그러나 상태는 계속 나빠졌으며, 밤 10시 이후에 의사도 매우 위급한 상황이니 문 목사가 오셔야겠다고 문서를 써 주었으나 법무부는 기어이 문 목사의 출옥을 거부했다.

9월 17일

매우 위험한 상태에서 의식을 찾으실 때마다 아버님을 찾으셨다. 우리는 '잠깐 어디 가셨다, 교회에 가셨다'는 등으로 얼버무릴 수밖에 없었다. 할머니는 아들이 당신의 '투쟁'으로 '석방' 된 줄로 알고 계셨지만, 마지막에는 사태를 어느 정도 짐작하신 것으로 판단된다. 틈틈이 가족에게 마지막 부탁의 말씀을 하시고, 참회의 기도를 드렸다.

9월 18일 08:30

소변보러 일어나 앉으셨다가 조용히 혼수상태로 들어가면서 마지막 숨을 거두심.

인공호흡으로 심장을 유지하는 가운데 09:20, 아버님이 도착하셨다. 육체의 임종은 보신 셈이 되지만, 끝내 모자간의 마지막 시간은 보내지 못한 셈이 되었다.

9월 18일 12:39

임종하셨다.

임종 예배 후, 곧 시신은 옮겨져 유언에 따라 각막 절취 수술이 시행되었다. 유언은 몸의 모든 장기를 필요한 사람에게 남기는 것이었으나 실제 쓸 수 있는 부위는 각막밖에 없었던 것이다.

9월 20일

장례.

아침에 염을 했다. 생전에 손수 준비하여 보자기에 싸두셨던 수의 보따리, 고운 미색 한복이었다. 입혀 드리고, 거기서 나온 보라색 민가협 목도리를 목에 감아 드렸다.

한신대에서 영결 예배,

4·19 묘지에서 노제,

소요산 기슭, 할아버님 곁에 묻히셨다.

그 동안 찾아 주시고 위로와 격려를 보내 주신 모든 분께 감사드린다.

산 자의 기억

사진 설명 문재린 김신묵의 묘비를 세우고 나서. 김신묵의 친정 식구들과 익환, 동환 부부. 1991년 4월.

따그닥따그닥 윷놀이 하는 소리

문영금

나는 해방 후 할아버지 할머니가 남하하여 김천에서 목회하시던 때에 태어났다. 아버지가 큰아들이어서 할아버지, 할머니, 삼촌, 고모들 사랑을 받으며 대가족의 울타리 안에서 자랐다. 특히 늦둥이로 태어난 작은삼촌과 막내고모는 내게 오빠와 언니 같았다.

할아버지 할머니가 캐나다로 가신 후 2년 뒤에 나도 따라가서, 그곳에서도 같이 지냈다. 할아버지는 내 결혼식장에서 감옥에 계신 아버지 대신 내 손을 잡고 들어가 주셨다. 내가 아들을 낳았을 때 아기의 머리에 손을 얹으시고 축수해 주셨다. 그 후 입국 허가가 나지 않아 2년 반을 귀국하지 못하셨을 때에도 우리 집에 계셨다. 내 아들 문칠이와 공놀이도 함께하며 데리고 놀아 주셨다. 한번은 내가 외출하고 돌아오는데 아기가 우는 것을 달랠 길이 없으셨던지, 유모차에 아기를 태우고 지하 차고에 내려와서 나를 기다리시던 모습이 기억난다. 나는 이렇게 가까이에서 두 분의 사랑을 많이 받고 자랐다. 할머니에 대한 기억은 뒤에서 많은 사람이 이야기할 테니 나는 할아버지에 대한 추억을 두서없이 적어 보겠다.

두 분은 참으로 규칙적인 생활을 하셨다. 아침 7~8시 경 아침을 드시고 12시에 점심, 3시를 티타임으로 보냈고 6시에 저녁 식사를 하셨다. 식사 시간에는 가족의 근황부터 정치 돌아가는 이야기, 교육, 종교, 문화까지 폭넓은 대화가 오갔다. 건강을 위해 오래 씹어 먹으라고 해서도 그렇지만, 이야기를 하느라 우리 식구들은 식사를 오래 하기로 정평이 나 있다. 대화는 저녁 식사가 끝난 후 늦게까지 이어지곤 했다.

어려서부터 국내 정치에 대한 이야기를 늘 듣고 자랐다. 두 분은 나라와 민족을 걱정했으며, 나라를 위한 기도를 그치지 않았다. 혹자는 이승만이 기독교인이라 우리가 그를 지지한 줄로 알기도 하지만, 두 분은 항상 야당이었다. 신익희, 조병옥 박사가 대통령 선거운동 기간에 사망하자 울분을 터뜨리며 죽은 자에게 표를 던지고 오시던 기억이 난다.

할아버지는 잡기를 금하셨다. 집에서는 화투와 장기, 바둑도 두지 않았다. 우리 집안의 유일한 놀이는 윷놀이였다. 그래서 우리 식구들은 모두 윷놀이를 좋아하고 잘했다. 특히 말 쓰는 것은 각자의 지략이 담기는 것이기에 모두들 맡으려고 했다. 호근 오빠와 내가 말을 많이 두었다. 지금도 아들 내외의 이름과 함께 두 분의 이름이 대문 앞 문패에 쓰인 수유리 집의 작은 방에서 두 분이 따그닥따그닥 윷놀이하시던 소리가 들리는 듯하다. 지금은 내 어머니 혼자 남았는데도 그 명패를 그대로 두고 있다.

어려서 가정 예배를 보던 기억도 난다. 가정 예배는 찬송, 성경, 간

단한 말씀과 기도로 이어지다
가 주기도문으로 끝마쳤다. 밤
에 보는 가정 예배가 어린아이
에게 무슨 재미가 있었겠나?
기도 시간이 되면 엎드려 잘
준비를 했고, 엄마가 기도할
차례면 옆에서 꾹꾹 찌르며 짧
게 하라고 했던 생각이 난다.

손녀 영금에게 할머니 김신묵은 아름드리나무 같았다.
피난 시절 거제도에서 1950년대.

　일요일이면 어른들은 새벽
부터 교회에 가서 밤이 되어야 돌아오셨다. 주일학교, 성가대, 낮 예
배, 저녁 예배까지 다 마치고 오니 늦을 수밖에. 주중에는 우리 아이들
이 학교에 가고, 주말에는 어른들이 교회에 가 버리니 가족 나들이를
다닌 적은 거의 없었다.

　할아버지는 할아버지와 아버지를 일찍 여의고 장남으로서 집안의
모든 기대를 받고 위함을 받으셨다. 괴팍하기로 소문난 남종구 선생이
"네가 문 초시 증손자냐?" 하셨다고 한다. 몰라서 물어 보았다기보다
는 문 초시 병규 선생의 후손으로 그 어른의 뜻을 이어 가라는 뜻이 담
긴 말이었던 것 같다. 할아버지는 도인이 될 거라고 하신 김약연 선생
님의 말씀도 평생 마음에 새기셨던 것 같다.

　할아버지는 늘 자신이 삼우당 문익점의 후손이며 실학파라는 것을
강조하셨다. 삼우당의 자손이라는 것을 자랑하려는 것이 아니라 그의
뜻을 따르려 했던 것 같다. 그분의 유언처럼 관직이나 부귀영화를 탐
하지 않았다. 사실 해방 정국에, 유학까지 다녀온 사람인 만큼 존경받
던 지도자로서 얼마든지 일할 수 있었음에도 목회 자리가 나올 때까지

공사장에서 노무자로 일하셨다. 문익점이 목화씨를 들여온 것처럼 새로운 문물을 접할 때에는 어떻게 하면 그것을 받아들여 이용할 수 있을까를 항상 염두에 두셨다. 중국에 다녀와서는 집에서 농사지을 때 추경을 하면 좋다고 해서 그렇게 했다. 캐나다 유학 후에는 교회 건축 때 설계도를 그렸으며, 장례식 때 상여를 메고 가는 것이 힘들다고 관을 싣는 수레를 고안해서 실제로 사용했다. 할아버지는 열두 살에 죽은 아들을 교회 묘지에 묻으며 외국식 비석을 세우기도 했다. 요즘도 어린아이 묘는 잘 만들지 않는데, 무뚝뚝하기만 한 것 같은 아버지의 속마음을 들여다보는 듯해 뭉클하다.

할아버지의 녹음테이프를 듣다가, 명동학교에서 선생들이 우시던 이야기를 하시면서 감정이 북받쳐 말씀을 잇지 못하며 우시는 것을 들었다. 할아버지는 잘 우셨다. 특히 크게 웃을 때는 눈물을 닦으며 웃으셨다.

할아버지는 건장하고 잘생기셨다. 눈이 부리부리하고 멋쟁이셨다. 무릎까지 내려오는 바지에 스타킹을 신은 모습과 각종 모자들이 이채롭다. 이렇게 튀는 복장을 즐겨 입었던 것은, 그 옛날 외국 선교사들의 실용적이고 자유로운 복장을 보고 영향을 받으신 때문인 것 같다. 정장 양복 차림에는 목사 칼라를 많이 하셨는데, 특히 해외 여행 때는 외국인들이 성직자인 줄 알면 친절하게 잘 도와준다고 하셨다.

할아버지는 부지런하시고 무엇이든 미루는 것이 없으셨다. 생각나는 것은 곧 한다는 것이 생활 철칙이었다. 두 분은 땅만 보면 농사를 지으셨다. 피난 시절이나 수유리 한신대 사택에 살 때도 넓은 밭을 개간하여 여러 과일과 채소를 심으셨고, 닭과 염소까지 키우셨다. 손수 지은 채소와 과일을 멀리 사는 자식들과 교인들에게 가져다주시기도

했다. 캐나다에서도 집 뒷마당에 채소밭을 일구셨다. 집안에서 책만 읽거나 바깥일만 하시지 않고, 장작도 패고 농사도 직접 지으셨다.

할아버지는 건강에 관심이 많으셨다. 사상 의학에 관심이 많으셔서 웬만한 증세에는 직접 약 처방을 내리기도 했다. 아들이 단식을 하면 단식 요법을 알아보고 보내시기도 하고, 양파가 몸에 좋다고 양파 요법을 보급하기도 하셨다.

가정에서 자녀들에게는 엄격하셨으나 우리 손주들은 할아버지를 전혀 무서워하지 않았다. 세태도 많이 변했고 할아버지 스스로도 반성하시어 우리에게는 관대하셨다.

할아버지는 화합을 중요하게 생각하셨다. 어느 자리에서든 분열을 막으려고 애쓰셨다. 캐나다 연합교회에서 여러 교파가 하나로 통합하여 잘해 나가는 것을 보고 부러워하시고, 한국 교회의 분열을 안타까워하셨다.

만주 용정교회 시절, 재만 한인 신교 다섯 교파가 연합하여 만주 조선기독교회라는 새 교파를 창립했던 적이 있다. 일제가 기독교를 통제하려고 펼친 정책이라는 말도 있는데, 할아버지는 이때의 연합 활동을 즐거워하고 열심히 하셨다고 한다. 할아버지는 국내와는 달리 각 교파 선교부의 손이 미치지 않는 만주라는 특수한 지역에 한인 교회가 한 교파로서 설립된 데 큰 의미를 부여하셨던 것 같다. 또 캐나다 교회의 연합에서 영향을 받은 면도 없지 않으며, 독립운동을 위해 여러 교파가 네트워크를 형성한다는 의미도 있었던 것 같다.

기독교장로교와 예수교장로교가 분열할 때에도 할아버지는 이를 어떻게든 막아 보려고 애쓰셨다. 기장 중심의 민주화 운동 과정에서 예장의 목사님들과 천주교가 같이 투쟁할 때 무척 기뻐하셨다. 또 아들 익환이가 천주교와 함께 성경을 공동 번역하는 것을 굉장히 뜻있는 사명이라고 하셨다.

또 한 가지 할아버지의 특징 중 하나는 한번 맺은 관계는 소중히 생각하고 이어 가셨다는 것이다. 항상 소식을 주고받고, 도움이 필요할 때는 도움을 청하셨다. 이러한 관계 맺기를 통해 사업을 위한 자금을 지원받으시기도 했다. 실질적인 도움이 아니더라도 멀리 떨어져 있는 이들을 위해 기도하고, 기도를 부탁하기도 하셨다.

우리 할아버지는 당신의 말씀대로 하면 미련하기 그지없고, 남들이 말하기로는 성실하고 과묵하며 무뚝뚝하고 듬직하셨다고들 한다. 자신의 업적은 대수롭지 않게 말하고 남의 허물을 덮어 주셨다. 그랬기 때문에 한때 갈등을 겪었던 이들과도 훗날에 다시 화합하는 것을 여러 번 보게 된다. 할아버지에게서 나는 넓은 품을 가진 진정한 성직자의 모습을 본다.

싸우지 못하는 순한 성품이라, 할아버지는 주변에서 모함하거나 오해할 때에 똑 부러지게 변론 한번 하지 못하고 마음만 상하셨다. 할아버지가 직접 구상하고 추진하던 사업들이 잘되어 경제적인 지원을 받게 되면 주위에서 달려들어 빼앗기도 했다. 대구 한남신학교에서도 그랬고, 토론토 한인노인회의 경우도 그랬다. 그러나 할아버지는 자신에 대한 모함보다는 일이 그르쳐진 것을 더 아쉬워하셨다. 남을 원망하거나 탓하지 않고 자신이 일 처리를 잘못해서 일을 그르쳤다고 자책하셨다. 후원자들에게는 이러한 사실을 알리지 않고 끝까지 일이 잘 성사되도록 힘을 썼다. 할머니는 언변이 시원치 않은 남편이 말도 제대로 못 하고 당하기만 한다고 그렇게 속상해하셨다.

명동촌에서 받은 영향으로, 할아버지는 가시는 곳 어디서나 이상촌을 만들려고 노력하셨다. 교회를 세우고 학교를 세웠다. 여기서 잠깐 명동 공동촌을 통해 어떤 인물들이 배출되었는지 살펴보고자 한다. 네 집안이 정착해서 일군 명동에서는 학전을 통해 한 마을이 힘을 합쳐 공동으로 젊은이들을 키워 냈다. 거기에는 빈부귀천이 없었으며, 여성들과 나이 든 이들도 야학을 통해 배움의 기회를 나누었다. 쓸 만한 재목은 공동체가 함께 키우고 서로 후원해 주기도 했다. 김규식 선생이 진로 안내를 해준 것만 보아도 큰 틀에서 계획하고 인재를 키웠다는 것을 알 수 있다. 함경도에서 이주한 1세대인 김약연, 김하규, 김정규, 남위언, 문정호, 문치정 등은 문병규, 남종구 선생을 어른으로 모시고 만주에서 정착하여 젊은이들을 교육한다. 2세대는 김석관, 문성린, 문재린, 문학린, 김정훈, 김신묵, 김진국, 윤영석, 윤영춘 등이다. 명동촌이 배출한 3세대는 윤동주, 송몽규, 문익환, 문동환, 윤일주, 김기섭, 김정우, 김태균 등이다. 그 외에도 명동학교는 수많은 교육자, 민족 지도자와 독립운동가를 배출했다.

할아버지는 기록을 많이 하셨다. 컴퓨터, 인터넷이 없던 시절에 설교와 강의를 하고 글을 쓰려면 자료가 필요했을 것이다. 젊은 날 살아왔던 고향이 다시 갈 수 없는 땅이 되니, 만주 땅의 한인 역사가 단절되어 버릴까 봐 이를 기록해 세상에 알려야겠다는 사명감도 분명 있었을 것이다. 그래서 회고록의 많은 부분은 만주에서 활동한 일에 집중되어 있다. 물론 그 시절이 할아버지의 황금기였다. 하지만 남쪽에 와서 활동한 일도 중요한데 상대적으로 잘 기록되지 않아 아쉬웠다.

할머니가 말을 잘하고 기억력이 좋아 보고 느낀 것을 머리에 기록하셨다면, 할아버지는 글로 남기셨다. 어디 가든지 그곳의 현황을 알아보고 기록하셨다. 안타깝게도 그 기록에 한자가 많이 섞여 있고 보존

상태도 좋지 않으며, 노년에는 글씨가 많이 흔들려 해독에 어려움이 많았다. 어떤 부분이 개인적인 메모이고 어느 것이 알리고 싶은 이야기인지 분간하기가 어려웠다.

할아버지는 50년 삶의 모든 것을 쏟아 부었던 만주 교회사도 책으로 펴내려고 많은 기록을 남기셨다. 그 양도 방대할 뿐 아니라 자료도 오래되고 필체도 알아보기 어려워 손을 못 대고 있다. 그 밖에도 많은 설교와 강의 노트가 있으며 평신도 운동에 대한 원고도 있다.

북간도를 연구하는 서굉일 교수는 용정에서 할아버지의 역할은 대단한 것이었다고 말했다. 1919년 독립 만세 사건 때 국민회 동구 서기를 지낸 것은 20대에 벌써 실질적으로 핵심적인 일을 했다는 것을 의미한다고 했다. 1932년 이후에는 이주 1세대인 김약연, 김정규 등은 뒤로 물러나고 할아버지가 동만의 모든 일을 직접 관장했다고 한다.

이 책을 쓰면서 나는 할아버지가 캐나다에서 가깝게 지내시던 이상철 목사님을 만나 뵈었다. 이 목사님은 자신이 하고 싶었지만 교회를 맡고 있어 할 수 없었던 여러 가지 사업을 할아버지께 부탁했다고 한다. 할아버지는 캐나다 연합교회와 선교부에 가까운 분도 많고 그 동안 쌓아 온 신뢰와 위상이 있어 능히 일을 맡아 주셨다고 한다. 할아버지가 연로하시니 이 목사님이 여러 가지 판단과 실무를 맡아 줘 서로 즐겁게 일하셨다고 한다. 이 목사님은 김재준 목사님의 사위이기도 하다. 김재준 목사님은 국내에서 민주화 운동을 하다가 추방당하다시피 나오시게 되었다. 그래서 이 목사님은 캐나다에서 김재준과 문재린 두 어른을 모시게 되었는데, 두 어른과 이 목사가 토론토에 계시니 토론토가 한국 민주화 운동의 해외 본부라는 말이 나올 정도였다. 모든 지시가 그곳에서 나온다고 토론토가 크레믈린이라고까지 했다고 한다.

나는 이 목사님께, 실제로 군사 독재 시절에 공작이 있었는가 여쭈어 보았다. 당시 토론토 영사관의 직원 가족이 이상철 목사님의 주례로 결혼한 적이 있었다. 이것이 문제가 되어, 그 직원이 신변에 위협을 느껴 캐나다로 망명을 했다. 이 목사님은 이 사건을 통해 영사관에서 한 정치 공작들과, 영사관에서 주의 대상으로 삼은 반정부인사와 친정부인사의 명단도 보게 되었다. 이 목사님은 그 후에 목회하면서 명단에 있는 사람들을 대할 때 마음이 괴로우셨다고 했다.

　할아버지 할머니가 꿈에도 그리던 고향 땅을 다시 밟아 보지 못하고 돌아가신 것이 못내 안타깝다. 그래도 다행히 중국이 개방되면서 각방으로 수소문하여 친척들을 찾아볼 수 있었다. 우리 후손들은 이후에 여러 번 만주를 방문해 오래전 할아버지, 할머니의 삶 속으로 들어가 보았다. 간도에 남았던 친척들과 북으로 간 이들의 소식도 들을 수 있었다.

　만주에 있는 문창린의 아들 동규와 처음 연락되었을 때 할아버지는 "책상 서랍에 아버지 사진과 땅문서가 있는데 찾을 수 있겠느냐?"고 했단다. 남으로 내려온 지 40년이 지나서 물건을 찾기를 기대할 수는 없지만 아버지 사진을 한 장도 가지고 있지 못한 아들의 마음이 느껴졌다. 명동촌에 있던 땅을 팔지 않고 그냥 왔다는데 그 땅이 지금까지 '문재린 밭'으로 불린다는 사실을 최근에 알게 되었다. 1994년 도로 공사로 인해 명동의 문씨 선산이 모두 무너져 버렸다. 그런데 2004년에 문재린의 아버지 문치정의 비석을 기적적으로 발견해 다시 세워 드렸다. 자손들은 선산 자리를 조금 위쪽으로 옮겨 올 6월에 문씨 가문 고향비를 세웠다.

　1899년 같이 간도에 들어가서 살게 된 사람들의 후손들은 100년이 지난 지금 남과 북, 중국, 러시아, 미국, 캐나다로 흩어져 살아가고 있다. 열심히 찾아보았는데도 생사조차 알 수 없는 사람들도 있다. 우리 집안 친지들 가운데서도 러시아로 넘어가서 연락이 끊긴 사람이 여러 명 있다. 이렇듯 가까운 친지들이 사방으로 흩어져 만날 수 없는 현실을 안타까워하셨기에 두 분은 그렇게 통일을 바라셨다.

할아버지는 말년에 아들 익환에게 민주화 운동에 직접 뛰는 것은 젊은 사람들에게 맡기고, 원로들은 민족과 나라의 미래를 설계하는 일을 해야 한다고 누차 강조하셨다. 그것이 원로들이 할 일이고 그래야 민족의 나아가야 할 방향이 제대로 잡힌다는 것이었다. 아마도 아버지의 이러한 조언과 통일 염원이 아들 익환으로 하여금 방북하게 만든 요인이 아니었을까 생각해 본다. 당장은 공안 정국을 조성했다고 동지들에게도 원성을 들었지만, 결국 우리 민족이 가야 할 길은 통일임을 제시하는 것이 나이 든 사람이 할 역할이라는 것을 할아버지가 깨우쳐 주신 것이다.

마지막으로 할아버지와 할머니의 관계에 대해 이야기하고 싶다. 두 사람은 서로의 얼굴을 보지 못하고 집안에서 맺어 준 부부다. 처음 결혼할 때 신랑은 신부의 모습이 딱 마음에 들지는 않았던 것 같다. 공부도 하고 여러 가지 활동을 하던 할머니도 서양에 유학까지 다녀온 남편에게 불안감이 없지 않았다. 아마 할머니는 외국 여성에 비해 자신이 초라하게 느껴져, 자신이 남편 마음에 안 들까 봐 가슴을 졸였나 보다. 그러나 시간이 지날수록, 무뚝뚝하고 표현을 하지 않지만 두 사람 사이에 속정이 깊었다는 것을 이 책을 만들면서 절실하게 느낄 수 있었다. 1946년 소련군에 잡혀갔을 때에 할아버지는 신념이 있으니 죽음도 두렵지 않았다고 한다. 다만 마음에 걸리는 것은 아내였다고 한다. 아내가 울부짖던 모습이 너무도 가슴 아팠다고, 아들과 대화하며 밝히셨다. 할머니 역시 남편이 잡혀갈 때마다 안절부절못하면서 앓아 누우시곤 했다.

할머니는 남편이 바깥으로 돌면서 일해도 남편을 원망하지 않았다. 말년에 할머니가, 남편을 따라다니며 평생 고생만 실컷 했다고 하시면, 할아버지는 고마움과 미안함을 내비치셨다. 두 분은 평생의 동지이자 친구, 동반자였다. 김약연 선생님을 스승으로 모신 문씨와 김씨, 두 집안의 결합은 명동촌 동지들의 뜻을 하나로 엮는 것이기도 했다. 두 사람의 결합을 통해 명동촌의 정신과 오룡천 실학파의 정신이 후대로 이어졌다고 생각한다. 부부가 이렇게 같은 뜻을 가지고 평생을 살아오기란 쉽지 않을 것이다. 그러기에 두 분의 회고록을 따로 내 드리지 않고 한 권으로 엮은 것이다.

어머니의 삶 읽기

문은희

어려서부터 어머니가 살아오신 이야기를 몇 차례고 듣고 또 들었다. 어머니는 당신의 삶에 대해 언니가 글을 써 주기를 원하셨다. 언니의 글 솜씨를 아셨기 때문이기도 하고, 또 나보다 열세 살이나 위인 맏딸인 언니가 어머니를 제일 잘 알았기 때문이다. 아버지가 유학 생활 하시는 동안 여자 혼잣손으로 집을 지키고, 시동생과 시누이, 나중에는 아이까지 잃었던 아픈 경험을 제대로 이해하며 들어드릴 사람이 필요하셨다. 막내인 나는 용정 시절에 태어나 명동의 분위기를 모르는 세대이지만 그래도 생생하게 내 멋대로 머리에 그려 보면서, 들려주시는 이야기를 옛날이야기 같이 듣곤 했다. 이번 회고록이 그 내용을 담고 있다.

아버지는 어머니가 고생한 이야기를 듣고 싶어하지 않으셨다고 어머니가 섭섭해하셨다. 그래서 더욱 이해받고 인정받고 싶어하셨던 것 같다. "얼마나 힘들었어요. 애써 줘서 고맙고, 장하고, 미안해요" 하는 아버지의 한마디 말씀이면 족하셨을지도 모른다는 생각을 한다. 아마 아버지도 그런 말씀을 했을 테지만 충분히 들어주지는 않으셨는지도 모른다. 게다가 어머니의 노고를 드러내 공치사하지 말아야 한다는 생각도 가지고 계셨던 것 같다. 어머니가 한창 고생하실 때, 언젠가 외할아버지께서 오셔서 "사람들의 칭찬이 자자한데, 그럴수록 조심스럽게 행동해라" 하고 마당에 선 채로 말씀하고 가셨다는 이야기를 들은 적이 있다. 어머니가 하신 일이 아주 대단했기 때문에 주변 분들에게 널리 알려졌지만, 그럴수록 겸양해야 한다고 외할아버지께서는 지적하신 것이다. 그러니 뽐낼 수도 없고, 누구보다 알아주기를 바라는 남편이 자세히 들으려 하지도 않았으니 얼마나 답답하셨을까. 그 마음을 이제는 알 만하다.

누구나 자신이 겪은 어려운 경험을 이해받고 싶어한다. 그럴 수밖에 없었다고 알아주기를 바란다. 어려움이 클수록 그 공이 얼마나 대단한지 알아주는 사람이 필요하다. 특히 여성의 삶은 남성들과 달리 눈에 띄지 않고 그 공과를 인정받기 어렵기 때문에 더욱 그러하다. 간도의 기록에 아버지는 어디나 등장하신다. 콧수염을 기르고 목깃에 목사 칼라를 단 아버지의 모습을 사진마다 볼 수 있다. 게다가 아버지는 언제나 사진 가운데 앞자리에 계신다. 어머니가 이루신 과업은 아버지에 비하면 눈에 보이지 않고 그냥 지나칠 수 있는 일이면서도, 더욱 고생스럽고 아픈 것이었다. 아버지는 늘 앞에서 인정받는 자리에 계셨고, 어머니는 뒤에서 수고하는 자리에 계셨다. 어머니가 다른 여성들보다는 활발하게 활동하셨지만 또 그만치 다른 여성들보다 고생도 더 많이 하셨고, 고생하신 부분은 사진이나 기록에 별로 남지 않았다. 그러나 어머니가 안 계신 아버지의 생애가 가능했을까?

막내 은희가 미국 유학 떠나는 날 김포 공항에서. 1966년.

이 글 쓰는 일에 적합한 언니는 오랫동안 아팠고, 이제는 세상을 떠났다. 우리 5남매 가운데 셋만 남았다. 그리고 어머니는 한 분이신데 형제들이 각기 다르게 어머니를 기억하고 있음을 알기에 나의 어머니에 대해 내가 써야 하고, 또 쓰고 싶다고 생각했다. 오빠들이 느끼고 아는 어머니는 또 오빠들의 몫으로 두고.

어머니는 대범해 보이셨다

어머니의 회고록 어디에도 가족에 대해 끈끈한 느낌이 드러나지 않는다. 아버지에 대한 사랑이나 우리 형제자매들에 대한 느낌 이야기가 별로 없다. 아버지는 눈물이 많으신 분이었지만 어머니는 웬만한 일로 눈물을 보이지 않으셨다.

내가 초등학생이었을 때 큰오빠가 미국 유학을 떠났다. 기차역에서 찬송가 〈다시 만날 때〉를 부르고 기도하고 헤어졌는데, 어머니가 울지 않으셨다고 친척분이 놀랐던 일을 기억한다. 막내인 내가 미국으로 떠날 때에도 어머니는 눈물을 보이지 않으셨다.

그렇다고 어머니 가슴에 사랑이 없었던 것이 아니고 표현을 하지 않으셨을 뿐임을 안다. 어머니의 아이들, 우리 형제자매들은 모두 스스로

짝을 찾아 결혼했다. 어머니는 얼굴도 본 적이 없는 아버지와 결혼하셨으니 두 분 사이는 우리와 다를 것이라고 생각했었다. 그런데 어머니의 마음은 전혀 그렇지 않았던 것을 알게 되었다. 어느 날 어머니에게서 들은 말에서 깨달은 것이다. 아이들이 외국 유학 갈 때는 "몇 해 뒤면 올 거라" 여기고 마음을 편히 가질 수 있는데, 아버지가 유학 떠나실 때는 "달력 한 장씩 하루하루 어떻게 떼며 기다리나" 애탔다고 하셨다. 두 분 사이가 덤덤했던 것이 아님을 깨우쳐 주신 한마디였다. 어머니께서 원체 일 처리를 잘하시고, 우리 가정의 일 처리 주무자이셨고, 그렇게 일하시는 것만 보며 지냈기 때문에 대범해 보였을 뿐이다.

역사소설을 좋아하셨고, 사람 관계의 느낌을 존중해야 함을 늘 강조하셨다. 아이들을 너무 엄격하게 기르면 아이가 거짓말하게 된다고 아이 편에서 아이를 이해해 주어야 한다고 주의 주시곤 했다. 절대로 아이를 억울하게 만들지 말라고 여러 번 말씀하셨다. 아이가 이해받지 못해 억울해서는 안 된다는 이야기다. 어머니는 사랑 표현이 없어도 우리의 마음을 다 알 만큼 섬세하셨던 것이다. 우리에게 무엇이든 억지로 시키시는 일이 전혀 없었다. 어머니에게 조르거나 떼써 본 일이 없었으니, 뭐든 들어주셨던 것이 아닐까? 결코 넉넉한 살림이 아니어서 물질로 넉넉히 해주신 것은 아니었다. 장작과 쌀을 사고 나면 아버지의 목사 봉급에 거의 남는 것이 없었던 것을 알았으니까, 졸라 대지도 못했을 터이다.

그러나 중요한 것은 우리의 뜻을 꺾으려 드신 적이 없었던 것이다. 의과대학을 간다고 할 때 걱정하면서도 말리시지 않았고, 멀쩡하게 본과 2학년 다니다가 전과하겠다고 해도 말리지 않으셨다. 고기를 먹지 않는 막내딸의 식성을 존중해 주셨다. 어쩌다 고깃국이라도 상에 오르는 날이면 김이라도 한 장 따로 구워 주셨다. 그래서 지금도 김을 좋아하나 보다.

어머니께 걱정 들은 일이 별로 없었던 것을 보면 아이의 마음을 이해하고 기다려 주신 것일 터이다. 아무리 모범생이었어도 어찌 걱정 끼쳐 드릴 일이 없었을까! 그래서 부모가 아이를 효자(녀)로 만든다고 하지 않았던가! 나쁜 아이라는 듯이 부모가 아이를 야단치고 악담하면 아이가 스스로 나쁜 아이가 되지 않겠는가? 그렇게 자라면 나중에도 늘 부모에게 잘못했다는 죄책감에 사로잡히게 되지 않을까 싶다. 그러면 부모를 순순히 사랑하지 못하도록 방해를 받지 않을까 싶다. 우리 어머니는 그것을 터득하신 분이었다.

할아버지께서 일찍 돌아가시고, 아버지가 유학 생활을 오래 하시는 동안 증조할머니, 할머니와 3대에 걸쳐 세 여성이 매일 각자 하루 지난 이야기를 함께 나누며 의논하며 사셨다고 했다. 여성들이 함께 꾸려 간 '살림'의 형태가 단순히 어렵기만 한 것이 아니었다. 오순도순 재미있고 큰소리 나지 않게 사신 것이다. 아버지 없이 자라 버릇없다는 말 듣지 않게 하려고 큰오빠 둘째오빠에게는 엄격하셨다지만 원체 오빠들도 동네 나가 싸움 한 번 안 한 순둥이들이었다니! 오빠들이 나중에 민주화 운동에 뛰어들었을 때 "어려서는 싸움 한 번 못 하더니 싸움꾼이 되었다"고 하셨다.

두 살 위 오빠와 함께 할머니 곁에 양쪽으로 누워 자면서 할머니 얼굴을 내 편으로 돌려놓으려고 안달했던 기억이 생생하다. 나중에 어머니께 들은 이야기로는, 오빠에게 할머니가 몰래 약속하기를 내가 잠들면 오빠 편으로 누울 테니 먼저 꼬마인 나를 재우자고 하셨다는 것이다. 그 여성들 덕에 우리 집은 호롱불 밑에서도 늘 마음이 따뜻한 곳이었다. 그 사랑 많던 할머니가 돌아가셔서 산에 묻고 떠나려는 참에, 여섯 살배기인 내가 할머니 두고 가면 안 된다고 산으로 되돌아가며 울어서 어른들을 모두 울렸다지만 지금 이 글을 쓰면서도 눈물이 흐른다. 그 여성들의 사랑의 맛을 그리워하며……. 그런가 하면 어느 주일 저녁 예배드리러 교회 가는 길, 버스 안에서 무슨 이유였던가 몰라도 웃음이 터져 어머니와 둘이 웃음을 멈추지 못했던 기억에 지금도 혼자 웃는다.

어머니는 일을 잘하는 분이셨다

어머니가 어려운 상황에서도 늘 서두르거나 당황하지 않고 일 처리를 잘하셨던 것은, 열여섯 나이에 결혼하기 전 친정에서 훈련을 잘 받으신 덕으로 보인다. 농사 절기에 따라 해야 할 일들을 외할머니께서 정확하게 잘 맞추어 하셨다고 늘 말씀하셨다. 다른 집들에서는 때를 못 맞추어 늘 늦어지고, 그렇게 되면 일을 그르쳤다고 하셨다. 넉넉지 않아도 외가에서 기른 돼지는 고기에서 냄새도 안 나게 깨끗하고 포동포동했다고 하셨다. 어머니로 하여금 외삼촌과 함께 온갖 농사일을 하게 하고 여자들이 할 길쌈, 바느질도 다 가르치셨으니, 결혼하고 일이 많을 것을 잘 준비해 주신 셈이 된 것이다.

외가의 특성이 일 잘하는 것인지도 모르겠다. 무슨 일이고 유난히 빨리 잘하는 외사촌언니, 차근하고 빈틈없이 깨끗하게 일 잘하는 언니, 꼼꼼하게 솜씨 좋아 삯바느질하던 언니까지 외사촌들을 보면 외가 식구들 모두 일 잘하는 전통을 물려받았음을 알 수 있다. 많은 형제들 틈에서 집 안팎의 온갖 일을 하도록 훈련받으셨고, 결혼하고 얼마 안

되어 아버님 돌아가시고 할머니, 시어머니와 여자들끼리 살면서 (마음껏) 실력 발휘할 수 있었으니 얼마나 제대로 갖추어진 '일꾼'이 되실 수 있었을까 이해된다. 남녀의 일을 구분하지 않고 온갖 일을 하신 것이다.

어머니의 적극성은 집안에 멈추지 않았다. 바깥에 나가서도 야학, 성경학교, 여전도회 일들을 얼마나 잘 해내셨을지 짐작할 수 있다. 제주도 피난 시절, 제2국민병들이 부상당해 도립병원에 있는데 돌볼 손이 부족한 것을 아시고, 피난 온 목사님 부인들을 동원해서 간호하려 다니셨던 일이 기억난다. 씻어 주는 이 없이 침상에 오래 누워 있어 몸이 썩어 드는 냄새를 견디며, 구더기까지 생긴 젊은이들을 닦아 주고 오신 이야기를 잊을 수 없다. 매일 다니며 그들이 하루하루 달라지는 것에 기뻐하셨다. 객지에서 서러운 젊은이들은 자기들 어머니 손길을 만난 듯했을 것이다. 우리 어머니를 보고 자기 어머니 생각난다고 한 젊은이들도 있었다고 하셨다.

어머니는 호기심 많고 기억력도 좋으셨다

일하는 틈틈이 나중에 물리학을 전공한 동생에게 글과 산수를 배우셨고, 쪽복음서를 구하려 애쓰셨던 일은 여러 차례 들은 이야기다. 성경 이야기를 줄줄 다 꿰셨고, 시사 문제, 역사 이야기 모두 재미있어 많이 읽으셨다. 우리 학교생활에도 관심이 많아, 초등학교 다닐 적에는 어머니가 학교에 자주 오셨다. 그때는 치맛바람 같은 것이 없는 때여서 빈손으로 오셨지만, 모시 치마저고리에 비녀 찌른 차림으로 오신 어머니가 부끄럽기도 했다. 아이들이 "너의 할머니 오셨다"고 했기 때문이기도 했다.

우리 친구들에게도 늘 관심을 기울이셨다. 고등학생 시절 합창경연 대회 때 지휘하는 친구가 밤에 지휘 배우러 다녀오다가 맨홀에 빠져, 정작 경연대회에서는 지휘자 없이 1등 했던 일이 있었다. 그런데 20년 도 더 지난 뒤에 어머니께서 "현주 어떻게 지내니" 물으며 그때 이야 기를 하셔서 놀랐던 일이 있다. 후에 현주에게 그 이야기 하니까, 그러 신 줄 알았으면 찾아뵙고 인사드릴걸 하고 후회하기도 했다.

어머니가 돌아가실 때 나는 영국에 있었기 때문에 임종을 못 했지 만, 마지막 문병 온 사람들도 다 기억하고 두루 문안하시던 모습을 조 카사위가 찍어 둔 영상으로 보면서 어머니의 남다른 관심과 기억력에 감탄했다.

어머니는 기독교 정신과 명동 정신으로 평생을 사셨다

실학자인 친정아버지와 살림에 빈틈없으셨던 어머니 품에서 사신 16년이라는 세월에 비할 수 없이 긴 세월인 80년을 문씨 가정에서 사 셨다. 결혼해서 곧 명동학교에 보내지셨으니 어머니의 그 긴 세월은 명 동학교에서 시작되었다고 해도 틀림이 없을 것이다. 그런데 그것은 또 나라 살리기 정신과 기독 정신 두 가지에 뿌리를 두고 있다 할 수 있다.

어머니는 자기 가정만을 돌보는 여느 어머니와는 늘 다르셨다. 그 정신의 뿌리가 든든했으니 어머니는 늘 당당하셨다. 하느님의 딸이니 그 이상 무슨 자격이 더 필요하셨을까! 민족 전체를 마음에 품었으니 당신의 아이들에게만 마음 쓰이실 리 없었을 것이다. 아버지만큼 교육 받지 못했지만 아버지의 판단력에 결코 뒤지지 않으셨다. 그러니 늘

아버지는 어머니와 뭐든 의논하셨고 어머니에게 위로를 받으셨다. 아버지가 오빠더러, 당신만큼 아내와 의논하지 않는다고 이르신 적이 있다. 아내를 대등한 존재로 존중해야 한다는 것이다.

언젠가 어머니께서 뭐든 걱정이 많던, 그래서 준비성이 철저하기도 했던 언니더러 너무 걱정하지 말라면서, "너만큼 공부했으면 난 뭐든 할 수 있겠다" 하셨던 것이 생각난다. 자신감을 가지라고 부추기신 말씀이었다. 내가 영국에 공부하러 가 있는 동안 큰오빠가 방북 사건으로 재판을 받았다. 그때 재판장에게 일장 연설하신 것을 성근이가 기록해 보낸 것을 읽으며, 진짜 어머니다운 모습을 뵙는 것 같았다. 어머니는 어느 자리에서나 떨거나 주저한 적이 없이 늘 당당하셨다. 그리고 말씀의 내용은 언제나 성경에 비추어 하시는 것이었다.

그래서 우리는 어머니 말씀을 잘 따를 수밖에 없었다. 어머니는 권위를 부리신 적이 없지만, 자연스럽게 자녀들에게 권위를 가지고 계셨다. 매를 들지 않아도 어머니는 힘이 있으셨던 것이다. 어머니는 아무리 어린 아이라도 말로 설명하면 통한다고 믿고 그렇게 실천하셨다. 우리에게나 조카에게도 순조롭게 대하셨지만, 바깥에서도 아이들에게 억지 부리는 어른들을 보면 참지 못하셨다. 길에서 아이를 때리는 엄마를 만나, "맞는 아이가 얼마나 아픈지 아느냐"면서 엄마의 등을 한 대 때렸던 적도 있다고 하셨다. 그렇게 어머니는 힘없는 사람 편에서 아픔을 이해하며 사셨다.

이 모두는 어머니를 인정해 주셨던 외할아버지 외할머니의 가정교육에다가, 평생 나라 사랑과 기독 정신에 뿌리를 두고 사신 어머니 삶의 특징들이다.

아름다운 죽음, 그리고 부활

문동환

우리는 한평생 사는 동안 수많은 사람들을 만납니다. 그러나 대부분의 경우 진정한 만남은 아닙니다. 얼굴을 보고 음성은 들으나 그의 진면목은 쉽게 보지 못합니다. 그 사람의 얼과 해후하지 못한다는 것이죠. 이따금 만나는 사람들만 그런 것이 아닙니다. 가까이서 매일 만나는 사람의 경우도 그렇습니다. 내외간에도 간격이 있고 부자간에도 충돌이 있습니다. 예수님의 제자들도 예외가 아닙니다. 3년 동안 예수님을 따라다니며 그의 사랑과 가르침을 접했으면서도 마지막까지 그를 만나지 못했습니다. 어처구니없는 일이 아닙니까?

그러나 그가 십자가에 돌아가시자, 그리고 무덤 속에서 자취를 감추어 버리자 비로소 그들은 주님을 만났습니다. 그의 진면목을 보게 되었고, 변해서 그의 뒤를 따르는 참된 제자가 되었습니다. 그들의 눈을 가로막는 육신이 제거되었기 때문입니다. 그의 영을 만난 것입니다.

나와 아버지, 어머니의 관계도 그런 것 같습니다. 나는 언제나 훌륭

명신여학교 교사 시절의 문동환. 1946년.

한 아버지와 어머니를 가지고 있다고 자랑스럽게 생각해 왔습니다. 그런 아버지와 어머니를 둔 자녀가 그리 흔합니까? 그러나 두 분의 삶은 솔직히 나를 감동시키지는 못했습니다. 내 눈에 뜨거운 눈물을 담아 주지 않았습니다. 두 분 삶의 소중함이 나를 감싸지 못했습니다. 그랬는데 돌아가시고 육체를 땅에 묻는 장례식을 치르면서 비로소 아름다운 영이 나를 감쌌습니다. 두 분의 고귀한 삶이 나를 감격하게 했습니다. 맑고 아름다운 영이 나와 같이 계시는 것을 비로소 느꼈습니다.

돌아가시면서 "요단강 건너서 만나리"를 부르지 말고 "할렐루야"를 부르라고 하신 까닭을 알게 되었습니다. 그 뒤로 나는 언제나 두 분과 더불어 삽니다. 내 삶도 날로 두 분을 닮아 가는 것을 경험합니다. 한계를 가졌던 육체가 사라졌기 때문입니다. 내 영이 두 분의 진면목을 볼 수 있게 되었기 때문입니다.

내 어린 시절의 기억에 아버지는 계시지 않습니다. 평양으로, 캐나다로 유학을 가셨기 때문입니다. 내가 초등학교 4학년이 되어서야 아버지는 돌아오셨죠. 돌아오신 뒤에도 목회에 충실한 아버지는 우리와 같이 시간을 보낼 수 없으셨습니다. 기억나는 장면은 검은 목사 칼라를 목에 두르고 예배를 인도하시던 모습과 쫓기는 듯이 식사하고는 자전거를 타고 심방을 나가시던 것 정도예요. (내가 아버지께 자전거 타는 법을 가르쳐 드렸습니다. 자전거 뒤를 붙잡고 "바른쪽으로, 왼쪽으로" 하면서 말이지요.)

중학교 졸업반 학생이었을 때 나는 아버지와 좀더 많은 시간을 보냈어요. 아버지가 만주 기독교 총회의 총무이셨는데 내가 비서 노릇을 했기 때문이죠. 그러나 그것도 편지를 쓰고 등사를 하는 일들이었지 아버지와 속내를 털어놓고 이야기해 본 적이 없었습니다. 사실 중학교를 졸업한 뒤에는 아버지와 계속 부딪혔습니다. 나는 신학교에 가고 싶다고 했고, 아버지는 은진중학교에서 주는 장학금을 가지고 일단 공과대학에 갔다가 나이 들어서 신학교에 가라고 하셨습니다. 이 갈등으로 나는 신경 쇠약에 걸리기까지 했지요.

해방 전후해 나는 집을 떠나게 되었고 아버지를 만날 일은 더 뜸해졌습니다. 미국 유학을 가서는 이따금씩 편지를 주고받는 정도였지요. 돌아와 결혼을 한 뒤에는 완전히 별거를 했으니 아버지와 사이는 소격하기만 했습니다.

어머니의 경우도 비슷했습니다. 물론 어머니는 유학을 가시지 않았지요. 언제나 우리 주변에 계셨으니까요. 그러나 어머니의 따뜻한 사랑을 받은 경험이 별로 없었습니다. 할머니의 사랑을 받은 기억은 남아 있지만. 지금 생각해 보면 그럴 수밖에 없었다는 것을 이해할 수 있습니다. 어머니는 그 긴긴 세월 남자들이 없는 가정의 가장이었으니까요.

아버지는 유학하느라 집에 붙어 있지 못했고, 가장이었던 할아버지는 어머니, 아버지가 결혼한 지 3년 만에 생각지 않은 병으로 돌아가셨습니다. 그 후 어머님은 과부가 되신 시어머니, 시할머니를 모시고 어린 가장이 되셨어요. 해마다 집수리하시고 농사짓는 것을 감독하시고 돼지를 길러서 남편과 시동생의 학비를 대시고 삼을 삼고 누에를 길러 베와 명주를 짜셨습니다. 게다가 YWCA 회장, 부인여전도회 회장, 여동창회 회장, 주일학교 선생, 부녀자를 위한 야학 선생, 여자비밀결사대 대원 등 명동에서 발생하는 일에는 언제나 앞장을 서셨지요. 그리고 배우는 일에는 미친 듯이 달려들어 여자성경학원, 직조학원 등 배움이 있는 곳에는 언제나 빠지지 않았으니 자식들과 보낼 시간이 없으셨죠.

아이가 젖을 떼고 얼마 있으면 둘째, 셋째가 태어났고, 젖 뗀 아이들은 할머니 품으로 가게 되어 있었죠. 우리는 서로 할머니 젖을 만지며 자려고 경쟁을 했습니다. 좀 나이 들면서는 형제끼리, 혹은 친구들과 어울려 자랐지요. 말하자면 아버지 어머니와는 거의 별도로 우리끼리 자란 거죠. 지금 어린이들이 자라는 것과는 정말 다릅니다.

그런데 놀랍게도 그들의 육신이 내 곁을 떠난 뒤에 그들의 영이 내 속에서 봄 아지랑이처럼 살아났습니다. 그들의 진심이 새삼스럽게 느껴져 가슴이 울렁거렸습니다. 정말 신비스러웠습니다.

아버지가 돌아가신 것은 1985년 12월 29일입니다. 아버지는 그 동안 여러 차례 사경을 넘으셨습니다. 나는 그 당시 미국에 있었기에 그 과정을 잘 몰랐습니다만 형님 내외가 애를 많이 쓰셨죠. 그러던 중 1985년 12월 서울대학병원에 입원했다가 폐렴으로 갑자기 돌아가셨습니다. 유언대로 그의 각막은 두 젊은이에게 이식되었습니다. 아버지의 장례식에는 수많은 조객이 모여들어 아버지를 회상했습니다. 그 추운 겨울날 눈 덮인 소요산 자락을 기어오르는 친지들을 보면서 나는 새삼스럽게 아버지의 순수함을 느꼈습니다. 때 묻지 않은 사랑으로 나라와 민족을 품었던 그의 뜨거운 마음이 느껴졌습니다. 그 순수함이 많은 사람에게 깊은 영향을 끼쳤습니다. 일찍이 김약연 목사님이 우리 아버지에게 큰 기대를 가지신 것도 틀림없이 우리 아버지의 순수성 때문이었으리라 생각됩니다.

아버지의 모습이 새롭게 느껴졌습니다. 내가 젊었을 때 은진중학교에서 주는 장학금을 받으라고 강권하신 것도 박봉으로 둘을 대학에 보내지 못하는, 안타까운 아버지의 심정 때문이었습니다. 세상 경험을 얻은 뒤 신학을 하라고 하신 것도 타당한 조언이었습니다. 동경에서 공과대학 입학시험 준비를 하는 나를 위해 교인들과 함께 장학금을 만들어서 신학교에 들어가도록 도와주신 것은 내 심정을 존중해 주신 처사였습니다. 내가 미국 여자와 결혼한다고 했을 때 반대하신 것도 국제결혼을 한 남자가 고생하는 것을 보았기에 걱정하실 수밖에 없었던 거지요. 그러나 내가 막상 결혼을 하자 아버지는 전적으로 우리를 받아 주셨습니다. "둘째며느리가 가장 애국적이야" 하고 여러 차례 칭찬하시면서, 적응하려고 애쓰는 며느리를 격려해 주셨습니다. 아내가 병들어서 누웠을 때 찾아와 안수 기도도 해주셨습니다. 안수 기도에 익숙지 않았던 아내는 처음에는 이상하게 생각했지만, 기도 속에서 아버지의 사랑을 느꼈답니다. 인권과 민주화를 위해서 감옥을 들락날락하는 두 아들을 보면서 아버지는 무척 자랑스러워하셨답니다.

생각해 보면 아버지는 일생 동안 순수한 심정으로 나라와 민족을 사랑하셨습니다. 그가 목회하시던 모습도 '순수' 그 자체였습니다. 고생하는 교인이 생각나면 지체하지 않고 심방을 하셨습니다. 밤중이라도 찾아가셨습니다. 만주에 있는 여러 교단을 합쳐서 하나로 만들고자 불철주야 일하신 것도 그리스도의 몸이 찢겨져서는 안 된다는 뜨거운 진심의 발로였습니다. 노년에 평신도 운동에 정력을 부은 것도 교회를 교회답게 하려는 간절한 심정의 표현이었죠. 캐나다에서 노인회를 만든 것도 외지에서 외롭게 지내는 노인들을 위한 간절한 심정 때문이죠. 그는 정말 거짓이 없는 분이십니다. 아버지의 장례식에 모인 조객들도 그 순수함을 느꼈을 것입니다. 아버지의 영이 나를 감싸 안았습니다.

어머니는 1990년 9월 18일 향년 95세로 돌아가셨습니다. 이번에도 마찬가지로 나는 장례식을 치르면서 어머니를 새삼스럽게 만나게 되었습니다. 모여드는 사람마다 어머니를 민족의 어머니라고 불렀습니다. 그것은 입에 발린 말이 아니었습니다. 모두 그를 어머니라고 느낀 것입니다. 어머니의 품은 넓었고 사랑은 깊었습니다. 결혼한 지 얼마 안 되어 아버지가 북경으로 유학을 가시는 것을 보고, 어머니는 슬퍼하기는커녕 도리어 기뻐하셨죠. 남편을 북경에 보낸 다른 친구들이 눈물짓는 것을 보면서 어머니는 이상하게 생각하셨답니다. 민족을 위해서 유학을 가는데 왜 슬퍼하느냐고요. 어린 가장으로 집안일을 다 돌보면서, 교회와 민족을 위해서, 특히 여성들의 교육을 위해서 동분서주하셨죠. 자녀들을 애국적으로 교육하는 일에도 정성을 다하셨습니다.

노욕에 찬 이승만 대통령이 3선 개헌을 하고 다시 대통령이 되었을 때부터 어머니의 분노는 끓어오르기 시작했지요. 4·19혁명 때 생명을 잃은 젊은이들의 어머니들이 호소했던 것이 어머니의 정의감에 불을 붙였습니다. 전태일, 김상진, 장준하 등등 민족을 위해 생명을 바친 젊은이들을 친자식처럼 소중히 여기셨지요. 자식들을 감옥에 넣고 통곡하는 어머님들을 병아리를 껴안는 엄마 닭처럼 품에 품으셨지요. 눈을 감고 기도할 때마다 수없이 많은, 고생하는 젊은이들의 이름을 줄줄이 열거하면서 그들의 고난이 거름이 되어 많은 열매를 맺게 해달라고 기도하셨지요. 사랑하는 두 아들이 감옥에 들락날락하는 것을 고통스러워하면서도 민족 사랑의 표현이라고 자랑스러워하셨지요. 자나 깨나 어머니의 염원은 조국의 민주와 통일이었어요. 민족의 현실을 정확히 알고자 신문을 첫 장에서 마지막 장까지 정독하셨지요. 햇빛을 따라 자리를 옮겨 다니시면서 노래하듯 흥얼거리며 읽으셨어요. 그래서 일어나는 일들을 환히 다 아셨어요. 정말 감탄하지 않을 수가 없었어요. 그러다가 돌아가실 때 손을 번쩍 들면서 "통일은 다 됐어!" 하고 외치셨습니다. 정말 아름다운 죽음이었습니다.

형이 감옥에서 무한정 단식을 시작했을 때 한 방문객이 어머니를 보고 이렇게 말했답니다. "이제 다 큰 아들이 알아서 하는 일에 너무 걱정하지 마십시오." 그러자 어머니는 "나이 칠십이 되어도 나의 사랑하는 아들입니다"라고 말했습니다. 어머니는 대범해 보이셨지만 자식을 향한 애처로운 심정이 없을 수 없었던 거지요.

내가 외국 여자와 결혼하는 것을 대하던 심정도 그랬을 겁니다. 우리가 결혼하려고 했을 때 어머님은 "40년 동안 둘째며느리를 기다렸는데 말도 통하지 않는 여자와 결혼을 하면 나는 어떻게 하니?" 하고 하소연하셨는데, 그 말씀을 한 뒤 얼마 안 있어 "안경도 제 눈에 맞아야 하는 것이다. 네가 좋아하는 여자와 결혼을 해야지!" 하시는 것이었습니다. 나는 눈물이 핑 돌았습니다. 결혼식이 끝나자마자 어머니는 결혼식장에서 춤을 넘실넘실 추셨습니다. 어머니가 생전 처음 추신 춤이었어요.

결혼해서 신학교 캠퍼스에서 살 때 어머니는 자주 오셔서, 내 아내가 알아듣든 말든 한국말로 이야기를 하셨습니다. 그리고 눈치껏 도움을 주셨어요. 아내가 함경도 사투리를 쓰는 어머니의 말투를 배울 정도였지요. 내 아내는 어머니를 무척이나 좋아하고 따랐습니다. 어머니가 돌아가시자 내 아내는 서럽게 울었습니다. 어머니의 사랑이 통했던 거지요. 지금도 어머니를 생각하면 그 품의 깊이와 넓음에 한없이 감탄하게 되지요.

아버지, 어머니는 돌아가셨습니다. 이제 두 분은 우리 옆에 계시지 않습니다. 육신으로는 말입니다. 그러나 두 분은 지금도 우리와 같이 계십니다. 그들의 영이 우리에게 꿈과 생기를 불어넣어 줍니다. 우리가 이 세상을 사는 마지막 날까지. 나는 이것을 부활이라고 믿습니다.

검은 양의 그리움

문영환

1950년 12월 인천에서 LSD(미 해군 수송선)를 타려고 부두에 나갔는데, 큰조카 호근이가 없어졌다. 온 식구가 발을 구르다 투숙하던 교회 문 앞에 오두마니 서 있던 호근이를 찾았고, 비로소 온 식구가 배에 올랐다. 바다 중간에서 일본환(日本丸, 일본 여행선)으로 갈아탔다. 아버님이 인솔자 중 한 사람이어서, 우리 가족은 독방에 콩나물시루처럼 꾸겨져 며칠을 지내며 부산을 거쳐 제주시까지 약 일주일 걸리는 배 여행을 해야 했다. 그런데 우리 방에서 문제가 생겼다. 다름 아니고 어머님이 '깔량'이라는 중국 호떡을 한 솥 해 오셨는데, 우리 식구는 깔량을 배불리 먹었다. 문제는 깔량이 아니라 한 초롱 가득히 해 오신 김치였다. 굶주리던 승객들이 그 냄새를 맡고 우리 방 문 앞에 장사진을 치고는 김치 구걸을 했기 때문이다. 피난길에 이렇게 음식을 준비한 사람은 우리 어머니뿐이었기에, 어린 나이에 어머님이 무진 머리가 좋다고 생각했다.

1963년 한양대학교에 학사 편입한 후, 미 국무부 초청 유학길이 열렸다고 해서 1965년 유학 시험을 치렀다. 그때는 영어와 국사 시험을 쳐야 했는데, 영어는 단번에 됐는데 국사에서 낙제를 했다. 그 후 넉 달 동안 어머님과 같이 국사를 공부했는데, 어머님은 책도 펴지 않고 연대별로 임금순으로 얘기해 주셨다. 나는 책을 펴 놓지도 않고 들으며 기억했다. 물론 두 번째 시험에 국사도 합격한 일이 기억난다. 그때 어머님은 71세셨다.

　1957년 말쯤 그러니까 내가 대학에 다닐 때다. 어머님이 특별 집회에 다녀와서 "하나님을 영어로 '갓'이라고 하니?" 하고 물으셨다. 그래서 "그런데 왜요? 어떻게 아셨어요?" 하고 여쭈니까, 오늘 미국에서 오신 피어슨 목사가 설교를 하고 한경직 목사가 통역을 하시는데 "'갓' 하면 한 목사님이 '하나님' 하고 통역을 하시는데 꼭 그런 것 같아 묻는 거야" 하셨다.

　1971년 부모님을 캐나다에 모셨다. 이듬해에 큰딸 영주가 났고 연년생으로 동생 영희가 태어나 부모님은 바쁘게 지내시다 3·1사건이 발발하자 귀국하셨다. 78년에 나의 가정 일로 아버님이 토론토에 왔다 가신 후 83년에 어머님이 오셨다. 계시는 중 우리 교회 여전도회에서 어머님께 말씀을 부탁했는데, 어머님이 주일 저녁에 말씀을 전하면서 "익환 목사나 동환 목사를 위해 기도 안 해도 돼. 걔들은 유명해서 고문도 받지 않아. 그렇지만 학생 애들이 불쌍해. 고문 받으며 고생하는 학생들을 위해서 기도해야 해" 하시고 그 많은 학생들 이름을 하나씩 대면서 가정 형편과 학교에서 뭘 전공하는지까지, 적은 쪽지도 없이 90분간 물 한 모금 마시지도 않고 줄줄 쏟아 놓으시는 걸 보고 감탄하지 않은 사람이 없었다. 막내아들인 나는 또 한 번 놀랐다. 이때

영환의 연세대 졸업식 날. 1960년경. 문재린의 짧은 바지와 미국 며느리의 한복이 대조된다.

어머님은 88세이셨다.

이렇게 훌륭한 어머니 밑에서 우리 다섯 남매는 자랐다. 당연히 머리도 명석했다. 그런데 그중 하나가 '검정 양(black sheep of the fami-ly)'이었다. 착하고 훌륭한 형제들 가운데에서 검정 양 한 마리가 견디기 힘들었고, 또 여건이 그렇게 만들었다. 그래서 나는 경상북도 김천에서 살던 기억을 지우려고 끝없이 도리질하며 살았다.

소학교 4학년 우리 반에는 14, 15세짜리들이 있었고, 동네에 나가면 그들이 형 노릇 하며 시키는 대로 하지 않으면 축에 끼워 주지 않으니까 뭐든 시키는 대로 해야 했다. 돈을 가져오라면 아버지, 어머니 지갑을 뒤져 갖다 바쳤다. 돈이 없어지는 걸 눈치 채신 부모님은 지갑을 감춰 놓기 시작했고, 나는 또 찾아내는 데 귀재가 되었다. 끝도 없이 야단맞고 매를 맞으면서도 동네 친구들을 놓칠까 봐 집안 물건 내다 바치기를 끊을 수가 없었다.

이런 악순환이 이어지면서, 집안에 들어오면 야단맞는 재미(?)밖에 없으니 꿀 먹은 벙어리가 되어 버렸고, 밖에 나가면 귀신 들린 사람마냥 신바람 나게 놀아 젖히는 버릇이 생긴 것 같다. 그래서인지 지금 아이들 아버지 노릇도 제대로 못 하고 있다. 마음으론 안 그런데 밖으로 잘 나타내지 못한다. 이런 자식을 기르시느라 어머님, 아버님이 무척 속이 상하셨던 걸 기억한다. 예를 들자면 다른 형제들은 회초리 한 대만 맞아도 도망쳤다는데 나는 '자식 때리는 부모 마음이 아프겠지? 그러니 실컷 때려 보라!' 는 식으로 버티며 나중에 어머님이 끌어낼 때까지 맞았다.

대학교 3학년 때 일이다. 어머님이 조금씩 저축하여 채 장로님께 돈을 맡겨 놓으신 적이 있었다. 그때 우리 교회의 승진 형이 사업을 하나 벌여 용돈을 벌어 쓸 수 있는 길이 있다며 새 양복 한 벌씩을 해 입고 행세를 해야 한다고 해서, 채 장로님께 거짓말하고 돈을 찾아내 양복들을 해 입고 명함을 찍었다. 그 일이 바로 탄로 나서 어머님 앞에 무릎 꿇고 용서를 비는데, 어머님은 잣대로 나를 치는 게 아니고 당신의 발을 힘껏 내려치며 "내가 잘못해서, 내가 잘못 가르쳐서 애가 이러지!" 하시는 게 아닌가? 부모님이 잘못 길러서가 아니고 내가 친구를 잘못 사귀어 벌어진 일인데, 정말 내가 맞은 것보다 더 아팠다.

78년에 나의 가정 일로 아버님이 토론토에 오셨을 때, 아버님은 공항에서 들어오는 차에서, 주님을 섬긴다고 너무 밖으로만 돌아다녀 누나와 나한테 정말로 미안하다고 말씀하셨다. 그리고 형들의 절반만큼만 해주면 좋겠다고. 나는 차 안에서 고함을 질렀다. 나를 형님들과 비교하시지 말아 달라고. 하지만 어느 부모가 자기 인생의 한 토막이 잘못이었다며 자식에게 용서를 빌 수가 있을까? 나는 자식이나 아니면 아랫사람에게 잘못을 인정하고 용서를 구할 수가 있을까 싶다.

어머님은 당신께서 옳다고 생각하면 끝까지 우기시는 분임엔 틀림 없다. 나는 그런 점을 닮았으니까. 한번 싫으면 끝까지 싫고 한번 좋으면 끝까지 좋아하니까 말이다. 87년 가을 20년 만에 서울에 돌아왔다. 어머님은 내가 신학을 포기한 걸 퍽이나 아쉬워하셨던 터라 이혼하고 혼자가 된 나에게 다시 신학을 시작하라고 하셨다. 한 번 더 찔러 보신 것이다. 신학은 아무나 하는 것이 아님을 철저하게 깨달은 터라 사양 했다. 그런데 어머니와 나에게 공통점이 있음을 발견했다. 감옥살이를 여러 차례 한 끝에 《더욱 젊게》를 쓰게 된 때쯤이어서인지 익환 형이 집에서 커피를 못 마시게 했던 것 같다. 그래서 식후에 어머님이 내 덕에 한 잔 드시고 싶어서 "영환아, 커피 안 마실래?" 하신 것이다. 나는 커피 두 잔을 만들어 어머님과 같이 마셨다. 커피 외에 땅콩, 그리고 돼지 삼겹살을 좋아하는 것은 우리 모자의 공통점이라 하겠다. 물론 기름한 얼굴하며 주름살이 많은 것은 만인이 다 아는 공통점이다.

아버님, 어머님 모두 3일장으로 치러졌기에 혼자서 사업을 하던 나로선 날짜에 맞춰 귀국할 형편이 못 되었다. 그래서 두 번 다 토론토 한인연합교회에서 추모 예배를 드렸는데, 그때마다 내가 골라 쓴 두 분의 영정 사진이 장례식에서 쓴 것과 같은 것임을 후에야 알게 되었다. 특히 어머님 때는 가족 대표로서 조객들에게 "어머님은 박수로 기쁘게 보내 드리기를 원하실 것이니 그리해 주십사"고 부탁했던 것도 어머니와 통했던 대목이다.

어머님 1주기에 출판된 추모 문집 《그리운 어머니》에 동환 형이, 우리 어머니는 훌륭한 정치가가 될 모든 요소를 다 구비하신 분이라고 쓰신 것을 기억한다. 정말 우리 형제만의 어머니가 아니라 불쌍한 자,

억눌린 자, 고난 받는 자의 어머니이셨다. 겉으로는 좀 차가운 느낌을 풍기지만 속은 몹시도 뜨거우신 분이었다. 나 스스로도 그런 점은 어머니를 닮았다고 생각하지만 다른 점은, 그나마 어머님은 말씀 없이 실천하셨는데 나는 그걸 할 줄 모른다는 것이다. 그래서 어려서부터 성인에 이르도록 영주와 영희를 잘 감싸 주지 못한 것이 늘 마음에 걸린다. 미안하기 그지없다.

이런 어머님과 같이 75년을 사시며 해야 할 일들을 마음 놓고 하신 아버님과 어머님은 천생연분이라 생각된다. 하늘나라에 계시면서도 두 분은 떨어지실 수 없을 것 같다.

말썽꾸러기 막내 영환

매듭짓는 글

가족사의 지평을 넘어

김경재(한신대학교 명예교수)

회고록이 책으로 엮이게 된 연유

문재린 목사의 회고록에 발문을 쓰는 영광에 감사하면서, 이 회고록의 출판은 세계 각지로 흩어져 뿌리내린 위대한 한민족의 이민사, 일제강점기 민족운동사, 1970~80년대 국내외 민주운동사, 그리고 한국 기독교사에서 중요한 한 측면을 드러내 보인다는 점을, 이 글을 통해 간략하게나마 이야기해 보려고 한다.

1960년대와 1970년대 초반, 삼각산 지세를 내리받아 자리 잡은 조계종 화계사와 경계를 서로 맞대고 위치한 한국신학대학(현 한신대학교 신학전문대학원)에서 필자는 학생 시절과 조교수 시절을 보냈다. 그 시절에 서울 수유리 신학대학 캠퍼스에서 자주 뵙던 여러 어른들 중한 분이 문재린 목사이셨다. 그분의 두 아들 문익환·문동환 두 형제 교수가, 아직 한국의 민주·인권·통일 운동에 신명을 다하여 투신하기 전의 일이다. 필자는 문재린 목사의 두 아드님, 문익환·문동환 교수로부터 각각 구약신학과 기독교교육학을 배운 인연이 있었고, 두 분 교수의 사택이 캠퍼스 안에 있었기에 이 책의 주인공 중 한 분인 문재린 목사님을 자주 뵐 수 있었다.

이 귀중한 자료집 《기린갑이와 고만녜의 꿈》은, 개화기 이후 20세기 100년 동안 한 민족의 애환을 몸으로 겪으면서 살고 가신 두 어른의 삶과 신앙 세계를 손녀 되시는 문영금과 문영미가 공동으로 엮어 내어 세상에 빛을 보게 되었다. 문익환 목사의 따님이 문영금 씨이고 문동환 교수의 따님이 문영미 씨인데, 아버지 세대가 못 다하고는 맘에 부채처럼 지고 사셨던 매우 중요한 숙제를 그 딸들이 대신 해결해 드린 것이다. 엮은이들은 그들의 아버님을 있게 한 조부모님의 삶과 신앙적 신념을 정리하여 역사에 증언으로서 남기는 것을, 단순히 한 가족사를 정리하는 것 이상의 사명으로 생각했다. 그리하여 할아버지와 할머니가 초록으로 남겨 두신 각종 기록 자료들과 대담 녹취물을 정리하고, 부모님들이 그곳에서 낳고 양육받으며 꿈을 키웠던 중국 길림성 용정·명동 현지를 여러 번 탐방하고, 미진한 점들은 전문 역사가의 자문과 감수를 받아 세상에 내놓은 것이다.

가족사는 미시사적 연구 방법을 통한 사회 민족사 연구의 기초

인간적 삶이 다른 영장류 동물과 근본적으로 다른 점은 의미 있는 삶의 체험을 하고, 그 삶의 내면적 체험을 문자나 이야기나 예술적 표현으로 남긴다는 점이다. 후세 사람들은 그 남겨진 자료들을 통하여 '삶의 내면적 의미'를 되살려 내어 간접적으로 다시 앞선 이의 체험을 공유하면서, 오늘의 창조적 삶의 토양으로서 그리고 문명 발전과 사회

성장을 위한 생명의 씨앗으로 삼는다. 이것이 현대 해석학 이론이 정신과학적으로 밝혀 낸, 인간적 삶의 독특한 구조이다. 줄여 말하면, 인간적 삶이란 단순히 번식 행위나 의식주 문제를 해결하려 고투하는 데 그치지 않고, 의미 있는 삶을 '체험' 하고 체험을 '표현' 하며 표현된 것을 '이해' 하는 연속적 과정이다.

근래 정신과학 일반의 연구 방법에서, 특히 역사방법론에서 '미시사적 연구' 방법이 시간이 지날수록 그 의미를 더하고 있다. 쉽게 말해서 역사나 사회사를 연구하고 기술하는 방법론 중에서 이념사적 거대 담론이나 탁월한 지도자 혹은 엘리트 집단을 중심으로 한 연구에도 장점이 있으나, 그런 연구는 자칫 잘못하면 생동하는 삶을 추상화하기 쉽고, 역사 발전 단계론이나 사회조직 구조 이론에 매몰되어 구체적 개인의 삶과 체험을 무시하거나 간과함으로써 정신과학 일반의 고유성을 잃어버리기 쉽다.

역사학이나 문학, 심지어 요즘 신학 분야에서도 미시사적 연구 방법이 큰 성과를 거두고 있다. 일반 독자들에게 널리 알려진 미시사적 연구의 사례들로는 개인의 전기(傳記), 인물 평전, 회고록, 다큐멘터리 영상물 등이 있을 것이다. 이 책은 문재린 목사(1896~1985)와 김신묵 여사(1895~1990)가 자신들이 직접 기록하여 남긴 글과 녹화된 영상물, 녹취록 등 원자료들을 가지고 앞서 말한 대로 두 분 손녀들이 편집한 것이다. 편집을 하되, 없었던 일을 더하거나 빼거나 덧칠하거나 과장하거나 하는 등 범하기 쉬운 엮은이들의 주관적 해석을 철저히 절제하고, 다만 사건의 전말을 이해하기 쉽도록 재배열하고 중복된 기초 증언 자료를 선별하여 적재적소에 놓이도록 한 것이다. 시대와 삶의 배경이 다름을 감안하고, 언어 표현상의 사투리나 어투도 가급적 살려

놓았다.

이 귀중한 회고록은 특정 집안의 문중 역사에 그치는 것이 아니라, 곧 함북과 만주 간도를 중심으로 일어났던 생생한 한민족의 이야기이다. 그러므로 이 책은 민족사, 정치사, 사회사, 교육사, 여성사, 교회사를 전공하는 학자들이 반드시 주목해야 할 자료를 제공한다.

발문을 쓴 필자에게 이 책이 지닌 가장 큰 의미는 이 회고록을 통하여 문익환·문동환 등 우리에게 다소 귀에 익은 사회 유명 인사들의 가족 이야기를 듣는 데 있지 않다. 그 가족 이야기를 통하여 20세기 한민족이 겪은 '도전과 응전', 빛과 그림자를 파노라마처럼 보게 되는 데 있다. 특히 북간도라고 하는 지정학적 조건 속에서 한민족의 공동체가 어떻게 열린 기독교 신앙을 받아들여 민족 독립, 신앙과 양심의 자유, 인간 평등과 자유정신, 그리고 민족 화해·통일 운동까지 삶의 원동력으로 삼게 되었는가 그 비밀 코드를 읽게 되는 것이다.

우리는 두 분의 증언을 통하여 20세기라는, 한민족에게 견디기 어려운 역사 시련의 격동기에 왜 한국의 정치 사회적 지층 구조와 일본의 그것이 달랐는가, 왜 100년 뒤늦게 개화한 한민족 정치 사회는 명실 공히 근대화된 시민 정치 혁명이 가능했는데 일본이나 중국엔 그것이 불가능했는가 그 숨겨진 원인을 알게 될 것이다. 이 책에 증언된 두 분의 생생한 삶을 통하여, 왜 한국에는 극우적인 친미·반공·성직권 위주의적 보수 기독교가 극성을 부리는 한편 아시아에서는 유례를 찾을 수 없는 사회변혁적 기독교 진보 세력이 1970~80년대에 노동·인권·민주·통일 운동에 수많은 희생자를 내면서 우리 사회의 누룩처럼 활동할 수 있었는가 그 모순처럼 느껴지는 난해한 수수께끼가 풀릴 것이다. 간단히 표현하면, 가장 모범적인 기독교 가정에서 성장하고 그 아버지에 이어 자신도 목사인 문익환이 왜 '좌경 정치 목사' 라는 비판을 아랑곳하지 않고 민주·통일 운동에 목숨을 내걸었는가 이해하게 될 것이다.

문재린 목사의 회고록은 그런 의미에서 그분 자신의 전기적 서술이자, 20세기 초 북간도로 집단 이주, 개척하여 새로운 삶을 펼쳐 나간 문씨 문중의 가족사이기도 하고, 그 개인과 가족의 삶과 얽힌 한민족 민중의 사회사이기도 하다.

북간도 한민족 독립운동사를 새로이 조명하는 계기

이 책은 문재린 목사와 그의 부인 되신 김신묵 여사의 회고록을 하나로 묶어 출간한, 특이한 경우다. 결혼 이후 70여 평생을 부부로서 한 몸 한 맘으로 살았지만, 각각 가장과 가정주부로서 삶을 체험하고 역사의 시련에 창조적으로 응전한 방법과 관점이 고유한 특이점을 지니기 때문이다. 김신묵 여사의 회고록에 대해서는 장을 달리하여 다른 분이 소상하게 진술할 것이므로, 필자는 문재린 목사의 회고록을 중심으로 발문을 적어 본다.

최근 함경북도와 북간도 지역을 아우르는 관북·간도 지방을 중심으로 한 한민족의 이민사, 북간도 독립운동사와 기독교 교회사 연구는 전문 역사학자인 서굉일 교수의 《규암 김약연 선생》(고려글방, 1997)이 간행된 것을 비롯하여 국사학계와 교회사학계에서 더러 발표되고 있다. 그러나 대체로 보아서 북간도 지역과 그곳에서 일어난 매우 역동적이고 창조적인 독립운동·교육운동·신앙운동과 그 상호 관계에 대한 연구는 이제 막 시작된 느낌인데, 문재린 목사의 회고록은 그 방면에 1차적 사료로서 가치가 있다는 점을 주목해야 되겠다.

문재린 목사의 90년 삶을 크게 두 부분으로 나눈다면 1946년 해방 정국에 남하하기 이전과 이후로 대별된다. 남하하기 전 50년 동안은 북간도를 중심으로 활동한 삶이었고, 남하한 이후 40년 동안은 신생 대한민국과 캐나다를 활동 공간으로 하여 이뤄진 삶이었다.

문재린 목사의 가계를 보면, 저 멀리 고려조 공신 문익점의 24대손 인 문치정이 그 부인 박정애와 결혼하여 가족을 이루었고, 그들의 큰 아들인 문재린은 관북 지방 오룡천 실학파 유학자 중 한 분인 김하규 와 그 부인 김윤하의 넷째 딸 김신묵 여사와 결혼하여 익환 · 동환 · 영 환 · 선희 · 은희까지 3남 2녀를 두었다.

일반 사회인들은 북간도 지역을 중심으로 하여 일어난 민족독립운 동에 대해서 많은 정보와 지식을 접하지 못했을 것이다. 독립운동가 이 상설 · 이동녕 · 이동휘, 청산리 전투를 승리로 이끈 김좌진 · 이범석, 그리고 민족시인 윤동주의 이름쯤을 알 뿐이다. 그러나 북간도 지역의 역사는 중고등 국사 교과서나 한국 교회사 교과서에 몇 줄 언급하고 지 나가면 그만인 역사가 아니다. 그곳에서 일어난 한민족의 창조적 웅전 과 용기와 슬기는 놀라운 것이며, 그곳에서 배출된 수많은 인재가 현대 한국사를 이뤄 가고 있다. 특히 그곳 이민 개척자들의 벼농사와 과수재 배 개발사, 민족독립운동사, 캐나다 선교부의 개방적 선교 정책과 의 료 · 교육 선교, 한민족이 자발적으로 설립한 사립학교의 교육 이념(자 유 · 평등 · 자치 · 실학 정신) 등등은 너무나 중요한 한민족사의 파노라마 다. 문재린 목사의 회고록은 이러한 일련의 사건들이 일어났던 삶의 한 복판에서, 교육과 목회를 중심으로 활동한 독립운동가로서 그리고 사 회 지도자로서 보고 듣고 경험한 일들의 생생한 증언이다.

특히 1899년 2월, 두만강 이남 회령 종성 등 함북 지방에 살던 문 재린 목사와 김신묵 여사의 부모님 세대가 두만강을 건너 만주 화룡 현 명동촌으로 집단 이주한 사건은 매우 중요한 의미를 띤다. 유학자 문병규, 남종구, 김약연, 김하규 등이 이끄는 스물두 집의 식구 도합 142명이 일제히 두만강을 건넜다. 이들 용감한 창조적 소수자들은 무 실역행하는 실학적 자강 정신, 자립 자조하는 협동·개척 정신, 자녀 교육에 대한 열정, 민족 독립 정신을 가지고 도강을 감행했다. 이들이 명동촌에 정착한 지 얼마 되지 않아 기독교 신앙과 접맥되면서 놀라 운 일들이 벌어졌다.

　평양이나 선천을 중심으로 한 관서 지방의 기독교 운동 못지않게, 그들의 삶은 '북간도의 평양'이랄 수 있는 용정·명동촌을 중심으로 하여 형성되어 갔다. 문재린 목사의 회고록은 그 역사에 대한 생생한 증언으로서 의미를 지닌다. 특히 명문 기독교 사립학교가 설립되어 민 족의 동량들이 배출된 점에서 평북 정주 오산학교와 북간도 명동학교 는 여러모로 닮은 점이 많다. 오산학교나 명동학교는 본래 나라를 염 려하는 마음이 크고 자녀 교육에 관심이 많은 유학자들이 문을 열었지 만, 장차 기독교 신앙을 받아들여 기독교 사립학교로 변모한다. 오산 학교 설립자인 남강 이승훈의 감화 아래 함석헌, 한경직, 주기철 같은 인물이 쏟아져 나왔다면 규암 김약연의 감화 아래 윤동주, 송몽규, 문 익환 같은 인물이 나왔다. 평양에 기독교 선교사가 세운 숭실중학교가 있었다면 북간도 용정에는 캐나다 선교부가 세운 은진중학교가 있었 다. 평양에 탁월한 기독교 선교사 모펫(마포삼열)이 있었다면 북간도 에는 그리어슨(구례선)이 있었다.

　일제강점기 독립운동의 중요한 한 축이 만주 간도 지역을 중심으로 중국 상해 임시정부와 긴밀한 연락 아래 전개되었다는 점, 그러한 맥락에서 자립 자조 정신에 기초해 독립투쟁에 대한 재정적인 뒷받침이 이루었던 점, 그리고 더욱 실질적인 투쟁 역량 육성을 지향해 무관학교를 설립하고 무장 독립투쟁 의지를 불태웠던 기개는 민족독립운동사 연구자들에 의하여 더 세밀하게 연구될 것이다. 필자가 독자들의 관심을 촉구하려는 또 다른 요소가 있는데, 그것은 1970~80년대 한국의 민주 인권 운동과 1980년대 이후 민족 화해 통일 운동을 이끈 기독교계 진보 세력의 사상사적 맥이 이 책의 주인공 문재린 목사가 증언하는 북간도 지역 백두산과 두만강의 밝고 맑은 한민족 기상에까지 가서 닿는다는 점이다.

일본 후쿠오카 형무소에서 순국한 민족시인 윤동주는 물론이요 1970년대 한국의 민주화 운동에 힘쓴 김재준, 문재린, 안병무, 문익환, 문동환, 강원룡, 이상철 등이 모두 용정·명동촌의 '새 포도주에 취한 사람들'인 것이다. 그들이 생각과 이상을 한껏 열어젖히고 개방적 사유를 하는 미래 지향적 인물이 되는 데는 캐나다 선교부의 도움이 컸다. 그러므로 함경도와 만주 간도 지역을 선교 영역으로 삼았던 캐나다교회 선교부의 선교 정책이 재조명되어야 한다.

캐나다 선교부와 북간도, 열린 기독교 신앙의 맥

월남 전 반세기에 걸친 문재린 목사의 목회·교육 활동은 캐나다 선교부와 긴밀한 관련이 있다. 북간도 용정·명동 지역을 중심으로 한 기독교 민족주의 운동과 탈교권주의적 열린 기독교의 실천적 '생활 신앙' 정신은 캐나다 선교부의 선교 정책의 뒷받침과 도움에 힘입은 바 크다. 그러한 긴밀한 인연은 캐나다 연합교회와 한국의 진보적 교단인 기독교장로교회의 상호 신뢰와 결속으로 나타났고, 1950년대 장로교 분열과 1970~80년대 민주화 운동 과정에서 캐나다는 형제애와 지지를 보내며 한국의 진보적 기독교회 운동을 직간접으로 지원했다. 그러한 일련의 맥락 안에서 문재린의 삶과 신앙이 영글어 간 것이다.

먼저 한국 개신교 선교 역사 중에 조선선교사공의회와 조선선교사협의회가 선교 지역 분할 협정을 맺었던 역사적 사건을 이해해야만 한다. 당시 조선 땅에 공식적으로 외국 개신교 선교사들이 입국한 것은 1885년이었다. 개신교 교회는 종교 개혁 이후 여러 교파로 분열하여 발전했기 때문에, 로마 가톨릭과는 달리 미국, 호주, 캐나다, 유럽 등 각 지역 각 교파에서 따로따로 선교사들을 파송했다. 1900년 전후 무렵 미국의 장로교와 감리교는 각각 남북 장로교와 남북 감리교로 분열된 형국이었는데, 미국의 침례회, 북장로회, 남장로회, 북감리회, 남감리회, 그리고 캐나다의 장로회와 감리회, 호주 장로회, 성결교회 등 교세가 큰 개신교 교파들이 각각 선교사를 파송했다. 그 밖에도 각종 군소 교파교회가 선교 활동을 벌였다.

사태가 이렇다 보니 1900년대 중반에 이르러, 선교사들 사이에 불필요한 노력의 낭비나 경쟁을 지양하고 더욱 효율적으로 선교 사업을 수행하고자 각 교파가 책임 선교 지역을 분담하기로 협약했다. 물론 서울이나 평양 같은 주요 도시는 중첩될 수도 있지만, 대강 합의한 큰 울타리는 다음과 같았다. 평양을 중심한 관서 지방은 미국 북장로회와 북감리회가, 전남북 지방은 미국 남장로회가, 부산 경상도 지방은 남장로회와 호주 장로회가, 경기 황해도 지방은 미국 남감리회가, 충청도 지방은 침례교회가, 그리고 원산 이북 강원도와 함경도는 캐나다 장로회가 많았다. 이러한 선교지 분담 결정에 따라 캐나다 선교부는 관북 지방, 북간도 동만주 지역, 하얼빈 등 동러시아 지역을 전담하게 된 것이다. 처음에는 캐나다 감리회와 캐나다 장로회가 각각 선교 활동을 하다가, 1925년 캐나다 연합교회가 성립되어 선교 역량을 더욱 효과적으로 집중할 수 있었다.

북간도와 함경도 지방을 중심으로 펼쳤던 캐나다 선교사들의 헌신적 봉사와 희생을 다 열거하기 어렵지만, 그리어슨(R. Grierson), 풋(W. R. Foot), 맥레이(D. M. McRae), 베이커(A. H. Baker), 스코트(W. Scott) 목사 등은 단순한 선교사가 아니라 한민족을 깊이 이해하고 자립 자존하도록 도운 동역자요, 지도자요, 독립운동 후원자요, 교육자요, 의료사업가였다. 그들이 가는 곳엔 병원과 교회와 학교가 세워졌고, 토착 주민의 자치와 여성들의 인권 존중과 신앙의 생활화가 강조되었다. 그리어슨은 목사이면서 의학을 전공한 의사이기도 했다.

1912년엔 명동촌 교회의 김약연을 비롯해 북간도 조선인 그리스도 신자들이 캐나다 선교본부에 세 가지 사업을 청원했는데, 의료기관 설치, 남녀 중등 교육과정 설립, 교회 증설과 전도사업 확장이 그것이었다. 캐나다 선교부는 개척 정신과 교육열과 민족 독립 정신, 무엇보다도 건강한 조선인 그리스도인들의 청원에 그리스도의 사랑으로 곧바로 응답했다. 거기엔 선교 본부에 속한 선교사들이 후견인으로서 조선인 교회와 민족을 돕는다는 고답적인 교만이 조금도 없었다.

그리하여 당시 만주를 점령한 일본제국주의의 통치 영역이었던 북간도 용정 땅에 외국인들의 치외 법권 지역으로서 현대식 종합병원인 제창병원이 설립되어 민중의 질병 치료를 맡았고, 이동휘 같은 독립운동가들의 피신을 돕는 기관이 되었다. 은진중학교와 명신여학교 등 중

등 교육기관이 설립되고, 많은 교회가 세워져 선교사업 확장을 도모했다. 문재린 목사의 증언을 통하여 확인하는 바대로, 성진·회령·함흥을 중심한 관북 지방과 북간도 용정을 중심한 동만주 지역에서 캐나다 선교부의 활동은 평양·선천 중심으로 관서 지방에서 선교했던 당시 북장로교의 선교 정책과 여러 면에서 달랐다.

첫째, 북장로회 선교부는 정치적으로 조선을 일본의 지배 아래 두기로 한 미국의 외교 정책에 순응하고, 교회와 정치의 상호불간섭주의를 명분으로 삼아 조선 독립 운동에 중립적이거나 무관심했다. 물론 개인적으로는 조선인의 독립운동을 지원하고 심정적으로 동조한 선교사들도 있었지만, 기본적으로 '정교 분리'를 내세우고 '영혼 구원'을 선교의 일차 목적으로 삼았다.

그러나 캐나다 선교부와 선교사들은 훨씬 더 적극적으로 조선의 독립 운동을 지지했고, 일제의 야만적 식민 통치를 세계에 알리는 데 주력했다. 그리스도교 복음 신앙은 '영혼 구원'만이 아니라 '삶 전체 영역의 자유와 해방'을 포함한다고 생각하는 '전인적 구원론'을 표방했다. 문재린 목사와 그의 신앙 동지들, 선후배들이 모두 그러한 '삶의 신앙·생활 신앙'을 기본 신념으로 삼았기에, 그들에게 신앙운동·교육사업·민족독립운동은 별개가 아니라 삼위일체와 같이 유기체적인 한 운동이었다. 이러한 신앙관은 문재린 목사의 가족에게도 내면화했다. 캐나다 선교사들을 통하여 터득한 북간도 그리스도인의 신앙은 '기독교 교리의 지식적 수용'이 아니라 '기독교적 신앙의 실천적 삶'이었다.

둘째, 캐나다 장로회와 그 후신인 캐나다 연합교회의 선교 정책에는 동지애 정신과 휴머니즘이 있었다. 선교사들은 선교지 주민들을 후견인처럼 대하며 지도하거나 지배하려는 고답적 자세를 취하지 않고, 조선인 교회 지도자들을 동역자로서 대했으며, 지역 주민들의 자치와 자립, 민중 주체적 선교 정책을 기조로 삼았다. 마땅히 그리하여야 하겠지만, 1910~30년대 다른 지역의 선교사들은 초창기 선교사들의 헌신적 정신과는 달리, 선교비 집행 권한과 막강한 지적 우위권을 가지고 신학 교육, 기독교 기관 사업, 사립학교 운영 등에서 조선교회에 대해 절대적 지배권을 행사했다.

그러한 일반적 경향과 비교해 볼 때, 캐나다 선교부의 참여적 민주주의 정신과 선교지 주민의 자치 능력 육성 정책은 크게 돋보인다. 문재린 목사와 그의 부인 김신묵 여사가 일찍부터 평신도 운동에 주목하고, 한국교회에서 평신도 운동의 선구자 구실을 하게 된 것도 캐나다 선교부의 주민 중심 정책에 영향받은 바 크다. 문재린 목사는 남하한 후 여러 곳에서 목회를 했지만, 무엇보다 교회에서는 교회를 이루는 회중이 중요하다는 자각을 일깨우면서 1965년 '평신도전국연합회'를 조직하는 데 산파 구실을 한 것은 길이 기억되어야 할 일이다. 그의 부인 김신묵 여사가 동만주 지역에서 1931년부터 남하할 때(1946)까지 여전도회 회장 직을 수행한 것도 우연이 아닌 것이다.

유교적 실학 정신과 '옹기장이 신앙'의 창조적 접목

문재린 목사는 회고록에서 스스로 고백하기를 "내가 자란 집엔 오룡동 실학파의 견실한 이념과 그리스도의 사랑이 겹쳐 흘러, 우리 가정은 행복스럽고도 단란했다. 나는 이런 가정환경에서 자랐고 그 가정에서 살게 해주신 옹기장이에게 감사한다"고 썼다. 여기서 우리는 개화기 이후, 조선조를 500년간 지배한 유교의 말년에 허울만 남은 허례 허식과 번문욕례(繁文縟禮)를 모두 벗어 버리고 유교의 본래 정신인 '극기복례(克己復禮)·수기치인(修己治人)·격물치지(格物致知)·성기성물(成己成物)'하려는 근본적 실학 정신의 진수가, 함경도로 유배당한 진실한 실학파 조상들을 통하여 후손 문재린에게 전승됨을 본다. 그리고 본래 유학 정신에는 있었지만 약하게 의식되거나 희미해진 상제 신앙(上帝信仰)이 그리스도교를 만남으로 뚜렷하게 자각되어, 유학적 실학 정신과 그리스도교적 하느님 사랑이 '삶의 생활 신앙'으로 육화(肉化)한 것을 본다.

문재린 목사의 삶은 20세기 100년을 거의 채우면서 글자 그대로 파란만장했다. 그 자신의 성격은 이름의 한자가 암시하듯, 투쟁할 무기가 전혀 없는 기린처럼 평화 지향적이고 온순하여 비투쟁적이지만, 무골호인은 아니었다. 생명을 내던져야 할 때라고 생각하면 자결을 각오할 만큼 외유내강했다. 여러 번 감옥살이를 하고, 내일을 예견할 수 없는 고난과 역경을 헤쳐 나올 때마다 그는 "옹기장이에게 감사한다"라는 은유적 표현을 하곤 했는데, '옹기장이'는 《구약성경》〈예레미야〉서(18:2~6)와 〈이사야〉서(29:16, 30:14)에 나오는 비유다. 진흙을 빚어 각종 그릇을 만드는 옹기장이와 그릇의 관계는 예술가와 예술 작품의 관계인데 창조주 하느님과 피조물의 관계로 비유되었다. 그 비유에서 강조하는 점은 두 가지인데, 하나는 옹기장이의 절대적 의지와 비전(vision)에 대한 신앙적 인식이고, 다른 하나는 그릇의 다양성과 그릇으로서의 봉사 기능을 자각하는 고백이다.

문재린 목사는 격동하는 조선 민족과 동아시아의 흥망성쇠를 보면서, 그리고 자기 자신은 역사의 사나운 바람 앞에서 언제나 난파당할 수 있다는 생명의 불안정성 체험을 통하여, 창조주의 주권에 대한 겸 허한 복종과 그분의 도구로서 봉사할 수 있는 영광을 동시에 자각했던 것이다. 그의 삶을 한마디로 압축한다면 봉사의 삶이요, 증언의 삶이 요, 자유와 정의를 기본으로 하는 인간 생명의 존엄성을 지키는 목자 의 삶이었다. 문재린 목사는 젊은 시절, 간도 명동촌의 거목 김약연의 사랑과 기대를 한 몸에 받은 교역자였다. 그가 옹기장이 섭리의 손길 에 이끌려 '북간도의 잔다르크'라고 할 만한 김신묵을 신부로 맞아, 한국 현대사에서 한민족의 화해와 통일을 위해 큰일을 하게 되는 자 녀들을 낳고 양육하게 된 것 또한 예사스런 일이 아니다.

평양신학교 신학생 시절 동기학우회 임원이었던 문 목사는 같은 학 우회 서기였던 순교자 주기철 목사와 함께, 신학교 기숙사에까지 퍼지 던 지방색 타파에 앞장섰던 적이 있다. 이것은 실천 신앙·생활 신앙 의 표출이었다. 그는 1932년 당시 특권과도 같은 캐나다 유학을 다녀 온 몇 안 되는 인텔리였으나, 그 지식으로 자신의 부귀영화를 추구하 지 않았다. 두 아들 문익환 목사와 문동환 교수가 1970~80년대 옥고 를 치르는 동안 감옥문 밖에서 가슴이 쓰리는 아픔을 겪었지만, 자녀 들이 밟는 진실한 삶의 발걸음을 부정(父情)으로 만류하려 들지 않았 다. 1970년대 중반 이후 캐나다로 옮기신 이후엔, 장공 김재준 목사와 서로 의지하면서 이국에서 민주화 운동을 몸으로 추동했다. 1973년, 캐나다 토론토대학교 임마누엘 칼리지 그의 모교에서 그가 명예 신학 박사 학위를 받은 것은, 어찌 보면 가장 어울리는 그의 삶에 세계 사람 들이 드리는 존경의 표시였다.

문재린 목사의 회고록을 통하여 후세인들은 오늘의 삶을 가능하게 해준 선배들의 고난과 희생의 열정에 옷깃을 여미게 되고, 각자의 삶을 가장 아름답게 꽃피워 내야겠다는 다짐을 하게 된다. 그리고 선각자들이 꿈꾸던 동북아시아 공동체의 실현을 지향하여 더 큰 비전을 가지고 그 꿈을 키워 가야겠다는 다짐을 하게 된다. 할아버지와 할머니의 삶을 꼼꼼하게 정리하여 엮어 낸 두 손녀 문영금과 문영미 님께 감사하고, 이 책을 출간한 삼인출판사에도 고마움을 표하고 싶다.

나의 할머니, 김신묵이 살아온 이야기
한 여성의 삶에 대한 이야기여성신학적 시론[*]

문영미

⁂

여성의 뿌리 찾기

언제까지라도 살아 계실 것 같던 나의 할머니가 95세 나이로 지난 1990년 9월 18일 돌아가셨다. 내가 태어났을 때 할머니는 이미 70세 이셨기 때문에 할머니의 주름살 없는 고운 얼굴을 한 번도 보지 못했다. 만주와 제주, 그리고 서울에서 활발하게 활동하셨을 할머니의 모습을 상상해 보면 드물게 멋있는 여장부였을 것이 분명하다. 나의 이러한 짐작은 할머니의 죽음을 지켜보는 가운데 더 확실해졌다.

할머니는 삶의 마지막 순간까지 동요하지 않고 우리에게 사랑을 남겨 주고 떠나셨다. 할머니는 하느님의 부르심을 받기 며칠 전부터 기도와 찬송을 멈추지 않았으며 가족과 이웃, 그리고 민족의 평화와 통일을 위하여 기도하셨다.

---

[*] 이 글은 김신묵의 손녀인 문영미가 쓴 한신대학교 신학대학원 졸업논문(1997)의 한 부분으로, 이 회고록을 위해 다시 정리한 것이다.

마지막 순간까지 병원에서도 그랬듯이 할머니는 평소 누구에게도 도움을 받으려 하시지 않았다. 걸을 때 옆에서 부축을 해도 뿌리칠 정도로 철저하셨던 할머니가 때로는 야속하기도 했다.

　지난겨울, 할머니가 허리를 다쳐 뜨거운 물로 찜질을 하고 치자를 으깨어 붙여 드린 적이 있었다. 할머니는 "너희들 때문에 내가 호사한다" 하고 미안해하셨다. 겨우 앉고 걸을 수 있게 되자 마당의 잡초를 도맡아 뽑고 젊은 사람들보다 부지런히 설거지를 하셨다. 사실 나는 할머니의 이러한 성격을 이해할 수가 없었다. 평생 누구로부터도 대접을 받아 보시지 못했기에 누가 잘해 주는 것이 불편하신 것이라고만 생각했다. 그러나 그것은 할머니의 철학, 즉 '섬김'의 철학 때문이었던 것 같다.

　할머니가 젊었을 때 시어머니와 시할머니를 병간호하며 그 고충을 누구보다 잘 알았기에 다른 사람의 짐이 되지 않으려고 미리 다짐하셨는지도 모르겠다.

　할머니는 여느 할머니들과는 달랐다. 푸근하거나 아기자기하기보다는 심각하고 무뚝뚝하셨다. 라디오를 틀어놓고 매시간 뉴스를 들었다. 또 창문으로 햇볕이 환하게 들어오는 날이면 어김없이 신문이나 역사 소설을 읽었다. 사람들을 향한 할머니의 사랑 역시 평범하지 않았다.

　약한 자, 억눌린 자들과 함께 아파했고 강한 자, 그릇된 자들을 끝까지 미워했다. 할머니의 사랑은 구체적인 도움으로 이어졌다. 할머니는 생각과 행동이 일치하는 실천파였다.

　할머니는 스스로 할 수 없는 일은 주위에 있는 젊은이들을 통해 이루고자 했다. "만주 땅은 우리 것이니 언제든 되찾아야 한다" "양담배 수입 때문에 농민들이 죽어 가는데 젊은이들부터 금연운동을 해야 한다" 하시고, 또 최근의 과소비 문제에 대해서도 답답해하셨다.

할머니는 특히 고부 관계에 대해 가슴 아파하셨다. 북한이나 만주에서는 여성에 대한 차별이 남쪽처럼 심하지 않고, 그렇기 때문에 시어머니가 며느리를 구박하는 일이 거의 없다고 말씀하곤 하셨다. 약한 여자들끼리 왜 서로 싸우는지 모르겠다며 화를 내시기도 했다. 며느리의 구박 때문에 자살하는 노인들, 시어머니의 간섭을 견디다 못해 이혼하는 며느리들을 보면 안타까워 어쩔 줄 모르셨다. 할머니는 큰며느리, 박용길 장로님이 70 노인이 되도록 47년 동안이나 고생을 시켰다며 세상에 이런 며느리는 없을 거라며 칭찬만 하셨다.

작은며느리인 내 어머니가 미국에서 시집왔을 때에도 춤을 추며 좋아하셨다. 물론 아버지가 마흔이 넘은 노총각이기도 했지만……. 말은 통하지 않았지만 손수 연탄불도 갈아 주셨다고 한다.

돌아가시기 몇 주 전부터 할머니는 꿈을 많이 꾸셨다. 살아 계신다면 100세 이상 되었을 옛날 사람들이 꿈속에 생생하게 보인다고 하셨다. 돌아가신 할아버지가 아주 젊고 건강한 모습으로 나타나서 같이 가자고 하셨단다. 그리고 당신의 시어머니와 친정어머니도 보인다고 하셨다.

"내가 천당에 가면 우리 시어머니가 가장 기뻐하실 거야. 시어머님은 평생 나를 의지하며 사셨거든."

할머니가 이런 말씀을 자주 하는 것을 보면서 시어머니에 대한 사랑이 얼마나 깊었으면 몇 십 년이 지난 지금까지 그리움으로 남아 있을까? 하는 생각이 들었다.

어떤 사람들은 남편과 아들의 업적을 가지고 할머니를 훌륭한 아내와 어머니로 평가한다. 그러나 나는 할머니가 그것을 훨씬 뛰어넘어 독립된 인간으로 훌륭하게 정열적으로 사셨다고 생각한다.

할아버지가 오랜 기간 유학을 가셨을 때에도 실질적인 가장 역할을 하며 모든 경제적 부담을 짊어지고 자식들을 키웠다. 이러한 경험을 통해 할머니는 육체적 정신적으로 주체적인 삶을 사실 수 있었던 게 아닐까?

김신묵 할머니와 손녀 영미. 수유리 사택에서. 1968년경.

다른 많은 사람들도 느꼈으리라 생각하지만 할머니의 삶과 죽음을 지켜본 나는 큰 축복과 감동을 받았다. 할머니가 삶과 죽음을 대하는 태도가 어느 예술 작품보다 더 진지하고 아름다웠기 때문이다. 누구에 대한 원망이나 불평, 동요함 없이 감사하며 사랑으로 충만했던 할머니.

할머니가 돌아가신 후 영안실에서 할머니의 수의를 보았다. 보자기 안에는 한빛교회에서 드린 연노랑 한복과 양말, 팬티, 속바지, 할머님이 손수 만드신 베개, 이불과 요, 보랏빛 민가협 스카프가 있었다.

몇 년 전부터 할머니는 가지고 있던 한복을 주위 사람들에게 전부 나누어 주셨다. 선물로 들어오는 목걸이와 패물도 다 젊은 사람들에게 선물하셨다. 내게도, 내 마음에 들었던 작은 검은색 핸드백을 손수 꺼내 주셨다.

할머니께서 당신의 수의를 준비하신 것도 꽤 오래 전이었다. 할머니는 준비를 끝내고 무척 좋아하셨다고 한다. 할머니의 마지막 옷 보따리는 깨끗하고 검소하고 예뻤다. 그것을 보자 "내가 가면 울지 말고 기쁘게 손뼉 치며 보내 줘라"고 말씀하시던 할머니 모습이 떠올랐다. 할머니는 우리 가슴속에 커다란 선물을 안겨 주고 가셨다. 할머니는 신앙과 사랑을 실천하고자 온갖 고생을 겪으면서도 성실하게 온몸으로 노력했기 때문에, 죽음과 삶을 통해 진정한 아름다움을 남겨 주신 것이 아닌가 생각해 본다.

할머니 감사합니다. 그리고 할머니의 뒤를 따라 열심히 살게요.*

할머니의 죽음은 어쩌면 내 삶에 큰 전환점이 되었는지도 모르겠다. 그때 이십대 중반이었던 나는 사회가 과학적이고 조직적인 방법으로만 변혁되는 줄 알았다. 교회와 신앙으로부터 당연히 멀어져 있었다. 할머니는 마지막 순간까지도 정신이 또랑또랑하셔서 병원에 온 사람들을 다 알아보시고 족집게처럼 중요한 말을 한마디씩 해주셨다. 할머니가 내게 남기신 유언은 "영미야, 건강하고…… 교회 열심히 다녀라"였다. 나는 얼떨결에 "네, 할머니" 하고 약속해 버렸다. 그때부터 나는 다시 교회에 성실하게 나가기 시작했다. 할머니가 나를 지켜보고 계신 것만 같았기 때문이다.

할머니가 마지막 순간까지 흐트러짐 없이 용감하게 죽음을 맞이하실 수 있었던 그 힘은 어디에서 나온 것일까? 고난 속에서 저렇게 강인하고 아름다운 삶을 피워 올릴 수 있었던 힘의 원천은 도대체 어디에서 비롯되었을까? 그것은 어떤 논리나 이념도 아니었다. 바로 기독교 신앙의 힘이었다는 것을 어렴풋이 깨달은 나는 할머니라는 나무에 넘쳐

---

* 문영미, 〈나 죽거든 박수쳐서 보내달라시던 할머니〉(김신묵 권사 추모 문집 《그리운 어머니》, 1991. 9., 60~61쪽)를 조금 다듬은 것이다.

흐르는 물에 대해 알고 싶었다. 그 생명수를 맛보고 싶었다. 어쩌면 내가 신학대학원에 들어가게 된 것도 다 할머니 때문이었는지 모른다.

그로부터 4년 후 수유리 한신대학원에 입학하여 헬라어를 공부할 때 내 큰아버지인 문익환 목사님이 갑작스럽게 돌아가셨다. 영하 10도를 오르내리는 추운 날씨였다. 큰아버지는 할머니와 할아버지가 살아 계실 때 북간도 역사를 남겨야 한다며, 두 분과 함께 대화하여 육성 테이프를 남기는 작업을 하셨다. 아흔 연세에도 할머니의 기억력은 비상해서 만주를 개척하던 이야기며 독립운동 이야기, 교회가 어떻게 처음 생겨났고 활동했는지를 생생하게 전달해 주셨다. 큰아버지는 특히 6·25전쟁과 분단을 겪으며 만주의 역사가 묻혀 버리고 왜곡되는 것이 안타까워 역사의 산 증인들에 관한 기록을 정리하시려 했다. 60여 개에 달하는 테이프를 녹음했지만 북한을 다녀오시고, 감옥에서 나온 후에도 바쁘셔서 집에 차분히 앉아서 만주 역사를 정리할 시간을 낸다는 것은 불가능한 일이었다.

잘못하다가는 역사의 한 장이 영영 찢겨져 나가게 되는 것이었다. 큰아버지의 장례식 전날 밤, 함박눈이 내렸다. 수유리 교정 곳곳에 하얀 눈이 쌓였다. 그 눈이 내게는 큰아버지가 내려 주신 평화였다. 그때 나는 자연스럽게 할머니의 테이프를 푸는 일을 해야겠다고 마음먹었다. 마치 오랫동안 준비해 왔던 것처럼……. 내가 대학원에 와서 3년 동안 해야 할 일이 어쩌면 바로 이것일지도 모른다는 생각이 들었다. 할머니의 삶은 내 대학원 생활 가운데서 늘 품고 있었던 화두였다.

만약 큰아버지가 살아 계셔서 할머니의 역사를 기록했다면…… 내 시각과 조금 차이가 났을 것이다. 그 차이는 바로 내가 여성의 눈으로 또 다른 한 여성의 삶을 되짚어 본다는 데 있다.

내가 만나 이야기해 본 사람들은 종종 자기 삶의 뿌리, 신앙의 뿌리가 자신의 어머니였음을 고백했다. 안병무 선생님의 어머니 선천댁 이야기*도 그러한 내용이다. 미국의 흑인 여성 신학자 들로레스 윌리엄스(Delores S. Williams)는 가정의 울타리를 지키기 어려웠던 노예 시절, 그 혹독한 시련을 견딜 수 있게 했던 것은 흑인 어머니들이라고 말한다.

> 흑인 어머니들이 특히 영성에서는 공동체 구성원들 중에서 가장 강인하다. 그들은 흑인 공동체를 유지하고 깊이 있게 만드는 중요한 가치관과 생각을 보존하고 다음 세대로 전달해 주는 역할을 해왔다. 흑인 어머니는 자기 자신을 단순히 자식을 낳고 키우는 사람으로 생각하지 않았다. 그들은 스스로를 한 인종과 민족을 형성하고 기르는 사람으로 생각했다.**

　작게는 한 가정을 유지하며 가치관과 신앙을 다음 세대로 이어주고, 크게는 공동체와 민족의 뿌리가 되어 고난 속에서도 흔들리지 않고 가지를 키우며 열매를 맺을 수 있도록 해온 것은 바로 여성이자 어머니였다고 해도 무리가 아닐 것이다. 특히 아시아, 또는 흑인처럼 억압받는 민족의 어머니들은 자녀들의 생존을 위해 어려운 상황에 적응해 가며 더욱 강인해졌음을 발견할 수 있다.

　할머니의 구술 테이프를 들어 보면 문씨 집안의 내력을 말하면서도 어느 집안의 딸이 시집와서 문씨 집안이 잘되기도 하고 못되기도 했다

---

　* 안병무, 《선천댁》(서울: 범우사, 1996).
　** Delores S. Williams, Sisters in the Wilderness(New York: Orbis Books, 1993), 50쪽.

는 이야기를 강조하는 것을 발견하게 된다. 할머니에 따르면 시집온 여자에 따라 한 집안의 미래가 결정된다. 문치정 시아버지가 돌아가시고 문재린이 유학 가 있는 동안 사실상 집안을 유지하면서 자식들을 훌륭하게 키운 것은 김순홍 시할머니, 박정애 시어머니와 김신묵, 그렇게 다른 성을 가진 세 여성이었다. 그러므로 가부장적인 의미에서 회고록은 문씨 가족의 이야기지만, 정확하게 말하자면 김씨와 채씨와 박씨의 이야기이기도 하다.

> 내 생각에 채씨 어머니가 들어왔기 때문에 다섯 아들을 다 공부시킨 것 같다. 그때는 한학을 시키는 게 어려웠기 때문에 집안에서 한 명 정도만 공부를 시켰다. 왜냐하면 공부를 하면 서당에 가서 자면서 집에는 가끔씩만 올 정도로 공부에 전념을 해야 했기 때문이다. 공부를 해서 급제를 해야 하는데 그것도 쉽지 않았다. 그런데도 문병규 할아버지와 채씨 부인은 다섯 아들을 다 공부시킨 것이다.
> 병규 할아버지가 채씨와 결혼을 잘해 후손이 잘된 것처럼 결혼을 잘해 여자가 잘 들어오는 게 그렇게 중요한 거다. 우리 친정 집안의 내력을 보아도 내 어머니가 최학암의 외손이고, 아버지는 한봉암의 외손이다. 이렇게 세 학자와 문씨의 자손들이 결혼을 해서 우리 집 후손들을 본 것이다. ─ 김신묵 회고록 〈고만녜 이야기〉 중에서

한신대 신학대학원에는 '영성훈련 세미나' 라는, 학생들의 참여율이 높은 인기 과목이 있다. 20개 조에서 훌륭한 영성을 가진 인물을 한 사람씩 선정해 발표하는데, 그 인물들 가운데 여성은 단 한 명도 없는 경우가 대부분이다.

살아가면서, 가장 깊은 곳에서 변화의 동기가 되고 버팀목이 되어 온 것은 어머니이자 여성이라고 고백하는데 왜 영성의 모델 가운데에는 여성이 없을까? 나는 대학원 생활을 하는 내내 이 의문을 지울 수가 없었다. 여성의 영성은 남성의 영성과 과연 다른 것일까? 남성들은 출가를 하고 금욕 생활을 하면서 산중에서 득도할 때에 여성들은 남겨진 자식들을 낳고 젖 물리고 키우며 영성을 성숙시켜 왔다. 남성들의 영성이 생활로부터 동떨어진 것이라면 여성들의 영성은 현실에 깊숙이 뿌리박혀 있다. 나는 할머니의 삶을 통해 여성의 영성에 대해 생각해 보게 되었다. 과연 여성의 영성이 다르다면 그 차이는 어디에서 비롯된 것일까?

여성은 몸속에 다른 사람을 위한 자리를 항상 준비하고 있다. 바로 자궁이 그 자리다. 공교롭게도 나는 이 논문을 쓰는 동안 임신을 하게 되었다. 지금까지 한 번도 느껴 보지 못한 새롭고 신비한 경험은 할머니의 삶을 조명하는 데 또 다른 빛을 제공하고 있다. 아이를 임신하고, 낳고, 키우는 것이 여성의 삶에서는 무시할 수 없는 큰 부분이다. 그것은 한편으로는 질곡이며 한편으로는 커다란 축복이다. 그 질곡과 축복의 모순은 몸으로, 삶 전체로 느껴진다. 자궁은 남을 위한 자리다. 임신을 하는 순간부터 어머니는 자신의 몸을 마음대로 통제할 수 없게 된다. 자신의 몸을 다른 한 생명체와 나누는 것이다. 열 달 동안 여자는 이타심을 배우고 모성을 키워 간다.

필리스 트리블(Phyllis Trible)은 하느님의 여성스러운 면이 여성의 자궁이라는 상징으로 성서 곳곳에 쓰여 있다고 지적한다. 자궁(rehem)이 단수로 쓰일 때에는 신체의 자궁을 의미한다. 그런데 그 단어가 복수로 쓰이면 '자비롭고 은혜로운(rahum)'이라는 추상적인 의

미로 바뀐다. 하느님의 신성과 모성애가 뒤섞인 표현이다. 이 형용사는 자비로운 야훼를 형용할 때만 쓰일 뿐 인간을 위한 형용사로는 쓰이지 않는다.* 히브리 문화에서도 여성의 자궁은 다른 이에 대한 동정심, 자비로운, 애정과 연결됨을 볼 수 있다.

여기서 한 가지 지적해야 할 것은 그 동안 모성이 지나치게 신비화되면서 오히려 육아의 책임을 여성에게 모두 떠맡기는 억압의 이데올로기로 이용되어 왔다는 점이다. 그러므로 여성의 모성이 왜곡된 형태로 지나치게 강조되어서는 안 될 것이다.

구술로 복원되는 여성의 역사

단어들 중에 어떤 것은 여성의 것이며, 어떤 것은 남성의 것이다. 또한 어떤 것은 어린이들의 것이다. 또 어떤 것은 시골에서 사용되는 것이며, 어떤 것은 도시에서 사용되는 것이다. ─ 단테**

남성의 말은 목표를 향해 똑바로 날아가는 화살과 같으며, 여성의 말은 접힌 부채와 같다. ─ 중국 속담

나는 논문을 쓰면서, 여러 시점에 작성된 할머니의 노트 몇 권과 정확한 수를 알 수 없는 구술 테이프들과 씨름했다. 막상 테이프들을 들

---

* Phyllis Trible, 〈은유의 전이 모태에서 자비로〉, 이우정 편, 《여성들을 위한 신학》(서울: 한국신학연구소, 1985), 60~62쪽.
** Marina Yaguello, *Les mots et les femmes*, 강주헌 역, 《언어와 여성》(서울: 여성사, 1994), 53쪽에서 재인용.

어 보니 그 내용은 내가 혼자 정리하기에는 너무도 방대하고 복잡했다. 결국 졸업 논문에는 할머니의 인생 초반을 다루는 것으로 만족하고 나머지 부분은 뒤로 미루게 되었다. 언젠가 끝내야 할 숙제는 늘 부담스럽게 내 어깨를 짓눌렀지만 감히 엄두를 내지 못하고 10년이라는 세월을 흘려보냈다. 다시 할머니의 삶을 정리할 기회가 내게 주어졌고, 이번에는 다행히 여러 사람의 도움을 받으며 함께 작업할 수 있었다.

마치 살아 계신 듯 또랑또랑한 할머니의 음성이 담긴 테이프를 새삼 들어 보았다. 주요하게는 문재린, 김신묵과 문익환 세 분이 만주의 역사를 정리하시고자 순서와 주제를 잡아서 자세하게 말씀하시는 테이프가 시리즈로 있었고, 그 외에도 혼자서 독백을 하시는 것이나 문성근, 문호근에게 말씀하시는 것, 교회에서 한 성경 공부나 설교 말씀 등 참으로 다양한 시점에서 말씀하신 테이프들이 있었다.

단절된 만주의 역사를 전해야 한다는 사명감에 할머니는 사소한 기억 한 가닥도 빠뜨리지 않고 전하려고 애쓰셨던 흔적이 느껴졌다. 할머니가 말씀하셨듯이 "내야 뭐 잊어지는 게 있어? 일기장인데……." 할머니는 워낙 기억력이 좋아서 사소한 일까지 다 더듬어 내셨다. 구술에 있는 함경도 사투리와 옛날식 표현, 젊은 세대에게는 생소한 물건이나 생활에 대한 상세한 회상을 될 수 있으면 빠뜨리지 않고 기록하고 싶었기에, 다소 산만한 듯하더라도 여러 시점에서 이야기된 내용을 될 수 있는 한 다 짜깁기했다. 조각보를 만들 듯이 한 땀 한 땀 이어 가는 작업이었다.

나는 할머니와 할아버지의 테이프를 들으면서 남성과 여성 언어의 차이점을 발견했다. 남성은 자기 자신을 중심으로 삶의 중요한 사건을 전개하면서 그 의미를 분석하고 설득하려는 듯한 언어를 사용했다. 반면 할머니는 나이가 드신 탓에 자주 옆길로 새기도 했지만, 항상 자신을 주인공으로 내세우지 않고 주변의 여러 사람들과 사건들을 나열하는 식으로 이야기하셨다. 언뜻 정돈되지 않고 연관이 없는 이야기 같아도 그 안에는 일상생활의 풍습이나 문화가 세세한 부분까지 묘사되었다. 여성들은 주변 사람들과 맺은 관계를 중심으로 사고한다는 것을 알 수 있다. 또한 분석하고 단순화해 결론을 전달하기보다는 삶의 복잡 미묘한 다양성을 있는 그대로 전달하여 듣는 이로 하여금 스스로 판단을 하도록 만든다. 여성들이 남의 이야기를 가지고 수다 떨기를 좋아하고, 인간관계가 복잡하게 얽히는 텔레비전 드라마를 남자들보다 더 좋아하는 이유는 바로 관계에 대한 관심 때문이다. 마치 겉에서 보았을 때에는 작은 구멍 하나밖에 없는 개미 굴 속으로 따라 들어가다 보니, 작은 방들이 엄청나게 많이 미로처럼 만들어져 있는 것 같았다.

북간도의 역사와 할머니의 어린 시절 이야기는 일부러 상세하게 이야기하셨고, 주변 사람들에 대한 세세한 기억이 전체 내용의 큰 부분을 차지했다. 그러나 정작 당신이 이루신 업적이나 그 의미에 대해서는 짧게 이야기했기에 회고록을 정리하는 내게는 아쉬운 점으로 남았다. 구술에서 자신이 한 일을 강조하지 않으신 것은 겸손함 때문이기도 하고, 또 한편으로는 할머니가 하셨던 교육과 여전도회 일들이 일상적이고 반복되는 일이었기 때문일 수도 있다고 추측해 본다.

이러한 여성적인 언어는 상대적으로 이성적, 추상적, 합리적이고 체계적인 글보다는 구술 형식에 더 잘 어울린다. 학문에서 소외되어 왔던 여성들이 글쓰기보다는 말하기를 편하게 느끼는 것은 당연한 것이다. 조금은 산만해 보이고 체계적이지 않은 여성들의 이야기 자체가 기존 학풍과 역사와 신학을 바라보는 관점에 한 가지 도전이 된다. 이야기로 전해져 내려오는 구술의 힘은 성경을 보면 쉽게 이해된다. 우리에게 전해져 내려온 성경도 대부분 이야기로 구성되며 오랫동안 구전으로 전승된 것이다.

　전통적으로 역사는 훌륭한 업적을 이룬 영웅이나 사건을 중심으로 지배자의 위치에서 기록되어 왔고, 그 시각은 주로 남성의 것이었다. 일상생활에 파묻혀 가정을 돌보고 아이를 낳아 키우며 사랑하며 살아온 여성의 삶은 주로 사적인 영역에 놓여 역사 서술에서 제외되어 왔다. 여성의 관점에서 역사를 바라보려면 구술을 통해 여성의 이야기를 듣는 것, 여성들이 일상 속에서 겪는 풍습, 문화, 인간관계, 감정 들을 객관적인 역사적 사건만큼이나 중요하게 다루어야 한다.

　"이야기신학자들은 인간의 경험이 기본적으로 이야기 성격을 띤다는 것과 이야기란 목소리 없는 사람들에게 목소리를 부여하는 한 가지 방식"임을 말한다.* 엘리자베스 피오렌자(Elizabeth S. Fiorenza)는 파편적인 단편들로 남아 있는 여성의 역사를 재건하는 데에 역사적 상상력을 동원한 회상이 중요함을 강조한다. "역사적 상상력을 넘어서 남성 중심의 텍스트의 요새를 분쇄하고자" 여성의 경험을 되살리는 여성의 역사(herstory)를 다시 써야 한다고 말한다.**

생명을 살리는 여성의 노동

* 김애영, 〈여성들이 이야기할 때와 논술할 때…〉, 김옥라 외 지음, 《나의 이야기》(서울: 여성신학사, 1995), 15쪽.
** Elizabeth S. Fiorenza, In Memory of Her(New York: Crossroad Publishing Company, 1983-1994), 60쪽.

할머니의 삶에서 또 한 가지 강조해야 하는 것은 노동의 의미이다. 할머니는 90세가 넘어서도 늘 집안일이나 밭일을 하셨고, 아무리 노동력을 사서 쓸 수 있는 여유가 생기더라도 자기 주변의 일은 스스로 해야 한다고 믿으셨다. 나는 할머니의 철저한 자세에서 많은 영향을 받았지만, 그러한 삶의 태도가 어디서 비롯되었는지는 잘 알지 못했다. 구술을 들으면서, 할머니는 실학과 동학에 깊은 관심을 쏟으며 실천하셨던 아버지 김하규와 남다르게 규칙적이고 부지런하셨던 어머니 김윤하에게서 자신의 몸을 움직여 의식주를 해결하는 노동을 중요시하는 삶을 이어받았음을 알게 되었다. 이 점은 어떻게든 편리하게만 살려고 하는 우리에게 생각해 볼 거리를 준다. 현대인의 일상과 어린이·청소년 교육에 육체노동과 정신노동의 균형이 얼마나 심각하게 깨져 있는지를 되돌아보게 해준다.

김하규는 대학자였으면서도 비가 오면 맨발로 뛰어나가 빨래를 거둬들이고, 학생들을 가르치면서도 짚신을 삼고, 겨울에는 딸들을 대신해 물을 길어 주실 정도로 노동이 몸에 밴 사람이었다. 그는 동학과 실학, 그리고 가장 밑바닥 인생들을 위한 학문인 주역을 했으며, 학문을 하는 동기는 민중의 구체적인 삶을 개선하려는 것이었다. 학문과 실천이 따로따로인 다른 학자들과 달리 그에게 육체노동은 밥을 먹는 것처럼 자연스러운 것이었다. 어머니 김윤하 역시 정확한 날짜에 맞춰 삼삼이를 했고, 여섯 딸을 시집보내려고 밤늦게까지 베를 짰다. 그의 부지런한 습관이 딸들에게도 자연스럽게 이어져, 김씨네 딸들은 일 잘한다고 소문이 자자했다.

논문을 쓰면서 나는 여성의 노동을 좀더 구체적으로 살펴보아야 한다는 생각을 가지게 되었다. 김신묵 할머니와 그 시어머니, 시할머니까지 세 시모녀는 출산과 가사 노동뿐 아니라 농사, 매년 구들을 뜯어내고 다시 바르는 일, 삼베를 짜고 옷 짓고 빨래하는 일을 했고, 남편과 시동생을 유학 보내려고 돼지를 키우고 누에를 먹여서 명주를 짰다. 그야말로 온 가족이 굶주리지 않고 추위에 떨지 않게 보살피는 일 전부를 세 여자가 함께 해온 것이다. 그 동안 남편들은 외국에 나가서 공부를 하거나 함께 있을 때에도 바깥일을 하느라 집안일을 거들 겨를이 없었다.

할머니의 구술 가운데 쇠똥을 재활용하여 여러 가지 용도로 사용했던 이야기 부분에서는 오늘날 우리에게서 멀어진, 자연과 순환하는 삶의 지혜를 발견할 수 있었다.

> 그 쇠똥이 참으로 쓸모가 있어 쇠똥이 아니면 벽에 바름질을 못 했다. 흙만 바르면 벽이 튼다. 그래서 쇠똥을 섞어 가지고 발랐다. 겨울에는 밑에 검부러기를 펴고 위에 쇠똥을 덮어 얼려 가지고 쌓아 놓았다가 봄에 밭에 나가 비료로 삼기도 했다. 만주는 땅이 좋아 비료가 필요 없었지만 그래도 비료를 주면 도움이 됐다. 구들을 고칠 때도 쇠똥을 썼다. ─〈고만녜 이야기〉 중에서

그 외에도 가을 타작을 할 때 쇠똥을 빌려 와서 마당에 마름질을 하던 일, 집을 지을 때 똥과 벼를 으깨어서 벽을 만들던 일, 시어머니는 똥 비나리를 부끄러워해 혼자서 똥을 퍼다 나른 이야기 속에서, 고단하면서도 가족을 살리려는 노동으로 단련된 할머니의 건강함이 물씬 풍겨난다.

할머니의 구술 중에서 특히 절절하게 다가오는 것은 시댁 식구들의

죽음을 이야기하는 부분이다. 시집와서 3년 후에 돌아가신 시아버지, 폐병으로 객지에서 숨진 시동생, 평생 수절하다 구부정한 다리를 펴지 못하고 돌아가신 시할머니가 앓아누웠을 때부터 돌아가시기까지를 할머니는 마치 어제의 일처럼 생생하게 들려준다.

> 할머니는 예전부터 다리를 쪼그리고 주무시는 버릇이 있었는데, 앓으면서도 다리를 펴지 못하고 구부리고 있어서 무릎과 발목에 닿는 부분이 벗겨져 그렇게 아파하셨다. 그래서 잠시도 혼자 놔두지 못했다. 돌아가시기 전전날 한준명이 문병을 오고 또 박걸 부인이 왔다 갔는데, 검은 머릿니가 몰려서 버글버글하는 게 보여 깜짝 놀라서 머리를 빗기고 옷도 새로 갈아입혀 드렸다. 교인들이 자꾸 문병을 오는데 냄새가 나고 이가 보일까 봐 계속 조심을 했다. 원래 노인들이 죽을 때가 되면 이들이 기어 나온다는 이야기를 들어서 무척 조심을 했는데도 그랬다.
> 헌당식을 끝낸 밤에는 가족이 다 모였는데, 대변이 흐르다 못해 피가 나왔다. 양재기를 들이대니 피가 철철 나오고 냄새가 그리 났다.
> 식구들은 다 들어가서 자고, 나는 혼자 할머니 옆에서 조용히 성경을 읽고 찬송을 부르면서 예배를 보았다. 그러니까 앓는 이가 성신의 충만함을 받는지 아픈 것도 다 잊고 편안해하셨다. 계시록 21장에 나오는 천당 이야기를 읽어 드리고, 어느 찬송이든 마감절(마감절에는 천당에 대한 이야기가 나오니까)을 계속 반복해서 불러 드렸다. 임종을 하시려고 해서 나는 다시 식구들을 깨웠다. 할머니는 마지막 순간에 〈예수 사랑하심은〉을 4절까지 다 부르고 돌아가셨다.
> ─〈고만녜 이야기〉 중에서

여성의 노동은 자녀의 출산과 양육뿐 아니라 아픈 이를 간병하고 생을 마감하는 과정까지 생의 전 과정을 돌보고 살리는 노동인 것이다.

그 시대의 다른 여성들과 마찬가지로 할머니도 자신이 낳은 자식을 먼저 보내는 아픔을 겪으셨다. 여성들에게 사랑하는 이들의 죽음은, 역설적으로 출산 못지않게 생명의 고귀함을 뼛속 깊이 느끼게 한다. 할머니는 가족의 의식주를 해결하고, 출산, 양육 그리고 죽어 가는 이들을 보살피는 노동을 하면서 생명을 살리는 영성을 키워 왔다.

자매애

앞에서도 말했듯이 히브리어로 하느님의 연민을 뜻하는 단어는 자궁과 어원이 같다. 그렇다면 이런 연민은 어떠한 속성을 가지고 있을까? "연민은 약한 것을 향하여 움직이고 그 약한 것이 온전하게 되기를 갈망하는 감정이요, 동시에 힘"이라고 최만자는 말한다. 연민은 다른 사람의 고통, 기쁨, 고난에 감정 이입하여 완전히 자신의 일처럼 동일화시키는 힘이다.* 이러한 일체감은 강한 자에 대한 분노로 자라나며, 어떻게든 약한 그 사람을 돕고자 실천하기에 이른다. 사회적인 약자인 여성에 대한 할머니의 연민 또한 남다른 것이었으며, 여성에 대한 어떠한 차별적인 언행도 용납하지 않으셨다.

할머니가 평소에 문씨 집안의 전통으로 자랑하시던 가운데 하나는 며느리를 사랑하는 것이었다. 한국 사람들은 고부 갈등을 인류의 원초

---

* 최만자, 〈여성 원리, 공존의 윤리, 미래의 대안〉, 《기독교 사상》(1995. 6.) 172쪽.

적인 본능인 것처럼 생각하는 경향이 있다. 특히 남쪽 지방에서는 고부 사이의 긴장이 북쪽 지방보다 훨씬 심하다고 한다. 할머니의 이야기를 듣다 보면 시어머니, 시할머니와 당신의 관계는 성서에 나오는 룻과 나오미처럼 서로를 아껴 주고 서로 협력하는 관계였다. 할머니의 모든 사회 활동은 시어머니와 시할머니의 배려와 후원 없이는 불가능했다.

시댁 식구들은 혼례를 올리자마자 며느리를 소학교에 보냈고, 공부할 수 있도록 시간과 가사 노동을 배려해 주었다. 학교를 졸업한 후에도 겨울이면 한 달 동안 용정에서 숙식을 하며 배신여자성경학교에 다닐 수 있도록 쌀을 대주셨다. 두 분의 협조로 할머니는 3년 동안 성경학원에 다녔다. 공부를 마치고 나서는 야학과 주일학교 교사를 할 수 있도록 아이들을 돌보는 일과 살림을 도와주셨다. 며느리의 사회 활동에 대한 지원은 오늘날에도 상상하기 어려울 정도로 전폭적이었다. 두 분은 자신들에게 주어지지 않았던, 교육과 사회 활동의 기회를 놓치지 않고 치열하게 살아가는 며느리를 통해 대리 만족을 느끼시지 않았을까 상상해 본다.

이렇게 일할 수 있었던 것도 시어머니와 시할머니가 아이들을 봐주고 도와주신 덕분이었다. 야학생들이 집에 와서 공부를 하고 가면 나는 그때부터 삯을 삼았다. 겨울이니까 야학생들이 문을 열고 들락날락하면 추워서 죽을 지경이었다. 그래도 시할머니는 한쪽에 가만히 앉아 계셨다. 내가 하는 일을 그렇게 응원들을 해주신 것이다.

— 〈고만녜 이야기〉 중에서

어떤 면에서 세 시모녀의 관계는 친정에서 느꼈던 사랑보다 더 살갑고 정감 있는 사이였다. 시할머니와 시어머니의 사랑을 받았던 할머니 역시 며느리를 보신 후 인간적인 갈등은 있었지만 절대로 다른 사람들 앞에서 며느리 흉을 보지 않으셨다. 항상 며느리를 칭찬하고 자랑하고 며느리의 사회생활을 적극적으로 후원하셨다.

남쪽으로 내려오신 후 공식적인 사회활동을 못 하게 된 할머니는 며느리가 사회활동을 할 수 있도록 살림을 도맡아 하고 손녀 손자 들을 키우셨다. 80이 넘어서도 증손자 바우를 키워 손자며느리가 활동할 수 있도록 후원해 주셨다. 할머니는 남한에 상대적으로 고부 갈등이 심한 것을 보고는 가슴 아파하면서 "약한 여자들끼리 싸우지 말고 도와야 한다"고 늘 말씀하셨다.

여성들을 경쟁자로 보기보다는 함께 성장하도록 자매애로 도와야 한다는 할머니의 기본적인 생각은 며느리뿐 아니라 다른 모든 여성을 대하는 원칙이었다. 나는 여성을 바라보는 할머니의 성숙한 시각이 탁월한 지도력의 비결이 아닐까 생각해 본다.

어머님이 가시는 곳으로
저도 가겠으며,
어머님이 머무시는 곳에
저도 머물겠습니다.
어머님의 겨레가 내 겨레요
어머님의 하느님이
제 하느님이십니다.
어머님이 눈 감으시는 곳에서

저도 눈을 감고

어머님 곁에 같이 묻히렵니다 — 구약성서 〈룻기〉 1:16~17

여성적인 지도자상

할머니는 당파성이 뚜렷한 분이었다. 좋은 게 좋은 거라는 식의 사고방식과는 거리가 멀었다. 할머니는 철저하게 약자의 처지에서 같이 아파하고 분노하셨다. 남편에게 매 맞는 여성과 같이 고통스러워했으며, 죽어 간 자식들의 어머니들과 함께 눈물을 흘렸다. 70년대부터 독재에 항거하여 스스로 목숨을 끊은 젊은이들의 이름을 수첩에 빼곡하게 적어 놓고 항상 기억하셨다.

한번은 한빛교회에서 청년들이 마당극을 했는데, 군인들이 학생들을 짓밟고 몽둥이로 때리는 장면이 나왔다. 맨 앞자리에 앉아 있던 할머니는 그것이 연극이라는 사실을 알면서도 가슴이 아파 그 장면을 그대로 두고 볼 수가 없었다. 할머니는 무대로 나와 군인들을 뜯어말리면서 항의하여 교인들을 놀라게 했다.

심지어는 경상도 사람이 집에 오면, 그 사람이 아무런 잘못이 없더라도 전라도 사람들을 오랫동안 차별했다는 이유로 크게 야단치면서 각성하도록 하셨다. 할머니의 정의는 개인의 차원을 넘어서 사회, 국가, 세계로 뻗어 나갔다. 기도할 때면 항상 가족의 평안을 넘어서 고난받는 이들과 민족과 세계를 위해 기도하셨다. 할머니의 제안에 따라 기독교장로회 여신도회전국연합회에서는 1977년부터 매년 3·1절에 각 교회 여신도들이 모여 나라를 위해 기도하는 에스더기도회를 이어가고 있다. 할머니의 가치 기준이 더없이 분명했으나, 그 기준은 자로

잰 것처럼 분명하다기보다는 구체적인 현실 속에서 연민과 평화의 마음으로 선을 긋는 것이었다.

최만자는 여성들이 지닌, 일상생활의 정의로움을 '지혜'라고 표현했다. 그는 성서의 이야기 가운데서 〈출애굽기〉 1장에 나오는 히브리산파의 이야기를 그 예로 든다. 이집트의 왕 파라오가 법질서와 폭력을 상징한다면, 히브리 산파는 그 상황에서 적절한 대답으로 위기를 피하며 어린 생명들을 살리는 지혜의 상징이라고 말한다.* 남성의 정의 개념이 법적이고 직선적이라면 여성들에게서 나타나는 정의는 상황과 관계에 따라 변화할 수 있는 유연한 것이다. 히브리 산파의 이야기에서도 잘 드러나지만 여성들의 마음은 약한 자과 생명이 있는 쪽으로 물처럼 흐른다.

> 그러나 산파들은 하느님을 두려워하여 이집트 왕이 하라는 대로 하지 않고 사내 아이들을 살려 주었다. 이집트 왕이 산파들을 불러들여 …… 꾸짖었다. 산파들이 파라오에게 대답하였다. "히브리 여인들은 이집트 여인과는 달리 기운이 좋아 산파가 가기 전에 아기를 낳아 버립니다." ─〈출애굽기〉 1:17~19

100여 년 전 북간도의 작은 마을 명동촌에 뿌리내린 기독교는 할머니뿐 아니라 많은 여성에게 그야말로 해방의 복음이었다. 이름도 없던 여성들이 이름을 얻고 교육을 받을 수 있게 된 것이다. 더 나아가 가정의 테두리를 벗어나 교회나 야학, 사회단체에서 의미 있는 사회활동을

---

* 최만자, 앞의 글, 177쪽.

할 수 있게 되었다.

할머니의 삶 역시 급변하는 시대와 맞물려 돌아갔다. 결혼한 여성으로 머리를 올리고 쑥스러워하면서 학교를 다니기 시작했지만, 얼마 지나지 않아 할머니는 공부나 학교생활에 가장 능동적으로 참여하는 학생이 되었다. 할머니는 명동 여자 소학교를 1회에 졸업한 세 명 가운데 하나였다. 그런데 두 명은 다른 곳으로 시집을 가고 할머니 혼자 남게 되었다. 그래서 얼떨결에 교회의 직책을 맡게 되었다고 한다. 처음에는 교육을 받은 여성이 워낙 없었기 때문에 할머니에게 지도력을 발휘할 수 있는 기회가 주어진 것이었다. 할머니는 주어진 기회를 수동적으로 받아들이지 않았고, 지혜롭고 겸손하면서도 망설임 없이 맡은 일들을 잘해 나갔다. 할머니는 몸소 실천하고 먼저 모범을 보여 다른 사람들을 이끌어 내는 지도력을 가지고 있었다. 또한 할머니는 겸손하여 다른 사람들의 의견을 경청하고, 언제든 유연하게 다른 사람의 의견을 받아들였다고 한다. 탁월한 지도력을 갖추고서 여자기독청년회장과 여전도회장, 평생여전도회장 직을 쉬고 싶어도 내놓지 못하고 수십 년 동안 계속 해오신 것이다.

요즘의 기준으로 보았을 때 목사님 사모가 여전도회장을 수년씩 맡아서 한다는 것은 이해하기 어려운 일이다. 그러나 20세기 초반에는 교육을 제대로 받은, 준비된 여성이 없었기 때문에 부부가 함께 나서지 않으면 목회를 하기가 힘들었다고 한다. 또한 남쪽에서는 사모가 교회 일에 나서는 것을 꺼리지만, 북쪽에는 사모의 활동에 대한 편견이 없었다.

남한으로 내려오기 전 할아버지와 할머니는 각각 희년전도회장과 평생전도회장으로 일하면서, 온 만주에 일꾼을 보내서 전도하겠다는 포부를 품으셨다. 두 분이 전성기를 보낸 용정 중앙교회에서도 할머니는 여전도회 활동과 야학, 유치원 등 교회 일에 적극적으로 관여하셨다. 이는 사실상 부부가 공동 목회를 한 것이라고 볼 수 있겠다. 두 분은 인생의 동반자이자 하느님 말씀을 전하는 목회의 동료로서 작게는 교회, 넓게는 온 만주를 무대로 목회를 펼치신 것이다.

사진으로 남은 이야기

위. 명동학교 창립 21주년 기념 촬영. 뒤쪽에 김약연 목사가 보이고, 앞줄에 자유분방한 자세를 취한 학생들의 모습이 눈에 띈다. 1929년 4월 27일.

아래. 명동교회 유년 주일학교 10회 졸업생들. 크리스마스에 졸업식을 한 것으로 보인다. 뒤에 보이는 것은 여학교 건물로 지었으나 사용되지 않아 주일학교 건물로 쓰인 곳. 1930년 12월 25일.

명동소학교 17회 졸업 사진. 앞줄 왼쪽에서 첫 번째가 문익환이다. 윤동주, 송몽규, 김정우가 같이 졸업했다. 그 후 문씨네 일가는 공산화한 명동을 떠나 용정으로 이주했다. 1931년 3월 20일.

 용정 시대

임마누엘 신학교 졸업 사진. 36세 때의 문재린.
1931년.

문재린이 전체 관리를 맡았던 만주동북여자성경학원 1회 졸업 기념사진. 배경의 건물과 나무들이
인상적이다.

동북성경학원 18회 졸업 기념. 동북성경학원 앞에서 1940년 2월 2일.

동만여전도지방회 창립 10주년 기념사진. 안경을 쓴 김순호 뒤에 김신묵이 보인다. 1941년 5월 6일.

김약연 목사 장례식을 집례하는 문재린. 1942년.

김신묵의 아버지 김하규의 장례식. 앞줄 오른쪽에서 네 번째에 있는 문재린 왼편으로 장남 진묵, 장손 병흠,
차남 진국이 보인다. 1942년 용정 토성포.

용정 중앙교회 청년 5명을 학도병으로 보내면서 찍었다. 뒷줄에 문동환과 문익환이 있다.
1943년.

위. 맏아들 익환의 결혼식. 용정에서 날을 잡았는데 장인이 서울 안동교회에서 결혼식을 하고 보냈다. 1944년.

아래. 용정 중앙교회에서 열린 문익환, 박용길의 결혼 축하회. 서울서 결혼을 했기에 대신 축하회를 했다. 신부 옆에 이태준 목사, 문재린, 신부의 아버지 박두환이다. 박두환은 신부와 서울에서 용정까지 함께 왔다. 1944년 4월.

동만성서학원 3회 졸업 기념. 1944년.

문재린의 어머니 박정애의 장례식 날 용정 중앙교회 앞에서 찍었다. 1945년 4월.

명동 선산에 박정애 여사를 묻고. 막내 은희는 할머니를 왜 산에 두고 오느냐며 울어서 모두를 울렸다고 한다. 1945년 4월.

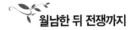
월남한 뒤 전쟁까지

김천 황금동교회 교인들과 함께. 옆에서 사진기를 향해 얼굴을 돌리고
선 아이들의 모습이 재미있다. 40년대 말.

황금동교회 유년 주일학교 어린이들. 왼쪽 앞으로
홀로 나온 어린이가 호근.

제주도 피난 시절 제주노회를 마치고. 1951년 5월.

濟州老會第二十二四臨時老會
十二牧師將五記念

제주읍 피난 신도 남녀 중학교 이사 및 직원 일동. 1951년 6월 29일.

강원도 군인들 심방 길에 제2사단 군인 교회에서. 1950년대.

강원도를 순회하면서 설립한 홍천 교회 앞에서 문재린. 1950년대.

전쟁 중 부산에서 한국신학대학을
졸업한 큰딸 선희.
1952년 3월 18일.

주일에 선희, 영환, 은희와 찍은 가족사진. 익환과 동환은 외국에 있었다. 1953년 11월 22일.

대구 한남신학교 교장 시절의 문재린.
1950년대.

대한 기독교장로회의 40번째 총회를 마치고. 1955년 5월.

서고도 선교사를 송별하고자 모인 자리에서. 1956년 5월 27일.

한남신학교 교장 시절
대구에서. 50년대.

1956. 韓南神學校第二回卒業 3. 12.

1956년 대구 한남신학교 졸업 사진.

이날이 되면
창필이 경무대 앞에서 가슴에 총 맞
고 쓰러진
이날이 되면
어머님은 염통이 아프다고 하셨죠
구십삼 년 버텨 온 눈물겨운 염통
칼끝으로 콕콕 쑤시듯 아프다만
나무토막같이 말라 버린 이 가슴이라
도 버텨야지
별수 있니
　　　　— 문익환, 〈어머님의 양심〉 전문

4·19에 사망한 한빛교회 김창필 집사 영결식. 이 일 때문에 김신묵은
4·19만 되면 가슴이 아프다고 했다.

문동환의 결혼식. 서울 경동교회에서 1961년 12월. 맨 왼쪽에 보이는 사람이 주례를 선 김재준 목사.

남쪽으로 내려온 동만노회의 교우들이 1962년 비원에서 야유회를 했다.

5남매 가족과 함께 수유리 한신대 사택에서. 맨 앞 가운데 보이는 꼬마가
문성근. 1964년.

남쪽으로 온 명동학교 동문들이 서울 동국대학교에서 만났다. 정재면, 문치룡, 윤영규, 문익환,
윤영춘, 김기섭 외. 1962년.

한빛교회 장로들과. 전동림 장로가 캐나다로 이민 가던 날 김성호, 김정돈 장로와
함께 찍은 것이다. 맨 왼쪽에 선 문재린의 짧은 바지가 이색적이다. 1960년대.

익환이 미국 유니온 신학교로 떠나기 전 장충동 한빛교회에서 교우들과 함께. 1965년 9월.

김신묵 칠순 잔치.

김신묵 칠순 잔치. 옆에 김약연 목사의 큰며느리 강근이 보인다. 그는 처음 명동학교 교사로 사용된 집의 주인이었던 강유사의 딸이다. 1966년 서울.

문재린의 칠순 잔치.

유학 떠나는 은희를 배웅하러 김포공항
환송대에 나온 김신묵과 영금. 온 가족이
나선 길인데, 이때 신묵은 눈물 한 방울
흘리지 않았다. 1966년.

김신묵이 미국인 사돈댁과 수유리 캠퍼스 사택 앞에서 찍은 사진. 사돈댁이 안은 아이가 문동환의 딸 문영미다. 1968년.

토론토 이민 시절

캐나다로 떠나는 날. 공항에 나온 이권찬 목사 내외, 이해동 목사 내외, 맨 오른쪽에 김신일(큰삼촌 문치한의 부인)과 가족들. 1971년 12월.

토론토 연합교회 야외 예배에서 김재준 목사와 함께 달리는 김신묵. 1970년대.

문재린이 모교인 토론토 임마누엘 신학교에서 명예 박사학위를 받던 날. 1973년.

명예 박사학위를 받을 때 기자들이 찍어 준 사진. 1973년.

토론토 연합교회의 이상철 목사, 김창렬 간사와 한인노인회 설립을
준비하며 연합교회 앞에서. 1974년경.

북미주에서 문재린과 민주화 운동을 함께 한 선우학원, 이상철, 김재준과.
미국에서. 1970년대.

토론토에 사는 식구들이 다 모였다. 1975년 설날을 맞아.

막내사위(딸 은희의 남편)와 그 아들 한얼, 한터. 1970년대 중반.

둘째아들과 미국인 며느리 문혜림. 1975년 여름 방학동 집에서.

1975년 익환의 생일에 익환과 동환의 식구들이 모여 흥겨운 시간을 보냈다. 성근의 장발 시절.

김신묵은 기독교장로회 여신도회 60대 수련회에서 나라를 위한 에스더 기도를 제창했다. 1977년 10월 수원 아카데미 하우스.

한빛교회에서 모인, 고난 받는 자를 위한 갈
릴리교회의 교우들과 함께. 한승헌, 이우정,
박영숙, 예춘호, 김상현, 김종완, 박형규 등
이 보인다. 1978년.

구속자 가족들이 모이는 갈릴리교회에
서 어버이날 꽃을 가슴에 단 김신묵의
표정이 쓸쓸하다. 1970년대.

갈릴리교회는 오후에 한빛교회
에서 모여 예배드렸다. 예배에
참여하러 온 문재린. 1970년대.

익환의 환갑에 소요산에 사 놓은 땅을 둘러보았다. 두 분은 이곳에 묻히셨다. 1978년 6월 1일.

나이아가라 폭포 앞에서. 문재린이 이 회고록 초안을 쓰는 시점에 찍은 사진이다.

80년 광주항쟁 이후 귀국하지 못한 동환의 가족이 머물던 뉴저지 스토니포인트에 영금의 식구들과 함께 방문했다.

미국 스토니포인트에 있던 동환의 집에 잠시 머무르면서 밭일을 돌보는 문재린. 1980년.

유원지에서 휠체어에 앉은 문재린. 아버지를 똑 닮은 큰딸 선희와 함께. 1980년.

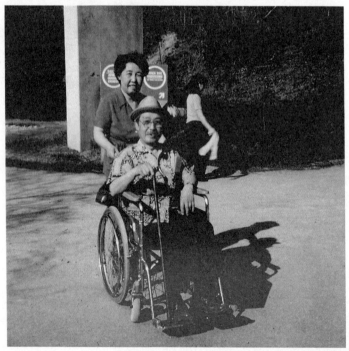

위. 결혼 70주년 기념 예배 후
구속자 가족들과 함께 찍었
다. 서울 기독교회관에서
1981년 4월 6일.

아래. 기도하는 김신묵. 1980
년대.

주인공은 없는 아들의 출판기념회에서 말씀하시다. 서울 기독교회관에서 1980년대 초.

수유리 집을 방문한 기자가 찍은 사진이다. 1980년대.

위. 1980년대 수유리 집에서.
아래. 익환의 파스 요법에 따라 아픈 다리를 낫게 하는 부위에 파스를 감고 있다.

위. 안경 쓴 얼굴에 잔잔히 떠오른 웃음이 인자하다. 1980년대.

아래. 마지막으로 캐나다 가족들을 방문하러 가셨다. 큰딸 선희 부부와 영환, 그리고 영금의 가족. 1983년.

위. 민주통일국민회의 현판식에서 만세 삼창을 하는 문재린. 1984년 11월.
아래. 한빛교회 창립 30주년 기념 예배에서 기도하는 문재린. 1985년 2월 17일.

위. 토론토의 동지들, 김재준목사와 이상철 목사가 수유리 집에 찾아왔다. 1980년대.
아래. 김신묵의 친정 식구들과 서울에서 모처럼 자리를 같이했다. 올케 백명숙과 조카 동흡, 영준, 경신의
가족들. 1980년대.

위. 전학성, 유운필 목사님이 문재린을 모시고 효도 여행을 다녀왔다. 1985년.

아래. 문재린의 빈소에 두 아들이 나란히 서 있다. 1985년 12월 서울대학병원.

빈소를 찾은 인권 변호사들과 함께. 집회가 허용되지 않던 시절이라 그의 빈소는 민주 인사들의 송년회 장이 되었다.

잔디가 무성하게 자란 남편의 산소 앞에서 큰아들과 함께 김신묵. 1980년대 말.

감옥에 있는 문익환의 칠순 축하회에서 말씀하시는 어머니 김신묵과 박형규 목사. 서울 기독교회관에서 1988년.

서초동 법원에서 열린 익환의 방북 재판을 방청한 후. 만주에서 온 최동현(신희와 최봉설의 아들) 부부와 문동규(문창린의 아들)가 함께 갔다. 1989년.

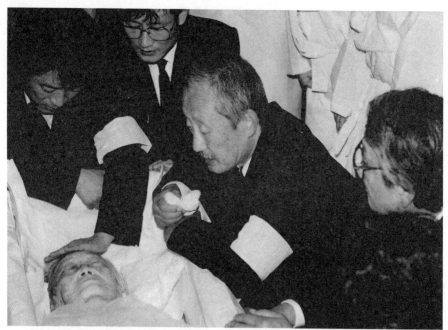

어머니를 떠나보내며 손을 꼭 쥔 익환. 머리를 만져 드리는 장손 호근.

김신묵의 빈소에 모인 가족들. 서울 한일병원에서 1990년 9월.

김신묵의 영정과 함께 4·19탑 노제에서 영령들에게 헌화하는 문익환과 박용길. 1990년 9월.

문익환 목사 생전에 찍은 마지막 가족 사진. 부모님 묘소에서 1993년 5월.

둘째 동환의 고희 기념. 방학동 집 마당에서. 영미, 문혜림, 영혜, 태근, 창근, 문동환. 1991년.

오랫동안 돌보지 못한 명동의 문씨네 선산이 무너져 내렸다. 후손들은 명동촌이 한눈에 보이는 자리에 새로 터를 구하고, 유일하게 찾은 문치정의 비석을 세워 놓았다. 2006년 6월에는 문병규 가문 고향비를 세웠다.

용정 토성포에 있는 김신묵의 아버지
김하규의 추모비를 2005년에 찍었다.

지금의 명동교회. 명동촌 역사를 전시해 놓았다. 오른쪽에 보이는 것은 김약연 목사 공덕비다. 김 목사
공덕비는 묘소에도 있고 교회에도 있다.

용정 중앙교회 시절의 사택 자리. 남하할 때까지 살던 곳이다. 이 자리에서 살던 자손들이 2002년에 다시 그곳을 찾아갔다. 큰며느리 박용길, 막내딸 은희, 막내아들 영환, 둘째아들 동환.

선바위 앞에서, 2002년 명동촌을 방문한 후손들.

원본 자료들

東德九年　七月十八日

主殿　散人　金耀淵　三絅
代讀

新井　　　中央教會　紀念禮式　御中

祝辭

祝之無窮賀無窮
文牧聖役盡忠誠
在職勤績十週年
麟心羊性又忍果
牧羊是為真善牧
師表亦是模範師
聖神同役無不能
役割成績自然多
十週十週又十週
週年乃至三十週
年復年來積其功
紀念祝聲天城高
念々不己代一筆
式場向祝歸榮天

康德九年七月十八日
同役者裵亨湜　謹祝

동역자인 배형식 목사가 용정 중앙교회 재직 10주년을 축하해 쓴 글. 1942년 7월.

문재린의 용정 중앙교회 재직 10주년에 김약연 목사가 쓴 축사 원본. 김약연 목사는 그해 돌아가셨다. 1942년 7월.

문재린, 김신묵이 며느리 박용길에게 장로 장립을 축하하면서 쓴 편지. 1975년 11월 23일.

감옥의 익환에게 아버지, 동생 선희, 딸 영금이 보낸 편지. 1977년.

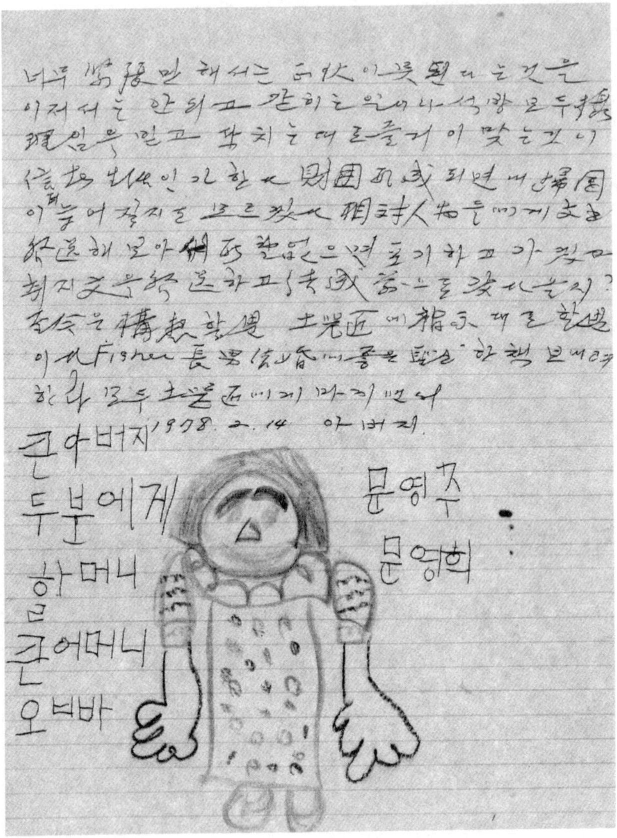

너무 [illegible]만 해서는 [illegible]이 못된다는 것은
이겨서는 안되고 갇히는 일이나 석방도 두[illegible]
[illegible] 믿고 닥치는 대로 즐거이 맞는 것이
[illegible] 인가 한다. [illegible] 되면서 [illegible]
이 늙어 [illegible] 詩人[illegible]에게 [illegible]
[illegible] 해 보아 [illegible] 찾으면 좋기 하고 [illegible]
[illegible] 하고 [illegible] 찾아놓지?
[illegible] 構想할 [illegible] 대로 할 [illegible]
이 Fisher [illegible] 한 책 보내려
한다 모두 [illegible]에게 [illegible]
1978. 2. 14 아버지.
큰아버지
두분에게
할머니
큰어머니
오빠
문영주
문영희

옥에 갇힌 익환에게 아버지, 조카 영주, 영희가 보낸 편지의 뒷면. 1978년 2월 14일.

사랑하는 아들 익환아 잘 보아라

지난 겨울 에 얼마나 추었는지 서대문 교도소에
우리 아의들이 코와 귀 어러 댄 는 소식 을 듯고
너무나 앞은 심정 은 형언 할수 없엇 다 동시
어머니 너무 추위 하니 머느리 가 명주 이불 소
를 떠 댄 다 느 하 다구 4 왔구나 는 깜작 놀앗
다 아이들은 } 와 코와 발 이 어러서 고성을 하
는 데 집 에 평안히 온 돌 에서 솜 이불 을 덥고
잠 자 는 것 도 아솜 이 앞아 편 할수 없 는 데
명주솜 이 란 말 이 웬 말이냐 거부 햇다
자식 을 감옥 에 보낸 어머니 들 이 심정 을
잇 지다 헤아일 수 있느냐 이번에 너 를 면 외
해 보니 상 된 것을 눈 으로 보앗 구나 엇 지
추으면 그럴수 있냐 한 달 사 이 에 그럿 케
되엿 으니 기 막 힌 일이 다 어미는 오즘 긔 도
하고 성경 이사 야서 와 에레 미야 와 예레 아
애 가 서 읽는 데 이제 야 예레 미야 의 심정 을
알 겠다 예레 …
한 백성 을 지 …
빅진 하 여 애 …
에 생각 이 다 …

네 일생 할 일은 성경 번역 과 주석 새로 맨
들 려 는 것 복 적 이 사 볌 이 안 이 냐 그간 멋 해 동
안 하나님 에 공 으로서 예레 미 아 의 일 을 하 멧 스
니 이제 는 방 향 을 드려 거서 네 본 복 적 을 달
성 하 는 것 이 하나님 뜻 이라 어매는 생각 하고
이 편 지 를 쓴 다 성령 을 상 고 긔 도 중에 하 는
생 각 이니 네 도 만 이 생각 하 고 긔도 하면 서 생 각
을 풀 어 긔 를 바 란 다 그간 멋 해 동 안 긔 도 성
령 격 는 일 이 안 이 면 어미는 편 지 낼 수 없 엇 다
하나님 지 신 것 으로 알 면서 길 긔 도 하 여 라
어미는 이제 도 끈 임 없 이 긔도 성 활 을 계 속
하고 편 지 도 보낼 터 이 다 그 리 고 동상 에 고
약 이 피부 과 에 구 하면 잇 다 고 안 선 생 부 인 이
말 이 다 부탁 하 여 서 쓰 도록 하 여 라 장 갑 이 펼
요 한지 내복 들 엇 던 지 바 우 날 바 다 지 해 자 란
본 심 이 얼마 나 착 한자 작 란 사 러 한 구 를 런 말 을
하 면 화 해 청 한 다 쩌 를 바 아 른 바 가 아 푸
다 하 면 방 에 드 러 가 서 수 워 쉬 라 구
우리 가족 들 은 한 주 에 한 번 식 모 침 목 을 하 고
우리 교 회 목 사 안 거서 굴 란 하 지 만 교 인 들
이 협 심 하 여 나 가 고 다 음 에 도 쓰 기 로 하 고

6-8 일   어 머 니 쓴

감옥의 익환에게 어머니가
보낸 편지. 1978년 이후.

가 훈

옛날 장공며가 "백인당"(百忍堂)이란 가훈을 정하고
매산 이하진은 "천금물전"(千金勿傳)이란 가훈을 정하고
아부라함은 "제단 쌓음이라" 敎訓을 정하고 그점을
인도했음으로 그들의 자손들이 축복 받었다 우리의
주님은 우리 집을 위해서 주신 가훈은

"너희는 먼저 하느님의 나라와
하느님께서 의롭게 여기시는 것을 구하라"는 것이다
(마 6 33)

一 하느님을 우리집의 가장으로 모신다 (엎 2 19)

二 우리집 식구끼리는 서로 믿고 사랑한다
　1. 어버이와 자식들간에 (엎 6 一四)
　2. 부부간에 (엎 5 33)
　3. 형제간에 (친척포함) (롬 12 一0)

三 이웃을 자기처럼 아낀다 (롬 12 3)

四 모든 사업은 가장이신 하느님의 지시대로
　1. 사업의 목표를 봉사에 둔다 (롬 22 2二하)
　2. 진실한 심정으로 취진한다 (빌전 4 二)

부칙 1. 매일 기도회를 가진다 (형 10 二)
　　 2. 매일 한건의 봉사는 한다 (오 13 一四)
　　 3. 항상 자성한다 (갈 6 一하)

1977. 8. 19

문재린의 친필.

유 언 서

서울특별시 도봉구 수유동 527-30

김 신 묵

1895. 4. 5생

벼름을 땅에 묻어 썩이지 말고 필요한 부분을 필요로 하는 환자에게 주고 벼는 해부학 표본으로 만들어서 많은 젊은 의학도들과 같이 봉사 생활에 동참하려한다 그리고 남어지 내장과 살은 땅에 묻되 그 위에 나무 한 그루를 심어서 기려 푸르게 해 주기 바란다

1982. 2. 1

김 신 묵 ㊞

서울대학교 병원장

홍 창 의 박사   귀하

김신묵 문재린의 유서와 안구 기증 서약서.
문재린이 손수 쓴 글씨다.

헌 안 서 약 서

등록번호:

작성일: 1982년 2월 11일

서울대학교병원 안은행 귀하

나는 불붕한 실명자에게 서며회부의 광명을 주기 위하여 나의 사망후 아무 조건없이 나의 안구를 귀 안은행을 통하여 기증할 것을 약속합니다.

기증자 성 명: 김 신 묵 ㊞

본   적: 서울 중구 신당동 377-23

주   소: 서울 도봉구 수유리 527-30

남·여 혈액형: AB

주민등록번호: 950405-0003023

나는 상기인의 근친자로서 기증자의 뜻으로운 의사를 존중하여 안구의 기증을 아무 조건없이 승락하며 기증자 사망후 2시간이내에 귀 안은행 (서울 종로구 연건동 28 서울대학교병원 안은행담당자 : 전화 7601-2433) 으로 연락할 것과 안구 기증을 위한 편의를 제공할 것을 약속합니다.

근친자 1) 성명: 문 익 환 ㊞

관계: 기증자의 (아 들)

주소: 서울 도봉구 수유동 527-30

전화: 989-1623

2) 성명: 박 용 길 ㊞

관계: 기증자의 (며 느 리)

주소: 상 동

전화: 상 동

※ 아래부분은 기록지 마십시오.

기 용 력: 기증장소:

사 망 원 인: 연 락 자:

사 망 일: 연락시간:

기증시각: 담 당 자:

유 언 서

서울특별시 도봉구 수유동 527-30
문 재 린
1896. 8. 19 생

버림을 땅에 묻어 썩이지 말고 필요한 부분을 필요로하는 환자에게 주고 뼈는 해부학 표본으로 만들어서 많은 젊은 의학도들과 같이 봉사 생활에 동참하려한다 그리고 남어지 내장과 살은 땅에 묻되그위에 꽃나무 한 그루를 심어서 키가 푸르게 해주기 바란다 이는 내가 하느(님)과 사람에서 가진 삶의 부족을 참회함이다

1981. 12. 3

문 재 린

서울 대학교 병원 장

홍 창 의 박사 귀하

헌 안 서 약 서

등록번호:
작성일: 1982년 1월 1일

서울대학교병원 안은행 귀하

나는 불행한 실명자에게 시각회복의 광명을 주기 위하여 나의 사망후 아무 조건없이 나의 안구를 귀 안은행을 통하여 기증할 것을 약속합니다.

기증자 성 명: 문 재 린
본 적: 서울특별시 중구 신당동 370-23
주 소: 서울특별시 도봉구 수유동 527-30
혈 액 형: 밝, O형
주민등록번호: 160819-1030216

나는 상기인의 근친자로서 기증자의 성스러운 의사를 존중하며 안구의 기증을 아무 조건없이 승락하며 기증자 사망후 2시간이내에 귀 안은행 (서울 종로구 연건동 28 서울대학교병원 안은행담당자: 전화 7601-2433) 으로 연락할 것과 안구 기증을 위한 편의를 제공할 것을 약속합니다.

근친자 1)성명: 문 익 환 (기증자의 아들)
주소: 상 동(서울특별시 도봉구 수유동527-30)
전화: 989-1623

2)성명: 박 용 길 (기증자의 며느리)
주소: 상 동
전화: 989-1623

※ 아래부분은 기록치 마십시오.

기 증 일: 기증장소:
사망원인: 연락자:
사망시간: 연락시간:
기증시간: 담당자:

자 성 원 규 약

一. 목 적　우리는 각기 자기를 살펴서 완전하신 하나님의 자녀가 되어 (마태5:48)
　　　　　우리의 하늘 아버님을 즐겁게하며 이땅위에 하늘나라 세우기로 (마태28:
　　　　　19~20) 목적함.

二. 직 의　이 정신의 직원은 아래와 같음. 원장 하나님. 원감. 예수님. 선생 성신님.

드. 원 생　우리집의 식구는 다. 원생이 되고, 가장은 급장이 됨. (사50:4)

四. 과 목　1. 자신을 대한 살핌.

　　　　　A. 내가 마음을 바로 가지는 가? (빌2:5)

　　　　　B. 내 말에 실수가 없는가? (약3:2)

　　　　　C. 내 생활이 올바른가? (갈6:1 하반)

　　　　　D. 내 의무를 꼭 지키는가? (갈6:4~5)

　　　　　2. 남에 대한 살핌

　　　　　A. 내 집 식구와 참으로 화목하게 지나는가? (마태19:4~5)

　　　　　B. 친구를 진심으로 사랑하는가? (빌요4:20)

　　　　　C. 원수까지 사랑하는가? (마태5:44)

　　　　　3. 하나님께 대한 살핌.

　　　　　A. 하나님을 중심으로 믿고 의지하는가? (벧전5:7)

　　　　　B. 하나님의 명령을 절대 순종하는가? (마태12:50)

五. 원 측　1. 남과 맞지않는 일이 생길때마다 자기의 잘못을 찾아본다.
　　(院則)
　　　　　2. 어른의 지도과 친구의 충고를 달게 받는다.

　　　　　3. 나의 잘못을 발견할때마다 특별 자성하되 원장되신 하나님 앞에서
　　　　　원감되신 예수님의 말씀을 읽으면서 교사되신 성신님의 감화와 지도를
　　　　　받기위하여 함께 금식기도 한다.

　　　　　4. 자기의 잘못을 발견하는 때는 즉시 고친다.

　　　　　A. 사람에게 잘못했으면 그 사람과 화합한다.

　　　　　B. 하나님께 잘못했으면 하나님께 자복한다.

　　　　　C. 무심 말로 잘못했으면 그런즉 곧 바로한다.

　　　　　5. 항상 스스로 살피되 매일 취침전에 영육일기 (靈肉日記)를 쓴다.

六. 서 약　院則規約을 마음과 뜻과 힘을 다하여 지키기로 서약한다.

　　　　주후 195   년.　　　월　　　일

　　　　　　　　　　　자 성 원　　　원장　　　　　㊞
　　　　　　　　　　　　　　　　　　원생　　　　　㊞

가정의 자성원 규약(문재린 작성)

실 천 생 활

주여 주여 하던 선지들도 천국 국민
회계할은 오직 실천의 생활로 이룩된다.
(마태 7:21)

결심서

하느님 앞에서 아래와 같이 실천하기로 결심한다.

1984. . .

성명 (인)

1. 하루 두번씩 정한시간에 하느님 앞에 나아가 솔직한 고백을 올려 기도한다. (마태 7:7~8) ( )
2. 영적 양식을 하루 한까석 꼭 먹기로한다. (딤후3:7~8) ( )
3. 주일은 은혜받는 날이므로 정성으로 지키기로한다.
   (출 20:8-31) ( )
4. 헌금은 천국시민으로서 하느님께 드리는 감사예물이어 정성으로 드리기로한다. (말라기 3:16) ( )
5. 일년에 총선자 한 사람을 주님께로 인도하기로한다. (행1:8) ( )
6. 하루에 작은 봉사하나를 하기로 한다. (마태 25:40) ( )
7. 민주운동은 주님이 시작하신 것이니 나도 이에 참여 하기로 한다
   (마태; 11:40) ( )
8. ( )
9. ( )

결심서 풀이

1. 하느님은 솔직한 고백을 기뻐 들으신다.
2. 기도하는 심정으로 성경 한장씩 읽으면서 하루의 양식을 찾는다.
3. 주일하루는 신앙생활만을 위해산다.
4. 헌금은 천국시민으로서 드릴 의무금이어 기쁜 맘으로 드린다.
5. 개인전도 원칙
   ㄱ. 대상자 한사람을 정하고 당회에 보고해서 협조를 받는다.
   ㄴ. 대상자에 대해서 특별관심을 가지고 친절히 대한다.
   ㄷ. 대상자의 심경의 변화가 있을때에 결선하도록 권한다.
6. 작은 봉사에 힘쓸이유
   ㄱ. 작은 봉사는 누구든지, 언제나 실천할수 있다.
   ㄴ. 작은 봉사를 모으면 큰봉사가 된다.
   ㄷ. 작은 봉사를 하느라면 큰 봉사도 할수있다.
   ㄹ. 작은 봉사가 곧 주님을 섬김이다.
7. 민주 운동은 정치운동이 아니고 천국 시민운동이다.

평신도의 실천생활(문재린 작성)

남신도회가

작사 문재린목사

《찬송가》 273장의 곡조에 문재린이 노랫말을 바꾸어 붙여 만든 남신도회가. 문재린은 만년에 평신도 운동에 헌신했다.

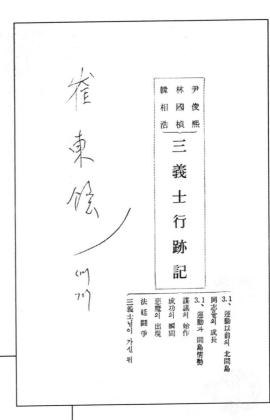

尹 俊 熙
林 國 楨
韓 相 浩

三 義 士 行 跡 記

3.1、運動以前의 北間島
同志들의 成長
3.1、運動과 間島情勢
謀議의 始作
成功의 瞬間
惡魔의 出現
法廷鬪爭
三義士님이 가신 뒤

崔 東 倫 例기

삼의사 이장식·삼의사 행적기.
15만 원 사건으로 순국한 세 주인공을 국립묘지
에 이장하면서 만든 16쪽, 11쪽짜리 자료.

尹 俊 熙
林 國 楨
韓 相 浩

三 義 士 遷 葬 式

때、一九六六年 十一月 二十四日 上午十時
곳 市 民 會 館 大 講 堂

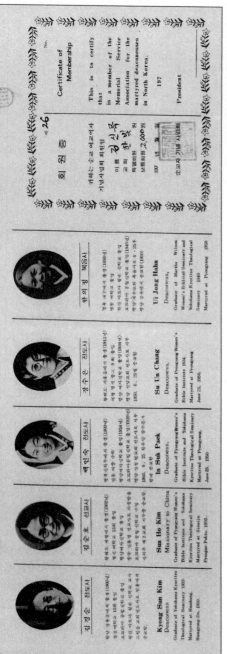

순교 여교역자 기념사업회 (왼쪽: 안, 오른쪽: 겉)
김신묵은 해방 후 이북에서 순교한 여성 교역자를
기념하는 모임의 회원으로 활동했다. 이 모임에서
기리는 교역자 중 김순호와 한의정은 김신묵과 직
접 인연이 있다.

Feb. 14th 1967.

Dear Mr. Fisher:

Your newsy letter brought me much joy. It is always a great pleasure
to hear from a good friend like you. I'm sorry that my reply was not prompt.
I received the money only a few days ago and the Fisher-Moon scholarship
Foundation was formally organized the other day. Now I can report to you
where we are now.

There are six members on the board which will be handling the Foundation.
They are:

     Mr. H. C. Nu (Chairman of N.L.A.)
     Mr. P.J. Kim (Treasure of L.M.A.)
     Miss W. J. Lee (Professor at the HTS)
     Rev. D. H. Cho (Pastor of PROK In Seoul)
     Rev. Timothy Moon(Professor at the HTS)
     Rev. Chairin Moon(the representative of the founders)

We also elected Mr. C.P. Chang as an auditor. The board elected me
as the chairman according to the constitution, since the constitution says
that one of the founders should be the chairman.

The total sum of the fund for the foundation as of now is as follows:
1) Interest from $500(66) and the contribution from the Moon
                                       ₩628(170,000)
2) The contribution from Mr. Fisher for 1967 $500
                         TOTAL $1,128

Of course, the scholarship that will be given out annually is from the
interest coming from the fund mentioned above. Even if the fund is not so
large now, we except that it will become quite large in five or six years.

We are thinking to set up a program to promote the reading of books are
put out for them to read.

We think that we can give a good scholarship to about three or four
students for three years continually. With a generous scholarship set up,
we want to select rather carefully so that we can get the best possible
candidates for the movement.

We shall select some other students in the next years with the income
of the fund which we may get annually. Of course they also may be supported
until their graduation.

I am enclosing the translation of the constitution. I hope you will
feel free to give suggestions and advice

Please write to us whenever you can and let us know how you are doing.
We truly feel you as a part of us.

May God bless you and your family.

                       Yours sincerely,

                       Chairin Moon

피셔-문 장학금을 보내 주는 피셔 씨에게 보고하는 편지.

Apt. 318, 40 Sunrise St.,
Toronto, ON M4A 2R4
March 8, 1978

Representative Donald Fraser,
House of Representatives,
Washington, D.C.

Dear Mr. Fraser,

It was a great privilege to hear your comments on the political situation regarding the United States and Korea during my last visit to Washington. I was most impressed with your insights and plans. I am convinced that your activity was a contributing factor in the release of political prisoners in Korea, including my two sons. On behalf of the families of all those released I would like to extend my gratitude.

Even though I am not a professional politician but rather see myself more in the role of a prophet I would like to share some ideas on behalf of the people in Korea involved in the human rights struggle. These people are all prepared to make great sacrifices for freedom even the sacrifice of life itself if that becomes necessary. My dear son, Ikwhan, was at that point last May when he carried out his fast which he only reluctantly gave up on the strong urging of his mother.

In support of their struggle and in the light of their willingness to sacrifice to the utmost I offer the following thoughts:

1) We have all welcomed Mr. Carter's election pledge concerning international human rights and we have supported him with our prayers. However, we are now deeply concerned because of his proposals to give massive financial aid to Dictator Park in conjunction with the withdrawal of American troops. We strongly believe this will finally destroy all democracy in Korea.

2) We are convinced that the lobbying activities of Park Tong Sun and Kim Dong Jo, which have profaned the American constitution, were manipulated directly by President Park. The members of Congress ought therefore to make absolutely no concessions in dealing with all aspects of this scandal.

3) If the Congress fails to deal with Korea's unlawful activities to the full extent of the law the United States could well lose its credibility in the eyes of the world.

4) We believe that initial U.S. support for the Park regime came at the instigation of Japan. The Japanese wanted a lackey in a position of power in Korea and so supported Park's coup d etat and subsequent government under the pretext of safeguarding Asia from communism. But the best defence against communism is moral and spiritual armament and in this instance that requires the establishment of a strong democracy. However, Park, in the interests of solidifying his hold on power has sacrificed almost every semblance of democracy. At the same time the Japanese seem only intent on extending their economic colonization of Korea. Under these circumstances how can these two countries fulfill U.S. expectations for them?

박정희 정권을 지지하지 말라고 미 하원의원 프레이저에게 문재린이 보낸 편지.

5) The Korean people simply will not allow the Park regime to sell out their country to a revived Japanese militarism pursuing its policy of economic colonization of Korea. The financial pay-offs between the Park regime and the government of Prime Minister Fukuda of Japan are common knowledge - it is a mutually beneficial arrangement. The march of history precludes any continuing grudge-bearing against the Japanese. But the Korean people are nevertheless deeply sensitive to the resurgent militarism and economic expansionism of Japan today.

6) It is most unfortunate that the U.S. seems to treat Korea simply as a part of the Japanese defense line. America must come to see Korea as an independent, potentially democratic nation which can grow into a most important U.S. ally.

America should be alerted to the growing anti-americanism in Korea today, a phenomenon which appears to be encouraged by Park Chung Hee. In Korea at the moment there are over one million Christians who take a strong anti-communist position; there are also several million students and young people who are very eager to establish democracy in Korea. All of these are friends of America and will be so long as they percieve that America is their ally. They, themselves are ready to make every sacrifice to protect their country from communism. However, they see Park Chung Hee's repressive regime as the enemy of democracy and he sees them as obstacles in his road to absolute power. If his suppression of these people succeeds democracy may well fail and then the masses could easily turn to communism. This would be disastrous for both Korea and the U.S.

7) For these reasons we are convinced that the American government should support the human rights movement in Korea. Only such a stance will convince America's true friends in Korea that she is an ally. By so acting America will assure for herself a strong ally when the new Korea is born and we are surely convinced that it will one day be born - the struggle of those who are now sacrificing for democracy and human rights will not be in vain.

I offer these thoughts with the hope that representatives of the American people may be led to review their entire relationship with Korea and reshape their policies in support of the restoration of democracy and the support of human rights in that country.

Yours sincerely,

Rev. Chairin Moon
527-30 Soo Yu Dong
Do Bong Ku
Seoul   132-01
~~~~~~~~ ~~ ~~~~~

토론토 한국노인회 발자욱

문 재 린 목사

1973년 2월에 토론토 한인 연합교회라는 노인회가 설립된 후 나는 그회의 회장으로 있으면서 자연히 노인사업에 관심이 깊어졌다.

30년전 부터 캐나다 교계에서는 노인에 대한 관심들이 두터워졌다. 각처에서 노인 기관들이 일어나니 1956년 9월에 파이부 옥스 (5 Oaks) 에서 온타리오 노인회가 창설된후 운동에 더욱 불이 붙어서 현재 가입 지회수가 701이요 회원 총수가 무려 15만이라 한다. 매회원이 년 10센트만 회비를 내도 운영에 문제 없다고 호언 장담 하고 있다.

캐나디안 사회 뿐 아니라 이민으로 온 수십종족의 뉴 캐내디언 사회에도 노인 사업들이 불붙듯해서 내가 아는바로도 유대인들은 본래 유족 하기도 하지만 열심히 노인 사업을 추진해서 Bathurst 3560에 굉장한 시설을 가지고 유대계 노인 800여명 에게 혜택을 주고 있다.

자세한 이야기는 추후 취급 하기로 하고 빔스 빌 (Beamsville RR3)엔 니폰니야 홈 (Nipponia Home) 이 있는데 이는 10년전에 일본 노인들을 위하여 온타리오 주정부가 일본인 유지들과 합력 해서 백만불로 3에커 지대에 건물 2동을 건설하고 29명을 수용하고 아담하게 운영하는것을 보았다.

에스닠. 그룹마다 노인의 집을 가지고 있다고하나 우리교포가 지금 토론토에만 만명에 육박 한다고 하는데 우리교포 사회에는 노인을 위한 아무런 시설이 없다 는것은 부끄러움을 금할길이 없다. 물론 이유는 없지 않다고 본다.

한국 노인들이 4. 5년전부터 이민 오기 시작했고 그때의 한인 총수가 천명에 불과 했으며 대부분이 생활기반이 잡히지 않았으니 누가 생각이 있었던들 제언할수가 없었을것이 사실이나 누구를 원망 할수 없을 것이다.

지금은 노인수가 1천이 넘을것이고 내가 접촉 해본 대부분의 노인들에게 이런 저런 딱한 사정들이 있는것을 볼때에 마음이 아펐다.

나 뿐만 아니고 많은 걱정을 하는분들이 있음을 알고 나는 연합교회의 이상철 목사 와 상의 한후 1973년 10월 17일 이목사와 김창렬 선생 그리고 필자 셋이 이스링톤 에 위치한 뉴 호라이존 (New Horizon)을 찾게 되었다.

이 기관은 이런 사업을 육성하는 기관이다. 그 기관의 책임자인Mr. Jim Allman을 만났다. 우리 노인들의 딱한 사정을 말 했더니 그는 매우 친절하게 신청서를 내주며 일일이 우리가 해야할일을 지시해 주었다.

김창렬 선생은 자기 모든 일을 제쳐놓고 그 지시대로 신청서를 구비해 놓았다.

- 7 -

토론토 한국노인회 발행 《노인회보》 창간호(1975년 1월)

나는 10월 30일에 그 준비된 서류를 가지고 뉴 오라이죤에 가서 Mr. Allman 에게 제출했다. 그의 말이 "서류가 잘되었으니 년말내로 허락이 나올것입니다" 라고 했다. 나는 이말을 듣고 어리둥절 하지 않을수 없었다. 3만불에 가까운 액수이니 적은것도 아니고 수십종족의 에스닉 그룹을 상대하는 당국처사도 신중할 것이며 그의 말과같이 그리 수월 하리라고 믿을수는 없었다.

아닌게 아니라 여러가지 복잡한 일들이 있어서 년말전에 허락된다는 것이 석달이나 지나서 1974년 3월 18일에야 연방정부 보사부장관 Parc Lalonde 로 부터 우리가 제출했던 청원을 허락한다는 장시 공문이 나왔고 그로부터 10일 지난 28일에 전액 $25,010.00 수표가 입수된 것이다.

이 액수는 우리가 청원했던 총액에서 $4,908.00 이 삭감된 것이다. 이 삭감된 액수가 사업비에선 지극히 적은 부분이고 인건비에서 반년분이 깎인 것이다. 이는 1년후에 노인회가 자립할수 없을 경우에 다른 챈넬을 통해서 찾어 보라는 것이다. 이렇든 놀라운 허락을 받아쥔 한인연합교회는 청원을 제출 하던때와는 태도를 달리했다. 즉 이런 사업은 연합교회가 단독으로 추진할 사업 이라기보다 토론토의 한인을 위한 공공기관으로서 운영함이 마땅하다고 주장하였기에 토론시내 한인교회들의 신부. 목사, 한인회장, 그리고 한국교회와 관련을 가졌든 선교사 3인 즉 Rev. Wilfred Burbidge, Miss Francis Bonwick, Rev.C. Talbot 등 제씨를 본회의 자문위원으로 모시고 이사로 뉴 오매이죤 에 제출된 청원서에 기명된 10인 이외에 시내에 있는 각 노인회에서 한사람씩 4인과 일반 인중에서 1인 합게 15인으로 하였으며 그내용은 다음과 같다.

이사장 김형근. 서기겸 회게 문언기 (청원 당시엔 이상철 목사) 전택균 이서재, 신오석, 전승운, 김재용, 김창복, 장계수. 조 열. 김문양(염광희) 김시몬 (천주교 노인희) 함필융 (신우회) 임인수 (일 반) 이상 여러분이고 실무진에는 사무장에 문재린. 가사 장정문. 프로그램 위원으로는 김창열. 조성준. 김명규. 정동석. 오기환 제씨이다.

4월부터 사무를 시작했으나 회관을 마련하기위해 각방면으로 찾아 보았으나 적당한 곳을 찾기가 퍽 힘들어서 4월과 5월엔 연합교회의 3층에 방 하나를 얻어 임시 사무실로 쓰다가 6월 4일 유클리드 애비뉴 649번지 (649 Euclid Avenue)에 있는집에 세를 얻고 본격적인 행사를 시작했다.

6월 21일 오후 4시에 흰 뫼의 집 (본회 회관 이름) 개관식을 갖는 자리에서 사무장의 인사말 겸 경과보고가 있은후 이사장 김형근씨와 뉴 오라이죤 책임자인 Mr. Jim Allman 의 메일을 긋는것으로 흰 뫼의 집은 활작 열렸다.

이 식에는 한국에서 일생을 바친 캐너더의 여섯 선교사와 서울 관악교회의 김영천 장노 등 귀빈을 모시고 회원 30여명이 뜻 깊은 행사를 마쳤다. 한가지 더욱 즐거운 일은 6개월전에 자동차사고로 사경에 이르렀던 정경훈군이 쾌쾌됨을 감사하기 위해 흰 뫼의 집에 괘종 시계를 기부한 것이다.

- 8 -

흰 뫼의집 안내서

흰매의집 주소: 649 Euclid Ave
　　　　전화: 532 - 3077
집무시간 : 오후 1:30 ~ 5:30

"흰뫼의 집" 사업 안내서

　　카나다 토론토에 한국 노인들을 위한 위안과 즐거움의 장
소가 생겼읍니다. 그 이름은 "흰뫼의집" 이라고 부르는데, 뜻은
수 만리 이역땅에서 고국의 높은 "흰뫼" 즉 백두산의 한국업
을 기억하는 마음과 또 한편 머리위에 날로 흰머리 카락이 더
해가는 한국 노년의 인간상을 담은 표현이라고 보아 좋을것입
니다.

　　주지하시는바 이곳 카나다에 오신 한국 노인들은 대부분
자녀들의 부양이민 초청으로 오신분들 입니다. 따라서 식생활
이나 기본적인 물질생활이 그들의 긴급한 문제라고 말할수는 있
겠지만 그보다는 그들의 정신생활이 먼 외롭고 황무한 상황에 처
해있다고 말할수 있읍니다. 더구나 그들에게는 거의 절망적인
언어의 장벽 문제가 있읍니다. 이런 제반 난제들때문에 그들중
에는 자녀 도없는 고국을 그리워하며, 귀국을 희망하는 분들도 적
지않다고 들었읍니다. 극단의 표현을 한다면 이런 정신 상황이
야말로 비참한것이 아닐수 없읍니다.

　　이런 상황과 문제들을 일찍부터 실감하고 문제해결을 희망
해온 토론토의 한인교회 유지들은 때마침 카나다 연방정부의 시
책으로 주어진 New Horizons Regional 이라는 노인사업 프로그램
에 신청하여 그 혜택을 얻게 되었읍니다. 그 주어진 정부 보조
금은 2만 5천불의 적지않은 금액인데, 이 보조금의 혜택이 실현
되기까지 특히 토론토 한인연합교회의 적극적인 수고와 노력이 있었
음을 특기해 둘 필요가 있읍니다.

토론토 한국노인회 발행《노인회보》창간호(1975년 1월)

그러나 여기에서 또한가지 강조해야 할것은 비록 이 사업의 기안자는 교회 당국이었으나 사업의 목표는 어디까지나 거주하는 전체 한국 노인들을 위한것이라는 사실입니다. 그리고 이 사업의 지도기관인 "흰머의집"도 어떤 특정한 교단이나 단체를 위한것이 아니라, 전체 노인회원을 위한 장소임을 천명해 둡니다. 그러므로 여기에 교회의 신자, 불신자의 구별이 있을수 없고, 또 교육이나 사회적 지위의 배경이 문제될수 없습니다. 누구나 한국 노인이면 한자리에 모여 이야기 할수있고, 또 함께 즐길수 있는 장소가 바로 "흰머의집" 입니다. 이렇게 마련되는 "흰머의집"에 여러분 한국노인들이 모두 찾아오셔서 함께 사업을 의논하며, 즐거운 시간을 누릴수 있게 되기를 바라 마지 않습니다.

그러면 "흰머의집"이 계획하는 기본적인 사업내용이 무엇인가를 간단히 알려 드립니다.

1. 각종 모임을 위한 자리를 마련함

　내부에는 사업의 실무를 위한 사구실과 회원의 집회및 오락을 목적으로하는 각종 설비가 포함된다. 여기에는 카나다와 고국의 주요 신문들을 비롯하여 수양과 흥미 본위의 잡지 및 각종 도서가 마련되며, 오락 기구로는 바둑, 장기, 화투, 윷등을 포함한 여러가지 게임도구가 갖추어져 있다.

2. 교육 및 수양사업

　회원들에게 카나다 생활에 필요한 기본적인 영어교육을 비롯하여 각종 문화 및 수양의 기회를 마련한다.

3. 생활문제 상담

　회원들의 요청에 따라 그들의 생활문제에 관한 상담에 응하며, 가능한 협조를 도모한다.

4. 관광 및 야유회

　회원들에게 심신의 위로와 수양을 목적으로, 명승지 관람 및 야유회를 적절한 계절을 따라 마련한다.

5. 기관지 발행

　회원들의 문예 활동 및 의견교환의 기회를 목적으로 년 4회정도 회원을 위한 계간지를 발행한다.

6. 기타사항 : 위에서 제시한 프로그램 이외에도 사업추진중 회원 다수가 필요로하는 사업을 새로 설정해서 실천한다.

1974 년　월　일

토론토지구 한국노인회장 김 형 근
사무장 문 재 린 드림

재단법인수속을 하면서

/&/

목사 문 재 린

성 쌓고 남은돌 같은 늙은사람이 일년전에 분수에 넘치는 토론토
한국노인회의 사무장이란 중임을 맡고, 일년을 지나면서 일하는데는
애로가 많았다. 이 사업을 파―트 타임으로 수행하라고하여 인건
비도 역시 파―트 타임에 해당하는 근소한 액수밖에 안되어서 사업
을 뜻대로 하기 어려웠으나, 이사 여러분과 프르그램위원 여러분의
협조와 토론토에 사시는 노인들의 협조로 비교적 좋은 성과를 거두
게 된것을 생각할때, 여러분께 두손을 모아 사의를 표한다.

여기서 초대 간사였던 장정문 신부와 현 간사인 유좌석씨의 봉사
에 감사를 표한다.

한국 노인들의 카나다 이민 역사는 매우 짧아서 4, 5년밖에 안된
다. 자녀들이 부모님들을 초청한 동기는 여러가지라고 생각되나,
자녀들이 이민오면서 부모님들을 고국에 남겨놓고 올수없어서 모시
고온 이들도 있을것이고, 자녀들이 먼저 이곳에 와서 고국에 비해서
안락한 삶을 가지면서 고국에서 고생스럽게 사는 부모를 위해서 초
청한 경우도 있을것이고, 또는 자녀들이 모두 직장에 나가려하니 어
린애들을 혼자 집에 두지못하게하는 국법 까닭에 베이비 씨팅을 위
하고, 또 가사를 돌보기 위해서 초청한 경우도 상당수에 달할것으로
추측된다.

그래서 현재 우리 노인회에 등록된 노인 60세 이상만해도 250 명
에 달하고 있다. 그런데 아직 등록되지 않은 노인이 그만큼 된다
면 토론토 한국 노인수가 최소 500명이 될것이다.

이 노인들의 형편을 본다면 자녀들과 동거하기 보다는 각각 따로
살려고 하는편이 많다. 그 이유는 여러가지겠지만, 초청한 자녀들
의 본의와 초청받고온 부모의 기대가 다른것도 한가지 이유일것이
고 카나다 사회제도와 본래 한국 풍속의 차이가 있는것도 큰 이유
일 것이다. 그래서 어느 가정에서나 다소 어려움이 없지 않으리라
고 생각된다. 이 문제에 선각자의 한분이 5, 6개월전에 양로원 설
립을 이사회에 거론한일이 있었으나 시기 상조라고 찬동을 받지 못

- 15 -

토론토 한국노인회 발행《노인회보》제2호(1975년 6월)

했다.

　지난 수삭동안 주정부와 메트로정부와 접촉한바, 그들이 제언하기를 노인회를 법인으로 한다면 자기들이 물심 양면으로 적극 협조한다고하여 본 이사회는 천재일우의 좋은 기획으로 알고 추진하기로 했다. 이는 하나님이 주신 좋은 기획이므로, 뜻있는 교포들은 일심단결해서 속히 완성하도록 하였으면 하는마음 간절하다.

　법인이 설정된다면 오래지 않아서 전 카나다 교포를 위한 양로원이 우뚝 일어설것이다.

+ + + + + + + + + + + + + + + + + + +
* * * * * * * * * * * * * * * *: * * *

일상생활에 있어서나 관공서 일을 볼때는 미리 "온타리오와 당신"이란 안내서를 보면 모든 정보를 알수 있읍니다.

　필요한 분은 노인회에 연락 바랍니다.

(전화 532-3077)

* * * * * * * * * * * * * * * * *
'중년이 돼서 살이 찌면 보기에는 정력적이고 힘이 좋을듯 하다. 하지만 비만은 세포의 대사능력이 저하되어 과도하게 섭취하는 영양이 지방이 되어 침착하기 때문이다. 그리고 세포의 활동을 약화시키는 원인은 내분비샘의 기능이 저하된것이다. 이렇게 되면 눈과 치아에 점점 영향이 오기 시작하는것이다.'
(어느 잡지에서)

+++

- 16 -

한 국 민 주 화 연 합 운 동

THE UNITED MOVEMENT FOR DEMOCRACY IN KOREA

475 Riverside Drive • Room 1538 • New York, N.Y. 10027
Telephone: (212) 678- 6260

A STATEMENT OF UNITED MOVEMENT
FOR DEMOCRACY IN KOREA

January 15, 1977
Los Angeles, Calif.

The leadership of Democratic Koreans in North America held a conference from January 14th to 15th, 1977 in Los Angeles, California.

The Conference first examined the significant development in international situation in recent months and its impact upon our current struggle for human rights and democracy in Korea. The Conference concluded that time is on our side; the Park Chung Hee regime is fast losing its ground both at domestic and international levels. Indeed, the days are markedly numbered against the Park dictatorship.

Such a government as that of Park Chung Hee which is suspended only by repression and injustice is eventually to fall. We shall not, however, stand aside waiting for a natural death of this self-destructive regime. Rather, we shall by all means render the final blow to put to an immediate end the oppression in our fatherland. We shall then rebuild a republic, free and truly democratic, wherein truth and social justice are preserved and protected.

To this end, the leadership of Democratic Koreans in North America shall carry out a united movement, guided by the following principles:

1. The United Movement shall determine its areas of concern and course of action in line with the struggle as waged by our compatriots in Korea.

2. The United Movement shall encourage and actively invite all democratic organizations and individuals in the Korean communities in North America to join it for the common cause, and

3. The United Movement shall endeavor to reach all Democratic Koreans the world over, and to forge solidarity with them to cosummate our common objective.

A new day is dawning. Unless we stand in vigil and prepare ourselves to meet the challege of the new beginning, the nation's destiny will, once again, escape our steersmanship.

Let us together seize the hour! Let us chart the course of our own destiny.

UNITED MOVEMENT FOR DEMOCRACY IN KOREA
-NORTH AMERICA-

한국민주화연합운동
THE UNITED MOVEMENT FOR DEMOCRACY IN KOREA

475 Riverside Drive • Room 1538 • New York, N.Y. 10027
Telephone: (212) 678- 6260

성 명 서

近來의 國內外의 情勢는 祖國의 民主化運動을 展開하고 있는 우리들에게 希望을 안겨다 주는 同時에 이에 對備할 새로운 戰略을 時急히 要請하고 있읍니다.

國內外를 通하여 그 存續을 爲한 기반을 상실해 가고 있는 朴正熙 獨裁政权의 運命은 경각에 달려 있는 것으로 보여집니다.

本來 不義는 그 自体가 지닌 不條理와 모순으로 因하여 반드시 滅亡하게 마련입니다. 그러므로 朴正熙 獨裁政权도 설혹 國內外의 강한 民主勢力의 抵抗이 없다고 하드라도 스스로 滅亡하고 말것입니다. 그러나 이러한 自己矛盾에 依한 滅亡은 朴正熙 獨裁政权의 滅亡은 될지언정 決코 民主勢力의 勝利는 못되는 것 입니다.

우리에게 重要한 것은 眞理와 正義위에 선 民主主義의 勝利입니다.

그러므로 바야흐로 우리에게 有利하게 전개되고 있는 오늘의 정세를 現在않우의 機会로 알고 이를 발판으로 하여 自由를 爭取할때까지 과감한 鬪爭을 展開하여야 하겠읍니다.

그러기 爲하여 우선 時急한 일은 해외각지에 散在하여 있는 民主力量을 糾集하는가는 일이라고 生覺합니다. 그리하여 억압된 國內의 國民을 代弁할 수 있는 权威와 勢勞를 갖추어야 하며, 나아가서는 朴正熙 獨裁政权에게 最后의 일격을 加하는 綾戰場에 同参하는 일에는 異致가 있을 수 없다고 生覺합니다.

國際情勢가 順風으로 우리를 밀어주고 있으며, 世界의 輿論이 우리의 戰友가 되어주고 있으며, 人類의 良心이 우리를 격려하여 주고 있읍니다.

이러한 絶好의 機會를 만일 逸失한다면 우리는 國內에서 受難을 當하고 있는 同志들에게는 勿論이오, 온 國民에게 얼굴을 들수없는 兵夫와 罪人이 될것입니다.

이에 우리는 玆에 全美洲에 散在하여 있는 民主団体와 人事들을 총網羅한 韓国民主化聯合運動을 출범시키는 바입니다.

本 聯合運動은 國內의 民主化運動과의 유대를 强化하는 한편 지금까지 散漫的이고 消極的이었던 運動을 統一的이고 積極的인 運動으로 發展시켜 나아갈 것입니다.

우리는 本運動의 世界化를 展望하는 同時에 未參한 北美에 있는 民主団体와 人事들에게도 積極參與하여 주실 것을 계속 要請하는 바입니다.

새날의 동이 트기 始作하였읍니다. 그러나 새날을 기다리고만 있는 者는 決코 새날의 主人이 될수 없읍니다. 새날을 불러 오는 者만이 새날의 主人이 될수 있읍니다.

1977年 1月 15日

韓国民主化聯合運動
區域大会 參加者 一同

귀국하면서 동지들에게

이 늙은 사람이 사랑하는 동지들과 몇해동안 뜻있게 지난 것이 결코 헛되지 않을줄 믿습니다. 그러나 저는 고국으로 돌아 가기로 결심한 것은 고국에서 고생하는 겨레들을 생각할때에 마음이 아파서 견딜수 없어서 귀국해서 그들이 울때 같이 울어주고 그들이 마시는 쓴잔에 동참하려 합니다. 동지들과 같이 갈라 질때에 한마디 말이 없을 수 없어서 간단한 우견(愚見)을 드려서 몸은 비록 동서로 갈라지더라도 마음은 하나가 되게 하려는 심정으로 몇자 적어 드립니다.

경주자들이 골문이 멀었을 때는 슬렁슬렁 뛰다가도 골문이 가까워지면 있는 힘을 다해서, 젖 먹을때 힘까지 다해서 골문으로 달려감과 같이 우리의 민주주의 골문이 일보직전에 다가왔다고 믿어지는 이때에 우리도 있는 힘을 다해서 골문으로 뛰어 들어가서 목표를 더욱 잡아야 하지 않겠읍니까. 그리하려면 다음 세가지에 유의하여야 하리라 믿습니다.

1. 한반도 전부가 감옥이라 하지만 많은 민주투사들은 아직도 깊은 감옥에서 고생하고 있지 않습니까? 이 추운 시절에 그들에게 따끈한 국밥 한그릇씩이라도, 잠주머니 한장씩이라도 보내 준다면 그들에게 무한한 힘이 될것입니다. 애국 애족하시는 동지들은 한번 더 힘내 주심을 우럴어 빕니다.

2. 이렇게 절박한 싯점에서 무슨 사소한 의견의 차이나 무슨 방법의 약간 다름이 있다 하더래도 우리는 공동 목표를 위해선 아량을 가지고 대동 단결하지 못해서 되겠읍니까? 골문에 다가와서 목표를 달성치 못하게 되면 우리는 후손들에게 용서 못 받을 죄인이 될 것인즉 깊이 생각해야 할 것입니다.

3. 해외에 있는 우리 동지들은 여론을 일으키기 위해서 민간 사절의 임무를 다해야 할것입니다. 우리중 많은 분들은 생각하기를 "우리는 특별한 자격이 없으니 이것은 우리와는 관계없다" 하기 쉬우나 우리 모두가 미국 대통령이나 국회 의원을 상대로 한 민간 사절이 될 것 아니고 우리 직장에서, 우리학교에서, 우리 이웃에서, 우리교회에서, 써브웨이 안에서 우리의 성의를 다할때엔 하느님이 우리와 같이 역사하심으로 우리 자신도 예측하지 못했던 놀라운 민간 사절의 성과를 거둘수 있읍니다. 그리해서 하루빨리 한반도에 민주주의 사회가 이룩되기를 염원하면서...

1978. 2. 10

郵便はがき

□□□-□□

金　信黙　执事

승아

198 4. 4. 5

신 3 1 P 의 野草 ……自然教育園……

祝　生日

백발은 영화의 면류관이니
의로운 길도 행하는자라야 얻으
리라 (잠 16 : 31.)

ひとりしずか
（せんりょう科）　　*Chloranthus japonicus* SIEB.　　花期 4～5 月

모시는 말씀

따스한 봄볕이 두꺼운 얼음장을 녹여야 하는
이른 봄입니다.

일생을 그리스도 안에서 나라와 겨레를 위
해 기도해 오신 승아(勝啞) 문재린 목사님 이
김신묵 권사님
1911년 음 3 월 2 일 결혼하신 지 올해로 70주
년을 맞이하여 함께 기쁨을 나누기 위해 축하
예배를 준비하였읍니다.

마음과 뜻을 같이 하시는 분들을 모십니다.

때 : 1981년 4 월 6 일(월)오후 3 시
곳 : 기독교회관 대강당(종로 5 가)

1981년 3 월 30일

준비위원 일동

문재린이 김신묵에게 보낸 생일 축하 엽서.　　　　결혼 70주년 축하 예배 초대장.

김신묵권사 장례식

- 일시 : 1990년 9 월 20일 오전 10시
- 장소 : 한신대학원 예배실 (수유리)
- 장지 : 경기도 양주군 동두천읍 상봉암리 (소요산)

한빛교회장 장례위원회

고 문재린목사 장례식

- 일 시 : 1985년 12월 31일 오전10시
- 장 소 : 한 신 대 학 예 배 실 (수유리)
- 장 지 : 경기도양주군동두천읍상봉암리 (소요산)

고 문재린목사 장례위원회

조선의 어머니 가시나

— 김신묵여사 영전에

　　　　김 규 동

이제 길 떠나시니
울어서는 안 됐고 생각하면서도
우리 울지 라는
가녀린 마음 용서하시오

갈래 갈래 바람이 일고
횟불 꺼짐이 잃으신 당신께서
백만 생전 우리 가슴에 불고
어머니 떠나시니
울음 터져 안 된다고 생각하면서도
냉가슴에 이빨이 떨고 형제자매들이
잠시 잊음을 눕고
당신을 떠나 보내니
무거웠던 모든 짐 내리시고
허리 펴지지요　어머니

언제 한번을 앓았겠습니까
고구려 들을 말발굽 소리 쟁쟁한 간도 땅
고 흐름과 두근 하늘
해란강과 두만강을 되새기며
정으로 산천 거닐으시고
백두산에서 한라산까지
반도 삼천리를 휘휘 날으시며
것발 바람 꽃밭이
아, 통일을 이뤄가는 민중들의
눈부신 싸움도 지켜봐 주세요

한 여성으로서
이 겨레의 슬픔과 한과 바람을
오직 아픔으로 살천을 통해 구현하신 분
아, 조선의 어머니
천천만의 가슴에
어여쁜 별빛 남기시고
이제 가시나
횟불 밝으시고
남아의 조국 향한 불타는 마음 받쳐
작별의 인사를 올립니다
어머니시여
조국의 어머니시여
안녕히 가시오　안녕히 가세요.

（통일원 창립 수원 2일 ）

삼가

하나님께서 어머님 (金信黙)을 불러 가신 일에 대하여
충성으로 조의를 표하는 바입니다. 그리고 어머님은 사도 바울
처럼 선한 싸움을 잘 싸우셨고 달려갈 길을 마치시고 믿음을
굳게 지키신 승리자 이셨을 선언함이 인쳐 주신 분이십니다.

그러므로 하나님의 직접적인 위로가 기념이 실축 받으며
동시에 어머님의 근본 믿음을 본받아 교회에 충성하셨고
나라와 민족을 사랑하셔서 민족통일의 날을 앞당기
기로 다짐하는 가록한 제단이 되기를 빕니다. 〔계시록
1:13절〕

1990년 9월 20일

부천시 일우 　강 신 정 근 조

문 익 환 목사 애좌 하

문치정 가계도

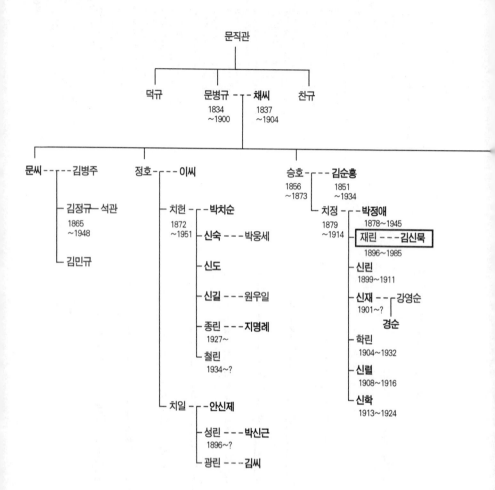

문직관

덕규　　　문병규 ---- 채씨　　　찬규
　　　　　1834　　　1837
　　　　　~1900　　　~1904

문씨 --.-- 김병주　　　정호 ---- 이씨　　　　　　　　승호 -.-- 김순흥
　　　　　　　　　　　　　　　　　　　　　　　　　1856　　　1851
　　　　　　　　　　　　　　　　　　　　　　　　　~1873　　~1934

　김정규— 석관　　　치헌 -- 박치순　　　　　　치정 -.-- 박정애
　1865　　　　　　　　1872　　　　　　　　　　　1879　　　1878~1945
　~1948　　　　　　　~1951　　신숙 --- 박웅세　　~1914
　　　　　　　　　　　　　　　　　　　　　　　　　　　재린 --- 김신묵
　김민규　　　　　　　　　　　　신도　　　　　　　　　　　1896~1985

　　　　　　　　　　　　　　　　신길 --- 원우일　　　　　신린
　　　　　　　　　　　　　　　　　　　　　　　　　　　　1899~1911

　　　　　　　　　　　　　　　　종린 --- 지명례　　　　　신재 -- 강영순
　　　　　　　　　　　　　　　　1927~　　　　　　　　　1901~?
　　　　　　　　　　　　　　　　철린　　　　　　　　　　　　　　경순
　　　　　　　　　　　　　　　　1934~?
　　　　　　　　　　　　　　　　　　　　　　　　　　　학린
　　　　　　　　　　　　　　　　　　　　　　　　　　　1904~1932

　　　　　　　　　　　　　　　치일 -- 안신제　　　　　신렬
　　　　　　　　　　　　　　　　　　　　　　　　　　　1908~1916

　　　　　　　　　　　　　　　　성린 --- 박신근　　　　　신학
　　　　　　　　　　　　　　　　1896~?　　　　　　　　1913~1924

　　　　　　　　　　　　　　　　광린 --- 김씨

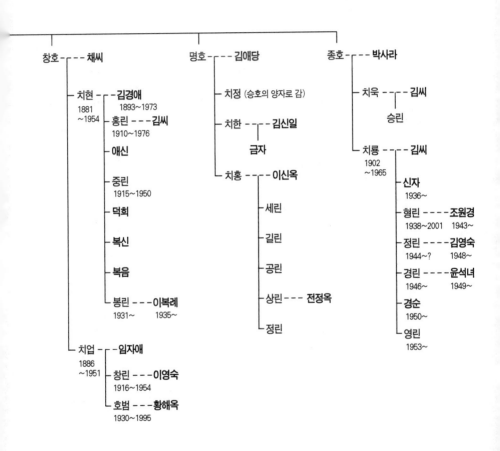

범례

—— 부모 자식 관계

- - - - 혼인 관계

※ 소식이 끊기거나 기록에 없는 사람은
가계도에서 빠졌습니다.

창호 - - - 채씨 　　　명호 - - - 김애당 　　　종호 - - - 박사라

치현 - - 김경애 (1893~1973)
1881~1954
홍린 - - - 김씨 (1910~1976)
애신
중린 (1915~1950)
덕희
복신
복음
봉린 - - - 이복례 (1931~ / 1935~)

치업 - - 임자애
1886~1951
창린 - - - 이영숙 (1916~1954)
호범 - - - 황해옥 (1930~1995)

치정 (승호의 양자로 감)
치한 - - - 김신일
　　　　금자
치홍 - - - 이신옥
세린
길린
공린
상린 - - - 전정옥
정린

치욱 - - - 김씨
　　　승린
치룡 - - - 김씨
1902~1965
신자 (1936~)
형린 - - - - 조원경 (1938~2001 / 1943~)
정린 - - - - 김영숙 (1944~? / 1948~)
경린 - - - - 윤석녀 (1946~ / 1949~)
경순 (1950~)
영린 (1953~)

김하규 가계도

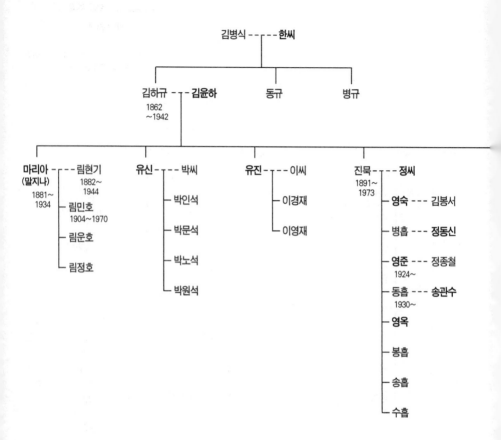

김병식 ----- 한씨

김하규 --ㅜ-- **김윤하**   동규   병규
1862
~1942

마리아 --ㄱ-- 림현기   유신 --ㅜ-- 박씨   유진 --ㅜ-- 이씨   진묵 --ㅜ-- **정씨**
(말지나)   1882~   1891~
         1944   ├─ 박인석   ├─ 이경재   1973
1881~
1934   ├─ 림민호   ├─ 박문석   └─ 이영재   ├─ **영숙** --- 김봉서
         1904~1970
                          ├─ 박노석   ├─ **병흡** --- **정동신**
         ├─ 림운호
                          └─ 박원석   ├─ **영준** --- 정종철
         └─ 림정호   1924~

                                                                     ├─ **동흡** --- **송관수**
                                                                        1930~

                                                                     ├─ **영옥**

                                                                     ├─ 봉흡

                                                                     ├─ 송흡

                                                                     └─ 수흡

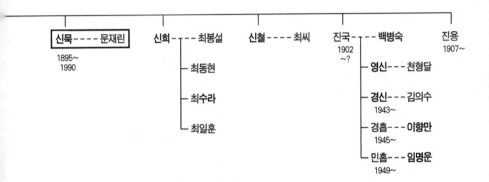

신묵----문재린
1895~
1990

신희-┬--최봉설
　　├─최동현
　　├─최수라
　　└─최일훈

신철----최씨

진국-┬--백병숙
1902
~?
　　├─영신---천형달
　　├─경신---김의수
　　　　1943~
　　├─경흡---이향만
　　　　1945~
　　└─민흡---임명운
　　　　1949~

진용
1907~

김신묵 · 문재린 가계도

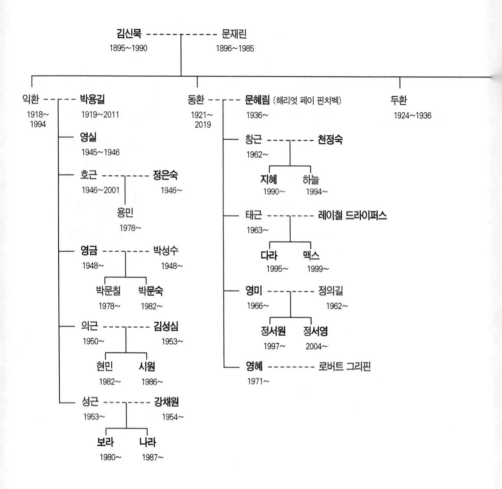

김신묵 ----------- 문재린
1895~1990   1896~1985

익환 ----- 박용길   동환 ----- 문혜림 (해리엇 페이 핀치벡)   두환
1918~   1919~2011   1921~   1936~   1924~1936
1994   2019

영실   창근 --------- 천정숙
1945~1946   1962~

호근 ----- 정은숙   지혜   하늘
1946~2001 1946~   1990~   1994~

용민   태근 --------- 레이첼 드라이퍼스
1978~   1963~

영금 --------- 박성수   다라   맥스
1948~   1948~   1995~   1999~

박문철   박문숙   영미 --------- 정의길
1978~   1982~   1966~   1962~

의근 ------- 김성심   정서원   정서영
1950~   1953~   1997~   2004~

현민   시원   영혜 --------- 로버트 그리핀
1982~   1986~   1971~

성근 ------- 강채원
1953~   1954~

보라   나라
1980~   1987~

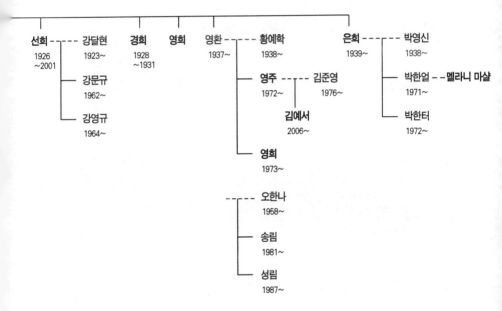

선희
1926
~2001

강달현
1923~

강문규
1962~

강영규
1964~

경희
1928
~1931

영희

영환
1937~

황예학
1938~

영주
1972~

김준영
1976~

김예서
2006~

영회
1973~

은희
1939~

박영신
1938~

박한얼
1971~

멜라니 마샬

박한터
1972~

오한나
1958~

송림
1981~

성림
1987~

■ 연표

연도	문재린	김신묵	국내외 정세
1895		출생(함경북도 회령)	을미사변
1896	출생(함경북도 종성)		독립협회 결성
1899	문치정 김하규 일가 등 4개 가문 142명, 북간도로 이주		
1900	증조부 문병규 별세	자동으로 피난	
1905	1904~1908 김약연의 서당 규암재에서 한학 공부		러·일전쟁에서 일본 승리 을사늑약 체결
1908	명동서숙 편입		4.27 명동서숙 개교
1909			명동학교에 정재면 선생 부임 명동교회 창립
1910	명동학교에 증설된 중학교에 입학 정재면 선생의 감화로 기독교 입문		한일 병합
1911	3.2 김신묵과 결혼 5월 부친 문치정,김약연 등과 세례를 받음	문재린과 결혼 4월 명동여자소학교 3학년에 편입	
1913	3월 명동중학교 졸업(2회), 북경 유학 3.22 북경에서 영육학원 입학 9월 청도 덕화고등전문학교 입학		
1914	4.21 부친 문치정, 36세에 별세 8월 일독전쟁 발발로 북경으로 돌아감	1월 학교촌 집을 팔고 동거우로 이사 4.12 명동여자소학교 졸업 12월 용정 배신여자성경학교에서 한 달간 공부	제1차세계대전 발발 대한 광복군 정부 수립 (블라디보스토크)
1915	3월 북경 국립사범 부속 단급과 입학		

742

연도	문재린	김신묵	국내외 정세
1916	4월 북경 국립사범 부속 단급과 졸업 8월 귀가 9월 새물구팡의 제2관립학교 교사로 부임 누이동생 신렬 사망	여자비밀결사대 가입 명동여자소학교 동창회장, 명동교회 여전도회 회장에 피선	
1917	6월 제2관립학교 교사 사임		
1918	명동식산회사에서 일함	6.1 장남 익환 출생	
1919	《독립신문》 기자로 일함	용정에서 열린 독립선언 선포식과 가두시위에 문재린과 함께 참여	3.1 운동
1920	11월 국민회 서기 겸 《독립신문》 기자 신분으로 자수하여 일본 영사관에 구금		1월 '15만 원 사건' 발생. 봉오동·청산리 전투. 일본군에 의해 명동학교 교사 불태워짐
1921	2월 석방 7월 명동교회 장로로 선출됨	5.5 아들 동환 출생 여전도회 회장으로 명동에 5개 야학교 설립	대한독립군단 조직 자유시 사변 조선어연구회 결성
1922	1월 간도노회에서 장로 시험에 합격, 9개 교회를 돌보는 전도사로 임명 3월 평양신학교 입학		물산장려운동
1924	4월 누이동생 신학 사망	4.27 아들 두환 출생	
1926	12월 평양신학교 졸업	4.8 장녀 선희 출생	6.10 만세운동
1927	1월 간도노회에서 목사 안수 받고 명동교회와 용정 토성포 교회에서 시무		신간회 결성
1928	8월 캐나다 유학(토론토 임마누엘 신학교 입학)	딸 경희 출생	
1930		평생여전도회 가입	4.12 평생여전도회 창립총회

연도	문재린	김신묵	국내외 정세
1931	5월 임마누엘 신학교 졸업 11월부터 6개월간 스코틀랜드 에든버러의 뉴 칼리지에서 연구	2월 평생여전도회 회장 피선 딸 경회 사망 가족들을 이끌고 용정으로 이사	만주사변 조선어학회 사건
1932	1월 동생 학린 사망 5월 귀국 7월 용정 중앙교회 목사 취임 동만노회의 회장으로 피선		만주국 건립
1934	9월 조모 김순흥 여사 별세		
1935	동만 회년전도회를 조직하고 회장을 맡음		
1936		아들 두환 사망	
1937		6.11 아들 영환 출생	중일전쟁 발발
1939		7.27 딸 은희 출생	제2차 세계대전 발발
1941			태평양전쟁 발발
1942	4월 만주 조선기독교회 창립 총회(총무)	부친 김하규 별세	10월 김약연 별세
1944		6월 아들 익환, 박용길과 결혼	
1945	4월 모친 박정애 여사 별세 7월 이권찬 목사와 일본 헌병에게 체포되어 성진 감옥에 수감, 8월에 석방 10월 조선인 공산주의자들에게 체포되어 수감		제2차 세계대전 종전, 일본 패망 8.15 광복
1946	1월 석방 후 21일 만에 소련군 사령부에 체포되어 수감, 4월에 석방 8월 김천 황금동교회 목사로 부임	6월 문재린과 동환, 선희, 영환, 은희와 함께 서울로 내려옴 신경에 있던 문익환·박용길 월남하여 가족과 합류함	

연도	문재린	김신묵	국내외 정세
1947	김천에서 배영중학교와 평화 동교회 창립		
1948	서울 신암교회 목사로 부임		남한 정부 수립
1950	한국전쟁 발발로 12월 교역자와 가족 500여 명을 인솔하여 제주도로 감	피난지에서 목사부인회 조직, 활동	한국전쟁 발발
1951	캐나다 선교부의 요청으로 거제도로 옮겨 함경도에서 온 피난민들을 돌보며 옥포교회에서 시무		
1953	서울 옴		휴전 협정 조인
1954	강원도 일대를 순회 전도하며 이듬해까지 춘천과 홍천 등에 7개 교회를 세움		
1955	2월 동만노회 출신들과 서울 중앙교회 설립 10월 대구 한남신학교 교장 취임		
1958	6월 한남신학교 교장 사임 7월 서울 중앙교회에서 이름을 바꾼 중부교회의 목사로 시무		
1960			4.19
1961	목회 일선에서 물러나 평신도 운동 시작 10월 한국기독교 평신도전도회 조직		5.16쿠데타 발발
1963	잡지《평신도》발간		
1965	8월 한국신학대학에서 열린 평신도전국대회에서 남신도회전국연합회 발족, 명예총무가 됨		한일협정 체결

연도	문재린	김신묵	국내외 정세
1971	12월 캐나다로 이민		
1972			10월 유신
1973	5월 토론토 임마누엘 신학교에서 명예 신학박사 학위 받음		김대중 납치 사건
1974	4월 민주사회건설협의회 초대 의장 취임. 토론토 한인노인회를 만들고 사무장이 됨		민청학련 사건으로 180명 구속 기소
1976		5월 토론토 한인회에서 주는 '장한 어머니 상' 수상	3월 익환 동환 형제가 3.1구국선언 사건으로 구속
1977	1월 북미주 한국민주화연합운동 중앙조정위원이 됨	6월 아들 문익환의 옥중 단식을 만류하기 위해 귀국	
1980		아들 익환, 김대중 내란음모 조작 사건으로 구속	5.18 광주민주항쟁
1981	영구 귀국		
1985	12.29 별세. 유언에 따라 안구를 두 사람에게 기증		
1989			문익환 방북, 김일성 주석 만나고 4.3 공동 성명 발표
1990		9.18 별세. 유언에 따라 안구 기증